# Der Berg ruft!

# *Der Berg ruft!*

Herausgeber

Martin Uitz
Audrey Salkeld

**VERLAG ANTON PUSTET**
Salzburg – München

Das offizielle Buch zur Internationalen Alpinismus-Ausstellung

Bild © Claude Remy

# Der Berg ruft!

*Die Alpinismus-Ausstellung im SalzburgerLand*

15. April 2000 bis zum 4. November 2001
in Altenmarkt-Zauchensee im *SalzburgerLand.*

Die Einleitungen und die Überschriften zu den einzelnen Kapiteln stammen von den Herausgebern Martin Uitz (M. U.) und Audrey Salkeld (A. S.). Die Auszüge aus Originalwerken wurden in der alten Rechtschreibung belassen, Texte der Herausgeber sind in neuer Rechtschreibung verfasst.

Die Fotos wurden mit freundlicher Genehmigung der Verlage bzw. der Fotografen abgedruckt.
Trotz genauester Nachforschungen konnten bei einigen Texten die Rechtsinhaber nicht ermittelt werden. In diesen Fällen ersuchen wir die Rechtsinhaber, sich mit dem Verlag in Verbindung zu setzen.

Die Deutsche Bibliothek – CIP-Einheitsaufnahme

Der Berg ruft! : [das offizielle Buch zur Internationalen Alpinismus-Ausstellung Der Berg ruft!, 15. April 2000 bis zum 4. November 2001 in Altenmarkt-Zauchensee im Salzburger Land] / Hrsg. Martin Uitz ; Audrey Salkeld. – Salzburg ; München : Pustet, 2000
ISBN 3-7025-0414-1


A-5020 Salzburg, Bergstraße 12

Gedruckt in Österreich
Titelbild: Mount Everest (Foto: Ruedi Homberger)
Druck: Salzburger Druckerei
ISBN 3-7025-0414-1

# Inhalt

# *Prolog*

*Es ist stockdunkel und ziemlich genau Mitternacht. Ein explosionsartiger Knall reißt mich aus dem seichten Schlaf in großer Höhe, ich versuche, mich in dem kleinen Zelt aufzurichten. Da fährt plötzlich mit lautem Tosen eine Druckwelle über mich, die Zeltwand und ich liegen für Sekunden scheinbar plattgedrückt am Boden. Das tosende Geräusch geht in ein Rieseln über, Tausende kleine Eisstückchen prasseln gegen die Leinwand.*

*Ich bin hellwach, warte auf die Lawine. Die Sekunden vergehen wie eine Ewigkeit, zu spät, um aus dem Zelt raus und in die Neumondnacht hinaus zu stürzen. Dann Ruhe. Es ist totenstill. Ich tappe nach dem Zipp, schiebe mich aus dem schmalen Eingang, um gleich wieder am Boden zu liegen. Zentimeterhoch liegen die kleinen Eisstückchen vor dem Zelt und verwandeln die Almwiese in eine Rutschbahn.*

*Neben mir kriecht Chantal aus ihrem Zelt.*

*„Was war das?"*

*„Eine Lawine."*

*„Das war knapp."*

*Ich habe Angst. In der Finsternis kann ich nicht sehen, wo die Lawine herunter gekommen ist. Im Restlicht der Nacht schimmert ganz matt das Eis hoch oben an der Dhaulagiri-Westwand, 4000 Meter über unserem Zeltplatz am „Italian Camp".*

*Am nächsten Morgen überrede ich meine Freunde zur Umkehr. Die Schlucht vor uns liegt genau unter der Wand, aus der ab zehn Uhr vormittags Lawinen und Eisstürze abgehen. Die Lawine der letzten Nacht hat unser Zelt um 50 Meter verfehlt, ist hinter dem Abbruch der Moräne ins Flussbett gefahren, hat uns nur mit ihrer Druckwelle erschreckt. Meine Angst siegt über den Wunsch, die Dhaulagiri-Umrundung zu vollenden.*

*Chantal geht mit ihren Trägern weiter zum Basislager. Sie mahnt zur Eile, will so schnell wie möglich durch die gefährliche Schlucht kommen. Hat sie keine Angst?*

*Schon, denke ich, aber sie geht mit dieser Angst anders um. Sie erreicht die Gipfel der Achttausender, weil sie die Angst kontrollieren kann. Sie tauscht das Glücksgefühl da oben gegen die Furcht hier herunten. Angst zwingt sie nur, noch besser aufzupassen, noch präziser zu planen, jeden Griff sicher zu setzen. Mich zwingt die Angst zur Umkehr.*

*Ich werde immer Wanderer bleiben. Ich höre den Berg rufen, aber da sind Linien, die ich nicht überschreite. Ich lese die Geschichten, die Bergsteiger erzählen, die diese Linien immer wieder überschritten haben und überschreiten werden.*

*Zweiunddreißig davon sind in diesem Buch erzählt. Von Männern und Frauen, die gewohnt sind, Außergewöhnliches zu erleben; und die danach davon berichten, darüber schreiben; manche entwickeln aus diesen Erfahrungen Lebensphilosophien, manches ist mehr Poesie als Bericht, manches Abrechnung und Rückblick.*

*Ich danke mit großem Respekt jenen Autoren, die nicht nur ihr Einverständnis zur Veröffentlichung ihrer Texte gegeben haben, sondern mich mit ihren Ratschlägen vor Irrtümern bewahrt haben. Ich danke den Verlagen, die genehmigt haben, dass Auszüge aus Werken ihrer Autoren in diesem Lesebuch zur Alpinismus-Ausstellung „Der Berg ruft!" erscheinen können.*

*Ich danke meiner Co-Herausgeberin Audrey Salkeld, die mir mit ihrem umfassenden Wissen und hervorragenden Kontakten zu den großen Persönlichkeiten der Bergsteigerszene die Angst genommen hat, dieses Buch gemeinsam mit ihr herauszugeben.*

*Ich danke speziell Kurt Diemberger und Marcus Schmuck für ihre Ratschläge und väterliche Führung, Irma Weiglhofer, Wolfgang Bauer, Klaus Achleitner, Hans Steinbichler und Helmut Heuberger für viele gute Tips und Bücher, die sie mir geliehen haben. Ich danke meiner Tochter Sophie für Tage und Nächte, die sie mit mir Texte durchgesehen, Fotos geordnet und mich immer wieder aufgemuntert hat.*

*Ich denke an Herbert Tichy, dessen Bücher in mir vor dreißig Jahren die Sehnsucht nach dem Himalaya entzündet haben. Sein Vorbild, mit einfachsten Mitteln zu reisen, offen den Menschen am Wegesrand zu begegnen und Demut vor der großartigen Natur mit Respekt vor den fremden Kulturen zu verbinden, hat mir viele glückliche Momente beschert. Ihm widme ich dieses Buch.*

*Martin Uitz* *Mai 2000*

*Seit Mitte des 19. Jahrhunderts, als feststeht, dass der Mt. Everest mit über 8800 Metern der höchste Berg der Erde ist, stellt sich die Frage, ob jemals Menschen auf dem schneebedeckten Gipfel stehen würden. Nachdem Nord- und Südpol am Beginn des 20. Jahrhunderts von Forschern erreicht waren, wird die Besteigung des Everest die größte geographische Herausforderung auf der Erde.*

*Doch erst in den Zwanzigerjahren erlaubt die Regierung Tibets einer englischen Gruppe, über tibetisches Gebiet an die Nordseite des großen Berges vorzudringen. Die Südabhänge des Everest liegen in Nepal, das sich zu dieser Zeit ausländischen Reisenden völlig verschließt.*

*Die höchste bis dahin gekletterte Höhe sind 7500 Meter, die der Herzog der Abruzzen 1909 an der Chogolisa im Karakorum erreicht. Abgesehen von den bergsteigerischen Problemen in Höhen über 8000 Metern werden enorme physische Belastungen erwartet, da der Sauerstoffgehalt der Luft nur ein Drittel des Wertes auf Meereshöhe beträgt. Die Meinungen gehen auseinander, ob der menschliche Körper mit so wenig des lebensnotwendigen Sauerstoffs überhaupt auskommen könne. Die einzigen Erfahrungen stammen von Ballonfahrern, unter denen es bei raschem Aufstieg in große Höhen Zusammenbrüche und sogar Todesfälle gibt.*

*1921 erforscht eine kleine Kundschaftergruppe den langen Weg vom nordindischen Darjeeling zum Everest. Sie wandern über die umgebenden Gletscher, überqueren Pässe und Gebirgsketten und suchen nach Aufstiegswegen an der Nord- und der Ostseite. George Mallory entdeckt eine Route, die gangbar erscheint, als er eine kleine Gruppe auf den Kamm des Nordjochs führt. Ein richtiger Versuch der Besteigung wird auf die nächste Expedition im Folgejahr verschoben.*

*1922 ist Mallory wieder dabei, mit ihm der Autor des folgenden Ausschnittes, der fähige Alpinist und Wissenschafter George Ingle Finch. Zum ersten Mal werden Sauerstoff-Apparate zur Unterstützung der Bergsteiger mitgeführt. Die meisten*

*Mitglieder der Expedition sind von der Idee ihres Einsatzes nicht begeistert und halten sie für unsportlich. Nur Finch glaubt fest daran, dass der Everest ohne diese Apparate niemals bestiegen werde.*

*Mallory, Howard Somervell und Teddy Norton erreichen ohne Sauerstoffflaschen eine Rekordhöhe von 8225 Metern und halten dies für eine kaum überbietbare Leistung. Doch der Rekord hält nicht lange. Schon einige Tage später führt Finch eine Gruppe an, die mit Sauerstoff-Apparaten ausgerüstet ist.* *A. S.*

Der folgende Text wurde entnommen aus: George Ingle Finch, Der Kampf um den Everest. Brockhaus: Leipzig 1925, S. 135–155. Abdruck mit freundlicher Genehmigung des Verlags Brockhaus, Mannheim.

*George Ingle Finch*

# *Mit Sauerstoffgeräten in neue Höhen*

Geoffrey Bruce, Tejbir und ich waren mit den Vorbereitungen fertig. Am 24. Mai verließen wir das Lager und machten uns auf den Weg zum Nordsattel. Diesmal begleitete uns Captain Noel, mit einem Sauerstoffapparat ausgerüstet – ein neuer Jünger des wahren Glaubens. Wenn man von den Wirkungen und Hindernissen absieht, die die Höhenlage mit sich brachte, war das Lager am Nordsattel das angenehmste von allen Lagern, vor allem, weil es wirklich gut vor dem Wind geschützt war. War aber einmal die Sonne untergegangen, dann wurde die Kälte fast unerträglich. Das bekamen auch wir zu spüren. Und so nahmen wir ein verfrühtes, rasches Abendessen ein und krochen schleunigst in die Schlafsäcke. Obwohl die Zelte unmittelbar auf Schnee standen, so verbrachten wir doch eine ganz gute Nacht.

Am nächsten Morgen waren wir zeitig auf den Beinen, jedoch nicht zu früh für unsere Träger, die ebenso begierig wie wir auf das waren, was der Tag bringen sollte, und die unsern Eifer und die Begeisterung teilten. Um 8 Uhr vormittags hatten wir alle gefrühstückt, das Gepäck war aufgeladen, und so wurde zum Abmarsch nach der Everestschulter geblasen. Da wir wußten, daß es uns mit Hilfe der Sauerstoffatmer ein leichtes sein würde, die Träger rasch einzuholen, ließen wir sie vorausgehen und warteten selbst mit dem Aufbruch bis 9 Uhr 30. Wir hatten aber noch immer genug zu tun, und immer wieder war „die letzte Hand" an dieses oder jenes Ding zu legen. Wir kochten uns auch ein gutes Frühstück, denn ein leerer Magen marschiert nicht gern, besonders nicht in solchen Höhen. Allerdings fiel das Frühstück ebenso wie das vorhergegangene Abendessen ein wenig mager aus, denn die geringen Vorräte im Nordsattellager verlangten Haushalten und schlossen jede Üppigkeit aus.

Bevor wir den langen, breiten Schneerücken erreichten, der zur Schulter hinaufführt, mußten wir eine Reihe von breiten Spalten überschreiten, die den Firn oberhalb des Sattels durchrissen. Sie hielten uns aber weder auf, noch machten sie uns Sorge, denn es war nicht schwer, überall leichte Übergänge zu entdecken; guttragende Schneebrücken waren reichlich vorhanden.

*George Ingle Finch*

Bevor wir den Beginn des Schneegrates erreichten, fanden wir im verschneiten Grunde einer Spalte einsam und allein einen unserer Träger sitzen. Die Kraft war ihm ausgegangen, und er konnte nicht mehr weiter; aber seine Kameraden hatten seine Traglast unter sich aufgeteilt. Und nun saß er ganz bequem da, von der Sonne gewärmt und gut vor dem Wind geschützt, und wartete ergeben auf die Rückkehr seiner Genossen. Wir schärften ihm natürlich nochmals ein, er solle ja seinen Platz nicht verlassen, bevor er nicht geholt würde. Dann setzten wir unsern Weg fort. Der untere Teil des Schneegrats ist nicht steil. Wir hielten uns rechts, etwas unterhalb der eigentlichen Grathöhe, und kamen in den Felsen, über denen der Firngrat ansetzt, gut voran. Wir waren nun in gleicher Höhe mit den Trägern, etwas über 7300 Meter hoch, und verschnauften hier einige Augenblicke, die ich benutzte, um ein paar photographische Aufnahmen zu machen. Ein Ausdehnen der Rast war nicht ratsam, denn es war das Aufziehen eines jener Witterungsumschläge zu beobachten, durch die der Mount Everest mittler-weile ziemlich berüchtigt geworden ist.

Brav folgten uns die Träger, die ihr Bestes hergaben, um mit uns gleichen Schritt zu halten; so stiegen wir in gleichmäßigem Tempo aufwärts. Kurz bevor wir das Ende des Schneegrats erreichten, mußten nochmals Stufen geschlagen werden, denn die Neigung des eisigen Firns nahm hier zu. Ich schlug große Wannen und setzte sie nahe aneinander ins Eis, um den Trägern ein leichtes Aufsteigen zu ermöglichen und um ihnen vor allem den Rückweg in vollkommener Sicherheit zu erleichtern. Aber ich hätte mich damit begnügen können, die kleinsten Stufen zu hacken, denn jeder einzelne unserer Partie, Herr wie Träger, stieg über diese Eiswand wie über jedes sonstige Hindernis empor, als sei er der geborene Bergsteiger, dem Gleichgewichthalten, Sicherheitsgefühl und Selbstvertrauen die geläufigsten Dinge sind.

Das Unwetter, das wir kommen sahen, brach los, als wir die Felsen oberhalb des Schneegrats erreichten. Wir standen in einer Höhe von etwa 7620 Meter. Der Wind jagte uns schon die ersten Schneeflocken ins Gesicht. Wir kletterten aber zunächst noch weiter. Ich hatte nämlich vom Lager III aus in einer Höhe von ungefähr 8100 Meter einen scheinbar sehr guten Platz für unser Lager endeckt. Als wir jedoch etwa 7800 Meter hoch gekommen waren, nahm der Sturm derart zu und wurde so drohend, daß wir uns einstweilen jeden Gedanken an ein Weitergehen aus dem Kopf schlagen mußten. In Erwartung eines solchen Unwetters auf Fortsetzung des Steigens zu bestehen, hieß die Träger, die noch am gleichen Nachmittag zum Nordsattel zurück mußten, in unverantwortlicher Weise einer Gefahr aussetzen. Daran durfte ich nicht denken, denn ich war für das Leben dieser stets vergnügten, gutmütigen und immer willigen Menschen, die ihr ganzes Vertrauen in ihren Sahib setzten und sich für ihn aufopferten, nicht nur nach meiner Stellung als Führer, sondern auch aus dem Herzen heraus verantwortlich.

*Im östlichen Rongbukgletscher*

Das war allerdings gar kein freundlicher Platz, um hier ein Lager aufzuschlagen. Aber obwohl ich noch gut 200 Meter höher stieg, so war doch kein besserer zu entdecken. Auf den Steilhängen der Leeseite des Grates fand sich überhaupt kein Fleckchen ebenen Bodens, und da der Wind im allgemeinen tiefer unten auf der Windseite eines Kammes immer fühlbarer ist als auf der Grathöhe selbst, so ließ ich das Zelt unmittelbar auf dem Grat aufschlagen, und zwar auf einer Art Kanzel, von der man direkt über die ungeheuren Abstürze hinunter auf den östlichen und den Haupt-Rongbukgletscher sah, dessen weite Weiße sich über 1500 Meter tiefer zu unseren Füßen ausdehnte.

Dann kehrten die Träger um, um noch vor Tagesende wieder in den Schutz des Lagers am Nordsattel zu kommen. Bruce, Tejbir und ich richteten uns schnellstens häuslich ein, prüften zunächst die Haltetaue des Zeltes auf ihre richtige Befestigung, rollten unsere Schlafsäcke aus, legten die Vorräte auf einen Haufen und krochen dann ins Zelt. Wir zogen die schweren Stiefel aus – alles andere mußte am Körper bleiben – und stiegen dann in die schützenden Säcke. Es war bitter kalt, und der eisige Sturm, gegen den wir in der letzten Stunde anzukämpfen hatten, hatte den letzten Rest von Eigenwärme aus dem Körper geblasen. Wir rückten so nahe als möglich aneinander, um uns zu erwärmen. Der Sturm brauste nun mit voller Macht um das einsame Zelt, und es schneite stark. Obgleich wir alles versuchten, jede Öffnung in den Zeltwänden sorgsam zu schließen, bedeckte uns doch bald eine dichte, weiße Schicht feinen Pulverschnees. Leider drang der Schnee auch in die Schlafsäcke ein; er fand schließlich sogar den Weg durch die Kleider, kältete und näßte uns die Haut und machte uns viel Beschwer und Kummer.

Gegen Abend gingen wir daran, uns etwas Eßbares zu verschaffen. Mit Hilfe von Metasprit wurde Schnee, den wir ja in greifbarer Nähe hatten, geschmolzen und Tee gebraut. Es war zwar weit davon entfernt, warm oder gar heiß zu sein, denn in diesen Höhen kocht Wasser mit einer so niedern Temperatur, daß man ruhig seine Hand hineintauchen kann, ohne befürchten zu müssen, sich zu verbrühen. Aber trotzdem – auch so wie er war – flößte der abendliche Trunk doch unseren erstarrten Körpern etwas wie Wohlbehagen ein.

Nach Sonnenuntergang, als sich das Bedürfnis nach Schlaf oder doch wenigstens nach Ruhe bei uns allen einstellte, wuchs leider der Sturm zum Orkan an und hielt uns während der nächsten achtzehn Stunden ununterbrochen in Atem. Während dieser ganzen langen Zeit mußten wir munter und wach bleiben und ständig auf der Hut sein. Sich hinzusetzen und ruhig darüber nachzudenken, was uns wohl noch bevorstehen mochte und was aus unserm Angriff auf den Gipfel werden würde, war unmöglich. Grausam riß der Wind an den Zeltleinen; er schüttelte und rüttelte und fuhr dann wie ein

© Anne Russell

*Sauerstoffflaschen beim Lager am Nordsattel*

rasendes Ungeheuer unter das eingenähte Bodentuch und lüpfte das Zelt mitsamt den Insassen bald auf der einen, bald auf der andern Seite empor. So oft dies geschah, warfen wir uns wie Ringkämpfer auf das sich blähende, zerrende, reißende Bodentuch und hatten zu dritt alle Mühe, es zu bändigen. Wir wußten, wenn sich der Wind einmal darin verbissen hatte, dann würde im Nu das Zelt zum Luftballon, wie Bindfaden würden die Taue reißen, und nichts würde uns davor retten können, mitsamt dem Zelt einen entsetzlichen Todesflug hinunter auf den Rongbukgletscher anzutreten. Das wilde Schlagen der losgerissenen Fetzen des Zelttuchs knatterte wie Maschinengewehrfeuer in der Nacht, und der Sturm heulte und zischte und brüllte, daß es unmöglich war, sich miteinander zu verständigen. Nur laute Schreie konnte der Gefährte vernehmen, und dazu mußte man den Mund an sein Ohr bringen. Dann und wann trat plötzliche Stille ein, die aber fast noch unheimlicher war als das vorhergegangene Höllenkonzert, und jetzt brach der Orkan mit neuem, noch schlimmerem Toben los. Nun riß das erste Haltetau, dann noch eins – wir mußten aus dem Zelt heraus und versuchen, den Schaden auszubessern. Länger als vier oder fünf Minuten hielt es keiner im Freien aus, der schneidende, eisigkalte Wind verzehrte im Nu das bißchen Menschenkraft.

Mit unfreundlichem Grauen brach der neue Tag an. Der Schneefall hatte aufgehört, aber noch immer tobte der Sturm mit unverminderter Wut. Um 8 Uhr, am Morgen des 26. Mai, machte er Miene, sich zu legen. Aber das war eine Vorspiegelung falscher Tatsachen, die ein baldiges Begräbnis unserer neu erwachten Hoffnungen bedeutete. Denn eine halbe Stunde später brach er mit gesteigerter Wut von neuem los, und es sah aus, als wolle er nachholen, was er in der Nacht nicht fertiggebracht hatte. Zum zweiten Male rissen die Taue, und wir mußten es noch einmal wagen, das Zelt zu verlassen, um die Seile neu zu knoten. Die wenigen Augenblicke, die wir im Freien verbrachten, bewiesen uns mit eisiger und schlagender Kraft, daß es außer jeder Frage stand, auch nur ein paar Schritte weiterzugehen, und daß also auch der Rückzug zum Nordsattel ausgeschlossen sei. Kein lebendes Wesen hätte es länger als einige Minuten ausgehalten, einem Sturm von so rasender Heftigkeit und derart beißender Kälte standzuhalten. Um unser Pech noch zu vergrößern, flog gleich darauf ein großer Stein, den der Sturm losgerissen hatte, in unsere Sturmbude herein und hinterließ in der dem Wind zugekehrten Zeltwand ein großes Loch, und ein paar Augenblicke später riß der irrsinnige Wind auch die Türflügel weg. Aber gottlob, noch waren wir alle munter und wohlauf.

Es war unterdessen 1 Uhr mittag geworden, und wir fingen gerade an, die Geduld zu verlieren und über die unfreundliche Behandlung, die uns hier oben zuteil wurde, ein wenig ungehalten zu werden. Da trat mit einem Male Ruhe ein. Der Sturm hatte sich ausgetobt, und es ging nur noch eine steife Brise über die Grate, gerade von der Windstärke, gegen die man noch gehend ankämpfen kann, wenn man Gesicht und Oberkörper tief zur Erde beugt. Es war die Gelegenheit, zum Nordsattel zurückzukehren. Aber wir faßten den Entschluß, auszuharren und den Rest des Tages und die folgende Nacht hier oben zu bleiben und unser Glück am nächsten Morgen noch einmal zu versuchen. Schlimmer konnte es nicht kommen. Ich glaube, das war ein großer Trost.

Das einzige Haar in der Suppe aber war, daß – keine Suppe für dieses Haar vorhanden war. Unsere Vorräte gingen nämlich auf die Neige oder waren eigentlich schon zu Ende. Die Gründe für diese Knappheit an Proviant sind einfach erzählt: Zunächst hatten wir nie beabsichtigt, mehr als eine Nacht in dem Hochlager zuzubringen, und deshalb hatten wir auch nur für einen Tag Mundvorrat mitgeschleppt, und selbst der war aus vielen Gründen knapp genug bemessen worden. Allerdings nicht ganz aus eigener Überzeugung und Schuld. Die Mehrzahl der Himalayakoryphäen hatte uns immer wieder versichert, daß es erstens ganz unmöglich sei, überhaupt eine Nacht in solchen Höhen zu überleben, und daß man zweitens in derartiger Höhe gänzlich außerstande sei, infolge völligen Appetitmangels irgend etwas zu sich zu nehmen. Andrerseits hatte die gründliche wissenschaftliche Meinung, die Professor Dreyer vertrat, sich auf den entgegengesetzten Standpunkt gestellt und uns versichert, daß wir sowohl in dieser Höhe schlafen als auch essen und trinken würden. Ja, er hatte sogar behauptet, der Sauerstoff würde ohne Rücksicht auf die Höhe den Appetit in wunderbarer Weise anreizen. Jetzt freilich bereute ich es bitter, daß ich mir Professor Dreyers gute Ratschläge durch die Flut der Versicherungen der andern Physiologen und Kenner aus dem Gedächtnis hatte fortschwemmen lassen und nun mit knurrendem Magen über die Unzulänglichkeit autoritativer Ratschläge nachdenken konnte. Ich erinnere mich recht gut, daß uns in der zweiten Nacht der lebhafte Wunsch überkam, wir möchten jetzt zu gern den einen oder andern von denen, die diesen Unsinn aufgebracht hatten, zur Stelle haben. Wir hatten einen ganz erbärmlichen Wolfshunger, und ich glaube, es hätte nicht viel gefehlt, und wir wären, wenn wir ein freßbares Objekt zur Hand gehabt hätten, zum Kannibalismus übergegangen.

Unser Trost und unsere Rettung aber wurden einige Zigaretten, die uns noch geblieben waren. Sie halfen uns über Zeit, Hunger und Müdigkeit hinweg. Aber es war nicht nur der belebende und bekannte stimulierende Anreiz des Nikotins, dem wir zu besonderm Dank verpflichtet waren, das Rauchen übte vielmehr eine sehr wohltuende Wirkung auf den Atmungsprozeß aus. Ich bemerkte in ganz zweifelsfreier Art, daß, wenn ich nicht mein ganzes Augenmerk auf das Atmen konzentrierte und es

© Anne Russell

*Geoffrey Bruce mit dem Sauerstoffgerät*

*Geoffrey Bruce überquert eine Spalte am Nordsattel*

an Stelle des gewohnten unfreiwilligen Reflexes zum wohlüberlegten, bewußten Prozeß machte, ich sofort an Luftmangel und damit an Erstickungsanfällen litt. Um mich davon zu befreien, war es nötig, die Lungen willkürlich zu rascherm Arbeiten zu zwingen, als sie es im gewohnten Atemtrott taten.

Die physiologische Erklärung dieser auffälligen Erscheinung ist nicht schwer: Der Aufenthalt in großen Höhen entzieht dem menschlichen Körper den normalen Vorrat an Kohlensäure im Blut, hauptsächlich deshalb, weil man ein weit größeres Luftquantum einzupumpen hat, um die nötige Menge Sauerstoff zur Umwandlung (Arterialisierung) des venösen Blutes zu gewinnen. Die Kohlensäure dient dazu, das Nervenzentrum zur Regelung des unfreiwilligen, automatischen Atmungsprozesses anzuregen. Mangel an Kohlensäure hat daher zur Folge, daß das Nervenzentrum schlapp wird und nicht mehr voll reagiert, so daß, wenn Ersticken vermieden werden soll, das unfreiwillige Atmen durch gewolltes ersetzt werden muß, ein Prozeß, der so viel Nervenanspannung und Konzentrationsfähigkeit beansprucht, daß er jede Ablenkung, wie

z. B. Schlafen, absolut ausschließt. Sowohl Bruce wie Tejbir hatten in gleicher Weise wie ich die ermüdende Notwendigkeit beobachtet, sich ständig auf das Atmen konzentrieren zu müssen. Nach dem ersten, tiefen Einholen von Zigarettenrauch entdeckten wir aber, daß es nun wieder möglich war, zum unwillkürlichen, automatischen Atmen überzugehen. Offenbar ersetzte irgendein Bestandteil des Rauches die im Blute fehlende Kohlensäure und reizte die Nerven an. Die Wirkung einer einzigen Zigarette hielt bis zu drei Stunden vor. Zum Glück besaßen wir einen ziemlichen Vorrat, mit dem wir leicht bis zum Nachmittag des 26. durchzuhalten hofften.

Es war eigentlich eine recht vergnügte kleine Gesellschaft, die sich an diesem Nachmittag um das kärgliche Mahl versammelte, das wir mit unserm letzten Heizstoff bereitet hatten. Dann trafen wir die nötigen Vorbereitungen, um uns für die zweite Nacht einzurichten. Gegen 6 Uhr abends hörte ich plötzlich Stimmen vor dem Zelt, ich glaubte aber zu träumen. Als jedoch auch Geoffrey Bruce bei dem Geräusch auffuhr, da wußte ich, daß jemand draußen sein mußte. Sechs Träger, die von dem nie versagenden kleinen Burschen Tergio, meinem „Trudi", angeführt waren, standen vor der Tür. Sie brachten volle Thermosflaschen mit heißem Tee mit, die der vorsorgliche Noel bereitet hatte. Diese prachtvollen Kerle waren, sobald der Sturm nachgelassen hatte, vom Nordsattellager aufgebrochen und hatten gern den weiten Weg und die Strapazen auf sich genommen, um sich davon zu überzeugen, wie es uns ging, und um uns ein wenig unser Dasein zu erleichtern. Und das ist nur ein einziges Beispiel der vielen Beweise aufopferndster, tapferster und wirklich selbstloser Ergebenheit, die die Träger der Expedition von 1922 so oft an den Tag gelegt haben. Tergio, dessen gutherzige Fröhlichkeit, dessen liebes Lächeln, das unter den lustig zwinkernden Augen sozusagen immer auf dem Sprung war, in ein glücklich-frohes, breites Grinsen überzugehen, dessen Mut, unbegrenzte Energie und Ausdauer, in ihrer Gesamtheit seltene Eigenschaften, mir den kleinen Mann besonders lieb und wert gemacht hatten, Tergio – „Trudi" – liegt nun unter dem unbarmherzigen Lawinenschnee der Nordsattelwände begraben. Er wird immer unvergessen bleiben!

Die Träger erwarteten, daß wir mit ihnen zum Nordsattel zurückkehren würden. Es war ein starkes Überredungstalent notwendig, um den guten Leuten begreiflich zu machen, daß wir hier oben bleiben wollten und daß sie ganz allein absteigen müßten.

Die zweite Nacht im Hochlager fing schon nicht gut an. Wir waren durch die vorhergegangenen Strapazen und durch den Nahrungsmangel ziemlich erschöpft. Ich hatte von meiner letzten Arbeit im Freien noch die ganze Kälte der Außenwelt in mir, als ich nun wieder im Zelt lag. In mir kroch wie ein fressendes Tier eine tötende, erstarrende, gefühllos machende Kälte hoch, an meinen Gliedern hinauf bis ans Herz hinan und löste Empfindungen aus, die ich vordem nie gekannt hatte und über deren Ernst ich mir die schwersten Gedanken machte. Ein Wort an meine beiden Gefährten bestätigte mir, daß auch sie unter denselben Zuständen litten.

Wie eine Eingebung des Himmels kam mir da plötzlich der Gedanke an Sauerstoff. Bisher hatten wir das lebenspendende Gas nur beim Steigen selbst angewandt und die Apparate sofort bei der Ankunft im Hochlager vor den Zelten beiseite gestellt. Einer kroch nun hinaus und holte einen der Apparate und die nötigen Zylinder herein, und dann nahmen wir – zunächst eigentlich nur im Scherz – gleichsam einen frischen Trunk Sauerstoff. Tejbir schluckte seine Medizin ohne jegliches Interesse, seine Miene war erschöpft, gleichgültig, und das frohe Flackern seiner Züge schien erloschen. Aber – als er jetzt langsam einatmete, sah ich mit erleichternder Freude, wie sich allmählich seine Züge erhellten und sein Gesicht wieder den alten, frohen Anblick gewann. Auch bei Bruce zeigte sich die Wirkung des Sauerstoffes sofort an dem auffallenden Wechsel seines Gesichtsausdrucks. Das entstellte, erschöpfte, verfallene Aussehen seiner Mienen verschwand im Nu, und die gewohnten, vertrauten Züge schauten mich wie verjüngt an. Die Wirkung auf mich selbst war nicht weniger wunderbar; es überkam mich fast plötzlich ein prickelndes, juckendes Gefühl, das von dem Wiedereinsetzen der Blutzirkulation herrührte, die durch die in die gelähmten Glieder zurückkehrende Wärme ausgelöst schien. Wir richteten uns den Apparat so ein, daß jeder von uns während der ganzen Nacht ohne viel Mühe sein stärkendes Schlückchen nehmen konnte. Es war kein Zweifel, und jedes weitere Wort über diesen Gegenstand ist überflüssig: der Sauerstoff hat uns in jener Nacht das Leben gerettet! Ohne ihn wären wir in unserm erschöpften und ausgehungerten Zustand der Kälte erlegen.

Schon lange vor Tagesanbruch waren wir auf den Beinen. Unser Tagewerk begann damit, daß wir uns „anzogen", d. h. diese Beschäftigung auf das krampfhafte Bemühen beschränkten, in unsere Stiefel zu kommen. Es war eine Operation, die ebenso qualvoll wie langwierig war. Ich hatte allerdings in weiser Voraussicht meine Schuhe mit ins „Bett" genommen, und so waren sie schön weich und schmiegsam geblieben, so daß es nur ein wenig Biegen und Kneten brauchte, damit ich schon nach einer Viertelstunde gestiefelt und gespornt war. Die armen Kameraden aber, die nachlässiger gewesen waren und ihre Stiefel dem unvermeidlichen Everestschicksal des Erfrierens überlassen hatten, mußten nun feststellen, daß diese zu Stein und Eis gefroren waren und jede Form verloren hatten. Wir brauchten eine geschlagene Stunde, um die Stiefel nur einigermaßen weich zu bekommen und ihnen wieder eine schuhartige Form zu geben, wobei wir sie dauernd über brennende Kerzen halten mußten. Aber endlich saßen auch diese vier unförmigen Trittlinge an den Füßen.

Kurz vor 6 Uhr traten wir draußen vor dem Zelt an. Das Frühstück nahm am wenigsten Zeit in Anspruch, denn es war von der Speisekarte gestrichen worden. Die ersten Strahlen der Sonne erreichten gerade das Zelt, als wir unsere Lasten schulterten und aufbrachen. Es war kein Sonntagsausflugsgepäck, das wir zu schleppen hatten: Die Sauerstoffapparate, die Kamera und die verschiedenen unentbehrlichen „Kleinigkeiten" wogen doch so viel, daß Bruce und ich je 18 Kilo trugen, und Tejbir, der sich der zwei Reservezylinder erbarmen mußte, hatte fast 23 Kilo auf dem Buckel. Mein Plan war, daß uns Tejbir bis zur Schulter begleiten sollte, wo wir ihm seine Last abnehmen wollten, um ihn zurückzuschicken.

Das Wetter war klar. Die wenigen Wolken, die droben am Himmel gastierten, waren zwar von jener uns genugsam bekannten, nicht viel Gutes versprechenden Art, sie waren aber glücklicherweise so weit entfernt, daß wir vorerst nicht beunruhigt zu sein brauchten. Ein frischer Wind strich über den Grat. Die Kälte war wie immer markdurchdringend. Wir hielten uns ganz oben am Grat, gingen gerade auf die Schulter los und kamen rasch voran. Aber leider begann die Kälte sehr bald ihr mörderisches Werk und suchte sich als erstes Opfer den armen Tejbir aus, dessen eiserne Natur durch alles Vorhergegangene, Hunger, Frieren und Strapazen, schwer erschüttert war. In einer Höhe von 7925 Meter brach er plötzlich lautlos zusammen.

Es vergingen bange Minuten, bis wir ihn wieder ins Bewußtsein zurückgerufen hatten. Wir wußten, daß er sein Bestes hergegeben hatte und wirklich nicht mehr imstande war, noch einen Meter höher zu steigen. Als er wieder bei Sinnen und bei leidlichen Kräften war, nahmen wir ihm sein Gepäck ab, ließen ihm aber natürlich seinen Sauerstoffapparat und genügend Sauerstoff, damit er sicher ins Lager zurückkommen konnte. Das Gelände, auf dem wir uns bewegten, war sicher und gut gangbar und unser Zelt noch in voller Sicht, so daß ein Abirren von der Route völlig ausgeschlossen war. Und als sich Tejbir völlig erholt hatte, ließen wir ihn absteigen.

Wir schauten Tejbir noch eine Zeitlang nach, und als wir sahen, daß er sicher seines Weges ging, teilten wir Tejbirs Traglast auf und setzten unsern Weg fort. Da der Grat gleichmäßig und hindernislos anstieg, glaubte ich, dem schnellern Vorankommen zuliebe darauf verzichten zu können, mich mit Bruce durch das Seil zu verbinden. Nirgends stießen wir auf steilere Felsen; wir fanden das Terrain überall leicht und gutartig und entdeckten auch genug ebene Plätze, die sich recht gut für ein etwaiges zukünftiges, noch höher gelegenes Zeltlager eigneten. So erreichten wir eine Höhe von etwa 8100 Meter.

Unterdessen hatte der Wind, der langsam aber sicher zugenommen hatte, eine solche Gewalt bekommen, daß es mir klar wurde, er würde uns ebenso wie Tejbir zur Strecke bringen, wenn wir uns seinen Angriffen noch länger schutzlos aussetzten. Wir waren aber nicht ausgezogen, um zu sehen, wie hoch wir würden steigen können, sondern wir wollten den Gipfel des Everest erreichen.

Also änderten wir unsere Taktik. Wenn uns der Sturm droben auf dem ausgesetzten Grat nicht dulden wollte, mußten wir uns einen Weg suchen, wo er uns nicht derart zusetzen konnte. Dem Sturm wollten wir weichen, nicht aber dem Berg.

Es gab noch einen zweiten Weg, der geschützter war. Aber diese Route hatte ihre Nachteile. Die Felsen, über die wir bisher gestiegen waren, hatte der Wind brav und sauber vom Schnee gereinigt, und überall hatte er reichlich Griffe und Tritte für Hände und Füße bloßgelegt, und soweit wir sehen konnten, blieben die Verhältnisse bis hinauf zur Schulter ohne wesentliche Änderung.

In dem Augenblick aber, als wir die Grathöhe verließen, bekamen wir auch schon alle Nachteile der neugewählten Route zu fühlen. Zunächst einmal fiel die Schichtung des Berges sehr ungünstig nach Norden, also nach außen ab. Der Fels, den wir begehen mußten, war zudem glatt und unsicher, denn massenhaft lag Neuschnee auf ihm. Ununterbrochen war größte Vorsicht geboten. Mein Gefährte zeigte sich zwar als sehr sicherer Geher, er stand fest auf den Füßen und war bei jedem Schritt vorsichtig. Ich dachte nicht daran, daß er rutschen könnte. Aber ich war doch für sein Leben verantwortlich, und so mäßigte ich immer wieder mein Tempo und trennte mich nie mehr als ein paar Schritte von ihm. Indem wir uns so dicht beisammen hielten und stetig aufwärts stiegen, einer den andern anspornend, rückten wir langsam dem Gipfel näher und näher, gewannen aber doch leider nur wenig an Höhe. Nun stellten sich ernstere Schwierigkeiten hindernd in den Weg, und das Klettern wurde schwerer. Jetzt wurde der feste Fels wieder von schneebedeckten Stellen abgelöst. Aber es war ein verführerischer, pulvriger Stoff ohne innern Halt, der mit einer dünnen, nichttragenden Windharschkruste überzogen war, die den falschen Anschein von Festigkeit erweckte. Verlaß war auf den weißen, silbernen Trug nicht.

Als wir die Flanke des Everest etwa zur Hälfte auf diese Weise gequert, aber wenig an Höhe gewonnen hatten, beschlossen wir in einer Höhe von etwa 8260 Meter, unseren Kurs nochmals zu ändern, und hielten uns nun gerade hinauf zum Gipfelgrat.

Wir hatten abermals etwa 100 Meter an Höhe gewonnen und hatten gerade unter dem Gipfel einen von einer steilen Felsplatte gekrönten, etwa zehn Meter hohen Vorsprung erreicht, da rief Bruce plötzlich aus: „Ich bekomme kein Gas mehr!" Blitzschnell drehte ich mich herum: Bruce war unter mir, er tastete nach den Felsen und versuchte in verzweifelnder Anstrengung, die paar Meter, die uns trennten, noch zu überwinden. So rasch, als es mir möglich war, stieg ich über die Felsen zu ihm hinunter und stand gerade in dem Augenblick an seiner Seite, als er unter dem Schwinden seiner Kraft nach hinten zu stürzen drohte, wo haltlose, ewige Leere sich über entsetzlicher Tiefe auftat.

Ein rascher Griff mit meiner freien Linken nach seiner rechten Schulter – nun hielt ich ihn. Mit dem Gesicht riß ich ihn an die Felsen und zog ihn, während er seine letzten Kräfte im langsam wiederkehrenden Bewußtsein sammelte, empor auf den Felsvorsprung, wo ich ihn herumdrehen und in sitzende Stellung bringen konnte, mit dem Rücken an den Felsen. Ich nahm ihm die schwere Last von den Schultern, und rückte ihn zurecht, und da kam es noch einmal keuchend und atemlos von seinen Lippen: „Ich bekomme kein Gas mehr!" Ich gab ihm sofort mein Mundrohr und bemühte mich, mit der ganzen Last meines Apparats und des übrigen Gepäcks am Rücken, den Schaden an Bruces Apparat festzustellen und zu beheben.

Systematisch tastete ich alle Verbindungsstücke ab zwischen Apparat und Zylinder, der sich bis zum Druck- und Strommesser als intakt erwies, und konstatierte, daß die Meßapparate funktionierten und der letztere unvermindert die Entnahme von 2,4 Liter in der Minute anzeigte. Mit dem schweren Gewicht meiner Traglast am Rücken und selbst ohne Sauerstoffzufuhr, war ich übereilig und selbst nicht ganz bei Sinnen und Kräften und nahm an, der Fehler müsse an einem Bruch des den Strommesser verlassenden Ausgangsrohres liegen (ein anderer Apparat hatte früher einmal schon diesen Schaden gezeigt, der ganz mit dem jetzigen Befund übereinstimmte). In meiner Verzweiflung nahm ich meinen Pickel, um den Strommesser mit einem Hieb herunterzuhauen und das zu Bruce führende Saugrohr direkt mit dem Ausgangsrohr des Reduktionsventils verbinden zu können. (Das Notventil, das vorsorglich angebracht war, erwies sich bei dieser Art des Versagens als nutzlos.)

Bevor ich aber mein Vorhaben in die Tat umsetzen konnte, ging mir selbst „die Luft" aus, und ich hatte höchste Not, schleunigst mein Atemrohr aus Geoffreys Mund zu ziehen, um eine Reihe von tiefen Sauerstoffschlucken zu nehmen. Ich brachte das Gas auf die Maximalgeschwindigkeit des Ausströmens und vergrößerte seinen Zufluß noch dadurch, daß ich das Nebenventil meines Apparats aufdrehte. Das pulverte mich im Nu wieder auf. Damit wir zunächst beide aus meinem Apparat atmen konnten, verband ich ein Reserve-

T-Stück und einen Gummischlauch, den ich glücklicherweise bei mir hatte, mit dem Ausgangsrohr.

Nun selbst wieder versorgt, nahm ich die Untersuchung des beschädigten Apparats wieder auf und versuchte mit mehr Ruhe und Sorgfalt die Diagnose zu stellen, anstatt gleich zum Pickel zu greifen. Ich prüfte jetzt die einzelnen Teile vom Mundstück her durch und entdeckte sehr rasch, daß ein gläsernes Verbindungsstück, das bei der Umkonstruktion der improvisierten Masken verwendet worden war, zerbrochen war. Der dicke Gummi, der das Rohr ursprünglich schützte, war zum Teil abgestreift worden und das ungeschützte Glas war beim Klettern an irgendeinem Felsen zerbrochen. Da ich glücklicherweise ein Reserveglas in Besitz hatte, war der Schaden rasch und leicht behoben, und Bruce konnte wieder seinen Apparat benutzen. – In meinen früheren Berichten über meinen Versuch auf den Everest war ich auf diesen Vorfall nicht näher eingegangen. Vor kurzem aber hat Dr. Longstaff im „Alpine Journal" einen Artikel veröffentlicht, in dem er das Ereignis ausführlich bespricht. Ich nehme an, daß ihm Geoffrey Bruce die Geschichte erzählt hat.

Es war nötig, ein paar Augenblicke zu rasten. Diese paar Minuten aber wurden entscheidend für den Rest des Tags und damit für unser Unternehmen. Ich hatte bisher noch nicht Zeit und Ruhe gefunden, um den Zustand meines Gefährten zu beobachten. Ich hatte lediglich verfolgt, wie er ging und kletterte, wie er vorwärts kam, ob ich ihn ohne Seil gehen lassen durfte, ob er sich noch immer aufrecht hielt. Aber jetzt sah ich mit einem Male, daß auch Bruce ebenso wie früher Tejbir seinem Körper bereits das Äußerste zugemutet hatte. Noch ein Schritt mehr, und der Zusammenbruch war unvermeidlich. Diese Erkenntnis überkam mich plötzlich wie ein Schlag.

Meine Gefühle sind immer ein Stück meiner selbst. Ich will hier nicht eine kaltblütige, psychologische Analyse des mich sintflutartig überstürzenden Wandels zu Papier bringen, in den mich diese Erkenntnis versetzte, sondern nur den Anfangs- und Endzustand meines Denkens und Fühlens andeuten: Wissen, Selbstvertrauen und der von der Hoffnung getragene Glaube an die Möglichkeit der Durchführung – das hatte uns die Kraft gegeben, während wir uns selber einsetzten und höher und höher gipfelwärts stiegen. Der Kampf ums Leben während der zwei Nächte im Hochlager hatte unserer Begeisterung gar keinen Abbruch getan und auch der Zusammenbruch von Tejbir, obwohl er ein harter Schlag war und schwere Gedanken ausgelöst hatte, konnte uns nichts von unserer Überzeugung und unserer Energie nehmen. Nicht einen Augenblick lang war mir der Gedanke gekommen, daß wir unser Ziel nicht erreichen könnten. Gut und rasch und stetig waren wir vorwärts gekommen, der Gipfel lag vor uns: noch etwas weiter, und wir würden auf der Spitze stehen – auf dem höchsten Gipfel der Welt – auf dem vielumworbenen schwer umkämpften – – –

Und nun plötzlich war alles wie eine Vision verschwunden. – – Es war kein Ziel mehr vor uns. Kalte Nüchternheit war eingetreten. Wir saßen allein, mit Mächten und Gedanken kämpfend, hoch über der Welt auf harten unerbittlichem Fels, kaltem Schnee, dem Ungewissen preisgegeben – – –

Meine Gedanken jagten sich. Ich selbst hätte noch gut weitergehen können. Die Zeit lag weit hinter mir, wo ich noch nicht meiner eigenen Sicherheit vertraut und nach der wirklichen oder moralischen Hilfe des Bergseils verlangt hatte. Aber schon allein der Gedanke daran schien mir wie Verrat an meinem Gefährten, dessen jüngere Jahre ihm nicht erlaubt hatten, sich das Training zu erwerben, das mir nun zugute kam, und dessen mangelnde alpine Vorschule ihn nicht so an das Ertragen von Strapazen gewöhnt hatte, wie ich es gelernt hatte.

Wir machten noch ein paar Schritte gegen den Gipfel hin. Das stellte die Sachlage nur noch klarer. Und ich sah ein, was kommen würde, wenn ich nicht unerbittlich der bessern Einsicht gehorchte. Aber als Beweis für den unbeugsamen Willen meines lieben Kameraden will ich noch sagen, daß ihm der schwere Kummer in den Augen stand, als das Wort „Umkehr!“ entscheidend über meine Lippen kam.

*Ein Sherpa hilft Geoffrey Bruce beim Abstieg*

*George I. Finch mit der ersten jemals im Himalayabergsteigen eingesetzten Sauerstoffausrüstung*

*Eine weitere britische Expedition kommt mit großen Hoffnungen im Jahr 1924 zum Everest. Doch sie steht von Beginn an unter einem unglücklichen Stern. Ihr Führer, der populäre General C. G. Bruce, erkrankt beim Anmarsch an Malaria und muss zurück bleiben. Er wird durch seinen Stellvertreter, den erfahrenen Colonel E. F. Norton ersetzt.*

*Erste Versuche, eine Lagerkette mit Vorräten aufzubauen, werden von ungünstigem Wetter zunichte gemacht, die Bergsteiger müssen ins Basislager zurückkehren und auf das Ende der Stürme warten.*

*Beim nächsten Versuch werden vier Träger in Lager IV eingeschlossen und müssen gerettet werden. Es gibt Verletzte und Erfrierungen, zwei einheimische Träger sterben.*

*Es dauert mehr als einen Monat, bis Norton und Somervell am 3. Juni einen ersten Gipfelversuch ohne Sauerstoffflaschen unternehmen. Auf über 8500 Metern muss Somervell wegen höhenbedingter extremer Halsschmerzen aufgeben. Norton versucht einen Alleingang über die Nordwand. Mit einer unglaublichen Leistung gelingt es ihm, das heute nach ihm benannte Norton-Couloir zu queren und eine Höhe von fast 8600 Metern zu erreichen. Hier wird es zu steil, er ist erschöpft. Doch trotz der Umkehr ist er überzeugt, dass der Weg möglich wäre, nur seine Erschöpfung und die fortgeschrittene Zeit halten ihn ab, den verlockend nahen Gipfel zu erreichen.*

*Jetzt beschließt Mallory, vor dem Abbruch der Expedition noch einen letzten Versuch zu unternehmen. Er wählt den 22 Jahre jungen Andrew Irvine als Partner, und diesmal nehmen sie die Sauerstoffgeräte mit. Am 6. Juni verlassen sie mit acht Trägern Lager IV, wollen je eine Nacht in Lager V und VI verbringen und dann am 8. Juni den Gipfel angreifen.*

*Noel Odell, der Autor des folgenden Ausschnittes, soll einen Tag später folgen, um sie beim Abstieg zu unterstützen.*

*Der 8. Juni beginnt mit klarem und nicht zu kaltem Wetter, doch als Odell Richtung Lager VI klettert, bauen sich Wolkenbänke auf und leichter Schneefall setzt ein. Um 12.50 Uhr klart es plötzlich auf, er blickt auf und sieht zwei kleine schwarze Punkte unterhalb einer Felsstufe auf einem Schneefeld in großer Höhe auf dem Grat. Es sind Mallory und Irvine, in gutem Tempo unterwegs zum Gipfel, der ungefähr drei Stunden entfernt scheint. Sie sind zwar einige Stunden hinter ihrem Zeitplan, aber immer noch im Anstieg.*

*Es ist das letzte Mal, dass die beiden lebend gesehen werden. Sie kehren von ihrem mutigen Versuch nicht zurück.* *A. S.*

Der folgende Text wurde entnommen aus: E. F. Norton, Bis zur Spitze des Mt. Everest, die Besteigung 1924. Benno Schwabe & Co.: Basel 1926, S. 94–96. Abdruck mit freundlicher Genehmigung des Verlags.

*Noel Odell*

# *Bis zur Spitze des Mount Everest?*

Warum sind Mallory und Irvine nicht zurückgekehrt? Von der zweiten Stufe aus fehlten noch 240 m senkrechter und 500 m waagrechter Entfernung zum Gipfel. Wenn sie auf keine besonderen Hindernisse stießen, konnten sie um 3 oder 3 $^{1}/_{2}$ Uhr auf der Spitze sein. Vor dem Abmarsch aus dem Lager VI hatte Mallory an Noel geschrieben, daß er um 8 Uhr früh am Fuße der Gipfelpyramide zu sein hoffe (8625 m). Die beiden Bergsteiger hatten sich somit um fünf bis sechs Stunden verspätet. Da man für den Abstieg vom Gipfel zum Lager VI fünf bis sechs Stunden rechnen muß, war es fast unmöglich, dieses vor Einbruch der Dunkelheit zu erreichen. Aber die Nacht war klar und

*Die britische Mt. Everest Expedition 1924, hintere Reihe v. l. n. r.: Irvine, Mallory, Norton, Odell, MacDonald (Postläufer für The Times), sitzend: Shebbeare, Bruce, Somervell, Beetham*

*Das Basislager der Briten 1924 an der Nordseite des Mt. Everest*

mondhell, wenn auch der Mond erst später aufging. Trotzdem ist nicht ausgeschlossen, daß sie das Zelt verfehlten und ein Freilager beziehen mußten, was in ihrem erschöpften Zustande natürlich besonders gefährlich war. Selbstverständlich kannte Mallory diese Gefahr, vermochte aber nichts dagegen zu tun. Das Einschlafen in dieser Höhe und bei dieser Kälte ist nahezu mit dem sicheren Tode gleichbedeutend.

Norton verwirft obige Annahme, weil keine Lichtzeichen gesehen worden sind. Obgleich ich das Gewicht dieses Einwandes anerkenne, halte ich ihn doch nicht für durchaus entscheidend, weil Laterne oder Magnesiumfackel versagt haben können. Da ich im Zelte VI zwei Fackeln vorfand, bleibt die Möglichkeit, daß man in der Eile des Aufbruches überhaupt vergessen hat, eine mitzunehmen.

Der Bergsteigertod durch Absturz liegt ebenfalls nahe. Dann mußten sie durch das Seil verbunden sein, worüber die von mir beobachteten Bewegungen keinen deutlichen Aufschluß gaben. Natürlich kann ein Abstürzender den unter ihm Nachfolgenden mitreißen, auch wenn man nicht angeseilt ist. Aber wer mag bei Mallorys Geschicklichkeit und Erfahrung an einen Absturz glauben. Für ihn war das Gelände ja kinderleicht. Auch Sandy Irvine ging sehr sicher. Als Zweiter kam er jedenfalls überall mit, wie ich von Norwegen und Spitzbergen her genau weiß. Allerdings wurden sie durch die Sauerstoffausrüstung behindert, wie aus Mallorys Zettel hervorgeht. Ist es aber denkbar, daß so tüchtige Leute bei einer leichten Kletterei jeden Halt verlieren? Immerhin sind Fälle bekannt, wo gute Bergsteiger infolge unglücklicher Umstände oder aus Erschöpfung abstürzten.

Auf dem Kamme des Nordostgrates sieht man aus der Ferne nur zwei Stellen, die Schwierigkeiten vermuten lassen. Deren erste ist die zweite Stufe, die von weitem zwar steil, aber auf der Nordseite übersteigbar aussieht. War es wirklich die zweite Stufe, wo ich die Bergsteiger zuletzt erblickte, so konnte von Schwierigkeiten nicht die Rede sein, denn der vorangehende Punkt – vermutlich Mallory – überwand dieses Gratstück in fünf Minuten. Sodann stößt man am Fuße der Gipfelpyramide auf steilere Platten, die in den leichten Gipfelgrat übergehen. Norton hat dicht unter dieser Stelle gestanden und hält sie bei Neuschnee für ziemlich gefährlich, wenn jemand ausrutschen sollte. Ohne Oberst Nortons örtlichen Augenschein zu bezweifeln, möchte ich darauf hinweisen, daß sich die Stelle durch einen waagrechten Quergang nach rechts umgehen läßt. Das ergibt sich aus Somervells Lichtbild (von 8500 m) und aus Noels telephotographischer Aufnahme von oberhalb des Lagers III. Solch geringfügige Hindernisse können einen Alpinisten von Mallorys Erfahrung weder lange aufgehalten noch gänzlich abgeschlagen haben. Er und Irvine würden es ganz bestimmt nicht auf einen Fehltritt ankommen lassen, dessen

*George Leigh Mallory*

*Andrew Comyn Irvine*

Folgen ihnen allzu deutlich vor Augen standen.

Schließlich hat man noch daran gedacht, daß vielleicht der Sauerstoff versagte. Nach meinen Erfahrungen erscheint es vollkommen unglaublich, daß sie dadurch am Weitergehen, geschweige denn am Abstiege verhindert worden wären. Auf Mallorys Zettel stand, daß sie bisher nur wenig Sauerstoff gebraucht hatten und daß jeder nur zwei Flaschen mitnehmen wollte. Sie waren zudem schon so an die Höhe gewöhnt, daß ein Zusammenbruch sehr unwahrscheinlich ist.

Ich bin dafür, daß Mallory und Irvine den Tod durch Erfrieren im Freilager fanden. Zwar hatte Mallory gesagt, daß er kein tollkühnes Wagnis laufen werde, aber wer weiß, zu welchen Entschlüssen zwei Leute an den Pforten des Sieges kommen. Ob der Ruf der Sehnsucht nicht die Stimme der Klugheit übertönte, als Mallory das Ziel zum Greifen nahe sah? Das Vertrauen in seine oft erprobte Kunst und das Vertrauen in den bewährten Begleiter mögen ihn zum kühnen Wurfe verleitet haben. Von Irvine wissen wir, daß er alles daran setzen wollte, um den höchsten Preis zu erringen. Wer unter uns würfe den ersten Stein? Wir alle haben auf so manchem Bergesriesen dem Sturme und der Dunkelheit getrotzt. Wer von uns hätte das Übermenschliche vollbracht und sich gemeistert, als die Erfüllung lockte?

Die Frage, ob der Mount Everest bezwungen ward, bleibt unbeantwortet, weil sichere Beweise fehlen. Überdenkt man jedoch alle Möglichkeiten, so ergibt sich die große Wahrscheinlichkeit, daß Mallory und Irvine auf dem höchsten Gipfel der Erde gestanden haben.

*Seit der letzten Sichtung von George Mallory und Andrew Irvine am 8. Juni 1924 ranken sich Legenden und Vermutungen um das Schicksal der beiden britischen Bergsteiger. Haben sie damals den Gipfel des Mount Everest erreicht, bevor sie verunglückten? Wie hat sich ihr Schicksal erfüllt? Warum sind sie nicht zurückgekehrt?*

*Ein junger Deutscher findet an Weihnachten 1987 ein Geschenk vor, das sein Leben verändern wird: Das Buch „First on Everest" von Tom Holzel und Audrey Salkeld fasziniert den gerade 16-jährigen Jochen Hemmleb so sehr, dass er zu sammeln beginnt, was Licht in die Frage nach dem Verbleib von Mallory und Irvine bringen könnte. Nach Jahren des Sichtens von Materialien entschließt sich der Student der Geologie, seine Thesen über Internet zu veröffentlichen.*

*Bald entspannt sich eine ausgiebige Diskussion zu Hemmlebs Annahmen, Mallory und Irvine könnten eine andere als die bisher vermutete Route für den Weg zum Gipfel genommen haben. Via Internet meldet sich Larry Johnson aus Pennsylvania, der ebenfalls seit geraumer Zeit zu den Rätseln um Mallory und Irvine forscht. Langsam reift in den beiden der Wunsch, eine Expedition auszurüsten, um mit den akribisch ausgewerteten Informationen nach Mallory und Irvine zu suchen.*

*In Eric Simonson findet Hemmleb einen Profibergsteiger, der über das nötige Know-how am Everest und über ein ausgeprägtes Organisationstalent verfügt. Ihm gelingt es, Sponsoren für das Projekt zu gewinnen und als Expeditionsleiter eine Mannschaft erstklassiger Bergsteiger einzuladen, sich an der Suche zu beteiligen.*

*Die Mallory & Irvine Research Expedition 1999 hofft eigentlich, Andrew Irvine zu finden, denn der Ort, an dem sein Pickel bereits 1933 geborgen wurde, ist bekannt. Der Beschreibung nach musste der chinesische Bergsteiger Wang Hongbao 1975 die Leiche Irvines gesehen haben. Außerdem wird bei Irvine eine Kodak-Kamera vermutet, deren im Permafrost konservierter Film eventuell noch entwickelt werden könnte – vielleicht die Antwort auf die große Frage, ob die beiden 1924 bereits am Gipfel standen. Doch dann kommt alles anders:*

*Nach dem überraschenden Fund und der Bestattung von George Mallorys Leiche übergibt die Expedition die Fundstücke – Höhenmesser, Streichhölzer, Taschenmesser, Sonnenbrillen, Schere, Bleistift sowie Briefe und Notizen – an Mallorys Familie. Eine Sonderausstellung zeigt die Funde im National Geographic Institute in Washington und anschließend in Tacoma, der Hauptstadt von Simonsons Heimatstaat Washington. Mallorys Familie überläßt die Funde zur Archivierung der Royal Geographic Society in London.*

*Zur weiterhin ungelösten Frage, ob Mallory und Irvine den Gipfel erreicht haben konnten, findet sich im Bericht der Expedition ein indirekter Hinweis. Demnach habe George Mallory angekündigt, am Gipfel ein Bild seiner Frau Ruth zu hinterlassen. Der beim zu Tode gestürzten Mallory gefundene Brustbeutel jedenfalls enthielt mehrere Briefe, doch das Foto seiner Frau fehlte.* *M. U.*

Der folgende Text wurde entnommen aus: Jochen Hemmleb/Larry A. Johnson/Eric R. Simonson: Die Geister des Mount Everest. Die Suche nach Mallory und Irvine. Hoffmann und Campe: Hamburg 1999, S. 110–123. 

*Jochen Hemmleb*

# *Der überraschende Fund*

Das Problem war immer der Eispickel gewesen. Fast zehn Jahre lang, nachdem Noel Odell Mallory und Irvine beobachtet hatte, wie sie im Nebel verschwunden waren, gab es nicht den geringsten Anhaltspunkt, was mit ihnen geschehen sein konnte. Am 30. Mai 1933 fand dann der Bergsteiger Percy Wyn-Harris während der nächsten britischen Everest-Expedition hoch oben am Nordostgrat auf 8460 Meter Höhe einen Eispickel. Er lag etwa zweihundertdreißig Meter östlich jener ausgeprägten Felsformation, die als Erste Stufe bezeichnet wird, und zwanzig Meter unterhalb der Gratschneide.

Somervell hatte 1924 seinen Eispickel beim Abstieg auf dem Gelben Band verloren. Doch das Gelbe Band liegt unterhalb der Stelle, an der der Eispickel gefunden wurde, so daß es sich nicht um Somervells handeln konnte. Da zwischen 1924 und 1933 keine weitere Expedition am Berg gewesen war, mußte der Eispickel also von Mallory oder Irvine stammen. Sofort nahm alle Welt an, einer von ihnen oder beide seien von dieser Stelle zu Tode gestürzt.

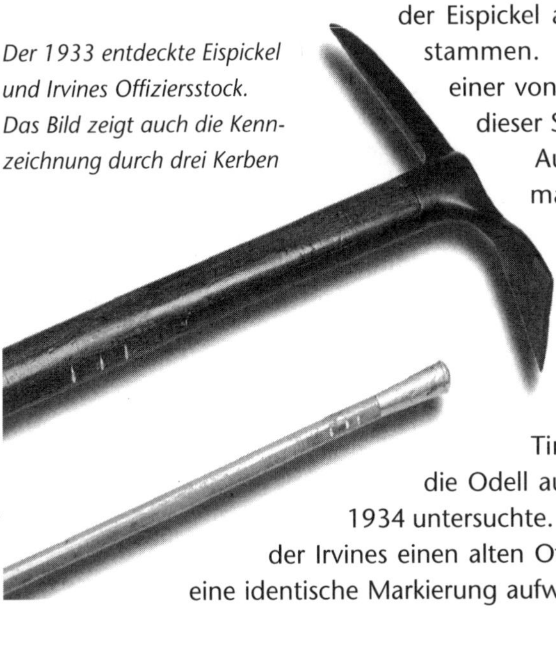

*Der 1933 entdeckte Eispickel und Irvines Offiziersstock. Das Bild zeigt auch die Kennzeichnung durch drei Kerben*



Auf seinem Schaft entdeckte man zwei Markierungen: ein kleines Kreuz, das Wyn-Harris' Diener Kusang Pugla eingeritzt hatte (um den Pickel von anderen der Expedition von 1933 zu unterscheiden), und drei mit Tinte nachgezogene Kerben, die Odell auffielen, als er das Fundstück 1934 untersuchte. Doch erst 1962 fand ein Bruder Irvines einen alten Offiziersstock von Andrew, der eine identische Markierung aufwies. Folglich handelte es sich um Irvines Eispickel. Wenn man also Irvines sterbliche Überreste finden wollte, so die allgemeine Überzeugung, dann mußte man auf der Schneeterrasse suchen, die einige hundert Meter unter dem Fundort des Eispickels liegt.

Doch Jochen Hemmleb war anderer Auffassung. Die Annahme, Irvine – und möglicherweise auch Mallory – sei an der Stelle abgestürzt, wo der Eispickel entdeckt worden war, erschien ihm nicht plausibel: „Russell Brice hat mir erzählt, der Grat sei an dieser Stelle ziemlich breit. Das ist einfach kein Ort, an dem man abstürzt. Hinzu kommt, daß sich unterhalb des Grats mehrere Bänder befinden, die den Sturz in dem unwahrscheinlichen Fall, daß er sich doch ereignete, sicher aufhalten würden." Und es gab noch einen Aspekt, der ihn störte: Der Eispickel hatte flach auf einer leicht geneigten Felsplatte gelegen. Er war durch nichts gehalten worden oder irgendwie verkeilt gewesen. Auch war er völlig unbeschädigt. „Es spricht viel mehr dafür, daß er absichtlich niedergelegt wurde, als daß er bei einem Unfall dorthin gerutscht ist", betont Hemmleb. Fünfundsechzig Jahre zuvor war Odell einer ganz ähnlichen Meinung gewesen: „Ich halte es für sehr gut möglich, daß einer von ihnen – vermutlich Irvine, der es weniger als Mallory gewöhnt war, bei Felskletterei einen Eispickel zu tragen – während des Aufstiegs beschlossen hat, seinen Pickel auf dem Grat zurückzulassen, um ihn beim Abstieg wieder mitzunehmen, besonders wenn man bedenkt, daß unter den damals herrschenden Bedingungen die Route nahezu ausschließlich über Fels führte."

Als sich Hemmleb in die Geschichte jener Expeditionen vertiefte, die den Aufstieg über die Nordseite versucht hatten, wurde ihm bewußt, daß es einen einzigen eindeutigen Hinweis auf den Verbleib von Mallory und Irvine selbst gab: die Aussage des chinesischen Bergsteigers Wang Hongbao, er habe während der chinesischen Expedition von 1975 bei einem, wie er erklärte, kurzen Spaziergang in der Umgebung von Camp VI einen Leichnam gefunden, den er nachdrücklich als ‚englisch, englisch!' beschrieb.

Wang hatte zu einer Gruppe von Bergsteigern gehört, die nach ihrem am 4. Mai 1975 zwischen Lager VI und Lager VII verschollenen Gefährten Wu Zongyueh suchten. Am Tag nach Wus Verschwinden hatte sich Wang mit Zhang Junyan, einem anderen Bergsteiger, in Lager VI aufgehalten, wo sie auf die Ankunft eines weiteren Bergsteigers warteten, und beschlossen, einen kurzen Spaziergang zu unternehmen. Als er zwanzig Minuten später zurückgekehrt war, hatte er Zhang (und später anderen) erzählt, er sei auf den Körper eines ausländischen Bergsteigers gestoßen. Erst 1979, als Wang an einer chinesisch-japanischen Expedition teilnahm, hat er die Geschichte von der Entdeckung des „englischen Toten" einem Nichtchinesen erzählt, dem japanischen Bergsteiger Hasegawa Yoshinori. Von diesem Gespräch berichtete Hasegawa: „Er sagte zu mir: ‚8100 Meter Engleese' und machte eine Geste des Schlafens ... Dann öffnete Wang den Mund, deutete mit dem Finger auf die Wange (und) drückte sie leicht mit dem Finger ein ..." Die Wange, so wollte Wang mit dieser Geste andeuten, war von Vögeln aufgepickt worden. Mehr sollte Hasegawa nicht erfahren: Am folgenden Tag wurde Wang von einer Lawine in den Tod gerissen. Doch Jahre später spürte der Everest-Experte Tom Holzel Zhang Junyan auf, und der bestätigte Wangs Geschichte.

Wie zuverlässig auch immer die anderen Hinweise waren, die sich im Laufe der Jahre angesammelt hatten – diesem maß Hemmleb besondere Bedeutung bei. Die Aufgabe, die sich daraus ergab, war eindeutig: Es galt, die Stelle zu lokalisieren, wo sich 1975 das chinesische Lager VI befunden hatte, und dann in einem Umkreis zu suchen, dessen Radius sich in zwanzig Minuten (oder etwas mehr, um sicherzugehen) hin und zurück bewältigen ließ. Den Standort des Lagers zu bestimmen war jedoch keine leichte Aufgabe.

Die Chinesen hatten nur wenige Dokumente zu ihrer Besteigung von 1975 freigegeben. Zu dem Zeitpunkt, als Wang den Leichnam entdeckt hatte, befand sich ihr Lager VI auf 8200 Metern – später wurde es auf eine höhere Position verlegt –, aber es gab keinen Hinweis, ob es auf dem Nordgrat oder in der Nordflanke des Everest aufgeschlagen worden war. „Ich habe ein Bild des chinesischen Lagers VI gefunden, auf dem einige Hintergrundmerkmale zu erkennen waren", erläutert Hemmleb, „und ich fragte mich, ob man nicht anhand dieses Bildes die genaue Position des Lagers bestimmen und damit das Suchgebiet eingrenzen könnte." Als er das chinesische Bild mit Fotografien vom Lager VI anderer Expeditionen verglich, erkannte er rasch, daß jedes einen anderen Hintergrund hatte und somit aus unterschiedlichen Perspektiven aufgenommen worden war. „Die nächste Frage", erinnert sich Hemmleb, „lautete also, ob es irgendeine Möglichkeit gab, die Standorte dieser verschiedenen Lager anhand des sichtbaren Hintergrunds exakt zu lokalisieren. Gab es eine universell anwendbare Methode, mit deren Hilfe sich der Aufnahmepunkt

*Das chinesische Lager VI im Jahre 1975*

jedes beliebigen Fotos aus der Nordflanke des Everest ermitteln ließ? Es gab sie."

Auf jedem Foto, das vom oberen Nordgrat mit Blick auf den Gipfel aufgenommen worden ist, gibt es einen einheitlichen Bezugspunkt: ein dreieckiges Schneefeld, das den höchsten Punkt markiert, den Geoffrey Bruce und George Finch während der englischen Expedition von 1922 erreicht hatten. Die Position des Fotografen eines jeden Fotos aus diesem Bereich des Bergs läßt sich bestimmen, indem man ein Landschaftsmerkmal der Gratschneide (Felsturm, Schneefeld etc.) sucht, welches senkrecht über diesem Bezugspunkt liegt. Wenn man beide Punkte auf einer Senkrechtaufnahme identifiziert hat, kann man eine Rückpeilung vornehmen und auf diese Weise rekonstruieren, wo der Fotograf gestanden hat. „Auf dem chinesischen Foto", erläutert Hemmleb, „befindet sich das Schneedreieck senkrecht unter einem Punkt am Gipfelgrat unmittelbar jenseits der sogenannten Dritten Stufe. Wenn man diese selben Punkte auf einer entzerrten Senkrechtaufnahme des Grats verbindet, erhält man eine Linie, auf der das Lager liegt. Für die genaue Lokalisierung braucht man noch eine zweite Rückpeilung, die man durch senkrechte Ausrichtung zweier weiterer Merkmale erhält, im Fall des chinesischen Fotos ein Band an der Ersten Stufe und eine Schneezunge am Fuß des Gelben Bandes." Auf diese Weise konnte Hemmleb bestimmen, daß das Lager VI der chinesischen Expedition von 1975 auf einer schwach ausgeprägten Felsrippe zu finden sein mußte, welche die Schneeterrasse in zwei Hälften teilt – ein Ort, der zu weit von der heute üblichen Aufstiegsroute entfernt liegt, als daß er von irgend jemandem hätte bemerkt werden können. „Vergeßt den Eispickel", sagte Hemmleb. „Findet das Lager, und ihr findet Irvine."

Am 1. Mai 1999 um drei Uhr morgens erwachten sechs Bergsteiger der Expedition in den windgepeitschten Zelten von Lager V und bereiteten sich darauf vor, genau dies zu tun. Eine Woche zuvor hatten sie das Basislager unterhalb des Rongbukgletschers verlassen und waren anschließend einige Tage von heftigem Wind im vorgeschobenen Basislager festgehalten worden.

Am 29. April ließ der Wind nach, und das Suchteam – Simonson, Hahn, Politz, Anker, Richards, Norton und Pollard – erreichte den Nordsattel. Am folgenden Tag stiegen sie zum Lager V auf. Doch Simonson, der noch keine Gelegenheit gehabt hatte, sich in größeren Höhen zu akklimatisieren, fühlte sich unwohl und beschloß, wieder abzusteigen, um die Suche nicht zu gefährden.

Am 30. hatten die verbleibenden sechs Bergsteiger Lager V erreicht. Jetzt, um fünf Uhr früh, waren sie zum Aufbruch bereit, geleitet von Hemmlebs Suchinstruktionen. „Sobald wir die Ausrüstung angelegt und die Sauerstoffmasken aufgesetzt hatten", erinnert sich Dave Hahn, „stellte ich fest, daß wir so isoliert voneinander waren wie Tiefseetaucher. Wortlos begannen wir, uns den Grat hinaufzuarbeiten."

Tastend suchten sich die Mitglieder des Kletterteams ihren Weg im dämmrigen Schatten des Nordgrats und begannen die Querung hinaus in die Nordflanke. „Der Halt auf den Tritten war recht unsicher bei dem spärlichen Schnee", sagte Hahn. „Der Untergrund war eine Mischung aus losem Geröll, festgefrorenen Steinen und festem Fels – alles sehr abschüssig und nicht gerade vertrauenerweckend, wenn man nur auf den Spitzen seiner Steigeisen geht. Schließlich folgst du einem Band, das dich um eine Ecke und hinaus in die eigentliche Nordflanke führt. Dort stehst du ziemlich exponiert da: Wenn du von der Kante des Bandes hinunterblickst, siehst du die ganze Strecke bis hinab zum Hauptrongbukgletscher." Etwa an diesem Punkt klagte Thom Pollard über Probleme mit seinem Sauerstoffgerät und beschloß umzukehren.

Dann machte Jake Norton eine Entdeckung. „Das war der höchste Punkt, den ich auf dieser Route je erreicht hatte, und die Erfahrung, sich so exponiert zu fühlen, war extrem – sie ermutigte einen nicht gerade, hinabzuschauen", so Norton. „Aber einmal habe ich es doch getan, und da sah ich etwas Ungewöhnliches: ein Stück Holz in einer Landschaft, die nur aus Fels und Schnee besteht. Ich kletterte hinab und fand einen sehr alten Kletterhammer mit Holzstiel." Norton hob den Hammer auf und verstaute ihn in seinem Rucksack. Später sollte er sich als wichtiger Beleg für die Herkunft des alten Lagers erweisen, das Politz auf dem Östlichen Rongbukgletscher gefunden hatte.

Während vier der Bergsteiger die Traverse fortsetzten, beschloß Politz, dem Nordgrat direkt zu folgen, weil er die angenommene Route von Mallory und Irvine war. Allerdings hatte er noch einen weiteren Grund für seine Entscheidung: „Ich wollte in ein Gebiet kommen, von wo aus an jenem frühen Nachmittag 1924 Odell Mallory und Irvine zum letztenmal gesehen hatte. In den letzten fünfundsiebzig Jahren ist so erbittert darüber gestritten worden, was er gesehen oder nicht gesehen hat, daß ich mir den Berg aus seinem Blickwinkel ansehen wollte. Das hatte bisher noch niemand getan. Bedenkt man, wie wichtig Odells Beobachtungen für die Frage sind, wie hoch Mallory und Irvine gekommen sind, war es, fand ich, höchste Zeit, daß jemand dies überprüfte."

Als er das Gebiet erreichte, wo Odell einst gestanden hatte, kam er zu einem frappierenden Ergebnis: „Die Erste, Zweite und Dritte Stufe waren deutlich voneinander getrennt. Man konnte sie mühelos voneinander unterscheiden. An diesem Punkt ist man ihnen wirklich sehr nah. Von dort, wo Odell stand, gibt es nur einen Ort, den man als ‚in kurzer Entfernung vom Fuß der Gipfelpyramide' beschreiben kann, und das ist die Dritte Stufe. Die Erste Stufe

*Der Ausblick von Odells Standort: der Gipfelgrat mit der ersten, zweiten und dritten Stufe*

kommt nicht in Frage; auch die Zweite Stufe ist zu weit weg, um auf Odells Beschreibung zu passen. Ich habe Fotos und Videoaufnahmen gemacht, und hinterher war klar zu erkennen, daß man die Stufen beim besten Willen nicht miteinander verwechseln kann, selbst bei schlechtem Wetter nicht."

Nachdem die vier anderen Bergsteiger etwa fünf Stunden geklettert waren, erreichten sie das Gebiet, in dem heutzutage gewöhnlich Lager VI aufgebaut wird. „Wir hatten für unsere Expedition noch kein Lager VI errichtet", sagt Norton, „aber wir hatten ein Zelt und ein paar Vorräte bei uns und ließen sie an einem Platz zurück, der uns geeignet erschien. Dann warteten wir auf Andy. Wir konnten seinen roten Parka sehen, wie er sich vom Nordgrat her auf uns zubewegte. Dennoch mußte er fast auf die Höhe des Gelben Bandes klettern, um eine sichere Route hinüber zu finden."

„Wir waren alle ziemlich aufgeregt", berichtet Hahn, „und wir waren optimistisch. Die Verhältnisse am Berg waren ausgezeichnet, wir hatten Jochens Leitung vom Basislager aus, und das Wetter war gut. Anderthalb Monate hatten wir gebraucht, um an diesen Punkt zu gelangen, nun konnten wir uns endlich an die Arbeit machen. Zu wissen, daß wir die ausgetretenen Pfade verlassen und uns in neue und anspruchsvolle Bereiche des Bergs wagen würden, machte das Unternehmen zusätzlich spannend."

Um halb elf querten die fünf Bergsteiger über die steil abfallende Nordflanke nach Westen und nahmen Kurs auf jene „schwach ausgeprägte Felsrippe", die Hemmleb in seinen Suchanweisungen hervorgehoben hatte. Schon nach einer Viertelstunde wurde Jake Norton wieder fündig. Er funkte zum

Basislager, er habe eine der auffälligen, hellblauen Sauerstoffflaschen der chinesischen Expedition von 1975 gefunden – ein Beleg dafür, daß sie sich in der Nähe des alten chinesischen Lagers befanden, das sie eigentlich noch weiter oben auf der ansteigenden Felsrippe vermuteten.

Hemmleb hatte vier mögliche Suchrouten festgelegt. Sie begannen mit der ersten und schwärmten senkrecht und waagerecht entlang der Nordflanke aus, wobei sie sich westwärts bewegten. „Der Plan bestand einfach darin, in gegenseitigem Sichtkontakt zu bleiben und die Funkgeräte eingeschaltet zu lassen", berichtet Politz. „Von nun an würde das Gelände die weitere Vorgehensweise bestimmen." Hemmleb ist der gleichen Meinung: „Sobald sie die Stelle erreicht hatten, war meine Aufgabe erledigt."

„Die Vorstellung, es handle sich um eine ‚Schneeterrasse', entpuppte sich rasch als Witz", erinnert sich Hahn. „Wir waren wahrhaftig keine Gruppe fröhlicher Jungs, die über ein ebenes Feld ausschwärmten. Jenseits der Rippe war die Nordflanke ein durchgehend mehr als dreißig Grad geneigter Hang aus losem Geröll, unterbrochenen Bändern und Klippen – alles in sehr exponierter Lage über einem gähnenden, bis hinab zum Gletscher fallenden Abgrund. Und das Areal, das wir uns vorgenommen hatten, war riesig, vielleicht so groß wie zwölf aberwitzig geneigte Fußballfelder."

Politz ergänzt: „Auf Meereshöhe wäre das vielleicht gar kein so großes Gebiet, aber auf achttausend Metern, wenn dein Herz rast, deine Füße sich voranschleppen und du bei jedem Schritt drei Atemzüge brauchst, ist es ein Riesenareal." Auch Jake Norton, der solche Höhen nicht kannte, verhielt sich sehr vorsichtig: „Herumzulaufen und nach Leichen Ausschau zu halten ist ein grausiger Job, vor allem, wenn du auf einem Hang unterwegs bist, wo der kleinste Fehltritt dich zum nächsten Opfer machen kann."

Beim Ausschwärmen ließ sich jeder Bergsteiger von der eigenen Vorstellung leiten, was Andrew Irvine zugestoßen sein könnte. „Ich suchte nach einer versteckten Stelle, wo sein Sturz entweder aufgehalten worden war oder wo er Zuflucht gesucht hatte", sagt Hahn. Politz erzählt: „Ich wollte in meinen Gedanken, daß sich Mallory und Irvine, beim Abstieg von Dunkelheit und Erschöpfung eingeholt, niedergesetzt hatten und an Erschöpfung und Kälte gestorben waren. Deshalb blickte ich den Berg hinauf, um zu sehen, was für eine Route ich für den Abstieg gewählt hätte." Dabei erwies sich, wie Politz rasch feststellte, der Blick nach oben als eher ungünstig: Der Hang war zu steil und hatte zu viele Stufen. Man sah aus dieser Perspektive zu wenig und konnte viel mehr erkennen, wenn man bei der Suche den Hang hinabschaute. So kletterte er weit hinauf bis in das Gelbe Band, um den Hang darunter besser überblicken zu können. „Ich versuchte auch, mir die Route vorzustellen, der

der chinesische Bergsteiger bei seinem zehn- oder zwanzigminütigen Spaziergang gefolgt sein könnte. Ich meinte gelesen zu haben, er sei Geologe gewesen, und dachte mir, das Gelbe Band sei der geologisch interessanteste Teil weit und breit. Deshalb bin ich dorthin geklettert."

Anker entschied sich für das genaue Gegenteil und stieg den Hang weit hinunter bis in die Nähe des Punktes, wo die „Terrasse" in einer Wand zum Hauptrongbukgletscher abbrach. „Es war mir ein Rätsel, was Conrad damit bezweckte", sagte Politz später. „Ich dachte, daß alles, was bis dorthin gefallen war, auch weiter fallen würde."

Norton ging etwa in der Mitte zwischen den beiden: „Ich hatte mir die Klippen des Gelben Bandes angesehen und nach einer Stelle auf der darunterliegenden Terrasse gesucht, an der ein stürzender Körper, der schon einiges an Geschwindigkeit gewonnen hatte, zum Liegen kommen könnte. Man hat immer angenommen, Irvine sei an der Stelle abgestürzt, wo 1933 der Eispickel gefunden worden war. Von diesem Punkt aus zog ich in Gedanken eine Linie und begann dort, wo sie endete, nach Dingen Ausschau zu halten, die nicht in die Landschaft gehörten – so wie ich es beim Fund des Kletterhammers getan hatte."

Bereits nach einer halbstündigen Suche stießen Richard, Anker und Norton auf einen regelrechten Friedhof voller zerschmetterter, steifgefrorener Körper. „Wir befanden uns in einer Art Auffangbecken für abgestürzte Bergsteiger", erzählt Richards. „Über Funk berichteten wir Jochen unten im Basislager, was wir entdeckt hatten, und er konnte uns augenblicklich sagen, um wen es sich jeweils handelte und wann jeder einzelne umgekommen war. Wirklich erstaunlich, wie Jochen all diese Informationen parat hatte. Wahrscheinlich hätte er dir noch sagen können, was für Socken die Leute an jenem Tag getragen hatten. Ich hatte aber kein Bedürfnis, diesen armen Teufeln noch näher zu kommen; im übrigen wußte ich, sobald ich buntes Gore-Tex oder Plastikstiefel sah, daß es sich weder um Mallory noch um Irvine handelte. Der Tod ist wie eine dunkle Wolke, die die Nordseite des Everest überschattet. Es hat mich umgehauen. Der Anblick dieser ersten Leichen war unheimlich, grausig und bedrückend."

Insgesamt fanden sie die Leichname von einem halben Dutzend Bergsteigern, die alle noch nicht lange dort lagen. Auch Dave Hahn war betroffen: „Ich hatte mir immer eingebildet, zu den meisten Todesfällen am Everest komme es dadurch, daß sich erschöpfte Bergsteiger einfach hinsetzten und nie mehr aufstanden. Meine feste Überzeugung war, daß Stürze selten seien. Es ließ sich nicht leugnen, daß ich mich geirrt hatte."

Jake Norton war ebenfalls erschüttert: „Der Anblick dieser verdrehten, zerschmetterten Körper wies uns sehr deutlich auf unsere eigene Sterblichkeit hin.

Ich wußte, daß wir uns schon in wenigen Tagen am Nordostgrat befinden und auf der gleichen Route bewegen würden, auf der diese Bergsteiger in den Tod geklettert waren. Sie hatten, wie der Zustand der Körper zeigte, lange und grauenhafte Stürze erlitten."

Da sie damit rechneten, daß andere Expeditionen ihre Funkgespräche abhören würden, und ihnen natürlich daran gelegen war, jeglichen Fund vor der öffentlichen Neugier zu schützen, hatten sie für den Fall, daß jemand Überreste der Expedition von 1924 fand, eine Reihe von Codewörtern vereinbart. „Ein Felsblock bedeutete Mallory oder Irvine", erläutert Richards, „und ein Gorak auf einem Felsblock hieß eine Kamera. Tatsächlich aber vergaßen die meisten von uns im Eifer des Gefechts alle diese Abmachungen."

Wie Hahn achtete auch Andy Politz nicht mehr auf sein Funkgerät und hatte es in der Brusttasche seines Daunenanzugs verstaut. „Die Atmosphäre war voller Handy-Anrufe, Voicemail-Nachrichten, Anrufbeantworter und anderem Geschwätz", erinnert er sich. „Deshalb hatte ich das Funkgerät leise gestellt und setzte meine Suche fort. Mit halbem Ohr hörte ich, daß Conrad etwas von Snickers redete, achtete aber nicht weiter darauf. Dann hörte ich ‚Obligatorisches Gruppentreffen!' und blickte mich um. Weiter unten in der Flanke sah ich die anderen bereits auf Conrad zulaufen."

Auch Jochen Hemmleb unten im Basislager, das Auge ständig am Teleskop, konnte sie sehen. „Als ich sah, daß Andy von seinem höchsten Punkt über hundert Meter abstieg", erinnert er sich, „war mir klar, daß es nicht um Tee und Snickers ging. Kein Bergsteiger in dieser Höhe würde dafür solche Mühe auf sich nehmen. Es ist einfach zu anstrengend. Irgend etwas war dort oben los." Damit hatte er recht.

Conrad Anker hatte sich auf seine Intuition verlassen, und seine Intuition hatte ihm gesagt, er solle möglichst weit unten suchen. So war er bis zum unteren Rand der Terrasse hinabgeklettert, dorthin, wo sie rund zweitausend Meter tief zum Hauptrongbukgletscher abbrach. Nun begann er, den Hang im Zickzack wieder hinaufzusteigen, als ihm etwas auffiel – „ein Flecken Weiß, weißer als der Fels in seiner Umgebung und weißer als der Schnee". Als er sich dem hellen Fleck näherte, erkannte er, daß es sich um einen weiteren Leichnam handelte. Doch dieser hier war anders: „... das war kein Leichnam aus jüngerer Zeit; dieser hier lag schon geraume Zeit da."

Norton kam als erster bei Anker an. „Ich fürchte, ich war nicht sehr gesprächig", sagt er. „Ich setzte mich auf einen Felsen neben Conrad, betrachtete diesen vollkommenen Alabasterkörper und sagte leise: ‚Heilige Scheiße!' Ich hatte mir nicht die geringste Hoffnung gemacht, daß wir an diesem ersten

Tag irgend etwas finden würden. Wir hatten eigentlich nur vorgehabt, das Gelände zu erkunden. Es war einfach unglaublich."

Dave Hahn erinnert sich daran, was er dachte, als er sich der Stelle näherte und den Leichnam sah: „Für mich gab es nicht den geringsten Zweifel, daß wir einen Mann vor uns hatten, der seit fünfundsiebzig Jahren vom Berg festgehalten wurde. Der Wind hatte ihm den größten Teil seiner Kleidung vom Leib gerissen, und seine Haut war weiß gebleicht. Ich hatte den Eindruck, eine griechische oder römische Marmorstatue vor mir zu sehen."

Es gab keine Jubelausbrüche, als die Bergsteiger nach und nach an der Fundstelle eintrafen, keine Siegeszeichen angesichts der Tatsache, daß sie bereits nach anderthalbstündiger Suche in einem riesigen Abschnitt der Everest-Nordflanke ihren Mann gefunden hatten. Statt dessen standen oder knieten die fünf

*Die Mitglieder des Gipfelteams und des zweiten Suchteams vor Verlassen des vorgeschobenen Basislagers: (hintere Reihe, von links) Andy Politz, Tap Richards, Jake Norton; (vordere Reihe, von links) Dave Hahn, Conrad Anker, Thom Pollard*

Bergsteiger heutiger Zeit um diesen Zeugen der Vergangenheit herum und schwiegen.

Dafür sprach der Leichnam eine deutliche Sprache. Hier war ein Körper, der so ganz anders als jene wirkte, die anderswo zerschmettert auf den Absätzen der Terrasse ruhten. Dieser hier lag der Länge nach ausgestreckt, das Gesicht nach unten und den Kopf bergwärts, in einer Haltung, als habe er seinen Sturz noch selbst aufhalten wollen und als sei das Ganze erst Augenblicke zuvor geschehen. Kopf und Oberkörper waren in dem Geröll eingefroren, das sich im Laufe der Jahrzehnte um ihn aufgehäuft hatte. Die noch immer kraftvoll und muskulös wirkenden Arme waren über den Kopf erhoben, die Finger der kräftigen Hände tief in das gefrorene Geröll gegraben. Die ausgestreckten Beine wiesen talwärts. Eines war gebrochen, das andere behutsam darübergelegt, so als wolle es das verletzte schützen. Auch hier war die Muskulatur noch ausgeprägt und kräftig. Dieser Leib, dieser Mensch war einst ein prachtvolles Exemplar seiner Gattung gewesen.

„Wir betrachteten nicht einfach einen Leichnam", sagt Hahn, „wir betrachteten eine ganze Epoche, die wir zuvor nur aus unseren Büchern gekannt hatten. Die Kleidung aus Naturfaser, der gefütterte Lederhelm, die Art des Seils, das um ihn geschlungen war – dies alles sprach Bände. Dieser stumme, aber seltsam friedliche Leichnam gab uns Antworten auf Fragen, die sich die Welt seit einem dreiviertel Jahrhundert stellte: die Tatsache, daß ein Seil im Spiel gewesen war, daß die Hände und Vorderarme eine viel dunklere Färbung hatten als der übrige Körper, die Art und das Ausmaß des Beinbruchs und welche Knochen nicht gebrochen waren – und was dies alles über die letzten Augenblicke im Leben dieses Menschen erzählte. Die Tatsache, daß kein Sauerstoffgerät vorhanden war."

Den endgültigen Beweis lieferte natürlich der Nagelschuh. In den Jahren von 1949 bis 1979 hatte kein westlicher Bergsteiger Zugang zur Nordseite des Everest gehabt. Tibet, das „verbotene Königreich", war Ausländern verschlossen gewesen. Zwischen 1924 und 1938 hatte auf dem Everest niemand in dieser Höhe den Tod gefunden, und Nagelschuhe waren nach dem Zweiten Weltkrieg von Steigeisen und modernerem Schuhwerk abgelöst worden. Es mußte sich also um Andrew Comyn Irvines Leichnam handeln. Jake Norton ging sogar so weit, damit zu beginnen, auf einem Stein eine Inschrift einzukratzen: „Andrew Irvine: 1902–1924."

„Das ist er nicht", sagte Andy Politz zu den übrigen Bergsteigern, als er am Fundort eintraf, wo die anderen warteten.

Sie blickten ihn an, als sei er verrückt geworden.

„Oh, ich denke schon", sagte Anker.

„Ich weiß nicht, wie ich darauf kam", meint Politz heute. „Da war dieser uralte Leichnam, vollkommen erhalten, mit der uralten Kleidung und den Nagelschuhen. Ich wußte, es mußte Irvine sein – schließlich suchten wir ja nach ihm; es konnte niemand anders sein."

Aber er war es nicht.

Tap Richards, der archäologische Kenntnisse besitzt, und Jake Norton begannen vorsichtig, die zerfetzten Schichten der Kleidung voneinander zu trennen, die an den geschützten Seiten des Körpers erhalten geblieben waren, mehrere Schichten von Unterbekleidung aus Baumwolle und Seide, ein Flanellhemd, ein Wollpullover, eine Hose, segeltuchartige Oberbekleidung. Im Nacken drehte Norton ein Stück des Hemdkragens um, und es wurde der Rest eines Wäscheschilds sichtbar: G. Mallory.

Einen Moment lang sahen sich die Bergsteiger verdutzt an. Schließlich sprach einer aus, was alle dachten: „Warum trägt Irvine Mallorys Hemd?" Dann fanden sie ein weiteres Namensschild: G. Leigh Ma. Dann ein drittes.

„Vielleicht lag es an der Höhe und daran, daß wir unsere Sauerstoffgeräte abgelegt hatten, jedenfalls dauerte es eine Weile, bis es uns dämmerte", sagt Hahn. „Doch dann traf es uns wie ein Schlag: Wir hatten nicht Andrew Irvine entdeckt. Das war nicht Wang Hongbaos ‚englischer Toter'. Vor uns lag George Mallory … der Mann, dessen Mut und Willenskraft wir seit frühester Kindheit bewunderten."

„Nun wurde mir auch klar, warum ich gesagt hatte, es sei nicht Irvine", erklärte Politz später. „Es war die Lage des Leichnams. Irgendwo im Unterbewußtsein erinnerte ich mich, daß Wang einen Leichnam gefunden hatte, der so lag, daß sein Mund offenstand und seine Wange den Goraks preisgegeben war. Dieser hier aber lag mit dem Gesicht nach unten. Der Kopf war fast vollkommen bedeckt, und er war nicht bewegt worden. Außerdem war er zu weit vom chinesischen Lager VI des Jahres 1975 entfernt, als daß ihn jemand während eines kleinen Spaziergangs gefunden haben könnte. Ich mußte mich hinsetzen. Mir wurden buchstäblich die Knie weich."

*Bereits 1935 ist ein junger Sherpa namens Tenzing Norgay mit dabei, als Eric Shipton eine kleinere Erkundungsexpedition zum Mt. Everest führt. Auch 1938 ist der verlässliche junge Mann wieder unter den Sherpas, die vom Himalayan Club in Darjeeeling der Britischen Everest-Expedition mit Tilman, Smythe und Shipton empfohlen werden.*

*Nach dem Krieg ist Tenzings Everest-Erfahrung von größtem Wert für die beiden Schweizer Versuche am höchsten Berg der Welt. Mit Raymond Lambert erreicht er im Frühjahr 1952 eine Höhe von 8600 Metern, schlechtes Wetter verhindert den Gipfelsieg. Im Herbst kehren die Schweizer und mit ihnen Tenzing zurück, Sturm verhindert erneut einen Gipfelgang, doch sie erschließen die spätere Route der Erstbesteiger über die Lhotseflanke zum Südsattel.*

*Oberst John Hunt integriert Tenzing 1953 in eines jener Zweierteams, denen er den erfolgreichen Gang zum Gipfel zutraut. Sein Partner ist der Neuseeländer Edmund Hillary, der mit seinem Landsmann George Lowe bereits 1952 bei Materialtests im Cho-Oyu-Gebiet dabei war. Hunt überträgt den erfahrenen Mitgliedern der beiden vorangegangenen Erkundungen, Charles Evans und Tom Bourdillon, die Verantwortung für einen ersten Gipfelsturm. Die beiden erreichen den Südgipfel, entscheiden sich dort aber zur Umkehr, da sie fürchten, für den Gipfelgrat zu wenig Zeit und keine Sauerstoffreserven mehr zu haben.*

*Nun schlägt Hillarys und Tenzings Stunde. Mit tatkräftiger Unterstützung von George Lowe, Alf Gregory und Ang Nyima Sherpa werden neue Vorräte ins Hochlager auf 8480 Meter geschafft. Bei prächtigem Wetter wagen Hillary und Tenzing am 29. Mai 1953 den Gipfelgang.*

*Das Bild Tenzing Norgays mit Pickel und den Fahnen der Vereinten Nationen, des Vereinigten Königreiches, Indiens und Nepals am Gipfel des Mt. Everest geht um die Welt. Von Edmund Hillary existiert kein Gipfelfoto. Sein trockener Kommentar: „Damals waren die Sherpas noch nicht so geübt im Umgang mit Kameras. Ich hielt es für einen ungeeigneten Platz, um mit einer Einschulung zu beginnen."*

*Die Geschichte des Himalaya-Bergsteigens ist ohne die Rolle der Sherpas undenkbar. Jenes kleine Volk, das die Hochtäler am Fuße von Everest, Makalu und Kangchendzönga bewohnt, wanderte vor 400 Jahren aus Tibet nach Ostnepal ein.*

*In den Zwanzigerjahren werden die ersten Sherpas für die britischen Expeditionen zum Mt. Everest angeworben. Das geschieht in Darjeeling, wohin Sherpas aus dem verschlossenen Nepal in der Hoffnung auf Arbeit gekommen sind.*

*Bald schon stellen die Briten fest, dass diese Männer neben Kraft, Ausdauer und hervorragender Höhenanpassung auch eine stark ausgeprägte Loyalität ihren Herren gegenüber mitbringen. Die Opferbereitschaft und Treue der Sherpas zu ihren Sahibs wird sprichwörtlich.*

*Der Himalayan Club in Darjeeling führt Akten über jene Sherpas, die in den Diensten von Expeditionen stehen. Da es bei den Sherpas keine Familiennamen gibt, werden die vielen Pasangs, Pembas und Dorjis nummeriert. „Tiger" werden sie von den europäischen Bergsteigern bewundernd genannt, so entstehen in Darjeeling die sogenannten „tiger files", Aufzeichnungen über die Einsätze und Charaktereigenschaften dieser unersetzlichen Begleiter nunmehr so gut wie aller Himalaya-Expeditionen.*

*Die Tapfersten unter ihnen werden mit einer vom Himalayan Club eigens kreierten Medaille geehrt: 16 Sherpas erhalten für ihre außerordentlichen Leistungen bis 1950 die begehrte Tiger-Medaille.*

*Aber auch andere Organisationen verleihen den treuen Gefährten Auszeichnungen, so das Deutsche Rote Kreuz nach dem aufopferungsvollen Sherpa Einsatz bei der tragischen deutschen Expedition zum Nanga Parbat 1934. Alleine die deutschen Versuche am Nanga Parbat kosten 15 Sherpas das Leben; legendär die Leistung von Pasang Kikuli, der sich erst weigert, seine sterbenden Sahibs zurück zu lassen und dann nach Tagen ohne Nahrung im Schneesturm halb erfroren den Abstieg doch noch schafft.*

*Pasang Dawa Lama ist 1939 mit Fritz Wiessner am K2 dem Gipfel ganz nahe. Tenzing Norgay verschafft seinem Volk Weltgeltung, als er mit Edmund Hillary auf dem Everest steht.*

*Und doch bleiben die Leistungen der Sherpas, verglichen mit dem Starrummel um europäische und amerikanische Bergsteiger, meist im Hintergrund der Berichterstattung. Herbert Tichy klagt darüber, dass sich selbst in Indien kaum ein Journalist für seinen Freund Pasang interessiert, ohne den Tichy die Erstbesteigung des Cho Oyu wahrscheinlich nicht geschafft hätte. Wer erinnert sich heute daran, dass es neben Hermann Buhl und Kurt Diemberger einen dritten Mann gibt, der gleich bei zwei Achttausender-Erstbesteigungen am Gipfel steht? Der Sherpa Gyaltsen Norbu ist als Sirdar der erfolgreichen französischen Expedition zum Makalu (1955) und der japanischen Expedition zum Manaslu (1956)*

*Erstbesteiger. Zwei Sherpas stehen auch 1960 bei der Erstbesteigung des Dhaulagiri mit auf dem Gipfel.*

*Heute gehören die „climbing sherpas“ zu den erfahrensten Mitgliedern vieler Himalaya-Expeditionen. Manche von ihnen waren zehnmal und mehr am Mt. Everest und sind als Sirdar nicht nur für bergsteigerische Belange sondern vor allem für die Organisation und Logistik vieler Unternehmungen verantwortlich. Dazu kommt ein namenloses Heer von Sherpa-Hochträgern, die in unendlicher Mühe Lagerketten errichten, Vorräte nach oben schaffen und Fixseile spannen.*

*Das Leben der Sherpas hat sich im Khumbu-Tal am Fuße des Mt. Everest innerhalb einer Generation grundlegend geändert. Der Bergtourismus ist zur Haupteinnahmequelle der rund 5000 Khumbu-Sherpas geworden. Hillarys Himalayan Trust hat wesentlich dazu beigetragen, dass in diesem Tal Schulbildung und medizinische Versorgung für jedermann zugänglich sind. Ein von der österreichischen Entwicklungszusammenarbeit errichtetes Kleinkraftwerk liefert den fünf größten Siedlungen im Khumbu Strom und hilft mit, den Verbrauch an wertvollem Brennholz zu reduzieren.*

*In den anderen Siedlungsgebieten der Sherpas, etwa im südlicheren Solu, in den oberen Seitentälern des Arun oder in der Hochlandschaft zwischen Topke Ghola und Walungchung Ghola am Fuße des Kangchendzönga, hat sich ihr Lebensstil noch kaum verändert. Sherpas aus diesen Regionen ziehen als Wanderarbeiter während der Saison im Frühjahr und im Herbst nach Kathmandu, wo sie bei Expeditionsveranstaltern und Trekkingagenturen anheuern.* *M. U.*

Der folgende Text wurde entnommen aus: Tenzing Norgay, Der Tiger vom Everest (erzählt von James Ramsay Ullman). Rheinische Verlagsanstalt: Wiesbaden 1955, S. 274–286.

*Tenzing Norgay*

# *Der Tiger vom Everest*

28. Mai ... Am 28. hatten Lambert und ich unseren letzten Versuch unternommen und uns hochgekämpft, so weit unsere Kräfte reichten. Heute lagen wir um einen Klettertag tiefer, waren einen Tag – ein Jahr später dran. Als das erste Morgenlicht dämmerte, heulte der Wind noch immer. Um acht etwa flaute er ab. Wir blickten uns an, nickten uns zu. Ja, wir würden es versuchen.

*Tenzing Norgay im Basislager*

Über Nacht war etwas Schlimmes geschehen. Pemba war krank geworden, und es bestand kein Zweifel, daß er nicht mehr steigen konnte. Am Tag zuvor hatten wir Ang Tempa verloren, so blieb ohne Pemba von den ursprünglich drei Sherpas, die für das Lager IX bestimmt waren, nur noch Ang Nyima übrig. Das bedeutete, daß wir anderen schwerere Lasten tragen mußten und nur langsamer und mühevoller steigen konnten. Aber daran war nichts zu ändern. Kurz vor 9 Uhr brachen Lowe, Gregory und Ang Nyima auf. Jeder trug über vierzig Pfund und außerdem die Sauerstoffflaschen. Eine Stunde später folgten wir ihnen, mit fünfzig Pfund auf dem Rücken. Unser Vortrupp würde nur langsam vorwärtskommen, denn ihre schwere Aufgabe war, für uns die Stufen ins Eis zu hauen. Dann konnten wir in dem uns angemessenen Tempo folgen, ohne zu ermüden oder besser gesagt, ohne allzu sehr zu ermüden.

Wir gingen über das vereiste Joch, dann die Schneehänge jenseits hinauf und durch ein langes Couloir, das zum Südostgrat führte. Genau wie vorgesehen, erleichterten die geschlagenen Stufen das Steigen ungemein, und als der Vortrupp den Fuß des Grates erreichte, holten wir ihn ein. Nur wenig über uns und etwas abseits sahen wir einige nackte Pfähle und Fetzen von Zeltbahn, Überreste von Lamberts und meinem höchsten Zelt, die so manche Erinnerungen in mir wachriefen. Langsam gingen wir daran vorüber, weiter zum Grat. Er war recht steil, aber nicht allzu schmal, und wir konnten auf dem abgeschrägten, plattenartigen Fels gut Fuß fassen, wenn wir uns vor dem losen Schnee, der ihn bedeckte, in acht nahmen. Etwa fünfzig Meter oberhalb des Schweizer

*Evans und Bourdillon hatten den Gipfel in Reichweite, waren jedoch zu spät dran und kehrten am Südgipfel um*

*Hillary und Tenzing vor dem Zelt*

Zeltes trafen wir auf die höchste Stelle, die Colonel Hunt mit Da Namgyl vor zwei Tagen erreicht hatte, fanden dort im Schnee unser Zelt, Verpflegung und die Sauerstofftanks. Das alles mußten wir zu den eigenen Lasten aufladen, so daß sich ihr Gewicht auf sechzig Pfund pro Mann erhöhte.

Der Grat wurde immer steiler, unser Tempo immer langsamer. Dann bedeckte dichter Schnee den Fels, wir mußten wieder Stufen schlagen. Lowe übernahm fast die ganze Zeit diese schwere Arbeit, und sein schwingender Pickel wies uns den Weg. Gegen zwei Uhr nachmittags waren wir alle durch die schweren Lasten so ermüdet, daß wir beschlossen, möglichst bald einen Lagerplatz zu finden. Ich erinnerte mich an eine Stelle, die Lambert und ich für das höchste Lager vorgesehen hatten, falls wir noch einen Versuch wagen konnten. Aber noch blieb sie uns verborgen, und auf der Strecke dorthin war keine Möglichkeit, ein Zelt aufzuschlagen. Wir setzten also den Anstieg fort; ich selbst führte. Zunächst noch den Grat entlang, dann etwas zur Linken, über steilen Schnee zu dem Platz, den ich suchte.

„Hallo, wohin führst du uns eigentlich?" fragten Lowe und Gregory, „wir müssen nämlich umkehren."

„Es kann nicht mehr weit sein", erwiderte ich, „vielleicht noch fünf Minuten."

Aber wir mußten weiter und noch immer weiter klettern, wobei ich unablässig versicherte: „Nur noch fünf Minuten! Wirklich nur noch fünf Minuten!"

„Wieviele fünf Minuten gibt es eigentlich?" fragte Ang Nyima schließlich unwillig.

Endlich aber war auch das geschafft. Im Schutz eines Felsvorsprungs dicht am Grat lag der nur teilweise ebene Platz, wo wir unsere Lasten abladen konnten. Mit einem raschen „Lebt wohl – viel Glück!" verabschiedeten sich Lowe, Gregory und Ang Nyima und kehrten zum Südsattel zurück. Hillary und ich blieben allein. Der Nachmittag war weit vorgeschritten; wir hatten eine Höhe von 8370 Metern erreicht. Der Gipfel des Lhotse, des vierthöchsten Berges der Erde, zu dem wir täglich während der ganzen Expedition emporgeblickt hatten, lag nun unter uns, ebenso im Südosten der Makalu. So weit unsere Blicke reichten, lag alles tiefer, bis auf den Gipfel des Kangchendzönga im Osten und den weißen Grat, der vor uns steil zum Himmel stieg.

Wir machten uns nun daran, das höchstgelegene Lager aufzuschlagen, das je errichtet worden ist. Fast bis zur Dunkelheit währte diese Arbeit. Zunächst hackten wir das Eis weg, um unseren Schlafplatz etwas ebener zu gestalten. Dann kämpften wir mit den steif gefrorenen Seilen und Zeltbahnen.

Alles dauerte fünfmal so lange als in einer Gegend, in der man normal atmen kann. Schließlich aber stand das Zelt, und als wir hineinkrochen, fanden wir es ganz gemütlich. Der Wind war nicht allzu heftig, im Zelt war es warm genug, um sogar die Handschuhe auszuziehen. Hillary kontrollierte die Sauerstoffgeräte, und ich bereitete auf unserem kleinen Paraffinofen heißen Kaffee und Zitronensaft. Wir hatten fürchterlichen Durst und tranken uns voll wie die Kamele. Später verspeisten wir Suppe, Sardinen, Biskuits und Früchte aus Dosen, die aber so hart gefroren waren, daß sie erst auf unserem kleinen Ofen aufgetaut werden mußten.

Es war uns zwar gelungen, Fels und Eis unter dem Zelt ein wenig einzuebnen, aber doch nicht ganz, die eine Seite lag immer noch um 30 cm höher als die andere. Hillary bezog den oberen, ich den unteren Platz. Dann rollten wir uns in unseren Schlafsäcken dicht an die Zeltwände, um sie durch unser Körpergewicht zu beschweren. Im ganzen war der Wind nicht einmal allzu schlimm, aber manchmal brachen wie aus dem Nichts heftige Böen über unser Zelt, daß wir glaubten, es würde fortfliegen. So lagen wir im Dunklen und besprachen unsere Pläne für den morgigen Tag. Dann versuchten wir mit Hilfe des „Nachtsauerstoffs" zu schlafen. Trotz der daunengefütterten Schlafsäcke hatten wir beide unsere Kleider anbehalten, ich sogar meine Stiefel aus Rentierleder. Die meisten Bergsteiger ziehen über Nacht ihre Stiefel aus, um, wie sie glauben, die Zirkulation nicht zu behindern. In großer Höhe finde ich persönlich es besser, sie anzulassen. Hillary zog die seinen aus und stellte sie neben seinen Schlafsack.

Die Stunden vergingen; ich schlummerte ein, wachte auf, schlummerte wieder ein, wachte wieder auf. Immer, wenn ich wach lag, lauschte ich angespannt. Um Mitternacht war es vollkommen windstill. Gott ist gut, dachte ich, die Chomolungma* ist gut. Alles war still, nur das Geräusch unseres Atems, gemildert durch die Aufnahme des Sauerstoffs, war noch zu hören.

29. Mai ... Am 29. waren Lambert und ich besiegt vom Südsattel zum westlichen Gletscherbecken abgestiegen. Hinunter – hinunter – hinunter ...

Um drei Uhr dreißig stand ich auf. Ich brachte den Ofen in Schuß, schmolz Schnee für Zitronensaft und Kaffee, und wir aßen ein wenig von den Resten, die wir abends übrig gelassen hatten. Noch immer war kein Wind zu hören. Als wir die Zeltklappe öffneten, lag die Welt still und friedlich im ersten Morgenlicht. Ich deutete auf einen winzigen Punkt in der Tiefe, 4800 Meter unter uns, und zeigte Hillary das Kloster Thyangboche. „Gott meines Vaters und meiner Mutter", betete ich in meinem Herzen, „sei uns heute gnädig."

Aber der Anfang schien nicht gut. Hillarys Stiefel, die er über Nacht neben seinen Schlafsack gestellt hatte, waren steif gefroren; sie sahen wie zwei schwarze Eisenklumpen aus. Eine volle Stunde zerrten und kneteten wir an ihnen herum und hielten sie über unseren kleinen Ofen, bis das ganze Zelt nach versengtem Leder stank und wir zwei nach Luft rangen, als ob wir schon auf dem Anstieg zum Gipfel wären. Hillary war wütend, sowohl über die Verzögerung als über die Gefahr, die seinen Füßen drohte. „Ich habe Angst, Füße wie Lambert** zu bekommen", sagte er. Aber schließlich hatten wir die Stiefel doch so weich gemacht, daß er sie anziehen konnte. Nun trafen wir die nötigen Vorbereitungen. An diesem letzten Tag trug ich alle möglichen Kleidungsstücke, die von überallher stammten. Meine Stiefel waren, wie erwähnt, aus der Schweiz, meine Windjacke und vieles andere aus England. Meine Socken aber hatte Ang Lahmu gestrickt, und meinen Sweater hatte mir Mrs. Henderson vom Himalaya Club geschenkt. Meine Wollmütze war noch immer dieselbe, die mir Earl Denman überlassen hatte. Aber das Wichtigste von allem war der rote Wollschal Lamberts. Er hatte ihn mir am Ende der Herbstexpedition gegeben und lächelnd gemeint. „Nimm ihn, vielleicht kannst du ihn eines Tages gebrauchen." Von jenem Augenblick an wußte

*Anm. d. Hrsg.: Chomolungma: tibetischer Name des Mt. Everest („Göttinmutter der Erde").
** Erfrierungen, die sich Raymond Lambert bei der Schweizer Everest-Expedition 1952 zuzog.

ich genau, wann ich den Schal tragen würde. – Um sechs Uhr dreißig, als wir vor das Zelt hinauskrochen, war es noch immer klar und windstill. Wir hatten uns drei Paar Handschuhe übereinander angezogen, aus Seide, Wolle und wasserdichtem Stoff. Nun befestigten wir die Steigeisen an den Stiefeln und hingen die vierzig Pfund schweren Sauerstoffgeräte über den Rücken. Diese Last war schwer genug für den Aufstieg. Der Stiel meines Pickels war noch immer dicht umwickelt mit den vier Fahnen, in meiner Tasche steckte der kleine rotblaue Bleistift.

„Alles in Ordnung?"

„Ah chah. Es kann losgehen."

Hillarys Stiefel waren steif, seine Füße kalt. Deshalb bat er mich, die Führung am Seil zu übernehmen. Vom Lager stiegen wir zum Südostgrat und dann den Grat hinauf zum Südgipfel. Manchmal konnten wir die Fußspuren von Evans und Bourdillon benützen, aber meist waren sie vom Wind verweht, ich mußte neue treten oder mit dem Pickel schlagen. Wir kamen zu der Stelle, an der Lambert und ich besiegt stehengeblieben und umgekehrt waren. Ich zeigte sie Hillary und versuchte durch die Sauerstoffmaske ihm die damalige Lage zu erklären. Wie war es doch heute so ganz anders. Damals Sturm und Eiseskälte, heute strahlender Sonnenschein. Wir hatten wahrhaftig Glück für unser großes Wagnis. Hillarys Füße hatten sich inzwischen erwärmt, und wir wechselten den Platz. Von da an wechselten wir häufig am Seil, um uns die mühevolle Arbeit des Spurens zu teilen. Als wir in die Nähe der Südspitze kamen, stießen wir auf zwei Sauerstoffflaschen, von Bourdillon und Evans für uns hinterlegt, auf die wir uns schon gefreut hatten. Wir kratzten das Eis von ihnen ab und waren glücklich zu entdecken, daß sie noch ganz voll waren, denn das bedeutete, jetzt, während des Aufstiegs, mit Sauerstoff nicht sparen zu müssen, und daß auch der Rückweg in dieser Hinsicht gesichert war.

Wir ließen die beiden Flaschen an ihrem Platz und stiegen weiter. Bis hierher war alles mehr oder weniger ähnlich wie im vergangenen Jahr gewesen (das Wetter ausgenommen), der Weg über den steilen Grat, mit jähem Felsabsturz zur Linken und Schneewächten zur Rechten, die den tiefen Abgrund darunter verbargen. Aber jetzt, unterhalb des Gipfels, verbreiterte sich der steile Grat zu einer Art Schneewand, so daß der Steilhang nicht mehr rechts und links, sondern hinter uns abstürzte. Wir kletterten fast senkrecht an der weißen Wand hoch. Das Schlimmste war der rutschende Schnee. Er war nicht fest, sondern gab nach; er glitt abwärts und wir mit ihm, so daß ich glaubte, wir würden bis zum Fuß der Berges abrutschen. Für mich war diese Stelle die einzige wirklich gefährliche während der ganzen Kletterpartie, denn nun war man nicht mehr von der eigenen Geschicklichkeit abhängig, sondern von dem unkontrollierbaren Schnee unter den Füßen. Diese Wand war eine der gefährlichsten Stellen, die mir in den Bergen begegnet ist, noch heute sträuben sich mir in der Erinnerung daran die Haare.

Um neun Uhr hatten wir endlich die Wand bezwungen und waren oben auf der Südspitze. Damit hatten wir den höchsten Punkt erreicht, den Bourdillon und Evans sich erkämpft hatten. Wir rasteten zehn Minuten und betrachteten prüfend, was uns noch als letztes erwartete. Sehr viel schien es nicht mehr, nur ungefähr 150 Meter auf einem Grat, der indessen sehr viel steiler und schmaler als der eben zurückgelegte war. Er sah zwar nicht unüberwindlich aus, schien aber doch sehr schwer zu erklettern. Zur Linken drohte der Abgrund über 2000 Meter in die Tiefe zum westlichen Cwm, wo wir jetzt die Zelte von Lager IV als winzige Punkte erkennen konnten. Zur Rechten hingen die Schneewächten weit vorgewölbt über den Kangshung-Gletscher, der 3300 Meter darunter lag. Um den Gipfel zu erreichen, mußten wir uns auf dem schmalen gewundenen Grat zwischen Abgrund und Schneewächten hocharbeiten, niemals zu weit nach links, niemals zu weit nach rechts, denn das wäre unser Ende gewesen.

Auf der Südspitze trat ein, was wir beide sehnlichst erwartet hatten: unsere ersten Sauerstoffflaschen waren leer. Wir warfen sie aufatmend ab und hatten damit das Gewicht unserer Last von vierzig auf zwanzig Pfund herabgemindert. Noch eine andere Erleichterung erwartete uns: der Schnee unterhalb des Südgipfels war ganz fest und gab nicht nach. Das bedeutete einen himmelweiten Unterschied gegenüber der Strecke, die wir eben zurückgelegt hatten.

„Alles in Ordnung?"

„Ah chah! Alles in Ordnung."

Vom Südgipfel aus ging es ein ganz kurzes Stück abwärts und dann hinauf – hinauf – hinauf. Die große Gefahr bei diesem Anstieg war: zu weit seitlich auf eine Wächte zu geraten, die bestimmt brechen würde, oder den Schnee ins Gleiten zu bringen. Wir bewegten uns deshalb nie zu gleicher Zeit. Während der eine stieg, sicherte der andere, indem er das Seil um den fest im Schnee verankerten Pickel wand. Das Wetter war gut. Wir fühlten uns frisch. Aber das Atmen machte uns, wie auf dem ganzen Weg, große Mühe, und oft mußten wir stehenbleiben, um das Eis zu entfernen, das sich an den Ventilen unserer Sauerstoffgeräte bildete. Hier muß ich doch ganz ehrlich bemerken, daß es mir nicht gefallen hat, wenn Hillary später erzählte, ich hätte größere Atembeschwerden gehabt als er und wäre ohne seine Hilfe erstickt. Meiner Ansicht nach hatten wir ungefähr dieselben Schwierigkeiten, die zum Glück nicht unerträglich waren, und jeder half dem anderen gern und ließ sich gerne helfen.

Wir wanden uns auf dem schmalen Grat zwischen Abgrund und Wächten immer höher hinauf, bis wir plötzlich kurz vor dem Gipfel auf das erwartete große Hindernis stießen: eine hohe Felsstufe wuchs urplötzlich aus dem Grat und blockierte uns den Weg. Wir kannten sie bereits von Luftaufnahmen und hatten sie auch mit dem Fernglas von Thyangboche aus gesehen. Was nun? Konnten wir sie umgehen? Mußten wir über sie hinwegklettern? Nach sorgsamster Prüfung entdeckten wir eine tiefe senkrechte Spalte zwischen Fels und Eiswächte; einzig und allein durch sie konnte der Weg zum Sieg führen. Hillary ging voran. Langsam, ganz langsam und unendlich vorsichtig mühte er sich durch den Kamin nach oben, den Rücken gegen die Felswand gepreßt, die Füße gegen die Eiswächte gestemmt, die in jedem Augenblick brechen konnte, bis er oben eine kleine Felsplatte erreichte. Ich hatte ihn, so gut es ging, gesichert, und nun stieg ich nach, während er das Seil hielt.

Noch einmal muß ich ehrlich meine Meinung äußern. Ich finde Hillarys Bericht in „The Ascent of Everest" nicht ganz genau. Erstens hat er geschrieben, dieser Kamin sei etwa zwölf Meter hoch gewesen, nach meiner Schätzung war er ungefähr fünf Meter. Zweitens erweckt er den Eindruck, als habe er allein den Kamin erklettert und mich dann am Seil nachgezogen, so daß ich „schließlich völlig erschöpft und nach Luft jappend auf der Felsplatte lag, wie ein riesiger Fisch, der eben nach fürchterlichem Kampf aus dem Wasser gezogen worden ist". Seitdem mußte ich viel über diesen „Fisch" hören und gestehe, daß mir das sehr mißfällt. Niemand hat mich durch den Kamin hochgezogen oder gewunden. Ich kletterte genauso wie Hillary, und wenn er mich am Seil sicherte, so war das nicht um ein Haar mehr, als ich für ihn getan hatte. Hillary ist mein Freund; das möchte ich immer wieder betonen. Aber in dieser Geschichte vom Gipfelsturm ist er mir gegenüber nicht ganz fair, denn durch seinen Bericht zieht sich wie ein roter Faden die Meinung, sein Verdienst sei es gewesen, wenn alles gut ging, und meine Schuld, wenn irgend etwas schief ging. Das ist einfach nicht wahr. Nirgends behaupte ich, daß ich den Everest allein hätte besteigen können; ich finde aber, Hillary sollte auch nicht von sich behaupten, daß er es sehr wohl ohne mich, ich aber niemals ohne ihn hätte leisten können. Auf dem ganzen Weg, hinauf und hinunter, halfen wir einander und ließen uns helfen, wie es schließlich und endlich ja auch sein soll. Keiner war Führer, keiner wurde geführt. Wir waren Gefährten und Kameraden.

Oben auf der Felsenplatte ruhen wir kurz aus. Natürlich sind wir durch die Anstrengung des Kaminkletterns ein wenig außer Atem, aber nach einigen langsamen Zügen aus dem Sauerstoffgerät fühle ich mich wieder frisch; ich schaue umher: der Gipfel ist jetzt ganz nah. Mein Herz klopft vor Erregung und Freude. Dann steigen wir weiter, wieder zwischen Abgrund und Wächten, aber der Grat ist nun weniger steil. Wir haben nur noch eine Reihe Schneebuckel zu überwinden, einen nach dem anderen und einer höher als der andere. Aber noch immer fürchten wir die Wächten und verlassen deshalb den Grat, sobald wir die Möglichkeit dazu haben, und wenden uns nach links, wo wir nun auf einem Schneehang oberhalb des Abgrundes weitersteigen können. Etwa dreißig Meter unterhalb des Gipfels stoßen wir auf nackten Fels, eine überraschende Erscheinung in solcher Höhe. Auf der kleinen, fast ebenen Fläche wäre Raum für zwei Zelte, und ich überlege mir, ob wohl einmal ein Mann so nahe am Gipfel kampieren wird. Ich bücke mich und stecke zwei kleine Steine in die Tasche, die ich in die Welt dort unter mir mit hinabnehmen will. Noch einmal müssen wir über zahllose Schneebuckel hinwegklettern. Ist es denn noch immer nicht der letzte? frage ich mich bei jedem, der vor uns auftaucht. Dann stehen wir auf einem Platz, von dem aus wir über die Schneebuckel hinwegsehen können. Hinter ihnen spannt sich endlos weit der blaue Himmel, tief unten liegt die braune Ebene. Wir sehen von der anderen Seite nach Tibet hinein. Und nun liegt noch ein einziger Schneebuckel vor uns – der allerletzte – nicht zu hoch und nicht zu steil. Ein leicht begehbarer Hang führt zu ihm hin, breit genug, daß zwei Männer nebeneinander steigen können. Eine kurze Minute verhalten wir den Schritt, bleiben stehen und blicken hinauf. Dann gehen wir dem Gipfel entgegen.

Ich habe viel darüber nachgedacht, was ich über Hillarys und meine Gipfelbesteigung des Everest sagen soll. Leider hat es nach unserer Rückkehr vom Berg viel unsinniges Geschwätz darüber gegeben, wer wohl der Erste oben war. Die einen sagten: Hillary, die anderen sagten: Tenzing. Wieder andere meinten, nur einer war oben – oder auch keiner. Und manche behaupteten, der eine habe den anderen hinaufschleppen müssen. Das ist alles Unsinn. Um diesem Gerede ein Ende zu bereiten, unterzeichneten Hillary und ich in Kathmandu eine Urkunde, in der wir bestätigten, „daß wir den Gipfel fast zusammen erreicht haben". Wir hofften damit einen Schlußstrich gezogen zu haben, aber leider war dem nicht so. Die Menschen fuhren fort, Fragen zu stellen und Geschichten zu erfinden und hakten vor allem bei dem Wörtchen „fast" ein. „Was soll das heißen?" forschten sie. Bergsteiger wissen, daß eine solche Frage sinnlos ist und daß zwei Männer an einem Seil eben „zusammen" sind. Andere Menschen verstehen das anscheinend nicht. Ich bedaure sagen zu müssen, daß in Indien und Nepal ein starker Druck auf mich ausgeübt wurde, um mich zu der Aussage zu überreden, ich hätte den Gipfel vor Hillary erreicht. Auf der ganzen Welt werde ich gefragt: „Wer war nun eigentlich der Erste?" Ich kann nur immer wieder sagen: „Das ist eine törichte Frage, die nicht zu beantworten ist." Und doch – diese Frage ist so oft gestellt worden, sie hat so viel Gerede, Zweifel und Mißverständnisse verursacht, daß ich nach reiflicher Überlegung doch versuchen muß, eine Antwort zu finden. Es ist selbstverständlich, daß ich diese Antwort weder um Hillarys noch um meiner selbst willen gebe. Ich gebe sie einzig und allein dem Everest zu Ehren und für die Generationen, die nach uns kommen. Sie sollen nicht fragen müssen: „Was gibt es da für ein Geheimnis? Hat sich jemand zu schämen oder zu verbergen? Warum dürfen wir nicht die Wahrheit erfahren?" Nun, sie sollen jetzt die volle Wahrheit hören. Der Everest ist so erhaben, so herrlich, daß allein die Wahrheit seiner würdig ist.

Ein wenig unterhalb des Gipfels blieben wir stehen. Wir blickten empor. Wir gingen weiter. Unser Seil, an dem wir gingen, war zehn Meter lang; ich hielt es in Schlingen in der Hand, so daß ein Abstand von etwa zwei Metern zwischen uns lag. Ich dachte keine Sekunde daran, wer „Erster" oder „Zweiter" sein würde. Ich dachte auch nicht daran, oben einen goldenen Schatz zu finden und deshalb Hillary zur Seite zu stoßen, um vor ihm oben zu sein. Wir stiegen langsam und gleichmäßig, und dann hatten wir eben den Everest erreicht. Hillary setzte zuerst den Fuß auf den Gipfel, dann ich.

So – das ist meine Antwort auf das „große Geheimnis". Und wenn nach all dem Gerede und dem vielen Streit die Antwort zu selbstverständlich und zu einfach erscheint, dann kann ich nur sagen: „So und nicht anders muß sie sein." Sie wird manchen in meinem eigenen Volk enttäuschen, das weiß ich wohl, denn auch sie haben dem Begriff „der Erste" eine allzu große und falsche Wichtigkeit beigemessen. Diese Menschen sind gut, sie sind wunderbar zu mir gewesen, ich schulde ihnen viel. Aber mehr schulde ich dem Everest – und der Wahrheit. Wenn es eine Schande für mich ist, daß ich einen Schritt hinter Hillary ging, dann muß ich diese Schande eben tragen. Nur glaube ich nicht, daß es eine ist. Ebensowenig glaube ich, daß es Schande über mich bringen wird, dies alles erzählt zu haben. Immer wieder habe ich mich gefragt: Was sollen die künftigen Generationen von uns denken, wenn wir zulassen, daß die Leistungen, die wir vollbracht haben, von Geheimnis umwittert bleiben? Müßten sie sich nicht unserer schämen? Zwei Kameraden auf Leben und Tod – die der Welt etwas zu verbergen haben? So oft ich mich auch fragte, die Antwort blieb immer dieselbe: Allein die Wahrheit gebührt der Zukunft. Allein die Wahrheit gebührt dem Everest. Ich habe die Wahrheit gesprochen; ich bin bereit, mich dem Urteil zu beugen.

Mit den Fahnen der Vereinten Nationen, Großbritanniens, Indiens und Nepals: Tenzing Norgay auf dem Gipfel des Mt. Everest

Ein paar Schritte noch im Schnee – und ein Traum war Wirklichkeit geworden ...

Wir taten, was alle Bergsteiger tun, wenn sie einen Gipfel bezwungen haben: wir schüttelten uns die Hände. Aber das genügte bei weitem nicht für den Everest. Wir warfen die Arme in die Luft, ich umarmte Hillary, wir klopften uns auf die Schultern, bis wir, trotz des Sauerstoffs, ganz außer Atem waren. Und dann – dann sahen wir uns um. Es war elf Uhr dreißig vormittags. Die Sonne strahlte. Nie hatte ich den Himmel so leuchtend, so tiefblau gesehen. Ein sanfter Wind, aus Tibet kommend, spielte freundlich mit der Schneefahne, die immer vom Gipfel des Everest weht. Und ich sah auf all die Stätten nieder, die mir von früheren Expeditionen vertraut waren: das Rongbuk-Kloster, die Stadt Shekar Dzong, das Tal von Kharta, den Rongbuk- und den östlichen Rongbukgletscher, den Nordsattel, den Platz in der Nähe des Nordsattels, auf dem wir 1938 Lager VI errichtet hatten. Dann wandte ich mich um und folgte mit den Blicken dem weiten Weg, den wir selbst genommen hatten – über den Südgipfel, den langen Grat, den Südsattel, das westliche Cwm, den Eisbruch, den Khumbu-Gletscher bis hinab nach Thyangboche, bis zu den Hügeln und Tälern meiner Heimat.

Ringsum unter uns erstreckte sich der gewaltige Himalaya – weit nach Nepal und Tibet. Um die Gipfel solcher Riesen wie des Lhotse, Nuptse oder Makalu zu sehen, mußte man jetzt scharf nach unten blicken. Und ganz in der Ferne schienen die Spitzen dieser höchsten Gebirgskette der Erde, wie der Kangchendzönga und andere, nur noch kleine Erhebungen unter dem weiten Himmel zu sein. Noch nie im Leben hatte ich eine solche Aussicht genossen, und niemals wieder würde ich sie genießen – schön, wild, furchtbar. Aber Furcht war es nicht, was ich empfand. Dafür liebte ich die Berge zu sehr; dafür liebte ich den Everest zu sehr. In diesem großen Augenblick, auf den ich ein Leben lang gewartet hatte, war mein Berg nicht mehr ein Gebilde aus Fels und Stein, sondern ein lebendiges Wesen, freundlich und voll Güte, das die anderen Berge wie eine Glucke ihre Küken unter seine Fittiche nahm. Auch ich, so dachte ich, brauchte nur die Flügel auszubreiten, um die Brut, die ich liebte, schützend zu bedecken.

Wir drehten die Sauerstoffzufuhr ab. Selbst auf dem Gipfel der Welt war es möglich, ohne sie auszukommen, solange wir in Ruhe blieben. Wir reinigten die Masken vom Eis, das sich darauf gebildet hatte, und bevor ich die meine wieder aufsetzte, steckte ich mir rasch etwas Süßes in den Mund. Erst zum Abstieg drehten wir die Ventile wieder auf. Hillary zog seine Kamera, die er zum Schutz gegen den Frost unter der Kleidung versteckt hatte, heraus, und ich löste die vier Fahnen, die mit einer Schnur um den Schaft meines Pickels gebunden waren. Dann hob ich den Pickel zum Himmel empor, die Fahnen flatterten im Wind, und Hillary fotografierte mich. Er machte drei Aufnahmen, und mir scheint, es war ein Glück, daß unter so schwierigen Umständen eine davon gelungen ist. – Sogar in der Anordnung der kleinen Fahnen suchten die Menschen, die uns nachträglich so viele Schwierigkeiten machten, eine politische Demonstration. An meinem Pickel wehten von oben nach unten: die Fahne der Vereinten Nationen, die Fahnen Englands, Nepals und Indiens. Ich habe auf dem Everest gewiß nicht an Politik gedacht. Wäre dies der Fall gewesen, hätte ich an der Spitze die nepalesische oder die indische Fahne wehen lassen, obwohl dies für mich eine schwer zu treffende Entscheidung bedeutet hätte. So, wie es nun einmal war, freut es mich, daß die Fahne der Vereinten Nationen an der Spitze flatterte, denn ich glaube, daß unser Sieg nicht nur unseren eigenen Nationen, sondern allen Menschen auf Erden gegolten hat.

Ich schlug Hillary vor, nun auch ihn zu fotografieren, aber er schüttelte abwehrend den Kopf. Warum, weiß ich nicht. Statt dessen machte er selbst viele Aufnahmen, nach oben und nach unten und nach allen Himmelsrichtungen. Ich aber hatte inzwischen anderes zu tun. Ich holte aus meiner Tasche das von zu Hause mitgenommene Päckchen Süßigkeiten und den kleinen rotblauen Farbstift, den meine Tochter Nima mir gegeben hatte, scharrte ein Loch in den Schnee und legte meine Schätze hinein. Als Hillary sah, was ich tat, gab er mir eine kleine Katze aus schwarzem Stoff mit weißen Augen, die Hunt ihm als Maskottchen geschenkt hatte, und bat mich, sie dazu zu legen. In seiner Schilderung der Everest-Besteigung sagt Hillary, er habe auf dem Gipfel ein ihm von Hunt überreichtes Kruzifix im Schnee zurückgelassen. Mag sein, daß dem so war, ich habe es jedenfalls nicht gesehen. Mir hat er nur die kleine Katze gegeben. – In meiner Heimat ist es Sitte, denen, die wir lieben und die uns nahestehen, Süßigkeiten anzubieten. Ich habe den Everest immer geliebt, überlegte ich, und nun bin ich ihm auch nahegekommen. Ich bedeckte die kleinen Gegenstände mit Schnee und sprach in tiefer Dankbarkeit ein stilles Gebet. Siebenmal hatte ich den Weg zu meinem Berg genommen, beim siebenten Mal war mit Gottes Hilfe der Traum Wirklichkeit geworden.

„Thuji chey Chomolungma. Ich danke dir …"

Nur fünfzehn Minuten hatten wir auf dem Gipfel zugebracht, als es auch schon Zeit war, aufzubrechen. Da ich meinen Pickel zum Abstieg nicht entbehren konnte, band ich die Schnur mit den Wimpeln ab, breitete die Fahnen auf dem Gipfel aus und grub die Enden der Schnur so tief wie möglich im Schnee ein. Flieger der Indian Air Force, die wenige Tage später um den Gipfel flogen und Aufnahmen machten, erzählten, sie hätten nichts auf dem Gipfel liegen sehen. Vielleicht war die Entfernung zu groß, vielleicht hatte auch der Wind die kleinen Fahnen fortgeweht. Ich weiß es nicht.

Bevor wir aufbrachen, blickten wir uns noch einmal um. Ob Mallory und Irvine vor ihrem Ende wohl den Gipfel erreicht hatten? Ob irgendwo ein Zeichen von ihnen zu entdecken war? Wir suchten vergebens. Aber meine – und sicher auch Hillarys – Gedanken wanderten zu ihnen und zu allen, die vor uns den Weg zum Everest gegangen waren – Sahibs und Sherpas, Engländer und Schweizer, all die großen Bergsteiger und tapferen Männer, die durch dreißig lange Jahre den Berg herausgefordert und von seiner Eroberung geträumt hatten, die kämpfend unterlegen waren, durch deren Mühen, Kenntnisse und Erfahrungen allein unser jetziger Sieg möglich geworden war. Einer aber, mein treuester Gefährte, Lambert, mein Kamerad, war mir in diesem Augenblick so nahe, daß ich ihn neben mir fühlte, daß ich mich umwandte, um zu sehen, ob mir nicht sein freundliches Bärengesicht zulachte. Deutlich vernahm ich seine vertraute Stimme, die zu mir sagte: „*ça va bien, Tenzing! ça va bien!*"

Ich zog den rot-wollenen Schal, den er mir gegeben, fester um den Hals. Wenn ich zu Hause bin, schicke ich ihm seinen Schal, nahm ich mir vor. Er hat ihn auch wirklich erhalten.

Nicht alle Fragen, die seit der Besteigung des Everest an mich gerichtet wurden, waren politischer Natur. Das Interesse besonders der östlichen Menschen galt mehr den religiösen und übernatürlichen Dingen. „War Buddha selbst auf dem Gipfel? Hast du vielleicht Shiwa gesehen?" Von seiten der Überfrommen und Orthodoxen wurde ich immer wieder gedrängt zu sagen, ich hätte irgendwelche Visionen oder Offenbarungen auf dem Gipfel erlebt. Mag es für manche auch enttäuschend sein – ich muß auch diesmal bei der Wahrheit bleiben und sagen: „Nein! Auf dem Gipfel des Everest habe ich nichts Übernatürliches gesehen und nichts Übermenschliches empfunden. Ich fühlte mich Gott sehr nahe – und das genügte mir. Ich dankte Ihm aus tiefster Seele, und vor dem Abstieg bat ich Ihn um etwas sehr Nüchternes, sehr Wirkliches: Er möge uns, nachdem Er uns diesen Sieg verliehen, auch Seinen Schutz für den Abstieg vom Berg gewähren."

Wir öffneten die Ventile unserer Sauerstoffgeräte und machten uns zum Gehen bereit. Obwohl uns viel daran gelegen war, so rasch als möglich hinunterzukommen, gingen wir langsam und vorsichtig. Wir wußten nur zu genau, daß sich die meisten Unfälle in den Bergen ereignen, wenn die Männer auf dem Rückweg müde und achtlos geworden sind. Auch wir waren müde und würden weniger schnell reagieren als beim Aufstieg. So gingen wir, Schritt um Schritt die Füße setzend, vorsichtig den Schneehang hinab, nach Möglichkeit

*Tenzing Norgay, John Hunt und Ed Hillary nach ihrer Rückkehr*

die alte Spur benutzend. Als wir die Felsstufe auf dem Grat erreichten, bot uns der Kamin diesmal keinerlei Schwierigkeiten. Ich ließ mich einfach vom Rand herunter und sprang ab. Schon befanden wir uns auf dem Grat, und teils stapfend, teils rutschend, trafen wir nach einer Stunde am Südgipfel ein. Auf dieser Wegstrecke führte Hillary. An gefährlichen Stellen hielt ich das Seil sehr kurz. Wir waren beide sehr müde, aber keineswegs erschöpft. Nur der Durst plagte uns ungemein, denn das Wasser in unseren Flaschen war gefroren. Schnee zu essen hätte indessen die Trockenheit in Hals und Mund nur verschlimmert.

Am Südgipfel rasteten wir ein wenig, dann mußten wir die steile Schneewand direkt unter ihm überwinden, die uns beim Abstieg noch gefährlicher und furchtbarer erschien als beim Aufstieg. Beim Versuch, vorwärts zu kommen und dennoch zu bremsen, ging Hillary vor mir so tief in den Knien, daß sein Hosenboden oft den Schnee streifte. Ich stemmte mich kräftig ein und hielt das Seil fest, jeden Moment darauf gefaßt, es spannen zu müssen, falls Hillary ausrutschte, denn ein Sturz würde erst 3000 Meter tiefer auf dem Kangshung-Gletscher enden. Wir meisterten die Schneewand ziemlich glatt und hatten damit das Schlimmste hinter uns. Ein kleines Stück weiter nahmen wir die von Bourdillon und Evans hinterlassenen Sauerstoffflaschen auf, gerade im richtigen Augenblick, denn unser eigener Vorrat ging zu Ende. Ungefähr um zwei Uhr erreichten wir unser Hochlager, wo wir im Zelt ruhten und auf dem kleinen Ofen gesüßten Zitronensaft heiß machten. Dies war seit Stunden unser erstes Getränk, und wir fühlten uns wie neugeboren.

Dann ging es weiter von Lager IX – dem Grat entlang, am alten Schweizer Zeltplatz vorbei, hinunter zum großen Couloir am Schneehang, der zum Südsattel führte. Teilweise konnten wir die alten Stufen benutzen, teilweise hatte sie der Wind so ausgefegt, daß wir trotz der Steigeisen keinen Halt fanden und neue schlagen mußten, um nicht abzurutschen. Hier übernahm ich die Führung am Seil und schlug die Stufen, was mir endlose Zeit zu beanspruchen schien. Aber jetzt konnten wir die Zelte auf dem Südsattel erkennen und entdeckten winzige Punkte, die sich vor ihnen bewegten. Langsam wurden Zelte und Punkte größer und dann, als wir endlich den festeren Schnee dicht oberhalb des Sattels erreichten, kam uns George Lowe mit den anderen vom Lager entgegen. Er umarmte uns, gab uns heißen Kaffee zu trinken, und alle brachten uns zum Lager zurück.

Gregory hatte das Lager an diesem Tag schon früher verlassen, dafür war Noyce mit dem Sherpa Pasang Phutar, einem Namensbruder des „Jockey", heraufgekommen. Alle bemühten sich um uns. Lowe hatte uns Kaffee entgegengetragen, Noyce gab uns Tee, der allerdings sehr eigenartig schmeckte.

Wahrscheinlich war er vor lauter Aufregung beim Teekochen an das Öfchen gestoßen und hatte Petroleum ins Wasser gekippt. Aber das machte nichts. – Was konnte uns überhaupt irgend etwas ausmachen? Mir schmeckte der Tee wie die süßeste Buttermilch, denn er war mit Liebe und Güte bereitet. Nur die vielen Fragen, die an uns gestellt wurden, konnten wir nicht mehr alle beantworten; wir mußten zuerst einmal ausruhen. Da es schon dunkel und kalt wurde, krochen wir in unsere Schlafsäcke, Hillary zusammen mit Lowe und Noyce in einem Zelt, ich in einem anderen mit Pasang. Ich lag ganz still, atmete den „Nachtsauerstoff" und versuchte zu schlafen. Alles war ah chah – in Ordnung. Ich konnte vor Müdigkeit nichts mehr fühlen, nichts mehr denken, als nur noch dies: die wahre Glückseligkeit kommt noch.

*Wenige alpinistische Leistungen finden so weltweites Echo wie die erste Besteigung des Mt. Everest ohne den Einsatz von Flaschensauerstoff im Jahre 1978. Zwar sind zu diesem Zeitpunkt Achttausender-Besteigungen ohne Sauerstoffgeräte durchaus nichts Außergewöhnliches, doch gilt dies nur für die „niedrigeren" der 14 höchsten Berge der Welt. Schon 1950 verzichten die Franzosen auf der Annapurna auf Sauerstoffmasken, 1953 geht Hermann Buhl solo und ohne Sauerstoffflaschen zum Nanga Parbat, auch Fritz Wiessner und Pasang Dawa Lama dringen 1939 am K2 in Höhen um die 8400 Meter vor, E. F. Norton schafft 1924 am Mt. Everest knapp 8600 Meter, ebenfalls ohne Maske.*

*Doch der Gipfel des Everest mit seinen 8850 Metern ist nicht nur ein mühseliges Stück höher, er ist auch jener Berg, an dem 1922 erstmals Sauerstoffgeräte im Einsatz waren. Alle Expeditionen seither benützen diese Technik, viele Experten halten es zudem schlicht für unmöglich, ohne zusätzliche Sauerstoffgabe Stunden, vielleicht sogar Tage in dieser Höhe zu überleben. Messner selbst fragt sich bei der Planung des Unternehmens vor allem, „wie er die letzten 300 Meter schaffen würde".*

*Der Südtiroler Reinhold Messner und der Nordtiroler Peter Habeler beweisen, was seither von vielen Extrembergsteigern nachempfunden wird. Es ist möglich, den höchsten Berg der Welt „by fair means" zu besteigen. Tatsächlich wird durch die Verwendung von Sauerstoffmasken das körperliche Empfinden eines Bergsteigers um gut tausend Höhenmeter nach unten versetzt, Fundamentalisten trennen daher heute in Besteigungen mit und ohne Flaschensauerstoff und meinen, dass nur Besteiger ohne Maske wirklich von sich sagen dürften, einen Achttausender geschafft zu haben.*

*Zwischen 1970 und 1986 besteigt Reinhold Messner alle 14 Achttausender, vier davon zweimal. Er, der Mann der Rekorde und Sensationen, der wie kein anderer das Höhenbergsteigen in den Siebziger- und Achtzigerjahren prägt, weist jeden Gedanken an einen „Wettlauf" zurück. „Ich fühlte mich nicht als Held, auch nicht als Ausnahmebergsteiger. Ich hatte etwas zu Ende geführt, was ich mir vier Jahre vorher vorgenommen hatte. Ich war zufrieden, weil es nun hinter mir lag," sagt er in seinem Resümee „Überlebt – alle 14 Achttausender".*

*Sein Weg auf den Everest ohne Sauerstoffmaske ist wohl Beweis, dass Messner tatsächlich nicht der Gipfelsammler ist, zu dem ihn manche Medien stempeln. Er hätte es sich leichter machen und den (ihm damals noch fehlenden) Everest mit allen technischen Hilfsmitteln im Rahmen der von Wolfgang Nairz geführten österreichischen Expedition „abhaken" können. Statt dessen entscheidet er sich für eine der letzten ganz großen Herausforderungen.*

*Seit Reinhold Messner als erster Mensch alle 14 Achttausender bestiegen hat, sind ihm bis Ende 2000 weitere sieben Bergsteiger gefolgt.*

*In der Reihenfolge ihrer Erfolge:*
*Jerzy Kukuczka † (Polen)*
*Erhard Loretan (Schweiz)*
*Carlos Carsolio (Mexiko)*
*Krzysztof Wielicki (Polen)*
*Juanito Oiarzabal (Spanien)*
*Fausto De Stefani (Italien)**
*Sergio Martini (Italien)**

*M. U.*

* Nach eigener Darstellung erreichten sie am Lhotse nicht den Gipfel, sondern kamen diesem bei schlechtester Sicht „sehr, sehr nahe".

Der folgende Text wurde entnommen aus: Reinhold Messner, Überlebt. Die Achttausender-Chronik (7. Auflage, Neuausgabe 1999). BLV Verlag, ISBN 3-405-15788-9, S. 73–79. Abdruck mit freundlicher Genehmigung des Verlags.

*Reinhold Messner*

# *Ohne Sauerstoffmasken auf den Mt. Everest*

Mit dem Ziel, den höchsten Berg der Welt „by fair means" zu ersteigen, beschäftigte ich mich 1978 auch mit dem Einstieg. Aus diesem Grund schloß ich mich einer österreichischen Expedition an, die Wolfgang Nairz, Dr. Oswald Oelz und ich 1972 nach dem Manaslu in Nepal ins Auge gefaßt hatten. Jahrelang hatten wir auf die Genehmigung gewartet, bis wir endlich für das Frühjahr 1978 eine Zusage bekamen. Erst 1977 entschloß ich mich, Peter Habeler zu dieser Mount-Everest-Expedition einzuladen, die von mir allein finanziert wurde. Wolfgang Nairz schoß ich einen wesentlichen Beitrag zur Expeditionskasse zu, wodurch wir die Möglichkeit erhalten sollten, sein Basislager und die gesamte Route zu benutzen, die von uns zusammen mit den österreichischen Kameraden sowie mit Reinhard Karl, dem einzigen deutschen Mitglied dieser Expedition, präpariert werden sollte.

Peter und ich aber wollten getrennt von den anderen operieren können. Ursprünglich war es unser Ziel gewesen, den Südpfeiler zu klettern, eine neue Route zwischen dem Südostgrat, von Hillary und Tenzing 1953 erstmals durchstiegen, und der Südwestwand, an der Chris Bonington 1975 eine Expedition zum Erfolg geführt hatte. Am Berg jedoch mußten wir aufgrund der extremen Steilheit und der schlechten Eisverhältnisse bald schon einsehen, daß es zuviel war, „zwei Schritte auf einmal" zu machen: das heißt, eine schwierige Route erstmals zu klettern und gleichzeitig dabei auf die Sauerstoffgeräte zu verzichten. Wir entschlossen uns deshalb, auf der Linie der Erstbesteiger zu bleiben und so den Spuren der Österreicher folgen zu können.

Natürlich wollte ich neben der Besteigung des Mount Everest auch Solo Khumbu besser kennenlernen, jenes Gebiet, in dem seit etwa 300 Jahren die Sherpas daheim sind und das unter den vielen Expeditionen und dem Trekking-Tourismus ökologisch mehr gelitten hat als andere Gegenden im Himalaya.

Soweit wir gesund waren, halfen Peter und ich beim Aufbau der Lager. Das Verhältnis zu den anderen Expeditionskameraden war gut. Ein englisches Team unter Leo Dickinson drehte einen Film, der unseren Aufstieg bis zur Spitze

*Schrieben große Kapitel der Geschichte des Mt. Everest: Sir Edmund Hillary, Reinhold Messner*

beweisen sollte. Ich hatte mich verpflichtet, die Kamera bis zum Gipfel zu tragen, um so das letzte Stück zu dokumentieren. Vom Verkauf der Filmrechte konnte ein Großteil unserer Expeditionsspesen gedeckt werden.

Vor dem Aufbruch zur Everest-Besteigung ohne Sauerstoffmaske hatte es gegen meine Person und meine Idee mehr Widerstand gegeben als je zuvor. Im Fernsehen, in großen Pressekonferenzen traten Gegner auf den Plan. Sie meinten, wir könnten den Everest-Gipfel vielleicht ohne Maske erreichen, aber nicht wieder herunterkommen. Und wenn, dann völlig verblödet. Natürlich gingen derlei Reden, Zweifel und Angriffe nicht spurlos an uns vorbei. Sie dämpften unsere Begeisterung ein wenig. Trotzdem wollte ich es versuchen. Entgegen aller Unkenrufe.

Dieses Schwimmen gegen den Strom hat in mir nicht nur Zweifel geweckt. Dieses Ankämpfen gegen die vielen Widerstände von außen hat mir zu allen Zeiten auch Kraft gegeben; nicht nur am Berg, auch sonst im Leben. Ich wollte meinen Kritikern nicht in einer Art Trotzkopf-Reaktion beweisen, daß ich recht hatte; ich wollte die Überzeugung, daß es möglich sein müßte, auch den Everest ohne Maske zu besteigen, einer ernsten Prüfung unterziehen.

Peter und ich gingen also im Frühling 1978 mit der österreichischen Mount-Everest-Expedition ins Basislager. Es lag noch viel Schnee, und es war eisig kalt auf 5400 Meter Höhe. Gegen 5 Uhr früh kroch die Kälte durch die Schlafsäcke in den Körper, so daß man sich nicht mehr erwärmen konnte. Damals, in der wachsenden Unsicherheit am Fuße dieses gewaltigen Berges, unter dem ständig krachenden Eisbruch, glaubte ich, daß unsere Kräfte nicht ausreichten, um höher oben gegen die Kälte, gegen den Sauerstoffmangel, gegen die Angst anzukämpfen. Trotzdem, Lebensangst empfand ich nicht. Im Laufe der Wochen aber war aller Kleinmut verflogen, der mich oft packte, wenn ich im voraus an all die Leiden, an all die Anstrengungen dachte, die während einer zweimonatigen Expedition auf mich zukommen würden.

*Peter Habeler im Khumbu-Eisbruch. Messner und Habeler benützten die von der Österreichischen Expedition versicherte Aufstiegsroute.*

Bereits Ende April war ich auf dem Südsattel. Nachdem Peter krank geworden war, versuchte ich den Aufstieg zum Gipfel allein. Zwei Sherpas, Ang Dorje und Mingma, waren dabei. Wir wurden aber in einem Schneesturm zwei Tage und zwei Nächte lang dort oben festgehalten. Dabei erfuhr ich zum ersten Mal, was es heißt, ohne Maske in 8000 Meter Höhe leben zu müssen. In diesen Tagen wollte ich nur lebend wieder hinunterkommen. Trotzdem verstärkte sich auch meine Zuversicht, daß es bei gutem Wetter möglich sein müßte, viel höher zu steigen, als das letzte Lager war, das wir am Südsattel aufgebaut hatten.

Am 8. Mai, nachdem Wolfgang Nairz mit Robert Schauer, unser Sirdar Ang Phu und der Kameramann Horst Bergmann zum Gipfel gegangen waren, hatten Peter und ich unsere Chance. Wir stiegen mit dem englischen Kameramann Eric Jones bis zum Südsattel, nisteten uns dort in einem Zelt ein und brachen am nächsten Tag trotz des stürmischen Wetters in aller Herrgottsfrühe auf.

Wir hatten absichtlich den Südsattel als Ausgangspunkt gewählt, um uns nur so kurz wie unbedingt notwendig über 8000 Meter Meereshöhe zu bewegen und nicht einem Biwak ohne Maske auf 8500 Meter ausgesetzt zu sein. Diese Taktik war sicherlich mitentscheidend für unseren Erfolg. Hätten wir, wie fast alle Expeditionen vor uns, den Aufstieg in zwei Hälften geteilt – vom Südsattel bis auf 8500 Meter, dort Biwak und dann weiter bis zum Gipfel und zurück –, wir hätten es sicherlich nicht geschafft. So aber, in gewohnter Schnelligkeit, in der kurzen Zeit, in der wir uns oben aufhielten, waren die Gefahren, an der Höhe zu leiden, geringer.

Acht Stunden etwa brauchten wir vom Südcol bis zum Gipfel. Das letzte Stück stieg ich voraus und filmte Peter. Wie er über den Hillary-Step aufsteigt und zum Gipfel kommt, sind bewegende Bilder, dramatische Augenblicke, im Film festgehalten. Jene Bilder rütteln diesen einen Moment wieder wach, wenn ich sie heute ansehe. Als wir wie in Trance auf dem höchsten Punkt saßen, auf den wir uns konzentriert hatten, war vorerst alles aus.

Der Abstieg verlief dramatisch. Peter verließ den Gipfel fluchtartig und rutschte teilweise auf dem Hosenboden hinunter zum Südsattel. Ich blieb etwas länger oben, um zu filmen, zu schauen, um ein Tonband zu besprechen. Mit dieser Gedächtnisstütze hoffte ich, die Empfindungen vom Gipfel „ehrlicher" ins Basislager retten zu können. Nichts ist trügerischer als unsere eigene Erinnerung.

Als ich nachstieg, sah ich Peter als schwarzen Punkt schon weit unter mir. Ich hatte es nicht eilig. Als ich den Südsattel erreichte, fühlte ich fürchterliche Schmerzen in den Augen. Ich hatte, als ich filmte, immer wieder die Brille abgenommen, um besser sehen zu können, und mir so eine Schneeblindheit zugezogen, die ich im Zelt, in der Nacht nach dem Gipfel, auf 8000 Meter Meereshöhe, grausam zu spüren bekam. Die Schmerzen waren so schlimm, daß ich sie teilweise nur sitzend, mit Tränen in den Augen, ertragen konnte. Es war besser, wenn ich weinte. Es tat dann etwas weniger weh.

Am nächsten Tag war das Wetter immer noch stürmisch. Der weitere Abstieg gestaltete sich ziemlich schwierig. Ich konnte nur Umrisse erkennen. Peter stieg auch jetzt voraus. Ich tastete mich, an den Fixseilen festhaltend, abwärts. Im Lager 3, wo wir kurz rasteten, hatte Peter gewartet. Dann, Peter ging wieder als erster, stieg ich allein hinunter bis an den Wandfuß der Lhotse-Flanke, wo er zum Glück wieder wartete, weil er wie ich auf Hilfe angewiesen war. Er hatte sich beim Abrutschen vom Südgipfel einen Knöchel verstaucht und war nicht mehr trittsicher. Als zwei Invaliden kamen wir beide im Lager 2 an. Gleichzeitig aber auch als stolze Gewinner. Entgegen aller Warnungen und Besserwisserei hatten wir den Mount Everest ohne künstlichen Sauerstoff bestiegen.

Wie bei früheren Expeditionen gab es auch bei dieser einige Stimmen, die an unserem Erfolg Zweifel anmeldeten. Wir konnten jedoch den Aufstieg ohne Maske mehrfach beweisen. Die bösen Zungen verstummten erst dann, als auch andere ohne künstlichen Sauerstoff auf den Everest gestiegen waren, als diese Form der Achttausender-Besteigung selbstverständlich geworden war.

*Die drei Pole: Nordpol, Südpol und der Mt. Everest, Dyhrenfurths „dritter Pol", der höchste Punkt der Erde. Reinhold Messner ist der erste Mensch, der auf diesen drei extremen Positionen unseres Globus steht, er nennt sie „Fluchtpunkte".*

*1980 kehrt Messner zum Everest zurück. Die Medien delektieren sich an Meinungsverschiedenheiten, die nach der historischen Everest-Besteigung ohne Sauerstoffmasken zwischen ihm und Peter Habeler entstanden sind. Doch Reinhold Messner hat ein neues Ziel: Es gelingt ihm, in Beijing eine der ersten Genehmigungen für eine Everest-Expedition von der Nordseite zu erlangen, nachdem die chinesischen Besatzer dreißig Jahre lang keine Ausländer als Zeugen ihres Regimes in Tibet zuließen. Er möchte eine neue Jahreszeit am Everest kennenlernen, den sommerlichen Monsun. Und er will es allein versuchen, ohne Hochträger, ohne Hochlager – und wieder ohne Sauerstoffgerät.*

*Nur seine Freundin Nena ist bei ihm im Basislager, als er im Juli erkennt, dass der feuchte Monsunschnee einen Gipfelgang unmöglich macht. Nach einigen Wochen, die er mit Wanderungen in Tibet zubringt, kehrt er im August an den Berg zurück.*

*Später, im Jahr 1995, erreicht Reinhold Messner gemeinsam mit seinem Bruder Hubert „by fair means", also ohne Versorgung aus der Luft, den Nordpol, genau 100 Jahre nach Fridtjof Nansens historischer Reise.*

*Zwischen Oktober 1989 und März 1990 durchqueren Reinhold Messner und Arved Fuchs die Antarktis und erreichen den Südpol.* *M. U.*

Der folgende Text wurde entnommen aus: Reinhold Messner, Nie zurück (2. Auflage 1996). BLV Verlag, ISBN 3-405-15002-7, S. 252–258. Abdruck mit freundlicher Genehmigung des Verlags.

*Reinhold Messner*

# Solo am Dritten Pol

Im Sommer 1980 kam ich ein zweites Mal zum Mount Everest. Diesmal von Norden, von Tibet her. Die chinesische Zentralregierung, inzwischen sicher, das kulturelle und politische Selbstverständnis der Tibeter gebrochen zu haben, öffnete 30 Jahre nach ihren ersten strategischen Tibet-Interventionen die Grenzen für Touristen. Der Berg, inzwischen von chinesischen und tibetischen Bergsteigern auch von Norden bestiegen, war vermessen, kartographiert und erschlossen. Der Tourismus konnte beginnen.

Beim ersten Versuch kam ich nur bis zum Nordsattel. Dort blieb ich im nassen Monsunschnee stecken. Beim zweiten Anlauf, Mitte August, stieg ich trotz eines nächtlichen Spaltensturzes zügig über den Nordgrat aufwärts. In 7800 Meter Meereshöhe schlug ich mein erstes Biwak auf. An einer flacheren Stelle am stumpfen Grat stand mein winziges Zelt. So viel Platz! Weit unten im Gewaber der Wolken und Nebel dunkle Flecken in der Schneelandschaft. Obwohl nur ein schwacher Luftzug zu spüren war, war mein Bart vereist. Dazu die Schmerzen beim Ein- und Ausatmen in Kehle und Lungen. Alles wie zwei Jahre vorher.

Unglaublich, wie schnell unser Verstand all diese Unannehmlichkeiten vergißt. Wie hätte ich sonst nach meiner ersten Erfahrung am höchsten Berg der Welt einen zweiten Aufstieg wagen können?

Auch im Zelt war das Leben miserabel. Von Erholung konnte keine Rede sein. Meine Beine waren müde. Vom Steigen, Spuren und dauernden Gleichgewichthalten auf dem verschneiten Blockgrat mit einer schweren Last auf dem Rücken blieben sie noch stundenlang steif. Kalt war es im Zelt nicht, und ich konnte Schnee schmelzen, trinken. Schlafen konnte ich kaum.

Am Morgen fühlte ich mich genauso elend wie am Abend zuvor. Wieviel Mühe es allein kostete, aus dem engen Zelt zu steigen! Gepackt aber war schnell, und mit dem Steigen ging es mir besser. Bald traf das Licht der Morgensonne die Schneefelder der Gipfelkuppe des Cho Oyu, und wenig später leuchteten die Felsen des Gyachung Kang auf. Herrliches Wetter! Die Sonne aber, wenig über dem Horizont im Osten, hatte keine Kraft. Keinerlei Wärme in ihren rötlichen Strahlen. Auch mein Gesicht, die Hände, die Füße, alles kalt. Als wäre alle Wärme für immer abhanden gekommen. Die ganze Welt schien in einer allumfassenden und dauerhaften Kälte zu stecken. Oder raste sie mit mir in immer kältere Sphären?

Ich bewegte mich langsam, äußerst langsam. Meist verdeckte mein eigener Körper, gipfelwärts gewandt, den Tiefblick. Nur wenn ich stehenblieb, drehte sich ein Stück Horizont in mein Blickfeld. Ich war nicht nur allein, auch nirgends ein Zeichen oder eine Spur von Menschen! Über mir, scheinbar gar nicht so hoch über meiner schrägen Welt aufragend, der Gipfel des Mount Everest: eine sonnenumflutete, helle Pyramide mit dunklen Streifen aus Fels.

Dieser Anblick war großartig, der Tiefblick erschreckend. In meiner Langsamkeit gewann der Raum um mich und tief unter mir an Beweglichkeit. Nur der Gipfel stand immerzu still, still und unbeweglich wie die Zeit.

Das Sonnenlicht hatte die Farbe gewechselt, von Golden zu Weiß, und langsam spürte ich die Wärme aus dem All. Trotzdem erschien der „Second Step", eine gut 20 Meter hohe Felsstufe am Gipfelgrat, unüberwindlich steil und ausgesetzt. Nicht nur das Steigen, auch das Gelände wurde besser, während ich direkt auf den Gipfel zuging. Ich war vom Nordgrat abgekommen und querte, Bänder und leichte Felsstufen ausnützend, die Nordflanke schräg aufwärts. Den Gipfel im Blickfeld, den Nordostgrat immer links über mir, war es ein gutes Gefühl, mit jedem Schritt dem Ziel ein bißchen näher zu kommen. Da ich mich immer noch auf meine beiden Skistöcke stützte, bewegte ich mich wie ein Vierbeiner. Auch konnte ich so aus Nuancen des Klangunterschiedes von Metall auf Stein heraushören, ob ein Felsblock unter dem Schnee fest war oder nicht belastet werden durfte. Die Bänder, die ich aufwärts steigend nutzte, um Richtung Gipfel zu kommen, waren manchmal abschüssig und, weil verschneit, heikel. Die Kletterei war dann schwieriger, als es die Steilheit des Hanges ahnen ließ. Das schlimmste aber blieb die Anstrengung. In großer Höhe sind Kletterschwierigkeiten zweitrangig. Was neben dem Sauerstoffmangel den Aufstieg bremst oder oft verunmöglicht, ist loser Schnee. Die Gefahren dabei zählen weniger – eine Everest-Besteigung in Eigenregie, ohne andere Bergsteiger weit und breit, ist immer gefährlicher als verantwortbar –, weil die Todesgefahr bewußt in Kauf genommen wird. Die mehr tierischen als humanen Instinkte heben zwar beim Steigen den ständigen Zustand des Marodeseins auf, helfen aber nicht gegen das Verlorensein in der eigenen Hilflosigkeit.

Am Nachmittag wurde das Licht gespenstisch. Dichte Monsunwolken mußten über dem Berg schweben. Die Orientierung wurde schwierig, auch war ich erschöpft. Also blieb ich. Auf einem Felsen baute ich das Biwakzelt auf. Ein gutes Stück links der Nortonrinne und unterhalb einer Steilstufe. Es war ein lawinensicherer Ort, aber trotzdem windgeschützt. Von hier aus hätte ich auch im Nebel zurückfinden können, denn die Querung hinab zum Nordgrat schien in jedem Winkel möglich.

Der Nachmittag, der Abend, die Nacht vergingen langsam. Es war eng und ungemütlich im Zelt. Draußen schneite es leicht, und in unregelmäßigen Stößen blies der Wind Schneestaub durch die Nähte der einfachen Zeltplane. Auch fiel dabei immer wieder Reif auf den Schlafsack, Reif, der sich aus meiner Atemluft an der Zeltinnenwand bildete. Die Versuchung, auch den Kopf im Inneren des Schlafsackes zu verstecken, um dem ständigen Schneeregen zu entgehen, wurde sofort bestraft mit Atemnot und Beengtheit. Also war auch mein Gesicht eisig und naß und kalt. Alles wurde zur Qual. Das Daliegen, das Kochen, das Denken. Das Warten war schon zu anstrengend, um das Weiterleben noch als wünschenswert zu empfinden. Dieses miserable Lagern war viel schlimmer als das Steigen. Die Müdigkeit kam dabei nicht von der Anstrengung, sondern vom Dasein, und nach und nach schwand alle Lebensfreude, jeder Optimismus. Es wäre viel leichter, ohne zu lagern auf den Mount Everest zu steigen, dachte ich, aber das ging jetzt nicht. Zu viel Schnee, zu viel Gewicht, keine Spur.

Meine Kehle schmerzte so, daß ich mich fürchtete zu trinken, obwohl ich immerzu Durst hatte. Dabei ein Verlangen nach frischen Früchten, Säften, kühlen Getränken. Oh, wie verabscheute ich diesen heißen Tee, mein einziges Getränk seit Tagen!

Wie langsam alles ging: die Zeit, die Gedanken, die Nacht. Die Wärme in meinem Körper kam wieder und eine Ahnung von Dauer, Weiter, Höher. Auch das Licht kam ganz langsam. Zuerst war da nur ein opalfarbener Schimmer, wenn ich die Augen öffnete. Aber die Helligkeit verfärbte sich und wurde mehr. Bis ich wußte, daß der neue Tag da war.

Jetzt kam die härteste Arbeit des Tages: das Kochen, Anziehen, Aufstehen. In dieser Höhe kostete jeder Handgriff eine große Willensanstrengung. Dazu der Schnee überall, die Enge, die Appetitlosigkeit.

Draußen war ein klarer Tag, und ich wollte so früh wie möglich aufbrechen. Aber nicht nur das elende Schneeschmelzen, auch der Morgenwind und eine allumfassende Lethargie bremsten mein Losgehen. Bis ich angezogen war, vergingen Stunden, und als ich vor dem Zelt stand, hingen schon die ersten Nebel an der Nordflanke des Berges.

Ohne Rucksack ging es sich viel angenehmer, und doch fühlte ich mich müder als am Tag vorher. Anfangs waren da keine Schwierigkeiten, aber nach jeweils ein paar Schritten mußte ich rasten und nach Luft schnappen. Der Schnee vom Vorabend war auf den Felsen kaum zu sehen und nicht hinderlich bei der Spurarbeit. Nur in den Mulden lag er spürbar auf der Schneekruste, die nachgab, wenn ich hineintrat. Beim Blick nach oben ahnte ich rechts über einer ersten Steilstufe die Gipfelpyramide, und obwohl ich mich schwach fühlte, war ich neugierig, wie die Querung über der Stufe ins Nortoncouloir aussehen würde.

Schräg hinter mir das Zelt, mitten in einer desolaten Welt aus Fels und Schnee. Immer wenn ich – den Kopf auf den Eispickel gestützt – rastete, schielte ich hinab zum Zelt. Als ob ich mir die Position einprägen müßte. Dann setzte ich meinen einsamen Aufstieg fort.

Rechts über dem Zelt und links einer Felsnase fand ich eine Art Rampe. Sie markierte in zwei Stufen und nach rechts leitend den möglichen Aufstieg. Trotzdem zögerte ich. Würde ich ohne Problem auch wieder absteigen können? Und darüber? Wie sah das Gelände höher oben aus?

Die große Höhe zehrt nicht nur an Kraft, Willen und Ausdauer. Sie macht auch unentschlossen. Wie lange ich jeweils brauchte, eine Entscheidung zu treffen!

Immer noch kletterte ich mit dem Eispickel in der rechten Hand als Stütze. Nur selten brauchte ich beide Hände, um mich an Griffen festzuhalten. Der Pickel baumelte dann an einer Schlinge, die lose an meinem Handgelenk hing. Das Gelände war jetzt steil, aber immer noch gegliedert, immer wieder Bänder und Verschneidungen, die mich nach rechts brachten.

Langsam, aber stetig kam ich höher. Ohne Rucksack schaffte ich sogar ein paar senkrechte Passagen, und dann stapfte ich lange über eine Schneerampe diagonal nach rechts aufwärts. Als ich auf einem schwach ausgeprägten Schneegrat stand, erschien mir der Gipfel erstmals an diesem Tag erreichbar nahe. Das Steigen ging jetzt besser, und eine Serie von Bändern und Schneerinnen führte rechts von mir in die letzte Mulde des Nortoncouloirs und schräg rechts aufwärts zum Himmel, der im Nebelreißen immer wieder sichtbar wurde.

Es war jetzt windstill und recht warm, so daß ich nur gegen die Ausgesetztheit und Höhe anzusteigen hatte. Langsam querte ich in die große Schlucht hinein und gewann rasch an Entfernung, wenn auch nicht an Höhe. Gerade hochzusteigen erschien mir unmöglich, war der Felsriegel über dem Nortoncouloir doch streckenweise senkrecht und hingen überall Schneewächten von den Felsköpfen.

Ich versuchte, so tief wie möglich in das Schneefeld zu queren und den Fuß jener Sekundärrinne zu erreichen, die allein einen Ausweg aus der beängstigend steilen Felslandschaft über mir erlaubte. Jetzt immer schräg nach rechts aufwärts. Es gelang. Immer wenn ich eine steilere Passage geklettert war, rang ich ausgepumpt nach Luft und brauchte länger, zu meinem Willensakt zurückzufinden, als nach dem Rhythmus beim Schneestapfen: ein paar Schritte, eine Pause, wieder ein paar Schritte.

Wenn ich zurückschaute – im Nebelreißen oft Fetzen von Gletscherböden, sonst nichts mehr –, war da weniger Sorge, den Abstieg nicht zu schaffen, als vielmehr die große Distanz zur lebendigen Welt, die sich mir mehr und mehr entzog. Sicher, es würde schwierig sein, wieder abzuklettern, die Spur und den Weg zu finden, schwieriger aber war es, weiter aufzusteigen. Jeder Schritt nach oben waren zwei Schritte weg von der Welt, in die ich mich zurücksehnte. Eine Welt, in der man stehen konnte, ohne immerzu abstürzen zu können; ein Zelt, in dem man schlafen, kochen, trinken konnte; Wasser, das rann; Luft, die die Lungen beruhigte; Wärme; Menschen; Gefühle.

Immer, wenn ich nicht mehr konnte, löste sich der Schneehang vor mir auf in ein nebelgleiches Wabern. Dahinter nur Unschärfe.

Unter mir war die Wand steil, und wenn der Schnee nicht hielt, war es ein hoffnungloses Treten, bis ich auf Felsleisten stieß. Nein, die Lawinengefahr war es nicht, was mich ängstigte, nur diese Hoffnungslosigkeit in meinem langsamen Vorankommen. Die Sorge, nie mehr zurückzukommen, hatte ich inzwischen ebenso verdrängt wie das Wissen, daß die Spur hinter mir unterging im Schnee, den ich lostrat und der aus den Nebeln fiel.

Zum einen war dieses Wolkenspiel verwirrend, zum anderen hob es meine Bühne hinter alle Vorhänge. Nicht einmal die Sonne kam bis zu mir durch. Das war gut so, weil mich die Höhenstrahlung noch mehr ausgelaugt hätte. Im windstillen Konkav unter dem Gipfelgrat hätte ich neben meinem eigenen Verlorensein zwischen den teils überhängenden schwarzen Kulissen meinen Part sonst ganz vergessen: Weiter! Kein Text, kein Wort mehr, nur noch ein Wille.

Das letzte Stück der Gipfelpyramide war auch in wolkenfreien Momenten nicht mehr zu sehen, und ich dachte an Frank Smythe, der im Sommer 1949 im Alter von 49 Jahren gestorben war. Hier irgendwo war er 1933 im schier grundlosen Pulverschnee steckengeblieben, 20 Jahre bevor Hillary und Tenzing den Gipfel über die andere Seite des Berges erreichten. Nur der lose Schnee hatte ihn aufhalten können, so viel feinkörniger, vom Wind verfrachteter Schnee, daß er mit den Armen einen Graben schaufeln mußte, um darin höhersteigen zu können. Kletterschwierigkeiten sind überwindbar auch in Gipfelhöhe des Mount Everest, grundloser Schnee ist eine Barriere, die jeden Aufstieg stoppen kann, vor allem, wenn er von einem allein durchgeführt wird. Zum Alleinsein kommt das Sich-allein-Fühlen, eine Einsamkeit, die mit der Langsamkeit des Vorankommens wächst. Streckenweise hilft nur jene Bewußtseinsspaltung über dieses äußerste Verlorensein am oberen Ende der Welt hinweg, die dich glauben läßt, du sähest dir selbst zu, während du dich höherplagst. Dieses Bild, hundertmal beschrieben, setzt einen Akteur und einen Beobachter voraus und paßt in keinen Rahmen. Wenn es aber stürzt, kommen weder Schreck noch Todesangst vor. Nicht einmal ein Alptraum. Als würde, weit weg, ein anderer umkommen.

Die Sekundärrinne war jetzt so steil, daß ich nicht stürzen durfte. Der Schnee aber war so verfestigt, daß ich in den selbstgetretenen Stufen höhersteigen konnte, ohne je durchzubrechen oder auszurutschen. Trotzdem keinerlei Erleichterung. Ich war ein elendes Bündel aus Schmerz und Einsamkeit, das ein paar Schritte stieg, atmete, sich wieder schob, zusamengekauert dalag, höherschaute, höherkroch.

*Messner bereitet sich an der Nordseite des Mt. Everest für das Biwak vor*

*Der Mt. Everest*

Die Felsen links von mir erschienen in den ziehenden Nebeln düster und beängstigend steil. Tief der Abgrund, hoch oben die glänzenden Schneekronen über überhängenden Pfeilern. Obwohl ich mich vor so viel Chaos und Höhe fürchtete, schaute ich immer wieder hin. Wie abwesend nahm ich auch die Tiefe wahr, wenn im Nebelreißen ein Stück des sonnengefleckten Hochlands von Tibet sichtbar wurde.

Dabei sah ich keine Details. Nur noch Weite, Höhe, Abgrund. Ich war zu hoch oben und zu beschränkt in meiner Sinneswahrnehmung, um das alles einordnen zu können. Nur immerzu Angst, nie mehr zurückzufinden auf die Erde. Gegen diese wachsende, zur Krankheit sich verdichtende Sorge stieg ich noch stundenlang an. Im dichter werdenden Nebel, in den frühen Nachmittagsstunden, Felsstufen umgehend, über einen Schneegrat zuletzt. All mein Tun war mehr automatisch als überlegt, so als führte ich nur aus, was ich Monate, ja Jahre zuvor gewollt und in einer Art Vorausvollzug oft getan hatte.

Wenn es ein Jenseits gibt, dann nur in unserem Geist, der sich auflöst in einer Lethargie dieses Geistes und der Sinne, die nachher ein Gefühl hinterläßt, über allem Irdischen gewesen zu sein. Am Gipfel bist du „Gott" nicht näher, nur am weitesten weg von der Erde.

Am Gipfel sah ich nichts. Er steckte im Nebel. Also keine göttliche Aussicht. Auch keine erhabenen Gedanken. Nur automatisch tat ich, was zu tun ich mir vorgenommen hatte. Ein paar Fotos, eine Rast mit geschlossenen Augen, dann der Abstieg.

Im Gegensatz zum Aufstieg ist das Absteigen in großer Höhe um ein vielfaches leichter. Die Anstrengung entspricht dem Abstieg von niedrigeren Bergen. Und ich ging dabei zurück, zurück in die Wärme, zurück zu den Menschen, zurück in die Sicherheit. Da war immer noch das Gefühl, mein Steigen von außen beobachten zu können, kleinste Details der Kletterstrecke zu kennen. Es würde nicht einfach sein, mein stehengebliebenes Biwakzelt zu finden, weil es dämmriger wurde unter den Nebeln und die Wolkenfelder unter mir immer dichter zusammendrängten. Zum Glück waren die Quarzitbänder zwischen den Sandsteinstufen verschneit, so daß ich nicht jedesmal aufpassen mußte, wenn das Gestein schlüpfrig wurde. Alles um mich war ein vertikales Labyrinth von abschüssigen Stufen, die vom Zwielicht aus den Nebeln und der Reflexion desselben aus dem Schnee nur wenig erhellt wurden. Darunter die Dunkelheit, in der sich der Abgrund mit meiner Spur verlor. Dieses bläulichviolette Licht war ohne Wärme.

Auch im Zelt erholte ich mich nicht. Jetzt, da ich keinen Sinn mehr erkannte im Oben-Sein, wollte ich nichts als Sicherheit, Komfort, ein Ende der Leiden.

Ich ging, als wäre ich auf der Flucht, als käme ich aus der Hölle. Als ob der Himmel nur unten sein könnte!

Ich stapfte diagonal nach unten, ostwärts, zum Nordgrat, den ich überm Nordsattel erreichen mußte. In Wellen lag das Gelände unter mir, schräg, verschneit. Wenn ich bis zu den Knien einsackte, ging ich streckenweise auf Händen und Knien. Gleichgültig wie, als Tier oder Mensch, ich wollte nur unten sein.

Steif von der Anstrengung, die Beine gefühllos, torkelte eine gebrochene Gestalt über die Hänge des Mount Everest. Auch wenn die ganze Erde unbewohnbar gewesen wäre, hätte dieser Abstieg nicht lächerlicher sein können. Die Spur dazu zerrissen, ungerade, fremd; krank wie der Absteigende. So oder so, jetzt trug mich nur noch das Heimweh. So wie mich im Aufstieg die Sehnsucht nach Erfüllung eines letzten Traumes gehoben hatte – hoch über die Monsunwolken hinaus.

Noch war die Sicht gut, wie fast immer im Monsun in den Vormittagsstunden. Vom Nordsattel aus konnte ich in den Gletscherkessel sehen, der den östlichen Rongbukgletscher speiste. Ich begann, über ihn abzusteigen, viele Stunden lang, das leuchtende Hügelland dahinter als Weg in die Menschenwelt, die jenseits des Wahnsinns lag.

*Der Nanga Parbat gilt seit den Dreißigerjahren als der Schicksalsberg der Deutschen.*

*Nach einer erfolgreichen Erkundung im Jahr 1932 geht Willy Merkl 1934 mit den besten Bergsteigern Deutschlands der bis dahin schlimmsten Katastrophe in der Geschichte des Himalaya-Bergsteigens entgegen: Alfred Drexel stirbt an einem Lungenödem, Merkl, Willo Welzenbach, Uli Wieland und sechs Sherpas verlieren ihr Leben nach tagelangem Kampf im Schneesturm.*

*Noch schlimmer kommt es 1937. Karl Wien führt eine Expedition der Deutschen Himalaya-Stiftung zum Nanga Parbat. Alle sieben Deutschen und neun Hochträger werden von einer Eislawine begraben. Paul Bauer organisiert eine Bergungsexpedition und kehrt 1938 nochmals an den Berg zurück. Der Nanga Parbat ist nun eine nationale Angelegenheit geworden; die Expedition verfügt über Sprechfunk und Luftunterstützung in Form einer Ju-52, die Lasten einfliegt und mit Fallschirm über dem Basislager abwirft.*

*1939 führt Peter Aufschnaiter ein Team in die Diamir-Flanke, nach Kriegsausbruch werden die deutschen Teilnehmer im britischen Kriegsgefangenenlager Dehradun in Nordindien interniert. Aufschnaiter und Heinrich Harrer gelingt Jahre später die Flucht nach Tibet.*

*1953 kehren die Deutschen an den Nanga Parbat zurück. Willy Merkls Halbbruder, Karl Herrligkoffer, organisiert eine Großexpedition. Herrligkoffer, selbst kein Bergsteiger sondern strenger Organisator mit starkem Wunsch nach Disziplin, überträgt Peter Aschenbrenner die bergsteigerische Leitung. Die Expedition macht bereits im Vorfeld Schlagzeilen, Herrligkoffer inszeniert eine regelrechte PR-Kampagne, um die Finanzierung des Unternehmens sicher zu stellen. Einigen erfahrenen Bergsteigern geht dieser Rummel zu weit, komplizierte Verträge, die Herrligkoffer seinen Gefährten abverlangt aber auch seine mangelnde Himalaya-Erfahrung werden kritisiert; Hias Rebitsch, Erwin Schneider und Heinrich Harrer lehnen Einladungen zur Teilnahme ab. Mit dabei ist jedoch ein junger Tiroler, der bei Sport Schuster in München mit Mühe das nötige Geld verdient, um seine Frau und seine kleine Tochter zu erhalten. Er hat alle schweren und schwersten Felstouren in seiner österreichischen Heimat absolviert und gerade die dritte Durchsteigung der Eiger-Nordwand hinter sich. Nichts wünscht er sehnlicher, als zu einer Himalaya-Expedition eingeladen zu werden: Hermann Buhl aus Innsbruck.*

*Herrligkoffer leitet die Expedition nur bis ins Basislager, dann gibt er die Führung an Aschenbrenner ab. Zwischen Expeditionsleitung und den eigentlichen Kletterern kommt es zu Spannungen. Schließlich gibt Aschenbrenner wegen drohenden Schlechtwetters das Signal zum Rückzug. Doch Hermann Buhl sieht seine große Chance und wagt den Alleingang auf den Gipfel.*

*Buhls Pickel, den er auf dem Gipfel des Nanga Parbat zurücklässt, wird 1999 von einer japanischen Expedition gefunden. Takehiko Ikeda bringt den Pickel im April 2000 nach Altenmarkt und überreicht ihn der Witwe Hermann Buhls, die den „Heimkehrer" der Ausstellung „Der Berg ruft!" als Leihgabe überlässt.* *M. U.*

Der folgende Text wurde entnommen aus: Hermann Buhl, Achttausend – drüber und drunter. Nymphenburger Verlagshandlung: München 1954, S. 288–311. 

*Hermann Buhl*

# *Alleingang auf den Nanga Parbat*

Nach prächtig durchschlafener Nacht scheint die Sonne bereits durchs Zelt herein, und wir sehen alles schon wieder mit anderen Augen. Das Wetter ist großartig, der Himmel reingewaschen, und leuchtend steht wieder der Silbersattel, das Tor zum Gipfel über uns. Drunten im Tale die letzten Reste des abziehenden Unwetters, dichte Wolkenbäusche sind in der Auflösung begriffen. War die Monsunmeldung voreilig gebracht? Nach Radio Rawalpindi müßten nun doch die Monsunstürme über uns hereinbrechen.

Das Teleportgerät klingelt! Mehrmaliger Anruf vom Hauptlager: Aschenbrenner will morgen heimfahren! Wir müßten absteigen, unverzüglich ins Basislager hinunter! „Wir wollen dem Peter einen Abschied bereiten!" heißt es.

„Absteigen – wieso?" fragen wir. „Jetzt, wo uns die letzte Chance für den Gipfel gegeben ist?"

Uns will das nicht eingehen. Wieder klingelt das Teleport: „Alles absteigen!" Wir seien erholungsbedürftig! Und vor wenigen Tagen hat noch Aschenbrenner gesagt: „Jetzt heißt es hart sein, durchhalten!" Da stimmt doch etwas nicht! –

Im Hauptlager liegt ein neuer Angriffsplan bereit.

„Könnten wir diesen nicht telefonisch erfahren?" fragt Ertl.

„Nein!" schallt es im Hörer. „Absteigen!"

Nun kann Ertl sich nicht mehr halten und macht denen da unten klar, daß keiner von uns, außer Köllensperger, der starke Zahnschmerzen hat, zum Absteigen gewillt sei. Wir seien sehr gut akklimatisiert, sähen keinen Grund, zur Erholung ins Basislager abzusteigen. Wir wollten die Witterung ausnützen. Für uns sei Lager III das reinste Erholungsheim.

„Bei uns heroben ist das Wetter großartig", erklärt Hans den unten noch in den Wolken Befindlichen. „Es verspricht zu halten, es ist die letzte Chance, und die wollen wir doch nützen!"

Aber unentwegt ertönt der Rückzugsbefehl aus der Muschel. Das Barometer sei noch immer im Sinken begriffen, stellt man 2000 Meter tiefer fest.

Hans stellt es jedem frei, zu tun, was er für richtig hält. Otto sagt, er steige nicht ab, denn er weiß genau, daß er dann nicht mehr heraufkommt. Es ging auch zu viel Zeit verloren.

Wir sitzen in diesen entscheidenden Stunden im Küchenzelt beisammen. Eine eigene Atmosphäre lastet auf uns. Warum pfeift man uns zurück? Es ist doch wirklich kein triftiger Grund vorhanden! Hans äußert verschiedene Wünsche, sie werden uns abgeschlagen. Man verweigert uns kategorisch jede weitere Unterstützung. Das alles bringt uns in Opposition, und diese Opposition stärkt unsere Verbundenheit. Ich schreibe noch schnell einen Brief nach Hause, es ist der 30. Juni. „...schon Wochen sind wir nun hier heroben. Sollte das alles umsonst sein? Morgen wollen wir nach Lager IV, dann Lager V errichten, knapp unterm Silbersattel, und von da wollen wir dann starten. Hoffentlich klappt es, an mir soll es nicht liegen! Und eines sage ich Dir, wenn wir den Gipfel erreichen, dann ist es nur unser eigenes ‚Verschulden' ..."

Dieser Abend im Küchenzelt war historisch!

Der nächste Morgen. Es ist der 1. Juli. Wir sind schon früh auf dem Weg nach Lager IV. Nun hat sich auch in den Niederungen das Gewölk aufgelöst, und nur noch eine feine Dunstschicht, das sicherste Zeichen für gutes Wetter, verschleiert etwas die Talsohle. Soweit das Auge reicht, nicht das geringste Anzeichen einer Bewölkung, es ist auch dementsprechend kalt – was wollen wir noch mehr! Dies alles trägt dazu bei, unseren Auftrieb auf den Höhepunkt zu steigern. Ich bin unbändig in Form. Es dürfte mein bisher bester Tag sein, und so spüre ich, trotz des uferlosen Schnees, das Spuren kaum. Wir sind alle in Hochstimmung wie nie zuvor während der ganzen Expedition. Wir haben alle das Gefühl: diesmal muß es klappen!

Zur Erreichung eines Achttausenders gehören bestimmte Voraussetzungen, und daß diese ausgerechnet auf den einen Tag zusammenfallen, ist außerordentlich selten. Man ist ja immer in sehr unterschiedlicher Verfassung. Das einemal glaubt man Bäume ausreißen zu können, und ein andermal ist einem wieder ganz elend zumute. Es muß jedenfalls der richtige Mann im richtigen Moment am richtigen Platz sein!

Otto Kempter fühlt sich noch nicht recht wohl und will noch einen Erholungstag im Lager III einlegen, um dann anderentags mit seinem Träger zu folgen. Wir haben die verbliebenen drei Hunzas, die „Tiger", wie wir sie später nannten, mit uns. Sie sind heute sehr willig, doch wir möchten sie nicht allzuschwer beladen, damit sie uns auch morgen noch Dienste leisten. Nur das Allernotwendigste geht mit, ein Zelt und etwas Verpflegung, außerdem das Teleportgerät. Unsere persönliche Ausrüstung tragen wir selbst.

Plötzlich klingelt unser Funksprechgerät. Anruf vom Hauptlager! Ertl nimmt den Hörer ab.

Man will uns zurückholen – noch immer Rückzugsbefehl! Ertl zweifelt schon an dem Geisteszustand der Hauptlagerbewohner. Deren Standpunkt erscheint uns nur mehr Rechthaberei und Dickköpfigkeit. Hans erklärt, man solle unten doch froh sein, daß heroben endlich ein „frischer Wind wehe", so daß es nun ungehindert vorwärtsginge. Doch da meldet sich Aschenbrenner. Er ist noch im Hauptlager, obwohl er bereits gestern die bergsteigerische Leitung Frauenberger übergeben hat. Nun entspinnt sich eine heftige Auseinandersetzung, in der kräftige bajuwarische Worte fallen. Aschenbrenner hat wieder die bergsteigerische Leitung übernommen …

Wir gehen weiter!

Eine Stunde später läuten wir im Hauptlager an und berichten, daß wir zügig im Anstieg sind und bestens vorwärts kommen. Doch abermals donnert der Rückzugsbefehl herauf, diesmal vom Sprecher Aumann durchgegeben. Ein drittes und letztes Mal versuchen wir es noch in Güte: „Ihr werdet uns noch einmal dankbar sein …" Es hilft alles nichts.

Als auch dieser Überzeugungsversuch ungehört bleibt, beweist Hans, daß er von Goethe nicht nur den Faust kennt. Mit klassischem Spruch hängt er den Hörer auf. Ein aussichtsloser Fall! Es war das letzte Gespräch an diesem Tag.

Mittags sind wir im Lager IV. Vom Lager ist fast nichts mehr zu sehen. Nur an einigen Stellen ragen kleine Erhebungen aus der gleichförmigen Fläche heraus. Es müssen unsere Zelte sein! Das Gelände ist vollkommen verändert. Die große Mulde bei den Zelten ist ganz mit Schnee gefüllt. Nun beginnt ein anstrengendes Schneeräumen. Mit den Skistöcken müssen wir erst die Lage der einzelnen Zelte feststellen, sie sind zum Teil einen Meter unter der Schneedecke. Den Eingang der Schneehöhle können wir kaum finden. Wir haben noch wertvolle Verpflegung darin. Endlich stößt der Pickel in einen Hohlraum. Drei Meter dick ist die kleine Öffnung mit Schnee verrammelt. Nach Stunden erst liegt das ganze Lager wieder frei.

Hans und ich nehmen nun jeder eine Seilrolle in den Rucksack und steigen damit die Rakhioteiswand an. Die fixen Seile kommen uns nun sehr zugute, und bald sind wir in der Querung zum Mohrenkopf. Dort wird noch das restliche Stück mit diesen 200 Metern Seil gesichert. Das Anbringen der Haken ist in dieser Höhe eine mühsame Arbeit. Durch die Eisflanke schlagen wir noch eine exakte Stufenleiter, eine regelrechte „Wendeltreppe". Dies ist die Voraussetzung, wollen wir am nächsten Tag die Träger hier heraufbringen. Nun ist eine geschlossene Seilverankerung von Lager IV zum Mohrenkopf geschaffen – das beruhigt uns sehr. Um sieben Uhr abends erreichen wir todmüde die Zelte unseres Lagers. Es war ein anstrengender, aber gelungener Tag!

Anderentags – Ertl der Frühaufsteher weckt schon zeitig. Die Träger haben Kopfschmerzen. Eine Tablette hilft darüber hinweg, und sie scheinen guten Willens zu sein. Walter (Frauenberger; Anm. d. Hrsg.) hat gestern noch wertvolle Vorarbeit geleistet, indem er alle Vorbereitungen für heute getroffen und den Trägern die Steigeisen angepaßt hat. Schon die ganzen letzten Tage wurden sie von uns wie „Sommerfrischler" behandelt. Walter, ein getreuer Katholik, betete nun selbst schon zu Allah, er möge die Träger mit uns gehen lassen!

Überraschend kommt ein Anruf vom Hauptlager. Was ist wohl los? Läßt man uns jetzt vielleicht gehen?

Doch noch immer beharrt man auf dem Rückzugsbefehl. Nach einer halben Stunde hin und her gelingt es Walter endlich, denen da unten das erlösende Wort abzuringen: „In Gottes Namen, dann geht schon, unseren Segen habt ihr!" Befreit atmen wir auf.

Otto ist nun auch bei uns. Er fühlt sich heute wieder frischer. Nun sind wir vollzählig, vier Sahibs und vier Träger. Ich spure voraus, verbessere noch einmal den ganzen Weg, und hinterdrein folgt Ertl mit seiner schweren Filmkamera, der den Anstieg festhält, dann Walter, der „gute Sahib", wie ihn die Träger nennen. Er versteht es am besten, mit ihnen umzugehen. Am Seil folgen sie ihm wie treue Tiere. Den Schluß bildet Otto.

Ich kann einen Freudenschrei nicht unterdrücken – die Träger gehen! Und als wir sie gar über die Randkluft steigen sehen, geht ein Strahlen über unsere Gesichter. Sie haben jede Scheu vor der Tiefe verloren, und diese Flanke scheint ihnen nun gar nicht mehr so schrecklich vorzukommen. Das will viel heißen, denn direkt links von uns bricht das Eis steil in die grüne Talsohle des Rupal-Nullah ab.

In verhältnismäßig kurzer Zeit schon sind wir oben unter der Querung des Rakhiot Peak. Ich mühe mich gerade mit dem Seil ab, will es noch besser im Schnee verankern, doch nirgends findet der Pickel Halt. Die Träger rasten indessen an der Rakhiotschulter – aber dann ist es doch soweit, und mit einiger Vorsicht können sie folgen. Madi muß zurückbleiben, er hat keine Steigeisen, für seine Schuhgröße war kein einziges Paar aufzutreiben. Die steilen Felsen und vereisten Flanken kann er unmöglich ohne die Zacken begehen. Er steigt nach Lager IV ab, und Walter nimmt nun die Last dieses Trägers auf seinen Rücken. Sehr anstrengend ist noch das Spuren im schweren, windgepreßten Schnee zum Grat hinüber, der den Rakhiot Peak mit dem Silbersattel verbindet. Dort treffen wir wieder alle zusammen. Nun habe ich auch Muße, einen Blick in die Runde zu werfen.

Unter uns bricht eine steile Flanke zum flacheren Gletscherboden bei Lager II ab. Dort unten, wie ein Felsenriff, der Lagersporn, daneben im Bruch einige Punkte, verschwindend klein die Zelte und noch tiefer die graue, schuttbedeckte Gletscherzunge des Rakhiotgletschers, der wie ein Schlangenleib gegen die Märchenwiese und Tato hinauszieht. Dort in der Nähe des äußersten Knies des flachen Rakhiotgletschers muß das Hauptlager sein. Dort ist bereits alles grün. Ob man uns wohl beobachtet? In der Ferne winken die Eisberge des Karakorum. Gasherbrum, die wunderbare Pyramide des K2, des Rakaposhi und unzählige Unbekannte.

Nach Süden fällt steil eine Wand ab, und erst wenn man nach vorne tritt, sieht man in den obersten Teil dieser gewaltigen Flanke. Die höchste Wand der Erde, die Südwand, die vom Gipfel des Nanga Parbat an die 5000 Meter tief in einem Schuß abbricht.

Ich spure wieder voraus, kann es kaum mehr erwarten, dem Gipfel näher zu kommen, und brenne förmlich nach jedem Höhenmeter. Immer wieder neue Eindrücke. Über großartige Wächtengalerien wühle ich mich zum Mohrenkopf hinüber. Hier ist noch die Schneeschaufel, die wir hinterlegt hatten. Nun fällt der Grat ab – zu einer Einschartung, einer kleinen Fläche auf ungefähr 6900 Meter Höhe. Ein scharfer Schneegrat zieht jenseits gegen den Silbersattel empor, und ich steige noch weiter an, will ich doch dieses Lager, das Ausgangslager zum Gipfel, so hoch wie möglich anlegen. Bald höre ich hinter mir Murren, sehe, wie die Träger die Lasten niederwerfen, und ziehe es nun vor, doch wieder abzusteigen, denn verärgern wollen wir sie nicht. Sie müsen auch in den nächsten Tagen noch einsatzbereit sein. Mit einem Lob „Bod adja" und anerkennendem Schulterklopfen verabschieden wir uns von ihnen.

Hans und Walter hätten verständlicherweise gute Lust, hier heroben zu bleiben. Sie sind glänzend in Form, doch muß jemand mit den Trägern absteigen, und außerdem können hier im Lager V, wo nur ein kleines Sturmzelt bereitliegt, nur zwei Mann übernachten. Als die Älteren verzichten sie großmütig auf einen Gipfelversuch, lassen uns Jungen zunächst diese Chance und steigen nach einem herzlichen Abschied mit guten Segens- und Glückwünschen zum Lager IV ab. Für uns ist es außerordentlich beruhigend, zu wissen, daß zwei Kameraden für uns die Rückendeckung übernehmen, auf die wir uns voll und ganz verlassen können. Denn hinter uns vieren herrscht ein Vakuum von rund 3000 Höhenmetern. Die Verbindung nach unten ist abgerissen – und die Zwischenlager stehen leer ...

In einer kleinen Verflachung wird der Schnee festgetreten, und darauf erbauen wir das Sturmzelt, das uns für die Nacht aufnehmen soll. Die Sonne verschwindet bald hinter den Silberzacken, und abendliche Kälte treibt uns unter das schützende Dach. Die Rucksäcke werden gepackt, Tee für den nächsten Tag gekocht, und so verrinnen die letzten Stunden des 2. Juli. Es ist bereits dunkel, und beide kauern wir, in die Schlafsäcke gehüllt, um den surrenden „Primus".

„Daß wir beide hier herumsitzen, ist wohl nicht nötig", sage ich zu Otto. „Ist es dir recht, wenn ich mich jetzt ein bißl hinlege? Dafür bereite ich morgen das Frühstück!"

Otto ist einverstanden. Mich überkommt Müdigkeit, und ich versuche, noch bevor der quälende Höhenhusten einsetzt, zu schlafen. Es ist 20 Uhr. Doch ich kann nicht schlafen. Wieder komme ich, ohne zu wollen, in lästiges Grübeln, nachts ist der Geist immer furchtbar rege. Eine Stunde später bläst auch Otto die Kerze aus. Meine Gedanken sind wieder oben beim Gipfel. Wird es uns morgen gelingen? Ich weiß, es ist der entscheidende Tag, der uns den Erfolg bringen wird oder nicht! 1200 Höhenmeter trennen uns noch vom Gipfel, sechs Kilometer Luftlinie sind es bis dorthin. Eine kolossale Entfernung, eine Strecke, wie sie im Himalaya in diesen Höhen bisher noch nicht überwunden wurde. Es liegt weit über dem Durchschnitt, ich weiß es. Aber was kann man tun? Die Träger machen nicht mehr mit! Wir müssen es versuchen! Normalerweise müßten über uns noch zwei bis drei Lager stehen, doch diese gibt es eben nicht.

Dann überfliege ich in Gedanken wieder den ganzen Weg. Der Firngrat zum Silbersattel ist bekannt. Weiter oben wird er steiler, hoffentlich kein blankes Eis, denn das würde aufhalten. Fünf Stunden wäre eine gute Zeit, meinte Aschenbrenner einmal. Das Hochplateau – unheimlich lang, ein elender Schinder! Man kann nur hoffen, daß der Schnee dort nicht allzu tief ist. Aber dann wird es ungewiß, dann kommt Neuland. Wie wird der Abstieg zur Bazhinscharte sein, der Grat jenseits zur Schulter? Doch auch dies wurde immer als relativ leicht beurteilt. Die letzte Strecke von der Schulter – „eine gemähte Wiese, befahrbar vom Handwagen bis zum Kleinautomobil", meinte Erwin Schneider. Also dürfte das Ganze nur eine Angelegenheit der Höhenanpassung sein. Kopfzerbrechen bereitet mir eigentlich nur der Gegenanstieg zum Vorgipfel im Abstieg. Das sind 100 Meter, die man nicht umgehen kann. Der Rückweg zu den Lagern führt nur über den Vorgipfel, und wenn man sich in seinen Kräften verausgabt hat, dann wird es schwer sein, hier wieder hinaufzukommen. Aber es muß gehen! Morgen fällt die Entscheidung, so oder so. Auch für mich persönlich.

Otto liegt neben mir und scheint gut zu schlafen, er rührt sich nicht mehr. Plötzlich kommt unheimlicher Sturm auf. Er rüttelt an den Zeltwänden, er drückt auf meine Dachseite und drängt mich immer mehr in die Zeltmitte. Orkanartig fährt er über den Grat, jault die Südwand hinab. Unser Zelt steht nur 5 Meter von der Gratwächte entfernt, und dahinter ist der gewaltige Absturz. Es ist nur mit ganz normalen, kurzen Heringen im Schnee verankert. Wir hatten doch nicht mit so einem Sturm gerechnet, und es sollte ja nur während dieser Nacht halten. Bei dem Gedanken, mitsamt dem Zelt in die Südwand geschleudert zu werden, ist mir unheimlich. Lange überlege ich, was zu tun sei. Es muß etwas geschehen! Wenn uns erst einmal der Wind unter die Dachfläche kommt, dann ist es aus. Es kostet enorme Überwindung, bis ich endlich aus dem warmen Schlafsack heraus ins Freie finde. Der Himmel ist klar, doch der Sturm droht mich umzuwerfen. Unsere Pickel und Skistöcke dienen zur Verankerung des Zeltes auf der Sturmseite. Beruhigt lege ich mich wieder nieder. Nun kann es toben und rütteln – allerdings nur bis morgen früh!

Weiter sinnend und grübelnd vergehen die Stunden. Ich finde keinen Schlaf. Nach Mitternacht legt sich der Sturm ein wenig. Ich schaue auf die Armbanduhr: Halb eins! Noch zu früh zum Aufstehen. Für zwei Uhr ist der Abmarsch festgesetzt. Wir brauchen die Zeit, wollen nicht in die Nacht kommen.

Endlich ist es soweit, der Leuchtzeiger steht auf ein Uhr. Im Schlafsack ziehe ich mich an, auch die Schuhe, den Hosenabschluß gut verschnürt. Dann noch die Wickelgamaschen herum, das hat sich bis jetzt immer bewährt. Heute verwende ich sogar die Überhose aus blauem Ninoflex. Drei Garnituren Unterwäsche habe ich an. Nach etlichen Versuchen brennt auch der Kocher, und bald ist ein Getränk warm. Halb zwei Uhr, nun wäre es auch für Otto an der Zeit.

„Otto – aufstehen, Zeit ist's!" rufe ich ihm zu.

Keine Antwort, er reagiert überhaupt nicht darauf. Schläft er so gut? Ich werde energischer, rüttle ihn, „hast g'hört, es ist schon bald zwei Uhr, wir müssen gehen!"

Er murmelt etwas Unverständliches vor sich hin. Ich höre nur: „Noch zu früh, wir haben doch gestern von drei Uhr gesprochen!"

„Und wenn es so wäre, wir brauchen die Zeit, der Weg ist lang, wir dürfen nicht in die Nacht kommen", gebe ich erklärend zurück. Es ist schon zwei Uhr vorbei. Otto rührt sich noch immer nicht. Mir ist das unerklärlich.

„Otto, was ist, hast du keinen Auftrieb? Heute, wo es doch zum Gipfel geht, wo wir endlich soweit sind!" versuche ich ihn anzustacheln.

„Na, i' hab no koan Auftrieb", brummelt es aus dem Schlafsack.

Das genügt mir! Ich packe den Rucksack für einen Alleingang. Speck, Dextro, Ovosport und einige Neapolitanerschnitten kommen hinein, dazu Wärmebekleidung, meine private „Agfa Karat" (eine Expeditions-Leica als Zusatzgerät bekam ich leider nicht), dann noch die kleine Feldflasche mit Ertls bewährtem Cocatee, den er eigens aus Bolivien mitgebracht hatte, und die Steigeisen verschwinden in dem kleinen Sturmrucksack. Dazu noch ein Beutel Dörrobst und die pakistanische Flagge, die mir Ertl gestern noch aushändigte. Meinen Tiroler Wimpel natürlich auch, so wie es bei der Abfahrt am Innsbrucker Hauptbahnhof von Kuno (Kuno Rainer; Anm. d. Hrsg.) und mir unserem Kletterklub versprochen worden war. Dann zur Vorsorge noch einige Tabletten Padutin, ein kreislaufförderndes Mittel gegen Erfrierungen, und einige Pillen Pervitin für den äußersten Notfall – Medikamente, die wir schon seit dem Hauptlager mit uns führten.

Als ich das Zelt verlassen will – halb drei Uhr –, merke ich, wie Otto sich erhebt. Will er nun doch folgen? Ein kurzes Zwiegespräch – ja, er geht auch. Ich gebe den Speck in seinen Rucksack, damit ich nicht alles allein zu tragen habe.

„Holst mich ja doch irgendwo ein, ich spure einstweilen voraus!" Damit verlasse ich das Zelt.

Der Wind hat sich nun fast ganz gelegt. Ein prachtvoller Sternenhimmel wölbt sich über mir. Es ist furchtbar kalt. Der Mond ist im Abnehmen. Schemenhaft beleuchtet die schmale Sichel den scharfen Firngrat zum Silbersattel. Wie ein Streifen aus gleißendem purem Silber spannt sich die gewölbte Eisfläche zwischen den beiden dunklen Silberzacken.

Der Eispickel verschwindet hinter dem Rucksackriemen, und die beiden Skistöcke dienen als Stütze. Böser Bruchharsch erschwert mir das Weitersteigen. Hoffentlich bleibt das nicht so. Ich steige zum Grat an, doch auch hier die gleiche Schneebeschaffenheit. Ein riesiger Schatten taucht auf. Wie ein Gebäudekomplex steht eine Schneewand vor mir: die Schaumrolle, ein gigantisches Wächtengebilde. Hier stand im Jahre 1934 Lager VII. Hier waren damals noch 14 erstklassige Sherpas, und weiter oben am Silbersattel stand noch eine Gruppe mit 11 Sherpas. Und doch endete jene Expedition hervorragender Bergsteiger mit der erschütternden Tragödie. Wehmut überkommt mich. Aber man soll nicht an den Tod denken. Man soll nicht grübeln, wenn man allein ist …

Eine steile Rinne steige ich zum Grat an. Der Schnee ist noch immer unheimlich tief. Endlich wird seine Beschaffenheit besser, dafür aber das Gelände steiler. Rechts ahne ich einen tiefen Abgrund, ich schaue in ein schwarzes Loch. Der Grat ist hartgeblasen – Gott sei Dank! Ja, es wird sogar so hart, daß ich die Steigeisen anschnallen muß. Das einzige Geräusch weit und breit ist das Knirschen der Zehnzacker. Aber dann fährt mich wieder ein scharfer Wind an. Nun bläst er aus der Südwand herauf, eisig kalt. Ich wende das Gesicht ab und versuche wieder an die Nordseite zu kommen. Steile Aufschwünge folgen. Riesige Wächtenabbrüche werden links im Süden umgangen. Hier ist wieder tiefer Schnee, der Wind hat ihn abgelagert, dann bricht wieder eine steile Rinne ab. Rechts und links davon dunkle Wächter, die Silhouetten einzelner Felstürme. Sehen kann ich nicht viel, aber ich weiß, hier bräuchte ich nur einen Sprung hinab zu tun, und in rasender Schnelle wäre ich Tausende von Metern tiefer. Das Mondlicht begleitet mich nun nicht mehr, es verbirgt sich hinter dem Silbersattel. Ich finde aber trotzdem gut meinen Weg. Quere steile Hänge an der Nordseite und bin über mein Fortkommen recht zufrieden. Zwei Atemzüge je Schritt ist ausgesprochen wenig.

Steiler wird der Grat, und immer näher komme ich den Felsen des linken Silberzackens. Im Nordosten bildet sich ein Lichtstreifen, langsam steigt über den Bergen des Karakorum der feurige Sonnenball herauf. Es verspricht ein herrlicher Tag zu werden. Bis in die fernste Ferne ist der Himmel klar, und in den Tälern liegt noch immer schwacher Dunst. Dort unten schläft man wohl noch.

Es ist fünf Uhr früh. Ich setze mich in den Schnee, verzehre ein paar Neapolitanerschnitten und betrachte das Spiel des werdenden Tages. Immer mehr eröffnet sich mir eine Wunderwelt. Bisher nur erträumte Ausblicke tun sich nun vor dem trunkenen Auge auf. Dort ein breiter Felsturm, das muß der „Mustagtower" sein, und rechts davon eine Unzahl von dunklen Felsbergen, dolomitenähnlich. Ich verfolge meine Spur zurück. Nun sehe ich dort unten einen kleinen Punkt, es ist Otto. Er dürfte eine Stunde zurück sein.

Die Sonne hat schon Kraft, angenehm empfinde ich ihre Strahlen. Nahe erscheint mir nun die freigeschwungene Linie des Silbersattels. Dort glänzt etwas, ist es blankes Eis? In einer halben Stunde müßte ich dort sein. Über mir riesige Wächten. Ich steige wieder an. Wieder kommen Bruchharsch, Windgangeln, hartgepreßter Schnee, und darunter spüre ich harte Unterlage. Nun bin ich bei dem glänzenden Streifen – blankes Eis. Vorsichtig ritze ich Stufe um Stufe. Äußerst bedachtsam – denn eine kleine Unachtsamkeit, nur ein Rutscher – erst 2000 Meter tiefer, in der Nähe von Lager II, würde ich wieder zum Halten kommen.

In einer halben Stunde wollte ich auf der Höhe sein? Ich gehe schon eine Stunde, und immer noch weit enfernt scheint mir der Silbersattel. Es ist die dünne Luft, die jeden Maßstab raubt, jedes Schätzungsvermögen zunichte macht. Nach zwei Stunden erst weitet sich vor mir eine riesige Schneefläche, meterhohe Windverwehungen, dazwischen blaues, blankes Eis – der Silbersattel, das Tor zum Gipfel! Gespannt hetze ich höher. Wie wird der Weiterweg sein? Aber der Hang verflacht sich noch nicht! Dort hinten kommt nun eine feine Schneespitze hervor, wächst immer größer herauf. Der Vorgipfel! Nun übersehe ich auch das ganze Hochplateau – eine riesige Schneefläche. Ich bin an der Kimme des Silbersattels, am Rande des Hochfirns, 7470 Meter. Wieder lasse ich mich in den Schnee fallen. Ein sparsamer Schluck aus der Feldflasche. Otto ist gerade am Beginn der Querung. Rechts und links zwei mächtige Pfeiler, die Silberzacken, der westliche ganz scharf, und beinahe überkommt mich die Kletterlust. Ausgebreitet liegen Hindukusch und Karakorum über der Indusfurche. Ja, der Blick schweift noch weiter, ganz hinten da müssen die Berge Pamirs sein – Rußland!

Lange darf ich mich nicht aufhalten, der Weg ist noch weit, ich muß die Zeit nützen. Ich überlege noch kurz: soll ich auf Otto warten? Aber er wird mich schon noch einholen, der Weiterweg ist furchtbar mühsam, ein ständiges Auf und Nieder, ein Hindernislauf über meterhohe Stufen! Man stützt sich auf die Stöcke, drückt sich auf eine harte Schneeplatte, springt dann wieder in die nächste Einbuchtung. Eine aufgewühlte, jäh erstarrte Wasserfläche! Das soll drei Kilometer so hingehen? Es erscheint mir nicht so lang ... Es ist so lang. Es ist länger. Es ist endlos ...

Langsam schleicht sich bleierne Müdigkeit in alle Glieder. Ich bin wie ausgewechselt. Was ist das? Ist es die Todeszone? 7500 Meter zeigt der Höhenmesser. Ich weiß, daß es manche Bergsteiger gegeben hat, die in dieser Höhe noch sehr aktionsfähig waren. Auch ohne künstlichen Sauerstoff wie ich. Und ich bin doch ganz gut höhenangepaßt. Doch fünf Atemzüge erfordert nun jeder Schritt. Das Weiterkommen ist furchtbar mühsam. Die Sonne nimmt an Kraft zu, es wird warm – heiß! Ist es die Strahlungstemperatur? Eigenartig, denke ich mir, der Schnee ist trocken, die Luft ist kalt, doch die Sonne heizt erbarmungslos ein, dörrt den Körper aus, trocknet die Schleimhäute und legt sich wie Zentnerlast auf den ganzen Menschen. Es wird immer unerträglicher. Ich setze mich in den Schnee – raste, versuche etwas zu essen, aber nichts will hinunter.

*Rastplatz auf dem Silbersattel*

Wenn ich jetzt bloß den Speck bei mir hätte, denke ich mir. Ich bilde mir ein, daß ich ihn leicht schlucken könnte. Aber den hat Otto im Rucksack. Also wieder weiter.

Mühsam raffe ich mich auf. Immer häufiger muß ich rasten. Ich schleppe mich an den Rand des Hochplateaus hinüber. Vielleicht kommt aus der Südwand ein frischer Wind? Doch unfaßbar ruhig ist die Luft! Ist das immer so in den Tagen knapp vor Beginn des Monsuns? Auch die Engländer nützten wohl diese Phase am Everest. Es sind die wenigen Tage des ganzen Jahres, wo es auch in diesen Höhen windstill ist. Diese Zeit ist aber auch sehr gefährlich, denn unvermittelt setzen dann oft die Stürme ein. Ich denke an Aschenbrenner und Schneider, die vor 19 Jahren doch schon hier oben unterhalb des Vorgipfels waren. Der Rauch ihrer Zigaretten stieg senkrecht in die Höhe, erzählten sie. Aber anderentags schon war das Inferno los …

Steiler ziehen die Hänge zum Vorgipfel empor. Es ist 10 Uhr vormittags. Ich liege im Schnee, das Gesicht auf dem Rucksack, und schnaufe, schnaufe. Es will anscheinend nicht mehr … Dort draußen, am Silbersattel, ein Punkt – es ist Otto. Es wäre gut, wenn der Kamerad jetzt hier wäre. Nicht nur wegen des Specks. Ich bin so müde. – Ist es nur der Hunger, ist es der Durst oder spüre ich wirklich so die Höhe? Nun sehe ich hinüber zur Bazhinscharte, fast waagerecht, gar nicht weit weg. Doch dazwischen liegt eine Wand, von senkrechten Felsen durchsetzt, die Südwand. Ein Versuch allein wäre schon Selbstmord! Wie könnte ich diese Erhebung, den Vorgipfel, umgehen? Ich zerbreche mir den Kopf. Vielleicht geht es doch auf der Nordseite? Abends könnte ich wieder zurück sein. Aber dann muß ich mich erleichtern. Der Rucksack drückt schon gewaltig auf die Schultern. Wenn er auch nicht schwer ist, aber hier spürt man schon jedes Gramm. Proviant ist für mich wertlos, ich bringe ohnedies nichts Eßbares hinunter, so bleibt auch dieser Bestand zurück. Noch ein Blick zu Otto. Der Punkt scheint sich nicht zu bewegen. Ich kann nicht warten.

Ich verstaue den Rucksack im Hohlraum einer Windfurche, binde den Anorak um die Hüfte, stecke den Eispickel wie ein Schwert an die Seite, Feldflasche, Reservebekleidung und Gipfelwimpel verschwinden in die Tiefen der Taschen, den Fotoapparat umgehängt, noch einen Reservefilm stecke ich ein, und auf die beiden Stöcke gestützt, setze ich den Weiterweg fort. Da fällt mir ein, der dicke Pullover ist noch im Rucksack … Aber ich habe nicht die Energie, die Schritte zurück zu tun. Ich tröste mich: der dünne Pullover, den ich anhabe, würde auch genügen. Gegen Abend bin ich sicher wieder hier zurück. Im ersten Moment fühle ich mich erleichtert, aber gar bald stellen sich die wohlbekannten Erscheinungen neuerdings ein. Das Aufraffen nach jeder Rast erfordert unheimliche Überwindung. Am liebsten würde ich liegen bleiben, einschlafen. Wohltuend für die Augen ist der dunkle Hintergrund, das Industal, das hinter dem Silbersattel hervorkommt. Wie gerne möchte man einmal die lästigen Schneebrillen abnehmen, doch nicht einmal zum Fotografieren ist es erlaubt. Das Licht ist zu grell. Hier und da treten vereinzelt kleinere Spalten auf, die man aber schon deutlich erkennen kann und denen ich bewußt aus dem Wege gehe. Ich befinde mich bereits auf einer Höhe von ungefähr 7800 Meter, also knapp unterhalb des Vorgipfels, und quere nun an dessen Nordseite entlang, ziehe durch endlose Mulden meine einsame Spur. Wenn ich einen Blick zurückwerfe, so sehe ich, gerade noch erkennbar, wie einen Stecknadelkopf so klein, Otto etwas hinter dem Silbersattel. Er scheint aufgegeben zu haben, er bewegt sich nicht weiter. So gehe ich eben allein meinen Weg. Der Vorgipfel ist mir jedenfalls ganz sicher und als unerstiegener Gipfel mit 7910 Metern eine ganz ansehnliche Erhebung. Doch damit gebe ich mich nun doch nicht zufrieden. Eine Mulde löst die andere ab. 40 Meter unterhalb des Vorgipfels erreiche ich eine kleine Scharte, den obersten Rand des Hochfirns. Ein kurzer Hang führt noch zum Vorgipfel hinauf. Doch ich gehe ihn nicht. Ich muß meine Kräfte sparen.

Unter mir nun die Diamirscharte, ein sicherer Übergang, doch schade um den Höhenverlust. Es müßte ja auch hier eine Möglichkeit geben, zur Bazhinscharte hinabzukommen. Ein steiler, felsiger Abbruch liegt vor mir. Neuland. Hier hat noch kein Mensch seinen Fuß hingesetzt. Tief unten ein steiles Schneefeld und jenseits ein scharfer Felsgrat, eine plattige Wand, von etlichen Rinnen durchzogen, und dort oben die Schulter. Als besonders schmerzlich empfinde ich nun den gewaltigen Höhenverlust. Wäre ich nur schon dort drüben! Durch eine Rinne steige ich ab, quere auf Blockbändern nach links, aber bald stehe ich vor einer senkrechten Felswand. Ihre Überwindung scheint mir unmöglich zu sein. Ich kann mich kaum noch aufrecht halten. Immer wieder setze ich mich auf einen Felsen, möchte am liebsten einschlafen, fühle mich furchtbar müde, aber ich muß weiter. Das Ziel lockt noch immer, eine geheime Kraft treibt mich vorwärts, ein Dämon läßt mich Fuß vor Fuß setzen.

Ich steige wieder zurück, versuche es weiter oben, hier scheint eine Möglichkeit gegeben. Steile Rinnen ziehen hinab, eisdurchsetzt. Dann bewegt mich wieder die bange Frage: komme ich dort hinter jenem Felseck noch weiter, wird die Kraft reichen, um anderenfalls auch hier wieder zurückzukommen? Ich erinnere mich des Pervitins. Ich weiß von seiner Wirkung, aber auch von der Reaktion, und führe einen wahren Kampf mit mir selbst. Der Körper verlangt sehnlich danach, der Geist aber verbietet es. Vielleicht geht es noch bis zur Bazhinscharte!

Um zwei Uhr mittags stehe ich endlich dort, in der tiefen Senke zwischen Vor- und Hauptgipfel, 7820 Meter hoch. Erschöpft lasse ich mich in den Schnee fallen. Der Hunger nagt, der Durst quält, aber ich muß mir den letzten Schluck noch, solange es irgend geht, aufsparen. Vielleicht hilft das Pervitin darüber hinweg. In wenigen Stunden müßte ich ja wieder zurück sein, und bis dahin würde die Wirkung schon reichen. Zögernd stecke ich zwei Tabletten in den Mund. Ich warte auf die Wirkung. Sie bleibt aus, ich spüre nichts. Oder hat es doch geholfen, wäre ich sonst vielleicht überhaupt hier liegen geblieben? Bei Tabletten kann man das nicht sagen!

Ich raffe mich wieder auf, steige entlang einer riesigen Wächtengalerie, und nun sehe ich auch den Felsgrat zur Schulter unmittelbar vor mir aufstreben. Oft hatte ich ihn vom Lager IV oder vom Mohrenkopf betrachtet, doch so ganz sicher konnte ich mir keine Meinung bilden. Ich war skeptisch. Nun wird mein Pessimismus hier bestätigt. Ein scharfer Felsgrat zieht zur Höhe. Sägezahnartig steilen einzelne Aufschwünge nach oben. Felstürme schauen wenig einladend herab. Alles noch stark verschneit und vereist. Dort oben: eine drohende Messerschneide, überdacht von einem Wächtensaum. Rechts fällt eine plattige Felswand einige hundert Meter weit in die Diamirseite ab. Wie es darunter weitergeht, ist meinem Auge verschlossen, links weiß ich nur die ungeheure Südwand. Gewohnheitsmäßig suche ich auch die rechte Wand nach Möglichkeiten ab und kann darin schließlich einige schwache Stellen finden. Sollte der Grat nicht gehen, so wäre dies der einzige Ausweg. Jäh setzt eine steile Felsstufe vom letzten Schnee an.

Ich stehe auf scharfer Firnschneide, unmittelbar am Beginn des Felsgrates, und schaue an den Füßen vorbei hinab in die Senke des Rupaltales – 5000 Meter tiefer. Gleichgültig nehme ich dieses Bild in mich auf, ich bin schon zu apathisch, als daß diese Eindrücke auf mich wirken könnten. Vielleicht geht es im Fels besser, vielleicht lenkt die Kletterei ab?

Sie lenkt ab, aber nur für Augenblicke, für eine kurze Wandstelle. Dann ist die Erschöpfung wieder da. Vollkommen ausgepumpt muß ich mich auf dem nächsten Absatz hinsetzen und längere Zeit verschnaufen. Nun bin ich bei der „Messerschneide". Um den plattigen Felsen rechts auszuweichen, muß ich auf den Schnee der Wächte hinaustreten. Hält er? Durch einen Spalt sehe ich in den grausigen Absturz nach Süden: der oberste Teil – eine Eiger-Nordwand. Zierliche Wächten spannen sich wie baufällige Brücken von Felskopf zu Felskopf.

Eine senkrechte Stufe steht vor mir. Hoffentlich reicht meine Kraft! In einer mit Schnee gefüllten Ritze winde ich mich höher, nur noch wenige Meter. Mit letzter Kraft drücke ich den Körper über die Felskante und liege nun lange Zeit flach auf einer Plattform und ringe nach Luft. Ich richte mich auf. Dort hinten erst – immer noch gleich weit entfernt – der Gipfel. Ich könnte verzweifeln. Aber jetzt kann ich doch nicht mehr aufgeben! Ich will gar nicht dorthin schauen, der Gipfel kommt doch nicht näher. Ich setze mir mein Ziel selbst! Und so heftet sich das Auge auf einen nahen Punkt, wenige Meter entfernt, der eben mein vorläufiges Ziel bedeutet. Der nächste Aufschwung, eine Kanzel oder ein Felsturm, ist es, den mein Auge anvisiert, und erst wenn ich dort bin, will ich wieder weiter schauen, aber dann auch nur für die nächsten 10 oder 20 Meter. Der Gipfel interessiert mich nun nicht mehr. Ich denke nicht an ihn, denke überhaupt nicht. Ich gehe und gehe, ich klettere und klettere, es vergehen Stunden. Ich will nur da hinauf, sehe nur die nächsten Meter vor mir, so lange, bis ich oben bin, bis es nicht mehr höher hinauf geht. Schon von meinen früheren Bergfahrten her bin ich gewöhnt, nicht vor dem Ziel aufzugeben. Ein Umkehren, ein Verzichten nur aus einer Schwäche heraus, das hat es bei mir noch nie gegeben. Aber hier ist es anders. Hier ist ein unbegreiflicher, unwiderstehlicher Zwang, der den erschöpften Körper weitertreibt.

Endlich rückt die Schulter in mein Blickfeld. Der Grat wird flacher, jedoch zerrissener. Ich glaube das Ärgste schon hinter mir zu haben, da stellt sich unverhofft ein steiler Felsturm in den Weg, ein Gratgendarm. Gendarmen versperren gerne den Weg, doch dieser scheint mir unerbittlich Halt gebieten zu wollen. Ungefähr 60 Meter schießt er fast senkrecht aus einer nur angedeuteten Gratscharte empor. Seine Flanken sind arg vereist und verschneit. Muß ich mich nun hier, so nahe dem Ziel, geschlagen geben? Es scheint fast so! Eine direkte Überkletterung halte ich für unmöglich. Ich habe ja kein Seil oder sonstige Kletterausrüstung bei mir, und was hätte es auch für einen Sinn. Ich bin doch allein! In die Südseite werfe ich erst gar keinen Blick und versuche – die einzige Möglichkeit –, ihn im Norden zu umgehen. Ich quere eine brüchige Felsrinne, Eis schiebt sich dazwischen, eine kleine senkrechte Wandstufe, ebenfalls äußerst brüchig. Felsklötze hängen lose am Bergkörper. Ich biege um eine Kante, und nach 30 Metern stehe ich vor einem überhängenden Abbruch. Gut fünf Meter unter mir zieht eine steile, teilweise schneeige Rinne dahin und führt auf die Grathöhe. Doch wie komme ich in die Rinne hinein? Nach oben wie nach unten begrenzt sie ein überhängender Abbruch. Ich bin zum Äußersten bereit, versuche das Letzte! Noch mit den Steigeisen an den Füßen klettere ich den immer steiler werdenden Fels höher, rostigbraunen, brüchigen Gneis. Ein Riß bildet die einzige Möglichkeit.

Wieder stecke ich die Handschuhe ein, verkralle mich im Grund des Risses, wie ich das in meinen heimatlichen Bergen schon so oft getan habe. Aber nun muß es schnell gehen! Es sind ungefähr zehn Meter. Doch da verklemmen sich die Steigeisen im schmalen Felsspalt, die Finger drohen zu erlahmen. Es ist schwerste Kletterei, man könnte sie vergleichen mit den schwierigen Stellen des Salzburgerweges in der Watzmann-Ostwand. Ich habe schon ganz meine Umgebung vergessen, denke gar nicht mehr, daß ich am Nanga Parbat bin. Nur noch eines beherrscht mich, ich muß durchhalten!

Ich beiße die Zähne aufeinander, noch einige schwere Meter, die Finger werden schon weich, aber da finde ich endlich einen Stand. Eine senkrechte Wandstelle liegt unter mir. Nahe am Absturz ging es diesmal noch vorüber. Doch ich bin noch nicht in der Rinne. Hier besteht nur eine Möglichkeit, endlich hineinzuqueren. Durch den etwas überhängenden Fels zieht eine handbreite Leiste. Darüber sind abschüssige Griffe. Die Steigeisenzacken kratzen am glatten Fels. Noch einmal biete ich meine ganzen Kräfte auf, es ist eigenartig, ich schaue gar nicht in den Abgrund. Nur noch die paar Meter vor mir, an die zehn Griffe und einige Tritte sind meine Welt. Die Kletterei nimmt mich ganz in Anspruch. Wieder dieses peinliche Gefühl in den Fingern, doch es muß gehen, nur noch wenige Meter, ich sehe ja schon den Weg frei zur Schulter hinauf. Endlich stehe ich in der Rinne. Es waren bange Momente.

Der Turm liegt hinter mir. Noch eine kurze flachere Wandstufe, und ein steiles hartes Schneefeld zieht vor mir nach oben. Die Spannung läßt nach. Nun bin ich wieder am Nanga Parbat! Unheimliche Müdigkeit überfällt mich. Erschöpft sacke ich zusammen. Ich ringe nach Luft und führe einen wahren Kampf um dieses lebensnotwendige Element. Wieder die alten Höhenerscheinungen, in noch stärkerem Maße – oder ist es der Durst? Jeder Meter ein Willenskampf, ich zwinge mich weiter, und endlich stehe ich am äußersten Rand der Schulter. Über 8000 Meter hoch. Es ist sechs Uhr abends. Bei dieser Feststellung erschrecke ich. Mir schien der Weg von der Bazhinscharte nur gut eine Stunde. Ich kann nicht mehr! Für meine Augen erscheint der Gipfel nun ganz nahe, direkt greifbar mir gegenüber – eine Schneekuppe, doch ich fühle mich nun außerstande, ihn noch zu erreichen. Für meinen Zustand ist er noch unendlich weit entfernt. Ein letzter Schluck aus der Feldflasche, er muß helfen!

Der Cocatee tut anscheinend doch seine Wirkung. Ich fühle mich wieder etwas frischer, und nachdem ich alles Entbehrliche auf einem Block hinterlegt habe, richte ich mich wieder auf. Nur noch der Eispickel, die Gipfelfahne und der Fotoapparat begleiten mich. Unsagbar mühsam schleppe ich mich einen waagrechten Felsgrat entlang. Ich weiß, hier befiehlt nur mehr der Geist, der Geist, der an gar nichts anderes mehr denkt als an das Hinauf. Der Körper kann schon lange nicht mehr. Wie in einer Selbsthypnose bewege ich mich vorwärts.

Die Südseite bricht in steilen Schnee- und Eisflanken ab. Im Norden tritt erstaunlicherweise Fels und grobes Blockwerk zutage. Steil zieht es nach oben.

Ich bin ganz erstaunt. Was mag die Ursache sein, ist es der Sturm, der den Schnee vom Gestein reißt, der ihn gar nicht ansetzen läßt? Ich quere Rinnen und kurze Schneefelder und mühe mich über Blockwerk. Der Fuß des Gipfelaufbaues ist erreicht. Über mir sehe ich einen Felsvorsprung, der höchste erkennbare Punkt. Dahinter muß der Gipfel sein. Wie weit noch? Hoffentlich reicht die Kraft noch bis dahin! Immerfort beschäftigt mich diese bange Frage. Ich kann mich nicht mehr aufrecht halten, ich bin nur noch das Wrack von einem Menschen. Kriechend auf allen vieren komme ich nur langsam weiter, immer näher kommt dieser Felsvorsprung, dem ich voll banger Erwartung zustrebe.

Was ist dahinter?

Ich bin angenehm überrascht. Nur noch eine kleine Mulde, ein kurzer Schneehang, wenige Meter nur, es geht schon leichter …

Und dann stehe ich auf dem höchsten Punkt dieses Berges, auf dem Gipfel des Nanga Parbat. 8125 Meter hoch.

Nirgends geht es mehr höher hinauf, eine kleine ebene Schneefläche, zwei Höcker, und nach allen Seiten fällt das Gelände nur ab. Es ist sieben Uhr abends. Hier stehe ich nun, seit Erdenbestehen der erste Mensch, auf diesem Fleck, am Ziel meiner Wünsche! Doch nichts von berauschendem Glück, nichts von jauchzender Freude, nicht das erhebende Gefühl des Siegers verspüre ich in mir. Ich bin mir der Bedeutung dieses Augenblicks nicht im geringsten bewußt. Ich

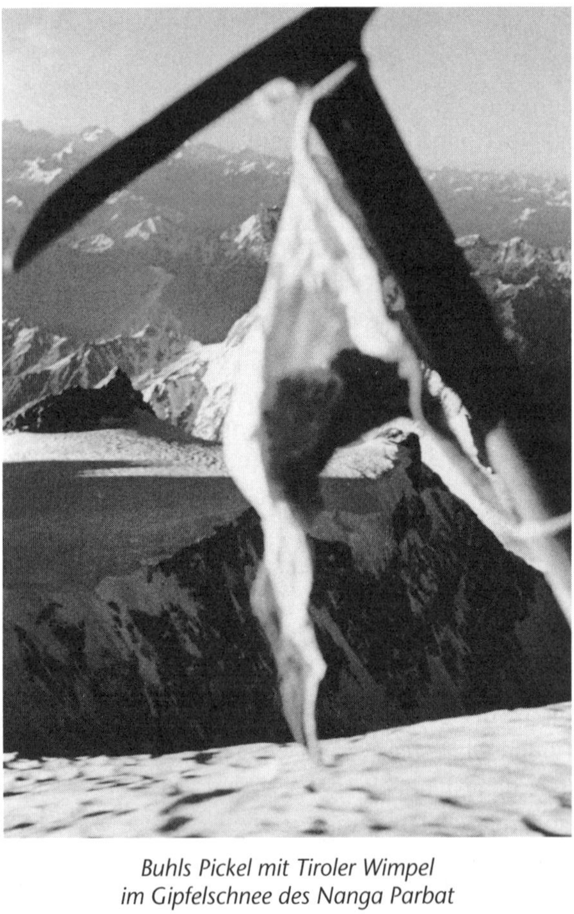



*Buhls Pickel mit Tiroler Wimpel im Gipfelschnee des Nanga Parbat*

bin vollkommen fertig! Todmüde lasse ich mich in den Schnee fallen, stecke ganz automatisch, als ob ich dies schon trainiert hätte, den Pickel in den sturmgepeitschten Schnee. Siebzehn Stunden war ich nun dauernd unterwegs, jeder Schritt war ein Kampf, eine unbeschreibliche Willensanstrengung. Ich bin nur froh, nicht mehr nach oben steigen, nicht an den Weiterweg denken zu müssen, nicht mehr da hinaufschauen zu brauchen mit der bangen Frage, wird es noch gehen?

Aus dem Anorak hole ich meinen Tiroler Wimpel und binde ihn an den Pickelstiel. Die Sonne berührt schon bald den Horizont, und ich muß mich beeilen, will ich noch einige Aufnahmen erhaschen. Ich knie nieder – im Vordergrund der Pickel mit dem Wimpel, und dahinter schauen gerade noch der Silbersattel, ein Teil des Hochplateaus und der Absturz in die Südwand hervor. Dort unten ziehen schon lange abendliche Schatten dahin, und am Silbersattel kann man deutlich die Windgangeln erkennen. Der Grat zum Lager V kommt auch noch drauf und über den Pickel, weiter weg und viel kleiner und niedriger, nun die Berge des Hindukusch und Karakorum.

Der Film ist aus. Ich spule um. Öffne vorsichtig die Rückwand meiner „Karat 36", denn ich bin mir der Bedeutung dieser Aufnahme bewußt, und lege den neuen „Agfa-Color" ein. Trotz meines Erschöpfungszustandes kontrolliert der Geist diese Vorgänge genau. Der Wunsch der Innsbrucker Klubfreunde ist erfüllt, ich nehme den Tiroler Wimpel ab, stecke ihn wieder ein, und nun befestige ich an dem Pickel wie verabredet die pakistanische Flagge! Schnell noch einige Aufnahmen – die Beleuchtung ist schon etwas schlecht, ich muß den Belichtungsmesser zu Hilfe nehmen. Ein „Schuß" zum Vorgipfel hinüber, einer zum Rakhiot Peak, zum Lager V hinunter und nun noch direkt steil ins Rupaltal abwärts, um auch diesen Tiefblick festzuhalten. Das sind Dokumente genug. Ich klappe die Kamera wieder zu.

Nun kann ich erst mit Ruhe den Rundblick wieder in mich aufnehmen. Von der kleinen Gipfelfläche fallen nach allen Seiten steile Flanken ungeheuer tief in die Täler ab. Sie entschwinden dem Auge völlig, und erst tief unten sieht man nach allen Richtungen die schuttbedeckten Talgletscher hinausziehen. Man hat das Gefühl, über allem zu schweben, in keinem Zusammenhang mehr mit der Erde zu stehen, losgelöst von der Welt und der Menschheit. Ich komme mir vor wie auf einem winzigen Eiland inmitten eines riesigen Ozeans. Im Norden, in über 100 Kilometer Entfernung verebben gewaltige Gebirge. Im Osten das gleiche Meer von ungezählten Gipfeln, eisbedeckt, unerstiegen, unerforscht – das ist der Himalaya. Doch ist es nur ein bescheidener Teil dieses mächtigen Gebirges, den ich von hier aus übersehen kann. Auch im Westen, soweit das Auge reicht, brandet ein Wall von Bergen, und nur der Süden fällt tief in eine schwarze, dunstige Ebene ab: Indien und Pakistan. Unmittelbar unter mir, wie eine Hügellandschaft, eine Kette von Fünftausendern. An den gerade noch schneebedeckten Kuppen kann man die Höhe erkennen, und darüber hinweg fällt weit in das Land hinein der mächtige Schatten einer Pyramide, auf deren Spitze ich stehe.

Der Himmel ist makellos, weit und breit keine Wolke. Dies ist beruhigend. Die Sonne senkt sich hinter eine Bergkette, und im Nu wird es empfindlich kalt. Es mag eine halbe Stunde verstrichen sein. Ich erhebe mich zum Abstieg. Als Beweis der Ersteigung – denn es konnte mich niemand beobachten – und als Symbol zugleich hinterlasse ich meinen Eispickel mit dem Zeichen Pakistans, dem weißen Halbmond mit Stern auf grünem Grund. Außerdem trage ich zu den obersten Steinen noch einige Blöcke zusammen und stelle sie zu einem kleinen Steinmal auf – doch muß ich diese Arbeit bald lassen, sie ist zu anstrengend – es genügt auch so. Ein von Menschenhand geschaffenes Gebilde steht!

Noch einen letzten Blick zurück – dann wende ich mich ab. Da fällt mir noch ein anderes Versprechen ein, und ich gehe nochmals die paar Meter zurück, stecke vom höchsten Punkt einen kleinen Stein ein – er ist für meine Frau, die zu Hause wartet und bangt – und steige gegen die Schulter ab. Es ist mir aber nun, als ob eine Veränderung in meinem Körper vor sich gegangen wäre. Ich fühle mich plötzlich viel frischer. Was ist wohl die Ursache? Vielleicht doch die Erreichung des Zieles? Wo ich im Aufstieg kroch, springe ich nun fast von Stein zu Stein und bin bald bei meinen zurückgelassenen Sachen an der Schulter. Ich bin mir der Schwierigkeiten dieses Felsgrates bewußt, der sich von hier zur Tiefe senkt. Im Abstieg dürften sie kaum zu überwinden sein. Der letzte Felsturm – im Aufstieg konnte ich ihn ja gerade noch bewältigen. Ich habe kein Seil! So bleibt mir keine andere Wahl, als nach einem anderen Abstieg Ausschau zu halten.

Vor mir zieht ein steiles Eisfeld zur Tiefe, weit unten entschwindet es meinen Blicken. Vielleicht komme ich da hinab. Vielleicht führen unten Rinnen weiter. Ich hatte mir doch schon im Anstieg die rechte Flanke näher betrachtet und sah auch verschiedene Möglichkeiten. Es müßte hier schon gehen, 400 Meter tiefer am Ende der Felsen könnte ich dann leicht die Schneehänge zum Fuße des Vorgipfels ansteigen. Dort unten muß die Rippe emporziehen, an der sich vor bereits 58 Jahren Mummery, einer der größten Bergsteiger aller Zeiten, versuchte. Der Nanga Parbat und seine Gletscher wurden dem kühnen Mann zum erhabenen Grabmal. Der Nanga Parbat, dessen Gipfel ich als erster betreten durfte. Ich kann diese Tatsache noch nicht ermessen. Ich will nur wieder ins Tal, zu Menschen, ins Leben …

In nördlicher Richtung steige ich nun diese Eisflanke abwärts und gewinne auch rasch an Tiefe. Das Gelände sieht noch gut aus, doch wie mag es weitergehen? Die Steigeisen leisten mir vortreffliche Dienste, denn die beiden Skistöcke sind kein Ersatz für den Eispickel. Doch lieber jetzt ohne Pickel, als später ohne Skistöcke! Ich hoffe, noch vor Einbruch der Dunkelheit die Bazhinscharte zu erreichen, um dann bei Nacht im Mondschein über das Hochplateau zum Lager V zu gelangen und mir so ein Freilager in dieser Höhe ersparen zu können. Plötzlich verspüre ich ein lockeres, unsicheres Gefühl am rechten Fuß. Was ist das? Ganz erschreckt sehe ich, daß der Befestigungsriemen des Steigeisens unter mir verschwindet. Das Eisen hat sich gelöst, und dies wäre mir beinahe zum Verhängnis geworden. Ein rascher Griff nach dem Steigeisen – ich kann es gerade noch ertappen. Doch ich habe keinen Ersatzriemen bei mir, nicht einmal ein Stückchen Schnur. Und wenn auch – wie sollte ich in dieser exponierten Lage das Steigeisen anschnallen?

Nur auf einem Beine stehe ich, die beiden Skistöcke bilden die einzige Stütze. Rechts und links, über mir und unter mir steiler, vom Sturme beinhart gepreßter Schnee und Eis. Wie soll ich hier herauskommen? Ich versuche mit den Stockspitzen eine schwache Kerbe zu ritzen. Es gelingt. Keine Kerbe, aber eine Ritze, in der der blanke Schuh für einen Augenblick Halt findet, genau so lang, bis der andere steigeisenbewehrte Fuß einen Schritt weiter machen kann und die Zacken greifen. Ein abenteuerlicher Gang. So erreiche ich vorerst eine Schneerippe. Weiter absteigen kann ich nun nicht mehr. Ich versuche, auf dem kürzesten Weg der Flanke zu entrinnen, und quere gegen den Grat hinüber, halte mich von einer Schneerippe zur anderen, bis ich wieder Fels unter der Gummisohle fühle. Ich bewege mich wie ein Traumwandler. Nur so ist es zu erklären, daß ich dieser Flanke entrinne ...

Wieder bin ich in der Rinne hinter dem steilen Felsturm. Hier komme ich doch rasch weiter. Die Kletterei nimmt wieder meine ganz Aufmerksamkeit in Anspruch, so daß ich darüber beinahe die Höhe vergesse. Der Fels wird plattiger. Ich mühe mich einen glatten, ziemlich grifflosen Riß abwärts. Doch plötzlich wird es düster! Bricht etwa schon die Nacht herein? In meinem Eifer habe ich die Zeit übersehen! Fieberhaft suche ich nach einem besseren Platz, denn hier kann ich nicht einmal stehen. In überraschend kurzer Zeit ist es auch gänzlich finster. Es gibt hier anscheinend keine Dämmerung. Wo ist ein Platz, wo ich die Nacht verbringen kann?

Endlich spüre ich wieder etwas Festes unter mir – und schon fühle ich mich gerettet. Der Stand bietet beiden Füßen Platz. Zum Sitzen ist er allerdings zu klein, so muß ich eben stehend abwarten. Da drüben, dem Grat zu, sehe ich einen schwarzen Schatten aus der Wand ragen. Ein riesiger Block. Dort könnte ich sogar sitzen oder liegen! Doch der Fels dorthin ist glatt, vereist, und in der Dunkelheit erscheint mir dies zu riskant. Ich muß mich wohl oder übel mit meinem Platz begnügen, ziehe alles Verfügbare an, die Wollhaube über die Ohren, die Kapuze tief über den Kopf, zwei Paar Handschuhe, alles dicht verschlossen. So warte ich ab. Als Rückenlehne dient mir eine 50 bis 60 Grad geneigte Wandfläche. Den dicken Pullover könnte ich nun gut gebrauchen! Aber der ist weit, im zurückgelassenen Rucksack ... Sonst bin ich vortrefflich ausgerüstet. Zwar fehlt mir jetzt der Biwaksack zum richtigen Kälteschutz, und auch ein Seil, um mich vor dem Absturz zu sichern, aber trotzdem erweckt der Gedanke an die bevorstehende Nacht in mir kein Grauen. Ich bin von seltsamer Gelassenheit. Alles ist so selbstverständlich. Es muß doch so sein. Das gehört eben dazu! Fast gleichgültig sehe ich dieser Nacht in 8000 Meter Höhe entgegen. Natürlich hätte ich weiter oben viel bessere Möglichkeiten gehabt, hätte sogar liegen können, aber nun bin ich schon einmal hier! Da fällt mir das Padutin ein! Ein kreislaufförderndes Mittel, ein Schutz gegen Erfrierungen. Fünf dieser kleinen Pillen würge ich hinunter, sie bleiben mir fast im Halse stecken. In der linken Hand halte ich die beiden Skistöcke. Hoffentlich entfallen sie mir nicht, ich brauche sie noch! Die Rechte klammert sich an einen Griff. Ich schaue nochmals auf die Uhr – neun Uhr abends. Hoffentlich hält das Wetter ...

Jähe Müdigkeit überkommt mich. Ich kann mich kaum mehr aufrecht halten. Der Kopf fällt nach vorne, die Augenlider drücken schwer herab, ich döse ein ...

Plötzlich erwache ich, reiße den Kopf hoch. Was ist? Wo bin ich? Erschreckt stelle ich fest: in einer steilen Felswand, schutzlos – am Nanga Parbat – unter mir gähnende Leere, ein schwarzer Abgrund. Doch dann kommt es mir wieder gar nicht so vor, als ob ich in 8000 Meter Höhe wäre, ich habe keinerlei Atembeschwerden mehr. Ich versuche, mich gewaltsam wach zu halten, aber immer wieder will mich der Schlaf übermannen. Ich döse ständig von neuem ein, und es ist nur ein Wunder, daß ich das Gleichgewicht nicht verliere.

Wo sind meine Stöcke? Jäher Schreck! Ruhe! Ruhe! Da sind sie ja. Eisern umklammere ich sie. Kälteschauer laufen mir über den Rücken, aber das macht nichts. Daß diese Nacht hart wird, weiß ich. Beherrscht der Wille so den Körper, daß ich kein Gefühl mehr für körperliche Pein empfinde? Es muß doch sicherlich um 20 Grad minus haben, wenn nicht noch mehr! Ich hoffe auf den Mond. Um Mitternacht müßte er herauskommen, und dann könnte ich schon weiter absteigen. So würde diese Nacht nicht so lang. Halb dösend verbringe ich die Zeit. Als ich wieder die Augen aufreiße, glänzt das Hochplateau bereits silbern. Dort unten der Vorgipfel, der Nordgipfel, alles ist gespensterhaft beleuchtet, daneben wieder schwarze Schatten. Auch in meiner Wand ist es dunkel. Wo bleibt der Mond? Er verbirgt sich hinter dem Gipfel. Muß ich nun doch die ganze lange Nacht hier verbringen? Den Morgen auf diesem winzigen Platz abwarten? Es scheint mir jetzt fast unmöglich.

Dort drüben glänzt etwas. Es ist Schnee, eine Wächte in der Einschartung am Grat, und immer wieder schaue ich zu dem dunklen Schatten, dem Block hinüber und stelle mir vor, wie angenehm es dort zu sitzen wäre. Hie und da streicht ein Windhauch um die Flanken. Dann ist es wieder still. Totenstill. Das Schweigen der Unendlichkeit. Der Körper ist doch nicht unempfindlich geworden ... Die Kälte wird immer unerträglicher. Ich spüre sie im Gesicht, trotz der dicken Handschuhe auch an den Händen. Sie sind beinahe starr. Vor allem aber an den Füßen. Die Kälte kriecht immer höher den Körper herauf. Die Zehen sind schon lange wie tot. Anfangs versuchte ich sie zu bewegen, trampelte auf meinem kleinen Stand. Aber ich muß achtgeben, alles, worauf ich stehe, ist locker. Ist auch gleich, denke ich mir. Kalte gefühllose Füße habe ich schon öfters gehabt, ohne mir ernsthafte Erfrierungen zugezogen zu haben.

Dann nimmt mich wieder die Größe dieser Nacht gefangen ... Ein wunderbarer Sternenhimmel wölbt sich über mir. Lange Zeit schaue ich da hinauf, suche den Großen Wagen und den Polarstern dort am Horizont. Draußen im Industal blinkt ein Licht auf, ein Fahrzeug wohl – dann ist es wieder dunkel.

Der Körper beginnt sein Recht geltend zu machen. Hunger und Durst machen sich wieder bemerkbar. Ich habe aber nichts bei mir. Langsam verrinnt die Zeit. So langsam ... Ich glaube schon nicht mehr an ein Ende dieser Nacht. Dann taucht doch dort in der Ferne hinter einer gezackten Bergkette ein Lichtstreifen auf, steigt immer höher herauf, der neue Morgen! Er ist wie eine Erlösung.

Noch stehen die Sterne am Himmel. Will es denn gar nicht Tag werden? Sehnsüchtig schaue ich dort hinüber, blicke fast starr zu dem Streifen, hinter dem die Sonne hervorkommen muß. Endlich verblaßt auch der letzte Stern – es wird Tag!

Bewegungslos lehne ich am Felsen, die rechte Hand hält sich immer noch an den Griff, und die linke umklammert eisern die Skistöcke. Die Füße sind wie Holzklumpen, die Schuhe gefroren, die Gummisohlen voller Reif. Die ersten Sonnenstrahlen treffen mich. Wie wohltuend das ist. Es löst die Erstarrung. Ich beginne wieder zu klettern, quere in den Riß zurück. Doch jetzt heißt es aufpassen! Es ist doppelt gefährlich, alles ist furchtbar glatt. Tiefer steige ich in die Rinne ab, endlos lang – noch immer nur mit einem Steigeisen, das andere ist in der Brusttasche meines Anoraks.

In diesen Stunden höchster Anspannung erfaßt mich ein eigenartiges Gefühl. Ich bin nicht mehr allein! – Da ist ein Gefährte, der mich behütet, bewacht, sichert. Ich weiß, daß das Unsinn ist, aber das Gefühl bleibt ... Eine steile Wand unterbricht die Rinne. Der Fels ist kleinsplitterig, brüchig. Ich muß die Handschuhe ausziehen, stecke sie in die Hosentaschen und versuche in die Rinne zu kommen. Doch alles bröckelt ab. Zu riskant erscheint mir das. Ein Rutscher, ein kleiner Sturz wäre mein Ende! Bestimmt würde ich auch den Gefährten mitreißen, den Freund – der gar nicht da ist ... Jeder Meter muß vorsichtig abgeklettert werden.

Bei uns in den heimatlichen Bergen würde ich einfach in die Schneerinne springen! Ich steige wieder zurück, will wieder meine Handschuhe anziehen. Sie sind fort. Erschreckt frage ich den rätselhaften Begleiter: „Hast du meine Handschuhe gesehen?"

„Die hast du doch verloren." Deutlich höre ich die Antwort. Ich drehe mich um – sehe aber niemand. Bin ich schon wahnsinnig?

Narrt mich ein Spuk? Deutlich vernahm ich doch die bekannte Stimme. Welchem meiner Freunde gehörte sie? Ich weiß es nicht. Ich kenne sie nur ... Ich suche nach den Handschuhen, doch nirgends sind sie zu sehen. Sie müßten doch irgendwo liegen, oder sind sie die Wand hinuntergefallen? Nochmals durchstöbere ich meine Taschen, dabei fällt mir mit Schrecken die Tragödie von der Annapurna ein* – doch da entdecke ich meine Reservehandschuhe. Nun ist die Situation wieder gerettet.

Ich steige weiter ab, komme auch zurück in die Schneerinne, quere aus ihr heraus und jenseits abermals in die Felsen. Rechts, fast in gleicher Höhe – die Bazhinscharte! Doch ich muß nun noch weiter hinab, bis zum Ende der Felsen. Und während des ganzen Ganges begleitet mich der Gefährte, den ich nie sehe und der doch so vertraut ist. Besonders an schwierigen Stellen ist dieses Gefühl betonter. Es beruhigt mich, es lullt ein: wenn ich stürze oder rutsche, hält mich doch der andere am Seil. Aber da ist kein Seil. Da ist kein „anderer". Im nächsten Augenblick weiß ich wieder ganz genau, daß ich allein bin, und weiß auch, daß ich mir hier nicht die geringste Unachtsamkeit leisten kann.

Noch ein steiler Abbruch, ein senkrechter Riß, der mich ganz außer Atem bringt – und nun stehe ich endlich im Schnee. Die Wand läßt mich frei, sie liegt hinter mir. Steile, beinharte Schneefelder ziehen zu den Felsen, die vom Vorgipfel herabstürzen. Die Steigeisen sind hier wieder unentbehrlich. Ich versuche das zweite am Fuß zu befestigen. Mit der Verschnürung der Überhose binde ich es an den Schuh, aber schon nach wenigen Schritten steht das Steigeisen quer zur Schuhsohle. Geduldig schnalle ich es abermals fest, doch bald stehen die Zacken neben den Schuhen seitlich weg. Alle 10 bis 20 Meter

* Anm. d. Hrsg.: Maurice Herzog zieht sich beim Abstieg schwerste Erfrierungen zu, nachdem er seine Handschuhe verlor.

wiederholt sich dieses gefährliche Spiel. Das Bücken allein strengt mich schon furchtbar an. Diese Anstrengung verwirrt mich vollkommen. Ich schimpfe auf meinen Begleiter hinter mir, der mir dieses schlechte Eisen gegeben hat. Ich merke nun auch, wie er mir nachfolgt, immer hinterdrein!

Dann sitze ich wieder im Schnee, den Kopf in die Hände gestützt, und raste und verschnaufe. Die Knöchel schmerzen vom Abwinkeln, das Gehen ist furchtbar anstrengend, doch endlich bin ich bei den Felsen, unterhalb der Diamirscharte. In einem riesigen Schneekolk, einer Mulde, tauche ich unter. Es ist schon wieder Mittag, wo bleibt bloß die Zeit? Durst – furchtbarer Durst quält mich. Ich habe nichts mehr zu trinken. Die Sonne brennt hernieder, es ist qualvoll, doch nirgends Wasser. Eis klebt an den Felsen, aber kein Wasser rinnt daran herab.

Nun steht mir der Gegenanstieg zum Vorgipfel bevor, der mich schon früher beunruhigt hat. Ich will mich noch etwas erholen und setze mich in den Schnee. Mein Denken ist plötzlich wie ausgelöscht. Wie angenehm ist das doch!

Ich reiße die Augen auf, schaue umher! Habe ich jetzt geschlafen? Ein Blick auf die Uhr, eine Stunde ist bereits vergangen. Wo bin ich denn überhaupt? Überall sehe ich Spuren, dort Steinmänner! Bin ich auf einer Skitour? Allmählich kommt es mir wieder zum Bewußtsein: ich bin am Nanga Parbat in fast 8000 Meter Höhe – allein! Und die Spuren – das sind ja nur Windverwehungen und die Steinmänner dort – das sind Felstürme! Droben in den Felsen unter dem Vorgipfel höre ich Stimmen. Ruft mich jemand? Oder ist es nur der Wind? Vielleicht warten dort meine Freunde? Mühsam raffe ich mich wieder auf. Steige um einen steilen Felsen herum. Eine Geröllhalde zieht hinauf. Von Stein zu Stein mühe ich mich vorwärts, hänge nur noch in den Skistöcken. Nach jedem Schritt sinkt der Körper müde auf das Geröll. Ich glaube schon am Ende meiner Kräfte zu sein. Doch ich muß weiter! Wie oft habe ich das nun schon gesagt? Ich weiß, es gibt keine andere Möglichkeit, will ich wieder zurück zu den Menschen. So muß ich diesen Weg da hinaufsteigen. Für 30 Meter benötige ich eine Stunde. Immer unwahrscheinlicher ist für mich in diesem Zustand nun der lange Anstieg des gestrigen Tages. Noch flache Schneehänge, die endlos erscheinen. Dann aber stehe ich auf der Diamirscharte in der tiefsten Senke zwischen Vor- und Nordgipfel.

Vor mir liegt nun wieder diese riesige wellige Schneefläche, zerfurcht und zerpflügt. Weit, weit draußen der Silbersattel. Meine Augen suchen den Horizont ab, peilen über die Kimme des Silbersattels, streichen am Hochfirn entlang herauf. Vielleicht kommt mir jemand entgegen? Doch nichts ist zu erkennen. Wenn ich nur einen Schluck Tee hätte, einen einzigen Schluck – er würde mich schon über die nächsten Stunden hinwegbringen. Mein ganzes Denken ist nur mehr bei etwas Trinkbarem, der Durst wird zur höllischen Qual, er raubt mir förmlich die Sinne. Gestern der letzte Schluck. Und dabei diese mörderische Hitze, diese Trockenheit. Der Gaumen ist wie Stroh, das Blut muß dick und zäh sein.

Während ich weitersteige, sind meine Augen unentwegt am Silbersattel. Nun sehe ich Punkte. Täuschung? Nein, das müssen die Freunde sein. Ich will rufen, jauchzen, bringe aber keinen Laut heraus. Aber die anderen kommen. Soll ich auf sie warten? Doch die Entfernung ist zu groß – ich gehe ihnen entgegen. Schritt für Schritt, müde, stolpernd, mechanisch. Als ich wieder über die wellige Schneefläche blicke, sind die Punkte verschwunden – grenzenlos die Enttäuschung ... doch – da sind die Punkte wieder – nein – abermals ist die Schneefläche dort draußen leer! Narrt man mich? Allein stehe ich in dieser schier endlosen Weite, dieser hoffnungslosen Eiswüste.

Der Hunger wird fast ebenso unerträglich wie der Durst! Eine Packung Ovosport weiß ich noch im Rucksack, dort drüben muß er sein! Dort drüben ... Wo drüben? Endlose Steilhänge quere ich. Einen langen Umweg muß ich machen. Alles nur wegen eines Bissens. Ich hoffe, dadurch wieder zu neuen Kräften zu kommen. Wie muß ich doch achtgeben, daß ich mit den Steigeisen nicht meine empfindlich gewordenen Knöchel verletze. Eine kleine Verstauchung, und aus wäre es! Wieder schaue ich zum Silbersattel. Nun sehe ich die Punkte woanders und merke erst jetzt, daß es Felsen von dahinter aufragenden Bergen sind.

Doch jetzt höre ich Stimmen, ganz deutlich. Meinen Namen höre ich rufen: „Hermann – Hermann!" Ich höre sogar, wie sich Leute unterhalten! Aber zu sehen ist nichts. Täuschen mich die Sinne? – Halluzinationen? Ist dies der Anfang vom Ende – das Ende selbst? Wo mag wohl der Rucksack liegen? Ich kann ihn nicht finden.

Vielleicht ist die alte Spur noch sichtbar – so steige ich ab und quere abermals nach rechts. Ein endloses Hin und Her, ein Auf und Nieder! Es geht schon bald nicht mehr. Nur der Gedanke, etwas in den Magen zu bekommen, treibt mich weiter. Beinahe hätte ich das Suchen aufgegeben, da sehe ich noch deutlich einen Schuhabdruck – die Spur! Muß ich nun wieder hinauf oder hinab? Ich steige an, aber schon wieder kommen Bedenken. Es ist zum Verzweifeln – man müßte ihn doch sehen.

Endlich liegt der Rucksack vor mir. Ich falle nieder und krame im Liegen herum, aber kein Ovosport. Dafür finde ich etwas anderes – eine Packung Dextroenergen. Ich versuche eine Tablette zu essen, doch sie bleibt mir wie Mehl im Munde kleben. Die einzige Möglichkeit – ich greife zum Schnee. Ich tue es nicht gern, denn ich weiß, daß das schlimme Folgen haben kann, aber nun geht es nicht mehr anders. Ich zerdrücke die Tabletten, vermische sie mit dem Schnee und esse nun diesen Brei. Er mundet köstlich und bringt die erwartete Erfrischung. Nun kann ich wieder schlucken, spüre sogar wieder Speichel und versuche nun weiterzugehen. Doch bald wird der Durst noch brennender, die Zunge klebt mir am Gaumen, der Hals ist offen, rauh wie ein Reibeisen, und der Mund schäumt mir förmlich. Wieder rühre ich so einen Brei an, aber es ist nur eine kurze Labung, dafür tritt dann der Durst erneut und stärker auf. Der Schnee raubt mir fühlbar die letzten Kräfte, und so wird dieser Weg über das Hochplateau zu einem wahren Leidensgang.

Nur langsam, im Schneckentempo, komme ich weiter, muß nun für jeden Schritt bis zu 20 Atemzüge machen. Alle paar Meter falle ich in den Schnee. Nur mit Hilfe der beiden Skistöcke ist es mir überhaupt noch möglich, weiterzukommen, sie sind mir Lebensretter und stützende Samariter.

Ich muß wohl hingefallen und eingeschlafen sein. Als ich erwache, sind die Augenlider wie Blei. Ich will mich erheben, doch es geht nicht, erschöpft sinke ich wieder zurück. Es ist also aus. So ist das Ende ... Aber der Lebenswille ist noch nicht erloschen. Wo sind meine Skistöcke? Es ist nur einer da. Wo ist mein zweiter? Ich erschrecke. Dieser Schreck fährt aufpeitschend, belebend durch den Körper. Ich sehe, daß der zweite Skistock ein Stückchen abgerollt ist. Auf allen vieren krieche ich dorthin. Dann habe ich wieder beide Stöcke in Händen. Ich richte mich auf – stehe – gehe ...

Nun sehe ich auch wieder zum Rakhiot Peak hinüber, sehe einen Punkt, das Zelt. Dort am Hang – sind es Felsen oder die Freunde? Die Entfernung ist wohl zu groß, doch ich versuche zu rufen. Aber ich habe keine Stimme. Vielleicht sieht man mich? Ich schwinge die Skistöcke ...

Es geht schon gegen Abend, die Sonne senkt sich aufs neue, und lange Schatten fallen über den Schnee. Ich kämpfe mich mit letzter Energie weiter. Eine zweite Nacht im Freien überstehe ich nicht! Vom eigenen Schatten gezerrt, getrieben und genarrt, taumle ich dahin. Ich bin nicht mehr ich – nur noch ein Schatten – ein Schatten hinter dem Schatten. Diese elenden Windgangeln, die mir den Weg so furchtbar erschweren! Endlich bin ich in der tiefsten Einsenkung des Plateaus, und nur noch einige hundert Meter trennen mich von der weiten torähnlichen Fläche des Silbersattels. Wie mag hier der Sturm gehaust haben – eine furchtbar aufgewühlte Fläche. Ich taumle wie ein Betrunkener, stürze, krieche, stehe, gehe, taumle ... Ich erinnere mich wieder des Pervitins. Wenn noch etwas hilft, dann ist es das. Nur noch ein kurzes Aufleben der Kräfte soll es bewirken, denn bald würde ich beim Zelt sein. Aber sind nicht alle Reservekräfte schon aufgebraucht – ich fühle mich vollkommen

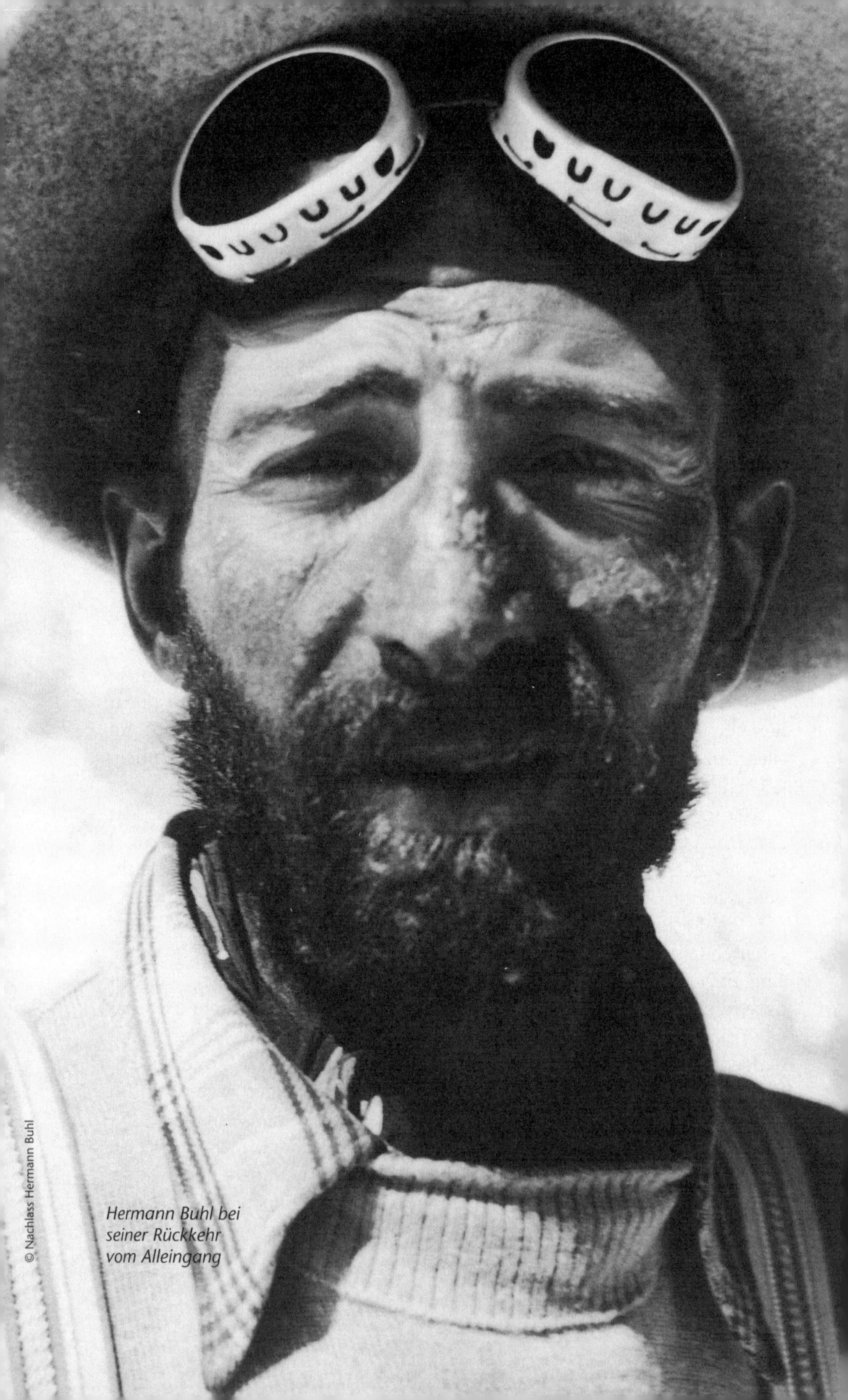

*Hermann Buhl bei seiner Rückkehr vom Alleingang*

ausgehöhlt. Blut und Speichel kommt aus dem Mund; er ist gänzlich verklebt, und die drei Tabletten drücke ich hinunter, als ob es Holzspäne wären. Ich zähle schon die Meter, immer näher kommt der Rand des Schnees.

Um halb sechs Uhr abends stehe ich draußen am Silbersattel und schaue wieder hinunter zum Rakhiotgletscher, zu den Lagern. Ausgebreitet liegt der ganze Anstieg vor mir. Ich sehe die Zelte im Schnee vergraben an den Hängen kleben. Unendlich tröstlich ist dieser Anblick. Als ob ich nach Hause käme. Doch was ist, da drunten rührt sich ja niemand! Hat man die Lager leer gelassen? Heilige Ruhe weit und breit, keine Menschenseele, kein Laut! Ich schaue hinüber zum Rakhiot Peak, und da bemerke ich wieder den schwarzen Punkt, das kleine Sturmzelt und in der Nähe – noch zwei Punkte! Dort in der Rakhiotquerung muß auch jemand sein, vielleicht die Träger. Das ist keine Täuschung mehr. Das sind wirklich Menschen!

Ich weiß, ich bin gerettet. Ich bin in der Nähe der Kameraden, und dies gibt mir wieder neue Zuversicht. Die alten Spuren sind noch erhalten, ich nutze sie und quere zum Grat hinüber. Augenblicklich fühle ich mich wieder frischer. Ist es das Pervitin oder die seelische Entlastung? Zudem kann ich nun wieder leichter atmen. Aber die Vorsicht darf ich keinesfalls außer acht lassen! Wieder macht sich das eine Steigeisen selbständig. Ich nehme es verärgert ab und werfe es kurzerhand über die Südwand. Verhältnismäßig rasch komme ich den ausgesetzten Grat abwärts, vorbei an der Schaumrolle, durch den Bruchharsch, und um sieben Uhr abends, 41 Stunden, nachdem ich diesen Platz verlassen hatte, trete ich in die Nähe des Zeltes.

Hans kommt mir nun entgegen. Er weiß nicht, wie er seine Rührung verbergen soll, und vergräbt sich hinter sein Aufnahmegerät. Wir fallen uns in die Arme, keiner bringt mehr ein Wort heraus. Ich bin so ausgedörrt, daß ich keinen Laut hervorbringe, und Hans ist nur froh, daß ich wieder zurück bin. Wir setzen uns vor das Zelt, und nun ruft er Walter zurück, der eben am Mohrenkopf steht und absteigen will, um uns beiden Platz zu machen. Walter ist glücklich, mir nun die Hand schütteln zu können, beinahe Tränen hat er in den Augen. Es gibt Augenblicke, da es keine Schande ist, wenn Männer weinen …

Die beiden wußten doch nicht, was mit mir los war, und hatten schon das Schlimmste befürchtet. Sie wären ohne mich nicht mehr ins Hauptlager abgestiegen. Bis abends wollten sie warten. Dann wären sie losgezogen, über den Silbersattel, über die endlose Hochfläche, Richtung Gipfel. Nicht um diesen zu bezwingen, sondern um mich zu suchen. Großartig, solche Freunde. In diesem Augenblick fühle ich mich glücklich wie nie zuvor. Ich vergesse, daß alle Lager auf dem Rakhiotgletscher leer stehen.

*Hermann Buhl bei der Rückkehr ins Basislager*

*Takehiko Ikeda überreicht Eugenie Buhl den Pickel, den er im Sommer 1999 10 Meter unterhalb des Gipfels des Nanga Parbat fand*

Walter und Hans – aus ihren Augen lese ich Freude und Dank, und in väterlich-freundschaftlicher Art sind sie nun um mich bemüht. Hans gießt mir literweise Tee und Kaffee ein, dies bewirkt, daß langsam wieder Leben in meinen ausgetrockneten Körper dringt. Sie fragen gar nicht, ob ich den Gipfel gemacht habe. Ihnen ist dies gleichgültig. Die Hauptsache ist, daß ich gesund zurück bin. Dieses Zusammensein ist das eindrucksvollste Erleben während der ganzen Expedition. Wir wissen nun: wir sind nicht nur Expeditionskameraden – wir sind Freunde geworden! Walter zieht mir indessen schon die Schuhe aus, und nun erst merke ich, daß der Berg seinen Tribut gefordert hat. Die beiden ersten Zehen des rechten Fußes sind schon etwas verfärbt und gefühllos. Hatte ich das im Abstieg gar nicht gemerkt? Walter behandelt nun die Erfrierungen. Zu dritt drängen wir uns nun in das enge Sturmzelt, ich muß doch berichten und erzähle und rede – wie ein Wasserfall – wie ein aufgezogenes Uhrwerk, das nicht so schnell zum Stillstand kommen kann. Ich bin wieder fabelhaft frisch! Was ist das, sind es die Nerven? Ich schildere den beiden den schweren Weg, und sie lauschen gespannt meinen Worten. Es wird immer ruhiger, und um Mitternacht merke ich erst, daß sie bereits eingeschlafen sind. Nun versuche auch ich zu schlafen, doch offenen Auges liege ich im Zelt. Ich fühle mich wohl, ich bin wieder bei den Kameraden, weiß mich warm und geborgen. Die Gedanken sind immer noch droben, und ich kann es selbst noch nicht fassen, daß ich wirklich auf dem Gipfel des Nanga Parbat gestanden bin. Wie oft habe ich mir diesen Augenblick erträumt, und nun war es so ganz anders, so unglaubwürdig. – Und das Biwak – auch mir erscheint es nachträglich wie das große Wunder einer gütigen Macht.

*Am Pfingstsonntag 1957 stehen drei Salzburger und ein Tiroler auf dem Gipfel des Broad Peak (8047 m) im Karakorum. Sie schreiben Alpingeschichte: erstmals gelingt es einer Kleinstexpedition, ohne Einsatz von einheimischen Hochträgern und ohne Sauerstoffgeräte im sogenannten Westalpenstil einen Achttausender zu besteigen.*

*Marcus Schmuck, Fritz Wintersteller, Kurt Diemberger und Hermann Buhl setzen Lastenträger nur bis zum Basislager ein. Dort bleiben lediglich ein Koch und der Verbindungsoffizier zurück, die vier Österreicher tragen alles Material für die Hochlager alleine auf den Berg. Diese Leistung stellt sich als großer Vorteil heraus, denn durch die mehrmaligen Auf- und Abstiege sind die vier Gipfelstürmer bestens akklimatisiert und körperlich in ausgezeichneter Form.*

*Marcus Schmuck wächst am Fuße des Steinernen Meers in Maria Alm im Salzburger Land auf. Während einer gemeinsamen Spitzbergenfahrt erzählt Walter Frauenberger, der an der Nanga-Parbat-Expedition teilgenommen hat, vom Broad Peak.*

*Mit Hermann Buhl, nach seinem Solo am Nanga Parbat weltweit gefeiert, unternimmt Schmuck nun schwierigste Touren im Karwendel und in den französischen Alpen. Ein nächtlicher Treff in einem Berggasthof in Hintermoos bringt die Entscheidung. Die beiden wollen zum Broad Peak aufbrechen. Dritter Mann wird der bärenstarke Salzburger Fritz Wintersteller, der auch in schwierigsten Situationen nicht aus der Ruhe zu bringen ist und schon auf Spitzbergen mit Schmuck unterwegs war. Der jüngste im Quartett ist der nach der Bewältigung der Riesenschaumrolle der Königsspitze zur Zeit beste Eisgeher Österreichs, Kurt Diemberger.*

*Die Expedition verfolgt im Gegensatz zu den üblichen Großunternehmen dieser Zeit ausschließlich alpinistische Ziele: Vier Bergsteiger wollen einen hohen Berg bezwingen, wissenschaftliche Forschungen spielen keine Rolle, im Vertrauen auf ihre Gesundheit nehmen sie nicht einmal einen Arzt mit.*

*Beim ersten Gipfelvorstoß wird zwar der Kamm des Berges, nicht aber der noch weit entfernte höchste Punkt erreicht. Alle vier kehren zur Erholung ins Basislager zurück, tanken Kraft und schaffen im zweiten Anlauf den Gipfelsieg.*

*Doch die Freude über die Erstbesteigung währt nur kurz. Bestens in Form unternehmen Schmuck und Wintersteller wenige Tage nach ihrer Rückkehr ins Basislager einen Versuch am Skilbrum (7420 m), kurz darauf brechen Buhl und Diemberger im Alpinstil zur Chogolisa (7654 m) auf. Ein Wettersturz zwingt wenig unterhalb des Gipfels zur Umkehr, im Schneesturm kämpfen sich die beiden auf dem Wächtengrat des Berges abwärts. Nach einem Dröhnen in der Schneefläche blickt Diemberger zurück, doch von Buhl ist nichts zu sehen. Verzweifelt sucht er seinen Kameraden, doch weiter oben deuten die sich am Wächtenrand verlierenden Spuren Buhls auf das Unglück, das ihn fortgerissen hat. – Drei Trauernde kehren von der erfolgreichen Broad Peak-Expedition nach Salzburg zurück. Hermann Buhl, der erste Europäer, der zwei Achttausender erstbestiegen hat, bleibt im Schneegrab der Chogolisa zurück.* *M. U.*

Der folgende Text wurde entnommen aus: Marcus Schmuck, Broad Peak. Das Bergland-Buch: Salzburg, Stuttgart 1958, S. 243–245, 296–309. Abdruck mit freundlicher Genehmigung des Autors.

Marcus Schmuck

# Im Alpinstil auf den Broad Peak

Die Geschichte der Eroberung der Weltberge ist die Geschichte der Hochlager. Jeder der Achttausender konnte nur durch ein wohlüberlegtes, geschickt durchgeführtes System übereinander gestaffelter Lager und Depots bezwungen werden. Ich hatte mich beim Studium der Himalaya- und Karakorum-Expeditionen besonders eingehend mit der Anlage und Durchführung der Hochlager befaßt, um Erfahrungen für unsere Expedition zu gewinnen. Fritz und ich ergänzten uns in dieser Hinsicht ausgezeichnet. Ich übernahm die Planung der Hochlager im ganzen, er aber hatte einen hervorragenden Instinkt, ja geradezu eine geheimnisvolle „Witterung" für den jeweils besten und relativ sichersten Platz. Das letzte Wort hierzu sprach aber Hermann, der als einziger von uns tatsächlich Himalaya-Erfahrung besaß.

*Bei der Abreise in Salzburg.*
*V. l. n. r. Schmuck, Diemberger, Wintersteller, Buhl*

In drei Punkten sollte sich unser System der Hochlager von dem anderer Expeditionen unterscheiden:

Erstens: Wir trugen unsere Lasten selbst. Gewiß war das eine zusätzliche Belastung. Wir verzichteten also auf die

Herausbildung eines alpinen Teams, das bis zum letzten Einsatz geschont und erst beim Angriff auf den Gipfel ausgespielt werden sollte. Jeder Teilnehmer war Hochträger und Bergsteiger zugleich, und alles war von Anfang an darauf angelegt, sämtliche Expeditionsteilnehmer auf den Gipfel zu bringen. Wir hofften, durch eine wohlüberlegte Arbeits- und Zeiteinteilung das Hinauftragen der notwendigen Lasten so zu gestalten, daß es für uns eine Art Gipfeltraining würde, eine Methode, die sich tatsächlich ausgezeichnet bewährt hat. Einen gewissen Vorgeschmack hatten wir in dieser Hinsicht schon bekommen, als wir nach Streik und Flucht der Anmarschträger unser gesamtes Material vom Baltorogletscher zum Basislager schleppen mußten.

Zweitens: Wir wollten die Hochlager nur so weit emportreiben, als es uns unbedingt notwendig erschien, um den Gipfel in einem einzigen Ansturm zu bewältigen. Ich weiß, daß andere Expeditionen das Gegenteil versucht haben, nämlich die Lager so nahe an den Gipfel heranzubringen, wie es nur ging, um die letzte Etappe, die ja immer, schon wegen der durch die ungewöhnliche Höhe bedingten Erscheinungen, die schwierigste war, möglichst abzukürzen und den Gipfel gewissermaßen vom letzten Hochlager aus in einem einzigen, unbedingt sicheren Sprung zu erreichen. Ich war der Ansicht, daß wir das höchste unserer Lager keineswegs über die 7000-m-Grenze emportreiben sollten. Hermann und Fritz waren in diesem Punkt derselben Meinung. Gewiß war dann vom höchsten Lager aus noch ein Anstieg von 1100 m zu bewältigen. Der Aufbau des Gipfels erlaubte dies, es sei denn, es traten uns Hindernisse entgegen, die wir nicht voraussehen konnten.

Drittens: Wir wollten unter allen Umständen dafür sorgen, daß keiner von uns zu lange in zu großen Höhen bleiben mußte; denn ich war überzeugt, daß eine wirkliche Erholung und Kräftigung des Körpers nur im Basislager möglich war.

Auf Grund dieser Überlegungen kamen wir dann tatsächlich mit drei Hochlagern aus. Der von uns entwickelte Stil für den Angriff auf den Broad Peak hatte sich auch in bezug auf Anlage und Durchführung der Hochlager sowie den Angriff auf den Berg selbst bewährt.

(...)

7. Juni. Schon um 3.15 Uhr rasselte der Wecker und warf mich aus den schönsten Träumen. Fritz neben mir wälzte sich im Halbschlaf noch ein paarmal hin und her. Ich gab noch eine halbe Stunde zu, das war das äußerste Zugeständnis, das ich unserem Schlafbedürfnis und unserer Bequemlichkeit machen konnte; denn dann war es wieder für einige Zeit mit den herrlichen Dauerschlafstunden vorbei. Ich spähte durch den Atemschlitz ins Freie: Der Himmel wolkenlos, klar wie Kristall die Berge, ein Anblick, so schön, als

gehörte er auch in meine Träume: Unser Berg, der Broad Peak, unter strahlenden Sternen, vom Mondlicht überglänzt. Ich blickte zum Gipfel empor. Diesmal mußte es gelingen!

Auf jetzt! Die Kälte, die in das Zelt hereinströmte, riß uns den Schlaf aus den Knochen. Ich blickte auf das Thermometer: Zwanzig Grad unter Null! Jetzt wurde es auch im Nachbarzelt lebendig. Hermann, ein ausgesprochener „Morgenmensch", dem der Tag nicht früh genug beginnen konnte – für einen Bergsteiger eine sehr wichtige Voraussetzung! –, war schon pudelmunter, pfiff vor sich hin und machte sich fertig. Selbst im Zelt unseres Begleitoffiziers wurde es licht. Qader wollte, um uns den Aufbruch leichter zu machen, ein Stück weit mit uns gehen. „Wie sähe es aus", so hatte er am Abend gesagt, „ihr zieht auf einen Berg und ich liege im Zelt und schnarche!"

Schon um halb fünf zogen wir vom Basislager los. Immer schöner wurde der Tag. In herrlicher Stille standen die Berge rings um uns.

Gewaltig baute sich der K2 in den Himmel.

Qader wollte unbedingt noch vom Einstieg weg ein Stück mit uns den Berg hinansteigen. Wir waren in diesen Wochen gute Freunde geworden. Er war ein prächtiger Bursche, einfach, natürlich, hilfsbereit. Gewiß fand er auch an uns Gefallen. Aber es blieb ihm so vieles an uns rätselhaft, vor allem das Wichtigste: Was trieb diese vier jungen Männer wieder auf diesen verrückten Berg hinauf? Was suchten sie da oben eigentlich? Was war auf diesem Gipfel zu finden? Wir hatten versucht, es ihm mit Worten zu erklären. Aber die Worte waren für ihn leere Begriffe geblieben. Was konnte auf diesem Gipfel Besonderes zu finden sein? Und ob es ein Gott wohlgefälliges Werk war, ließ sich bezweifeln. Mohammed, der doch alle guten Werke genau aufgezählt hatte, wußte davon nichts zu sagen. Wie schön wäre es gewesen, mit diesem jungen Offizier auf dem oberen Gletschergebiet, das noch tief verschneit war, Ski zu laufen! Aber da zogen sie mit kolossalem Tempo diesem Broad Peak entgegen, als könnten sie es nicht erwarten, den warmen weichen Daunen zu entfliehen und wieder in Sturm und Kälte zu kommen. Vielleicht, so dachte Qader wahrscheinlich, komme ich ihrem Geheimnis auf die Spur, wenn ich mit ihnen ein Stück weit den Berg hinaufsteige.

Wir kamen zum Einstieg. Ich hatte Mühe, Qader zum Umkehren zu bewegen. Aber schon die erste steile Rinne war stark vereist. Er sah ein, daß er da nicht hinaufkommen würde.

Die Steilhänge weiter oben waren tief verschneit. Jeden Moment konnte eine Lawine herunterstauben und uns in die Tiefe wirbeln. Um die Gefahr des Lostretens so weit als möglich zu vermindern, stapften wir pfeilgerade die steilen Flanken empor. Wir hatten Glück. Der Hang hielt. Nun kam der Schluff.

Unheimliche Schneemassen hatten sich an dieser Stelle gestaut. Wir wühlten uns hindurch. Knapp vor neun Uhr erreichten wir Lager I. In kaum vier Stunden hatten wir die 900 m Höhenunterschied bewältigt, eine ausgezeichnete Leistung in dieser Höhe und ein Zeichen dafür, wie gut wir in Form waren. Eben kam die Sonne über den Berg – ein herrliches Gefühl.

Nachdem wir beim ersten Versuch keine nachteiligen Folgen festgestellt hatten, als wir die 1500 m in einem Zuge bewältigten, beschlossen wir, gleich zum Lager II weiterzugehen.

Wir stiegen die verschneiten Flanken hinan, die mich in ihrer gleichmäßigen Steilheit immer an die Nordwand des Fuscherkarkopfes erinnerten. Abgründe links, Abgründe rechts, so stapften wir über die Eisbrüche empor. Mit der zunehmenden Höhe nahm auch die Anstrengung zu. Trotzdem erreichten wir Lager II schon zu Mittag, also auch zu sehr guter Zeit. Wir mußten die Zelte allerdings erst aus dem Schnee herausgraben.

© Marcus Schmuck

*Zelte im Windschatten der Schneewächte auf Lager II*

Gegen Abend trübte es leider etwas ein. Es begann leicht zu schneien. Doch erlebten wir einen einzigartigen Sonnenuntergang. Hinter wirbelnden Flocken und ziehenden Nebeln sank der rote Sonnenball über dem fernen Gipfelmeer hinab. Diese Wetterveränderung beunruhigte mich noch nicht. Im Gegenteil, diese abendliche Eintrübung war ein Zeichen dafür, daß die Schönwetterlage unverändert bleiben würde.

Ich behielt recht, denn als ich mich am Morgen aus dem Schlafsack herausarbeitete und ins Freie blickte, stand wieder ein strahlend heller, wolkenloser Himmel über uns. In majestätischer Einsamkeit grüßte der stolze K2 zu uns herüber, zum Greifen nahe. Jede Einzelheit war deutlich zu erkennen. Nach und nach krochen auch die anderen aus den Zelten. Wir maßen minus 18 Grad.

Knapp vor acht Uhr verließen wir Lager II und arbeiteten uns über Eisbrüche und Schneeflanken empor. Nach etwas mehr als drei Stunden erreichten wir Lager III. Damit waren mehr als zweitausend Meter des Aufstieges ohne Zwischenfall und in bester Verfassung bewältigt.

Lager III sah allerdings wenig erfreulich aus. Ein Zelt war vom Wind aufgerissen worden. Wir mußten mühsam flicken, in dem wir Löcher in die offene Plane bohrten und die Naht mit Schuhlitzen zusammenzogen. Dann kratzten wir den Schnee heraus.

Da gab es ein Malheur, das den ganzen Angriff in Frage stellen konnte. Durch ein technisches Versehen, das ausgerechnet uns gelernten Technikern passierte, ging uns am Abend beim Vorkochen des Frühstücks unversehens von der Gasflasche der Brennstoff aus. Wir hatten nun keine Möglichkeit mehr, etwas zu kochen, etwas aufzuwärmen oder, was noch viel ärger war, uns Schnee zu schmelzen und Tee oder ein anderes Getränk zu bereiten. Wir hatten lediglich noch einen halben Liter Ovomaltine im Thermosbehälter. Damit sollten wir vier Mann während des ganzen Gipfelangriffes und des folgenden Abstieges auskommen. Konnte ich das verantworten?

Wir besprachen uns. „Gut", meinte Hermann, „wenn der Broad Peak nicht anders als mit einem halben Liter Ovomaltine zu machen ist, dann eben so!"

Die kostbare Flüssigkeit wurde auf das sorgfältigste, förmlich tropfenweise rationiert. Das war notwendig, denn die kräftiger gewordene Sonne erhöhte noch unseren Durst.

Ich rammte am Rande des kleinen Vorplatzes den Eispickel in den Schnee, damit keiner von uns aus Versehen über den Zeltplatz hinaustrete, denn eine Handbreit daneben ging es über zweitausend Meter in die Tiefe.

9. Juni. Es war der Pfingstsonntag! Nicht mit Absicht hatten wir unseren zweiten Angriff auf den Berg so eingeteilt, daß der Gipfelsturm auf diesen hohen Festtag traf. Aber wir nahmen dieses zufällige Zusammentreffen als ein gutes Zeichen hin, Pfingsten auf unserem Berg!

Wir behielten die Schuhe an. Nachts jagten Windböen um das Zelt. Trotzdem schlief ich verhältnismäßig gut. Schon um zwei Uhr nachts hörte ich aus dem Nachbarzelt die Stimme Hermanns: „Was ist, Marcus? Brechen wir auf? Es ist mondhell draußen!"

Das war echt Hermann! Bei ihm konnte es auf den Berg niemals früh genug losgehen.

Aber ich hatte mit Aufstiegen im trügerischen Mondlicht ungünstige Erfahrungen gemacht. Die schlechte, ungewohnte Sicht, so überlegte ich, würde uns unnötige Kräfte abverlangen. Bei Tageslicht würden wir leichter unser Ziel erreichen. Ich gab dies Hermann, im Halbschlafe noch, zu verstehen.

Da der Schlaf aber nun schon unterbrochen war, blieb ich unruhig bis etwa drei Uhr liegen. Um halb vier wollten wir ohndies aufbrechen. Dann schüttelte ich den reifbedeckten Schlafsack ab und richtete mich auf. Wir lagen angezogen, das machte das Aufstehen leichter. Das „Frühstück", Haferbrei und unser halber Liter Ovomaltine und vier Liter Tee, waren fast ausgekühlt. Ich zog Windhose und Überschuhe an und öffnete den Zelteingang. Eisige Kälte strömte mir entgegen. Ich maß minus 20 Grad. Ich reichte Hermann das Thermosgefäß weiter und trat vor das Zelt, um die Steigeisen anzulegen, so schnell es nur ging. Trotzdem erstarrten mir dabei fast die Hände. Wenige Minuten ohne Handschuhe – und schon waren die Hände ganz weiß.

Um vier Uhr brachen wir auf und stapften den schneebedeckten Eisbuckel hinauf. Trotz unserer Vielschicht-Fußbekleidung – Roßhaarsocken, Wollstrümpfe, Roßhaarübersocken, Schuhe, Perlonüberschuhe – wurden die Zehen bald gefühllos, denn noch kam die Sonne nicht über den Berg. Nur der K2 drüben stand schon im hellen Morgenlicht. Immer wieder blieben wir stehen und schwangen die Beine, um die Blutzirkulation anzuregen.

Erst als wir schon fünf Stunden unterwegs waren und eine Höhe von 7550 m erreicht hatten, traf uns die Sonne. Wir rasteten und aßen etwas Zwieback. Dann rafften wir uns wieder auf, um den steilen Hang bis zur Mulde unterhalb der Scharte hinaufzustapfen. Abwechselnd spurend, erreichten wir endlich die Mulde. Von hier zog die Bergflanke 250 m weit 45 Grad steil zur Scharte empor. Es war dies wohl das schwierigste Stück des ganzen Aufstieges. Nochmals setzten wir uns in der Sonne nieder. Hermann, Kurt und Fritz massierten ihre Füße, die schon verdächtig weiß geworden waren. Ich versuchte es, noch mit dem Schwingen auszukommen. Der Höhenhusten plagte uns alle sehr.

Um elf Uhr begann ich die steile Flanke anzugehen. Vierzig Schritte trieb ich die Spur empor. Dann löste mich Fritz ab. Ich trat einen Schritt zur Seite, um ihn vorbeizulassen. Mit geschlossenen Augen hielt ich mich dabei am Pickel fest, die andere Hand auf den Skistock gestützt. Trotzdem sank ich beinahe in die Knie und konnte mit dem Atmen kaum mehr nachkommen. Dann stellte ich mich in die Spur, die Fritz angelegt hatte. Es war eine große Erleichterung, nicht mehr bis zu den Waden in den Schnee einzubrechen oder plötzlich zu bemerken, daß man auf blankem Eis stand und die Vorderzacken der Steigeisen in das Blankeis drücken mußte, um nicht abzustürzen. Ich kam kaum zehn Zentimeter bei jedem Schritt höher und brauchte doch fünf Atemzüge dazu. Man kann sich dieses Aufwärtsschleppen gar nicht vorstellen, wenn man es nicht selbst einmal erlebt hat. Es war eine mörderische Schinderei. Wehe, wenn man zu schnell ging! Dann wurde einem gleich schwarz vor den Augen.

Aber nun folgte die dreißig Meter hohe Felsstufe zur Scharte mit der vereisten Verschneidung. Nur gut, daß das Seil noch über die Wand herabhing. Bis zu den Hüften brach ich im grundlosen Pulverschnee ein und konnte mich nur durch äußerste Konzentration vor dem Absturz sichern. Ein kurzes Stück nur kam ich am Seil höher. Die Anstrengung nahm mir den Atem. Ich mußte verschnaufen. Fritz folgte dicht hinter mir. Hundert Meter tiefer stapften Hermann und Kurt den Steilhang hinauf. Sie konnten uns natürlich nicht ablösen, so notwendig es gewesen wäre. Wie ich schließlich über die Verschneidung emporkam, vermag ich nicht mehr zu sagen. Mechanisch gehorchte der Körper dem Befehl, den man sich selbst geben mußte. Kriechend erreichte ich die Scharte, drehte mich um, sank in den Schnee und blieb, den Kopf auf den Knien, auf dem schrägen Schartenhang liegen. Keuchend ging der Atem.

12.45 Uhr. Neun Stunden waren wir vom Lager III ab unterwegs, es waren neun Stunden eines harten, zähen Kampfes. Fritz und ich warteten auf die beiden Kameraden. Um 14 Uhr kam Kurt über die Verschneidung herauf. Hermann stand noch am Fuße der Felsstufe. Die Zeit drängte. So beschlossen Fritz und ich, weiterzugehen und eine Spur zum Gipfel anzulegen. Kurt sollte auf Hermann warten.

*Marcus Schmuck bei einer kurzen Rast im Schartenhang auf 7700 m*

So erschöpft ich auch war – ich kannte nur mehr ein einziges Ziel: wir müssen auf den Gipfel kommen. Nur wenn wir den Gipfel erreichten, war diese ungeheuerliche Anstrengung, die uns an den Rand des Menschenmöglichen brachte, gerechtfertigt.

Wir schleppten uns Schritt um Schritt den Grat hinauf und sahen über uns die Stelle, an der Fritz und Kurt vor elf Tagen gestanden waren. Zehn Meter trennten mich von dem kleinen Steinmann, den Fritz aufgestellt

© Marcus Schmuck

*Blick vom Vorgipfel zum Hauptgipfel des Broad Peak*

hatte. Zehn Meter – was hätten sie mir unter normalen Verhältnissen bedeutet? Jetzt forderten sie mir das Äußerste ab.

Mit Händen und Füßen arbeitete ich mich über den letzten Eishang empor. Meine Bewegungen waren kraftlos, wie gelähmt. Wenn ich die Augen schloß, schwindelte mir. Der Rachen war so trocken, daß er ständig schmerzte. Die Zunge war wie eingeschrumpft. So torkelte ich zum Steinmann und sank in die Knie. Die Stirne an den Schnee gelehnt, beruhigte ich mich allmählich. Nur die Lungen keuchten.

Aber nun mußte sich endlich die Ungewißheit klären. Das Wetter war unverändert schön geblieben. Kein Nebel, kein Schneefall konnte die Sicht behindern.

Und richtig! Dort drüben lag der Gipfel, den wir bisher nicht hatten fixieren können, der Hauptgipfel und höchste Punkt des Broad Peak. Nur um weniges war dieser Gipfel höher als die Stelle, auf der wir standen. Aber gerade um dieses Wenige ging es. Nur deshalb waren wir ein zweites Mal heraufgestiegen. Ein etwa 800 Meter langer Horizontalgrat leitete zu dem Hauptgipfel hinüber, an sich, alpinistisch gesehen, keine Schwierigkeit mehr, in dieser Höhenlage aber eine unerhörte Anstrengung.

Wenn wir den Hauptgipfel erreichen wollten, durften wir nicht mehr länger zögern, denn wir hatten noch einen weiten Abstieg bis zum Lager III zu schaffen.

„Weiter", sagte ich mit heiserer Stimme zu Fritz. Er nickte mir sogleich zu und deutete auf den Gipfel hinüber.

Ich stapfte über die Westseite des Grates voran, der mit mehrfachem Auf und Ab zum Hauptgipfel leitete. Die Nordostflanke des Grates brach fast senkrecht in die Tiefe. Weit hingen die Gratwächten über. Mit härtester Willensanstrengung sagte ich mir vor: „Nicht zu weit auf die Wächten treten!" Mit eiserner Energie zwang ich meinen Körper vorwärts. Dann lag endlich der letzte Grataufbau, der Hauptgipfel vor mir.

Diesmal gab es keinen Irrtum mehr. Kein anderer Punkt war höher als dieser. Weiter gegen Osten brach der Grat in die Tiefe ab. Kein Zweifel, wir hatten den Gipfel des Broad Peak vor uns.

Auf einem Felsabsatz unterhalb des Gipfels, der eigentlich nur aus einer riesigen, weit überhängenden Wächte bestand, blieb ich stehen.

Ich war in diesem Augenblick so glücklich wie noch niemals auf einem Berge. Nun hatte sich all die Mühe und Anstrengung doch gelohnt. Die unerhörten Strapazen waren nicht umsonst gewesen. Ein flacher Schneehang noch, und wir würden 8047 m hoch auf dem Gipfel des Broad Peak stehen! Das Ziel unseres Ringens war erreicht!

Das größte Verdienst daran fiel meinem Bergkameraden Fritz Wintersteller zu, denn er war von uns allen in der besten körperlichen Verfassung gewesen und hatte bei den Aufstiegen am meisten geleistet. So faßte ich ihn am Arme, deutete mit der Hand zum Gipfel und sagte: „Geh du!"

Er aber schüttelte den Kopf, schob mich voran und antwortete: „Nein, Marcus, geh du!"

Da hängte ich mich fest in seinen Arm. Er verstand sogleich, wie ich das meinte. So stapften wir, uns gegenseitig stützend und helfend, die letzten Meter zum Gipfel empor.

Dann standen wir oben und reichten uns die Hand.

Es war Pfingstsonntag, der 9. Juni 1957, 17.05 Uhr nachmittags.

Ich konnte bloß sagen: „Fritz – bärig!"

Dann wäre ich am liebsten für immer in den Schnee niedergesunken. Doch durfte man solchen Gefühlen jetzt nicht nachgeben. Es wäre das Ende gewesen.

Das Wetter war so unbeschreiblich schön, als würde es überhaupt nichts anderes geben als diesen tiefblauen, strahlenden Himmel, der da über uns

© Fritz Wintersteller

*Marcus Schmuck mit Salzburger Wimpel am Gipfel des Broad Peak, Pfingstsonntag, 1957*

stand. Kein Nebel, keine Wolke verhüllte die Sicht, kein Sturm, kein Wind unterbrach die ungeheure Einsamkeit und Stille. Wir hätten uns kein besseres Wetter wünschen können. Was hatten wir doch für ein unwahrscheinliches Glück! Augenblicke, die uns die Mühe von anderthalb Jahren lohnten!

Gipfel reihte sich an Gipfel, ein ganzes Meer von Gipfeln, das um uns ragte. Weit draußen glänzte der Nanga Parbat herüber. Ich mußte unwillkürlich an das Gespräch denken, das ich in dem kleinen weltverlassenen Zelt im Norden Spitzbergens mit meinem väterlichen Freund Dr. Walter Frauenberger geführt hatte. Vom Gipfelanstieg des Nanga Parbat aus hatte er den Broad Peak gesehen, mir ihn zum erstenmal beschrieben und in mir die Sehnsucht nach diesem Berg geweckt. Jetzt stand ich oben, blickte hin zu dem berühmten Achttausender und dachte an Walter und alle die lieben Menschen in der fernen Heimat.

Stolz ragte im Süden der Hidden Peak auf, dieser noch immer unerstiegene Riese. Wer wird als erster auf diesem kühnen Gipfel stehen, dem vielleicht letzten uneroberten Achttausender auf unserer Erde? Die kühne Pyramide des Masherbrum grüßte herüber, der, wenn man uns nicht im letzten Augenblick den Broad Peak bewilligt hätte, unser Expeditionsziel geworden wäre. Wie ein ungeheurer Strom wälzte sich der Baltorogletscher das weite Tal hinaus. Von den unzähligen Gipfeln im Nordwesten fiel besonders die kühne Gestalt des Mustagh Tower auf, während sich gegen Osten hin die Sechs- und Siebentausender von Sinkiang in eine unübersichtliche Flut von Gipfeln auflösten.

Doch alle an Größe und erhabener Schönheit übertreffend, stand der K2 drüben, für uns der wichtigste. Er zeigt eine markante Gratschulter unterhalb des Gipfelaufbaues, die nach den letzten Angaben 8400 m hoch ist, also noch über 300 m höher als der Broad Peak. Ich wußte aus dem Studium der Himalaya-Expeditionen, wie wichtig fotografische Aufnahmen waren, mit deren Hilfe man den erreichten Punkt einwandfrei beweisen konnte. Es gibt da sehr präzise stereometrische Meßverfahren, durch die sich diese Aufnahmen genauestens nachprüfen ließen.

Meine beiden Kameras hatten anscheinend die Höhe und die Kälte schlecht vertragen und arbeiteten nicht mehr. Doch wir hatten auch in dieser Hinsicht Glück wie selten eine Achttausender-Expedition: Die Leicas von Fritz funktionierten, und er machte eine Reihe ausgezeichneter Aufnahmen, ein Beweis dafür, wie gut er trotz aller Strapazen noch immer in Form war. Es ist keine

*Kurt Diemberger, im Hintergrund die Chogolisa*

© Kurt Diemberger aus „Gipfel und Gefährten"

*Baltorogletscher und Masherbrum*

*Marcus Schmuck und Fritz Wintersteller beim Abstieg vom Broad Peak, aufgenommen aus Gipfelperspektive von Kurt Diemberger*

leichte Sache, in dieser Höhe zu fotografieren! Wie schwer die einfachste Handlung 8000 Meter über dem Meere fällt, wie sehr vor allem Entschluß- und Denkvermögen förmlich gelähmt werden, merkte ich, als ich mich daranmachte, die Flaggen zu hissen. Keuchend befahl ich mir jeden Handgriff: „Rucksack öffnen." Langsam folgten Hände und Arme dem Befehl. Doch mit den Handschuhen waren die Flaggen nicht zu fassen. „Handschuhe ausziehen – aber schnell!" Jede Sekunde zuviel, und die Finger wurden weiß! „Flaggen herausnehmen!" – „Flaggen auf dem Eispickel befestigen!"

Da standen also die kleinen bunten Flaggen im Schnee:

Die schöne Flagge von Pakistan mit der weißen Mondsichel und dem weißen Stern im grünen Feld daneben, die Flagge Österreichs in dem vertrauten Rot-Weiß-Rot und schließlich noch die kleine Flagge von Salzburg.

Als Andenken für meine Buben nahm ich mir von der nahen Felsleiste ein paar Steine mit. Wieder eine unerhörte Anstrengung! Dann erst die Steine in den Anorak zu stecken!

*Fritz Wintersteller*

Von unseren beiden Kameraden war noch immer nichts zu sehen. Doch unsere Lage duldete keinen Aufschub. Ich drängte zum Abstieg.

Mit Sorge hielten wir nach Kurt und Hermann Ausschau. Wie erging es den beiden? Ich mochte gar nicht daran denken, daß sie, so nahe dem Ziele, durch den Verfall der körperlichen Kräfte oder durch Erfrierungen zur Umkehr gezwungen würden. Unsere Freude über den Gipfelsieg wäre dadurch sehr getrübt worden und nur mehr eine halbe Freude gewesen. Aber da tauchte auf dem Vorgipfel eine Gestalt auf und bewegte sich über den Horizontalgrat in unserer Spur vorwärts. Es war, wie wir sahen, Kurt. Um 17.45 Uhr trafen wir mit ihm unterhalb des Gipfels zusammen. (...)

Kurt stieg allein zum Gipfel auf.

Dann trafen wir Hermann. Es stand schlimm mit seinem Fuße. Aber er ließ sich nicht aufhalten und stapfte unentwegt weiter, dem Gipfel zu. Ich wußte, daß es in diesen Höhen unmöglich ist, einen Menschen zu beeinflussen. Aber das war eben typisch für ihn: Ein ungewöhnlicher Wille befähigte ihn zu Leistungen, die menschlich kaum mehr faßbar waren.

Nun stand auch er oben auf dem Broad Peak. Damit hatten wir alle den Gipfel bewältigt.

Es war das erstemal in der Geschichte der Erschließung unserer Weltberge, daß alle Teilnehmer am gleichen Tage den Gipfel eines Achttausenders bezwangen, noch dazu ohne den Einsatz von Hochträgern und ohne Sauerstoff zu verwenden.

Das Ziel unserer Expedition war erreicht.

*Hermann Buhl, im Hintergrund der K2*

*Der Dhaulagiri (8167 m) ist Ende der Fünfzigerjahre der höchste noch unbezwungene Gipfel und der vorletzte unbestiegene Achttausender. Nach erfolglosen Versuchen argentinischer, deutscher und schweizerischer Expeditionen (mit dabei Tichys Sherpafreund Pasang Dawa Lama) wendet sich 1959 Fritz Moravec einer neuen Route zu: dem Nordostsporn.*

*Dort kommt er mit seinem Team und Pasang Dawa Lama als Sirdar gut voran, bis schlechtes Wetter und ein Spaltensturz am Mayangdi-Gletscher, der Heini Roiss das Leben kostet, zur Umkehr zwingen.*

*Zu diesem Zeitpunkt hat Max Eiselin, der schon 1958 bei der schweizerischen Expedition dabei war, seine 13-köpfige Mannschaft für 1960 bereits beisammen. Neben den Schweizern Eiselin, Ernst Forrer, Michel Vaucher, Albin Schelbert und Hugo Weber gehören ihr der Salzburger Kurt Diemberger und der aus Sachsen gebürtige Peter Diener an. Der polnische Arzt Georg Hajdukiewicz versorgt das Team medizinisch, der in den USA lebende Norman Dyhrenfurth macht den Expeditionsfilm.*

*Am Freitag, dem 13. Mai 1960, stehen Forrer, Schelbert, Diener, Diemberger und die Sherpas Nawang Dorji und Nima Dorji gemeinsam auf dem Gipfel, mehr Menschen als je zuvor gemeinsam auf einem Achttausender. Für Diemberger ist es nach seinem Erfolg am Broad Peak 1957 bereits die zweite Erstbesteigung eines Achttausenders.*

*Das eigentlich Besondere an dieser bemerkenswerten Expedition ist aber die Mitnahme eines Schweizer Gletscherflugzeuges für den Transport der Bergsteiger und ihrer Ausrüstung bis fast ins Basislager. Eiselin will damit den mühevollen Anmarsch durch das Mayangdi Khola Tal vermeiden, der erst durch dichten Dschungel und weiter oben durch eine extrem von Lawinen gefährdete Schlucht führt.*

*Mit vielen Zwischenstopps fliegen die zwei Piloten Ernst Saxer und Emil Wick die einmotorige Maschine von Zürich nach Pokhara, wo eine indische Dakota gechartert werden muss, um die nötigen Treibstoffvorräte an die kleine Graspiste der westnepalesischen Stadt zu schaffen.*

*Die Gletscherlandungen nahe dem Dhampus-Pass auf über 5000 m Höhe gelingen, nur die Akklimatisierung der auf diese bequeme Weise hochgeflogenen Bergsteiger bereitet einige Probleme. Doch während die Expedition einen ersten, erfolglosen Angriff auf den Gipfel unternimmt, geschieht ein Unglück. Der folgende Ausschnitt ist zum Teil dem Tagebuch des Piloten Ernst Saxer entnommen, der einen der merkwürdigsten Unfälle in der Geschichte der Luftfahrt kommentiert.*

*Dem Kopiloten Emil Wick, erst in letzter Minute als Pilot und Mechaniker in die Mannschaft genommen und ohne alpinistische Erfahrung, wird Nepal zur zweiten Heimat. Er wird Chefpilot bei Royal Nepal Airlines, die bald nach den aufsehenerregenden Flügen der Schweizer ebenfalls Flugzeuge der Bauart Pilatus Porter bestellen. Wick fliegt bis in die Neunzigerjahre in Nepal, transportiert für Dutzende Expeditionen Menschen und Material in entlegendste Gegenden und ist auch lange Zeit der einzige Rettungsflieger, der in Notsituationen Hilfe bringen kann. Erst seit 1990 gibt es in Nepal einige Helikopter, die nun statt der kleinen Pilatus Porter eingesetzt werden.* *M. U.*

Der folgende Text wurde entnommen aus: Max Eiselin, Erfolg am Dhaulagiri. Orell Füssli Verlag: Zürich 1961, S. 146–152, 153–165. 

*Max Eiselin*

# *Wenn Yetis zu hoch fliegen*

„Wir versuchten, über ein Firnfeld in direkter Linie zum Gipfel vorzustoßen. Es mißlang. In hüfttiefem Neuschnee blieben wir stecken. Nach Stunden mühseligster Spurarbeit waren wir nur wenige Höhenmeter über das Lager hinausgekommen. Der Verhauer kostete uns viel wertvolle Zeit, und schließlich blieb uns nichts anderes übrig, als an einem günstigen Durchschlupf zum Grat zurückzuqueren. Vor vielen Stunden verließen wir das kleine, gelbe Zelt, das sich nur wenige Meter unter uns befand. Es war ein Jammer, wie die Zeit zerrann, und wir sahen es deutlich: das Wetter schlug um. Aber auch auf dem Grat schien sich das Geschick gegen uns verschworen zu haben. Ein verschneiter Felsriegel gebot energisch Halt. Nach langem Hin und Her konnten wir den Aufstieg über eine kleingriffige, sehr schwierige Felsplatte erzwingen. Bereits erreichten uns die ersten Nebelfetzen. Trotzdem stiegen wir weiter. Ein Blick auf den Höhenmesser: erst 7600 Meter. Die Kletterei wurde noch schwieriger. Kleinriffigen, schlecht geschichteten Fels hatten wir vor uns, dazu voll Pulverschnee, der das Klettern zur Qual machte. Nie hätte ich mir solche Felskletterei auf einem Achttausender träumen lassen. Am Ende des schwierigen Felsriegels schlugen wir einen Mauerhaken ein und hängten ein fixes Seil ein, um den Rückzug zu sichern. Ein steiles Schneecouloir nahm uns auf, und wir kamen jetzt gut vorwärts. In ein paar Windungen führte es uns auf einen Firngrat, auf dem wir prächtig vorrücken konnten. Aber das Wetter war gegen uns, der berüchtigte Dhaulagiri-Wettersturz wollte auch uns nicht verschonen. Es ging gegen Mittag, und noch hatten wir keine vierhundert Höhenmeter unter uns gebracht. Man kann fast regelmäßig damit rechnen, daß sich an diesem exponierten Berg zur Mittagsstunde das Wetter verschlechtert. Die heiße Luft über der indischen Ebene steigt dann als thermischer Wind an der Südflanke des Dhaulagiri hoch, führt dort zu Wolkenbildung und hat Schneetreiben, Wind und Sturm im Gefolge. Schon umhüllten uns brodelnde Wolken. Im diffusen Licht vor uns konnten wir eine Art von Vorgipfel schwach erkennen. Dort hinauf gelangten wir noch, da überfiel uns der Sturm mit noch nie erlebter Heftigkeit. Gleich Nadelspitzen stachen uns die vom Wind gepeitschten Eiskristalle ins Gesicht. Im Nu waren Augen, Bart und Nase dick vereist. Immer wieder mußten wir uns davon befreien. An ein Weiterklettern dachte keiner mehr. Jetzt gab es nur noch eines: schleunigst zurück, hinunter zum schützenden Zelt, bevor auch der Abstieg in Frage gestellt war. Mit Schneestürmen ist in der Achttausenderregion nicht zu spaßen, am Dhaulagiri schon gar nicht."

„Ja, wir waren geschlagen", bestätigt Albin, der trockenste von allen. „Vierhundert Meter über uns wäre der Gipfel gewesen …"

Zu viert halten wir nun Kriegsrat. Was wir schon zu Hause auf dem Papier planten, wird jetzt jedem als absolute Notwendigkeit klar: Ein Lager muß möglichst hoch droben errichtet werden, und dieses soll abwechslungsweise besetzt bleiben. So wird sich dann sicher eines Tages der gerade dort, drei- bis vierhundert Meter unter dem Gipfel weilenden Besatzung die große Chance bieten! Nur ein halber Tag guten Wetters wäre erforderlich, und der Gipfel könnte unser sein! Wird es gelingen, dem gefürchteten und berüchtigten „Dhaulagiri-Wetter" diesen halben Tag abzutrotzen?

Während unserer Beratungen muß ich immer wieder an den „Yeti" denken. „Was zum Teufel ist mit dem wieder los? Wird doch nicht schon wieder etwas kaputt sein!" Da fällt mir ein, wie Emil heute morgen noch zu Ernst meinte, der Benzinvorrat sei nicht besonders groß. Deshalb flogen sie wohl gleich ins Tal hinunter, ohne zuerst noch einmal zum Nordostcol heraufzukommen. Oder diese ewigen thermischen Wolken! Vielleicht waren diese an einem überstürzten Abflug schuld. Stiegen sie gestern nicht früher als sonst über den Vorbergen des Himalayas auf? Wie auch immer es sein mag – jetzt können wir nichts als warten, die Nacht hindurch schlafen und morgen weitersehen. Vielleicht werden wir morgen bereits wieder vom „Yeti" geweckt. Wenn man doch nicht immer in Sorge wegen dieses Flugzeuges wäre! Schon die unruhigen Tage auf dem Dambuschpaß* genügen uns allen. Gäbe es nun nochmals ein solches Theater, so würden wir es vorziehen, ohne Flugzeug losgezogen zu sein.

Ernst schläft bereits, und auch Albin schaut nicht mehr ganz frisch drein. Kurt und ich sind zu faul, um uns in unser Zelt zu begeben. Wir bleiben einfach bei Ernst und Albin. Kreuz und quer liegen wir durch- und übereinander, es stört uns nicht und schadet unserem tiefen Schlafe nichts. Erst in der Morgenfrühe, wie es eisig kalt wird, merke ich, daß ich anstatt auf einer warmen Schaumgummimatte auf dem vereisten bloßen Boden liege. Albin hat seine Beine angezogen, so daß ich auf seiner Matratze Platz finde. Jetzt ist es wieder warm unter mir. Kälte ist der größte Feind der Nachtruhe, denke ich und schlafe wieder ein.

Schon die ersten Sonnenstrahlen verursachen im Zeltinnern eine unerträgliche Hitze. Die während der Nacht gebildete Rauhreifschicht schmilzt, und

* Schreibweise in aktuellen Karten: Dhampus-Pass; Anm. d. Hrsg.

*Die Yeti im Flug über dem Dhaulagiri-Massiv*

Tropfen um Tropfen fällt auf den Zeltboden. Um nicht gänzlich durchnäßt zu werden, kratzen wir als nette Vorfrühstücksbeschäftigung den Rauhreif von Dach und Zeltstangen los. Nun hört das lästige Tropfen endlich auf. Aber die Hitze jagt uns dann endgültig ins Freie.

Nun dürfte der „Yeti" ja bald wieder vorbeikommen. Einstweilen ist allerdings noch nichts zu sehen, obwohl er schon längst hier sein könnte. Da entsinne ich mich, daß er gestern Hans Reiser und Mr. Hudson nach Kathmandu bringen mußte. Wahrscheinlich haben sie sich einen Tag in Nepals Hauptstadt aufgehalten. Also können wir wenigstens bis morgen beruhigt sein. Trotzdem bin ich nicht ruhig und überlege mir, was zu tun sei. Ich stelle mir vor, „Yeti" sei vielleicht bei einer mißratenen Landung leicht beschädigt worden, und Emil müsse ihn jetzt unter denkbar schwierigen Verhältnissen reparieren. Je länger ich über die Sache nachgrüble, desto deutlicher sehe ich nur noch zwei Möglichkeiten: entweder kommt „Yeti" nach dem unplanmäßigen Kathmanduaufenthalt morgen wieder zum Nordostcol, oder er ist beim Dambuschpaß in die Brüche gegangen. Ich befürchte sehr, daß das Flugzeug beim Start zu verhältnismäßig vorgerückter Stunde in weichen Schnee geraten und dadurch nicht mehr vom Boden losgekommen sein könnte. Das wäre sehr schlimm. Denn unter diesen Umständen wäre das Flugzeug mit großer Geschwindigkeit den Hang hinabgerast und wohl an einem nahen Felsblock zerschellt. Ernst und Emil könnten leicht oder schwer verletzt oder auch tot sein. Möglich wäre alles.

Auf jeden Fall muß möglichst sofort jemand zum Dambuschpaß, und zwar vor allem Georg, unser Arzt. Doch das ist leichter gesagt als getan. Georg wird dazu ein bis zwei Tage Marsch benötigen. Zudem steckt er jetzt mitten in den Brüchen des Mayangdigletschers und wird heute oder auch erst morgen todmüde hier oben erscheinen.

Meine Kameraden sind nicht wenig erstaunt, daß ich die Funkstation in ständiger Bereitschaft halte und stündlich einmal die Verbindung mit dem Dambuschpaß herzustellen versuche. Voller Spannung lauschen wir in den Hörer. Wohl an die hundert Mal mögen wir abwechslungsweise schon „Dambusch von Nordostcol, antworten!" geschrien haben. Keine Antwort.

Da endlich! Um sieben Uhr abends tönt es ganz leise im Kopfhörer. Aber es ist nicht Dambusch, das antwortet, sondern wir werden angerufen. Ganz deutlich hören wir jetzt eine Stimme, die schon fast verzweifelt ruft: „Nordostcol, Nordostcol von Mayangdi, antworten!" Aha, Mayangdi, das ist die Nachschubgruppe Dyhrenfurth-Hajdukiewicz. Wenigstens Verbindung mit dem Arzt! „Mayangdi von Nordostcol verstanden, antworten!" rufe ich zurück. „Wir werden morgen auf dem Nordostcol sein. Nächste Funkverbindung morgen mittag." Für eine weitere Verständigung reicht es nicht mehr. Dabei wollte ich doch Hajdukiewicz zum Dambuschpaß schicken. Er selber war am Funk, ich habe ihn an seinem gebrochenen Deutsch erkannt. Nun gut, morgen werden wir ja auch sicher wissen, ob „Yeti" bloß auf Besuch in Kathmandu weilte oder ob ihm etwas zugestoßen ist. Das schlimmste wäre, wenn sich Emil und Ernst leicht verletzt im Flugzeugwrack befänden. Nur leicht verletzt, aber vollkommen hilflos. Bloß eine Nacht dort droben – sie würden sie schwerlich überstehen. Dambuschpaß ist ein halb abgebrochenes, von allen verlassenes Lager. Weit und breit kein Mensch. „C'est l'aventure", meinte einst Michel Vaucher, als der „Yeti" nicht mehr zum Dambuschpaß zurückkehrte und wir ohne Nachricht von der Umwelt auf uns selber angewiesen waren.

Wieder vergeht eine kalte Himalayanacht. Diesmal schlafe ich bedeutend unruhiger. Die Ungewißheit über den „Yeti" und seine Mannschaft nagt an uns allen. Daß unser Expeditionsflugzeug keine zwei Tage nach dem dreiwöchigen Unterbruch infolge der Motorpanne* bereits wieder außer Funktion sein soll, können wir einfach nicht glauben. Im Flachland drunten muß irgend etwas passiert sein: kein Benzin oder Öl, vielleicht ein plötzliches Verbot der nepalesischen Regierung oder ein chinesischer Protest gegen die Fliegerei nahe der tibetischen Grenze. Wenn man nur endlich wüßte, was los ist! Diese Ungewißheit ist einfach nicht auszuhalten.

* Das Flugzeug musste nach Motorschaden in Pokhara repariert werden; Anm. d. Hrsg.

Doch schneller als erwartet weicht die Ungewißheit einer schauerlichen Gewißheit.

Wir sitzen beim Frühstück vor den Zelten, schimpfen wieder einmal über die Funkgeräte und bezichtigen sie der Unzuverlässigkeit. Da hören wir Motorengebrumm. Aber es kann nicht unser „Yeti" sein, das Geräusch muß von einem schwereren Apparat stammen. Jetzt sehen wir ihn auch schon. Man muß kein Flugzeugfachmann sein, um eindeutig einen Düsenjäger wahrzunehmen. Pfeifend zischt er über uns hinweg. Hoheitszeichen können wir nicht erkennen. Das Flugzeug kam aus dem Norden, offenbar aus Tibet, und hat genau südlichen Kurs, fliegt also nach Indien hinunter. Das ist mir ein Rätsel. Ein Düsenjäger der indischen Luftwaffe käme nicht aus dem Norden angeflogen, und ein Chinese würde sich kaum erlauben, so weit über nepalesisches Territorium zu fliegen.

Irgendeiner von uns meint, im Jagdflugzeug eine „MIG" erkannt zu haben, ein anderer tippt auf eine indische Maschine. Sirdar Ang Dawa kommt ganz aufgeregt herbeigerannt und verlangt nach dem Radioapparat. „Bara-Saab, die Chinesen kommen", meint er und gerät in eine richtige Panik. Da erdröhnt der Himmel über uns auch schon ein zweites Mal. Und jetzt kann ich ganz deutlich die Ringe der indischen Luftwaffe erkennen. Sogar der Typ des Flugzeugs ist offensichtlich, es handelt sich um einen britischen Canberra-Düsenbomber, wie wir sie während unseres Aufenthaltes in Nicosia auf Zypern zu Dutzenden bestaunen konnten. Die Canberra fliegt in Minimalgeschwindigkeit und mit gedrosselten Motoren. Gleich wie ihr Vorgänger kommt sie scheinbar aus Tibet und nimmt Kurs nach Indien.

Auf einmal wird mir alles klar. Mir wären chinesische Flugzeuge lieber gewesen. Indische Militärflugzeuge können im Raume nördlich des Dhaulagiri nichts zu suchen haben, außer eben – und dessen bin ich jetzt ganz sicher – unseren „Yeti". Also doch. Der „Yeti" ist also doch nicht nach Pokhara zurückgekehrt. Unsere dortigen Freunde, Hans Reiser und Mr. Hudson, werden die Suchaktion veranlaßt haben. Und unser Freund in New Delhi, der Vertreter der Pilatus-Flugzeugwerke, der über gute Beziehungen zur indischen Luftwaffe verfügt, wird diese Düsenjäger zu einem Erkundungsflug in die Dhaulagiri-Region gewiesen haben. Also ist es gewiß, daß dem „Yeti" wieder ein Unglück zugestoßen ist, wahrscheinlich auf dem Dambuschpaß; da gibt es gar keine Zweifel mehr. So ein Pech! Wenn nur bald eine Ersatzmaschine aus der Schweiz geflogen käme! Sonst sitzen wir arg in der Tinte. Wenn der Gipfel nicht in den nächsten Tagen gemacht wird, können wir den Rückzug antreten. Die Lebensmittel, vor allem aber der Brennstoff, werden bald verbraucht sein. Bis Mitte Mai mag alles noch klappen, dann aber wird es brenzlig werden. Gottlob haben wir im letzten „Yeti"-Transport zufälligerweise die Streichholzbestände hinaufgeschafft. Wir machen kurz Inventar. Einige Zeit werden wir noch durchhalten können. Schade ist's um die guten Sachen, die die Teigwaren-Eintönigkeit des Speisezettels beheben könnten. Die werden wir jetzt halt erst auf dem Rückmarsch zu kosten bekommen. Und die teure Ausrüstung! Fast alles müssen wir am Berg zurücklassen, wenn keine Ersatzmaschine eintrifft. Kulis kommen im besten Falle bis zum Mayangdi-Basislager; den zerrissenen und gefährlichen Gletscher kann ihnen niemand zumuten. Und wir möchten sie dort auch gar nicht sehen! Dann lieber alles am Berg zurücklassen, so schade es um die wertvolle Ausrüstung ist. Wenn nur den Piloten nichts zugestoßen ist, und wenn uns nur der Gipfel nicht entgeht! –

Stunde um Stunde hängen wir am Funkgerät. Am Nachmittag erscheint Georg wieder „am Draht". Die Verbindung ist jetzt viel besser, und richtig erfahre ich nun, daß sie alle vom Basislager ins Gletscherlager aufgestiegen seien und möglichst noch heute zum Nordostcol hinauf kämen. Vom „Yeti" geben sie eine tröstliche Nachricht: Adam und die Sherpas hätten heute früh aus Richtung Dambuschpaß einige Sekunden lang den „Yeti"-Motor aufheulen hören. Das ist ein gutes Zeichen! Wäre den beiden Piloten etwas zugestoßen, so wären sie außerstande, den Motor in Gang zu setzen. Vielleicht gelingt ihnen gar die Wiederherstellung des „Yeti"! Das wäre natürlich großartig! – Nun muß aber schleunigst jemand zum Dambuschpaß und den beiden zu Hilfe eilen, nachdem es sicher ist, daß sich der „Yeti" dort befindet. Aber es ist wie verhext; ich kann diese Weisung wieder nicht per Funk durchgeben. Ein Knistern und Knattern im Apparat, einige kaum verstandene, aus dem Zusammenhang gerissene Wörter von unten, ein vielsagendes „Nicht verstanden, wiederholen" – das ist für heute wieder einmal alles. So warten wir denn noch einmal bis am Abend, dann werden wir direkt miteinander verhandeln können. Der arme Georg tut mir jetzt schon leid. Kaum hier oben angekommen, muß er wieder zurück, zum Dambuschpaß. Hin und zurück – ein anstrengender, gefährlicher Marsch von fünf Tagen! Und ausgerechnet er, der Zweitälteste von uns, der bis jetzt während der Expedition noch nie hier oben war und seine Aktivität aufs Lastenschleppen beschränken mußte.

Am nächsten Tag endlich kommt die ganze Kolonne herauf. Ermüdet und abgekämpft legen sich alle in die für sie bereitgestellten Zelte. Die Sherpas bringen große Lasten mit, worunter sich auch neue Batterien für die Funkgeräte befinden. Die können wir brauchen.

Norman und ich nehmen Funkverbindung mit dem Basislager auf. Mit dem Verbindungsoffizier M. B. Sherchan können wir uns jetzt ganz deutlich unterhalten. Sherchan erzählt uns gerade, er habe Radio All India empfangen können. In der Welt draußen sei das Verschwinden des „Yeti“ Tagesgespräch. Alle Sender würden davon berichten. Zum Teufel, jetzt stecken wir noch mitten in einer „Publizität“ drin! Der Gipfel wäre uns lieber als der Rummel, den wir hier oben nur ahnen können. Albin macht seine Witze über die Presse und rechnet uns vor, welche Übertreibungen und Erfindungen unseren Angehörigen in der Schweiz wohl serviert würden! (…)

Dem Verbindungsoffizier gebe ich die Weisung, sofort mit dem Gurkha, der sich bei ihm befindet, zum Dambuschpaß zu eilen, um dort Nachschau zu halten. Ein Funkgerät mit neuen Batterien sollen sie ebenfalls mitnehmen. Wir bringen unsere Uhren in Übereinstimmung und vereinbaren stündliche Funkverbindung. Wenn der Funk vom Dambuschpaß her nicht funktionieren sollte, muß Sherchan zum Franzosenpaß zurück. Auf jeden Fall brauchen wir endlich Klarheit, was mit dem „Yeti“ los ist.

Dem eifrigen Sherchan kommt der Auftrag gerade recht. Er will sich beeilen und uns möglichst schnell Bericht erstatten.

Schon nach zwei Stunden vernehmen wir unseren Verbindungsoffizier am Funk: „Wir sind jetzt im Aufstieg zum Franzosenpaß. Wir werden noch heute auf dem Dambusch sein. Auf Wiedersehen!“

Er ist ein Prachtkerl, unser Min Bahadur Sherchan. Was ist ein Verbindungsoffizier normalerweise? Ein Beamter der nepalesischen Regierung, dem es am wohlsten ist, wenn es nichts zu tun und viel zu verdienen gibt. Meistens bleiben die Verbindungsoffiziere im letzten Dorf zurück oder kommen höchstens ins Basislager hinauf. Nicht so der unsrige. Min Bahadur ist ein ganz begeisterter Bergsteiger geworden! Nichts ist ihm lieber, als am Dhaulagiri möglichst große Strecken zurückzulegen, und im Tragen steht er nicht einmal den Sherpas nach.

Dem guten Georg Hajdukiewicz bleibt auch nichts anderes übrig, als sich bereitzumachen. Ich habe einige Hemmungen, ihm die Sache schmackhaft zu machen. Doch Georg ist so vernünftig, daß er alles ohne Widerrede begreift. Als Expeditionsarzt hat er schließlich die Pflicht auf sich genommen, vor allem für das Wohl der an der Expedition beteiligten Menschen zu sorgen und erst nachher seinen bergsteigerischen Zielsetzungen nachzustreben. Nun warten wir aber erst den Funkspruch ab. Sollte es wirklich nötig sein, wird sich Georg mit zwei Sherpas dann sofort auf den Weg machen.

Min Bahadur Sherchan und der Gurkha funken heute nichts mehr. Sie werden wohl im Eilmarsch den Dambuschpaß erreicht haben, der im Funkschatten liegt. Morgen früh werden wir ihren Bericht vom Franzosenpaß her sicher empfangen können – hoffentlich einen guten Bericht!

Ab fünf Uhr früh horchen wir wieder am Kopfhörer. Um neun Uhr bekommen wir endlich die langersehnte Auskunft: „Yeti" liegt beim Dambuschpaß und ist sehr stark beschädigt. Sherchan meint, er könne nicht mehr gebraucht werden. Propeller und Fahrgestell seien abgeknickt, die Tragflächen verbogen und das Leitwerk teilweise abgedrückt. Von den Piloten weit und breit nichts zu sehen. Nach den Spuren im Schnee zu schließen, seien sie ins nächste Dorf, nach Tukchhe, abgestiegen. In einem Zelt fand er Blutspuren nebst einem offensichtlich für mich bestimmten Brief, den Ang Dawa zum Nordostcol bringen werde.

Sherchan, der als Verbindungsoffizier verpflichtet ist, seiner Regierung alle vierzehn Tage Bericht zu erstatten, bittet mich nun, ihn ebenfalls nach Tukchhe zu entlassen. Nach wenigen Tagen sei er zurück. Nur müsse er jetzt unbedingt seine Rapporte ans Außenministerium abgeben. Wegen der ersten Flugzeugpanne sei er schon stark im Rückstand. Der Gute fürchtet um seine Stellung und Zukunft im Dienste der Regierung. Und in Nepal gilt nichts so viel wie eine Stellung beim Staat.

Norman, der sich mit Sherchan am besten versteht, versucht vergeblich, ihm den sofortigen Abstieg nach Tukchhe auszureden. Doch Sherchan ist am Funk plötzlich nicht mehr zu verstehen. Der schlaue Asiate weiß meisterhaft, die Mängel des Funkgerätes zu seinem Vorteil auszunützen. Es funktioniert jetzt einfach nicht mehr, und er braucht sich den Anordnungen des Expeditionsleiters nicht einmal zu widersetzen, um seinem Wunsche zum Durchbruch zu verhelfen. Zusammen mit dem Gurkha steigt er ins Tal hinunter. Wir könnten den Träger bei uns am Berg zu wichtigeren Zwecken brauchen, als ihn als Briefboten ins Tal zu schicken. Wenn er wenigstens unsere Post mitgenommen hätte! Wir sind über Min Bahadur sehr erzürnt, sind aber zu weit von ihm entfernt, um ihn zurückzuholen.

Zwei Tage später erreicht Ang Dawa wieder den Nordostcol. Er hat seinen Rucksack noch nicht in den Schnee gelegt, da zieht er schon einen Brief aus seiner Windjackentasche, kommt damit zu mir gerannt und ruft ganz außer Atem: „Letter for Bara-Saab!"

Das Blatt ist mit dickem Rotstift beschrieben und sagt folgendes:

*Dambusch, 7. Mai*

*Liebe Kameraden,*

*5. Mai 10.15 Yeti nach Start abgestürzt. Steuerknüppelgriff losgerissen. Emil und ich unverletzt. Harrten bis 8. Mai morgens hier aus. Können unmöglich nach Mayangdi kommen, da Emil in schlechter Verfassung. Steigen morgen nach Tukchhe ab, da Brennstoff- und Nahrungsmittelmangel. Hoffen, am 12. 5. in Pokhara zu sein. 5000 indische Rupien aus Flugzeug mitgenommen. Deponieren*

*Rest von diesen im Spital Pokhara. Bleiben höchstens 7 Tage in Pokhara, da auch dort Nahrungsmittelmangel. Sendet darum sofort Botenläufer mit den Pässen hinunter. Emil und ich gehen per Flugzeug nach Kathmandu – Delhi zu Herrn Stohrer. Dort Besprechung der Lage mit ihm. Dann Weiterreise Schweiz, sehr wahrscheinlich per Schiff.*

*Yeti liegt etwa 300 m in Richtung Unbekanntes Tal. Es ist noch etliches Material dort. Das Lager in Pokhara werden wir gut organisiert zurücklassen.*

*Nun wünschen wir Euch noch das Beste für den weitern Verlauf der Expedition!*

*Ernst und Emil*

Da haben wir also die Bescherung! – Steuerknüppelgriff losgerissen ... abgestürzt ... armer „Yeti" ... Doch Glück im Unglück: Ernst und Emil sind heil, und das ist einstweilen die Hauptsache. Jetzt werden sie bereits in den nepalischen Dörfern drunten Rakschi trinken und Eier essen.

In sein Tagebuch schrieb Ernst Saxer:

Der 5. Mai war unser schwarzer Tag der Expedition und der schwärzeste Tag in unserem Fliegerleben überhaupt. Auf insgesamt sechzehn Flügen konnte ich den größten Teil des Materials und auch einige Expeditionsteilnehmer hinaufbefördern, das Gros der Mannschaft hingegen stieg mit den Sherpas zu Fuß hinauf. Für den überaus beschwerlichen Fußmarsch hatten sie ganze vier Tage gebraucht, während der „Yeti" die Strecke je nach Windverhältnissen in acht bis zwölf Minuten bewältigte. Als ich nun an jenem 5. Mai mit Emil und Max von unserem Basisflugplatz Pokhara zum Nordostcol hinaufflog und dort auf Rekordhöhe zum siebzehntenmal landete, waren die meteorologischen Bedingungen ausgesprochen günstig. Es war windstill, eine herrliche Sonne schien, und der Schnee war hart wie noch nie vorher. In der warmen Sonne strecken wir uns auf den Ski des „Yeti" aus und lassen uns braten, was Max zu eifrigem Photographieren der fröhlichen Flugzeugmannschaft anregt. Dann fliegen Emil und ich wieder zum Dambuschpaß hinunter, Max mit der Versicherung zurücklassend: „In einer halben Stunde sind wir wieder da!" Und wieder einmal schweben wir über die grandiose Eiswildnis dem Dambuschpaß zu. Die Landung verläuft glatt, ja sie ist wegen der günstigen Wetterbedingungen geradezu ein Kinderspiel.

Die zweite Last, die ich mit Max heute vormittag gerichtet habe, steht schon bereit. Wir lassen uns Zeit mit dem Verladen. Das Wetter ist heute so schön, daß wir nicht pressieren wollen. Wir können uns Zeit lassen. Aber nach einer Viertelstunde schnallen wir uns wieder an unsere Sitze. Vorher schüttelt Emil noch an den Streben, um die Ski vom Schnee zu lösen, dann gebe ich Vollgas, und wir schleifen in der alten Spur los. Auf dem prächtig harten Schnee kommt das

Flugzeug schneller als je in Fahrt. Nach kaum 150 Metern lösen wir uns vom Boden. Das war wieder ein Start, wie er schöner nicht sein könnte! Ich „ziehe" am Steuerknüppel, um in die Höhe zu kommen, und presse ihn gegen meinen Körper. Bläulich glitzern vor mir die Gletscher der tibetischen Grenzberge.

Da, was ist los? Plötzlich saust meine Hand in die Höhe und schlägt an der Kabinendecke an. Ganz verdutzt erkenne ich, daß ich krampfhaft noch den Gummigriff des Steuerknüppels in beiden Händen halte. Dieser schnellt ruckartig nach vorne, und ehe ich den ganzen Vorfall richtig gewahr werde, kracht und splittert es auf allen Seiten. Schnee wirbelt rund um uns und raubt jede Sicht. Der „Yeti" muß senkrecht mit der Nase im Boden stecken. Doch dann wirft es ihn wieder in Normallage, und er rutscht in riesigem Tempo ein steiles Schneecouloir hinunter, ohne daß wir etwas tun könnten, um die Höllenfahrt zu bremsen. Da plötzlich ein Ruck. Mit voller Wucht dreht es uns bergwärts, dann stehen wir bockstill. Kein Ton mehr ist zu hören, aber im Nu sind wir von ausströmendem Benzin durchtränkt. Ich sehe gerade noch, wie ein Schwall von Dampf oder Rauch aus der Motorhaube steigt.

„Hinaus!" brüllt Emil, und schon stehen wir im Freien. Wir haben unglaubliches Glück gehabt! Wie betäubt stehen wir da und staunen uns an. Emil, noch ganz benommen, findet als erster wieder Worte und meint ganz grimmig: „Ernst, jetz müemer abelaufe!"

Der „Yeti" steht bergwärts wie nach einer normalen Landung, bietet aber ein klägliches Bild: die Verwindungsklappen sind weggerissen, die Flügelenden hinaufgebogen und die linke Tragfläche abgedrückt. Auch Teile des Leitwerkes sind abgerissen, und das Fahrgestell ist eingedrückt. Der total verbogene Propeller bietet mit dem abgewürgten Motor zusammen ein groteskes Bild sinnloser Zerstörung. Hätte der Motor den ersten, schwersten Schlag nicht aufgefangen, so wäre das Fahrwerk noch schlimmer zerschlagen. Es ist unheimlich stark, das gute Fahrwerk unseres „Yeti". Beim ersten Aufprall wurde übrigens die hintere Türe aufgerissen, die Türschloß-Stifte hakten sich in die Landeklappe ein, und sie blieb glücklicherweise offen. Sämtliches Material wurde bei diesem wilden Tanz hinausgeschleudert, zum Teil weit weg. Eine Kiste mit Steigeisen liegt hundert Meter weiter oben zwischen einigen Felsblöcken – gottlob sind wir da nicht hineingeraten! –, eine Ladung Schokolade sehen wir weit im Couloirgrund unten. Dazwischen liegen Kleidersäcke, Filmbüchsen, Konserven und Werkzeug – ein wilder Anblick. „Nuß-Mus in sahniger Form" steht auf einer solchen Konserve, und Emil meint nachdenklich: „In sahniger Form, ha, besser das Nuß-Mus als wir ..."

Emil hat sich den Kopf leicht angeschlagen und blutet aus einer Wunde. Schlimm scheint's nicht zu sein, und im übrigen sind wir unverletzt. Aber der

Schock verfehlt seine Wirkung nicht. Todmüde müssen wir uns erst einmal niedersetzen, denn wir sind noch ganz benommen. Es vergeht einige Zeit, bis wir wieder fähig sind, bei einigermaßen klarem Kopf über die Folgen unseres Mißgeschicks zu beraten. Ob der „Yeti" repariert werden könnte, diskutieren wir nicht einmal. Es ist uns beiden klar, daß wir unser treues Flugzeug hier preisgeben müssen. Es hat ausgedient. Niedergeschlagen betrachten wir das vor uns liegende Wrack. Schade!

Was wird der allein auf dem Nordostcol zurückgelassene Max wohl denken? Dumm ist, daß wir keine Funkverbindung haben. Wird uns der Expeditionsleiter eine Rettungskolonne senden? Schwerlich, die Leute sind alle am Berg zerstreut, Tagesmärsche von uns entfernt. Wir sind auf uns selber angewiesen. Verletzt wären wir hilflos dieser Wildnis ausgesetzt. Kein Mensch könnte uns aus einer solch hoffnungslosen Lage befreien. Wir haben unverschämtes Glück gehabt! Himalayabergsteigen heißt Abenteuer, und Abenteurer brauchen Glück.

So rasch als möglich sollte der Kontakt mit der Expedition wiederhergestellt werden. Allerdings können wir uns nicht vorstellen wie. Wir müßten versuchen, uns morgen oder übermorgen zum Franzosenpaß durchzuschlagen, um dann im Raume des Mayangdigletschers mit der hintersten Expeditionsgruppe in Fühlung zu kommen. Sicher wird nach einigen Tagen jemand nach dem überfällig gewordenen Flugzeug Ausschau halten. Vorerst aber denkt wohl keiner an einen Absturz. Das war ja auch zu dumm! Dieser Handgriff, der sich lösen mußte! Unbegreiflich! –

Zunächst jedoch ist ein anderes Problem zu lösen. Wir sind immerhin auf 5200 Metern über Meer. Die Nächte sind hier oben kalt, das habe ich vor drei Wochen erfahren. Emil hat sein Lebtag noch nie so hoch oben übernachtet. Er, der völlig Bergunerfahrene, muß ausgerechnet im Himalaya abstürzen! Das Dambuschlager ist nicht mehr luxuriös ausgerüstet. Wir können froh sein, wenn wir in den wenigen, dort noch vorhandenen Zelten etwas Eßbares und ein warmes Lager vorfinden. Vielleicht hat es sogar noch eine Kocheinrichtung dort. Ausgerechnet heute haben wir keine Schlafsäcke mit uns, während wir diese bei allen andern Flügen stets vergebens in unserer Notausrüstung nachtrugen.

Wir beginnen zuerst einmal, das herumliegende Zeug einzusammeln. Alles ist in einem Umkreis von mehreren hundert Metern verstreut. Wir finden unsere verlorenen Filme. Emils Photoapparat ist leider nicht mehr verwendbar. Objektiv und Kameradeckel sind zu einer Masse geworden und alles völlig ineinandergedrückt. Glücklicherweise finden wir noch einige warme Kleider, denn ohne Schlafsäcke haben wir eine schaurig kalte Nacht zu gewärtigen.

Während es hier oben am Tage ganz schön warm sein kann, fällt das Thermometer in der Nacht normalerweise gegen die dreißig Grad unter Null. Einige Kilogramm Schokolade nehmen wir auch mit, dann steigen wir das steile Schneecouloir in Richtung zum Lager hinauf. Es zeigt sich deutlich, wie wenig wir akklimatisiert sind. Jeder Schritt bedarf vieler Atemzüge; öfters sinken wir erschöpft in den Schnee. Es geht gegen Mittag, und die Sonne brennt erbarmungslos auf uns nieder. Wenn wir bloß ihre Hitze für die Nacht speichern könnten! Brennender Durst quält uns. Lange sträuben wir uns gegen das Essen von Schnee. Schließlich aber tun wir es doch, der Durst wird zu arg. Die dreihundert Meter zum Dambuschpaß kosten uns mehr als eine Stunde, und wir kommen völlig erschöpft an. Hier weht endlich eine leichte Brise. Das tut gut. Jetzt sehen wir auch schon die Zelte. Vor zwei Stunden rasteten wir noch da und freuten uns am schönen Wetter. Jetzt können wir uns dazu noch am wiedergefundenen Leben freuen!

Die erste Beschäftigung im Zeltlager gilt der Suche nach Vorräten. Fürs erste brauchen wir kaum zu verhungern. Ganze Ladungen von Schokolade sind noch da, ja, wir können sogar auslesen und schaffen uns die „Toblerone" zur Seite. Weiter finden wir Dörrobst, Fleischkonserven und einige wenige Suppenwürfel. Aber die Metatäfelchen, die wir noch aufstöbern können, reichen höchstens für drei Tage, und auch der Gaskocher scheint in seinen letzten Zügen zu liegen. Wenn es hier oben nichts Warmes mehr zu essen gibt, wird es höchste Zeit zum Abhauen. Die Apotheke ist gut ausgerüstet, und mit großer Freude finden wir auch einige wame Schaumstoffmatten und Luftmatratzen. Zu einer warmen Nacht reicht es trotzdem nicht. Denn Schlafsäcke sind keine mehr vorhanden; es ist auch ganz klar, daß jeder so viele wie möglich in die Hochlager mitnahm. Aber mit einigen leeren Transportsäcken können wir uns zur Not auch ein Lager bereiten.

Um fünf Uhr nachmittags verschwindet die Sonne hinter dem fast achttausend Meter hohen Dhaula-Himal. Der inzwischen aufgekommene Wind bringt die Temperatur im Nu auf 15 Grad unter Null, und wir verkriechen uns, so schnell es nur geht, in unser Lager. Wir tun, was wir können, stecken unsere Füße in Seesäcke und nehmen Windjacken und alles, was vorhanden ist, als Decke.

Beide sind wir sehr müde; trotzdem ist an Schlafen nicht zu denken. Wir sind seelisch und körperlich zu stark angeschlagen, in unserem Kopfe geht alles rund herum. Der Absturz, bei dem wir wie durch ein Wunder mit dem Leben davonkamen, beschäftigt uns noch immer und hält uns wach. Emil hat starke Kopfschmerzen, gegen die alle Tabletten nichts helfen. Aber auch ich bekomme die Höhe zu spüren. Von meinem sonst so goldigen Appetit ist keine Spur mehr vorhanden, die kleinste Arbeit verrichte ich schleppend langsam, und ich bin lust- und willenlos. Die elende Kälte, die uns alle beide erbärmlich schlottern läßt, tut ein übriges, uns hellwach zu halten. Wir können kein Auge schließen. Emils Beule am Kopf schmerzt ihn stark, aber nichts kann ihm helfen, alle Schmerzmittel sind wirkungslos. Der Sauerstoffmangel lähmt unser Denken, und wenn ich das Bedürfnis spüre, mich auf die andere Seite zu drehen, so vergeht wenigstens eine halbe Stunde, bis ich mich endlich dazu entschließe, mir einen Ruck zu geben. Die Stunden, die halben Stunden, die Minuten schleichen. Es ist die unangenehmste Nacht meines Lebens. Jedesmal, wenn ich auf die Uhr schaue, bin ich enttäuscht, daß die Zeit nicht schneller vorübergeht. Längst schon sind meine Füße gefühllos. Ich bringe nicht den Willen auf, mich aufzurichten und sie warm zu reiben. Ganz selten überfällt mich ein leichter Schlummer, aber höchstens für Sekunden, dann wache ich wieder auf, erinnere mich der gefühllosen Füße und verspüre einen brennenden Durst in der Kehle. Endlich bringe ich es fertig, äußerst langsam die bereitgestellte Kerze anzuzünden und aus der Thermosflasche heißen Tee in eine Schale zu gießen. Auch Emil ergeht es nicht besser. Der Tee gibt etwas Abwechslung, beide trinken wir davon und frieren dann wieder dem Morgen zu. Wie sind wir froh, daß es langsam hell wird. Bald wird unsere Qual zu Ende sein. Um sechs Uhr beginnen wir mit dem Schuhanziehen, nicht ohne vorher unsere mitgenommenen Füße warmzureiben. Dies will uns nicht ganz gelingen; in den Zehen bleibt ein komisches Gefühl zurück. Nach dem Teekochen torkeln wir wie Betrunkene zum „Yeti" hinunter. Wir wollen noch das herumliegende Material ein wenig aufräumen sowie eine Lagerskizze anfertigen und den genauen Absturzweg photographieren. Unter Aufbietung unseres letzten Willens gelingen uns diese Arbeiten, dann kehren wir gegen Mittag, noch kurz vor der größten Hitze, zu den Zelten zurück. Aus einem der letzten Würfel kochen wir Suppe und schmieden dabei unseren Zukunftsplan:

Wir wollen versuchen, hier oben weitere drei Tage auszuharren, um, wenn möglich, in Verbindung mit der Expedition zu kommen. Falls niemand nach uns Ausschau halten sollte, werden wir versuchen, nach dem Franzosenpaß und dem Basislager auf dem Mayangdigletscher zu gelangen. Gelingt dies nicht, so steigen wir nach Tukchhe ab und ziehen nach Pokhara weiter. Jetzt bin ich sehr froh, den Weg ins Tal hinunter so gut zu kennen. Es wäre sonst eine äußerst problematische Angelegenheit, ohne Ortskenntnisse an den vielen weglosen Schluchten vorbei ins Kali-Gandaki-Tal zu kommen.

Am Nachmittag steigen wir den Berghang hinter den Zelten empor, bis wir Sicht zum Franzosenpaß haben. Kein Mensch zeigt sich in dieser weißen Einöde. Man wird uns noch nicht suchen und vielleicht sogar annehmen, wir seien aus irgendeinem Grund in Pokhara geblieben. Aber sicher wird in den nächsten Tagen jemand nach uns Ausschau halten. Wenn nicht unsere Expeditionskameraden, so doch unsere Freunde in Pokhara und Kathmandu. Wenn sie dort bloß ein etwas höhentüchtigeres Flugzeug hätten! Dann wäre es ein Leichtes, uns Hilfe zu bringen. Hans Reiser und Mr. Hudson werden ja zweifellos gestaunt haben, als wir nicht wie vereinbart zurückkehrten. Sie werden sich jetzt bestimmt schwere Sorgen um uns machen.

Kurz vor dem Einnachten finden wir beim Durchstöbern unseres Lagers noch eine Schweizer Militärzeltplache. Diese läßt uns auf etwas mehr Wärme hoffen, und zuversichtlich breiten wir sie zusätzlich über uns aus. Die Nacht geht dann auch viel schneller als die letzte vorüber. Teilweise konnten wir sogar schlafen. Ob wir uns langsam an unsere Lage gewöhnen, ob es die Militärplache war, oder ob wir ganz einfach vom Schlaf übermannt wurden, weiß ich nicht. Jedenfalls war es schon bedeutend gemütlicher als in der ersten Nacht. Nur unsere Füße sind am Morgen wieder kalt und gefühllos.

Während Emil nochmals den „Yeti" besucht, ziehe ich allein in Richtung Franzosenpaß los. In ungefähr drei Stunden sollte ich dort sein. Vom Paß aus könnte ich dann beobachten, ob eine Suchmannschaft zum Dambuschpaß unterwegs ist. Aber mein Körper ist den Anforderungen dieser Höhe noch nicht gewachsen. Nur wenige Schritte kann ich tun, dann muß ich mich erschöpft niedersetzen. Nach zwei Stunden sehe ich ein, daß ein Weitergehen keinen Zweck hat. Ich würde heute nie zum Franzosenpaß und von dort zum Dambuschpaß zurück gelangen. Ich muß froh sein, wenn ich von hier aus nur den Dambuschpaß wieder erreiche. Die dünne Luft setzt mir arg zu, es ist ganz anders, als wenn man bloß im Flugzeug sitzt. Die körperliche Betätigung ist es, die einen die Höhe fühlen läßt. Daß dem so ist, hätte ich nie gedacht. Am frühen Nachmittag bin ich wieder bei Emil auf dem Dambuschpaß. Normalerweise verschlechtert sich hier oben das Wetter regelmäßig am Nachmittag, heute macht es eine Ausnahme und bleibt schön. Aber eine kühle Brise macht den Aufenthalt im Freien unangenehm, so daß wir uns ins Zelt verziehen. Wir müssen einsehen, daß wir die Verbindung mit dem Haupthorst der Expedition nicht aufnehmen können. Wir sind körperlich zu schwach, um ins Mayangdi-Khola-Tal vorzustoßen. Sicherheitshalber müßten wir auch ein Zelt, Ausrüstung und Proviant mitschleppen, und dann kämen wir überhaupt nie dorthin, wenn wir schon ohne Rucksack unsere liebe Mühe haben, uns fortzubewegen. Also bleibt uns nichts anderes, als zu warten und dann eventuell nach Tukchhe abzusteigen. Und was würden wir der Expedition am Berg schon nützen? Wir wären lediglich zwei Esser mehr, wo doch die Vorräte dort oben schon knapp genug sind. Am besten lassen wir hier Nachricht zurück und ziehen nach Pokhara hinunter. Dort wird man ja auch mit Spannung auf Bescheid von uns warten. Wir kommen nicht dazu, unseren Plan ein zweites Mal zu überdenken, denn plötzlich rennen wir wie gestochen aus dem Zelt. Von draußen ertönt Motorengebrumm, ein Flugzeug ist in der Nähe! Der komplizierte Zeltverschluß läßt sich erst nach einiger Zeit öffnen, dann stürzen wir ins Freie. Aber wir sind etwas zu spät und können nur gerade noch eine „Dakota"-Maschine erkennen, wie sie kurz vor dem Paß abdreht und ins Tal zurückfliegt. Man kann uns kaum gesehen haben, den abgestürzten „Yeti" schon gar nicht. Die Besatzung dieses Flugzeuges wird zurückkehren, und die Zeitungen werden schreiben „Suchaktion erfolglos abgebrochen" oder „Vom ‚Yeti' keine Spur gefunden. Er muß irgendwo im Himalaya abgestürzt sein. Für die Insassen besteht keine Hoffnung mehr" ... Wären wir nur schneller aus dem Zelt gekommen, dann hätten wir wenigstens winken können! Langsam verschwindet die „Dakota" im Dunst des Horizonts. Wir sind wieder allein, allein mit unseren Bergen. Und doch schlafen wir heute mit einem ganz besonderen Gefühl ein, mit einem Gefühl der Sicherheit. Wir wissen: man sucht uns, man läßt uns nicht im Stich. Und das ist beruhigend.

Wir beschließen, schon morgen, so früh wie nur möglich, ins Tal abzusteigen. Während Emil die Rucksäcke packt, schreibe ich für die Expeditionskameraden einen genauen Bericht über das Vorgefallene. Den Zettel befestige ich an einer Zeltstange, und damit man ihn auch ja finde, schreibe ich mit rotem Fettstift in großen Buchstaben auf die Außenwand des gelben Zeltes: „Nachricht vom Yeti hier drin." Sorgfältig packen wir unsere Rucksäcke. Wir wollen uns sogar für ein Biwak ausrüsten, falls wir im Abstieg von schlechtem Wetter überrascht werden oder aus irgendeinem Grunde den Weg nicht finden sollten. Das Resultat dieser Biwakangst besteht in zwei an die 30 kg schweren Riesensäcken. „Wo wollen diese Rucksäcke bloß mit uns hin?" fragt mich Emil. Aber lieber diese zusätzliche Belastung auf uns nehmen, trotz dem sonst schon strengen Abstieg, als ohne Ausrüstung im Freien biwakieren! Das wäre eine üble Angelegenheit, dann könnten die Zeitungen, die von der Hoffnungslosigkeit jeder Suchaktion zu berichten wissen, noch recht bekommen. Die letzten „Toblerone" kommen als Notproviant auch noch mit, aber dann ist Schluß mit den Rucksäcken, sonst werden bis Tukchhe zwei Biwaks notwendig sein!

Die letzte Nacht im Himalaya ist angebrochen. Wir sind froh, bald wieder die Bequemlichkeiten zivilisierterer Gegenden kosten zu dürfen. Und doch bedeutet uns diese letzte Nacht auf dem weltverlorenen Dambuschpaß den Abschied vom Himalaya. Kaum werden wir nochmals in unserem Leben hierher zurückkehren können, es ist ein Abschied für immer.

Früh stehen wir auf. Mit Teekochen verlieren wir keine Zeit, denn unser Weg ist lang; wir wollen noch heute nach Tukchhe gelangen. Einen Schluck aus der

Thermosflasche, dann sind wir bereit. Ein paar Metatäfelchen lassen wir zurück. Vielleicht kann sie einmal jemand brauchen, der hier Zuflucht sucht. Sorgfältig verschließen wir die Zelte, damit der Sturm ja keinen Schnee hineinwehen kann; dann spuren wir die endlosen, steilen Schneehänge hinab, die den zweitausendsiebenhundert Meter tiefer unten vorbeirauschenden Kali-Gandaki speisen.

Keine zehn Minuten sind wir unterwegs, da vernehmen wir wiederum Motorengebrumm! Man hat die Suchaktion also nicht aufgegeben. Plötzlich fühlen wir uns nicht mehr so verlassen; die Umwelt kümmert sich um unser Schicksal. Es ist wiederum eine „Dakota", und jetzt können wir sogar die Immatrikulationsnummer erkennen: VT-DDT, das ist das Flugzeug des Maharadschas von Darbhanga, und unser Freund Captain King wird am Steuer sein! Das ist wirklich die freudigste Überraschung, die uns bereitet werden kann. Im Gegensatz zu gestern ist es heute völlig windstill, und die „Dakota" verschwindet dann auch hinter dem Dambuschpaß im „Unbekannten Tal". Jetzt müssen sie den zerschellten „Yeti" bestimmt finden. Wirklich kommt die Maschine ganz tief wieder über den Paß hinweggebraust. Man muß auch uns entdeckt haben, denn der Pilot kurvt in geringer Höhe über uns hin und her, ein eindeutiges Grußzeichen. Voll Freude winken wir wie wild mit unseren sofort ausgezogenen Windjacken dem davonfliegenden Flugzeug nach und sind erleichtert. Nun wird Captain King Kunde von unserem Schicksal geben können; man wird nicht mehr in Sorge um uns sein. Sicher hat er uns gesichtet. Die zwei farbigen Punkte, die in der endlosen Schneewüste mit ihren Windjacken winkten, müssen ihm aufgefallen sein.

Es ist ein weiter Weg nach Tukchhe hinunter. Erschwerend wirkt sich vor allem das endlose Hangqueren aus. Dazu drücken unsere Riesensäcke uns schier die Schultern ein. Es ist eine Qual, wir kommen kaum vom Fleck.

Da durchreißt ein schrilles Pfeifen die Stille der Hochwelt! Wir horchen auf und können gerade noch ein über uns hinwegzischendes Düsenflugzeug erkennen. Es ist eine „Canberra" der indischen Luftwaffe. Jetzt wissen wir, daß eine Suchaktion großen Stils im Gange ist. Was wird wohl die Presse über uns zu berichten wissen? Ich kann mir im stillen ausmalen, was in den Zeitungen steht, wenn die Umwelt derart von uns Notiz nimmt, daß sogar Düsenjäger der indischen Luftwaffe nach uns ausgesandt werden!

Aber nur zu bald sind wir wieder uns selbst überlassen. Von neuem umgibt uns die Stille. Silbern leuchten gewaltige Schneegebilde wie fein ziselierte Kunstschlosserarbeit von der riesigen Nordostwand der Tukchhespitze herunter. Hie und da bricht ein solcher Eisturm in sich zusammen, fegt mit gewaltigem Getöse zu Tal und verliert sich in einer schmutzigen Moräne.

„Wenn wenigstens diese Rucksäcke nicht wären!" meint Emil, dann zottelt er wieder zufrieden hinter mir drein. Der Schnee wird glashart. Ohne Unterbrechung führt der Abhang in eine wilde Schlucht hinunter. Jetzt nur nicht ausrutschen! Es wäre das Ende. Unaufhaltsam würde man in die Tiefe sausen und an rauhen Felskliffen zerschellen.

Emil, der Bergungewohnte, hält sich prima. Mit einer Sicherheit, als hätte er zeit seines Lebens nichts anderes getan, setzt er Fuß vor Fuß und kommt langsam, aber sicher tiefer. Noch eine kurze, heikle Passage, dann sind wir auf dem rettenden Grat, der bequem zum rauschenden Dapa-Khola hinunterführt. Aber die Stelle hat es in sich. Kaum zwanzig Meter sind's, doch sie zwingen mich zu halbstündigem Stufenschlagen in bösartigem Eis. Auf dem Grat angekommen, machen wir große Rast. Mir schmerzen die Finger von der ungewohnten Eispickelarbeit. Und Emil kann befriedigt feststellen, daß er zu seinem ersten hochalpinen Quergang kam.

Jetzt hat es nur noch an vereinzelten Stellen Schnee. Über Grashänge, aus denen bereits die ersten Blumen sprießen, geht's hinunter. Bald sind wir beim Biwakplatz, wo ich vor drei Wochen übernachtete. Wir kochen nur kurz, um ja nicht zuviel Zeit zu verlieren, denn wir wollen ja heute noch wenigstens zur ersten Siedlung kommen. Im Freien zu nächtigen, hat bestimmt seinen Reiz, aber wir finden unsere Lage auch ohne ein zusätzliches Biwak abenteuerlich genug. Wenn wir nur noch vor Einbruch der Nacht den Saumpfad oberhalb von Tukchhe erreichen, dann sind wir gerettet. Sollten wir aber den Durchschlupf zwischen dem rauschenden Dapa-Khola und dem umgebenden Dschungel nicht finden, bleiben wir in der Wildnis gefangen. Und hörten wir nicht schon von Bären und einer Art von „Bergleopard", die in diesem Gebiet hausen sollen? Wenn immer möglich, wollen wir heute nicht biwakieren!

Emil klagt über starke Schmerzen in den Knien. Er ist ein so langes und steiles Abwärtsgehen nicht gewöhnt. Welchem Nichtbergsteiger erginge es dabei anders! Aber es tut dem Humor meines Kameraden keinen Abbruch, wie seine Schmerzen in Knie und Oberschenkel noch schlimmer werden. Schließlich muß er sogar rückwärts absteigen, nur um die Muskeln zu entlasten. Es muß sehr unangenehm für ihn sein, aber Emil beißt auf die Zähne und läßt sich nichts anmerken.

Der halbe Tag, die Stunden zerrinnen nur so. Schon längst umgibt uns dichter Nebel. Es ist das gewohnte Nachmittagswetter, das nie einen Sonnenstrahl durchblicken läßt. Wir müssen aufpassen, den Weg nicht zu verlieren. Wie gut ist es doch, daß ich vor drei Wochen hier vorbeiging! Auf Anhieb finde ich gottlob die einzige schwache Stelle des Dschungels, wo das weg- und steglose Gelände in einen deutlich ausgetretenen Hirtenpfad übergeht. Wie leicht könnte man die Stelle verpassen, in ein undurchdringliches Dickicht geraten – und brauchte dann wohl Tage, um sich wieder hinauszufinden.

Die Schneeschmelze ist im Himalaya angebrochen. Glitschig naß führt der steile Pfad in die Tiefe. Sachte müssen wir mit den nassen Gummisohlen über eine besonders heikle Felsplatte schleichen. Wie Schmierseife klebt feuchte Erde daran. Es heißt aufpassen, denn ein Ausgleiten würde das Verschwinden in eine bodenlose Tiefe bedeuten. Aber wir befinden uns wenigstens in wegsamem Gelände, ja auf einem richtigen Weg, der aus der Wildnis heraus in eine bewohnte Gegend führt. Selbst bei Nacht und Nebel werden wir da noch vorwärts kommen.

Aber es ist nicht so weit her mit der sicheren Spur. Die Schmelzwasser haben ihr Zerstörungswerk angefangen. Reißende Bäche und undurchdringliches Dickicht verlegen uns immer wieder plötzlich den Weg. Den richtigen Durchschlupf zu finden, ist oft ein Problem. Vor allem orientieren wir uns jetzt nach dem Yakmist, den die Herden der Berghirten da und dort zurückgelassen haben.

Endlich, um fünf Uhr abends, stehen wir vor dem giftigen Gegenanstieg, der uns noch von Tukchhe trennt. Die Landschaft hier ist einmalig. Der schäumende Dapa-Khola fließt in eine enge Felsklamm. Man würde nicht glauben, daß der Weg weitergeht. Aber die schlauen Einwohner von Tukchhe wußten sich zu helfen. In tollen Kehren rangen sie dem Felshindernis Meter um Meter ab, und zwischen dem Abgrund und einem lichten Lärchenwäldchen hindurch fanden sie einen Pfad.

Dreiviertel Stunden später wanken wir todmüde über den Dorfplatz von Tukchhe. Vor zwölf Stunden sind wir auf dem Dambuschpaß aufgebrochen. Emil ist mit seinem Muskelkater nun nicht mehr allein. Auch ich verspüre die Anstrengungen des Tages und humple wie ein Greis über das Dorfpflaster.

Die Bewohner erkennen in mir offenbar einen alten Bekannten. Mit unmißverständlichen Gesten deuten sie zum Himmel und fragen nach dem „Yeti". Traurig versuche ich, ihnen verständlich zu machen, daß der „Yeti" nicht mehr fliegt. „Zaina aeroplane!" („Kein Flugzeug mehr!") macht bald die Runde durchs Dorf. Die lieben Tukchhe-Leute scheinen begriffen zu haben.

Bei einer Tibeterfamilie finden wir Unterkunft. Die Leute, die wir schon in Pokhara kennengelernt haben, sind sehr liebenswürdig zu uns. Leider können wir kein Wort miteinander plaudern, aber sie verstehen eines: daß wir müde sind und Hunger haben. Kartoffeln und frische Eier bringen sie uns – nach der vielen Schokolade ein wahrer Leckerbissen! Für die Nacht leihen sie uns Decken, die wir dankbar entgegennehmen, da wir ja keine Schlafsäcke mithaben. Um Wanzen und Flöhe kümmern wir uns jetzt wenig. Wir sind froh, wieder unter andern Lebewesen zu sein.

*Drei Achttausender liegen zur Gänze auf dem Gebiet von Nepal: Dhaulagiri, Annapurna und Manaslu. Da Fremde keinen Zutritt in das verbotene Hindu-Königreich haben, gibt es bis 1950 keine Versuche, einen dieser Berge zu ersteigen. Dem Verhandlungsgeschick des Franzosen Lucien Devies ist es zu verdanken, dass die Regierung Nepals erstmals eine Genehmigung zu einer Expedition erteilt.*

*Maurice Herzog führt ein Team, das aus den stärksten Nachkriegsbergsteigern Frankreichs besteht, in das unbekannte Land: Lionel Terray und Louis Lachenal haben kurz nach Kriegsende die Zweitbegehung der Eiger-Nordwand geschafft. Gaston Rébuffat, Jean Couzy und Marcel Schatz sind in Hochform. Doch ihnen allen fehlt eines: Himalaya-Erfahrung. Nur der Kameramann Marcel Ichac war in den Dreißigerjahren schon auf Expeditionen im Karakorum. Von dem vorerst zum Ziel auserkorenen Dhaulagiri (8167 m) gibt es keine Bilder oder Berichte von Erkundungsfahrten, nur schlechte Landkarten weisen den Franzosen den Weg.*

*Von Tukchhe ausgehend erkunden sie Möglichkeiten, finden aber keine Route, die erfolgversprechend aussieht. So wechseln sie auf die andere Seite des Thak Khola* und suchen einen Weg zur Annapurna (8091 m), die von Norden her unsichtbar bleibt.*

*Sie steigen über den Tilicho-Pass, überqueren den zugefrorenen Tilicho-See und vermuten die Annapurna südlich hinter der Grande Barriere, die auf ihren Karten nicht eingezeichnet ist. Sie suchen in Manang nach dem versteckten Achttausender, doch niemand scheint ihn zu kennen.*

*Schließlich vermuten die Franzosen, dass man die Annapurna von Süden her angehen muss. Die Expedition bahnt sich mühsam einen Weg durch das fast ungangbare Tal des Miristi Khola und erreicht endlich eine Position, von der aus eine Aufstiegsroute und eine Lagerkette machbar erscheinen.*

*Maurice Herzog schickt am 23. Mai einen Postläufer zurück nach Tukchhe, wo immer noch das Hauptquartier der Expedition eingerichtet ist:*

*„Camp 1 am Gletscher der Annapurna: Wir sind entschlossen, die Annapurna anzugreifen. Der Sieg ist unser, jeder ist fest entschlossen, keinen Tag, ja keine Stunde mehr zu verlieren."*

*Am 3. Juni 1950 stehen Herzog und Lachenal am Gipfel. Erstmals ist ein Achttausender** von Menschen bezwungen. Doch der folgende Ausschnitt aus Herzogs Bericht zeigt, dass der Abstieg mitunter größere Gefahren birgt als der Aufstieg.*

*Maurice Herzog über seine Gefühle:*

*„Die Annapurna, zu der wir mit leeren Händen gekommen waren, erwies sich als ein Schatz, von dem wir bis zum Ende unserer Tage zehren werden."*

*Herzog wird in der Regierung Charles de Gaulles Sportminister und steht im Jahr 2000 im Zentrum großer Feierlichkeiten anläßlich des 50-Jahr-Jubiläums der Annapurna-Erstbesteigung.* *M. U.*

* auch Kali Gandaki genannt; Anm. d. Hrsg.

** Der bis dahin höchste erstiegene Gipfel war der von Tilman und Odell 1936 erstbestiegene Nanda Devi (7816 m) im indischen Himalaya.

Der folgende Text wurde entnommen aus: Maurice Herzog, Annapurna. Schweizer Druck- und Verlagshaus AG: Zürich o. J., S. 217–241. Abdruck mit freundlicher Genehmigung des Autors.

*Maurice Herzog*

# *Annapurna: der erste Achttausender*

Der Aufstieg ist anstrengend bis zur Erschöpfung. Jeder Schritt ist ein Sieg des Willens. Nun erreicht uns die Sonne. Um sie zu grüßen, machen wir halt, wie schon des öfteren. Lachenal klagt immer wieder über seine Füße.

„Ich habe kein Gefühl mehr ..." stöhnt er. „Sie fangen an zu erfrieren."

Er zieht neuerlich die Schuhe aus.

Ich bin nun doch beunruhigt, denn ich kenne die Gefahr, in der wir ständig schweben, nur allzugut und weiß aus Erfahrung, daß eine Erfrierung oft ganz rasch und unvermutet eintritt, wenn man nicht genau acht gibt. Auch mein Kamerad weiß das sehr wohl:

„Man riskiert, sich die Füße zu erfrieren ...! Meinst du, das steht dafür?"

Ein banger Augenblick. Ich bin verantwortlich und muß für die anderen denken und sorgen. Eine Gefahr besteht ohne Zweifel. Wiegt die Annapurna ein solches Risiko auf? Das ist die Frage, die ich mir stelle und die mich quält.

Lachenal hat die Schuhe wieder zugeschnürt. Von neuem stapfen wir mühsam durch den Schnee. Der Sichel-Gletscher liegt in seiner ganzen Ausdehnung offen vor unseren Blicken.

Der Weg schräg hinauf ist noch weit ... und dort, die Wand ... werden wir einen Durchlaß finden?

Auch ich friere an den Füßen, wie Lachenal. Ich bewege ununterbrochen die Zehen, auch beim Gehen. Sie sind gefühllos, aber das ist mir im Gebirge schon oft passiert; man muß sie nur dauernd bewegen, um die Blutzirkulation aufrechtzuerhalten.

Lachenal kommt mir vor wie ein Geist, er lebt für sich allein. Und ich für mich. Die Anstrengung ist jetzt merkwürdigerweise geringer als tiefer unten. Ist es die Hoffnung, die uns Flügel verleiht? Selbst durch die Schutzbrillen blendet der Schnee, die Sonne strahlt direkt auf das Eis. Wir sind über den schwindelnden Graten, die in bodenlose Tiefe abfallen.

Unten, tief unten sind die Gletscher winzig klein. Die uns vertrauten Gipfel starren wie Pfeile hoch in den Himmel.

© Foto: Marcel Ichac

*Maurice Herzog, 1950 bei der Suche nach einer Aufstiegsroute*

Plötzlich faßt Lachenal mich am Arm:

„Wenn ich umkehre – was machst du dann?"

Blitzhaft zieht eine Welt von Bildern an meinem geistigen Auge vorüber: die Tage des Anmarsches in glühender Hitze, die mühsamen Aufstiege, die ungeheuren Anstrengungen aller im Kampf um den Berg, der tägliche Heroismus meiner Gefährten bei der Errichtung und Ausgestaltung der Lager ... Jetzt sind wir nahe am Ziel! In einer, in zwei Stunden vielleicht ist alles gewonnen! Und jetzt sollten wir aufgeben?

Das ist unmöglich.

Mein Innerstes bäumt sich auf. Ich bin entschlossen, unbedingt entschlossen!

Heute geht es um ein Ideal. Dafür ist kein Opfer zu groß.

Hell tönt meine Antwort:

„Ich gehe allein weiter!"

Ich werde allein gehen.

Wenn er umkehren will – ich kann ihn nicht zurückhalten. Er muß in voller Freiheit wählen.

Mein Gefährte bedurfte nur dieses Willensbekenntnisses. Er hat nicht im mindesten den Mut verloren, einzig die Vorsicht, die unmittelbar bestehende Gefahr haben ihm seine Worte eingegeben. Ohne zu zögern, wählt er:

„Dann gehe ich mit dir!"

Die Würfel sind gefallen.

Die Bangigkeit ist verflogen. Ich habe die Verantwortung auf mich genommen. Nichts hindert uns mehr, bis zum Gipfel zu gehen.

Die wenigen zwischen Lachenal und mir gewechselten Worte haben die seelische Situation verändert.

Jetzt sind wir Brüder.

Ich fühle mich von etwas Neuem, Ungewohntem fortgerissen, von seltsamen, bewegten Empfindungen, wie ich sie bisher nie im Gebirge hatte.

Die Art, wie ich meinen Gefährten und meine Umgebung sehe, hat etwas Unwirkliches ... Innerlich muß ich über unsere jämmerlichen Anstrengungen lächeln. Zugleich sehe ich mir bei allen meinen Bewegungen von außen zu. Doch sie sind gar nicht mehr angestrengt, es ist, als wäre die Schwerkraft aufgehoben. Diese durchsichtigen, in höchster Reinheit sich darbietenden Formen sind nicht mehr der Berg, den ich ersteige.

Es ist ein Berg, den ich träume.

Der Schnee, der jeden Felsblock zudeckt und in der Sonne leuchtet, ist von einer strahlenden Schönheit, die mich unendlich rührt. Die Klarheit ist überall wunderbar. Ich wandle in einer kristallenen Welt. Töne erreichen kaum das Ohr. Die Atmosphäre ist wie Watte.

Eine Freude ohnegleichen erfüllt mich; ich kann sie nicht in Worte kleiden. Es ist alles so neu und so ungewöhnlich!

Das ist keine Fahrt, wie ich sie oft in den Alpen gemacht habe, keine, bei der man ein dunkles Bewußtsein hat, Häuser, die man sehen kann, wenn man sich umwendet.

So ist es nicht.

Eine ungeheure Kluft trennt mich von der Welt. Ich bin in einem anderen Reich, wüst und öde, ohne Leben, in Kälte erstarrt. In einem phantastischen Reich, wo der Mensch nicht hingehört, wo seine Gegenwart vielleicht nicht erwünscht ist. Wir übertreten ein Verbot, trotzen einer Weigerung und steigen dennoch furchtlos immer höher. Ich muß an die berühmte Leiter der heiligen Therese von Avila denken. Eine Hand krampft sich um mein Herz ...

Teilt Lachenal all diese Empfindungen? Der Gipfelgrat rückt näher. Wir kommen am Fuße der Wand unterhalb des Gipfels an. Sie ist sehr steil. Die Schneedecke ist von Felsen unterbrochen.

„Die Rinne dort ...!"

In Richtung des Fingers ... Ein geflüstertes Wort: dort können wir hinauf! Das letzte Hindernis!

„A ...! Ein Glück ...!"

Die Rinne in der Wand ist steil, aber passierbar.

„Los!"

Lachenal deutet: einverstanden. Es ist spät, Mittag sicherlich vorüber. Ich habe das Zeitgefühl verloren, mir ist, als wäre ich erst seit einigen Minuten unterwegs.

Der Himmel ist dauernd saphirblau. Unter großen Schwierigkeiten halten wir uns nach rechts und weichen den Felsen aus, weil wir mit unseren Steigeisen die schneebedeckten Stellen vorziehen. Bald haben wir in der aufwärtsführenden Rinne Fuß gefaßt. Sie ist sehr abschüssig ... wir zögern einen Augenblick lang.

Werden wir genug Kraft haben, dies letzte Hindernis zu überwinden?

Glücklicherweise ist der Schnee hart. Indem wir mit den Füßen Tritte scharren, und dank den Steigeisen finden wir genügend Halt. Eine einzige falsche Bewegung wäre verhängnisvoll. Griffe für die Hände brauchen wir nicht zu schlagen: der Pickel, möglichst weit voraus in den Schnee eingetrieben, dient als Verankerung.

Lachenal hält sich ausgezeichnet. Welcher Unterschied gegenüber den ersten Tagen! Die Arbeit hier strengt ihn zwar sehr an, aber er kommt vorwärts. Wenn wir von Zeit zu Zeit nach oben blicken, sehen wir nur die Rinne über uns, ohne recht zu wissen, was uns an ihrem Ausgang erwartet. Wahrscheinlich ein Grat.

Wo liegt der Gipfel? Links oder rechts?

Wir gehen hintereinander, halten nach jedem Schritt inne. Auf unseren Pickeln liegend, trachten wir, wieder zu Atem zu kommen und unser Herz zu beruhigen, das zum Zerspringen klopft.

Jetzt fühlen wir, wir sind am Ziel. Keine Schwierigkeit kann uns mehr aufhalten. Keiner braucht erst den Blick des anderen zu suchen, um sich von der festen Entschlossenheit seines Gefährten zu überzeugen. Ein kleiner Umweg nach links, noch ein paar Schritte ... Der Gipfelgrat rückt unmerklich näher. Noch einige Felsblöcke sind zu umgehen. Wir ziehen uns hinauf, so gut wir können.

Ist's möglich ...?

Ja, wahrhaftig! Ein heftiger Wind schlägt uns entgegen.

Wir sind ... auf der Annapurna!

8075 Meter.

Unsagbare Freude schwellt unsere Herzen.

„Ah, die anderen ...! Wenn sie wüßten!"

Wenn alle wüßten!

Der Gipfel ist eine simsartig vorspringende Eiskuppe. Der Abgrund auf der anderen Seite ist bodenlos, ist grauenerregend. Die Wände fallen senkrecht unter unseren Füßen ab. Ein ähnliches Bild bietet sich kaum in irgendeinem anderen Gebirge der Welt.

Wolken wogen in halber Höhe des Berges. Sie verhüllen das liebliche, fruchtbare Tal von Pokhara in 7000 Meter Tiefe. Über ihnen: der leere Raum.

Die Mission ist erfüllt. Doch noch Größeres hat sich vollendet. Wie schön wird das Leben nun sein!

Es ist unfaßbar, wenn man so plötzlich sein Ideal verwirklicht und zugleich sich selbst.

Das Gefühl überwältigt mich. Nie habe ich eine so große und reine Freude empfunden.

Dieser bräunliche Stein, der höchste in der Runde, dieser Eisgrat ... sind sie das Ziel eines ganzen Lebens? Ist hier die letzte Grenze menschlichen Stolzes?

„Steigen wir ab?"

Lachenal faßt mich am Arm. Was für Gefühle bewegen ihn? Ich weiß es nicht. Denkt er, er habe irgendeine beliebige Fahrt gemacht wie in den Alpen? Meint er, jetzt brauche er nur so mir nichts dir nichts wieder abzusteigen?

„Eine Sekunde, ich muß Aufnahmen machen."

„Beeil dich!"

Ich suche fieberhaft in meinem Rucksack, nehme den Apparat heraus, hole die kleine französische Fahne hervor, die sich zuunterst verkrochen hat, die Wimpel. Bloße Gesten sicherlich, aber mehr als Symbole: sie sind der lebendige Ausdruck liebevoller Gedanken. Ich knüpfe die Leinwandstücke, die im Rucksack von Schweiß und Eßwaren schmutzig geworden sind, an den Stiel meines Pickels, die einzige Fahnenstange, die ich zur Verfügung habe. Dann stelle ich den Apparat auf Lachenal ein.

„Da, willst du mich aufnehmen?"

„Gib her ... mach rasch!" erwidert Lachenal.

Er macht mehrere Photos, dann gibt er mir den Apparat zurück. Ich lege den Farbfilm ein und wir wiederholen die Prozedur, um auf alle Fälle ein paar Andenken mitzubringen, die uns eines Tages lieb und wert sein werden.

„Du bist wohl verrückt!" sagt Lachenal. „Wir haben keine Zeit zu verlieren ... müssen sofort hinunter!"

Ich blicke um mich: tatsächlich, das Wetter ist nicht mehr so herrlich schön wie heute morgen. Mein Gefährte wird ungeduldig:

„Wir müssen absteigen!"

Er hat recht. Es ist die instinktive Reaktion des Bergführers, der sein Reich kennt.

Doch ich kann mich noch immer nicht an den Gedanken gewöhnen, daß wir den Sieg errungen haben, es scheint mir ganz unglaubhaft, daß wir hier oben im Schnee stehen.

Einen Steinmann können wir hier unmöglich errichten: es sind keine Steine da, alles ist vereist.

Lachenal stampft mit den Füßen: er fühlt, daß sie erstarren. Ich auch. Aber ich achte kaum darauf. Der höchste Gipfel, den Menschen je bezwangen! Er liegt unter unseren Füßen!

Vor meinem Geist zieht die Reihe unserer Vorgänger, der großen Pioniere des Himalaya, vorüber: Mummery, Mallory und Irvine, Bauer, Welzenbach, Tilman, Shipton ... Wie viele sind tot, wie viele fanden in diesen Bergen ein Ende, wie sie es sich schöner nicht wünschen konnten?

Demut mischt sich in meine Freude. Nicht eine einzelne Seilschaft bezwang heute die Annapurna – nein, eine ganze Mannschaft. Ich gedenke aller meiner Kameraden, die sich in den Lagern an den Hängen zu unseren Füßen festgenistet haben, und weiß: dank ihren Anstrengungen, dank ihren Opfern ward heute der Sieg unser. Es gibt Augenblicke, in denen das vielfältigste Geschehen sich zur Einheit ordnet und verdichtet und einem in lichtvoller Klarheit vor Augen tritt. So jetzt mir das unwiderstehliche Vorwärtsdrängen aller Kameraden, das unsere Expedition bis hierher geführt hat.

Und andere Bilder tauchen in meiner Erinnerung auf ...

Das Tal von Chamonix, wo ich die schönsten Stunden meiner Jugend verbrachte, der Montblanc, von dem ich einen so tiefen Eindruck empfing! Schon als Kind staunte ich „die vom Montblanc", wenn sie von droben zurückkamen, wie Wesen aus einer anderen Welt an und sah in ihren Augen ein seltsames Licht leuchten.

„Vorwärts! Geradewegs hinunter!" ruft Lachenal.

Schon hat er seinen Rucksack wieder um und macht sich an den Abstieg. Ich ziehe den Höhenmesser aus der Tasche: 8500. Ich lächle vor mich hin. Ich schlürfe etwas Kondensmilch und werfe die leere Büchse weg. Sie bleibt als einzige Spur unseres Hierseins zurück ... Ich verschnüre meinen Rucksack, ziehe die Handschuhe wieder an, setze die Schneebrillen auf, ergreife meinen Pickel; noch einen Blick in die Runde ... dann tauche auch ich ab, den Hang hinunter. Ehe ich in der Rinne verschwinde, sehe ich noch einmal zu dem Gipfel hinauf, der hinfort all unsere Freude, all unser Trost sein wird.

Lachenal ist schon tief unten; er hat bereits das untere Ende der Rinne erreicht.

Ich stapfe in seiner Spur abwärts.

Ich beeile mich wie nur irgend möglich, doch das Terrain ist gefährlich. Man muß bei jedem Schritt fürchten, daß der Schnee unter dem Gewicht des Körpers abrutscht. Lachenal ist schon auf der großen Diagonale. Er geht mit einer Schnelligkeit dahin, deren ich ihn nicht für fähig gehalten hätte. Jetzt muß auch ich die Zone traversieren, wo Fels und Schnee miteinander abwechseln. Endlich bin ich unterhalb der Wand. Ich habe mich sehr beeilt und bin ganz außer Atem. Ich nehme den Rucksack ab, ziehe die Handschuhe aus. Was will ich? Ich weiß nicht. Da, plötzlich ...

„Oh, die Handschuhe ...!"

Ehe ich noch Zeit hatte, mich zu bücken, sehe ich sie schon dahinrollen, dahingleiten, immer weiter, den Hang hinunter ... Da stehe ich bestürzt, sehe sie langsam entschwinden, unaufhaltsam. Die Bewegung dieser Handschuhe prägt sich meinem Auge ein wie etwas Unvermeidliches, Endgültiges, gegen das ich nichts vermag. Das kann überaus schwere Folgen haben. Was soll ich tun?

„Nur schnell zum Lager V!"

Rébuffat und Terray müssen schon dort sein. Meine Unruhe ist wie durch ein Wunder verflogen. Ich habe nur noch den einen Gedanken: das Lager zu erreichen. Nicht einen Augenblick denke ich daran, die Socken aus dem Rucksack zu nehmen, die ich für solche Fälle immer bei mir habe; ich stürze drauflos und versuche Lachenal einzuholen. Es war 2 Uhr, als wir den Gipfel erreichten; um 6 Uhr waren wir aufgebrochen. Ich muß mich erst besinnen, ich habe kein Zeitgefühl mehr. Ich bilde mir ein zu laufen, in Wirklichkeit gehe ich normal, vielleicht sogar langsam. Immer wieder muß ich stehenbleiben, um Atem zu schöpfen. Wolken bedecken jetzt den ganzen Himmel. Alles ist trüb geworden, schmutzig-grau. Ein eisiger Wind erhebt sich, der nichts Gutes verheißt. Vorwärts! Doch wo ist Lachenal? Und ich dachte, er sei nicht besonders in Form! Ich sehe ihn mindestens zweihundert Meter vor mir. Er denkt nicht daran, stehenzubleiben.

Die Wolken werden dichter, senken sich auf uns herab; der Wind bläst stärker, doch ich leide nicht im mindesten unter der Kälte. Vielleicht steigert das rasche Bergabgehen meine Blutzirkulation.

Werde ich im Nebel die Zelte finden?

Ich halte den Feldgrat des Vogelschnabels im Auge, der über dem Lager aufragt. Nach und nach verschwindet er im Nebel, aber glücklicherweise sehe ich weiter unten die lanzenspitzenförmige Felsrippe noch. Sollte der Nebel noch dichter werden, gehe ich direkt auf den Grat zu. Wenn ich ihn dann entlang gehe, muß ich unbedingt auf das Zelt stoßen.

Lachenal verschwindet immer wieder, dann wird der Nebel so dicht, daß ich ihn überhaupt nicht mehr sehe. Ich gehe, so schnell ich kann und so lange mein Atem durchhält.

Der Hang wird steiler; vereiste Flächen unterbrechen da und dort die gleichförmige Schneedecke. Gut so! Ich nähere mich dem Lager. Wie schwer es ist, sich im Nebel zu orientieren. Ich halte die Richtung nach der Linie der stärksten Neigung. Nun wird das Terrain schwieriger; mit Hilfe der Steigeisen steige ich die Böschungen aus nackten, losen Eisblöcken ab.

Verschwommene Flecke ... noch ein paar Schritte ... Ja, da ist das Lager – und zwei Zelte sind da!

Rébuffat und Terray sind also angekommen. Welches Glück! Gleich werde ich ihnen sagen können, daß der Sieg unser ist, daß wir auf dem Gipfel waren. Wie werden sie sich freuen!

Da bin ich! Ich nähere mich von oben her. Die beiden Zelte stehen „ausgerichtet". Die Plattform ist verlängert, die Eingänge liegen einander gegenüber. Ich zupfe an einem Spannseil des ersten Zeltes. Jemand rührt sich drin, man hat mich gehört. Da ist Rébuffat. Auch Terray steckt seinen Kopf heraus.

„Wir haben's geschafft! Wir kommen von der Annapurna!"

Meine Gefährten nehmen die große Neuigkeit enthusiastisch auf.

„Aber ... wo ist Biscante?" fragt Terray verwundert.

Seine Stimme verrät Unruhe.

„Oh, er muß gleich kommen, er war unmittelbar vor mir. Das war ein Tag! Heute um 6 Uhr früh brachen wir auf, machten keinen Augenblick halt ... Und nun ist es gelungen!"

Mir fehlen die Worte. Ich hätte so viel zu sagen ...

Der Anblick der vertrauten Gesichter verscheucht das fremdartige Gefühl, das mich seit heute morgen beherrscht. Plötzlich bin ich wieder nur noch Bergsteiger.

In seiner übergroßen Freude faßt Terray mich an den Händen ...

Das Lächeln erstirbt in seinem Gesicht:

„Maurice! Deine Hände ...!"

Dann unheimliches Schweigen.

Ich dachte nicht mehr daran, daß ich keine Handschuhe anhatte: meine Finger sind violett oder weiß und hart wie Holz – ein deutlicher Beweis für den Ernst des Unfalls.

Ich bin, ohne es zu wissen, noch immer in einer euphorischen Stimmung. Ich lehne mich an Terrays Schulter und sage aus übervollem Herzen:

„Und du warst so gut in Form! Du hast dem Berg so viele Kräfte geopfert! Es ist ein Jammer, daß du nun nicht mit oben warst!"

„Was ich getan habe, tat ich für die Expedition, mein lieber Maurice. Und da du oben warst, ist es unser aller Sieg, der Sieg der ganzen Mannschaft."

Ein ungeheures Glücksgefühl überkommt mich. Wie kann ich ausdrücken, wie ihm sagen, was diese Antwort für mich bedeutet! Er hat meine Freude über die Bezwingung des Gipfels, die vielleicht selbstsüchtig erscheinen könnte, in die reinste, schattenloseste Freude verwandelt. Seine Antwort gewinnt in meinen Augen einen umfassend-allgemeinen Sinn. Sie bezeugt: dieser Sieg ist nicht der Sieg eines einzelnen, ein Triumph des Stolzes – nein, Terray hat es als erster begriffen: es ist der Sieg aller, ein Sieg menschlicher Brüderlichkeit.

„Oh! Oh! Oh! Zu Hilfe!"

„Biscante!" rufen Rébuffat und Terray.

Ich habe nichts gehört; in einer Art Rausch befangen, habe ich allen Kontakt mit der Wirklichkeit verloren.

Terrays Herz erstarrt: er denkt an seinen Seilgefährten, an dessen Seite er so viele unvergeßliche Abenteuer erlebte, so oft dem Tod ins Auge blickte, so viele herrliche Siege errang. Aus dem Zelt tretend, sieht er Lachenal mehr als hundert Meter weiter unten am Hang in bedrohlicher Lage. Hastig fährt er in die Schuhe, kleidet sich an und stürzt davon.

Doch der Hang ist leer, von Lachenal keine Spur mehr! Ein furchtbarer Schreck durchzuckt Terray; er stößt unartikulierte Schreie aus. Ein entsetzlicher Augenblick, da der Gefährte der schönsten Tage seines Lebens vor seinen Augen verschwunden ist.

Unter einem heftigen Wind treibt der Nebel mit großer Schnelligkeit dahin. In seiner Aufregung hat Terray nicht bedacht, daß im Nebel alle Entfernungen täuschen.

„Biscante! Biscante!"

Er hat ihn wieder erblickt. Er ruft laut. Als der Nebel an einer Stelle reißt, gewahrt er den Freund, der auf dem Hang liegt, tiefer unten, als er ursprünglich glaubte.

Wie ein Rasender stürzt er sich hinunter, fährt kurz entschlossen in Gleitspur über den Hang ab. Wie wird das enden? Wie wird er auf der im Wind hart gefrorenen Schneedecke ohne Steigeisen bremsen? Doch Terray ist ein hervorragender Skiläufer. Mit einem Stemmbogen stoppt er neben Lachenal, der einen schweren Sturz getan hat. Er liegt hingestreckt, mit leerem Blick, ohne Pickel, ohne Schneehaube, ohne Handschuhe, nur noch mit einem Steigeisen an den Füßen.

„Meine Füße sind erfroren! Führ mich hinunter ... führ mich hinunter, damit Oudot mich behandeln kann!"

„Unmöglich", antwortet Terray gequält. „Sieh dir doch das Unwetter an, in das wir geraten sind ... Es wird Nacht."

Doch Lachenal ist außer sich bei dem Gedanken, daß ihm vielleicht die Füße amputiert werden müßten.

Mit einer Gebärde der Verzweiflung reißt er Terray den Pickel aus den Händen und versucht mit Gewalt weiterzugehen. Aber bald sieht er die Nutzlosigkeit seines Beginnens ein und entschließt sich, wieder zum Lager hinaufzusteigen. Terray schlägt Stufen und weicht nicht von seiner Seite. Vollkommen erschöpft schleppt Lachenal sich auf allen vieren hinauf ...

Mittlerweile bin ich in Rébuffats Zelt gekrochen. Beim Anblick meiner Finger krampft sich ihm das Herz zusammen. Sofort bemüht er sich um mich. Ich erzähle bruchstückweise, wie unser Tag verlief, doch er, ganz der Realität zugewandt, nimmt ein Stück Seil und beginnt meine Finger zu klopfen. Dann zieht er mir die Schuhe aus, mit großer Mühe, denn meine Füße sind geschwollen; er schlägt meine Füße, frottiert sie. Bald hören wir, wie Terray im anderen Zelt Lachenal ebenso behandelt.

Tragische Augenblicke!

Ja, die Annapurna ist bezwungen, der erste Achttausender ist erstiegen. Jeder von uns war bereit, alles dafür hinzugeben. Und doch, was denken unsere Kameraden heute, wenn sie unsere Hände und Füße sehen?

Draußen tobt der Sturm, ist dichter Nebel. Die Nacht fällt rasch ein. Es schneit. Wie in der Nacht vorher müssen wir uns an die Zeltmasten klammern, damit der Sturm die Zelte nicht fortreißt. Es sind nur zwei Luftmatratzen da. Sie bleiben den Verletzten vorbehalten. Rébuffat und Terray, im Zelt hier und drüben, setzen sich auf die Seile, die Rucksäcke, die Proviantvorräte, um nicht mit dem Schnee in Berührung zu kommen. Sie frottieren, schlagen, peitschen. Manchmal fallen die Schläge auf lebendige Stellen. Aus beiden Zelten ertönen Schreie. Rébuffat läßt nicht locker; wenn die Prozedur auch schmerzhaft ist, er darf nicht aufhören. Nach und nach kommt wieder Leben in meine Füße und Hände. Die Blutzirkulation setzt wieder ein. So geht es auch bei Lachenal.

Terray hat die Energie, ein heißes Getränk zu bereiten. Durch Rufen verständigt er Rébuffat, er werde ihm einen Becher voll herüberreichen. Aus jedem Zelt reckt sich ein Arm hinaus. Sie sind im Nu mit Schnee bedeckt. Die Flüssigkeit kocht, obwohl sie kaum 60 Grad hat. Ich trinke gierig. Das tut mir ungeheuer wohl.

Die Nacht ist eine Hölle. Wütende Sturmböen folgen einander ohne Pause. Es schneit unaufhörlich, und die Schneelast drückt auf das Zeltdach.

Manchmal höre ich Stimmen aus dem anderen Zelt; Terray frottiert seinen Kameraden noch immer mit bewundernswerter Zähigkeit und hält nur inne, um ihm wieder einen Becher des kochenden Getränks einzuflößen. Rébuffat, herüben bei mir, ist todmüde; er ist zufrieden, als er sieht, daß die Wärme in meine Glieder zurückkehrt.

Halb ohne Bewußtsein, merke ich kaum, wie die Stunden vergehen. Ab und zu sehe ich unsere Situation in ihrem richtigen dramatischen Licht, doch die übrige Zeit befinde ich mich in einem unerklärlichen Rauschzustand, ohne an das zu denken, was nun nach dem Sieg noch kommen muß.

Die Nacht rückt vor, und der Schnee wuchtet immer schwerer auf dem Zelt. Ich habe neuerlich das furchtbare Gefühl, langsam und geräuschlos zu ersticken. Dann und wann setze ich mich zur Wehr und versuche mit aller mir zu Gebote stehenden Kraft, mit beiden Unterarmen die auf mir lastende Masse emporzuheben. Nach der gewaltigen Anstrengung ringe ich jedesmal nach Atem, und alles ist wie zuvor. Der Druck ist noch stärker als in der vergangenen Nacht.

„Gaston! Gaston!"

Ich erkenne Terrays Stimme. Er ruft:

„Wir müssen aufbrechen!"

Ich höre die Laute, ohne recht zu begreifen. Sollte es schon Morgen sein?

Ich wundere mich nicht im geringsten, daß meine Gefährten darauf verzichten, zum Gipfel aufzusteigen, gebe mir keine Rechenschaft von der Größe ihres Opfers.

Draußen verstärkt sich der Sturm. Das Zelt erzittert, die Zeltplanen flattern und klatschen beunruhigend. In der Regel war das Wetter am Morgen schön. Ist dies nun der Monsun? Wir wußten, er sei nicht mehr weit ... Führt er seinen ersten Angriff?

„Gaston, Gaston, seid ihr fertig?"

Terray mahnt von neuem.

„Einen Augenblick noch!" sagt Rébuffat.

Er hat nämlich keine leichte Arbeit: er muß mir die Schuhe anziehen, mich vollkommen für den Marsch ausrüsten. Ich lasse alles mit mir geschehen wie ein Kind. Terray, in seinem Zelt drüben, kleidet Lachenal fertig an; seine Füße sind noch immer angelaufen, er kommt nicht in die Schuhe hinein. Terray gibt ihm die seinen, die größer sind. Um selbst Lachenals Schuhe anziehen zu können, macht er Einschnitte in das Leder. In einer vorsichtigen Regung steckt er einen Schlafsack und etwas Proviant in seinen Rucksack und ruft uns zu, wir mögen es auch tun. Gingen seine Worte im Sturm unter? Oder maßen wir in unserer übergroßen Ungeduld, diese Hölle zu verlassen, seinem Rat keine Bedeutung bei?

Lachenal und Terray sind schon draußen. Sie rufen: „Wir gehen los!"

Gleich darauf sind wir auch soweit. Es sind für uns vier nur zwei Pickel da. Rébuffat und Terray nehmen sie kurzerhand an sich. Ehe wir aufbrechen, seilt Rébuffat mich an.

Wir lassen die beiden Zelte, die das Lager V bildeten, zurück. Ein kindisches Gefühl der Scham überkommt mich, daß wir das Material so ohne weiteres aufgeben.

Die erste Seilschaft ist, wie mir scheint, schon ziemlich weit unten. Infolge der Schneeböen sehen wir gar nichts. Man hört keinen Meter weit. Wir haben unsere Wettermäntel angezogen, denn es ist sehr kalt. Die Schneedecke ist ungemein glatt, Rébuffats Seil erweist sich mehrere Male als sehr nützlich.

Die beiden anderen vor uns verlieren keine Zeit. Lachenal, an der Spitze und von Terray gesichert, stürmt dahin, er hat es eilig, hinunterzukommen. Keine frühere Spur zeigt uns den Weg an, doch wir haben ihn alle noch in Erinnerung: erst 100 Meter geradeaus über den Hang hinuntersteigen, dann bis zu 150 oder 200 Meter Gefälle nach links hin traversieren, um auf das Lager IV zu stoßen.

Es schneit nicht mehr so heftig, der Wind läßt nach. Wird es aufhellen? Wir wagen es nicht zu hoffen.

Vor einer Mauer von Eisblöcken zögern wir.

„Nach links", sage ich, denn ich erinnere mich genau.

Nach rechts, meinen die anderen. Wir setzen den Abstieg fort. Der Wind legt sich völlig, doch der Schnee fällt in großen Flocken. Der Nebel ist dicht. Um einander nicht zu verlieren, gehen wir im Gänsemarsch. Ich bin der dritte und sehe Lachenal kaum, der als erster geht. Unmöglich, eine bestimmte Strecke wiederzuerkennen. Jeder von uns hat genügend Erfahrung im Gebirge, um zu wissen, daß man bei einem solchen Wetter selbst in einem gut bekannten Gelände fehlgehen kann. Die Entfernungen täuschen, das plastische Bild des Terrains kehrt sich um: wir stoßen an Erhebungen, die wir für Löcher gehalten haben. Der Nebel, die fallenden Flocken, die Schneedecke – alles verschwimmt in einem gleichen weißlichen Ton, der die Sicht benimmt. Die hohen Silhouetten der Eisbrüche nehmen phantastische Formen an und scheinen sich langsam um uns zu bewegen.

Unsere Situation ist nicht verzweifelt, wir sind nicht etwa verloren! Wir müssen nur noch weiter hinabsteigen, dann geht es wieder nach links weiter, ich erinnere mich an den Eisblock, der als Richtzeichen dient ... Der Schnee haftet an unseren Wettermänteln. Wir sind weiße Gespenster, die sich ohne jedes Geräusch in einer immer gleichen weißen Dekoration fortbewegen. Wir beginnen abscheulich im Schnee einzusinken. Es gibt nichts Anstrengenderes für ohnehin schon erschöpfte Menschen.

Sind wir zu hoch oben, zu tief unten? Keiner vermag es zu sagen. Halten wir uns nach links!

Dieser lockere Schnee bildet eine Gefahr, von der wir keine ganz deutliche Vorstellung mehr haben. Schließlich müssen wir uns eingestehen: hier geht es nicht weiter. Kehren wir um und steigen wir bis zum oberen Ende des Eisbruchs, der über uns aufragt, zweifellos ist dort die richtige Passage. Mit Rébuffat an der Spitze legen wir die Strecke, die uns soviel Mühe kostete, noch einmal in umgekehrter Richtung zurück. Ich folge ihm mit unregelmäßigen Schritten, ohne ein Wort zu sprechen, entschlossen, bis zum Ende weiterzumachen. Falls Rébuffat stürzt, könnte ich ihn nicht halten.

Unermüdlich gehen wir von einem Eisbruch zum anderen. Jedesmal glauben wir, die richtige Passage gefunden zu haben. Immer erleben wir die gleiche Enttäuschung. Wenn nur dieser Nebel sich einmal teilte, dieser Schnee zu fallen aufhörte! Die Schneedecke auf den Hängen wird unheimlich schnell dicker ... Einzig Terray und Rébuffat sind fähig, einen Weg zu bahnen, sie lösen sich in regelmäßigen Intervallen ab, wortlos, ohne Zaudern.

Ich bewundere diese Hartnäckigkeit Rébuffats, die ihn berühmt gemacht hat. Er will nicht sterben. Mit unglaublicher Zähigkeit, unter verzweifelten Anstrengungen, arbeitet er sich durch den Schnee. Die Langsamkeit seines

Weiterkommens würde den Ausdauerndsten entmutigen, doch er – er gibt nicht nach: schließlich kapituliert der Berg vor seiner Beharrlichkeit.

Terray wiederum dringt wie ein Rasender vorwärts. Das ist wie ein Naturereignis: er will um jeden Preis die Mauern des Gefängnisses sprengen, in dem wir eingeschlossen sind. Seine Körperkräfte sind ungeheuer, doch sein Wille steht ihnen nicht nach.

Lachenal gibt ihm allerhand aufzulösen. Ist er ganz bei Verstand? Er sagt, es lohne sich nicht, weiterzugehen, wir sollten ein Loch in den Schnee graben und besseres Wetter abwarten. Er beschimpft Terray, nennt ihn einen Narren. Doch wer sonst wäre imstande, sich seiner anzunehmen, ihm herauszuhelfen, wenn nicht Terray? Er schleppt ihn rücksichtslos am Seil hinter sich her, und Lachenal ist gezwungen, ihm zu folgen.

Wir haben uns vollständig verirrt …

Das Wetter will sich anscheinend nicht so bald bessern. Noch vor kurzem hatten wir irgendwelche Vorstellungen, welchen Weg wir einschlagen müßten, jetzt haben wir überhaupt keine Ahnung mehr: dahin oder dorthin … Wir gehen aufs Geratewohl weiter, denn so könnte sich vielleicht noch ein Wunder ereignen; doch auch das erscheint uns immer unmöglicher. Bei den beiden Unverletzten weicht der Lebenswille dann und wann einer Mutlosigkeit, die sie an den Rand völliger Selbstaufgabe führt. Der Reihe nach unternehmen sie die tollsten Dinge: Terray traversiert steile, lawinöse Hänge mit nur einem Steigeisen, das noch dazu schlecht befestigt ist.

Rébuffat und er vollbringen äquilibristische Kunststücke, ohne ein einziges Mal auszugleiten.

Das Lager IV muß jedenfalls links am Rande der Sichel liegen. Darüber sind wir uns alle einig. Doch es ist sehr schwer zu finden. Die Eiswand, die es so großartig schützte, ist unser Verhängnis! Sie verbirgt es uns. Man müßte eine verteufelt gute Nase haben, um die kleinen Zelte in diesem Nebel zu entdecken.

Vielleicht hört man uns, wenn wir rufen? Lachenal macht den Anfang, doch der Laut erstickt wohl in einer Entfernung von ein paar Metern. Der Schnee verschluckt jedes Geräusch. Wir tun uns alle vier zusammen und schreien gemeinsam:

„Eins … zwei … drei …: Zu Hilfe!"

Nichts!

Terray zieht wiederholt die Schuhe aus und frottiert seine vor Kälte erstarrten Füße. Beim Anblick unserer Erfrierungen kam ihm die Gefahr zum Bewußtsein, und er hat Energie genug, etwas dagegen zu unternehmen. Wie Lachenal hat er Angst vor einer Amputation. Bei mir ist es zu spät. Ich fühle, daß meine

Hände und Füße, die schon gestern arg mitgenommen waren, neuerlich erfrieren.

Wir haben seit gestern nichts gegessen. Aber trotzdem lassen wir keinen Augenblick lang in unseren Bemühungen nach. Die Kräfte des Menschen angesichts des Todes sind unerschöpflich. Wenn scheinbar schon alles zu Ende ist, hat er noch immer Reserven, doch es bedarf eines starken Willens, sie einzusetzen.

Die Zeit vergeht, ohne daß wir es richtig merken. Es wird schon Abend. Wir sind in großer Angst. Doch niemand läßt eine Klage laut werden.

Wir stoßen auf eine Stelle, die Rébuffat und mir bekannt vorkommt, aber der Hang wird so steil, daß wir wieder innehalten; im Nebel scheint es, als würde er zu einer senkrechten Wand. Am nächsten Tag sahen wir, daß wir an dieser Stelle nur dreißig Meter vom Lager entfernt waren und gerade diese Wand das Zelt schützte, das uns gerettet hätte.

„Wir müssen eine Gletscherspalte suchen!"

„Dort können wir doch nicht die ganze Nacht bleiben!"

„In einem Loch übernachten, ist die einzige Möglichkeit."

„Dabei werden wir alle umkommen!"

Die Nacht ist plötzlich eingebrochen; wir müssen unbedingt einen Entschluß fassen, ohne einen Augenblick zu verlieren; wenn wir hier auf den Hängen bleiben, sind wir tot, noch ehe der Morgen kommt. Im Freien übernachten zu müssen – wir können uns die Einzelheiten vorstellen und wissen alle, was das in einer Höhe von über 7000 Metern bedeutet.

Terray beginnt, mit seinem Pickel eine Höhle zu graben. Lachenal geht ein paar Schritte weiter und wagt sich auf eine mit Schnee ausgefüllte Gletscherspalte. Plötzlich verschwindet er mit einem Aufschrei vor unseren Augen. Wir sind ratlos: werden wir, oder vielmehr, werden meine beiden Gefährten die Kraft haben, ihn mit allen erforderlichen Manövern am Seil herauszuziehen? Auf der von Schnee vollkommen überdeckten Spalte bezeichnet nur ein kleines Loch die Stelle, wo er eingebrochen ist. Terray ruft:

„Ohe! Ohe! Lachenal!"

Durch meterhohes Eis und Schneewächten gedämpft, dringt seine Stimme bis herauf zu uns. Unmöglich zu verstehen, was er sagt.

„Ohe! Lachenal!"

Terray zieht einige Male heftig am Seil. Diesmal verstehen wir.

„Ich bin da ...!"

„Nichts gebrochen?"

„Nein. Hier ist's die Nacht über auszuhalten. Kommt nach!"

Der Unterschlupf ist wunderbar. Wir hätten alle zusammen nie die Kraft gehabt, im Eis eine genügend große Höhle auszuhauen, die uns gegen den Wind geschützt hätte. Ohne zu zaudern, läßt Terray sich in die Spalte fallen und ein kräftiges „Vorwärts, los!" sagt uns, daß er glücklich unten angekommen ist. Nun lasse ich mich hinabgleiten: es ist eine richtige Rutschbahn. Durch einen über zehn Meter langen, sehr abschüssigen, gewundenen Schlauch, der sich tiefer untern erweitert, lande ich mit großer Geschwindigkeit auf dem Grunde der Spalte. Durch einen Zug am Seil verständige ich Rébuffat, daß er folgen kann.

Die Höhlung ist sehr klein. Eisige Kälte umfängt uns. Die uns umgebenden Eiswände sind feucht. Ein frischer Schneeteppich bildet den Boden. Wenn wir uns zusammendrängen, werden wir gerade genug Platz haben, um zu viert hier unterzukommen. Stalaktiten hängen von oben herab. Wir brechen einige ab, um mehr Raum zu haben, und behalten die dünnen Enden, um daran zu lutschen, denn wir haben seit langer Zeit nichts mehr getrunken.

Das ist nun unsere Unterkunft für die Nacht.

Hier werden wir wenigstens vor dem Wind geschützt sein, und die Temperatur wird fühlbar gleichbleiben. Die Feuchtigkeit ist äußerst unangenehm. Wir richten uns im Dunkel ein, so gut wir können. Wie in jedem Nachtlager ziehen wir die Schuhe aus; ohne diese Vorsichtsmaßnahme würden die beengten Füße sofort erfrieren.

Terray entrollt den Schlafsack, den er in kluger Voraussicht mitnahm und der ihm eine relative Bequemlichkeit bietet. Wir haben alle warmen Sachen an, die wir besitzen. Um die Berührung mit dem Schnee zu vermeiden, setze ich mich auf die Filmkamera. Wir drängen uns aneinander, um womöglich irgendeine Stellung zu finden, in der die gemeinsame Körperwärme aller ohne Verlust erhalten bliebe. Aber wir rühren uns immer wieder.

Wir sprechen nicht miteinander. Gesten sind weniger mühsam als Worte. Jeder verkapselt sich in sich selbst und flüchtet in eine innere Welt. Terray frottiert Lachenals Füße. Auch Rébuffat fühlt, daß seine Füße erstarren, doch er hat die Kraft, sie selbst zu frottieren. Ich verharre unbeweglich in einem Dämmerzustand. Meine Füße und Hände erfrieren mehr und mehr, aber was soll ich tun? Ich trachte, nicht zu sehr zu leiden, krümme mich zusammen und versuche die Zeit zu vergessen, die langsam vergeht, die Kälte nicht mehr zu fühlen, die unmerklich immer weiter vordringt, von mir Besitz ergreift und mich empfindungslos macht.

Terray teilt seinen Schlafsack mit Lachenal. Er zieht ihm die schützende, daunengefütterte Hülle bald über die Füße, bald über die Hände. Zugleich setzt er die Massagen fort. So wird die Erfrierung wenigstens nicht fortschreiten, denkt er. Jede geringste Bewegung, die einer von uns macht, stört alle anderen. Die bedachtsam gewählten Stellungen werden ununterbrochen geändert; dann muß man wieder von vorne anfangen. Das beschäftigt uns dauernd. Rébuffat klagt über seine Füße und frottiert sie beharrlich weiter. Wie Terray, sagt er sich: Ich muß bis zum Morgen durchhalten, dann wird man ja sehen!

Aber dieses „dann", das verhehlt er sich nicht, ist ein furchtbares Fragezeichen.

Terray möchte auch mich in hochherziger Weise von seinem Schlafsack profitieren lassen. Er hat den Ernst meines Zustandes bemerkt, er versteht, warum ich nichts sage, warum ich so still dasitze. Er hat begriffen, daß ich mich verloren gebe. Er frottiert mich fast zwei Stunden lang. Auch seine Füße könnten erfrieren, doch daran scheint er nicht zu denken. Die unwillkürliche Bewunderung, die mir sein Edelmut einflößt, gibt mir vorübergehend wieder etwas seelische Kraft: wenn er mir hilft, dann wäre es undankbar von mir, nicht leben zu wollen.

Ich leide nicht. Das wundert mich. Mein Herz scheint völlig zu erstarren. Es ist, als fiele alles Stoffliche von mir ab. Ich glaube, hellwach zu sein, und doch dämmere ich in einer Art stillem Glücksgefühl dahin. Ein schwacher Hauch von Leben ist noch in mir, aber er wird schwächer und schwächer, indes die Stunden vergehen. Ich reagiere nicht mehr auf Terrays Bemühungen. Es geht zu Ende, denke ich. Ist diese Höhle hier nicht das schönste Grab? Es fällt mir nicht schwer zu sterben, ich fühle kein Bedauern, ich lächle darüber.

Stunde um Stunde verbringen wir in solcher Erstarrung.

„Es wird Tag!" stammelt eine Stimme.

Die Worte verfehlten ihre Wirkung auf meine Gefährten nicht. Ich selbst bin eher verwundert, denn ich dachte nicht, daß man den Tag in dieser Tiefe sehen könnte. „Noch zu früh zum Aufbruch", sagt Rébuffat.

Häßliche Dämmerung verbreitet sich in der Grotte.

Undeutlich zeichnen sich die einzelnen Köpfe ab.

Ein merkwürdiges Geräusch dringt von ferne zu uns, ein anhaltendes Zischen. Das Geräusch wird stärker. Plötzlich bin ich verschüttet und sehe nichts mehr. Eine Lawine Neuschnee geht auf uns nieder. Der eisige Schnee ergießt sich in die Höhle, dringt in alle Ritzen der Kleider. Ich beuge den Kopf zwischen meine Knie und halte die Arme schützend über mich. Der Schnee strömt und strömt ...

Eine furchtbare Stille breitet sich aus.

Wir sind nicht völlig begraben, doch alles ist voller Schnee. Wir richten uns auf, vorsichtig, um nicht mit den Köpfen an die Eisdecke zu stoßen, und versuchen uns zu schütteln. Wir sind alle barfuß. Zuerst müssen wir unsere Schuhe wiederfinden.

Rébuffat und Terray wollen suchen, da merken sie, daß sie blind sind. Um uns zu führen, nahmen sie gestern die Schutzbrillen ab.

Lachenal gelingt es als erstem, ein Paar Schuhe zu erwischen. Er versucht sie anzuziehen: es sind nicht die seinen, sondern die Rébuffats. Rébuffat bemüht sich, die Rutschbahn zu ersteigen, über die wir gestern herunterfuhren und über die auch die Lawine sich zu uns herein ergoß.

„He, Gaston? Wie ist das Wetter?" ruft Terray hinauf.

„Sehe nichts! Es bläst ..."

Wir suchen unsere Ausrüstung. Terray hat eben seine Schuhe gefunden und zieht sie unbeholfen an, weil er nichts sieht. Lachenal hilft ihm. Er ist sehr nervös und vor allem furchtbar ungeduldig, ganz im Gegensatz zu meiner dumpfen Gleichgültigkeit.

Nun macht Terray sich auf: schnaubend und brummend arbeitet er sich durch den Eisschlauch hinauf und gelangt schließlich ins Freie. Ein entsetzlicher Wind empfängt ihn, der ihm durch und durch geht und ihn ins Gesicht schneidet. Schlechtes Wetter, denkt er. Das ist das Ende. Wir sind verloren ... da kommen wir nicht mehr heraus!

Auf dem Grund der Gletscherspalte suchen wir zu zweit unsere Schuhe. Lachenal durchwühlt den Schnee wild mit dem Pickel. Ich bin ruhiger und trachte systematisch vorzugehen. Nach und nach graben wir Steigeisen aus, einen Pickel, aber noch immer keine Schuhe.

Nun denn ... diese Höhle wird unsere letzte Wohnung sein!

Der Raum ist eng. In unserer gebückten Stellung behindern wir uns gegenseitig. Lachenal entschließt sich, ohne Schuhe fortzugehen. Er stößt verzweifelte Rufe aus, zieht sich am Seil hoch, versucht sich anzuklammern, sich festzuspreizen. Er gräbt seine Zehen in den Schnee der Wand. Terray zieht ihn von draußen mit aller Kraft: ich sehe, wie er schneller und schneller hinaufsteigt und verschwindet.

Als er droben aus dem Schacht auftaucht, stellt er fest, daß der Himmel ganz blau ist. Er rennt wie ein Irrer umher und schreit: „Es ist schön! Es ist schön!"

Ich beginne die Grotten noch einmal abzusuchen. Ich muß die Schuhe finden, sonst sind Lachenal und ich verloren. Auf allen vieren, mit bloßen Händen und Füßen, scharre ich im Schnee, durchwühle ihn nach allen Seiten und hoffe jeden Augenblick auf einen harten Gegenstand zu stoßen. Ich überlege nicht mehr, ich bin wie ein Tier, das um sein Leben kämpft.

Da ist einer! Und der zweite daran gebunden: ein Paar!

Ich grabe weiter, hartnäckig, starrköpfig; nachdem ich überall in der Höhle das Unterste zuoberst gekehrt habe, stoße ich endlich auf das letzte Paar.

Die Filmkamera? Trotz aller Bemühungen kann ich sie nicht finden. Schweren Herzens gebe ich sie verloren. Ich bin nicht imstande, die Schuhe anzuziehen: meine Hände sind wie aus Holz, und ich habe kein Gefühl in den Fingern; meine Füße sind angeschwollen, sie gehen nicht mehr hinein. Dann eben nicht! Ich schlinge das Seil um die Schuhe und brülle durch den Schlauch nach oben: „Lionel! Schuhe!"

Keine Antwort. Er muß mich doch gehört haben, denn mit einem Ruck werden die kostbaren Schnürstiefel hochgezogen. Gleich darauf kommt das Seil wieder herunter. Das gilt nun mir. Ich wickle mir das Seil um, und da ich nicht greifen kann, mache ich eine Reihe kleiner Knoten. Ihr summierter Widerstand wird, hoffe ich, genügen, mich zu halten. Ich habe nicht mehr die Kraft, noch einmal zu rufen; ich ziehe nur heftig am Seil. Terray versteht.

Gleich beim ersten Ausschreiten muß ich mit dem Fuß eine Kerbe in den harten Schnee schlagen, um die Zehen einsetzen zu können. Weiter oben werde ich gewiß leichter steigen, indem ich mich gegen die Wände stemme. So bringe ich einige Meter hinter mich. Ich versuche, mit den bis zur Handwurzel verhärteten Händen einen Halt an der Wand zu gewinnen, dann mit den Füßen, die bis zum Knöchel unempfindlich sind. Die Gelenke sind steif.

Mit Mühe und Not komme ich so weit, daß ich mich anstemmen kann. Terray zieht an, daß ich fast ersticke. Ich sehe schon deutlicher, bin also schon nahe am Ausstieg. Mehrere Male gleite ich zurück: ich klammere mich fest, spreize mich, so gut ich kann, und es gelingt mir jedesmal, mich in dem Schlauch zu halten. Mein Herz klopft zum Zerspringen. Ich muß rasten. Mit einem neuen Energieaufwand gelingt es mir, die Kriechpartie zu beenden. Indem ich mich an Terrays Beine klammere, der selbst erschöpft ist, ziehe ich mich hinauf. Ich bin absolut am Ende meiner Kräfte. Terray ist bei mir. Ich flüstere ihm zu:

„Lionel! ... Ich sterbe!"

Er stützt mich und hilft mir vollends aus der Spalte. Wir müssen zu Lachenal und Rébuffat hinüber, die ein paar Meter weiter im Schnee sitzen. Sobald Lionel mich losläßt, falle ich und schleppe mich auf allen vieren dahin.

Es ist herrliches Wetter. Eine Menge Schnee ist gestern gefallen. Die Berge strahlen im Licht. Nie sah ich sie so schön. Unser letzter Tag wird ein schöner Tag sein.

Rébuffat und Terray sind vollkommen blind; Terray stieß, während er mich die wenigen Schritte geleitete, an jedes Hindernis, und ich mußte ihn führen. Auch Rébuffat ist außerstande, allein einen Schritt zu gehen. Es ist furchtbar, blind zu sein, wenn überall die Gefahr lauert. Lachenals Füße sind erfroren, darüber verliert er völlig die Nerven. Sein Verhalten ist beängstigend, er hat verrückte Ideen:

„Ich sag' dir ... wir müssen absteigen ... hier hinunter!"

„Du bist ja barfuß!"

„Ach, meinetwegen ..."

„Du bist verrückt ... doch nicht hier ... Wir müssen nach links!"

Er hat sich schon erhoben und will geradewegs über den Gletscher hinunter. Terray hält ihn zurück und zwingt ihn, sich wieder zu setzen. Blind wie er ist, hilft er ihm, die Schuhe anzuziehen.

Hinter ihnen lebe ich wie in einem Traum. Mein Ende ist nahe, ich fühle es, doch es ist ein Ende, wie alle Alpinisten es sich wünschen, im Einklang mit der Leidenschaft, die sie ihr Leben lang beseelt. Ich bin den Bergen mit weitoffenen Sinnen dankbar dafür, daß sie sich mir heute in ihrer ganzen Schönheit zeigen. Ich empfinde ihr Schweigen wie die Stille einer Kirche. Ich leide nicht und fühle nicht die geringste Bangigkeit. Meine Ruhe ist erschreckend, Terray tritt schwankend auf mich zu. Ich sage zu ihm:

„Mit mir ist es aus! Geht ihr nur weiter ... ihr könnt noch durchkommen ... ihr müßt es versuchen ... Geht nach links hin ... dort hinüber!"

Ich fühle mich besser, nachdem ich ihm diesen Rat gegeben habe. Jetzt geht es mir gut. Doch Terray will davon nichts wissen:

„Wir helfen dir ... Wenn es uns gelingt, dann kommst auch du heil zurück!"

In diesem Augenblick schreit Lachenal:

„Zu Hilfe ...! Zu Hilfe ...!"

Es ist klar: er weiß nicht mehr, was er tut ...

Bei näherer Überlegung ist sein Schreien aber doch nicht so sinnlos. Er ist der einzige von uns vieren, der möglicherweise das Lager II tief unten sieht. Vielleicht hört man seine Rufe.

Dieses Schreien hat etwas Verzweifeltes. Es erinnert mich auf tragische Weise an jene Bergsteiger, die eines Tages im Montblanc-Massiv in Bergnot waren und zu denen ich aufstieg, um sie zu retten. Heute ist die Reihe an uns ... Dieses Gefühl ist plötzlich sehr lebhaft in mir: ja, wir sind in Bergnot.

Ich vereinige meine Stimme mit denen meiner Kameraden:

„Eins ... zwei ... drei ...: Zu Hilfe!"

„Eins ... zwei ... drei ...: Zu Hilfe!"

Wir versuchen im Chor zu rufen, doch es gelingt uns nicht recht; unsere Stimmen tragen wohl keine drei Meter weit. Es ist mehr ein Säuseln, das meinen Lippen entrinnt, als ein Ruf aus voller Kehle.

Terray verlangt, ich solle meine Schuhe anziehen. Doch meine Hände sind steif, ich bin dazu nicht imstande. Rébuffat und Terray sind blind und können mir nicht helfen. Ich sage zu Lachenal:

„Komm, hilf mir die Schuhe anziehen."

„Bist du verrückt? Ich muß fort ..."

Und wieder will er in der falschen Richtung davongehen, geradewegs hinunter. Ich bin ihm wegen seiner Antwort keinen Augenblick böse. Die Ereignisse und die Höhe haben ihn arg mitgenommen.

Terray nimmt entschlossen sein Messer, tastet mit seinen erstarrten Fingern und schneidet das Oberleder meine Schuhe hinten auf. So aufgeschlitzt, werde ich sie anziehen können. Ich muß mehrmals dazu ansetzen, denn es ist eine

*Die Rückkehr: Der schneeblinde Lionel Terray, gestützt auf Sherpa Ang Tharkey; hinter ihnen Marcel Schatz; ganz hinten Louis Lachenal mit zwei Sherpas, zwei schwarze Punkte links oben: Jean Couzy und ein Sherpa*

schwierige Arbeit. Einen Augenblick später erlahme ich wieder. Wozu das alles, da ich ja doch hier bleiben muß? Aber Terray müht sich mit aller Kraft. Schließlich gelingt es ihm. Er schnürt mir die Schuhe zu, die unförmig auseinanderklaffen. Somit wäre ich marschbereit. Doch wie soll ich mit meinen steifen Gelenken gehen?

„Nach links, Lionel!"

„Sei kein Narr, Maurice", sagt Lachenal. „Wir müssen nach rechts und geradewegs hinunter!"

Terray weiß nicht, was er von den beiden einander widersprechenden Weisungen halten soll. Er ist nicht resigniert wie ich, er ist eine Kampfnatur. Doch was kann er in diesem Augenblick tun? Meine drei Gefährten debattieren über die einzuschlagende Richtung.

Ich bleibe im Schnee sitzen. Nach und nach schwindet mein klares Bewußtsein … Warum sich wehren? Beser, alles gehen lassen, wie es geht. Verschiedene Bilder tauchen vor mir auf: schattige Hänge, harmlose Wege … Harzgeruch … Das tut wohl … Ich sterbe in meinen Bergen … Mein Körper ist gefühllos, ganz vor Kälte erstarrt …

„AAA! … AAA!"

Ist dies ein Todesröcheln? … Ein Ruf?

Ich nehme meine ganze Kraft zusammen, um meinen Gefährten zuzurufen: „Es kommt jemand!"

Sie hören mich, sie brechen in Jubel aus.

Eine wunderbare Erscheinung! „Schatz! … Es ist Schatz!"

Kaum zweihundert Meter entfernt, gleich einem Schiff auf hoher See, kämpft Marcel Schatz sich langsam vorwärts, bis zum Bauch im hohen Pulverschnee watend.

Ein erschütternder Augenblick: der Retter naht – stark, mächtig, unüberwindlich! Mein Herz schlägt ihm entgegen. Ich bin wie zermalmt. Schon hatte der Tod seine Hand nach mir ausgestreckt, ich hatte mich ihm ergeben. Ich kehre zurück, das Leben ruft mich wieder. Eine ungeheuerliche Umkehr vollzieht sich in mir … Nein, noch ist nicht alles verloren!

Er kommt näher … meine Augen hängen an ihm … Zwanzig Meter … zehn Meter … er kommt gerade auf mich zu … Warum …? Wortlos beugt er sich über mich … drückt mich an sich, küßt mich … sein warmer Atem belebt mich aufs neue …

Ich bin nicht imstande, mich zu rühren, bin wie aus Stein. Mein Herz vergeht in tiefer, tiefer Bewegung! …

Meine Augen bleiben trocken.

„Es ist schön, was ihr geleistet habt!"

*Die Geschichte des Höhenbergsteigens hätte einen anderen Verlauf genommen, wäre Fritz Wiessner am 19. Juni 1939 nur 250 Höhenmeter unter dem Gipfel des K2 nicht umgekehrt. Um ein Haar hätte der aus Dresden stammende überragende Bergsteiger der amerikanischen K2-Expedition als Erster einen Achttausendergipfel betreten, und was für einen: Der 8611 Meter hohe K2 ist nicht nur der zweithöchste Berg der Welt, sondern gilt auch als einer der schwierigsten.*

*Ohne künstlichen Sauerstoff überwinden Wiessner und sein Sherpa Pasang Dawa Lama die Schlüsselstellen auf dem Abruzzi-Grat genannten Südostsporn. Der Gipfel scheint ihnen sicher, als Pasang sich aus Furcht vor der hereinbrechenden Nacht weigert, in der Dunkelheit weiter zu gehen. Ob es Angst vor den Dämonen der Finsternis ist, Sorge wegen des unausweichlichen Biwaks in eisiger Höhe oder die finstere Vorahnung eines drohenden Unheils – die Antwort wird nie gefunden werden.*

*Wiessner respektiert die Entscheidung seines Gefährten und beschreibt den entscheidenden Tag in seinem Tagebuch. Ein weiterer Versuch, den Gipfel zu erreichen, scheitert an schwierigen Verhältnissen und dem Umstand, dass Pasang bei der nächtlichen Umkehr zwei Steigeisen verloren hat. Die amerikanische K2-Expedition endet schließlich mit einer Tragödie, bei der Dudley Wolfe und drei Sherpas ums Leben kommen.*

*Fritz Wiessner, der im sächsischen Elbsandstein seine Liebe zum Klettern entdeckt hat, prägt die Bergsteigerszene seiner amerikanischen Wahlheimat durch die Erschließung der Shawangunks, bis heute das Kletterparadies der New Yorker, und durch großartige Erstbesteigungen in British Columbia. Er stirbt 1986 nach einem erfüllten Bergsteigerleben im Alter von 86 Jahren, nachdem er noch bis hoch in die Achtziger schwierige Felstouren unternommen hatte.*

*Pasangs Traum von der Erstbesteigung eines Achttausenders erfüllt sich später doch noch. Mit seinem österreichischen Freund und Reisegefährten Herbert Tichy und dem Tiroler Sepp Jöchler steht er 1954 am Gipfel des Cho Oyu.* *M. U.*

Abdruck mit freundlicher Genehmigung von Dr. Polly und Andy Wiessner; aus dem Original-Tagebuch von Fritz Wiessner, übersetzt und geringfügig gekürzt vom Herausgeber.

*Fritz Wiessner*

# *Dämonen der Nacht*

19. Juni 1939

Wir verließen das Lager etwa um 9 Uhr und folgten dem Grat, der westlich des Eisabbruches zu senkrechtem rötlichem Fels führt. Ein kleines Stück oberhalb des Lagers ist der Grat durch einen kleinen Sattel unterbrochen, darüber wird es dann steiler. Hier hielten wir uns etwas östlich, bis wir über schwierigen Fels an den Grat zurück queren konnten. Unter dem Fuß der Klippe endet der Grat, ein schmales und steiles Schneefeld reicht von hier bis zur Felsstufe.

*Fritz Wiessner, 1900–1986*

Von hier stiegen wir an einer Schicht schwarzer Felsen auf, die zu dem roten Pfeiler führen. Nach etwa 300 Fuß (90 Meter) erreicht man einen kleinen ausgesetzten Grat. Hier wechselten wir wieder durch schwierigen Fels zu einem kleinen Schneeband, das den roten Pfeiler an seiner Westseite zu teilen scheint. Wir stiegen am Schneefeld auf, das immer mehr zu einer schmalen Rinne wurde, deren Ausstieg durch einen Felsüberhang versperrt war.

Zirka 80 Fuß (25 Meter) unterhalb dieser Stelle gibt es eine Traverse nach links, die zu einem kleinen Grat führt, von dem aus ein anderes, weniger steiles Schneefeld gequert werden kann, das zu leichterem, schwarzem Fels weist. An ihrer Ostseite enden diese Felsen in einem abgerundeten Schneegrat, der in flachere Schneefelder nördlich und oberhalb der Eisklippe übergeht.

Ich wollte gerade mit der Querung nach Westen beginnen (ca. 50–60 Fuß/15–20 Meter unterhalb der Schneerinne), als Pasang vorschlug, nach oben weiter zu klettern und dann rechts zum roten Pfeiler zu queren, über den wir in eine flache Schneemulde oberhalb der großen Eisklippe kommen würden.

*Pasang Kikuli beim Lager III*

Es schien sehr schwierig aber doch möglich, diesen Versuch oben am Ende der Schneerinne zu wagen. So erlaubte ich Pasang, es zu versuchen. Es gelang aber nicht und wir verloren viel Zeit. Der rote Fels war viel zu glatt.

Nun begann ich unverzüglich mit der Traverse nach links, es war mittlerweile 6 Uhr nachmittags. Ich war fest entschlossen, trotz der fortgeschrittenen Zeit zum Gipfel zu gehen und die Nacht durch zu klettern.

Wir hatten eine sichere Route gefunden und alle Schwierigkeiten überwunden. Mit Ausnahme der vor uns liegenden Querung würde der Weg nun einfach sein. Ich wußte, wir waren allerhöchstens noch 1000 Fuß (300 Meter) unter dem Gipfel, das Wetter war gut und wir waren nicht erschöpft.

Klettern bei Nacht würde unvermeidlich sein, da es zu lange dauern würde, an der schwierigen Route, die wir herauf gekommen waren, wieder abzusteigen. Es wäre wohl besser, langsam mit vielen Pausen zum Gipfel aufzusteigen und die schwierigen Stellen der Route am nächsten Morgen anzugehen. Pasang jedoch, der von diesen Überlegungen keine Ahnung hatte, hatte nicht das Herz dafür. Er wollte zum Camp zurückkehren, als er merkte, daß es bald Nacht wurde. Er weigerte sich weiter zu gehen, gab nicht einmal Seil nach, als ich auf die Traverse losging.

Seine Bedenken und vielleicht auch Mangel an Energie meinerseits ließen mich nachgeben. Es war nach 6 Uhr abends, als wir umkehrten. Ich sagte

*Pasang Dawa Lama*

Pasang, daß wir unser Zelt hinauf zum roten Pfeiler versetzen und am nächsten Tag den Gipfel versuchen würden, dessen Geheimnisse wir jetzt erkundet hatten.

Bevor wir die schwierige Route unseres Aufstiegs wieder abstiegen, wollten wir noch einen Blick unter die Eisflanke wagen. Von ihr hatten in der ersten Tageshälfte, die wir beobachteten, und auch am Vortag keine Gefahren gedroht. Möglicherweise konnte man unter ihr queren und dem Schneefeld folgen, das vom linken unteren Ende auf den Pfeiler hinauf und zum höchsten Punkt führte.

Wir stiegen dann langsam durch schwierigen Fels ab, bald wurde es dunkel, was unseren Abstieg weiter verlangsamte. An ein Biwak war nicht zu denken, dafür war es viel zu kalt, nur die Bewegung hielt uns ausreichend warm. Als wir uns über einen schwierigen Überhang abseilen mußten, verhedderte sich Pasang im Seil und schien ziemlich in Schwierigkeiten zu sein. Ich konnte ihm nicht schnell genug zu Hilfe kommen, da ich voraus geklettert war, um zu sehen, daß das Seil gut ausgelegt war und am richtigen Platz endete.

Ich war gerade dabei, wieder hinauf zu klettern, als Pasang endlich sein verheddertes Seil lösen konnte und dabei zwei Steigeisen verlor, die er getragen hatte. Wir stiegen weiter ab und erreichten unser Lager um 2.30 Uhr morgens.

Ich habe es beim Abstieg oft bedauert, daß ich nachgegeben hatte. Es wäre so viel besser und leichter für uns gewesen, zum Gipfel weiterzugehen und am nächsten Morgen den schwierigen Abstieg zu unternehmen. Wir waren ziemlich müde, als wir beim Lager ankamen.

*Die amerikanische K2-Expedition 1939, sitzend (Mitte) Fritz Wiessner*

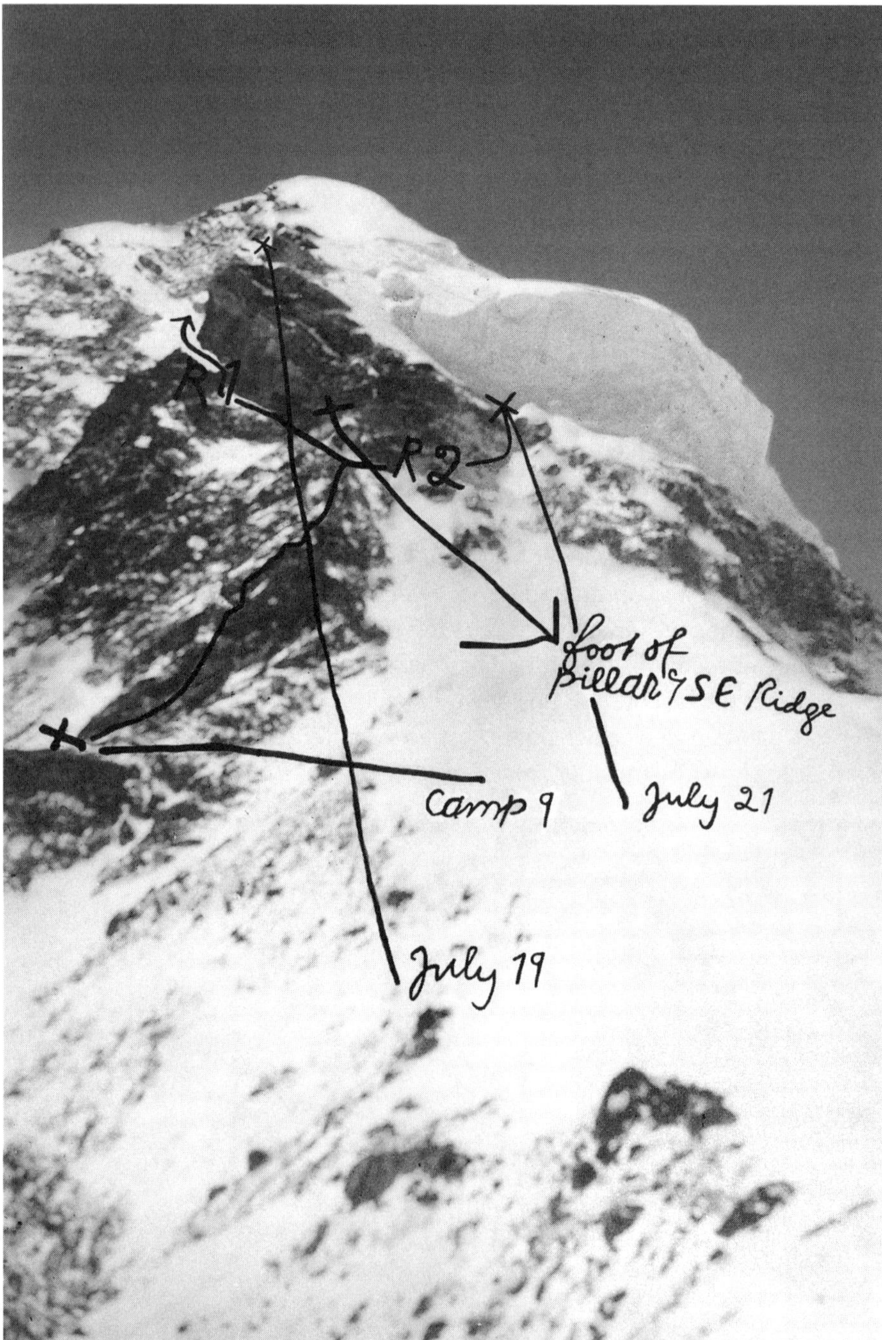




*Auf- und Abstiegsroute am K2, Skizze von Fritz Wiessner*

*Im Sommer 1986 treffen im Basislager am Fuße des K2 neun sehr unterschiedliche Expeditionen aufeinander. Da sind Koreaner mit einer technisch hervorragend ausgerüsteten Großexpedition, Wanda Rutkiewicz aus Polen steht als erste Frau auf dem Gipfel des zweithöchsten Berges der Welt, Jerzy Kukuczka und Tadeusz Piotrowski schaffen als Mitglieder einer internationalen Expedition unter Karl Herrligkoffer erstmals den Aufstieg durch die Südwand. Auch Franzosen, Basken, Engländer, Italiener und Österreicher belagern den Berg, der mitunter als schwierigster Achttausender bezeichnet wird. Dennoch ist die Besteigungsgeschichte des K2 nicht so sehr von tödlichen Unfällen geprägt wie die anderer Himalayariesen. Nach der tragischen Wiessner-Expedition von 1939, die drei Sherpas und einem Amerikaner das Leben kostet, gibt es bis 1986 „nur" acht weitere Opfer am K2.*

*Im Sommer 1986 stehen 27 Bergsteiger auf dem Gipfel des K2, mehr als jemals zuvor, doch gleich 13 Alpinisten verlieren ihr Leben. Abstürze, Lawinenabgänge und schließlich ein schrecklicher Schneesturm, der sieben Bergsteiger im Lager 4 auf 8000 Meter Höhe einschließt, führen zu einer der schlimmsten Katastrophen in der Geschichte des Alpinismus.*

*Unter den Überlebenden ist Kurt Diemberger. Der Erstbesteiger von Broad Peak (1957) und Dhaulagiri (1960) ist mit seiner Gefährtin Julie Tullis, mit der er als „höchstes Filmteam der Welt" so viele exzellente Bergfilme gedreht hat, unterwegs zum lange erstrebten Gipfelsieg am K2.*

*Der folgende Ausschnitt aus seinem Buch „K2 – Traum und Schicksal" lässt ahnen, dass die Leiden des Paares nach seiner vermeintlichen Rettung ins Lager 4 nicht zu Ende sein würden. Diemberger kehrt eine Woche nach dem Gipfelsieg als letzter Überlebender ins Basislager zurück – allein. Julie Tullis wird nach Tagen unendlicher Leiden auf 8000 Meter Höhe ebenso ein Opfer der Höhenkrankheit und fortschreitender Erschöpfung, nachdem Nahrungs- und Brennstoffvorräte aufgebraucht waren, wie der Brite Alan Rouse, die Österreicher Alfred Imitzer und Hannes Wieser. Die Polin Dobroslawa „Mrowka" Wolf stirbt im Abstieg zwischen Lager 2 und 3.*

*Kurt Diemberger, dem nach seiner Rückkehr mehrere Fingerglieder amputiert werden müssen, schrieb bereits 1984 ahnungsvoll in sein Tagebuch:*

*„Ein Achttausender gehört dir erst, wenn du wieder unten bist – vorher gehört du ihm."*

*M. U.*

Der folgende Text wurde entnommen aus: Kurt Diemberger, K2 – Traum und Schicksal. F. Bruckmann: München 1999, S. 238–267. Abdruck mit freundlicher Genehmigung des Verlags.

*Kurt Diemberger*

# *Tragödie am K2*

Wenn man vom Tal den K2 anschaut, etwa auf dem Weg zum „Sattel der Winde", kann man sich von den Dimensionen des Eisgebildes dort oben keine Vorstellungen machen.

Der Berg sieht dann aus wie ein herrlich gerippter, völlig weißer Kristall, an dem unterhalb der Spitze die Laune eines Riesen einen halben angebissenen gläsernen Apfel geklebt hat.

Der ganze Gipfelaufbau ist durch seine Ferne entrückt, weit oben, schwebt – hat nichts mit der kristallenen Wucht des breiten Unterbaus zu tun, der in einer Vielfalt von Linien, einem ganzen Gespinst von Strebepfeilern vieler Dome, deren Spitzen miteinander verwachsen sind, nach oben zieht. Dieser gewaltige, etwa zweitausend Meter hohe Unterbau, der sich bei ca. 5300 m aus dem Gletscherboden erhebt – diese empordrängende Bewegung der Linien – beruhigt sich in den weiten Räumen des Schnees, die darüber liegen. Die gewölbten Hänge spannen sich wie ein sanftes weißes Tuch ...

Darin steht, wie auf einem Altar, der eigentliche Gipfelaufbau. Das Gefühl, das diese ganze harmonische Verbindung in dem, der davorsteht, erweckt, ist seltsam und unbeschreiblich. Der Berg hat eine Ausstrahlung von Kraft, Entrücktheit und Größe – die in ihrer Einfachheit völlig gefangennimmt.

Wenn du an der Wand unterhalb des „gläsernen Apfels" lehnst, bist du im obersten Bereich – und deine Augen prüfen und forschen ... nun aus der Nähe. Du hast das Gefühl, einen unbegreiflichen Altar mit seinen ebenso unbegreiflichen Opfergaben betreten zu haben – und Scheu erfaßt dich.

Ja, man kann es ruhig sagen – Angst. Es ist Angst.

Diesem Gefühl kann sich kaum jemand entziehen, der zum höchsten Punkt des K2 hinaufsteigt. Der kleine gebückte Mensch, der sich auf allen Vieren höherarbeitet, ist Alan Rouse – ein Stück tiefer eine zweite Gestalt: Mrowka. Darunter eine weitere: Alfred. Es ist 7 Uhr morgens am 4. August. Auch Julie und ich sind aufgebrochen ... unter uns entdecken wir bald darauf Hannes und etwas später, vorläufig als letzten, Willi (Bauer; Anm. d. Hrsg.). Hannes hat inzwischen umgedreht.

© Kurt Diemberger

*Julie Tullis erreicht die Schulter des K2 (8000 m); ganz oben links in Gipfelnähe die „Haifischflosse"*

Julie und ich waren binnen kurzem am Ende dieser Reihe – nur wir gingen als Seilschaft ... das ist sicherer, aber es kostet etwas Zeit. Der ungefähr einstündige Abstand zu Alan bei unserem Aufbruch hat sich dennoch bis zum Gipfel nicht erheblich vergrößert.

Wir haben doch Glück mit dem Wetter! Blendende Helligkeit rundum, strahlender Sonnenschein ...

Meter um Meter nähern wir uns dem Eisungetüm mit dem Gefühl, das eine Maus beschleichen mag, die sich zwischen den Pfoten einer schlafenden Katze durchtastet.

Das einzige, was einen trotzdem unter dem riesigen Sérac durchsteigen läßt, ist die Tatsache, daß die gefährlichen Abbrüche, die es immer wieder einmal gibt, offenbar in größeren Zeitabständen erfolgen; niemand denkt gerne daran: aber es ist bis zu einem gewissen Grad Glückssache, ob man durchkommt. Das weiß und spürt jeder, während er sich darunter befindet und beeilt sich dementsprechend. Es ist einer jener seltenen und unvermeidbaren Fälle, wo man ein klar erkennbares Risiko bewußt auf sich nimmt.

Schon kurz oberhalb von Lager 4 zeigten sich Spuren eines solchen vergangenen Eisabbruchs – hundert halb verschmolzener Splitter, so als stünde man am Fuß einer Halde.

*Julie Tullis auf der K2-Schulter bei Vorbereitungen für den Gipfelgang*

Vor die Wahl gestellt, durch den gefährlichen Flaschenhals genau unter dem Eisbalkon zu steigen, oder die schwierige und zeitraubende Kletterei weiter links in den senkrechten Felsen zu versuchen, entschließt sich fast jeder trotzdem für den Flaschenhals – denn auch die Zeit ist bei diesem Gipfelgang ein entscheidender Faktor. In dieser großen Höhe – auch wegen der Schwierigkeit und Steilheit – kann man am K2 nicht einmal mehr mit hundert Meter Höhengewinn pro Stunde rechnen, wie es vergleichsweise am Broad Peak oder Gasherbrum II ohne weiteres möglich ist ... Von einem letzten Hochlager auf ca. 8000 m Höhe braucht man 8 bis 10 bis 14 Stunden zum Gipfel des K2 – – eine Zeit, die je nach den Schneeverhältnissen, der körperlichen Kondition und Akklimatisierung des einzelnen, dem Gewicht an Ausrüstung, das er mit sich trägt, der Möglichkeit des Abwechselns in der Spurarbeit, der Qualität der vorangegangenen Nachtruhe, einer etwaigen Wartezeit auf 8000 m, dem Vorhandensein oder Anbringen von Sicherungspunkten (Haken) oder Fixseilen an kritischen Stellen, durch das Höhersteigen mit oder ohne Sauerstoffgerät, durch Hitze, Kälte und Sturm nach oben oder unten noch recht variabel ist. Es sind also so viele Unbekannte, daß eine Vorausberechnung der Aufstiegszeit an der Gipfelpyramide des K2 kaum möglich ist. Ja, es wird manchmal oder oft sogar absolut unmöglich sein, überhaupt hinaufzukommen – so ist die genannte Zeit nicht einmal eine grobe Richtlinie.

Der „Berg über dem Berg" bleibt eine Sphinx – ein Etwas jenseits menschlicher Dimensionen.

Um 11 Uhr morgens an diesem 4. August sind die jugoslawischen Bergsteiger am gegenüberliegenden Broad Peak bereits in Gipfelnähe. Am Himmel zeigen sich langgezogene Schlieren, und etwas unterhalb der 8000-m-Linie wachsen überall bauschige Wolkenballen. Nur der Gipfelaufbau des K2, der „Berg über dem Berg", ragt heraus und steht frei in der Sonne. Eine halbe Stunde später haben sich die hohen Schlieren wieder aufgelöst, der Himmel ist blau, mit vereinzelten durchscheinenden Wattefeldern, die bauschige Wolkenschicht in der Höhe der K2-Schulter ist jedoch dichter geworden ...

Tomo Cesen dreht auf ca. 7800 m dort im Nebel und später einsetzendem leichten Schneefall um, die Koreaner sowie Petr und Przemyslaw beginnen den Abstieg, auch die zweite Polengruppe auf der Magic Line steckt in der „Suppe" – das Wetter ist bei ihnen miserabel – und hat den Rückzug angetreten.

Doch die Bergsteiger am Broad Peak erreichen um halb zwölf den Gipfel, noch immer bei guter Sicht und über dem Wolkenmeer. Um 12 Uhr stehen auch die anderen Kameraden weiter östlich auf ihrem Achttausender, dem

Gasherbrum II. Und noch am frühen Nachmittag fotografiert Willi Bauer den vorausspurenden Alan Rouse – seine ganz in Rot gekleidete Gestalt, die sich den letzten Séracs unterhalb des Gipfels nähert – gegen einen wolkenlosen, tiefdunkelblauen Himmel ...

So war das Wetter je nach der Höhe und Luftschicht ganz verschieden und nahm sich auch je nach dem Blickwinkel völlig anders aus. An Achttausendern ist das nichts Ungewöhnliches: Situationen, die dieser ähnelten, haben Julie und ich am Nanga Parbat mehr als einmal erlebt ..., und als ich am 13. Mai 1960 mit den Gefährten der Schweizer Expedition den Gipfel des Dhaulagiri betrat, tobte mehr als zweitausend Meter unter uns in der Tiefe ein Gewitter; sein rollender Donner drang aus weiter Ferne zu uns empor ...

Doch kehren wir zum K2 zurück!

„Julie, es ist erst Mittag – diesmal schaffen wir es!" Ich bin voll Hochgefühl. Zwölf Uhr und wir sind fast am Ende des Quergangs.

„Yes – this time we'll make it", sagt sie leise und lächelt mir zu. Wir sind glücklich. Die Sonne blinkt in den bizarren Eisgebilden des Hängegletschers hinter uns – wenn man sich nicht mehr darunter befindet, wenn einem nicht mehr die haushohen gläsernen Tafeln, blaugrünen Schwerter, Spitzen und Zackenränder über dem Kopf hängen, wenn man nicht mehr angstvoll auf jeden Laut von oben lauscht – – dann sind sie schön. Das Wetter ist gut, und wir haben noch den halben Tag vor uns. Das heißt, um 16 Uhr spätestens sollten wir auf dem Gipfel sein. Aber jetzt haben wir das Schwierigste hinter uns, den Flaschenhals und die Traverse! Der K2 wird endlich uns gehören! Wir sind in Hochstimmung.

Da ist das letzte Fixseil! Alan Rouse oder die Koreaner haben es in die Flanke gespannt – Alfred, Willi und Hannes sind ja vorgestern nach der Querung den Eisbalkon entlang hinauf und dann dort drüben irgendwo im tiefen Schnee steckengeblieben.

Das letzte Fixseil ... Ist eigentlich nicht notwendig hier, denke ich, diese ansteigende Querung ist unschwierig – aber der Schnee ist doch stellenweise ziemlich tief, und es ist bestimmt ein hervorragender Wegweiser bei einem Abstieg im Sturm. Dann ist man, das weiß ich, über 8000 m um jede Kleinigkeit froh! Hier, wo keiner sicher sein kann, daß die Erinnerung nicht plötzlich ausläßt – – wenn außerdem in der wirbelnden Luft, in den rasenden Wolken alles anders aussieht, man nichts mehr wiedererkennt. Gefahren der Todeszone – – Einmal hab' ich, es war während des Aufstiegs am 7502 m hohen Shartse, den ganzen Rückzug mit Kleidungsstücken markiert, mit den gelben Reservesocken, der zu Streifen zerschnittenen zweiten Hose, ein Socken an einem Felskopf, der nächste weiter oben ... es war eine komplizierte Route. Das hat dem Hermann Warth und mir zwar damals nicht das Leben gerettet, aber es hätte ja sein können – wären wir plötzlich in den Wolken verschwunden!

8300 m! Über einem riesigen isolierten Block am linken Rande des Steilhangs habe ich den letzten Haken erreicht, sichere Julie nach. Wir sind jetzt auf der Gratrippe, längs der 1939 Fritz Wiessner vorgestoßen ist, gemeinsam mit Pasang Dawa Lama, einem der besten Sherpas, die es je gegeben hat. Beide stiegen ohne Sauerstoffgerät und wußten den Gipfel nahe. Sie hätten ihn sicher erreichen können, und Fritz Wiessner hätte auch die Nacht in Kauf genommen – – aber dann befiel den sonst so wagemutigen Sherpa die Angst vor den bei Einbruch der Dämmerung erwachenden Dämonen, und er wollte nicht mehr weiter. Nur noch 230 Höhenmeter wären zu bewältigen gewesen!

Du kannst es niemals wissen, hier oben, wie es ausgeht – – Es ist jetzt das dritte Mal, daß wir beide in die letzte Höhe des K2 vordringen. Vier Jahre lang schon läßt er uns nicht mehr los, der gemeinsame Traumberg. Und fast hätten wir ihn aufgegeben – – Die Sonne strahlt, wir fühlen uns gut, besser als je zuvor in so großer Höhe am K2! Die vergangenen Wochen der Erholung im Basislager zeigen ihre Wirkung … Über uns türmt sich der Berg immer noch himmelwärts. Nicht mehr so steil wie der Abbruch unterhalb des Balkons, aber nun bäumt sich eine geriffelte, von den Stürmen verwüstete, mit Hunderten von Querrillen geprägte Wölbung auf, gezeichnet von der Gewalt der Elemente, eine gerippte, in den Himmel reichende Dünenlandschaft aus Eis und Schnee, von einzelnen Séracs unterbrochen. Ganz oben steht darin die schimmernde „Flosse des Hais" gegen das Blau – the shark's fin, wie Julie und ich die große markante Eisklippe kurz unterhalb des Gipfels getauft haben. Nur eine einsame, ganz in Rot gekleidete Gestalt bewegt sich durch die steile Welt aus Schnee aufwärts – langsam, stetig, scheinbar durch nichts aufzuhalten – vielleicht hundert, hundertfünfzig Meter über uns … Alan Rouse; die anderen hat jetzt die gewaltige Landschaft verschluckt, sie sind verschwunden, untergetaucht zwischen den dunklen felsigen Erkern und blendenden Kulissen.

Die unermüdlich höher steigende Gestalt dort oben strahlt Hoffnung aus … aber sie verschwimmt fast in der blendenden Helligkeit – – die eingerahmt ist von dem unheimlichen, übermächtigen, fast schwarzen Himmel … der in seiner tiefen Dunkelheit alles zu verschlingen scheint. Die Erde der Menschen ist so ferne …

Alle hier oben, man spürt es, sind in der Gewalt des Achttausenders. Ja, du kannst es nie wissen, was geschieht, wie es ausgeht – hier oben! In die Freude darüber, diesmal so früh dran zu sein, daß uns nach menschlichem Ermessen der jahrelang erträumte Gipfel endlich, es ist geradezu unfaßbar, wirklich gehören wird ... mischt sich wie eine Drohung das Gefühl, daß es ja ein menschliches Ermessen hier oben kaum noch gibt.

Nur dein Gefährte ist noch etwas von dort unten – erstaunlicherweise – so wie deine Gedanken hier – und beide: wie schwebende Gedanken ... seid ihr am Seil verbunden ... zwei Inseln im Weltraum.

Die schlafenden Dämonen des Pasang Dawa Lama, werden sie erwachen? Irgend etwas treibt uns zur Eile an, eine Unruhe, die die Freude, den Jubel über das gute Vorwärtskommen überschattet. Bald ist es 13 Uhr – wie doch die Zeit dahinstürmt!

Es fehlen uns noch an die 300 Höhenmeter zum Gipfel.

Und wenn wir den Rucksack mit Kocher, Biwakzeug, dem Jumar, hier ließen – ihn an den letzten Haken hingen? Jedes halbe Kilo wiegt ein Vielfaches in dieser Höhe. Bis hierher müßten wir doch in jedem Fall wieder zurückkommen können! Ich mache Julie auf die mögliche Zeitersparnis aufmerksam. Sie nickt. Ich sehe ihr Gesicht, als sie die dunkle Sturmbrille hochschiebt – ihre Augen leuchten vor Freude, vielleicht auch vor Aufregung, weil wir dem Ziel endlich nahe sind. „Yes, – – a sip from the bottle, – – and then press on“, sagt sie zwischen den tiefen Atemzügen, die hier jede Bewegung begleiten – ja, ein Schluck aus der Flasche und weiter! Reservehandschuhe, ein Plastiksäckchen mit Ovomaltine, die Stirnlampe ... wir stopfen alles in die Taschen unserer Daunenjacken – die beiden Titan-Eisschrauben nehme ich auch mit, man kann nie wissen! Wir leeren die Trinkflasche, lassen sie ebenfalls hier – was die zweite angeht, besinnen wir uns eines Besseren und nehmen sie mit, in Julies Hüftbeutel.

Wir übersehen, daß ein kleines Päckchen mit einer Astronautendecke, das fast gar nichts wiegt, im Rucksack verblieben ist – –

Es heißt jetzt, so leicht und schnell als nur möglich sein! Nein, es ist nicht spät, aber – – – der K2 ist hoch, unvorstellbar hoch! Wir spüren es deutlich, wenn wir auf das bauschige Wolkenmeer in der Tiefe blicken; auch die anderen Achttausender sind jetzt hinabgesunken, mitten hinein, unser Broad Peak, die Gasherbrums – – unbeschreibliche Erregung, die dich da erfaßt, Glück und eine Art Angst zugleich; nein, es gibt kein Wort dafür!

Höher, noch höher ... Unseren Rucksack am letzten Haken – den müssen wir im Abstieg wieder erreichen!

Als wir neuerlich losgehen, ist es fast halb zwei – – Die Sonne scheint – etwas schwächer ist das Licht geworden, es mag wohl der letzte schöne Tag sein. Wieder sage ich mir: Kurt, es geht uns gut, so gut wie noch nie hier oben! Es wird die Erfüllung unseres Traums sein.

*Teleobjektivaufnahmen des K2 aus dem Shaksgam-Tal.*
*L 4 – das Sturmlager auf 8000 m, P – das Plateau, F – der „Flaschenhals",*
*T – die Traversierung, R – das Rucksackdepot, S – die höchste kleine Felsschulter*
*(ca. 8400 m), M – höchster Punkt Mrowkas, H – die „Haifischflosse",*
*B – der Biwakplatz von Kurt und Julie nach dem Absturz am 4. August*

Und doch fühle ich eine leise Unruhe in mir. Aber sie vergeht.

Am kurzen Seil, über Blockwerk und Schnee der Rippe, erreichen wir einen Felsaufschwung, eine etwa 10 m hohe senkrechte Wand aus rostigbraunem Gestein, stellenweise schwefelgelb und überhängend. Der Platz darunter, es erscheint fast absurd, ist völlig eben, geschützt, groß genug für ein schmales Zelt! Gleich daneben, am linken Rand, geht es ins Bodenlose hinab – da ist die Südwand, aus der sich hier irgendwo vor einem Monat Kukuczka und

Piotrowski herausrauften, nachdem sie wegen der extremen Schwierigkeiten am Schluß fast alles zurücklassen mußten. Ob das hier der Platz ist, wo die Barrards biwakiert haben, Maurice und Liliane? Mit Michel und Wanda? – –

Wir steigen an dem rostigen Felsaufschwung vorbei, weiter durch plattigen Schnee. Über uns zeigt sich eine letzte felsige Schulter, von der es nach rechts auf eine steile weiße Wölbung hinaufgeht, die gipfelwärts zieht. Hinter einem Schneewall auf Höhe des Felsabsatzes kann ich für kurze Zeit die halbverborgenen Gestalten von Willi, Alfred und Mrowka wahrnehmen – dann sehe ich wieder nichts mehr von ihnen, vielleicht haben sie gerade Halt gemacht. Nur Alan Rouse, weiter oben, klettert gerade über einen steilen Schneeaufschwung. Er ist langsamer geworden ... es muß dort gar nicht leicht sein! Als ich wenig später wieder emporblicke, sehe ich Alfred und Willi, die ihm jetzt dicht auf den Fersen sind, aber das Hindernis nach einigen Versuchen an einer anderen Stelle packen. Die Mühe des Steigens nach so vielen Stunden in dieser Höhe zeichnet sich in ihren Bewegungen ab – die sind zeitlupenartig geworden. Alles ist jetzt in ein milchiges Licht getaucht. Mit blauen Schatten. Wo bloß Mrowka bleibt?

Unglaublich aufgewühlt ist diese Schneelandschaft! Da sind Borten und Bänder, wellenförmig geschwungene Simse von marzipanähnlicher Beschaffenheit, vom Wind ziselierte Platten mit Riefenmuster, die vom Druck eisiger Luftmassen auf andere, beinharte Flächen aufgepreßt wurden. Es sind Schilde aus Kristallpulver, von verschiedener Konsistenz, oft quer durcheinander, wie ein in Auflösung begriffenes gigantisches Schindeldach. Die meisten dieser Platten halten unter deinem Schritt, aber nicht jede – du trittst in sie hinein oder hindurch, sie zerbrechen oder gleiten ab ...

„Be careful, Julie ...!" warne ich meine Begleiterin.

„I know ... don't worry", beruhigt sie mich. Es heißt trotz der Steigeisen hier verdammt aufpassen.

Einem brusthohen Schneeriegel mit überhängendem Saum folgend verlassen wir die tückische Windgangellandschaft ... doch schon bald sinke ich so tief ein, daß ich keuchend reumütig in Richtung auf die Wölbung zurückquere. Unser Abstand zu den ersten Dreien, die wie festgenagelte Marionetten, sich dann und wann bewegend, unterhalb der Gipfelséracs hängen, ist etwas größer geworden – doch auch sie haben kaum Fortschritte gemacht. Weiter! Dort oben steht uns wohl noch einiges bevor. Der Höhenmetergewinn pro Stunde scheint sich im Gipfelbereich für alle enorm zu verringern.

„Julie – how are you feeling?" frage ich besorgt; schwer atmend sind wir nebeneinander stehengeblieben. Wie es ihr wohl geht? Sieben Stunden Aufstieg, am zweithöchsten Berg der Welt, ohne Sauerstoffgerät – – – da darf ich meine Gefährtin wohl einmal vorsorglich fragen, ohne daß sie es mir übelnimmt.

„Oh, I am feeling fine", lächelt sie mich an, „don't worry!"

„No headache – not at all?" Kopfweh? – wage ich eine weitere Frage. Ich will es genau wissen. Schließlich nähern wir uns einer unsichtbaren Schranke, die man nur an wenigen Tagen im Leben, an den besten, überschreiten kann. Wie sehr wir bereits im Grenzbereich sind, das sagen die langsamen Bewegungen aller hier oben.

Julies Antwort beruhigt mich endgültig ... „No, Kurt, – no headache – kain Kopfweh – at all!" und sie nickt kräftig: „Go, go on – no time to lose!" Vorwärts! 8400 m ... es geht langsam auf 15 Uhr.

Gleich darauf sehen wir Mrowka.

Sie ist bewegungslos, lehnt im Steilhang oberhalb der kleinen Felsschulter. „She is sleeping!" meint Julie erstaunt. Ich traue meinen Augen kaum. Schläft sie wirklich?

Bereits vorher – am Ende des Quergangs – dort wo Alan oder die Koreaner das letzte Fixseil gespannt hatten, war Mrowka, den Kopf auf den Arm gelehnt, in Halbschlaf versunken – es war eindeutig nicht „ihr Tag". Willi, der sie in dieser Stellung gegen die sonnenbeschienene Kante des Eisbalkons und die Wolken in der Tiefe fotografierte – gemeinsam mit Alfred, der an seinem Rucksack zu erkennen ist –, war besorgt und mahnte sie zur Umkehr. Doch Mrowka war weit davon entfernt, aufzugeben. So stiegen Willi und Alfred höher, in Alans Spur. Mrowka, allein, folgte ihnen.

Vorsichtig nähere ich mich der hingekauerten Gestalt, zutiefst verwundert. Mrowka schläft tatsächlich. Ihre vom dunkelblonden Haar umrahmte Stirn ist auf den rechten Arm gestützt, in der Schneewand. Die Hand in der Schlaufe des tief eingerammten Pickels garantiert Sicherheit – aber wenn sie plötzlich aufwacht?

„Mrowka – willst ein Zuckerl?" frage ich sie eindringlich, während ich sie am Rücken an ihrer blaßgelben Jacke halte. Sie schreckt auf, blickt mich erstaunt an: „No – – up, I have to go up!" Höher! Hinauf! Das will sie.

Ich bin ratlos, schockiert. Die gute Mrowka, die hilfreiche Ameise, ist wie besessen! Unmöglich ist dieses Energiebündel zu bremsen – obwohl der Sauerstoffmangel sie in einen seltsamen Zustand versetzt zu haben scheint, wie sich bald darauf zeigt ...

Julie ist entsetzt, als Mrowka plötzlich zwischen uns aufsteigt – jeden Augenblick bei einem Stolpern ins Seil greifen und mich hinabreißen könnte. Sie schlägt ihr vor, hinter uns zu gehen – wir würden sie gerne beim Gipfel dann vorlassen. Doch Mrowka steigert ihre Geschwindigkeit und meint trocken: „I do not want to climb behind an old man – – –"

Ich traue meinen Ohren nicht. Ist sie verhext? Nicht ernst nehmen, Kurt, laß sie vorausgehen! Ich bleibe stehen, und schon ist sie vorn.

Unsicheres Schneeplattengelände! Mit Sorge verfolge ich die hastigen, unkontrollierten Bewegungen der Polin über mir, wie sie Hammer und Pickel in die Platten schlägt und sich raufzieht. Sie ist in einem Zustand zwischen Schlaf und Wachsein. Ich bin irritiert, habe ein Gefühl der Ohnmacht – es läßt sich nichts dagegen tun – vor allem drängt es sie mit jeder Faser nach oben, sie kämpft um ihren Gipfel, von Umkehr, die zweifellos das beste wäre, kann keine Rede sein. Sekunden später ruft Julie, ich solle Mrowka unbedingt überholen – – sie hat Angst, bei einem Sturz würde sie uns ins Seil fallen, uns aus der Wand fegen. Ich versuche es, aber beim Legen einer neuen Spur ist Überholen glatt unmöglich! Keuchend strecke ich die Waffen – Mrowka wird jedesmal schneller, wenn ich soweit bin ...

„Basta!" schreie ich zu Julie hinunter – ich habe es satt; wir müssen das Risiko auf uns nehmen ... so wie bei jedem Eisturm über uns. Doch dann besinne ich mich eines Besseren: Abstand halten! Es ist das einzige, was wir tun können.

Wieviel wertvolle Zeit und Energie hat dieses unerwartete Zwischenspiel gekostet? Hoffentlich dauert es nicht allzulange, bis Mrowka auf Alan trifft – auf ihren Partner wird sie vielleicht hören.

„Let's have a rest and a drink!" sage ich zu Julie. Trinken und eine Schnaufpause. Wir brauchen es.

Mrowka steigt jetzt über uns schräg nach rechts hinaus. So kommen wir auch aus der Fallinie, Gott sei Dank. – Der Himmel über uns hat inzwischen einen fahlen Farbton angenommen. Aus der Tiefe wallen Wolken auf, alles ganz langsam, aber beunruhigend. Wenn ich hinausblicke zum Baltoro, sehe ich zwar deutlich die Gestalt des Masherbrum – darunter das Gipfelmeer – doch über die ganze Landschaft hat sich ein schwaches diesiges Grau gebreitet ...

Das Wetter wird langsam schlechter, das ist unverkennbar ... Es ist wie beim Gipfelgang auf den Gasherbrum II! Damals, vor sieben Jahren! Blitzt es plötzlich in meinem Hirn. Am 4. August 1979, als ich mit meinen Gefährten den höchsten Punkt erreichte, war das Wetter fast genauso, ja, schlimmer ... ich erinnere mich: der Himmel wurde allmählich düsterer, wie durch einen bleiernen Vorhang drang das Licht einer unheimlichen Sonne. Schließlich lag Dunkelheit schwer auf allem wie eine Last – „Götterdämmerung" über den Bergen des Karakorum ... doch nichts geschah, nur ein zarter Nebel, fast durchsichtiges Grau, das langsam dichter wurde, hüllte alleine, geisterhaft über dem Zackenmeer, die gewaltige Gipfelpyramide des K2 ein, wie ein weicher Mantel, ein unheimliches Zaubergewand von drohender Schönheit ... So blieb es. Wir kamen gut hinunter.

Kann sich das, genau auf den Tag, wiederholen? Niemand weiß es – es könnte anders sein. Doch jetzt sind wir zu hoch, um zu entkommen. Wenn es schlimm wird, sind wir dem Untergang geweiht, selbst wenn wir umdrehen – – –

Ich klammere mich an die Gasherbrum-Erinnerung, versuche mich zu beruhigen, während das Grau langsam, ganz langsam, doch unaufhörlich zunimmt. Wächst die Gefahr? Es heißt wohl, das Risiko zu tragen, das unausweichliche Restrisiko eines solchen Aufstiegs. Meinem Gefühl nach ist es die Gasherbrum-Situation – –

Was wohl Julie denkt?

„Julie – –"

Doch sie antwortet nicht, blickt gebannt nach oben. „Look there!" Sagt sie plötzlich und deutet hinauf. An der sanften Himmelslinie des Gipfels, an dem dunklen Schneerand hinter dem Sérac über unseren Köpfen ist eine Gestalt aufgetaucht, jetzt noch eine! Sie sind halb verdeckt vom Schneesaum, aber jetzt wirft der eine in einer jubelnden Bewegung die Arme hoch – dort oben, das ist der Gipfel, das muß der Gipfel sein! Und sie sind kurz davor.

Nur mit Mühe bremse ich meine Erregung, zwinge mich zur Ruhe – die Nähe des Gipfels ist Schein, das mögen noch hundertfünfzig, vielleicht knapp zweihundert Höhenmeter sein, und das ist über 8000 m eine ganze Menge ... „Rasten und Trinken!" Wir leeren die Flasche. Wir stehen beieinander und ahnen nicht, daß Willi uns in diesem Augenblick von oben her fotografiert – unabsichtlich – zwei kleine Gestalten in der Tiefe unter seinem Freund Alfred, der wenige Meter von ihm entfernt gerade den Vorgipfel erreicht. Es ist 15.15 Uhr. Im Hochblicken sehe ich später noch einmal jemand: das muß der Dritte sein. Sie haben den Gipfel. Weiter!

Wie ein Koffer hängt ein sperrender Schneebalkon über uns. Mrowka ist hier kurz vorher rechts hoch – eine Wühlerei im Tiefschnee mit mehreren Absätzen ... ich ziehe es vor, eine Titanschraube im Grunde eines Winkels auf der linken Seite zu drehen, wo ich gutes Eis gefunden habe. Von Julie gesichert, erreiche ich die Kante schräg darüber, dann arbeite ich mich auf allen Vieren mit den Zwölfzackern und dem Pickel über eine steile harte Rippe aufwärts, die sich rasch verbreitert. An einer kleinen Spalte läßt sich ein guter Standplatz einrichten, und nun sichere ich Julie nach, die erst die Schraube aus dem Winkel herausdrehen muß, ehe sie mir folgen kann. Über uns im bläulich-grauen Mischlicht sind mehrere steile Wölbungen aus Schnee zu erkennen, ein dreizackiger

Sérac, der uns den Blick zum Gipfel verwehrt und rechts oben, scheinbar zum Greifen nahe, eine schimmernde weiße Spitze, die mächtige „Haifischflosse" aus Eis ... kurz unterhalb des höchsten Punktes.

Es ist vier Uhr! – das sollte unser Limit für den Gipfel sein – – – Doch wir sind ihm nahe, so nahe!

Plötzlich ist Willi Bauer da. Er und Alfred sind im Abstieg.

„Bist du sicher, daß du noch hinaufwillst?" fragt er mich.

Ich bin überrascht: „Das kann doch höchstens noch eine Stunde sein!"

Warum diese Frage? Unruhe erfaßt mich.

„Da irrst du dich", sagt Willi, „wir haben vier Stunden gebraucht" – – „Also, Willi", werfe ich ein, vorwurfsvoll und einen Augenblick sogar bestürzt, denn das ist nicht gut möglich (er hat mich wohl nicht recht verstanden). „Ich meine, vier Stunden haben wir gebraucht", fährt der Willi fort, „von dort unten weg!" – und er deutet in Richtung Eistraverse. Ach so – – das ist etwas anderes!

Dennoch bin ich höchst beunruhigt, denn ich erinnere mich im selben Augenblick daran, daß dort unten unser Rucksack hängt – mit Kocher und Biwakzeug! Vom Gipfel braucht man sicher eine Stunde dorthin, selbst wenn der Abstieg nur einen Bruchteil an Energie verbraucht. Was tun wir, wenn wir nicht mehr hinunterkommen?

Da fallen mir Agostino und Joska ein, unsere beiden Freunde, die 1983 in Gipfelnähe einen Unterschlupf fanden und mit unbedeutenden Erfrierungen davonkamen.

„Gibt es Gletscherspalten, wo man biwakieren kann?" frage ich den Willi. Er bejaht: „Den Gipfel erreicht ihr natürlich schon noch", meint er abschließend und steigt dem Alfred nach, der inzwischen das Schneebollwerk bewältigt hat.

Ein Wirbel von Gedanken durchfährt mich. Ja, das mag knapp werden, das Wetter beunruhigt mich jetzt nicht so sehr wie die Zeit, der Willi mit seiner vagen Auskunft war keine große Hilfe ... doch hier oben ist die Zeit wie ein Gummiband, du bist so vollauf beschäftigt mit dem, was du tust, gibst acht, alles genau und richtig zu machen, all' deine Konzentration gehört dem Schnee, dem Eis, jedem Schritt in diesem Gelände, gehört der Wand, in der du dich bewegst – die Zeit gewahrst du einfach nicht. Es ist, als fehlte diese Dimension hier oben.

Gebückt steigen wir weiter – jeden Schritt mehrere Atemzüge! 8500 m – – Da – plötzlich – wie von Zauberhand! Entgeistert bleibe ich stehen, blicke nach oben: Ein fahles Gekräusel von Schatten und Licht, es huscht, tanzt über den letzten dunklen Wölbungen ... Ist das jetzt doch Vorspiel zu einem Sturm? Eine Tändelei, ehe die Energien der Luft brüllen?

Geht es gleich los ... und wir sind dann drin, mittendrin? Oder ist es nur das Faltenspiel des fahlen, seidenen Mantels, der uns zu umhüllen beginnt? Der sich wieder auflösen wird – –

Vertrauen zu unserem Berg kämpft mit Furcht in mir, mündet in einen einzigen wahnwitzigen Gedanken: hinauf! Solange es noch geht!

Trotzdem wäre ich auch bereit zur Umkehr. Wenn es irgend einen Grund gibt, von Julie her ...

„Sollen wir weitersteigen oder nicht? Der Gipfel ist so nahe – dort ist er! Aber wir können immer noch umdrehen – –" Ich sehe Julies angespannten Blick. Sie hat die tanzenden Schleier gesehen.

„I am feeling very fit!" sagt sie.

„Es kann nur noch eine Stunde sein – –"

„If you think so – – let's go on!" sagt sie entschlossen. Weiter! Weiter – – – wir wissen, daß alles auf dem Spiel steht. Einmal im Leben! ... es ist uns klar bewußt.

Das Gekräusel verschwindet. Es regt sich kein Lüftchen. Nein, ein Sturm kommt nicht in dieser Weise. Das transparente Grau über der Landschaft deutet auf eine langsame Verschlechterung. Können wir einem Biwak entgehen? Wir müssen jetzt über 8500 m hoch sein.

Da ist Mrowka wieder aufgetaucht! Sie schwingt den Hammer, läßt ihn mit verbissenem Gesichtsausdruck in die steile Schneewand fahren – – es ist eindeutig, sie hat den unbändigen Willen, hinaufzukommen. Alle paar Schritte macht sie jetzt halt, legt den Kopf auf den Arm, rastet. Mir graut, wenn ich an eine Nacht für sie hier oben denke – – es ist offenkundig, daß sie umdrehen sollte. Aber wie ihr das beibringen? Sie wird sich nur einem fügen, wenn überhaupt – – nämlich Alan, ihrem Partner. Wo bleibt er nur? Schon vorher hat mich Julie darauf aufmerksam gemacht, daß es unmöglich für uns sei, eine erschöpfte Mrowka zum Gipfel zu begleiten und dann auch noch gut hinunterzubringen; bei einem Abstieg, der sicherlich in die Dunkelheit führen wird. Denn was wir beide uns zutrauen, nach all den Jahren, gilt nicht für drei – und gewiß nicht bei Nacht, über 8000 m.

Da endlich taucht Alan auf der Wölbung über uns auf, seine schlanke Silhouette vor dem Grau des Himmels. Alan Rouse! Er, der in dem Chaos an diesem Berg schon mehrmals als Erlöser gewirkt hat.

„Are there any crevasses to bivouac up there?" frage ich ihn. Ein guter Biwakplatz kann zu einer Frage des Überlebens werden. „Yes – there are", sagt Alan – es gibt welche. „And please, Alan ..." fügt Julie mit flehender Stimme hinzu, „take care of your partner – we could not. We think, she has to go down ..." und sie deutet auf Mrowka, die an der Schneewand lehnt und rastet. Wird es ihm gelingen, sie zum Abstieg zu bewegen? „Whatever you decide, be with her" – was immer ihr auch entscheidet – hinauf oder hinunter – geh mit ihr, bekräftigt Julie noch, während der überraschte Alan sich schnell zu seiner Gefährtin begibt.

Bald darauf sehen wir die beiden im Abstieg; es war ein schwarzer Tag für eine der besten polnischen Bergsteigerinnen. Noch im Lager 4 hat sie um den Gipfel geweint.

Wir sind allein. Der Schnee. Die gerippte Oberfläche. Hundert von Linien. Die Haifischflosse aus Eis, jetzt direkt über uns, ganz nahe. Ein dünner transparenter Schleier umhüllt alles ... Wir steigen gipfelwärts. Die Würfel sind gefallen.

Es ist tatsächlich nicht mehr weit! Mit jedem Schritt wird mir das klarer. Nein, wir werden hier oben keinen Biwakplatz brauchen. Da ist ein Windkolk unter dem eisigen Dreieck – ich merke ihn mir doch, zur Sicherheit. Die Spannung steigt! Eine etwa drei Meter hohe fast senkrechte Barriere aus Eis sperrt uns plötzlich den Weiterweg und den Blick auf das, was dahinter liegt. Da hinauf? Jenseits des Eisturms sah es leichter aus – doch ich will nicht mehr zurück. Die Titaneisschraube knirscht, während ich sie mit dem Pickel eindrehe, ich schlage ein paar Griffe mit der Haue raus – das spart mir etwas Mühe – dann schiebe ich mich erwartungsvoll höher. Ein Seitenblick auf Julie, die mich sichert ... ihre Augen sind groß und fragend, ihr Gesicht voll Erregung. Ich schlage mir noch zwei Griffe aus dem Eis, dann ziehe ich mich über den Rand empor ...

Da ist die sanfte Linie der Gipfelschneide, davor ein flacher Schneehang, eine kleine Mulde. Alles erscheint plötzlich lächerlich einfach. Wir können die Titanschraube für den Rückweg stecken lassen ... „We are almost there, leave the screw in", rufe ich Julie hinab. Wir sind fast oben – dort drüben, wenig höher hört der K2 auf. Ich ziehe das Seil ein und sichere sie. Unser K2. Es geht wie ein Leuchten über das Gesicht meiner Gefährtin, als sie den Kopf über den Rand hebt und hinüberblickt. Ein paar Minuten noch ... Die Schraube hat sie dennoch mitgebracht.

Wieder eine Biwakmöglichkeit! Ich betrachte das Loch am Rande der Mulde fast mit einem Lächeln. Es ist heller hier oben. Ein freundlicher Platz, im Vergleich zu der düsteren Steilheit des riesigen Berges. Doch wir werden hier nicht im Biwak sitzen: Wie eine Ironie erscheint mir die Zeit – nun sind wir früher dran als vorhin befürchtet. Noch eine Spalte, dann folgen wir auf der weißen Linie, die sanft emporsteigt – –

Die Freude! Das Glück! Wir halten uns umschlungen. Für einen Augenblick der Ewigkeit gehört uns der K2.

„Julie, our most desired peak“ – ich fühle, daß meine Stimme bebt. Der Gipfel, den wir uns am meisten gewünscht haben. Der herrliche K2.

Die großen, dunklen Augen unter der gelben Kapuze, die soviel Kraft ausstrahlen können, der vertraute Blick über dem schmalen Lächeln. Julie. Ja, es ist unser Berg. „Our very special mountain“ – – Sie sagt es leise, flüsternd; unser ganz besonderer Berg.

... Tausende von Gipfeln zu unseren Füßen, wir sehen sie nicht. Aber das ist bedeutungslos. Minuten im Schnee, im höchsten Schnee des K2 ...

Als ich auf die Uhr schaue, ist es kurz nach halb sechs. Da liegen auf der Wölbung in diesem Raum aus durchscheinendem, bald hellerem, bald dunklerem Grau, der uns umgibt, die ockergelben gedrungenen Sauerstoffzylinder der Koreaner, dazwischen aufgespannt – wie erstarrt – die große rot-weiß-rote Flagge der Österreicher aus dem Basislager; in müder Bewegung flappt dann und wann daneben ein kleines dreieckiges Fähnchen der Naturfreunde und der etwa handgroße rechteckige Wimpel, den Alan befestigt hat. Ich löse ihn und reiche ihn Julie ... „That's for you – Alan will not mind, we take it down ...“ Sie hält ihn zögernd einen Augenblick in der Hand, stopft ihn dann in die Tasche der Daunenjacke ... „You can have it later, or Alan – if he wants it.“ Sie scheint sich aus dem Wimpel nichts zu machen, der Gipfel unseres Traumberges bedeutet mehr, viel mehr.

Dabei läßt uns der alles umhüllende Mantel aus zartem Grau nicht viel sehen: ein kleiner, markanter Vorgipfel – Fels und Schnee – weiter drüben auf der entgegengesetzten Seite; dort müssen sie von der „Magic Line“ heraufgekommen sein. Unter uns, in nördlicher Richtung, erkennen wir durch den seidigen Nebel – der eine eigenartige Transparenz hat – eine Art langgezogenen Erker ... es ist ein felsiger Nebengipfel oder auch nur ein Absatz, der höchste, in der Nordwand. Ein Gedankenblitz führt mich hinab, einen Augenblick, zu unserer Umkehrstelle von 1983, und ein Gefühl von Genugtuung steigt in mir auf ...

Doch der Nebel wird düsterer, kühler Wind streicht um den Gipfel, es ist wie eine Warnung. Schnell machen wir noch einige Bilder, da sagt Julie auch schon: „It's high time to leave – –“ Unruhe flackert in ihren Augen. Es ist sechs Uhr vorbei. Wir müssen gehen!

Wenn ich vorausgehe, sind wir schneller! Ich bin der bessere Wegfinder. Und auf Julie hinter mir kann ich mich absolut verlassen ... Sie ist gut in Form: sonst ließe ich sie im Abstieg natürlich nicht hinten gehen. Ja, wir werden ohne Biwak durchkommen. Natürlich wird uns noch vor dem Rucksack, der 300 m weiter unten am Fixseil hängt, die Dunkelheit erwischen, aber wir haben ja die Kopflampe.

„I go ahead, if you don't mind." Ich blicke Julie an und wende mich zum Gehen. Sie nickt, energisch ihre Augen unter dem reifverkrusteten Haar. „Allright – but go on! No time to waste ..." ruft sie mir nach, während ich den Gipfel verlasse. Ja, ich beeile mich! Jede Minute ist wertvoll! Noch ist es hell, ist alles deutlich zu sehen, ist nur schwacher Wind um uns – – aber wie lange noch, dann wird die Dunkelheit kommen, wird alles doppelt so mühsam sein, wird jeder Schritt ein Problem – – – Nichts überstürzen! Nicht schneller gehen, als es sicher ist, sagt eine Stimme in mir.

Der Vorgipfel ist hinter uns, ich halte im dünnen Nebelgrau auf die eisige Silhouette der Haifischflosse zu. Hier war doch irgendwo eine kleine Spalte! Ich mache einen schwachen Bogen nach rechts, gehe dann wieder auf die Flosse zu, sehe jetzt auch unsere Aufstiegsspur im Schnee; einen Augenblick drehe ich mich um – – und erstarre: Julie, am anderen Ende des Seils, hat wohl wegen der Eile den Umweg ausgelassen, sie folgt mir direkt, in gerader Linie. Vor ihr, kaum erkennbar, eine schwache dunkle Furche im Schnee – – die Spalte! „Stop – for God's sake! A crevasse", brülle ich, gerade noch rechtzeitig, um sie zum Stehen zu bringen. Nein, auch ich hatte von oben her die Spalte nicht erkannt, nur die Erinnerung hat mich gewarnt! „Go back and down to my steps, Julie ..." rufe ich beschwörend. Geh zurück und in meine Spur! „Ich hätte sie aufmerksam machen sollen, ich habe es versäumt", denke ich vorwurfsvoll. Ist das die extreme Höhe? Die Auswirkung der dünnen Luft? Die zu Kurzschlüssen führen kann – obwohl du meinst, es geht dir gut? Daß du alles unterläßt, was du gerade nicht im Sinn hast und doch normalerweise tun würdest. Oder daß du, viel schlimmer, unterläßt, was du gerade im Sinn hattest – weil du es gedacht hast, weil du den Gedanken für die Wirklichkeit genommen hast, oder, genauso verhängnisvoll. Weil du das Denken an eine Handlung bereits für so ausreichend hältst, daß sie selbst nicht mehr notwendig ist ... jetzt nicht, vielleicht später – – ein gefährlicher Trugschluß!

Nein, ich bin sicher, daß wir zwei nicht in einem solchen Zustand sind, aber das eben vermiedene Spaltenabenteuer, wohl auf die Eile zurückzuführen, tönt in mir wie eine Warnung. Nichts überstürzen! Genau und gründlich bleiben, gerade beim Abstieg! Der Abstieg ist immer das gefährlichste ...

Julie ist sofort stehengeblieben. Behutsam tut sie einige Schritte zurück – erreicht meine Spur, folgt ihr. Ich atme auf – nicht auszudenken, fiele einer von uns hier auf 8600 m in eine Spalte! Weiter! Gleich darauf bin ich an der kurzen, senkrechten Wandstufe. Ich mache Stand und sichere Julie hinunter. Wir sind jetzt auf der Höhe der Haifischflosse. „Put the screw in at the bottom!" rufe ich ihr zu, während sie hinabsteigt. Ja – sie soll die Eisschraube am Fuß der Wandstufe hineindrehen! Auch wenn das Zeit kostet. Nein, ich denke nicht, daß ich stürzen werde – aber die Sicherheit ist die paar Minuten wert. „Come down!" ruft jetzt Julie von unten, und ich steige nach, während sie das Seil einholt. Als ich sie erreiche, nur ein paar Worte ... sie dreht bereits die Schraube heraus, ich sehe wieder die Anspannung, Entschlossenheit in ihrem Gesicht – ja, wir wollen noch hinunterkommen zum Lager, müssen schnell sein, einerseits, und vorsichtig andererseits – – wir müssen das letzte Licht des Tages ausnützen, um die Séracs zu bewältigen.

Weiter! ... Jetzt gemeinsam. Ich glaube, daß wir im Abstieg die untere Eis- und Schneestufe besser dort überwinden, wo Mrowka hochstieg – nicht dort, wo wir hinauf sind! Schon sind wir oberhalb des Steilaufschwungs angekommen, an der Stelle, wo die Spuren sich trennen. Noch sieht man am zerwühlten Schnee, wo die anderen hinunter sind. Wieder allein voraussteigend, schwindle ich mich hinab bis zu einer kleinen Querspalte, die unter mir im Zwielicht aufgetaucht ist, warte dort, Julie sichernd, den Pickel tief in den Schnee gerammt. Ich bin erleichtert – – denn Julie kommt erstaunlich behende und sicher über die Steilstufe herab – – Jetzt ist sie bei mir. „Attention, the small crevasse – you remember?" erinnere ich sie an die Querspalte und möchte damit gleichzeitig meine Unterlassungssünde vom Gipfel gutmachen. „Of course", sagt sie kurz und etwas atemlos. War da ein Lächeln? Wir kennen die Spalte! Beim Aufstieg sind wir hier links, und Mrowka ist rechts hoch ... Vorwärts! Hinunter! Ob die Polin mit Alan inzwischen unser Lager schon erreicht hat? Es ist jetzt so dämmrig geworden, daß man zwar die Schneeformationen in der Nähe, aber sonst nicht viel mehr erkennen kann. Nur in der Tiefe kann ich undeutlich am dunklen Gestein die höchste Felsschulter ausmachen – dort müssen wir hin!

Sie ist etwa 8400 m hoch, und von ihr ist es nicht mehr weit bis zu unserem Rucksack. Das schaffen wir auch in der Dunkelheit noch – viel langsamer zwar, mit der Stirnlampe. Soll ich die jetzt schon auspacken? Nein, noch sieht man genug, nur keine Zeit verlieren! Ich taste mich den gewölbten Rücken hinab, seitlich absteigend, Schritt für Schritt, den Pickel immer wieder einrammend, den Blick nach unten gerichtet.

Hier sind diese verdammten unregelmäßigen Schneeplatten, windgepreßte Tafeln. Geh nicht zu schnell, Kurt, hier heißt es aufpassen! Und jetzt sieht man schon wirklich nicht mehr viel. „Take care!" rufe ich zu Julie hinauf. Gib acht! Sei vorsichtig! ... doch ich weiß, daß sie vorsichtig ist. Ob wir stehenbleiben sollen, um die Lampe auszupacken? Julie hat sie in der Daunenjacke, hat sie eingesteckt, als wir den Rucksack deponierten, heute mittag. Die Schneeoberfläche hier ist unregelmäßig, vielfältig! Sind das noch Steigspuren? Der Rücken ist nicht steil hier, die Richtung stimmt – – aber jetzt holen wir die Lampe heraus!

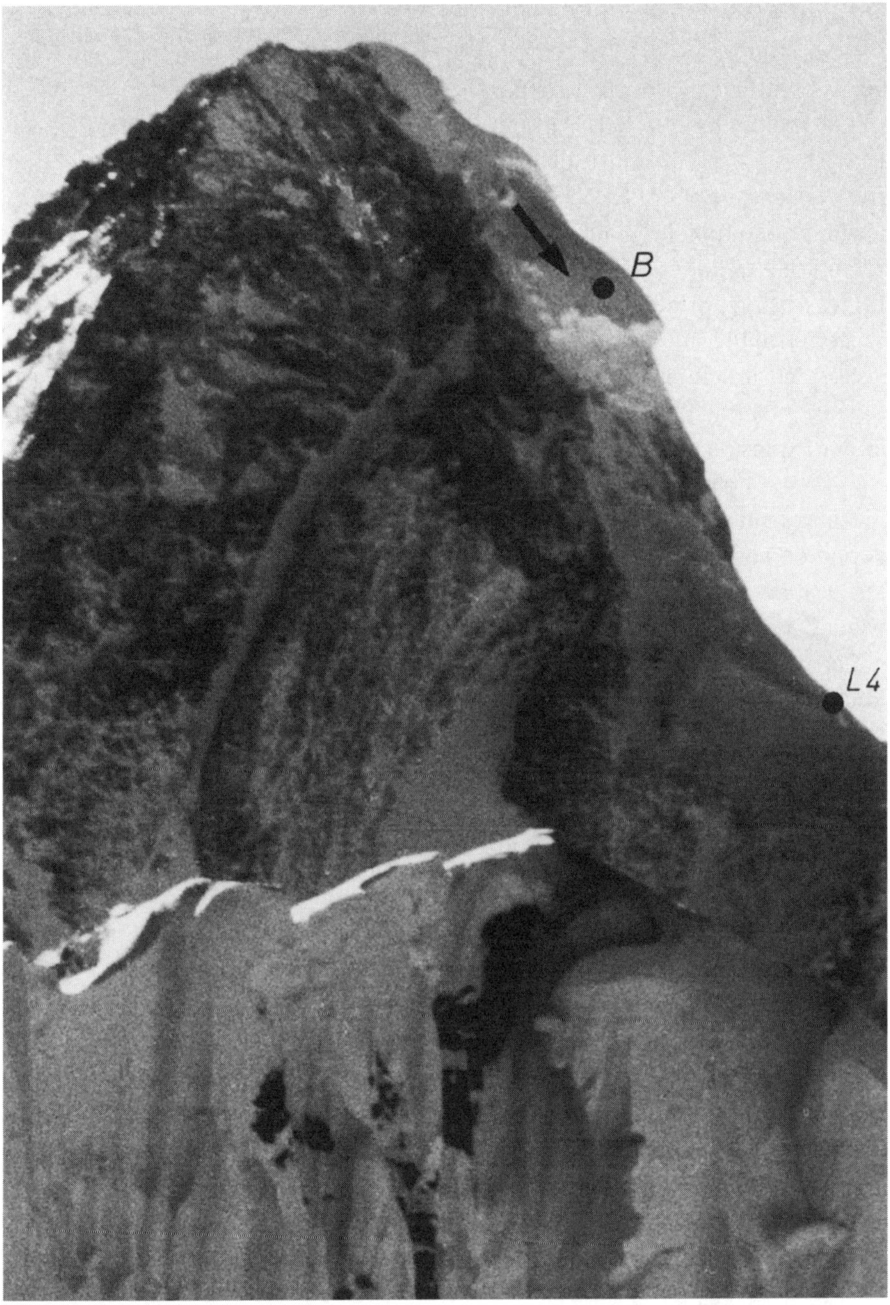




*Die Gipfelpyramide des K2. Der Pfeil zeigt den ungefähren Verlauf des Absturzes am Abend des 4. August , das „B" das darauffolgende Biwak am Hängegletscher, „L 4" das Sturmlager auf 8000 m*

Ja, wir tun es – –

„Oh, Kuuurt – – !!!" Der Schrei gellt durch die Dämmerung, laut, entsetzt, verzweifelt. Ich werfe mich herum, im selben Augenblick, ramme den Pickel mit all meiner Kraft in den Hang, werfe mich darauf – – – das Seil, das Seil! – – Hier ist es – – Schon saust Julie als schwarze Masse mit ungeheurer Wucht an mir vorbei – -! Halten! Halten!! – – Entsetzt warte ich auf den Ruck, hoffnungslos und doch hoffend – auf die Chance eins zu tausend, diesen völlig unerwarteten Sturz zu halten! Kurt, die Chance ist null – – das ist das Ende: dreitausend Meter Absturz, den K2 hinunter – –

Der Ruck !!!

Für den Bruchteil einer Sekunde kann ich halten, dann schleudert es mich hinaus, fetzt mich hinunter mit Urgewalt, machtlos, schwerelos, wie eine Feder in der Explosion eines Vulkans – –

– – – – – – ein Nichts, hilflos, in rasender Geschwindigkeit – – –

– in rasender Angst vor dem Aufprall – – Sekunden, endlos – – es wirbelt mich, kopfüber, kopfunter, hinab – – den Hang! Ich klammere mich an, kralle mich fest, mit der Kraft der Verzweiflung – – der Ruck!!! – – die Riesenfaust reißt mich wieder von der Fläche, hinaus in die Luft – – – der Wirbel geht weiter – – –

Patsch! Die Riesenfaust hat mich in den Schnee gestampft. Ich sitze, den Rücken zur Wand, aufrecht im Hang. Bis zu den Knien stecken die Beine in tiefem schwerem Schnee. Ich habe das Seil in der Hand, der Pickel steckt tief im Schnee. Ich bin sprachlos – – –

Julie? Was ist mit ihr?

„Kurt", höre ich es wie benommen, im Hang über mir.

„Get your iceaxe in, belay yourself!" schrei ich hinauf in die Dunkelheit. Den Pickel hinein, sichere dich! Ich zittere am ganzen Körper.

Gleichzeitig wuchte ich mich noch tiefer in den Schnee, verbessere meine eigene natürliche Sicherungsposition, in der, wie durch ein Wunder, mein Sturz geendet hat. Aber auch Julie ist wie durch ein Wunder etliche Meter weiter oben zum Stillstand gekommen. Hat sie gebremst? Undeutlich erkenne ich die Gestalt über mir im Hang.

„I cannot get hold of my iceaxe ... I am laying on top of it", höre ich ihre Stimme. Aha, sie liegt auf dem Pickel. Scheinbar hat sie gebremst. Wieso bringt sie ihn nicht heraus? Ich kann das alles noch gar nicht fassen. Daß wir am Leben sind, daß wir jetzt nicht zerschmettert am Fuß des Berges liegen, es ist ein Wunder!

„I try to get the iceaxe now, but I am in an awkward position, take care", klingt es erstickt von oben. Aufpassen, Kurt! Scheinbar liegt sie schlecht, im Steilhang: Schräg? Vielleicht mit dem Kopf bergab?

Schchch – – – – – ein Rutschgeräusch – – dann prallt Julie mit voller Wucht auf mich! Dank meiner bombenfesten Position im schweren tiefen Schnee halte ich dem Anprall stand. Noch einmal gut gegangen!

„Are you allright Julie", frage ich besorgt. „Yes, I am o.k.", meint sie wie selbstverständlich, „but the iceaxe is up there." Nur der tiefe Atemzug hinerher sagt mir, daß sie froh ist, noch zu leben. Der Pickel ist oben! Hauptsache, sie hat sich nichts getan! Ich steige hinauf und hol' ihn herunter.

Was jetzt geschehen soll? Es ist fast völlig dunkel. Ich sehe in der Nähe die flache Wölbung des Hängegletschers, auf dem wir gelandet sind, sehe darin die undeutliche Kontur einer Spalte. Wir sind am Beginn des riesigen Balkons in der oberen Hälfte der Gipfelpyramide, der Sturz hat uns aus der Route geworfen und gleich wird es Nacht sein. Am besten ist es, wir biwakieren dort drüben. Da es bedeckt und windstill ist, kann es nicht allzu kalt werden, vielleicht ist diese Spalte ein guter Biwakplatz. Mag sein, daß wir nach ein, zwei Stunden dann weiter absteigen ... Ich bezweifle es: zwar sehe ich undeutlich die Kontur der höchsten Felsschulter, aber dort hinüberzukommen, auf die Route, bei Nacht, das mag nicht ganz einfach sein. Wie auch immer – großer Gott, wir dürfen froh sein, daß wir noch leben! Das andere läßt sich jetzt alles überstehen ... Das Wetter ist zwar nicht gut, aber auch nicht wirklich schlecht. Wir sitzen in den Wolken – – für ein Freibiwak ist das besser als eine eisige sternklare Nacht! Aber wir sind hoch, sehr hoch: rund 8400 m, vielleicht etwas darunter.

„Julie, we have to bivouac – let's go over to that crevasse." Zur Spalte hinüber!

Wir stapfen durch tiefen Schnee über den mäßig geneigten Hang. Als wir bei der Gletscherspalte sind, ist es fast finster. Doch kann ich noch das Wesentlichste erkennen: die eisige Kluft scheint ein idealer Biwakplatz zu sein, etwa zwei Meter breit und mit einer Rampe, die in sie hinunterführt, wie in einen richtigen Schlupfwinkel. Man kann den Rand unsres Riesenbalkons ahnen ... er ist ganz nahe. Der Schnee, auf dem wir haltgemacht haben, ist hart und tragfähig, ein guter Sicherungsplatz – Julie rammt den Pickel ein. Sicherlich wird auch der Weg in den Schlupfwinkel hinein aus festem Schnee sein, wie ihn die Stürme mancher Tage hier angepreßt haben, eine kristalline Masse, die ziemlich häufig an den exponierten Abschnitten der Gipfelpyramide vorkommt. Und die weite Spalte ist wohl von unten bis oben angefüllt mit Schnee. Dennoch – – gerade weil das alles so perfekt erscheint, kann ich ein leises Mißtrauen nicht unterdrücken! Mir kommen Pasangs Dämonen in den Sinn – – – die bei Nacht erwachen.

Haben wir nicht gerade erst mit Riesenglück diesen Sturz überlebt, sind dem sicheren Tode entronnen? Plötzlich erscheint mir der wunderbare Schlupfwinkel wie eine Falle.

„Julie, I have to check the crevasse, before we go in. Please, get the flashlight out and then belay me", sage ich. Ja, ich will unbedingt hineinleuchten und, ehe wir den Schlupfwinkel beziehen, alles mit dem Pickel sondieren – – gut gesichert! Julie hat sich hingehockt, kramt in der Daunenjacke nach der Lampe. Wir beide haben am Nordsporn des K2 tagelang in so einer Spalte gelebt, unsere Expedition hat in der Kluft ein ganzes Lager aufgeschlagen – es war ein sicherer Platz, über den die Lawinen hinwegbrausten, in der gefährlichen Flanke des Sporns. Auch am Tirich West IV im Hindukusch haben Dietmar Proske, mein Seilgefährte, und ich in der Nordwand des Siebentausenders ein ähnliches Spaltenbiwak bezogen. Doch die meisten dieser Klüfte sind keineswegs harmlos – –

Julie hat die Lampe gefunden! „I have to turn the battery around", sagt sie mit einem Seufzer und nestelt am Gehäuse. Vielleicht haben unsere Augen sich an die Dunkelheit gewöhnt oder ist es das Licht des Schnees in der Nacht, jener eigenartige Schimmer, von dem man nicht weiß, wo er herkommt, und den es gibt, auch wenn man mitten in den Wolken steckt – jedenfalls herrscht keine völlige Finsternis, es lassen sich Umrisse erkennen, und was Julie gerade tut, hat sie schon hunderte Male getan. Sie hat die Lampe geöffnet und dreht die Batterie um – als Sicherheitsmaßnahme gegen vorzeitiges Entladen hat sie sie verkehrt in das Gehäuse eingesetzt. Gleich darauf bereue ich, daß wir aus Gewichtsgründen nicht zwei Stirnlampen mitgenommen haben. „It does not work", sagt Julie resigniert, knipst die Lampe ein paarmal erfolglos an, macht sie wieder auf ... „I will try again", sagt sie. Ich fühle es heiß in mir hochsteigen, vielleicht war die Nervenanspannung der letzten Stunden zu groß: „Verdammte Schweinerei", denke ich, „das hat uns gerade noch gefehlt! Nacht! 8400 m! Wir sind abgestürzt, sitzen auf dem höchsten Balkon der Welt, sehnen uns nach irgendeiner Bleibe und nun – –"

Julie hat die Batterie neu eingelegt, macht die Lampe zu, knipst sie an – – wieder kein Licht.

Eine Welle von Jähzorn überfällt mich, raubt mir plötzlich die Vernunft, ich reiße Julie die Lampe aus der Hand und schleudere sie in den Abgrund ... Ich bin im selben Augenblick zutiefst erschrocken über mich selbst! „Shit", murmle ich verlegen, betroffen über meinen Zornesausbruch und seine Folge. War das jetzt doch die große Höhe! Julie sagt kein Wort – aber es ist klar, wir hätten noch weiter basteln sollen. Jetzt sind wir jedenfalls eindeutig ohne Licht.

Vor mir in der Dunkelheit gähnt das schwarze Loch des Spalteneingangs. Unheimliche Stille darin. Ich muß es trotzdem probieren. „Belay me – sichere mich!" kaue ich in meinen vereisten Bart. Dann schiebe ich mich langsam, vorsichtig die Rampe hinab, fortwährend sondierend. Ich bin jetzt in einem viereckigen Tunnel zwischen den Wänden der Spalte, und der Boden ist völlig solide, aber hier noch viel zu steil für ein Biwak. Doch ich spüre, wie die Hoffnung in mir wächst. Wieder sondiere ich: der Schnee ist fest und tragfähig. Wenn ich nur irgend etwas sehen könnte! Der Boden trägt, aber es ist noch immer zu steil. Unbehagen beschleicht mich, ich halte einen Augenblick inne – soll ich nicht lieber wieder hinaus? „Julie, belay me carefully!" Aufpassen! Bäuchlings nun, mit den Füßen voraus, die Hand am Pickel verankert, schiebe ich mich noch ein wenig in den Gang hinein – es ist jetzt flacher, hier könnten wir bleiben! Aber vorher will ich den Untergrund doch noch einmal prüfen ... Da bemerke ich es! – – Im Bereich meiner Füße ist der Boden zwar noch fest, aber der tastende Schuh spürt, daß die harte Schneerampe kurz vor der anderen Spaltenwand ein Luftloch hat. Um Gottes Willen, hier können wir nicht bleiben! Unter dieser Rampe ist Luft! „Julie, attention, pull!" Sofort strafft sich das Seil. Mittlerweile ist ein Stück der Rampe abgebrochen und stürzt in die Tiefe, ich hab keinen Halt mit den Füßen mehr! –

Keuchend, mit verzweifelter Anstrengung ziehe ich mich am Pickel auf, finde irgendwie Halt, komme ein Stück höher, schlage die Haue wieder ein. „Julie, pull what you can!", schreie ich in Panik, „it's a bridge, which is crumbling away", keuche ich – eine Brücke, die unter mir stückweise wegbröselt. Ich höre die Trümmer in die Tiefe rascheln, finde irgendwie mit dem linken Steigeisen Halt, der rechte Fuß hängt bereits in die Spalte hinab. Einen Augenblick halte ich still, – – – die verfluchte Falle! Hab ich es doch gespürt! Wenn das Zeug hier wegbricht, hänge ich unten. Schaudernd denke ich an Renatos* Ende ... Vorsichtig schiebe ich mich weiter, es gelingt mir, den Fuß aus dem Loch herauszubringen und auf die Rampe zu setzen, aber ich wage es nur mit den Händen, mich höher zu ziehen. „Julie", keuche ich – –

Aus, es geht nicht mehr, ich kann nicht mehr! Keuchend bleibe ich schräg im halb verrutschten Gleichgewicht hängen. Der Pickel hält mich, ein Steigeisenzacken – und Julie. Ich versuche, Kräfte zu sammeln, die Lungen voll Sauerstoff zu tanken, auch wenn es hier wenig davon gibt. Dann nehm' ich den nächsten Anlauf. „Julie, up again, pull what you can!" Schnaufend wie eine Lokomotive, zentimeterweise, komme ich höher, endlich habe ich mit beiden Fußspitzen Halt gefunden. Wieder keine Kraft mehr! „Stop and hold", japse ich.

* Renato Casarotto, starb 1986 am K2 in einer Gletscherspalte oberhalb des Basislagers; Anm. d. Hrsg.

Schwarz in der Dunkelheit ist alles hier, kaum daß ich den Pickel sehe; das Gesicht im Schnee der Rampe, fühle ich dennoch unter mir die erbärmliche pechschwarze Finsternis der Kluft, des leeren Raums da unten, unsichtbar, spürbar doch, wie ein eisiger Sarg, an dessen Rand du hängst – ich fühle, wie die Erschöpfung nach mir greift, und die Tiefe mit ihren schwarzen Armen. Pasangs entfesselte Dämonen! Ich habe plötzlich unbeschreibliche Angst, wie nie in meinem Leben. Wenn ich hier je wieder herauskomme und dem Tod in dieser eisigen Gruft entrinne – – –

Noch bin ich nicht unten. Und noch bin ich nicht heraus! „What is the matter?" höre ich es von draußen. Was los ist? „I need to breath", sage ich schwach. Es ist wie eine Lähmung, ein Bann, der mich ergreift ... In diesem Augenblick bricht unter dem rechten Fuß, ohne den geringsten Anlaß, die ganze Schwarte in die Tiefe. Es rauscht und kracht! Schreck erfaßt mich! Panik! Die Geister! Das sind sie! Meine Hand umkrallt den Pickel: Nein, ihr kriegt mich nicht! „Up!" brülle ich. Sofort spüre ich den Zug! Einen Augenblick hängt mein ganzes Gewicht am Seil – Ich kann die Faust zwischen der linken Wand und dem Schnee verklemmen, gerade soviel, daß ich mit der anderen die Pickelhaue herausreißen und wieder einschlagen kann – ein Stück weiter oben. „Zug!" würge ich hervor. Ich höre jetzt Julies schweren Atem über mir, erahne ihre dunkle gebeugte Gestalt, wie sie mit aller Gewalt am Seil zieht. Endlich! – Ich spüre, wie die Dämonen an Macht verlieren ... verbissen schiebe ich mich höher, immer wieder nach Luft schnappend, schlage keuchend die Haue ein – ich habe kaum noch Kraft, doch – Gott, ja, ich komme heraus! Gott – Julie, daß du mich gehalten hast – –

„Don't panic, you will not die here", sagt die dunkle Silhouette über mir ganz ruhig. Es klingt wie eine Weissagung in dieser Stimme. Nein, ich werde nicht sterben hier. Ich liege draußen, das Gesicht im Schnee, Julie, du hast mir das Leben gerettet!

„Thank you – that was very close", hauche ich mit meinem letzten Atem.

Wo werden wir bleiben? Zunächst einmal habe ich es eilig, von der Spalte wegzukommen. Auch wenn hier alles fest ist, der Schreck sitzt mir noch in den Knochen. Wo wir bleiben? Ein Schneeloch aus der Wand herausschlagen, das ist jetzt der einzige Ausweg! Wenig höher setzt eine steile Schneewand mit harter Kruste an. Ich schwinge den Pickel, arbeite einen Halbkreis heraus, dann weiter in die Tiefe, Platz für zwei, dicht aneinandergedrängt.

Es ist absurd: unser Biwakzeug hängt nur 100 m tiefer im Rucksack am letzten Haken, es scheint sich alles gegen uns verschworen zu haben ...

Ohne Stirnlampe können wir dort nicht hinkommen. Das ist viel weiter drüben, draußen an der Kante, in der Finsternis. Wir müssen morgen in aller Frühe erst einmal den Rückweg von unserem Hängegletscher zur Route finden.

Wir arbeiten hart an dem Loch, noch ist uns nicht kalt. Eine alte Biwakierregel sagt: Je länger du ein Biwak herrichtest, desto kürzer mußt du biwakieren …

Peng! – die Pickelschaufel schlägt auf Eis. Auch weiter oben, weiter drüben, überall … Hier steht die Wand an, unter dem Schnee, bloody hell! „So much for our snowhole!" fluche ich in Englisch. Kein Schneeloch.

Wir müssen uns mit einer offenen Nacht begnügen. Aber es gelingt mir doch, mich mit dem Pickel seitlich derartig unter die harte Kruste hineinzuarbeiten – vorsichtig, ohne sie zu zerbrechen –, daß schließlich wenigstens eine kleine Höhlung da ist, in der einer von uns – Julie – Platz haben kann. Der Boden davor ist eben, es geht kein Wind, der andere kann also auch vor der Höhlung hocken bleiben, so halb und halb noch in der Nische des geplanten Lochs, ein bißchen durch die ausgehauene Wölbung geschützt. Der Luxus ist spartanisch: ein paar Zuckerl und ein Plastiksäckchen mit Ovomaltine. Wir haben nur unser Seil, auf das einer sich setzen kann. Dazu noch Julies Hüftgurtbeutel. Was den Kälteschutz angeht: Wir sind zwar in unsere guten langen Daunenjacken und die gelben Ultimate-Windblusen und Überhosen gehüllt, aber es rächt sich jetzt, daß meine schwerere warme Daunenhose unten im ABC-Lager geblieben ist. Nicht so sehr für mich, der ich für Kälte unempfindlicher bin, als für Julie. Sonst sind wir gut geschützt, mit unseren Sturmhauben, Handschuhen, Übergamaschen. (Tatsächlich hat sich keiner von uns die Füße dort oben erfroren, ich auch die Hände nicht, Julie allerdings die Nasenspitze und möglicherweise zwei Finger einer Hand.) Es war dennoch ein elendes Mißgeschick, daß wir unser Biwakzeug nicht erreichen konnten. Ein Fehler, der sicherlich auf die in großer Höhe häufig auftretende Vergeßlichkeit zurückzuführen ist, war das Zurücklassen der nur wenige Gramm wiegenden Biwakfolie im Rucksack am letzten Haken. Verzweifelt durchsuchte ich immer wieder alle Taschen, aber ich fand sie nicht. Sie war tatsächlich im Rucksack geblieben.

Es war eine lange, lange Nacht. Obwohl zum Glück kein Sturm kam, wurde es auf den Morgen zu kalt und windig. Wir versuchten, uns gegenseitig warm zu halten, so gut es ging. Wir waren froh, als endlich Dämmerlicht durch die Wolkennebel drang, froh, daß die lange Nacht vorbei war, wir immer noch lebten und trotz allem noch ausreichende Kräfte für den Abstieg spürten. Wir waren dem Himmel dankbar, daß das Wetter nicht ganz umgefallen war, es zeigten sich sogar Flecken von Sonnenlicht, während wir den Weg in die Tiefe suchten …

Wo ist das Lager? Der Hafen, wo diese Odyssee durch die Wolken ein Ende nimmt – – Wir müssen ihn finden! Der Abstieg vom Dach des Hängegletschers hat viele Stunden gedauert, hat alle unsere Energien und die ganze Aufmerksamkeit gefordert. Es war der letzte Akt im Kampf ums Überleben an der Gipfelpyramide – so dachten wir jedenfalls. Aber nun sind wir unten, irgendwo auf 8000 m und sehen nichts! Vor kurzem – aber wer weiß, vielleicht ist das auch schon wieder eine Stunde her – habe ich noch über uns den Flaschenhals und den Eisüberhang gesehen, konnte aus der Erinnerung die Abstiegsrichtung fixieren, aber seitdem stecken wir in der „Suppe". Und die Gefahr, am Lager vorbeizusteigen, ist riesengroß! Es darf nicht geschehen! Beklemmend fühle ich, daß dieser Abstieg auch an unseren Energien gezehrt hat! So erstaunlich gut es uns heute morgen noch ging – – Julie verlangt nun schon seit einiger Zeit nach einer Rast; ich habe Angst, sie zu gewähren – nur kleine Schnaufpausen habe ich zugestanden, eine halbe Minute vielleicht, wenn das Seil wieder einmal zu Ende war, sie einen Standplatz bezogen hatte und ich sie von oben herab, Gesicht zur Schneewand, erreicht habe.

Ja, wir stecken in der Suppe! Ziehende Wolkenballen, Nebelbänke, ein paar verirrte Schneekörner, alles ist weiß, düster, grau, je nachdem wie dicht die Watte gerade ist; die Hangneigung und die Erinnerung daran vom Aufstieg her – das ist der einzige Hinweis dafür, wo wir uns befinden. Vorhin habe ich einen Stein für ein Zelt gehalten – und das bedrückt mich sehr. Der Schreck darüber hat mich aufwachen lassen, hat alle meine Sinne mobilisiert! Wir werden den rechten Weg finden. Man sagt mir nicht umsonst einen sechsten Sinn für das Gehen bei Nacht und im Nebel nach – sonst wär ich schon längst nicht mehr am Leben.

Ich sehe Julies von den grauen Schwaden umwobene Gestalt – sehe ihre langsamen Bewegungen – sie weiß so gut wie ich, daß hier irgendwo die Barrards, Liliane und Maurice, sich verirrt haben müssen. „Let's continue to zig-zag, we must find the plateau!" rufe ich ihr zu, einfach um ihr irgend etwas zu sagen. Es ist klar: Wir müssen das kleine Plateau finden, auf dem das Lager steht! „Yes, we have to find it! But the slope here is still too steep – –" erwidert sie. Ich sehe den ernsten Blick ihrer dunklen Augen zwischen dem reifverkrustetem Haar – – es ist so düster, daß wir seit kurzem die Brillen abgenommen haben. Ja, der Hang ist zu steil! Voll Schreck durchfährt mich der Gedanke, wir könnten vielleicht an dem Plateau vorbei in die Chinaseite hinabsteigen, auf den riesigen Wächten landen, die dort über gewaltigen Abgründen hängen! Vielleicht ist Maurice dort verschwunden, nachdem er Liliane verlor. Julie und ich gehen am Seil: Was immer auch geschieht – – es ist unser beider Leben, oder es ist unser Tod.

Es soll unser Leben sein! Versuchen wir es wieder weiter rechts drüben! Nur beim Abstieg im Zick-Zack werden wir das Lager finden! – „To the right, now!" rufe ich meiner Gefährtin zu. In mir die bange Frage, ob das jetzt richtig war und die absurde, verrückte Hoffnung auf einen Windstoß, der die Wolkenmassen teilt. Endlich teilt, nur für einen Augenblick!

– – Weiter im Zickzack! Wir gewinnen kaum an Tiefe. Wir verschwenden Energien – und doch ist es die einzige Chance! Nur so werden wir in dieser Schneewüste das Lager nicht verfehlen. Aber die Sorge steigt – – wie lange noch! Und wir sind jetzt müde – – wir haben so viel hinter uns – – Will dieser Berg uns nicht mehr hergeben? Nein, sonst hätte er uns schon genommen – – Seit dem Absturz sind wir in seiner Hand.

Es wird flacher! Mein Gott, Julie, es wird flacher! Das muß das Plateau sein! Aber es könnte auch der obere Rand einer Riesenwächte sein! Denn wo ist die gekräuselte Oberfläche gerundeter Eiskörner und -stücke, angeschmolzen und wieder gefroren, aneinandergeklebt durch die eisige Kälte der Nacht, immer wieder vermehrt durch neue Brocken und Scherben, die von dem riesigen Hängegletscher in der Gipfelwand abbrechen und in der geringeren Neigung des Plateaus zum Stillstand kommen? Wo ist diese Zone am oberen Plateaurand, an die ich mich vom Aufstieg her so deutlich erinnere? Wo sind wir? Ist es doch eine Wächte? Aber vielleicht hat der Flugschnee alles zugedeckt! Sind wir am Beginn des Plateaus?

Eigentlich – – schießt es mir plötzlich durch den Kopf – müßte man uns vom Lager aus ja hören können. Wenn wir dort sind, wo ich glaube, brauchen wir bloß zu rufen!

„Ha-a-a-ll-o-o-!" brülle ich in den Nebel hinaus – und zu Julie gewandt: „They should hear this" – das müßten sie eigentlich hören. Sie schaut mich groß an: „Are you calling for help?" – „No, but so we cannot miss the camp!" gebe ich zur Antwort. So können wir das Lager nicht verfehlen! Wenn es hier irgendwo ist ... Bange Erwartung. Stille.

„Can I sit down now?" höre ich meine Begleiterin. „Of course", sage ich und lausche weiter in die Stille hinaus. Dann schreie ich wieder ... während Julie jetzt auf dem Schnee sitzt. Ich bin in höchster Aufregung. Wird dieser Tag mit einem zweiten Biwak enden? Keine Antwort. Nur Wolken und Stille und das leise Geräusch des Windes auf der Schneefläche: „Wir müssen weiter", sage ich zu Julie. Enttäuschung. Hoffnungslosigkeit – und doch wieder Hoffnung. Sie rafft sich auf.

Plötzlich höre ich den Schrei durch den Nebel. Eine Antwort! Im nächsten Augenblick rufen wir beide zurück – lauthals, erleichtert, mit einem Gefühl, so als wären Tonnen der Angst von uns gefallen. Das Lager! – – – Kein Biwak mehr! Wir hören die Stimme wieder – es scheint Willis Stimme zu sein. Aus der Richtung weiß ich, daß wir am Beginn des Plateaus sind. Gleich darauf, im Weitergehen, stoße ich auf ein paar Eisbrocken – aha, hier ist die Zone, an die ich mich erinnert habe! Jetzt läßt die Neigung nach, wir stehen auf einer schwach abschüssigen Schneefläche, die, ich weiß es, auf das Lager hinführt, das wir am unteren Rand des Plateaus eingerichtet haben.

Bei all dem, was über diese Tragödie erschienen ist, muß ich wenigstens einmal, nämlich hier – und damit gleichzeitig pauschal auch gegen Falschdarstellungen anderer – Stellung nehmen: für Julie und mich, die wir uns aus eigener Kraft und nur mit gegenseitiger Hilfe von der Höhe des Berges herab zum letzten Lager durchgekämpft haben! Es ist unrichtig, daß Julie, wie einzelne Schreiber berichten, auf allen Vieren zum Lager gekrochen sei, es stimmt auch nicht, daß – wie Willi erzählt hat – ihre Nase und Wangen schwarz gewesen seien, Fleischfetzen von einer Hand heruntergehangen seien, daß sie sich nicht mehr auf den Beinen habe halten können und er sie daher zu den Zelten hinuntergezogen habe; die beträchtlichen Diskrepanzen, die es immer wieder zwischen seinen und meinen Schilderungen gibt, könnten meines Erachtens darin begründet sein, daß Willi Opfer von Halluzinationen wurde – wobei man Dinge sieht oder hört, Vorstellungen hat, die nicht Wirklichkeit sind; dagegen ist auf 8000 m kein Mensch gefeit! Wenn andere Schreiber sogar groteskerweise von unterhalb der Wolken Julie und mir eine Ankunftszeit von 19 Uhr auf dem Gipfel bescheren – so kann ich mir das noch weniger erklären. Oder die letzte „Ansprache" des in Wirklichkeit bewußtlosen, im Sterben liegenden Renato Casarotto am Rande der Gletscherspalte! Die „schriftstellerische Freiheit" ist in K2-Schilderungen gleich seitenweise strapaziert worden!

„I want to rest now definitely", sagt Julie und läßt sich zu Boden sinken. Beide sind wir unglaublich erleichtert, seit Minuten, seit wir wissen, das Lager liegt knapp vor uns.

Da reißt es auf! Ein Lufthauch, einen Augenblick nur, teilt die Nebel in einem wirren Kreisel, in dem ich plötzlich, wie in Bewegung, die bunten Farbflecke der Zelte ausnehmen kann ... im nächsten Augenblick sind sie schon wieder verschwunden.

Behalte die Richtung im Gedächtnis, Kurt? Wo war das? Dort? Gradaus hinunter, da muß es gewesen sein – – Beim nächsten Aufreißen müssen wir losgehen, dorthin. Ich hocke mich auf den Schnee zu Julie, lege den Arm um ihre

Schulter. In ihrem Gesicht ist Müdigkeit und Entspannung. Wir haben es geschafft. Geschafft, wieder herunterzukommen, aus der Höhe des Berges über dem Berg, wir sind in Sicherheit, und der K2 gehört uns. Es ist knapp ausgegangen, diesmal. Ich denke an den Sturz und das Biwak. Ich sehe Julies bräunlich verfärbte, gefrorene Nasenspitze – aber bei Gott, wir leben, und der K2 gehört uns. Wir werden nie wieder hier heraufsteigen. Wir haben zu allem, was wir mit diesem Berg gelebt haben, den Schlußpunkt gesetzt – und er wird immer uns gehören und wir immer zu ihm. Es ist knapp ausgegangen, aber ich bin trotz allem froh, daß wir gegangen sind. Unser Weg ist frei – –

Da reißt es wieder auf! Ich seh' das Lager, die drei bunten Zelte, seh' Willi, der dort steht. Jetzt müssen wir hinüber, bevor es wieder zumacht! Aber Julie will noch weiter rasten, sitzen bleiben. Kann ich sie ziehen? Dort drüben gibt es Tee, Erholung, Wärme. Dort ist das Ende der schrecklichen Odyssee – – Ich stehe auf. „I will pull you – –", sage ich zu ihr und nehme sie bei der Hand. Dann beginne ich, sie über die Schneefläche abwärts zu ziehen. Es geht leichter als gedacht – denn sie hat die glatte, gelbe Perlonhose an, die Schneefläche ist zwar gerippt, aber doch ziemlich regelmäßig, die Neigung leicht abwärts gerichtet, und Julie stützt sich mit der anderen Hand auf der Fläche ab – die steigeisenbewehrten Füße hat sie etwas angehoben. Ich weiß – es gibt irgendwo noch eine kleine Spalte, aber in die werden wir nicht ausgerechnet jetzt noch fallen! Trotzdem halte ich die Augen offen. Keuchend ziehe ich Julie voran, in Richtung auf das Lager zu – – – Nach einer Weile bleibe ich stehen. „Would you not want to get up?" schnaufe ich und frage mich im Innersten, ob ihr diese Fortbewegungsart eher zu gefallen scheint, ob sie nun, wo alles vorbei ist, plötzlich so erschöpft ist oder ob sie nicht, wenn es ginge, doch lieber aufrecht ins Lager zurückkommen möchte, wenn wir schon den ganzen Abstieg bis zum Rand des Plateaus gut geschafft haben. Geht es nicht anders?

„I do not see very well – I prefer to stay on the ground." Sie sieht nicht sehr gut, deshalb will sie auf dem Boden bleiben? Hat sie etwas mit den Augen? Ich bin überrascht: Den ganzen Abstieg lang hat sie doch gut gesehen – – ist es die Anstrengung? Eine beginnende Schneeblindheit? – „O.K.", sage ich, stemme mich wieder in den Schnee und ziehe weiter. Irgendwo höre ich Willis Stimme, aber ich weiß jetzt, wo das Lager steht, auch wenn ich es gerade wieder nicht sehen kann. „My glove! My glove!" schreit Julie plötzlich. Sie muß beim Aufstützen im Schnee den Handschuh verloren haben! Hoffnungslos, den jetzt suchen zu wollen! „We are almost there – it's just a moment!" keuche ich. Gleich sind wir da! Vor mir die Silhouette der Zelte, sie sind aus dem Nebel getaucht, Willi, der sich vom Koreanerzelt her in Bewegung setzt, uns die

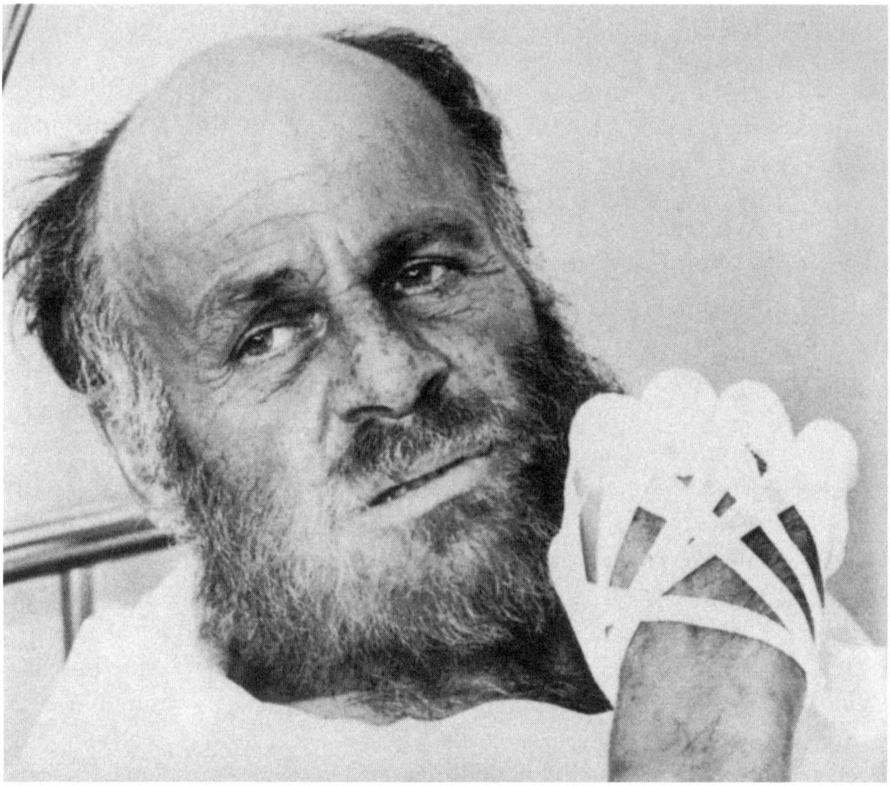

© Bryn Colton/Archiv Diemberger

*Kurt Diemberger überlebt die Tragödie, nach seiner Rückkehr werden ihm in der Universitätsklinik Innsbruck die erfrorenen Fingerglieder amputiert*

letzten Meter entgegenkommt. Ich ziehe Julie vom Boden auf, wir gehen noch ein paar Schritte gemeinsam auf Willi zu – wir umarmen uns, es ist die Rückkehr in eine andre Welt. – Aus einer anderen Welt. „Bitte macht Tee für Julie", sag ich zu Willi ... Es ist mir klar, daß nicht für uns beide in diesem Zelt Platz ist. Ja, ich bin froh, daß jemand sich um sie annimmt, ich merke, daß ich zuletzt alles hergegeben habe, an Kräften, an seelischer Anspannung – ich bin unendlich müde und will nur schlafen. Die Österreicher nehmen Julie auf und kümmern sich um sie. Von Alan und Mrowka habe ich nichts bemerkt, sie müssen wohl da sein, denn bei diesen Sichtverhältnissen kann kein Mensch absteigen.

*Kaum dreißig Jahre alt, hat sie alle großen Felswände der Alpen hinter sich, die schwierigsten Routen in den Anden bezwungen und fügt jedes Jahr ein oder zwei Achttausender hinzu. Sie geht immer ohne künstlichen Sauerstoff, mit dem absoluten Minimum an Ausrüstung und unglaublich schnell. Ihr Seilgefährte in den Jahren 1997 und 1998 ist Ang Tshering, ein großgewachsener Sherpa und vierfacher Familienvater aus dem Khumbu.*

*Chantal Mauduit lebt viele Monate im Jahr im Himalaya, spricht Sherpa und Nepali, isst und trinkt mit ihren einheimischen Freunden und fühlt sich auf 5000 Metern Höhe wie ein Fisch im Wasser. „Ich lebe im Paradies" nennt sie ihr einziges Buch und meint damit die Freude, Energie und Fröhlichkeit, die sie an Plätzen ausstrahlt, wo andere verbissen um den Gipfelsieg kämpfen oder den widrigen Verhältnissen trotzen.*

*Ganz Einzelgängerin ist sie dennoch offen und neugierig auf alle Sinnesfreuden. Sie gräbt mit den Sherpafrauen die Kartoffel aus, tanzt im Basislager Rock'n'Roll und genießt ein Saunabad auf 5500 Metern. Auf die Frage eines Freundes, welche speziellen Nahrungsmittel sie für die Energiezufuhr auf ihre extremen Touren mitnimmt, antwortet sie lachend: „10 Tage vor der Abreise kaufe ich mir in Chamonix im Supermarkt die leckersten Schokoladeriegel und Süßigkeiten, die es dort gibt."*

*Ihre Beschreibung der „Schatzsucher" von Sama(gaon), dem letzten Dorf auf dem Weg zum Basislager des Manaslu, ist voller Einsicht in die Lebensweise der buddhistischen Bewohner der versteckten Täler im Himalaya. Aber auch voll Respekt vor der Natur und dem Weltgeist.*

*Chantal Mauduit bricht im Frühjahr 1998 auf, um Dhaulagiri und Annapurna zu besteigen. Nur Ang Tshering und ein Koch sind bei ihr, als sie im Basislager den raschen Aufstieg am Nordostsporn des Dhaulagiri plant, zwei Dutzend Träger hat sie bereits mit der Nachricht zurückgeschickt, in spätestens drei Wochen in Marpha auf sie zu warten, um mit ihr zur Annapurna weiter zu ziehen.*

*März und April 1998 bringen Nepal unübliche Mengen an Neuschnee, gewaltige Lawinen donnern vom Dhaulagiri in die Schluchten des Mayangdi-Flusses.*

*Chantal und Ang Tshering wollen den Berg „überrennen" und brechen mit einem winzigen Biwakzelt auf, ohne Lagerkette, mit einem Gaskocher und Verpflegung für drei Tage. Die Nacht biwakieren sie angeseilt in der Wand, doch am nächsten Morgen ist kein Leben mehr in dem kleinen Zelt. Ob eine nächtliche Lawine oder gar durch den Kocherbetrieb entstandenes Kohlenmonoxid die beiden tötet, wird nie aufgeklärt.* *M. U.*

Der folgende Text wurde entnommen aus: Chantal Mauduit, J'habite au Paradis. Editions Jean Claude Lattès: Paris 1997, S. 105–120. Abdruck mit freundlicher Genehmigung des Verlags. Übersetzt von Eurocom Translation Services, Wien.

*Chantal Mauduit*

# Ich lebe im Paradies

Der Glanz des Goldes hat die Menschen, ob reich oder arm, von jeher in seinen Bann geschlagen und verrückt gemacht. Diesem edlen Metall wohnt von seinem Wesen her eine Faszination inne: die Verlockung der Bereicherung; die Vorstellung, ein Gut zu erwerben, das sich anfassen lässt; ein Symbol der Reinheit. Wer hat sich nicht als Kind eines Tages in den verstaubten Truhen am Dachboden auf Schatzsuche gemacht. Kleine ängstlich stöbernde Hände inmitten alter Kleider, Hüte, Spitzen in verschlafen knarrenden Schränken. Von jugendlichem Instinkt getrieben, erahnten wir ein Wunder, ein verschollenes Erbe unter den weggelegten Habseligkeiten. So wurden himmlische Gaben gefunden, mit Vorsicht ans Licht gebracht, und dann wieder verborgen. Was es auch sein mochte, ein Faden, ein Ring, ein Foto – für uns war es Gold.

Weit weg von den Kästen der Großmütter, weit weg von ihrer Kindheit, marschieren Männer im Schnee, mit zu Zöpfen geflochtenem, pechschwarzem Haar, in der Hand einen Stock, der als Eispickel dient, in gewobenen Kleidern, die sie in mehreren Schichten übereinander am Körper tragen, während ihre Schritte den unseren folgen, jenen von Ang Tshering und von mir. Wir befinden uns auf den Hängen des Berges Manaslu, des heiligen Berges. Ob sie uns wohl deswegen folgen?

Vermutlich birgt er irgendein Geheimnis, einen Schatz? An seinen Hängen befinden sich im Moment nur wir beide und dieser Trupp von Dorfbewohnern. Ich habe sie zuerst nicht gesehen, aber ich habe im Wind gespürt, dass jemand gekommen war. Ein Geruch von Ursprünglichkeit stieg über die verschneiten Hänge herauf und setzte sich in meiner Nase fest. In dieser Welt aus Stein gibt es keine Gerüche, hier herrscht nur Kälte, Sonne, Fels und Eis. Als ich dann diese Ausdünstung vernahm, ein Gemisch aus Schweiß, Feuer, dampfendem Tee und Butter, da verstand ich: die Bewohner von Samagaon waren gekommen uns zu begleiten. Ihr gesamtes Gepäck bestand aus mit Bändern zusammengebundenen, groben Leinensäcken, an denen der Quere nach auch einige Holzscheiter festgebunden waren. Einer der Burschen trug eine aus einem alten Sojaölfass gebastelte Wärmpfanne mit sich. Nach Einbruch der Dunkelheit werden sie ein Feuer machen, darin ein wenig Schnee schmelzen und eine

© Robert Mader

*Chantal Mauduit (2. v. l.) und Sherpa Ang Tshering (4. v. l.) im Italian-Camp an der Dhaulagiri-Westwand, April 1998*

© Robert Mader

*Chantal Mauduit am Lagerfeuer am Weg zum Dhaulagiri-Base-Camp, April 1998*

Tasse tibetanischen Tee trinken. Einer der Männer, mit starrem Gesichtsausdruck, ähnelte einem gigantischen Schlumpf. Er verschwand fast zur Gänze unter einer riesigen Plane aus blauem Plastik, mit welcher sie ihr Hochlager abdecken würden. Sie werden schlicht und einfach ein Loch in den Schnee graben und mit der Plane zudecken: ihr Nest für eine Nacht. Ihr unvermutetes Auftauchen versetzte uns in ein Gefühl der Zeitlosigkeit – wir brauchten keine Uhr, um die Zeit zurückzudrehen. Dort oben, wo Gerüche sonst nur in der Erinnerung existieren, wurde unser Geruchssinn vom Duft des Holzfeuers wie verzaubert.

Da erinnerte ich mich an Tibet, wo eine Gruppe Kanadier am Fuße des Everest anlässlich einer Expedition eine Sauna eingerichtet hatte, in die man mich freundlich einlud. Sie war natürlich auf primitive Weise hergestellt, jedoch zutiefst erfrischend nach den Strapazen im Hochgebirge. Um meinen Geruchssinn zu stimulieren, träufelte ich ein paar Tropfen Eau d'Issey Miyaké auf die heißen Steine. Sobald man sich in höhere Regionen begibt, wird das Dasein zu einem starken Erlebnis der Sinne. In der Reinheit der eiskalten Luft konnte das Parfum sich noch besser entfalten, es schien sich in den geruchlosen Raum hinein zu erstrecken, ihn mit einer anderen Frische, blühender, bunter als sonst, zu erfüllen und erweckte in mir Erinnerungen an Gärten im Frühling. Sylvain Tesson und Alexandre Poussin nehmen in ihrem Buch „On a roulé sur la terre" (Viel herumgekommen auf der Welt) auf diese Episode Bezug, von der ein Amerikaner gesagt hat: „Sie parfümiert sich, dass die Lawinen abgehen" (sic).

Parfums!

Wald-, Blumen-, Moschusdüfte ..., haben wir verlernt, mit offenen Sinnen durch die Wälder zu streifen?

Ist uns die einfache Geste fremd geworden, sich über eine offene Blüte zu beugen?

Wäre es möglich, dass dank diesen natürlichen Aromen, die man einfängt und dann wieder freigibt, wir in der Vorstellung uns wiederfinden inmitten von Kiefern, Birken, Eichen, Rosen, Geißblatt und Flieder?

Wahrscheinlich sind wir in Gedanken bei Farnen, Moosen, Morcheln, in regnerischer Jahreszeit, an feuchten Tagen, an denen draußen in der Natur die Gerüche aus dem feuchten Boden steigen und Wald und Spaziergänger umhüllen.

An jenen Tagen fast ohne Tageslicht, an denen der Himmel schwarz ist und schwere Tropfen von den Regenschirmen in den Rinnstein fließen, liegt im Parfum die Antithese zur Traurigkeit des nicht enden wollenden Regens. Das Parfum beschwört das Unerhörte, es evoziert den lebenspendenden Bach, der Heckenrose, Jasmin, Lavendel, Maiglöckchen, Schwertlilie, Veilchen nährt, es verweist auf Eukalyptus, Palmbaum, Kokospalme, auf Tautropfen, Sonne, Sternschnuppen, auf Blumenasteroiden, Klatschmohnmeteore, Sonnenblumen- und Mondblumenkonstellationen ...

Aus Lebenshunger wird uns die wirbelnde Ausdünstung gleichsam zum Gebet.

Boulevards, Alleen, Straßen, Gassen, Gehsteige, Brücken, U-Bahnen, Busse, Büros, Wohnungen ..., überall wachsen plötzlich Bäume und Sträucher vor den blütenbestäubten Augen der Kinder.

Gleich einem Pollen von niemals Gehörtem, überhöht das Parfum das Unbekannte mit seinen leichten Schwingen.

Wenn es keine Blumen mehr gibt, wenn es keine Bäume mehr gibt, umgebt euch mit Parfums, mit Düften, mit Gerüchen, mit Blütenstaub.

Für die Nepalesen haben wir Männer und Frauen aus den sogenannten modernen und zivilisierten Ländern durch den ständigen Kontakt mit Wasser, Duschgel, Seife und anderen industriellen Reinigungsmitteln unseren Geruch und unseren Geschmack verloren.

Vielleicht haben sie recht?

Im Hochgebirge hat unser Körper keinen Geruch, als ob wir ausgelöscht wären, als ob unser Wesen sich im Schnee und im Wind aufgelöst hätte.

Und was die Seele anlangt, sie kennt weder Form noch Farbe noch Geruch, sie braucht diese Dinge nicht, sie ist deren Wesen selbst, und ist es auch wieder nicht, und ist es nur umso mehr.

Dort oben auf dem Manaslu waren die schatzsuchenden Dorfbewohner mit Schaufeln und mit Hoffnung ausgerüstet, der Hoffnung, irgendeinen im Inneren des Berges verborgenen Schatz zu heben. Es sollten dort oben Sachen liegen, die von vergangenen Expeditionen zurückgelassen worden waren, Eispickel, Zelte, Seile, Nahrung, was genau es war, war nicht so wichtig, alles war als Schatz des heiligen Berges willkommen. Es genügte, an den Stellen, wo die Lager gewesen waren, in den Gletscher hineinzustechen und etwas zu graben. Zum ersten Mal in ihrem Leben machten sie sich an eine solche Tat. Für sie war es die Eroberung des Westens.

Diese jungen Tibeter waren zu Goldsuchern geworden, zu Hause galten sie wohl als die verrückten Helden des Dorfes, die hinauszogen um des Hinausziehens willen, die hinaufstiegen, auf der Suche nach den berühmten, verstaubten Truhen der Großmütter. Unterwegs ohne Seil und ohne besondere Kenntnis der von klaffenden Spalten zerklüfteten Gletscher, dachten sie nur an eines: schaufeln, schaufeln, schaufeln.

Wahrscheinlich fragten sie sich, was wir beide wohl noch weiter oben suchten, vielleicht könnten wir sie gar zur Höhle von Ali Baba führen.

Vielleicht waren wir im Besitz irgendeines Geheimnisses, das es uns erlaubte, wie die Alchimisten Blei in Gold zu verwandeln?

Vielleicht würde der Schnee, das Eis, der Fels, der Wind, das Licht sich unter unseren Schritten, unter unseren Fingern durch unseren Atem, durch die Leichtheit der Luft in einen Schatz verwandeln?

Allein zum Anfassen fanden sie nichts, keinen versteckten Schatz, keine Seile, keine Zelte, keine Bolzen, Ringschrauben, Keile, Hämmer, Pickel, nichts. Nur das ferne, dumpfe Grollen einer Lawine, das Krachen der Gletscherbrüche, den peitschenden Eiswind, die beißende Sonne.

Der Reichtum des Manaslu, das Gold des heiligen Berges, lag jenseits des Frühlings, jenseits von Strawinsky, jenseits des irdischen Daseins. Es war weder Berghang noch Abgrund, es war Atmosphärenstaub.

*Zwischen Schnee und Himmel*
*zwischen weiß und blau*
*tritt ein in den Tanz.*
*Willkommen im Paradies der Natur.*

Aber was hast du mit deinen Flügeln gemacht?

Der Engel, gibt es ihn am Ende gar nicht, oder hat er nur seine Rüstung vergessen?

Schwindelgefühl des Vergessens, Schwindel der Höhen ohne Tal, ohne Fluss, ohne Anhaltspunkt, Schwindel des Nirgendwo und des Überall, Schwindel der Kälte, des Windes, der Sonne.

Nicht in den Himmel stürzen – nachgebend seinem unbeschreiblichen Ruf, nicht eintauchen in den Ozean mit den vorbeitreibenden Inseln.

Gold überall rings um uns, weißes Gold!

Eine Schneeflocke in einer hohlen Hand, ein flüchtiges Schauspiel zwar, doch von einem Glanz, einer Frische, die noch zeugen von ihrem langsamen Weg von den Wolken herab.

Eine Hand legt sich auf den Felsen, dieser vergoldet sich, beseelt von neuem Leben, menschlich, wie der Körper eines geliebten Wesens, der erweckt und belebt wird durch die Zärtlichkeiten seines Geliebten.

Bei jeder Handlung, bei jedem Atemzug, im Herzen der Müdigkeit, in den Mäandern des Schlafes entspinnt sich ein heimlicher Dialog zwischen Bergschründen, Gebirgsvorsprüngen, Graten und Kletterern. Er steigt herauf aus den Urgründen der Elemente, verweilt in den Ebenen, Wüsten und Gebirgsketten, in Ohren, Augen, Nase und Lungen.

Schweigen, manchmal hält der Wind still, manchmal schlafen die Gletscher, es herrscht eine große Ruhe, alles gehüllt in Beschaulichkeit und Meditation.

Ruhige Annäherung, geheime Harmonie. Hier ein Mensch, ein Berg, ein Körper, eine Welt aus Stein. Hier gehen zwei Seelen aufeinander zu.

Ein Musikstück atmet durch die Stille der Pausen, die Noten kommen dadurch erst richtig zur Geltung.

Dort oben rufen die verschneiten, weißen Hochplateaus nach uns, sie ziehen uns an.

Jeder Pfad ist licht, wenn Leuchtkäfer ihn umgeben, jeder Ton klingt, wenn er einen Widerhall findet. Horchen können, der Stumme sein, der hört.

Die Zwiesprache mit dem Himalaya bringt Worte hervor, fließend, leicht, sie säumen Gipfel, Wolken, Gedanken, bedecken das Nichts.

Dort oben ist alles Bewegung, der Wind, der Geist, die Unendlichkeit, überwindet die Seele auch Gipfel und Täler?

Wohin würde sie gehen, begleitet von beschwingten Worten?

Würde sie sich mit dem Nichts einlassen?

Der Astrophysiker Michel Cassé hat einmal geschrieben: „Im Nichts zu sein bedeutet bei sich zu sein."

Für die Buddhisten ist das Nichts eines der vier grundlegenden, erstrebenswerten Ziele: „Die Form ist nur das Nichts, das Nichts ist nur Form."

Kein Leben existiert in Unabhängigkeit, selbst wenn der Geist die Worte, das Schöne, den Raum durchmisst, so wandert, so entschwebt er letztendlich doch nur, um zu sich selber zurückzukehren in dem Ganzen, dem Einen, befreit von seinem irdischen Ich. Zurückgezogen in mit Alltäglichkeiten beschäftigten Körpern, bewegt er sich wendig zwischen himalayischen Bastionen und einem erahnten Universum, das Entschwindende streifend, über den Horizont gleitend, dem Staunen Platz gebend, die Zeit zerstäubend mit einigen Worten aus der Feder, dem Gefieder eines vorbeifliegenden Vogels.

Liegt der wahre Sinn des Lebens nicht darin, einen flüchtigen Blick zu erhaschen auf das Erhabene?

Über das Sichtbare, das Gelebte hinauszugehen, sich auf Berggipfeln zu wiegen, vom Dasein in großen Höhen zu träumen, welche in der Erinnerung ineinander verschmelzen.

Vom einen zum anderen, von der virtuellen Auseinandersetzung mit der Schrift zur realen Schreibpraxis.

So hatte zum Beispiel einmal auf einer Reise, einer Pilgerfahrt ins Land der Göttin des Überflusses, Annapurna, die Poesie unser Basiscamp zum Erblühen gebracht. Mit Versen bemalt, wurden unsere Zelte zu poetischen Behausungen. Es war im Herbst, dem Kalender nach, doch dort herrschte der Frühling. In unserem Camp schmückten Gelb, Silber und Gold unsere Häuser aus Leinwand; „Der Frühling ist immer dort, wo man es versteht, ihn zum Leben zu erwecken."

„Heute habe ich die Spraybomben zur Hand genommen, die Dichter, die Kamera – ein sonniger Moment, und barfuß, lachend und erregt, machte ich mich ans Werk. Schöne, flüchtige Firmamente. Die Natur im Herzen, Glück in den Farben, eine Hand, die in Strichen, Punkten, Buchstaben und Rundungen sprach, und deren Rede die Annapurna überstieg."

Welch aufheiternder Anblick auf dem Rückweg von unseren Strapazen im Hochgebirge, als wir erschöpft und von Kälte und Angst durchdrungen endlich unser Camp ausmachen konnten und die hell leuchtenden, farbigen Wörter zwischen den Schneeflocken zu tanzen begannen. Wir waren dabei, zurückzukehren zur Wärme und zum Leben, zur Freundlichkeit und zur Poesie.

„Die Südseite der Annapurna ist eine Göttin von seltener Schönheit; manchmal tut man besser daran, sie bloß zu betrachten anstatt sich ihrer zu nähern. Wer sie, von Neugier gepackt, anrührt, für den verwandelt sie sich. Dem zeigt sie ein anderes, ein bösartiges Gesicht. Den einen frisst sie auf, den anderen verwandelt sie in eine Kröte, einen Käfer oder in ein anderes hilflos herumirrendes Tier. Hier stehen wir nun erneut vor unseren Spiegelbildern, weder Kröte noch Käfer blicken uns entgegen, unsere Gesichter zeichnen sich ab, im Mundwinkel ein kleines Lächeln der Erleichterung."

Vom Wunder der Bergwelt war nichts zu spüren an diesen verteufelten Tagen. Also ließ ich mich an den Abenden im Himalaya beim Einschlafen unter meinem Zeltdach von den Worten von Adonis, Baudelaire, Yamamura tragen, von Versen oder Träumen, deren ich mich vage entsinnen konnte, Worte, Bilder, Gedanken, über die Nacht verstreut, in meiner Nacht vereint.

Noch in Frankreich, als ich mich anschickte, zu der Expedition aufzubrechen, gab es am Flughafen eine schlechte Überraschung. Bei der Kontrolle des Handgepäcks forderte ein Zöllner mich auf, meine Tasche zu öffnen. Ich holte blaue, grüne, gelbe, orange, silberfarbene, violette Spraybomben heraus und stellte sie vor dem Mann auf, der mich mit entgeisterter Mine anblickte.

„Was ist das?

– Spraybomben, antwortete ich ganz natürlich.

– Und wozu brauchen Sie die?

– Ich fliege in den Himalaya, zur Annapurna, und ich will meine Zelte mit Poesie bemalen.

– ..."

Von unserem Wortwechsel war bei ihm nur das Wort „Bombe" haften geblieben, und da meine Wahrheit für ihn zu wenig handfest war, hielt er mich für eine Terroristin. Wir sprachen nicht dieselbe Sprache. Er, der Sicherheitsbeamte, suchte nach Sprengstoff und Zünder, da hätte ich wohl besser daran getan, ihm nicht mit Poesie zu antworten! Dieser Dialog zwischen Tauben endete damit, dass ich dank der Hilfe von Tara, einer Nepalesin, die für die Royal Nepal Airlines arbeitete, in letzter Minute doch noch meinen Flug bekam. Sie erklärte den Beamten, dass ich Alpinistin und nicht Terroristin sei. Tara bedeutet auf nepalesisch Stern. Sie war mein guter Stern. Auf dieses Ereignis folgte eine fleißige Suche nach Farben in den Kaufläden von Kathmandu: Zum Glück mangelt es in Nepal nicht an Farben und Pinseln ...

Das Schreiben an der Annapurna konnte somit geschehen.

Alpinismus – egal ob in den Alpen, den Anden oder am Himalaya – ist ja, vergessen wir das nicht, ein Luxus, den sich die moderne Gesellschaft westlicher Prägung heutzutage leistet. Ein anderer Reichtum unserer modernen, abendländischen Zivilisation scheint in der Zeitersparnis zu liegen.

Obwohl der Kaffee auch in aller Ruhe in einem Topf über der Gasflamme heiß gemacht werden könnte, kommt die kleine Tasse – sofern ein Ofen neuesten Modells vorhanden ist – lieber blitzschnell „in die Mikrowelle".

In einem Zelt hoch oben auf dem Dach der Welt ist jedoch – will man trinken – Geduld ebenso wichtig wie die Gasflasche, mit deren Hilfe man zuvor Schnee schmelzen muss. Es dauert Stunden bis das Eis, zuerst hart und kalt, sich erweicht und schließlich in eine brodelnde Flüssigkeit verwandelt, in ein wohlschmeckendes, stärkendes Getränk. Man muss lange gewartet haben, unbeirrbar, in einen Schlafsack gehüllt, den Blick auf die kleine blaue Flamme des Gaswärmers gerichtet, um den Wert dieses Bechers siedenden Wassers schätzen zu können.

Tag für Tag kriecht das Kind am Boden dahin, krabbelt allmählich auf allen Vieren, bis es eines Morgens dasteht, das Gesicht strahlend vor Glück. Zu gern würden die Eltern es schon gehen, springen und laufen sehen, aber da heißt es warten, warten bis die Natur sich entwickelt, aber was für eine Freude, wenn schließlich die kleinen Schritte immer sicherer werden.

Die Langsamkeit ist auch ein Wesensmerkmal des Kosmos.

Die Asiaten kultivieren sie in ihrer traditionellen Kampfeskunst: dem Tai-Chi-Chuan.

Das Tai-Chi, wie es für gewöhnlich genannt wird, ist eine Art bewegter Meditation. Bei dieser Kampfeskunst wird großer Wert auf völlige Entspannung und Geschmeidigkeit gelegt, auf eine Öffnung und Ausweitung der Sinne, die es erlauben, die Dinge eher in sich aufzunehmen als sie zu konzentrieren; als erstrebenswert gilt eine ruhige, abgeklärte harmonische Geisteshaltung und Gemütsverfassung. Die Bewegungen sind fortgesetzt und gehen fließend ineinander über. Die Ausübung dieser Kunst ist ein Weg, der zur Weisheit führt. Der Legende zufolge entstand das Tai-Chi unter der Yuan Chang-Dynastie: San Feng zog sich in die Berge zurück, um die Einsamkeit zu suchen und um alchimistische Experimente durchzuführen, in der Absicht, dem Geheimnis der Unsterblichkeit auf die Spur zu kommen. Er bereitete sich einen Absud aus Kräutern, trank ihn und schlief fest ein. Da hatte er einen sonderbaren Traum. Eine Stimme aus dem Himmel rief nach ihm und unterwies ihn in einer Reihe von Bewegungen und Handgriffen, die darauf abzielten, einem Angreifer auszuweichen.

Als er aufwachte, schrieb er alle Übungen auf und praktizierte sie jeden Tag. Innerhalb von zwei Jahren wurde sein gekrümmter Körper wieder gerade und erlangte seine ursprüngliche Kraft und Stärke zurück, so dass Feng sogar glaubte, er hätte schlichtweg das Lebenselixir gefunden.

Es ist bemerkenswert festzustellen, dass diese uralte Technik auf einer genauen Beobachtung des Kampfverhaltens von Tieren basiert. Das Tier, das über keinen rationalen Verstand verfügt, bewegt sich sowohl im Angriff als auch in der Verteidigung frei und impulsiv. Das anzustrebende Ziel besteht darin, es dem Tier gleichzutun, sich mit ihm zu identifizieren, körperlich und geistig darauf aufzubauen. Der Mensch kehrt somit auf natürliche Weise zu seinen Wurzeln zurück, zu seinem ursprünglichen Wesen, zu seiner Essenz. In der Kunst des Tai-Chi nimmt die Konzentration eine zentrale Stellung ein, ebenso wie dies auch beim Yoga der Fall ist.

Das Yoga basiert auf Körperhaltungen ohne jegliche Muskelanstrengung, der Meditierende kann sich dadurch ganz auf seine Atmung einstellen, um sein inneres Leben zu entfalten.

Wenn ein Alpinist im Himalaya unterwegs ist, so sind alle seine Bewegungen von äußerster Langsamkeit geprägt, seine Atmung erfordert Beherrschung, Einheit.

Die Erfahrung des Atems weist den Weg hinein in die tiefsten Bereiche des eigenen Geistes, der physische Aufstieg wird in der Tat zu einer aktiven Meditation.

Tai-Chi-Chuan, Yoga, Alpinismus zu betreiben, langsam einen Kaffee über einer Gasflamme zu erwärmen, einen Sonnenuntergang zu betrachten, das alles sind nur Wegzehrungen auf der Reise in ein Reich der Weisheit, das von den Buddhisten Prajna genannt wird.

In Asien gibt es Männer, die Saddhus oder Gottbesessenen, die sich selbst kasteien. Gemäß einem zwölfjährigen Gelübde verharren sie friedlich in einer Position, ohne sich zu bewegen. Gleichsam im Raum steckengeblieben, kann ihr Körper einen Arm erhoben halten, auf nur einem Bein stehen oder eine sonstige, ungewöhnliche Haltung einnehmen. Hier ist aus der Langsamkeit völlige Bewegungslosigkeit geworden, die nur die Weisen ertragen können. Ihr Geist entschwebt weit weg aus ihrer Körperhülle, durchquert ihre Phantomglieder, verlässt dieses von den Wechselfällen des irdischen Lebens heimgesuchte Schloss. Ihre Körper gleichen Bergen bei Sonnenaufgang, bei Sonnenuntergang, bei Tageslicht, im Schatten der Nordwände ..., und man betrachtet sie wie abenteuerliche Bilder.

Vom Gipfel des Pumori, des Wächters über das Sherpa-Tal, scheint das Buch Khumbu sich dem Blick des Betrachters zu öffnen, mit seinen Seiten Tibet, Everest, Lhotse, Nuptse. In jenem vor Gipfeln blühenden Frühling, ganz weit oben, gab ich mich der Lektüre des sich vor meinen Augen ausbreitenden Himalaya hin. Ich entzifferte seine Gletscher, seine Grate, seine Winde – für mich waren es Rufe, die mich unweigerlich aufforderten, einzudringen und aufzugehen in diesem Gemälde der Wirklichkeit. Vom Pumori zum Lhotse nicht eine Welt, sondern ein Blick. Der Pinselstrich des Künstlers an seinem Gemälde.

Aufbrechen in das Sichtbare, um bis an das Unsagbare vorzudringen.

Aufbrechen in ein Gemälde hinein, direkt in die Farbe, die Form, der Musik folgend, einem Blütenblatt, einem Vogel, einem Schiff, einem Gipfel, einem Mann, einem Traum. Wie Eva zu sein, Frau des neuen Morgen, des Wahrscheinlichen, des Erstaunlichen, des Unbewussten.

An einem Föhntag, bei sich zu Hause, Kissen, eine Kerze anzünden, seine Augen, seine Sinne entzünden, um nach vorne zu blicken, den Blick viel weiter nach vorn gerichtet als auf das, was einen unmittelbar umgibt: ein Gemälde, die Spuren eines Malers, Patrice Bodin, eines Wanderers in großen Höhen, eines verbrämten Reisenden, eines Träumers von Gipfeln und von Farben. Schimmernde Ölbilder, dilettantische Inseln gleiten an mir vorbei, von hier nach dort, nach dort oben, am Mastkorb. Eine Flammenmaske, Feuer des Hier, grüne Flamme, offener Mund, offene Augen, das Leben betrachten, davon sprechen, es verzehren, verschlingen, entzünden. Grün der Hoffnung, Grün der Entdeckung, umgeben von einem Mosaikschimmer, einem Feuerwerk kaleidoskopischer Malerei.

Von der Maske zu dem weißen Gipfel, den verliebt blauen Ozeanhimmel berühren.

Und wie auf den Wellen der Seefahrt sich wiegen lassen bis zur Verwunderung – auf dem Elefantenrücken. Blau.

Der Elefant, mit schattenmaskiertem Auge, Holzauge, geschnitzt aus Rot, Gelb, Marineblau, Fischblau, Torheit. Er schwimmt um das Kennlicht – Gesicht ohne Alter – schwimmt auf der Suche nach der Flamme, nach der Frau.

Mehr noch, mehr, rufen die Liebenden, die Fahrt ist noch nicht zu Ende, die Eskimos warten, grauen Strichen gleich auf der weißen arktischen Seite. Sie lassen mich an neue Tage voller weißer Räume denken, an Wüsten, an das Lachen, an das Lieben, an die Gaukler und die anderen Weggefährten.

Das Leben ist wie eine Gemäldeausstellung.

Schauen, wir müssen schauen lernen, die Lider heben, die Augen öffnen, lernen, den Farben, Formen, Strichen einen Sinn zu geben; lernen, sich tragen zu lassen von einem Schimmer, einer Empfindung.

Das Wundersame, das Unerwartete findet sich überall. Es ist Straßenecke, Hutfeder, Augenlid des Blicks auf eine Wolke, einen Stern; von anderswo kommend, spinnt es den Faden der Zeit und webt daraus unsere Gegenwart. Es gilt die Kunst zu entdecken, die Kunst zu leben, zu lachen, zu lächeln.

Durch diese vielfarbigen Expeditionen, durch diese multikulturellen Expeditionen habe ich gelernt, habe ich verstanden, ein wenig, gar viel, leidenschaftlich, bis zum Wahnsinn. Durch diese Botschaften von Gewittern, von Stürmen, von augenblendendem Weiß, von übersteigertem Blau, habe ich erkannt: das Hellblau, das Mondlicht, das eine, das andere, über mich, über sie, und noch ein paar Dinge mehr, zwei, drei, vier, fünf, sechs, sieben, acht, neun, zehn, Dame, König, As, Kartenspiel, ein kurzer Hauch von Himalaya-Luft und alles wird durch die Luft gewirbelt, doch nichts von all dem fällt auf den Boden zurück.

Wer seid ihr, Alpinisten? Umherirrende Wesen? Wesen des Nichts? Ein Nichts zu sein und doch wieder nicht, Schwindelgefühl erfasst von neuer Hoffnung, nimm zusammen all deine Kraft und klettere und klettere und steig immer weiter.

Reisen ist nichts anderes als ein Umherirren im Herzen des Andersartigen, nicht ein Sich-auflösen, nicht ein Sich-verlieren in gleichgültigem Einerlei, sondern ein Sehen mit ständig neuer Kraft, sich schärfend an immer neuen Feinheiten.

Den unbestritten schönsten Stein nennt man Diamant: Ein Lichtschimmer reicht aus, ihn in all seinen Facetten funkeln zu lassen. Was seinen Reichtum ausmacht ist sein Relief: eine Facette neben einer Facette unter einer Facette über einer Facette unweit einer Facette. Bei jedem Sonnenstrahl wird eine davon leuchten, strahlend und hell. Dem Schatten entspringend, wird seine Reinheit stets funkeln; nicht anders verhält es sich mit der Vielfalt der Kulturen.

Hätte der Diamant nur eine einzige Oberfläche, reflektierte er nur ein einziges Licht, so wäre er kein Diamant, er wäre flach, farblos und flach, geschmacklos und flach, geruchlos und flach.

Das wertvollste Gut des Menschen heißt Erde. Diese Erde, unsere Erde ist – dem Himmel sei dank – nicht flach, sie ist rund und „blau wie eine Orange", oder vielmehr wie ein Gewittersturm, mit seinen Blitzen, seinen menschlichen und übermenschlichen Schicksalsschlägen. Das Gewitter entsteht aus Gegensätzen. Zuerst mag es erschrecken, doch verkörpert es auch die Faszination der absoluten Macht, der Schnelligkeit, der Leuchtkraft, der ohrenbetäubenden Resonanz. Manche wünschen sich sogar, auf dem Foto zu sein, wenn der Blitz kommt. Vom Gewitter gilt es, dessen absolutes Wesen zu erfassen, die aus Spannungsunterschieden erwachsende Kraft. Wie soll man da nicht aus den Kulturunterschieden, den Rassenunterschieden, den Farbunterschieden, den menschlichen Lichtbogen erkennen, den Blitz der Gegensätzlichkeiten, den Donnerhall der Sprachen, der Musiken, der Poesien?

*Das Gebiet rund um den Kangchendzönga ist am Beginn des 20. Jahrhunderts der bekannteste Teil des östlichen Himalayas. Von Darjeeeling aus sieht man den alleinstehenden Bergriesen, der lange Zeit überhaupt für den höchsten Berg der Welt gehalten wird. Für die Lepchhas, die Bewohner Sikkims, ist der Kantsch ein Heiliger Berg, dessen Gipfel nicht betreten werden soll. Die späteren Erstbesteiger George Band und Joe Brown werden sich daran halten und ihre Gipfelfotos wenige Meter unter der höchsten Schneekuppe schießen. Auch die erste Sichtung eines Yetis durch einen Europäer wird 1925 in dieser sagenumwobenen Gegend vermerkt. Der Grieche Tombazi beschreibt ein aufrecht gehendes, nacktes Wesen, dem er im Rhododendren-Dickicht begegnet. Schließlich sind da noch die Erzählungen der Einheimischen über „versteckte Täler"; in diesen „Khembalung" genannten rituellen Welten sollen Mönche und Eremiten in größter Zufriedenheit Hunderte Jahre alt werden.*

*Auch der erste konsequente Versuch einer Achttausenderbesteigung durch eine deutsche Expedition wird 1930 am Kangchendzönga unternommen. Paul Bauer führt ein bestens eingespieltes und sehr diszipliniertes Team über einen mühevollen Anmarschweg an den Nordostsporn, wegen der politischen Isolation Nepals der einzige offene Weg zum dritthöchsten Berg der Erde. Doch schlechtes Wetter zwingt die Deutschen bereits bei 7200 Metern zur Umkehr.*

*Im Jahr darauf ist Günter Oskar Dyhrenfurth, der in der Schweiz lebende „Himalaya-Professor" an der Reihe. Sein Versuch am Kantsch unterscheidet sich in mancherlei Hinsicht von dem Bauers:*

*Dyhrenfurth stellt eine internationale Gruppe zusammen, Schweizer, Deutsche, der Brite Frank S. Smythe, später Schlüsselfigur in den britischen Bemühungen um den Everest und der Österreicher Erwin Schneider, am Beginn seiner Karriere als wichtigster Kartograph der Himalaya-Region, bilden die I.H.E., die Internationale Himalaya-Expedition.*

*Außerdem gelingt Dyhrenfurth die politische Sensation, erstmals eine Sondergenehmigung für die Einreise seiner Expedition nach Nepal zu erhalten. Dadurch eröffnen sich ihm neue Anstiegsvarianten, die vielversprechender aussehen als der schwierige Nordostgrat.*

*Der Dyhrenfurths „Buch vom Kantsch" entnommene Ausschnitt belegt eine typische Großexpedition der Dreißigerjahre, die mit einem genau durchdachten Plan sowie einem Maximum an Ausrüstung, Verpflegung und an einheimischen Trägern den Berg gleichsam durch Belagerung bezwingen will.*

Der folgende Text wurde entnommen aus: Günter Oskar Dyhrenfurth, Das Buch vom Kantsch. Nymphenburger Verlagshandlung GmbH: München 1955, S. 52–80. 

*Günter O. Dyhrenfurth*

# *Ein früher Versuch am Kangchendzönga*

Freshfield, der große Pionier, hatte nach seiner Umkreisung des ganzen Massivs wiederholt darauf hingewiesen, daß der Kangchendzönga-Gletscher wahrscheinlich den besten Zugang zum Hauptgipfel eröffne. Als er von Pangpema aus den Berg studierte, erkannte er bald, daß der direkte Angriff über die drei Terrassen der Nord- oder richtiger NNW-Flanke allzu lawinengefährlich sei, aber vermutlich sei es möglich, aus dem Gletscherwinkel zwischen den Zwillingen (The Twins, 7350 m) und dem eigentlichen Kangchendzönga den auf der Zemu-Seite kaum zugänglichen North Col (6900 m) zu erreichen. Dieser Nordsattel sei strategisch sehr bedeutungsvoll, denn von ihm aus führe der NNE-Grat, die natürliche Route, über P.7741 (das spätere „Zuckerhütl") zum Hauptgipfel – streckenweise sehr steil, aber wohl sicher möglich. Also: den Nordsattel von Westen und dann den NNE-Grat zu versuchen, das war schon seit Jahren mein Plan. Der Ostsporn? Nein, ich hatte keine große Lust, in Bauers Fußstapfen zu wandeln und auch meine Mannschaft bei einem wochenlangen „Wegebau" einzusetzen. Auch drohte die Gefahr, die Zeit vor den Monsun-Schneefällen werde dafür nicht ausreichen, so daß die ganze Schinderei wieder umsonst wäre. Also lieber etwas Neues versuchen und die noch wenig bekannte nepalische Seite des Kangchendzönga erkunden! Selbst wenn wir am Nordsattel abblitzen sollten, gab es dort noch viele unerstiegene Siebentausender und große Möglichkeiten. Ich hatte stets drei Arbeitsgebiete im Auge: Bergsteigen – wissenschaftliche Beobachtungen – Photographie und Dokumentarfilm. Auf allen drei Gebieten versprach ich mir von der Nordwestseite der Kangchendzönga-Gruppe eine sehr viel reichere Ernte, als wenn auch wir zum Zemu-Gletscher gepilgert wären. Das waren meine Gedanken, als ich die „I.H.E.", die Internationale Himalaya-Expedition organisierte.

Das Schwierigste war zunächst die Finanzierung, die erst am 3. Januar 1930, also sozusagen in letzter Minute, endlich gesichert war.

Die I.H.E. 1930 setzte sich aus vier Schweizern, drei Deutschen, einem Österreicher und drei Engländern zusammen:

Prof. Dr. Günter Oskar Dyhrenfurth (Wassen, Uri) war Expeditionsleiter, Geologe und Geograph, außerdem Bergsteiger, Kameramann und Lichtbildner.

Frau Hettie Dyhrenfurth als Sekretärin, Expeditions-Hausfrau und „Etappenkommandant" in den Standlagern.

Ingenieur Marcel Kurz (Neuchâtel) als Topograph und Bergsteiger.

Charles Duvanel (Genf) war erster Kameramann für den Expeditionsfilm.

Dr. Helmuth Richter (Breslau) als Expeditionsarzt und Berichterstatter für die deutsche Presse.

Dipl.-Ing. Ulrich Wieland (Ulm) war der Meteorologe und, ebenso wie Dipl.-Ing. Hermann Hoerlin (Schwäbisch Hall), Bergsteiger, „Sauerstoff-Ingenieur", Kameramann und Photograph.

Der Tiroler Erwin Schneider (Hall bei Innsbruck), damals noch Student, jetzt Dipl.-Ing. und Kartograph, als Bergsteiger und Photograph.

Berichterstatter für die englische und amerikanische Presse war der englische Bergsteiger Frank S. Smythe.

In Indien schlossen sich uns noch zwei Mitglieder des Himalayan Club als Bergsteiger und Transportoffiziere an, George Wood Johnson und John S. Hannah.

Wir waren also insgesamt elf Europäer, und trotz der Zugehörigkeit zu verschiedenen Nationen haben wir gut und harmonisch zusammengearbeitet.

Aber ein anderes „politisches Problem" machte uns große Sorge: die Einreise-Erlaubnis für Nepal. Der unabhängige Himalaya-Staat Nepal war ja – bis 1949 – viel strenger verschlossen als sogar Tibet. In New Delhi, wo wir dem Vizekönig Lord Irwin unsere Aufwartung gemacht hatten, war man sehr liebenswürdig und hilfsbereit, aber daß eine so große Expedition die Genehmigung für mehrmonatige Arbeiten in Ostnepal bekäme, hielt man für beinahe ausgeschlossen. Ich hatte es trotzdem versucht und mich sogar direkt an Bhim Shum Shere, Seine Hoheit den Maharadscha von Nepal, gewandt. Und tatsächlich – es gelang, wenn auch wieder erst in letzter Minute. Unser großes „Packfest" in Darjeeling war schon im vollen Gange, da traf die Bewilligung der nepalischen Regierung ein.

Während wir uns in den letzten Tagen bereits auf den Anmarsch zum Zemu-Gletscher eingestellt hatten, galt es jetzt, schnellstens alles umzubauen. Die Nepalroute war länger und für eine Großexpedition organisatorisch wesentlich schwieriger zu bewältigen: Vier Pässe, davon einer über 5000 m, 14 Tagesmärsche bis zum ersten nepalischen Dorf Khunza*, etwa 17 Tagesmärsche bis zum vorgesehenen Basislager in der Gegend von Pangpema, 350 Traglasten,

* moderne Schreibweise: Ghunsa; Anm. d. Hrsg.

die Verproviantierung dieser kleinen Armee von Kulis ... das gab eine komplizierte „Generalstabsarbeit". In langwierigen Beratungen mit Oberstleutnant H. W. Tobin, dem „Local Secretary" des Himalayan Club in Darjeeling, entstand ein Plan, den Anmarsch in drei Staffeln zu machen. Für die erste Gruppe war Wood Johnson der Transportleiter, für die zweite John Hannah, für die dritte Tobin selbst. In genauen Listen wurde das gesamte Gepäck je nach Dringlichkeit dem ersten, zweiten oder dritten Transport zugeteilt. Da stand es schön schwarz auf weiß, daß die Expeditionsleitung mit der ersten Staffel am 7. April starten werde, die zweite Gruppe einen Tag später, und die Gruppe drei hatte zwölf Tage nach uns im Standlager Pangpema einzutreffen. Es sollte dann aber ganz anders kommen!

Die ersten Etappen Chakung – Rinchinpong – Pemayangtse verliefen planmäßig. Die Bungalows (Regierungs-Rasthäuser) liegen meist auf den waldigen Kämmen, denn die tief eingeschnittenen, feuchten Urwaldtäler von Sikkim sind wegen ihrer Malaria gefürchtet, und oberhalb 1500 m gibt es keine Malaria-Mücken mehr. Man übernachtet also oben und muß am nächsten Morgen zunächst 1000 bis 1500 m absteigen, um dann in den heißen Stunden wieder eine gewaltige Steigung nehmen zu müssen. An den ersten Marschtagen wurde uns die Arbeit dieses ständigen Ab und Auf durch unsere zähen Ponies sehr erleichtert.

In dem berühmten Kloster von Pemayangtse führten uns die Lamas ihre eigenartigen Dämonentänze vor, die von uns eifrig photographiert und gefilmt wurden. So oft sie auch beschrieben worden sind – man kann sich dem unheimlichen Eindruck der atonalen Musik, der rhythmischen Bewegungen und seltsamen Tier- und Teufelsmasken nicht entziehen.

Verwundert sah ich mehrere Waldbrände, die in unzugänglichen Schluchten rauchten, wo kaum ein Mensch hingekommen ist. Sie sollen in der heißen Jahreszeit vor dem Monsun oft von selbst entstehen, nämlich durch die gegenseitige Reibung der Bambusstangen im Wind. Das klingt nicht sehr wahrscheinlich. In Yoksam (1780 m), dem letzten Dorf, feierten die Kulis noch einmal „Abschied von der Zivilisation", was bedeutet, daß viele sich furchtbar betrinken und am nächsten Morgen schwer in Marsch gesetzt werden können. Es dauerte lange, bis die endlose Kolonne über eiszeitliche Moränen in den Urwald hinein zog. Man darf da nicht an Urwälder in tropischen Tiefländern denken, z. B. im Kongo- oder Amazonas-Becken. Der Himalaya liegt ja schon außerhalb der Wendekreise, aber dank den gewaltigen Wassermassen, die der Monsun alljährlich auf seine Südhänge schüttet, reicht der üppige Urwaldmantel hoch hinauf, wenn man das Dickicht baumartiger Rhododendren noch hinzurechnet, bis etwa 3800 m.

Am 14. April ging es nach Alp Dzongri (4030 m). Den meisten fiel das Steigen etwas sauer, denn der Übergang aus indischer Hitze in alpine Höhen und winterliche Kälte war recht unvermittelt. Neben der einsamen Hütte der Yakhirten schlugen wir im heftigen Schneetreiben unser Lager auf. Dort gab es am nächsten Morgen die erste große Transportkrise, einen Trägerstreik, aus Angst vor dem Kang La (5084 m), dem „Schnee-Paß", der noch ganz winterliche Verhältnisse aufwies. Wood Johnson gab sich die größte Mühe und verhandelte stundenlang mit wahrhaft asiatischer Geduld; als Teepflanzer in den Vorbergen bei Darjeeling hatte er große Erfahrung und Sprachkenntnisse sammeln können. Aber auch er konnte nicht verhindern, daß 40 Lepchhas ihren Lohn im Stich ließen und ausrückten. So blieben 40 wichtige Traglasten in Dzongri liegen, und wochenlang hatten wir alle darunter zu leiden. An alle Arbeitswilligen wurde nun alpine Ausrüstung ausgegeben, vor allem Schneebrillen und Bergschuhe. So wurde es Mittag, bis die Karawane sich endlich wieder in Bewegung setzte, um sich trotz der vorgerückten Zeit noch so nah wie möglich an den Paß heranzuschieben.

Der 16. April 1930 war „Großkampftag". Um nicht im Schnee kampieren zu müssen, sollte ein Doppelmarsch gemacht werden, was auch schließlich gelang – dank einem beträchtlichen Energieaufwand der Expeditionsleitung und des tapferen Transport-Offiziers. Zwar ist der Kang La technisch ganz leicht, und für einen Skiläufer wäre er geradezu ein Vergnügen gewesen. Aber für eine kleine Armee von schwer beladenen Kulis war dieses Joch durch seine Höhe und den tiefen Frühjahrsschnee doch eine gewaltige Strapaze und beanspruchte so viel Zeit, daß Erwin Schneider und Hermann Hoerlin die Gelegenheit benützten, einen über dem Paß aufragenden Gipfel „mitzunehmen". Es war der Kang Peak oder, wie er auf den neuen Karten heißt, Kang La Kang, 5560 m hoch, ziemlich schwierig, sehr mühsam und bei so schlechten Schneeverhältnissen sogar nicht ungefährlich. Irgendein Zeichen früherer menschlicher Anwesenheit war auf dem Gipfel nicht zu entdecken. Es ist also zweifelhaft, ob wirklich dieser Berg 1883 von W. W. Graham mit den Führern Emil Boss und Ulrich Kaufmann bestiegen worden ist. Wie dem auch sei – jedenfalls war es ein erster kleiner Erfolg der I.H.E. 1930.

Ich ließ auf der Westseite des Passes, also auf nepalischem Boden, lagern, sobald wir zu dem ersten aperen Geröll gelangten. Denn die Kulis waren todmüde, und es war schon Nacht, als Wood Johnson mit den letzten Nachzüglern eintraf; er hatte selbst eine Trägerlast auf die Schultern nehmen müssen. Für uns alle war der Kang La ein gutes Stück Arbeit gewesen.

Am gleichen Tage machte Uli Wieland von Dzongri aus einen Abstecher auf den unschwierigen Kabur (4810 m) und nahm von diesem ausgezeichneten

Orientierungspunkt ein vollständiges Panorama auf. Die Gruppe zwei unter Führung Hannah und Wieland war bisher stets einen Tagesmarsch hinter uns gewesen. Aus Furcht vor dem Kang La liefen auch von dieser Mannschaft in Dzongri viele Träger davon. Dazu kam noch der von uns herrührende „unlösliche Rückstand" von 40 Lasten, den Hannah-Wieland zu ihrem Entsetzen vorgefunden hatten. Die Lage auf der Ostseite des Kang La war also, gelinde gesagt, recht unbefriedigend.

Am nächsten Morgen schickte ich alle irgendwie entbehrlichen Bergschuhe und Schneebrillen, mehrere Trägerlasten, über den Paß zurück, um der zweiten Staffel damit zu Hilfe zu kommen. Ich selbst ging mit der Hauptkarawane in das Yalungtal hinunter, wo wir in Namgatsal, eine halbe Stunde vor Tseram, ein großes Lager aufschlugen. Ein wohlverdienter Rasttag, Rasenboden, Quellwasser, Brennholz, soviel man wollte – das Leben hätte wieder recht hübsch sein können, wenn nicht …

Der Trägerproviant begann bereits recht knapp zu werden, und Tseram bestand ja nur aus zwei einsamen Hütten nepalischer Hirten, wo nichts zu bekommen war. Wir hörten dort aber, daß ein „Subardar", ein nepalischer Regierungsbeamter, gerade am Vortage dagewesen war, vergeblich nach uns Ausschau gehalten hatte und wieder talabwärts gegangen war. Jetzt kam es darauf an, so rasch wie möglich mit ihm Verbindung zu bekommen. Ich sandte deshalb einen Gurkha-Unteroffizier mit der Botschaft unserer Ankunft ihm nach. Inzwischen rückte ein Teil der zweiten Expeditions-Staffel über den Kang La heran; um so brennender wurde das Versorgungsproblem.

Am Ostersonntag (20. April) erschien der mit Spannung erwartete Subardar und berichtete, daß die uns vom Maharadscha in Aussicht gestellte Hilfe in Khunza auf uns warte. Es galt also, dorthin möglichst rasch vorzustoßen. Aber zwischen Tseram und Khunza liegen drei schneebedeckte Pässe von Monte Rosa-Höhe. Um diese neuerliche Gebirgsüberschreitung etwas vorzubereiten, sandte ich 80 Träger unter Führung von Hoerlin und Wieland bis 4500 m hinauf, um vorzuspuren und 80 Lasten oberhalb der größten Steigung zu deponieren. Marcel Kurz und ich benützten diesen „Rasttag" zu einer Exkursion auf den Yalung-Gletscher.

Am 21. April folgte ein „Osterspaziergang", der den Kang La an Schinderei noch wesentlich überbot. Bei dem langen, steilen Anstieg hatten wir einen schönen Rückblick auf die regelmäßige Pyramide des Rathong Peak (6679 m) und die gewaltige Westwand des Kabru (7317 m und 7338 m). Vom Gepäckdepot ab ging die Plage erst richtig los. Es war später Nachmittag, bis wir endlich auf dem dritten Paß, dem Mirgin La (4540 m) standen. Für heute war unser Bedarf reichlich gedeckt, und ich freute mich, den erschöpften Trägern verkünden zu können: „Jetzt brauchen wir nur noch in die Talmulde da unten abzusteigen; dort werden wir lagern."

Dieses letzte Stück erwies sich jedoch als das dicke Ende, denn unter schwacher, nicht tragfähiger Harschdecke lag der schlechteste Schnee, den wir bisher in unserem Leben kennen gelernt hatten – ein Schneemorast. Wir hatten zwar Skier mit, aber natürlich nur für die Sahibs. Um die Trägerkarawane nicht zu demoralisieren, mußten einige von uns ebenfalls zu Fuß gehen. Schneereifen waren eher schädlich. War man nämlich trotz der Schneereifen durch die Kruste gebrochen, so bekam man seine Beine überhaupt kaum wieder heraus. Die schwerbeladenen Kulis mußten stellenweise richtig ausgegraben werden. Ein alter Vorarlberger Bergführer hat einst das klassische Wort geprägt: „Wenn der Schnee nit tiefer ischt, als der Mensch gespalten ischt, dann geht's noch." Hier war der Schnee häufig sehr viel tiefer; man versank oft bis zur Brust, und die Spur der Karawane war auf lange Strecken ein fast mannstiefer Graben. Als obendrein noch starkes Schneetreiben einsetzte, wurde es immer ungemütlicher. Alles kam darauf an, möglichst bald einen halbwegs erträglichen Lagerplatz ausfindig zu machen. Ich beschloß deshalb, mich an die Spitze der langen Kolonne vorzuarbeiten. Das war jedoch sehr viel schwerer getan als gedacht. Als einziges Mittel, die in der Spur sich langsam vorwärtswühlenden Kulis zu überholen, erwies sich eine Art von „Kriech-Liege-Stoß". Freund Richter wollte sich über meine „flüssige Crawlbewegung" halbtot lachen. Mir selber war die Komik in diesem Augenblick weniger bewußt. Dagegen war auch ich stark belustigt, als ich an dem Subardar vorbeikam, der, den Kopf zuunterst, in einem 1 $^1/_2$ m tiefen Loch nach seinem leider abhanden gekommenen Halbschuh angelte – eine für den Mirgin La nicht sehr zweckmäßige Fußbekleidung. Als wir auf der nördlichen Talseite endlich wieder festen Boden erreichten, wurde schleunigst Halt geblasen. Der Lagerplatz ließ zwar mancherlei zu wünschen übrig, aber für eine Nacht mußte es eben gehen. Bei eisigem Regen standen wir klappernd vor Kälte herum, bis unsere Orderlies mit den Zelten kamen. Es war geradezu rührend, mit welchem Eifer diese todmüden und durchnäßten Leute zunächst für ihre Sahibs sorgten, die Zelte aufstellten, Tee kochten usw. Zwischen den Lokalträgern und den Sherpas ist eben ein weltweiter Unterschied.

Am nächsten Morgen war strahlendes Wetter. Wir erstiegen den Kamm nördlich unseres Lagers. Über der im unteren Teil schuttbedeckten Eisschlange des Yamatari-Gletschers erhob sich das „Matterhorn des Osthimalaya", der stolze Felsbau des Jannu (7710 m). Die Karawane hatte sich inzwischen bereits in Marsch gesetzt, denn das schöne große Dorf Khunza (3380 m) lockte mächtig. Der Pfad am Steilhang entlang war durch ein paar Schneefelder unterbrochen, die ziemlich lawinengefährlich waren, besonders als wir die wasserschweren Massen durch den tiefen Graben unseres Weges anschnitten. Wir atmeten auf, als wir diese ungemütlichen Strecken hinter uns hatten und in den Wald hinunterstiegen. In frohester Laune trabte alles auf schönem Waldweg abwärts: Die bösen Pässe lagen in unserem Rücken, in Khunza erwartete uns ein wohlverdienter Rasttag, dazu frischer Proviant und frische Träger. Auf einer Wiese vor dem Dorf schlugen wir ein großes Lager auf.

So harmonisch, wie wir gehofft hatten, verlief dieser „Ruhetag" aber ganz und gar nicht. Der Dorfälteste tat zunächst so, als könne er uns überhaupt keine Lebensmittel liefern, und versuchte dann, uns schrecklich zu begaunern. Nur durch das energische Eingreifen des Subardar gelangten wir schließlich zu einer erträglichen Vereinbarung. Da es vor allem darauf ankam, einen regelmäßigen Proviantnachschub nach unserem künftigen Standlager sicher zu stellen, schickten wir den Gurkha talabwärts, um noch andere Dörfer für unsere Verpflegung heranzuziehen. Der Subardar sollte in Khunza bleiben und dort nach dem Rechten sehen.

Nachdem wir am Nachmittag auch noch das nahe Kloster Trashi-Chöding (= wunschlos seliges Schweben) besucht hatten, saßen wir in unserem schönen großen Messezelt beisammen, das schon den britischen Everest-Expeditionen gedient hatte. Da meldete Norsang, unser erster Sirdar (Trägerobmann), es sei unmöglich, schon am nächsten Morgen aufzubrechen, denn der versprochene Proviant sei noch immer nicht geliefert worden. Was nun? Glücklicherweise fiel uns ein, daß schon Freshfield berichtet hatte, es habe seinen Trägern in Khunza ausgezeichnet gefallen und es sei unglaublich schwer gewesen, sie von dort wieder in Marsch zu setzen. Vielleicht steckten unsere Leute mit den Leuten von Khunza unter einer Decke und man versuchte, noch ein paar Rasttage herauszuholen. Dann durften wir uns natürlich erst recht nicht einschüchtern lassen. Subardar und Dorfschulze wurden noch einmal zitiert und Wood Johnson hielt ihnen eine donnernde Standpauke, während Norsang den formellen Befehl bekam, den Abmarsch vorzubereiten. Und tatsächlich konnten wir gegen Mitternacht in unsere Schlafsäcke kriechen in dem beruhigenden Gefühl, diese Krise überwunden zu haben.

Am Morgen gab es großen Trägerappell: alles, was wir von eigenen Leuten und Khunza-Trägern entbehren konnten, wurde nach Tseram zurückgeschickt, um unseren rückwärtigen Expeditions-Staffeln zu Hilfe zu kommen. Für den Marsch zum Standlager mußten die Lasten neu eingeteilt werden. So wurde es später Vormittag. Die letzte Schwierigkeit war, alle Leute, die in den gastlichen Hütten von Khunza noch einen Abschiedstrunk nahmen oder ihr geliebtes Würfelspiel veranstalteten, auf die Beine zu bringen. Endlich war auch das gelungen, und nun ... vorwärts!

Um uns wieder zu versöhnen, hatte uns der Dorfschulze zwei Reit-Yaks angeboten. Smythe und Wood Johnson waren begeistert, wir andern gingen inzwischen zu Fuß voraus. Nach einiger Zeit kam uns Smythe zu Fuß nach, und als ich ihn erstaunt fragte, was denn los sei, antwortete er trocken: „Wood bestieg den ersten Yak, und der hat ihn sofort abgeworfen und beinahe tot gemacht. Da das der zahme Yak war, habe ich lieber nicht erst auf den andern gewartet!" Dabei ist Wood ein begeisterter und ausgezeichneter Reiter. Er hatte sich auf den Yak geschwungen und wollte uns nun einmal zeigen, wie man auf solch einem Tier kunstgerecht reitet. Aber dem Yak hatte das gar nicht gefallen, er blieb also einfach stehen, und als Wood ihm zur Ermunterung seine Absätze in die Weichen schlug, drehte er sich wie ein Quirl etwa zwanzigmal im Kreise, warf sich auf den Boden und wälzte sich. Wood mußte noch sehr froh sein, mit heilen Knochen davongekommen zu sein, und ging dann lieber auch zu Fuß.

Später, beim Rückmarsch der I.H.E., bin ich viel auf Yaks geritten, und ich habe die besten Erfahrungen gemacht. Allerdings – man muß sich in das Seelenleben dieser prachtvollen, doch sehr unabhängigen Tiere einfühlen. Man vergesse nie, daß man auf einem zwar kleinen, aber sehr kräftigen Büffel reitet. Etwaige Meinungsverschiedenheiten regelt man am besten im Güteverfahren. Seinen Yak zu schlagen oder zu treten, bekommt auch dem besten Reiter nicht gut. Am meisten erreicht man durch die Macht der Musik. Es klingt wie ein Witz, ist aber buchstäblich wahr: die Yaks sind ausgesprochen musikalische Tiere. So hatte ich z. B. einmal einen Reit-Yak, der eine Vorliebe für die Melodie „Ach, du lieber Augustin" bekundete. Solange ich dieses Lied pfiff, ging er ganz brav. Wenn mir aber die Lippen trocken wurden und der Ton einen Augenblick aussetzte, grunzte er unwillig und blieb stehen. Da es schwer durchzuhalten ist, tagelang von früh bis abends „Ach, du lieber Augustin" zu pfeifen, lernte ich zwei einigermaßen musikalische Kulis an, die hinter meinem Yak herzugehen hatten. Nun konnten wir uns im Pfeifen ablösen, der Yak war voll befriedigt und machte mir nicht die geringsten Schwierigkeiten mehr.

Die Strecke zwischen Khunza und Pangpema wurde schon von Freshfield begangen und geschildert. Am 24. April kamen wir, den Jannu-Gletscher querend, infolge des späten Aufbruchs nur bis zu dem Sommerdörfchen Kangbachen, mit prachtvollem Blick auf den in der letzten Abendsonne flammenden Jannu. Am nächsten Tage brachte uns ein langer anstrengender Marsch nach dem nepalischen Lhonak (4657 m), einer noch nicht bezogenen Alm, wo wir bei starkem Schneefall eintrafen.

Am 26. April hatten wir einen prachtvoll sonnenhellen Morgen. Die Landschaft im Neuschneegewand bot ein ganz winterliches Bild, und über unserer

Alm mit einer Reihe von kleinen Hütten erhob sich der stolze Wedge Peak (6750 m) mit seinen wehenden Schneefahnen. Der letzte Marschtag war nur kurz. Bereits am zeitigen Nachmittag waren wir an unserem vorläufigen Ziel angelangt, an der Nordwestfront des Kangchendzönga. Der ungeheure Berg selbst steckte zwar in dichten Schneewolken, aber uns gegenüber kam ein großer Eisstrom herunter, der nur der Kangchendzönga-Gletscher sein konnte. Wir waren also an Ort und Stelle und suchten nach einem passenden Lagerplatz. Nach einigem Hin und Her entschieden wir uns auf der begrünten Terrasse der nördlichen Talseite für eine flache Mulde. Sobald die Wahl getroffen war, ging alles mit Eifer an die Arbeit. Unser Standlager (5050 m) westlich Pangpema, die kleine Zelt- und Barackenstadt, wuchs empor.

Vier Tage vergingen mit Lagerarbeiten, Erkundungen und Vorbereitungen; dann waren wir über die Route im klaren. Die NNW-Flanke des Kangchendzönga baut sich in drei Stufen auf, so daß man eine erste, zweite und dritte Terrasse unterscheiden kann, jede mit einem Hängegletscher belegt. Ein Anstieg in der Fall-Linie des Hauptgipfels kam der Eislawinengefahr wegen nicht in Frage. Auch ein direkter Aufstieg zum Nordsattel, an den Freshfield gedacht hatte, war kaum möglich, die Wand unter dieser Scharte ist abschreckend. Aussichtsreicher erschien es, im innersten Winkel des Gletschers über einen nicht besonders hohen Eisfall die erste Terrasse zu gewinnen und dann schräg gegen den Nordgrat anzusteigen, den man etwas oberhalb des Nordsattels erreichen würde. Diese Strecke zwischen erster Terrasse und Nordgrat würde allerdings über einen sehr steilen Eishang führen, aber mit einer guten Trasse und Geländerseilen sollte er auch für die Sherpas gangbar sein. Das Stück unterhalb der ersten Terrasse machte uns schon gar keine Sorge; dieser Gletscherbruch würde, so dachten wir, uns nicht lange aufhalten. Keiner der Teilnehmer hatte gegen die Routenführung etwas einzuwenden.

Am 1. Mai brachen wir auf: sechs Sahibs und vierzig Träger. Das großartige Tor, durch das wir in das Allerheiligste eintraten, bildete zur Rechten der herrliche Wedge Peak mit seinen kannelierten Flanken und der stolze Ramthang Peak (6700 m), zur Linken Cock's Comb, der „Hahnenkamm" (5945 m), Cross Peak, der „Kreuzberg" (6510 m) und Twins, die „Zwillinge" (7350 m und 7005 m), vor uns die 3000 m hohe Nordfront des Kangchendzönga mit ihren drohenden Hängegletschern.

Bis Lager 1 (5430 m) ging es noch über den flachen Teil des Gletschers. Von hier aus erstiegen wir den steilen Aufschwung des östlichen Seitengletschers und gelangten in das Firnbecken unter dem „Nordsattel". Das war bei weichem Schnee und erbarmungsloser Hitze ziemlich mühsam. Die Strahlungstemperatur, wie sie ein geschwärztes Thermometer anzeigt, betrug über 70° Celsius. Wir waren froh, als wir bei 5800 m unser zweites Hochlager aufschlagen konnten.

Der Abend brachte noch einen kleinen Zwischenfall: Durch Zufall entdeckten wir hundert Schritte von unseren Zelten ein rundes Loch, zu dem eine Spur hinführte, doch keine zurück. Als wir näher kamen, ertönten aus der Tiefe Hilferufe. Einer der Träger war ausgetreten und, ohne daß es jemand gemerkt hatte, in eine Gletscherspalte gestürzt. Wir ließen schleunigst Seile hinunter. Der Mann war nur leicht verletzt und konnte sich selber anbinden. Nun war der Übereifer unserer Sherpas nicht mehr zu bändigen: mit lautem Triumphgeschrei zogen sie ihren Kameraden durch eine 1 $^1/_2$ m dicke Schneewächte hindurch, was nicht sehr angenehm sein soll. Der arme Kerl kam also blaurot und halb erstickt ans Tageslicht, und es war geradezu rührend, wie er sich mit seinem ersten Atem feierlich bei mir für seine Rettung bedankte: „Salaam, Bara Sahib, Salaam!" Bara Sahib = großer Herr ist die allgemein übliche Bezeichnung für den Chef eines Unternehmens.

Bedauerlicherweise litten Marcel Kurz und ich stark unter dem sogenannten „Höhenhusten", einer sehr unangenehmen Entzündung der Atmungswege, die eine Folge der ganz trockenen Luft und rascher Mundatmung ist. Da oben, wo der Sauerstoff schon knapp ist, führt hartnäckiger krampfartiger Husten, besonders in der Nacht, zu schweren Erstickungsanfällen. Es blieb uns beiden also nichts anderes übrig, als für ein paar Tage nach Pangpema abzusteigen.

Die Arbeit am Berg wurde jedoch deshalb nicht unterbrochen. Uli Wieland, der vier Jahre später am Nanga Parbat den weißen Tod sterben sollte, und Frank Smythe begannen, den Weg zur ersten Terrasse herzurichten. Zunächst ging es über einen etwa 300 m hohen Firnhang hinauf, bei tiefem Schnee eine langweilige und ermüdende Sache. Oben, kurz vor dem Eisfall, waren breite Spalten auf höchst verdächtigen Schneebrücken zu überschreiten, was die ersten Seilgeländer notwendig machte. Danach, bei 6200 m, begann die Eisarbeit. – Und da gab es vorher noch eine unangenehme Überraschung: Was man vorher, von Pangpema aus und mit dem Fernglas, als nicht besonders steil angesprochen hatte, erforderte bereits sorgfältige Stufenarbeit für die Träger. Was steil ausgesehen hatte, war beinahe senkrecht, und was man als beinahe senkrecht eingeschätzt hatte, hing über. Wir alle hatten die Steilheit der Flanken bei weitem unterschätzt, weil unsere bergsteigerischen Erfahrungen aus den Alpen stammen. Hier im Osthimalaya ist der Sonnenstand um 19° höher, und die Schattenwirkung infolgedessen geringer. Eine Nordwand in den Alpen, die zur Zeit des höchsten Sonnenstandes (am 21. Juni um 12 Uhr mittags Ortszeit) sonnenbeschienen ist, kann keinesfalls steiler als 67° sein.

Dagegen kann eine sonnenbeschienene Nordwand im Himalaya zur gleichen Zeit bis zu 86° steil sein, also beinahe senkrecht.

Die Bergsteiger voraus, dahinter die „Tiger", unsere besten Sherpas, so hackten sie einen Klettersteig, der durch fixe Seile gesichert wurde. Am ersten Tage kamen Wieland und Smythe etwa 70 m hoch, am nächsten gelangten sie zu einer senkrechten, stellenweise überhängenden Eiswand, die nicht zu umgehen war. Nachdem sie die ersten Stufenlöcher bis zur Reichhöhe in die Wand geschlagen hatten, mußte einer dem andern auf die Schultern steigen, um möglichst hoch oben einen Eishaken einzutreiben, in den das Seil mit dem Karabiner eingeklinkt wurde. So entstand ein Seilaufzug. Der Hackende konnte, im Seil hängend, sich mit den Füßen von der Wand abstemmen und dadurch genügend Platz für die Pickelführung gewinnen, um neue Griffe und Tritte in das sehr harte Material hinein zu meißeln – hundert bis hundertzwanzig Schläge für jede Stufe. In 6300 m Höhe ist eine solche Arbeit denkbar anstrengend. Mit regelmäßiger Ablösung kamen sie so etwa acht Meter hoch, wobei der „Hauer" seinen Haken immer höher und höher pflanzte und der Ausruhende als Gegengewicht unten im Seil hing. Inzwischen war es Abend geworden; dieser Tag hatte etwa 60 m eingebracht.

Doch jetzt nahte Unterstützung durch Erwin Schneider und Hermann Hoerlin, die frisch von Pangpema heraufgekommen waren. Sie arbeiteten fleißig, setzten die Stufenreihe der Eisleiter bis zum oberen Bruchrand fort, trieben Haken ein und brachten fixe Seile an. Ihre beiden Orderlies, Tsetan und Kitar, arbeiteten hinter ihnen her, indem sie die Stufen vertieften und verbesserten. Nun war es so weit, daß auf der „ersten Terrasse" Hochlager 3 eingerichtet werden sollte.

Als sie befriedigt von ihrem Tagewerk zum Camp 2 abstiegen, blieb Tsetan plötzlich stehen, zeigte auf den Eisfall und sagte: „Sahib, no good!" Er war damals sicher einer der besten Sherpas und hatte – naturverbunden und Himalaya-erfahren – offenbar ein feines Gefühl für die drohende Gefahr. Leider wurde seine Warnung nicht ernst genommen. Der Klettersteig durch den Gletscherbruch war ja hergerichtet, eine wichtige Etappe auf dem Wege zum Gipfel.

Über die Ereignisse des nächsten Tages berichtet Uli Wieland:

„Im Gegensatz zu den vorhergegangenen Tagen brach der 9. Mai nach ziemlich warmer Nacht trübe und unlustig an. Wir dachten uns jedoch nichts Besonderes dabei und trafen die Vorbereitungen zum Aufbruch und zur Lagerverschiebung in aller Selbstverständlichkeit. Bald war die ganze Kolonne über den Aufstiegshang verteilt: Erwin Schneider mit seinem Träger Tsetan voraus, um noch die letzte Hand an den Weg zu legen; dann unser Kameramann

Duvanel mit seinen drei Leuten; darauf eine Trägerpartie von sieben Mann; am Schluß Hoerlin und ich mit unseren persönlichen Trägern. Smythe, der sich nicht wohl fühlte, blieb in Camp 2 zurück. Mit einer Stunde Abstand stiegen wir hinauf; Schneider hatte den Gletscherbruch schon fast erreicht, als wir das Lager kaum verlassen hatten.

Da ertönte über uns auf einmal ein dumpfer, donnerähnlicher Knall, und wir sahen zu unserem Entsetzen, wie eine ungeheure Eismasse oben sich aus ihrem Verbande löste und vornüber kippte. Einen Augenblick lang hofften wir noch, daß die Lawine rechts neben unserem Aufstiegsweg herunterfluten werde. Aber da kamen schon die ersten großen Brocken über unseren Firnhang herabgeschossen, gefolgt von der hochaufwirbelnden, alles zudeckenden Eisstaubwolke. Der erste Gedanke war: Schneider?! Tsetan?! – Der nächste: Rette sich, wer kann! … und so rannte jeder, so gut er konnte, nach links zur Seite, um der verderbenbringenden Walze zu entfliehen.

Bald war alles in Eisstaub gehüllt, so daß man gar nichts mehr sah; doch an der plötzlichen Ruhe merkte man, daß die Lawine selbst zum Stillstand gekommen war. Als der Staub sich etwas legte, überzeugte ein rascher Blick über das Trümmerfeld, daß von den unteren Partien alles heil war. Doch von Schneider und Tsetan war nichts zu erblicken. Den Sherpa hatte ich gerade noch zur Seite laufen sehen, bevor die Lawinenfront ihn erreichte. Schneider war uns durch eine Geländewelle verdeckt gewesen. Ich lief nun so rasch, wie es in dieser Höhe möglich ist, in der Richtung, wo ich Tsetan vermutete, und sah auch bald seine braune Hand zwischen Lawinenbrocken hervorragen. Zwölf Minuten nach Eintritt der Katastrophe hatte ich sein Gesicht freigelegt, und da war auch schon Hoerlin mit ein paar Trägern eingetroffen, um ihn ganz auszugraben. Doch wo war Schneider?!

Ich setzte meinen Aufstieg fort, gefolgt von Sonam, einem unserer treuesten Hochträger, der immer wieder nach oben deutete und klagend „Sahib, Sahib!" rief. Wir wußten genau: wenn Erwin jetzt nicht über dem Absatz, der den Überblick verwehrte, sichtbar wurde, dann war er verloren. Erst im letzten Augenblick, als wir endlich über diese Stufe hinüberschauen konnten, sahen wir plötzlich zu unserer unaussprechlichen Freude seinen Hut mit der Lämmergeierfeder, und nun kam er selbst auf uns zu. Er hatte das große Glück gehabt, im Augenblick der Katastrophe gerade an der Stelle zu sein, wo der Weg eine Schleife weit nach links macht. Nur so konnte er sich durch rasche seitliche Flucht vor den Eismassen retten.

Wie stand es nun um Tsetan? Gemeinsam eilten wir zur Unglücksstelle zurück, wo Hoerlin und Duvanel sich bemühten, den Verschütteten durch künstliche Atmung wieder zu Leben zu bringen. In dieser Tätigkeit wechselten wir in der nächsten 1 $^1/_4$ Stunde fortwährend ab, mußten uns aber leider davon überzeugen, daß es da keine Hoffnung mehr gab. Er hatte mehrere Wunden am Kopf und vor allem offenbar tödliche innere Verletzungen zwischen den riesigen Eisblöcken erlitten. Eine noch längere Fortsetzung der künstlichen Atmung hätte da auch nichts mehr helfen können. Lewa, der Obmann der Hochträger, hatte uns schon längst bedeutet, daß da nichts mehr zu machen sei. Der Gott des Kangchendzönga habe Tsetan zu sich nehmen wollen; der Mensch sei nicht berufen, dagegen einzugreifen. Deshalb mußte Tsetan auch auf Wunsch seiner Kameraden dort oben begraben werden. Es war eine schlichte, eindrucksvolle Feier. Bara Sahibs alte Eisaxt steht ihm zu Häupten.

Uns Bergsteiger traf dies Ereignis sehr schwer. Die Sherpas nahmen es mit der fatalistischen Ruhe des Asiaten hin. Überdies standen wir vor einem Trümmerfeld, unter dem die Arbeit vieler Tage begraben war. Die Lawine hatte unseren Weg durch den Gletscherbruch völlig zerstört; ein paar Seilfetzen hingen noch oben über unzugängliche Eiswände herab. Es war sogar zu befürchten, daß eine noch größere Lawine bis zum Lager vordringen und uns hier gefährden könnte. Wir brachen daher noch am gleichen Tage Camp 2 ab und zogen uns, schwerbeladen, nach Lager 1 zurück.

Am folgenden Tage herrschte das prächtigste Wetter. Es war, als ob der im hellen Sonnenschein strahlende gewaltige Berg über seinen Sieg triumphierte. Bara Sahib (Dyhrenfurth), Kurz und Dr. Richter waren auf unsere Meldungen hin von Pangpema heraufgekommen, um die Lage zu besprechen. Gerade berieten wir darüber, daß weitere Versuche an der gleichen Stelle zu gefährlich seien und daß man nicht verantworten könne, wochenlang den ganzen Nachschub durch diesen bösen Eisbruch zu leiten. Da bekräftigte der Berg diese Ansicht nochmals in eindringlichster Form: Hoch oben brach ein Stück Hängegletscher ab, ein ganzer Eisberg, der mit ungeheurem Getöse über die Wand bis auf den Talgletscher herunterpolterte. Hoch aufstäubend bewegte sich eine riesenhafte weiße Walze talabwärts, und wenn auch die Lawine selbst unser Lager 1 nicht mehr erreichte, so war es doch unheimlich genug, wie die Eiswolke sich rasch auf uns zu bewegte, uns einhüllte und alles 5 cm hoch mit Eisstaub überschüttete. Dank Duvanels Geistesgegenwart und Geschicklichkeit gelang es, dieses überwältigende Naturschauspiel im Film festzuhalten. Er drehte bis zum letzten Augenblick, bis er im Eisstaub beinahe erstickte. Mit dieser Riesenlawine war das letzte Wort gesprochen: der Beschluß, die Nordroute auf den Kangchendzönga aufzugeben, stand fest." Soweit unser Freund Wieland, der den ganzen Angriff auf der Nordroute vom Anfang bis zum Ende mitgemacht hatte.

Trotzdem wollte ich auf den Kangchendzönga noch nicht verzichten. Darum entschied ich mich für einen zweiten Versuch über den Nordwestsporn. Diese Route war zwar nicht sehr aussichtsvoll, aber wir waren hier wenigstens vor Eislawinen sicher und konnten auch im ungünstigsten Falle auf eine reiche topographische und photographische Ausbeute rechnen. Auch fühlte ich mich fast verpflichtet, die ganze Norwestfront des Kangchendzönga zu erkunden und keinerlei Zweifel offen zu lassen. Wir gruppierten uns also zum zweiten Angriff um.

Zunächst mußten wir unser ganzes Zeug im Pendelverkehr vom „Hochlager 1 N" nach „Hochlager 1 W" (5420 m) befördern, an den Fuß eines Seitengletschers, der mit wild zerklüftetem Eisfall in den Hauptgletscher einmündet. Dann arbeiteten wir uns durch dieses Spaltengewirr hinauf und gelangten in ein weites Firnbecken, das vom Ramthang Peak (6700 m), Nordwestsporn und Nordwand der Kangbachen-Terrasse umschlossen ist. Ein sehr steiles Couloir führt zu einer tief eingeschnittenen Scharte am Beginn des eigentlichen Nordwestsporns empor. Am Fuße dieser Schlucht errichteten wir uns „Hochlager 2 W" (5975 m).

Wir waren der Wand so nahe gerückt, wie die Rücksicht auf den Steinschlag gestattete, denn wir hofften, hier einigen Windschutz zu finden. Aber regelmäßig bald nach Sonnenuntergang fegte der Sturm über die Grattürme, stürzte als Fallbö in unsere Firnmulde herunter und wirbelte den Flugschnee um die Zelte. An Schlafen war kaum zu denken, bald hier, bald da riß eine Verspannung; besonders gefährdet war das große Trägerzelt, das die Leute mit aller Kraft festhalten mußten.

Trotzdem wurde das Couloir und der Nordwestsporn bis auf den ersten Gratturm gangbar gemacht, und zwischendurch benützten wir ein paar Stunden schönen, ruhigen Wetters zu einem Skiausflug auf die „Maus", einen 6260 m hohen Gratkopf zwischen Kangchendzönga- und Ramthang-Gletscher, um einen Überblick über die ganze NW-Front des Kantsch zu bekommen. Die Aussicht war großartig und lehrreich, aber für uns nicht sehr erfreulich: Aus dem oberen Ramthang-Becken schien es einen möglichen Durchstieg durch den großen Steilwandgürtel zu geben, aber diese Route (über den White Wave Saddle) hätte ein ganz anderes Basislager und eine andere Nachschublinie erfordert, kam also für uns nicht mehr in Betracht. Unser Nordwestsporn sah recht ungünstig aus. Lohnte es sich, dort die ganze Kraft der I.H.E. weiter einzusetzen? Das mußte jetzt schnellstens abgeklärt werden.

Am 16. Mai machten wir in zwei Seilschaften, Schneider-Wieland und Dyhrenfurth-Smythe, eine „gewaltsame Erkundung". Auf dem schon einmal erreichten Gratturm wurde – um den Wiederaufstieg beim Rückweg zu erleichtern – ein Knotenseil befestigt, an dem die Partie Schneider 15 m tief hinunterturnte. Und dann – ging es erst richtig los: Eine sehr ausgesetzte, sehr schwierige und gefährliche Kletterei, das Gestein von Eisglasur überzogen und schauderhaft brüchig, selbst die größten Blöcke waren lose und polterten mit Donnergetöse in die Tiefe, wenn man sie nur leise berührte. Eine unfreundliche Gegend! Erst nach mehrstündiger, bedenklicher Arbeit war der nächste große Turm (ca. 6400 m) bezwungen. Dahinter folgte ein endloser scharfer Grat, teils stark verwächtete Firnschneiden, teils felsig mit aufgesetzten Eispilzen. Diesen nicht nur für uns, sondern auch für die Träger gangbar zu machen, würde mindestens zwei bis drei Wochen erfordern, und das auf der Wetterseite des Kantsch, ständig im eisigen Weststurm! Das ginge über menschliche Kraft. Und selbst wenn es gelänge, wäre damit immer noch nicht viel gewonnen. Denn dann stünden wir am Beginn der Monsunzeit erst auf der großen Firnterrasse unter dem Kangbachen (7902 m). Diesen Vorgipfel könnten wir vielleicht – mit viel Glück – erreichen, aber es war undenkbar, auf einem 4 km langen Grat über den Westgipfel noch bis zum Hauptgipfel des ungeheuren Massivs vorzudringen ... und wieder zurück! Nein, hier am Nordwestsporn weiter anzugreifen, das bedeutete, sehenden Auges in die Niederlage hineinzulaufen, wahrscheinlich sogar in noch Schlimmeres. Denn die Schwierigkeiten in diesem ganz faulen Fels waren für die Sherpas nahezu unüberwindlich. Da nützten auch fixe Seile nicht viel, die Gefahr von Steinschlag-Katastrophen wäre kaum zu vermeiden.

Es wird Abend, Wolkenfetzen verhüllen hie und da diese grimmige Landschaft. Der Westwind singt sein wildes Lied, manchmal heult das Bersten stürzender Eismassen auf. Wir stehen hier oben, in den klammen Fingern das steife Seil, mit müden Gliedern, in der bitteren Erkenntnis, daß wir am Kangchendzönga ausgekämpft haben. Noch wägen wir alle Möglichkeiten ab und wissen doch schon, daß es aussichtslos ist. Wir blicken rundum: In dem Firnbecken 400 m unter uns ein paar dunkle Punkte, unser Lager 2. Im Nordwesten der schöne Ramthang Peak (6700 m). Im Südwesten ein bisher unbekannter Eisgipfel mit herrlicher Kannelierung der Firnflanken, eine ungeheure weiße Welle – wir haben ihn deshalb auch „White Wave" (6960 m) getauft. Im Westen, über einem Meer niedrigerer Gipfel, die drei Riesen – Mount Everest (8888 m), Lhotse (8591 m) und Makalu (8470 m).

Die Schatten auf den Gletschern werden immer länger und mahnen zur Umkehr. Mit den ersten Schritten zurück stellen wir uns um – auf andere Ziele. Noch haben wir bis zum Monsunbeginn drei Wochen Zeit, und lockende Aufgaben gibt es genug. Die Sonne bricht durch Wolkenlücken und läßt den Ramthang Peak hell aufleuchten. Ihm soll der nächste Angriff gelten!

*Am Weg zum Kangchendzönga macht die Internationale Himalaya-Expedition Günter O. Dyhrenfurths einen Umweg, um das verschollene Kloster Detsenroba zu suchen.*

*Eine amerikanische Mutter, deren Sohn am Kangchendzönga verschollen war, klammerte ihre ganze Hoffnung an diesen Ort, an dem sie ihren Sohn vermutete.*

*Der nachstehende Text ist einer Lesung entnommen, die Günter O. Dyhrenfurths Sohn Norman im November 1998 anlässlich des Bergfilmfestivals in Salzburg hielt.*

*Norman G. Dyhrenfurth, Jahrgang 1918, lehrt an der Universität von Kalifornien Cinematographie und begleitet große Expeditionen als Filmemacher und Alpinist. Er dreht den offiziellen Film über die Dhaulagiri Erstbesteigung 1960 und ist Leiter der ersten erfolgreichen US-amerikanischen Everest-Expedition 1963.*

*M. U.*

*Norman G. Dyhrenfurth*

# *... wozu ein Himmel sonst?*

Winter in Franconia, im U.S. Bundesstaat New Hampshire. Wir saßen am offenen Kaminfeuer, wohlig müde von herrlichen Fahrten im traumhaften Pulverschnee. Man schrieb das Jahr 1939.

Es war mein zweiter Winter als Skilehrer im Nordosten der Staaten. Man plauderte über die Ereignisse des Tages, das Wetter, den Schnee und die errungenen Fortschritte. Jemand erwähnte Berge und Bergsteigen, sowie meine Teilnahme an der erfolgreichen Alaska-Expedition im Vorjahr. Eine attraktive Karrierefrau aus New York stellte die unvermeidliche Frage nach dem Sinn derartiger Unternehmungen, und warum denn Menschen nach den höchsten Gipfeln trachten. Mit George Leigh Mallorys vielzitierter Antwort „Weil sie da sind!" wußte sie nicht viel anzufangen. Mit jugendlichem Eifer ging ich auf mein Lieblingsthema ein: Das Bergsteigen braucht keine Rechtfertigung, ebensowenig wie der Sonnenaufgang, die Musik oder die Liebe. Man klettert, weil man den Drang dazu in sich fühlt, weil man eben so geschaffen ist. Fels, Eis und Wind und die große Weite des Himmels sind nicht alles, was man auf den Höhen findet. Der Alpinist entdeckt Dinge, die er in der täglichen Tretmühle des täglichen Lebens fast vergessen hat. Er erfährt, was die großen Denker der Antike unter der „Auffrischung des Geistes" verstanden. Er findet Einsamkeit und Kameradschaft, Tätigkeit und Ruhe, Versprechen und Erfüllung. Er erlebt die göttliche Harmonie und die Einfachheit der Natur. Er findet sich selbst.

Während ich mich über Abenteuerlust, individuelle Herausforderung, Weltanschauung, Seelenbefriedigung, Suche nach dem Nirwana usw. ausließ – eigentlich, angesichts meiner jungen Jahre und sehr bescheidenen Englischkenntnisse, eine Vermessenheit –, mußte ich leider feststellen, daß meine beste Schülerin, ein bildhübsches Collegegirl aus New Rochelle, im Bundesstaat New York, sich von der aufmerksam lauschenden Gruppe abgesondert hatte. Sie starrte in die lodernden Flammen, versunken in ihrer eigenen Welt. Für sie schienen wir nicht zu existieren. Mein Stolz als „raconteur" war zu tiefst verletzt. Ich mußte unbedingt ihre Aufmerksamkeit wiedergewinnen und erwähnte den Himalaya, das höchste Gebirge unseres Planeten – Traumziel aller Bergsteiger: Mount Everest, der „Dritte Pol", und seine an Tragödien und „großartigen Mißerfolgen" reiche Geschichte; K2, der „Berg der Berge" im Karakorum, mehr als zweitausend Kilometer vom Everest entfernt im Nordwesten; und dann der Kangchendzönga, dritthöchster und vielleicht gefährlichster aller vierzehn Achttausender, an der Grenze von Nepal und Sikkim. Beim Klang dieses tibetischen Namens, der etwa „die fünf Schatzkammern des großen Schnees" bedeutet, wandte sich die „Abtrünnige" uns wieder zu.

Nach einem kurzen historischen Rückblick erzählte ich die ungewöhnliche Geschichte von Francis E. Farmer, dem tollkühnen jungen Amerikaner aus New Rochelle, der 1929 den Kangchendzönga über seine Südwest-Flanke besteigen wollte, und zwar im Alleingang! Seinen wagemutigen Plan hatte er strengstens geheimgehalten, um nicht von den Regierungen von Nepal und Sikkim in letzter Minute zurückgehalten zu werden. Seine drei Sherpa ließ er im Standlager auf dem Yalung-Gletscher zurück und stieg allein empor in das große weiße Schweigen. Ruht er in einer Gletscherspalte, oder hat ihn eine der gewaltigen Eislawinen erfaßt, die Tag und Nacht über die Steilwände hinunterstürzen? Der Schleier wird sich wohl niemals lüften.

Doch ein Mutterherz hofft und harrt, auch wo keine Hoffnung mehr ist. Frau Farmers sehnsüchtiger Glaube klammerte sich an das im Yalungtal gelegene Kloster Detsenroba. Dort werde ihr Sohn gegen seinen Willen verborgen gehalten, aber eines Tages werde er in die Heimat zurückkehren. Hellseher hätten ihr das bestätigt. Briefe kamen von Amerika nach Indien, Bitten und Beschwörungen an meine Eltern, die 1930 eine internationale Expedition zum Kangchendzönga leiteten. Frau Farmer flehte sie an, im Yalungtal, im Kloster Detsenroba, nachzuforschen. Um der Armen Gewißheit zu verschaffen, arbeitete sich die Expedition mit Buschmessern durch das Urwalddickicht zu dem auf einem alten Moränenwall thronenden Gemäuer . . . Ein Ruine, seit 60 Jahren verlassen, mit den Gräbern der letzten Lamas von Yalung. Vielleicht hat auch Francis Farmer sein Nirwana erreicht, hoch unter den Steilwänden des Kangchendzönga . . .

Es war dunkel geworden. Im Dämmerlicht glühten die Reste des Feuers. „Ist Frau Farmer noch am Leben?" wollte jemand wissen, „und glaubt sie noch immer an die Rückkehr ihres Sohnes?" „Ja", antwortete das junge Mädchen leise, „in all den Jahren hat sie die Hoffnung nie aufgegeben." Dann fügte sie hinzu: „Wissen Sie, Francis Farmer war mein Onkel!"

*Herbert Tichy ist der Philosoph unter den Alpinisten. 1912 in Wien geboren, studiert er Geologie und reist bereits als 20-jähriger mit seinem Freund Max Reisch per Motorrad am Landweg nach Indien. 1935 schifft er sich samt einem bei den Puch-Werken in Graz gebauten 250 ccm-Motorrad nach Bombay ein, diesmal alleine. Er schätzt das Reisen alleine oder allenfalls in Gesellschaft Einheimischer. Erst nach monatelangen Fahrten am indischen Subkontinent, nach Afghanistan, Kaschmir und Burma, entschließt Tichy sich, als Pilger verkleidet, den verbotenen Weg über hohe Himalaya-Pässe nach Tibet zum Heiligen Berg Kailas zu wagen. Die Verkleidung ist nur möglich, weil Tichy durch seinen langen Indien-Aufenthalt das Alltagsleben in Asien völlig verinnerlicht hat, zweifelnden tibetischen Beamten erklären seine Gefährten, dass der mit seltsamem Akzent radebrechende Reisende geistig zurückgeblieben sei.*

*Während Tibet und Nepal zu dieser Zeit ihre Grenzen für Ausländer strikt geschlossen halten, sind die Pilgerreisen Zigtausender Hindus und Buddhisten zum Kailas und dem Heiligen See Manasarowar gestattet.*

*Mit dabei sind sein indischer Freund Kapur, Student der Rechtswissenschaften, und Kitar, damals der berühmteste unter den Sherpas aus Darjeeling, der bereits bei den britischen Everest-Expeditionen in den Zwanzigerjahren Höhen über 8000 Meter erreicht hat. Weltbekannt wird er als persönlicher Träger von Willy Merkl, der sich 1934 im Schneesturm am Nanga Parbat tagelang weigerte, seinen sterbenden Herrn zu verlassen.*

*Tichy reist nicht wie damals üblich als weißer Sahib mit einheimischen Bediensteten. Seine Gefährten sind ihm Partner und Freunde.*

*„Auf unserer Fahrt durch die Berge des Himalaya hat es keinen Herren und keinen Kuli gegeben. Wir wurden entweder Freunde, gute Freunde, oder wir blieben einander fremd und hatten einander nichts zu sagen – und Kitar war ein Freund." schreibt Tichy als 24-jähriger nach seiner Rückkehr.*

*Die große Bergerfahrung Kitars ist Voraussetzung für ein Wagnis, das diese Kleinstexpedition am Wege zum Kailas auf sich nimmt. Tichy und Kitar versuchen, den Gurla Mandata (7730 m) sozusagen im Vorbeigehen zu besteigen. Gelingt der Versuch, wäre es der damals höchste von Menschen errungene Gipfelsieg.*

*Wenige Monate nach Tichys Rückkehr verunglückt der treue Kitar bei einer britischen Expedition zum Nanda Devi.*

*Tichys großes Vorbild, der schwedische Asienreisende Sven Hedin, erklärt sich unter dem Eindruck der Berichte Tichys über seine Pilgerfahrt zum Kailas bereit, ein Vorwort für Tichys Buch „Zum Heiligsten Berg der Welt" zu schreiben.* *M. U.*

Der folgende Text wurde entnommen aus: Herbert Tichy, Zum Heiligsten Berg der Welt. L. W. Seidel & Sohn: Wien 1937, S. 123–140. Abdruck mit freundlicher Genehmigung der Nachlassverwaltung von Herbert Tichy.

*Herbert Tichy*

# *Ein Siebentausender im Vorübergehen*

Um die Mittagszeit des zweiten Tages erreichten wir Syonchun, den letzten Platz, wo man noch vor dem Paßübergang rasten konnte. Es war ein einsames Hochtal. Nach Nordosten sahen wir hinauf zur Höhe des Passes, und im Westen und Osten standen die gewaltigen Himalayaberge. Riesige Gewitterwolken stiegen drohend auf. Ein eisiger Sturm herrschte tagsüber. Während der Mittagszeit, als die Sonne am höchsten stand, war es im Windschutz der kleinen Steinmauern, die hier zur Bequemlichkeit der Reisenden errichtet sind, angenehm warm. Wir hatten uns von den tieferen Gegenden Holz und Yakmist mitgebracht und konnten davon ein kümmerliches Feuer unterhalten. Der Weg von diesem Platze bis zum Paß führte über steile Schneefelder. Die Sonne, die hier, auf einem Breitengrad, der etwa dem Kairos entspricht, tagsüber glühend herunterbrennt, hatte den Schnee völlig weich getaut. Wir versuchten mit unseren Lasten weiter aufzusteigen, sanken aber bei jedem Schritt bis zu den Hüften in den feuchten Schneebrei. So mußten wir also notgedrungen warten, bis der Schnee durch die Nachtkälte genügend durchgefroren war, um uns samt den schweren Lasten zu tragen. Schon am frühen Nachmittag wurde es bitter kalt. Unser Feuermaterial war zur Neige gegangen, und wir kauerten zitternd, eng aneinandergedrückt, hinter dem Steinwall. Wir wollten gerade unser Zelt aufstellen, um gegen die ärgste Kälte geschützt zu sein, als zwei Tibeter bei uns auftauchten. Sie hatten unten im Tal erfahren, daß wir darangingen, den Paß zu queren, und wollten sich uns anschließen, um so die Gefahren des Überganges mit uns zu teilen. Da diese Leute nach Taklakot wollten, wo ein tibetischer Regierungsbeamter lebte, mußten wir sehr auf der Hut sein, um ihnen ja nicht irgendwie aufzufallen. Daher wagten wir auch nicht, unser Zelt zu benützen. Bis zwei Uhr nachts mußten wir zitternd und bebend in der eisigen Kälte warten, dann erst war der Schnee hart genug gefroren. Wir verteilten die Lasten unter uns und begannen den Aufstieg. Es war eine bewölkte, dunkle Nacht, und nur manchmal erhellte diffuses Mondlicht die Schneefläche. Wir kamen nur langsam aufwärts. Zum erstenmal auf

*Tichy, als indischer Pilger verkleidet*

dieser Reise überschritten wir die 5000-Meter-Grenze. Die schweren Lasten machten sich bei uns und auch bei den Kulis unangenehm bemerkbar. Und oft warfen wir uns auf den hartgefrorenen Schnee, um uns so einige Minuten zu erholen. Gerade beim Morgengrauen erreichten wir die Paßhöhe; Wimpel und Tschorten zeigten an, daß wir einen bedeutsamen Punkt erreicht hatten. Tschorten sind Steinhaufen, auf denen sich Stoffrestchen, Geweihe von Schafen und besonders gefärbte Steine befinden. Dies sind Erinnerungszeichen für große Heilige. Jeder Reisende, der vorüberkommt, legt einige Steine auf diese Tschorten, und es ist besonders verdienstvoll, wenn es möglichst weiße Steine sind. Wir alle rissen uns kleine Stoffstückchen von den Kleidern und befestigten sie an den Steinen. Nach tibetischer Auffassung bedeutet jedes Flattern dieser kleinen Fähnchen ein Gebet, und je mehr Fähnchen man während einer Reise an den verschiedenen Tschorten befestigt, desto größer ist das Verdienst, das man sich für seine Ewigkeit erwirbt.

Langsam kämpfte sich die Sonne durch den dicken Nebel. Im Norden sahen wir den gewaltigen Gipfel des Gurla Mandata. Unsere tibetischen Begleiter warfen sich immer wieder betend zu Boden. Es war für sie ein großer Augenblick, als sie die Pässe ihrer Heimat überschritten. Langsam stiegen wir über steile Schneefelder nach Norden ab. Wir waren nun in Tibet. Die Landschaft war völlig verändert. Die harten, scharfen Bergformen und die heimatlichen Nadelwälder, die für die Südseite des Himalaya charakteristisch sind, waren verschwunden. Die Landschaft hier in Tibet schien tot und vegetationslos. Nachdem wir die Schneegrenze erreicht hatten, führte uns der Weg über riesige Schutthalden, aus denen die Berge ebenfalls kahl und ohne jeden Pflanzenwuchs zu schwindelnder Höhe emporragten. Erst um zwei Uhr mittags machten wir in der Nähe eines kleinen Wasserlaufes die erste große Rast. Wir waren zwölf Stunden unterwegs gewesen und alle rechtschaffen müde. Wir konnten aber diese Rast, obwohl wir uns danach sehnten, nicht zu lange ausdehnen, denn wir wollten noch am selben Abend Taklakot erreichen. Wie wir schon von verschiedenen Seiten gehört hatten, befand sich in diesem Ort ein tibetischer Regierungsbeamter, der von der Regierung in Lhasa eingesetzt wird. Jeder Pilger und jeder Reisende, der von Indien auf dieser Route nach Tibet kommt, muß sich bei diesem Fürsten oder Tschorten Sahib, wie er von den Tibetern genannt wird, vorstellen und die Erlaubnis zur Weiterreise einholen. Wir hatten schon verschiedene Pläne geschmiedet, wie wir dieser Gefahr entgehen könnten. Unser Dolmetsch hatte uns ursprünglich nahegelegt, knapp vor Taklakot zu nächtigen und im Dunkel der Nacht an der schlafenden Stadt vorbei weiter nach Norden ins verbotene Tibet zu ziehen. Dieser Plan war aber unausführbar geworden, da sich uns die beiden Tibeter aus Taklakot angeschlossen hatten. Versuchten wir nun, Taklakot zu meiden, so mußte das bei ihnen Verdacht hervorrufen, und sie hätten davon sicher in ihrem Heimatort erzählt. Es wäre dann nur eine Frage von Tagen gewesen, bis uns die tibetischen Behörden gefangengenommen hätten. Es ist unglaublich, aber gerade in diesen dünn besiedelten Gebieten spricht sich jedes Ereignis schnell herum, und es ist für einen Reisenden, der nicht völlig als Tibeter gekleidet ist, fast ausgeschlossen, unbemerkt seines Weges zu ziehen. Es gab also keine Wahl, wir mußten alle nach Taklakot. Wir teilten uns die Rast so ein, daß wir Taklakot erst in der Abenddämmerung erreichten. Je näher wir dem Ort kamen, desto weiter blieb ich hinter den anderen zurück, und wenn sich die beiden Tibeter nach mir umwandten, dann wankte ich bedenklich von einer Seite zur anderen und stöhnte ganz erbärmlich. Als wir zu einer Quelle kamen, tauchte ich den Turban in das kalte Wasser und wand ihn mir um meine anscheinend fieberheiße Stirn. Die Tibeter erklärten daraufhin, daß ich an der gefürchteten Bergkrankheit litte, was nicht weiter verwunderlich sei, da ich als Inder an eine derartige Höhe nicht gewöhnt sei. Sie erzählten, daß selbst sie, wenn sie nach langem Aufenthalt aus den niedrigen indischen Bergen in ihre Heimat zurückkehrten, oft von diesem Unwohlsein befallen wurden. Kaum hatten wir Taklakot erreicht, brachten mich meine Freunde ins Darasalam, wo ich mich jammernd auf dem harten Lehmboden wälzte. Einige schmutzige und mitleidige Tibetergesichter beugten sich über mich. Ich aber krümmte mich so zusammen, daß sie von meinem Gesicht nicht viel sahen. Und während sie beratschlagten, wie mir armen Kranken am besten zu helfen sei, traten der Dolmetsch und meine Freunde den Weg zum Fürsten an. Dieser lebt in einem kleinen Palast, der sich etwas außer- und oberhalb der Stadt auf einem kahlen Hügel befindet. Die Freunde kamen bald zurück und berichteten, daß der Fürst sehr freundlich und gnädig gewesen war. Er hatte sich erkundigt, ob der Übergang über den Paß durch die großen Schneemassen noch sehr schwierig sei, und sich gefreut, so früh im Jahr schon indische Pilger begrüßen zu können. Er erteilte ihnen die Erlaubnis zur Weiterreise und vor allem verzichtete er darauf, auch den kranken Pilger zu sehen. Der Weg zum Heiligen Berg lag offen vor mir.

Während der Dolmetsch und Kapur sich angeregt mit verschiedenen Tibetern unterhielten, mußte ich im Inneren des Darasalam bleiben, wo es dunkel und rauchig war, um ja jede Möglichkeit des Entdecktwerdens zu vermeiden. Hier in den Grenzgebieten war es für mich schwer, als Inder zu reisen, denn alle hier ansässigen Tibeter hatten bereits Inder gesehen und sprachen Hindustani. Sie hätten also leicht herausfinden können, daß ich kein Inder sei. Später, mehr im Innern des Landes, war es für mich einfacher, als Inder zu gelten. In den weiter nördlich gelegenen Gebieten ist Tibetisch die einzige Umgangssprache.

Inder kommen so selten durch diese einsamen Gebiete, daß ich nicht fürchten mußte, daß mir mein Aussehen und meine mangelhaften Kenntnisse des Hindustani verhängnisvoll werden konnten.

Die zwei tibetischen Kulis, die einen Teil unseres Gepäcks über den Paß gebracht hatten, blieben in Taklakot zurück. Wollten wir nicht das sehr schwere Gepäck zwischen uns aufteilen, so mußten wir uns nach anderen Tragkräften umsehen. Kapur wurde bald mit einem Pferdebesitzer handelseins, der sich bereit erklärte, uns mit zwei Pferden während unserer Reise zu begleiten. Als tägliches Entgelt für die Pferde und für sich forderte er einen Betrag von drei Rupien. Am nächsten Morgen verließen wir den Ort knapp nach Sonnenaufgang. Es war noch so kalt, daß erst wenige Bewohner ihre Häuser verlassen hatten, und so konnten wir ohne Zwischenfall die Reise fortsetzen. Wohl keiner von uns hätte gedacht, daß es uns so leicht glücken würde, dieses schwierige Hindernis auf dem Wege zum Heiligen Berg zu überbrücken. Über sanft geneigte Hochflächen und über niedrige Hügel zogen wir nordwärts. Soweit unser Blick reichte, sahen wir weder einen Baum noch auch nur das Grün einer kärglichen Wiese. Vor uns lag die kahle Ebene, im Hintergrund die wunderbaren Gletscher des Himalaya, über die sich schwere Monsunwolken schoben. Über all dem breitete sich ein Himmel von ganz unwahrscheinlichem Azurblau. Wir hatten das Land der Götter erreicht.

Viele Monate waren vergangen, seit ich das Bild des Gurla Mandata in einem Buche Sven Hedins vor mir gesehen hatte. Damals war in mir der Plan entstanden, diesen Himalayariesen anzugreifen. Mit seinen 7730 Metern würde er zu den höchsten Gipfeln zählen, die jemals bestiegen wurden. Ich habe es nicht gewagt, zu meinen besten Freunden von diesem Plan zu sprechen, zu weit und unmöglich schien der Weg von der Wiener Universität in die Bergwildnis Tibets. Aber nun waren auch diese vielen Monate vorbeigegangen, sie waren manchmal schwer und voll ohnmächtiger Sehnsucht gewesen. Und nun sollte dieser große Wunsch, der mein Leben so lange brennend erfüllt hatte, Wahrheit werden.

In einem tief eingeschnittenen Tal schlugen wir in der Nähe der Ortschaft Rungong die Zelte auf. Östlich von uns sahen wir die Schneegipfel des Gurla Mandata. Sie leuchteten im abendlichen Schein der Sonne rot und lockend. Ich ging auf einen nahe gelegenen Hügel, um mich zu orientieren. Schon vor dreißig Jahren hat der Engländer Dr. Longstaff den Berg angegriffen, mit zwei Schweizer Bergführern kämpfte er sich bis ungefähr 300 Meter unter den Gipfel heran, dort zwang ihn die Müdigkeit zur Umkehr. Seine Leistung grenzt ans Wunderbare. Er hat eine genaue Route seines Weges und einige Photographien veröffentlicht, nach denen ich mir den Weg festlegen konnte.

Der Gipfel schien sehr nahe, der Weg zu ihm leicht und mühelos. Unser Lager in Rungong befand sich nur 4700 Meter hoch, so trennten uns vom Gipfel immerhin noch 3000 Höhenmeter. Der Gipfel erschien nur deshalb so niedrig, weil er sich in einer großen horizontalen Entfernung von meinem Standort befand. Ich kehrte glücklich und voll Zuversicht ins Lager zurück: morgen würden wir den Weg beginnen, und in wenigen Tagen würde der Berg unser sein.

Ich muß hier meinen Plan ein wenig erklären und vom Himalayabergsteigen im allgemeinen sprechen. Es scheint ein wenig lächerlich, wenn ein Kuli aus Nepal, der allerdings sehr viel Erfahrung im Himalaya, und ein Sahib aus Europa, der dort gar keine hat, ausziehen, um einen Siebentausender zu erobern. Aber dieser Angriff sollte das Ergebnis monatelanger Gedankenarbeit sein. Meine Ausrüstung war kümmerlich, doch war sie genau durchdacht, sie mußte genügen. Wir waren nur zwei, wir mußten Schlafsäcke, Zelte, Proviant, Kocher, Steigeisen und all die vielen anderen Dinge zwischen uns aufteilen. Wenn aber auch die Rucksäcke schwer waren, wir waren ein hartes Leben gewohnt, wir konnten wohl durchhalten. Zwei Dinge waren es vor allem, die unseren Versuch nicht von vornherein als Wahnsinn erscheinen ließen: Der Gurla Mandata ist, nach alpinen Schwierigkeiten gemessen, ein leichter Berg; dann lag die Schneegrenze hier im trockenen Tibet auf 6000 Metern und höher, wir hatten also nur 1700 Meter über Schnee zu bewältigen.

Bergsteigerische Vorbereitungen in Indien zu treffen, ist nicht so leicht; man kann Rucksäcke und ähnliche Dinge dort nicht einfach kaufen, sondern muß sie aus Europa kommen lassen, oder, wenn man wenig Geld hat, wie es bei mir der Fall war, selbst schneidern. Ich versuchte dies, aber trotz dreimaligem Versuche wollte kein richtiger Rucksack daraus werden, das Resultat glich, angefüllt, einer riesigen Wursthaut, die sich zum Tragen am Rücken sicher schlecht eignet. Schließlich lieh mir ein deutscher Freund in Delhi einen richtigen Rucksack. Auch Eispickel gibt es in Indien kaum zu kaufen.

Aber nicht nur die Vorbereitung für eine Bergfahrt, sondern auch diese selbst ist im Himalaya völlig verschieden von einer in den Alpen. Hier sind technisches Können, Einsatzbereitschaft und klare Überlegung Voraussetzungen für einen Erfolg. Damit ist es im Himalaya aber noch nicht getan, man braucht außerdem noch Geld, und viel Geld. Man muß für Wochen Proviant mit sich führen, man muß die Flanken des Berges mit Zelten bewohnbar machen, um den nachkommenden Kulis Unterkunft zu bieten. Dazu braucht man Kulis, diese brauchen wieder mehr Nahrung, dafür werden wieder Kulis benötigt. So wächst das Ausmaß einer Expedition lawinenartig an und erreicht oft bis zu fünfhundert Kulis.

Nach den bisherigen Erfahrungen kann man zwei Techniken des Himalayabergsteigens unterscheiden. Die Belagerungstechnik wurde beim Nanga Parbat, beim Kantsch und beim Mount Everest angewandt. Die Expedition ist auf eine breite Basis gestellt, acht bis zehn Europäer und vielleicht dreißig Kulis treten den eigentlichen Angriff an. Sie schieben die Lager langsam höher, versehen sie mit Proviant und Brennmaterial, die Teilnehmer gewöhnen sich langsam an die Höhe, bis schließlich eine Partie bei guten Verhältnissen vom höchsten Lager zum Gipfel vorstößt. Die Vorteile dieser Technik sind klar, man kann mit dem Angriff auf den Gipfel immerhin einige Zeit zuwarten, die größere Anzahl von Europäern erlaubt es, im entsprechenden Augenblick jene Leute vorzuschicken, die sich in bester körperlicher Form befinden. Die Nachteile sind ebenso klar: diese Technik ist mit enormen Kosten verbunden. Auch ist eine derartige Expedition sehr schwer beweglich, und oft schon hat der früh hereinbrechende Monsun all die langwierigen Vorbereitungen unter seinem tiefen Neuschnee begraben.

Die zweite Art wird von den Engländern die Rush-Technik genannt. „Rush" läßt sich am besten mit „Überrumpeln", „Überlaufen" verdeutschen. Man verpflanzt hiebei alpine Technik in den Himalaya, mit einem Minimum an Trägern und Ausrüstung versucht man, den Berg in möglichst kurzer Zeit zu „überlaufen". Man hat keine Zeit und keinen Proviant, sich sorgfältig zu akklimatisieren, man muß den Gipfel in wenigen Tagen erreichen oder wieder ins Tal zurückkehren. Der bekannteste Vertreter dieser Technik ist der Engländer Dr. Longstaff, der auf diese Art den Trisul erstieg und am Gurla Mandata nur knapp unterlag. Ihr extremster Vertreter ist der Mount-Everest-Mann Eric Shipton. Sicherlich hat diese Technik die Zukunft für sich. Auf den allerhöchsten Weltbergen läßt sich der „Rush" allerdings nicht durchführen, aber eine Kombination beider Techniken dürfte die ideale Lösung bringen. Smythe, der Ersteiger des Kamet (7788 Meter), hat den Unterschied zwischen alpinen Leistungen im Himalaya und in europäischen Gebirgen am treffendsten gekennzeichnet: die Alpen verzeihen vielleicht einen Fehler in der Vorbereitung und Durchführung einer Bergfahrt, der Himalaya niemals.

Als mir alle diese Dinge durch den Kopf gingen und ich immer wieder zu dem ersehnten Gipfel hinaufstarrte, da fragte ich mich auch, welche Kraft es denn eigentlich sei, die mich so weit getrieben hatte und die mich nun weitertreiben würde. Ich wußte: vielleicht würden weder Kitar noch ich vom Berg zurückkehren. Kitar hatte Frau und Kind in Darjeeling, ich einen Vater in der Heimat, aber trotzdem brannten wir beide darauf, diesen Kampf zu kämpfen, mochte er noch so nahe an die Grenze des Seins führen.

Ich sitze im Windschutz eines großen Steinblocks und blicke noch immer zu dem sich dunkler färbenden Gipfel. Wie seltsam ist das Leben! Hier will ich um die Erfüllung eines tiefen Wunsches kämpfen. Ich will einen geographisch durchaus unwichtigen Punkt erreichen und ich bin bereit, dafür mein Leben aufs Spiel zu setzen. Aber nicht ich allein bin jetzt im Himalaya, östlich von hier stürmen die Engländer wieder einmal gegen den Gipfel der Welt, im Westen, im Karakorum, belagert eine französische Expedition den „Hidden Peak". Vermögen werden geopfert und Leben aufs Spiel gesetzt für Ziele, die der Menschheit weder ein bißchen mehr Glück schenken werden noch mehr Wissen. Sollte man also diese Unternehmen verurteilen? Nein, bestimmt nicht; wir, die wir hinausziehen dürfen, wir sollten Gott danken, daß wir gewillt sind, um Dinge zu kämpfen, die weder uns noch anderen sichtbaren Gewinn bringen werden, bringen sie uns doch Glück. Ein Größerer hat in Worte gekleidet, was ich nur undeutlich fühle. Henry Hoek sagt über den Wert des Kampfes in den Bergen und über die Jugend, die auszieht, um ihn zu suchen: „Völker wurden groß und stark, weil ihre Jugend Freude an Gefahr und Abenteuer hatte, und Völker mußten vom Schauplatz der Geschichte abtreten, weil ihre Jugend die Freude daran verloren hatte."

Ich kehre wieder ins Lager zurück. Ein ganz großer Festabend steht uns bevor, oder zumindest Kitar und mir. In wochenlangem Marsch haben wir einige Konservenbüchsen hergeschleppt; sie waren für den Bergangriff bestimmt. Jetzt aber zeigt es sich, daß unsere Rucksäcke zu schwer sein werden, wir sind nicht imstande, alle Konserven mit uns zu tragen. Wir wollen sie aber auch nicht weiter nach Tibet mitführen, da sie die Gefahr des Entdecktwerdens nur vergrößern. Wir wollen hier noch rasch ein Festmahl veranstalten. Kapur und der kleine Randschid besitzen weder Ausrüstung noch die Erfahrung, die es ihnen erlauben würden, den Gurla Mandata anzugreifen, sie werden in den nächsten Tagen im Lager bleiben. Es scheint mir ganz selbstverständlich, daß nur Kitar und ich, denen ja große Strapazen bevorstehen, Wiener Würstchen und Ananaskompott essen. Kitar ist aber solchen überlegenen, spekulativen Gedankengängen eines sachlichen Europäers nicht gewachsen: „Wir sind vier und wir alle werden essen", meint er bestimmt, als ich ihm die Hälfte der Dose reiche. Und ich schäme mich wieder einmal. Übrigens war es gut, daß wir in vier Teile geteilt haben, nicht nur aus höheren, altruistischen, sondern auch aus ganz gemeinen, aus egoistischen Gründen. Unsere durch Wochen an asiatische Kost gewohnten Mägen waren dem gemeinsamen Ansturm von Wiener Würstchen und Ananassalat nicht gewachsen, und unser Schlaf wurde unruhig.

Wolkenlos kam der nächste Morgen über die Berge, es war der 16. Mai. Wir ließen uns Zeit. Die Sonne brannte warm auf uns herunter. Ich strich ranzige

*Tichys kleines Zelt am Aufstiegsgrat zum Gurla Mandata*

Butter über die Bergschuhe und über das Gesicht. Randschid kocht zum Abschied eine Riesenmenge Roti, auch einige Kartoffeln gab es noch. Langsam füllten wir unsere Rucksäcke, sie wurden doch noch größer und schwerer, als ich gefürchtet hatte. Der Kitars wog 40 Kilogramm, meiner nicht ganz 25 Kilogramm. Wir konnten sie mit einer der hier häufigen Federwaagen, die für den Tauschhandel unerläßlich sind, abwiegen. Sie waren so schwer, daß wir sie nicht stehend umnehmen konnten, sondern uns dazu auf den Boden setzen mußten und uns dann gegenseitig auf die Beine halfen. Wir wollten uns nicht gleich am ersten Tag zu sehr verausgaben, so erhielt Randschid einen Teil des schweren Gepäcks aufgeladen. Er sollte uns bis zum ersten Lager begleiten. Die Pickel, die wir bisher fast ständig im Zeltsack verborgen gehalten hatten, kamen endlich in Verwendung. Langsam schritten wir den Hängen des Berges zu. Kapur begleitete uns ein Stück, dann blieb auch er zurück. Über riesige, steile Schutthalden kamen wir langsam näher an den Berg heran, keines Menschen Fuß hatte wahrscheinlich bisher die Hänge betreten. Jeder unserer Schritte sandte Steinlawinen in die Tiefe, und wir mußten sehr achtsam sein, um ihnen nicht zu folgen. Zu Mittag hatten wir diese unangenehme Zone gequert, und über festere Schutthänge ging es nun aufwärts. Langsam gewannen wir an Höhe. Der Ausblick wurde von Meter zu Meter herrlicher, im Süden lag die gewaltige Himalayakette, ein Gipfel neben dem andern, Kamet, Api, Nampa und wie sie alle heißen, unübersehbar in ihrer Ausdehnung. Und unerfaßbar in ihrer Größe und Gewaltigkeit. Ein weitgereister und ziemlich kühler Engländer hatte mir erzählt, der Anblick des Himalaya von Norden sei einer, der das Leben wertvoll mache und zum Gebet erhebe. Und wirklich, die Pracht dieser Berge war ein tiefes und schönes Gebet, das auch jetzt in Europa noch manchmal in mir nachklingt und lockt.

Um fünf Uhr nachmittags mußten wir Randschid zurückschicken, unser Zelt hatte kaum Raum für zwei, also mußte er noch vor Einbruch der Finsternis das „Hauptlager" erreichen. Zum Abschied warf sich Randschid vor uns zu Boden, was er sonst nie getan hatte. Vielleicht hielt er uns für Wahnsinnige oder für besonders Glückliche, da wir in größere Nähe der Götter gelangen sollten. Rasch war er über die steilen Halden verschwunden. Mit den nun noch schwerer gewordenen Rucksäcken stiegen wir einige hundert Meter höher, dann schlugen wir das Lager auf, das erste am Gurla Mandata.

Wir hatten noch nicht die Schneeregion erreicht; aus Steinen bauten wir einen Windschutz um das Zelt. Die Nacht im engen Zelt war angenehm warm. Ich litt seltsamerweise an nichtssagenden Träumen, die wohl auf die Höhe zurückzuführen waren, die aber in den höheren Lagern dann wieder verschwanden: eine Tatsache, auf die auch der Kametbesteiger Smythe hinweist.

*Kitar Sherpa, im Hintergrund der Gurla Mandata*

Am Morgen verbrachten wir lange Zeit damit, Tee zu kochen. Der Petroleumkocher, den ich vorher nicht auf solchen Höhen hatte ausprobieren können, arbeitete unregelmäßig, manchmal explodierte er ein wenig, dann wieder brannte er nur mit winziger Flamme. Jedenfalls brauchten wir fast zwei Stunden, um eine Schale halblauen Wassers, Tee konnte man es kaum nennen, zu bereiten.

Dann ging es weiter aufwärts, bald erreichten wir die Schneegrenze. Der Schnee war windverblasen, und wir sanken nicht tief ein. Die Monsunwolken, die schon am frühen Morgen über dem Himalaya drohten, kamen näher und hüllten uns in dichten Nebel. Sturm kam auf, und die Luft war mit Elektrizität geladen. Von den Pickeln und von den Metallteilen der Rucksäcke surrten kleine Flammen in die Luft. So waren wir gezwungen, schon zu Mittag das Zelt aufzuschlagen, wir konnten es tief im Schnee vergraben. Hier machte sich die Kleinheit des Zeltes zum erstenmal unangenehm bemerkbar, es war so niedrig, daß wir wie Schlangen hineinkriechen mußten. Einer mit dem Kopf zuerst, der andere mit den Beinen, um so den vorhandenen spärlichen Raum richtig auszunützen. Auch die Schuhe mußten wir außerhalb des Zeltes ausziehen. Hier im Schnee waren diese Notwendigkeiten unangenehm; wenn ein wenig Schnee ins Zelt kam, spielte das allerdings keine Rolle, denn er taute ja nicht auf, da die Temperatur unter Null blieb. Während der Nacht schlug sich unser Atem an der Innenseite der eiskalten Zeltleinwand als Reif an, und jeder Windstoß schüttelte einen kleinen Schneefall auf uns herunter. Am Morgen waren wir weiß überzuckert.

Trotzdem war uns in allen Nächten am Gurla Mandata angenehm warm. Wir hatten gemeinsam eine Luftmatratze, die uns gegen die ärgste Bodenkälte schützte. Jeder von uns stak in zwei Daunenschlafsäcken mit wasserdichtem Überzug. Ich hatte außerdem – von außen nach innen aufgezählt – noch an: eine Windbluse, zwei Pullover, zwei Hemden, zwei Leibchen. Kitar trug ungefähr dasselbe. Wie wir beide samt unseren Rucksäcken in dem winzigen Zelt Platz fanden, ist mir heute nicht mehr ganz erklärlich.

Nach stürmischer Nacht begann der dritte Morgen wieder fast wolkenlos. Nur im Süden schwebten einige Wölkchen, die rasch wuchsen. Die hügelige Ebene, aus der wir vor drei Tagen aufgestiegen waren, lag unsichtbar unter einer dicken Nebelschicht, über die sich einige höhere Kämme wie Inseln emporhoben. Sie alle überragend schwebte über diesem Nebelmeer der Kailas. Am Tag vorher hatten uns Wolken die Sicht versperrt, jetzt sahen wir zum erstenmal den Heiligen Berg. Er sah nicht gewaltig aus, er schien fast, als sei sein Gipfel unter uns, aber ich glaube trotzdem, daß man diesen Berg kaum schöner sehen kann als vom Gurla Mandata; ein leuchtend weißes, sich bewegendes, aufbäumendes und wieder zerfließendes Nebelmeer lag unter uns, darüber wölbte sich ein azurblauer Himmel und zwischen beiden schwebte die weiße Pyramide des großen Berges.

Es hatte während der Nacht viel Neuschnee gegeben, der Grat war hier auch schon etwas schwierig, wir mußten die Steigeisen benützen und sanken fast bis zu den Knien in den tiefen Schnee. Aber wir waren noch guten Mutes; wenn auch langsam, kamen wir doch höher. Kitar sagte stolz: „Ök Sahib, ök Kuli, ök peak! – Ein Herr, ein Kuli, ein Gipfel!" Er fühlte sich sichtlich wohl, wie ein Büffel verbiß er sich gegen das Gewicht seines ungeheuerlich schweren Rucksackes, die Adern auf seiner Stirn traten weit heraus und sein schwarzes Gesicht hatte einen Stich ins Blaue; aber unentwegt stapfte er mit mir aufwärts.

Ich selbst befand mich am dritten Tag körperlich noch ziemlich wohl, aber während der nächsten beiden Tage verschlechterte sich mein Zustand rasch. Der schwere Rucksack, das Waten im tiefen Schnee und das schlechte Wetter machten uns sehr zu schaffen.

Wieder ist es Mittag geworden, wieder umgeben uns Nebelfetzen, wieder können wir uns nur notdürftig gegen die Gewalt des Sturmes wehren und müssen schließlich das Zelt aufstellen. Der Grat ist eng und steil geworden, das Zelt klebt nahe dem Abgrund. Ich habe keinen Hunger, nur grenzenlosen Durst. Aber wir können mit dem schlechten Kocher den eiskalten Pulverschnee kaum so weit tauen, um daraus die Feuchtigkeit saugen zu können. Kitar öffnet eine Konserve, jedoch schon der Geruch des Fleisches erzeugt mir fast Übelkeit. Ich liege still auf dem Rücken und hole tief und voll Atem. Wenn ich es manchmal vergesse, dann habe ich kleine Atembeschwerden und muß wieder beginnen, tief und regelmäßig Luft einzuziehen; auch Kitar atmet schwer.

Der nächste Morgen schenkt uns einige wenige Augenblicke schöner Fernsicht, wir sehen den Grat, der zum Gipfel führt. Den Gipfel selbst sehen wir nicht. Das Verpacken des Zeltes kostet wertvolle Zeit, noch mehr das Zuschnüren der hartgefrorenen Schuhe, nur mühsam krümme ich mich mit meiner dicken Kleidung so weit zusammen, daß ich die Schuhe erreichen kann. Durch die eine Öse kann ich das Band ziehen, dann muß ich mich wie ein Ertrinkender auf den Rücken legen und nehme die dünne Luft tief in mich auf.

Es ist kein schöner, fröhlicher Kampf, den wir hier kämpfen, sondern ein harter, verbissener. Seit Tagen ist es schön gewesen, warum muß es gerade jetzt an jedem Tag schneien und uns den Weg nach aufwärts erschweren? Aber gleichgültig, noch können wir steigen. So vergeht der vierte Tag. Einen Teil unseres Proviants lassen wir zurück, um so ein Depot für den Rückzug zu haben und auch um unsere Rucksäcke zu erleichtern.

7100 Meter zeigt das Aneroid, als wir wieder zu Mittag das Zelt aufstellen müssen. Noch 600 Meter bis zum Gipfel, wie sollen wir das schaffen? Nur mühsam haben wir uns so weit heraufgeschleppt, es hat uns geschwindelt und tief mußten wir unsere Pickel in den Schnee stoßen, um eine Stütze zu finden, wenn uns die Kräfte verließen. Nun liegen wir wieder im kleinen Zelt. Wir mußten es seitlich auf einem nicht ganz lawinensicheren Hang aufstellen, vom Grat hätte uns der Sturm weggeblasen. Hier sind wir gegen den Sturm geschützt, aber wir haben die Lawinen zu fürchten. Wir essen nichts, wir machen erst keinen Versuch, den Kocher anzuzünden, wir kauen Pulverschnee, um ein wenig Feuchtigkeit im Mund zu fühlen. Wir liegen ganz enge aneinandergepreßt in dem kleinen Zelt, Kitar, der Asiate, und ich, der Europäer. Wir sind beide allein mit unseren Gedanken, wahrscheinlich fühlt aber auch er, so wie ich, undeutlich und groß die Nähe des Todes und die Schönheit des Lebens. Der Sturm peitscht die Leinwand unseres Zeltes, daß ich oft fürchte, sie vermöchte dieser Gewalt nicht standzuhalten. Vergebens suche ich meine Gedanken in Bahnen zu lenken, an Menschen zu denken, die mir nahestanden oder -stehen. Aber ich kann meine Gedanken nicht zwingen. Ich fühle die Nähe Kitars und bin froh, in dieser Nacht nicht allein zu sein.

Wir sprechen nichts in dieser Nacht, was wäre zu sagen gewesen? Nur einmal, als der Sturm das Zelt umzustürzen droht, da sagt Kitar: „Die Götter." Er sagt es ruhig, ohne Schrecken und ohne Hoffnung, wie man etwas Unabwendbares ausspricht.

Aber auch diese Nacht geht vorbei, wir haben sogar geschlafen, vielleicht haben wir den größten Teil der Nacht verschlafen und es waren nur irre Träume, die sie mir so lang und schrecklich erscheinen ließen.

Der fünfte Tag bricht an. Der Sturm der Nacht hat nachgelassen. Der Grat ist weit überwächtet, Nebel steht in der Luft, langsam fallen Schneeflocken nieder. Wir verpacken das Zelt und sehen uns einen Augenblick fragend an, dann nicken wir beide, wir wollen weiter. Das Seil wird wieder umgenommen, die Steigeisen angeschnallt. Oben auf dem Grat packt uns der Sturm. Sechs Atemzüge brauche ich für einen Schritt, oder zwölf. Ich weiß diese Zahlen, weil ich im Takt des keuchenden Atems vor mich hinmurmle: „Du – mußt – hin – auf – du – Hund." Mit dem Hund bin ich selbst gemeint. Aber trotz diesem Zureden will es nicht gehen. Wir müssen einen erbärmlichen Anblick bieten, wie wir uns mühsam und wankend aufwärts quälen. Für mich ist es leicht, mein Letztes zu geben, ich kämpfe für etwas, um das kämpfen zu können ich so lange gewünscht habe. Aber Kitar? Wie wunderbar ist seine Leistung! Vertraut er mir so oder folgt er mir nur stumpf, gleichgültig, wohin ihn der Weg auch führen soll? Einmal faßt ein gewaltiger Windstoß Kitars riesigen Rucksack, er stürzt über die steile Firnwand. Ich habe gesichert und kann ihn halten. Mühsam keucht sein Atem, als er wieder neben mir steht, sein Gesicht ist bleich von der unmenschlichen Anstrengung und dem Todesschreck. Er steht hier auf einem sturmumbrausten Grat, Tausende von Metern über den Tälern der Lebenden. Er ist in die Welt seiner Götter mit einem Ungläubigen eingedrungen. Er sieht mich an und verzerrt sein Gesicht zu einem grinsenden Lächeln, das mich beruhigen soll. Wie tapfer war deine Seele, Kitar!

Einen Augenblick reißt der Nebel auf. Wir sehen den Gipfel vor uns, nahe schon, aber für uns unerreichbar. Der Grat trifft den Gipfel an einer Stelle, die wir in unserem Zustand nicht meistern können. Steile Felsplatten, von Neuschnee überdeckt. Im Norden sehen wir einen anderen Grat, er scheint ohne Schwierigkeiten zum Gipfel zu führen. Wir können ihn von hier nicht erreichen, eine steile Eisflanke trennt uns von dem dazwischenliegenden Gletscher. Aber ich sehe einen neuen möglichen Weg für einen zweiten Angriff, und so wird es gar nicht so schwer, den Entschluß zur Umkehr zu fassen.

Wir kehren um! Die Strecke, die wir uns in vier schweren Tagen heraufgekämpft haben, legen wir in einem ins Tal zurück. Wir hatten eine Höhe von 7200 Metern erreicht. Die Spuren unseres Aufstieges sind verweht, wir erkennen kaum mehr die Plätze, wo das Zelt stand. Am späten Nachmittag erreichen wir die Schneegrenze, die nun einige hundert Meter tiefer liegt als bei unserem Aufstieg. Nun bin ich mit meinen Kräften völlig fertig. Ich werfe mich irgendwo zwischen zwei Blöcke und sage Kitar, er möge ins Lager gehen und mir jemanden entgegenschicken. Wortlos stapft Kitar zu Tal, er hat oben nicht viel Worte gemacht, als der Tod ihm nahe war, er macht auch jetzt keine Worte, da er dem Leben wiedergegeben ist.

Ich liege still, in mir ist alles leer, ich habe nicht einmal die Kraft, um traurig zu sein oder zu schlafen. Dann wanke auch ich den endlosen Schutthang hinunter.

Die Leute im „Hauptlager" hatten inzwischen gewartet, drei Tage waren vergangen, vier, der fünfte ging zu Ende. Sie saßen und starrten gegen den Berg. Da kam eine Gestalt aus dem Nebel, der den Berg umgab, langsam tiefer. Sie blickten starr auf die Stelle, wo diese Gestalt den Nebel verlassen hatte, aber keine zweite zeigte sich. Da glaubten sie, daß einer von uns auf dem Berg geblieben sei. Und Randschid, der kleine Küchenjunge, der weder von mir noch von Kitar besonders liebevoll behandelt worden war, brach in Tränen aus. Er hatte noch rotgeweinte Augen, als ich ins Lager kam.

Bevor ich die Zelte erreichte, kam mir der Dolmetsch mit einer Flasche heißen Tees entgegen. Gerade bei Dämmerung kam ich ins Lager. Ich erzählte Kapur von dem neugesichteten Grat und daß wir nach einigen Rasttagen versuchen

*Tichy und Kitar nach ihrer Umkehr auf dem Gurla Mandata*

*Saddhu (Heiliger Mann) am Wegesrand*

würden, diesen Weg zum Gipfel zu verfolgen. Aber nun empfing ich von Kapur eine Hiobsbotschaft. Die Leut von Rungong hatten uns mit den Pickeln auf den Berg steigen sehen; sofort war ihr Mißtrauen erwacht, und sie waren überzeugt, daß wir oben nach Gold und Silber suchen würden. Sie wollten Boten zum Fürsten nach Taklakot senden oder uns gefangennehmen. Nur mühsam konnten wir sie später von unserer Unschuld überzeugen und ihnen glaubhaft machen, daß wir wirklich nur auf den Berg gestiegen seien, um den Göttern nahe zu sein.

Aber einen zweiten Besteigungsversuch zu unternehmen war unmöglich geworden und hätte böse Folgen für uns gehabt. Ich wankte ins Zelt, ich hatte keinen Hunger, alles erschien mir plötzlich leer und zwecklos.

Am nächsten Morgen trieb mich der Hunger als ersten aus dem Zelt. Es war noch nicht Tag geworden, die umgebenden Hügel lagen im Dunkel der Nacht, aus dem sich der Gurla Mandata in seinem weißen Neuschneekleid wie eine

*Tibetische Pilger*

siegreich lodernde Fackel emporhob. Und in diesem Augenblick schwand all der Zorn, den ich in mir aufgespeichert hatte. Eines Tages wird ein anderer kommen, er wird verstehen, besser und erfolgreicher zu kämpfen, und er wird den Gipfel erreichen. Ich aber kann ihm nur wünschen, daß er sich nach seinem Sieg so glücklich und frei fühlt wie ich nach meiner Niederlage.

Der Traum vom Gurla Mandata, der mein Leben so lange erfüllt hatte, war ausgeträumt. Wir wurden wieder zu ehrenwerten Pilgern und zogen nordwärts.

*Karawanentreiber am heiligen Manasarowar-See*

*Herbert Tichy ist erst 23 Jahre alt, als er bereits zum zweiten Mal nach Indien aufbricht. Zu seiner Reiselust, einer großen Neugier nach fremden Kulturen und seiner Sehnsucht nach den Bergen des Himalaya kommt zuweilen auch ein Gefühl der Einsamkeit, das er nicht verschweigt.*

*Der „Brief an Dich" aus Tichys erstem Buch „Zum Heiligsten Berg der Welt" schildert seine Gefühle, aber auch seine Abnabelung von den gesellschaftlichen Kreisen, aus denen der junge Wiener Student der Geologie stammt.*

*Später, im China der Vierzigerjahre, ist Tichy vorübergehend mit einer Französin verheiratet. Die meiste Zeit seines Lebens ist Tichy jedoch allein, immer offen für neue Erfahrungen und neugierig auf die Menschen, denen er begegnet. M. U.*

Der folgende Text wurde entnommen aus: Herbert Tichy, Zum Heiligsten Berg der Welt. L.W. Seidel & Sohn: Wien 1937, S. 120–122. Abdruck mit freundlicher Genehmigung der Nachlassverwaltung von Herbert Tichy.

*Herbert Tichy*

# *Brief an Dich*

Vielleicht denkst Du jetzt gerade an mich. Weißt Du noch, es ist jetzt gerade ein Jahr her, seit wir uns kennenlernten. Wir fuhren damals hinaus in den lachenden Frühling. Du saßest im blühenden Gras, Dein frecher, lieber Mund lachte und sprach nette Worte, und Frühling und Leben war um uns.

Vielleicht denkst Du heute an mich, vielleicht sitzt Du wieder irgendwo in einer blühenden Wiese und blickst, die Hände verschränkt, in die Weite. Ein wenig Sehnsucht nach der Ferne hast Du ja immer gefühlt, und jetzt beneidest Du mich um meine erfüllte Sehnsucht, um meine einsamen Zeltnächte im Himalaya. Ja, Du möchtest sogar Deiner gesellschaftlichen Stellung ein wenig entfliehen und hier bei mir sein.

Träume nicht zu viel, kleines Mädchen. Einsame Zeltnächte sind nicht immer schön. Es regnet, einförmig und grau, nun schon den dritten Tag. Das Zelt, keines von den besten, läßt das Wasser freundlich durch. Ich liege in einem feuchten Schlafsack und denke an Dich.

Nein, Du solltest nicht hier sein, seit Wochen habe ich mich nicht rasiert, seit Tagen kaum gewaschen. Im Zelt riecht es nach feuchter Wäsche, und Du würdest mich gar nicht unterhaltsam finden, man lernt es hier, lange zu schweigen und zu denken, aber man verlernt es, schöne Worte zu machen.

Vielleicht hast Du die einsame, nachdenkliche Wiese, in die ich Dich hineingedacht habe, inzwischen mit einer mondänen Gesellschaft vertauscht, Du schenkst Dein liebes Lächeln all denen, die Dich so gut unterhalten. Im Innersten fühlst Du Dich nicht ganz ausgefüllt und etwas einsam, aber es bleibt Dir ja kaum Zeit, darüber lange nachzudenken. Am Abend kommst Du müd nach Haus und morgen ist Dein Tag von den Pflichten und Freuden einer schönen Frau erfüllt, und Du sollst auch nicht zu viel denken, es wäre im Anfang schmerzlich.

Und nun hat der Regen doch geendet, das einförmige, bedrückende Grau, das mich seit Tagen umgeben hat, ist gewichen, die kargen Hochflächen des Himalaya werden sichtbar und die Schneeberge, auf denen die Götter der Asiaten hausen. Eine fahle, untergehende Sonne taucht alles in ein unwahrscheinliches, geisterhaftes Licht.

Wenn Du dieses Bild sehen könntest, würde vielleicht Dein lieber Mund, der so lustig plaudern und so versprechend lächeln kann, gläubig und staunend verschlossen sein, und Du würdest Deine Hände falten wie zum Gebet.

Aber trotzdem, Du solltest nicht hier sein, Du würdest den Weg in Deine Welt zurück nur schwer finden. In Deine Welt, die durch Konventionen und Oberflächlichkeiten so leicht gemacht worden ist und so abwechslungsreich.

Ich will auch diesen Brief an Dich nicht absenden, er würde Dich nachdenklich und unzufrieden stimmen. Wenn ich wieder in die heiße Ebene zurückgekommen sein werde, dann werde ich Dir eine farbenfrohe Ansichtskarte schicken.

Und wenn mir die Götter der Heiligen Berge freundlich gesinnt sind, so werden wir in einigen Monaten in einer herbstlichen Wiese sitzen und der heimatliche Wald wird um uns sein in seinen prächtigen Farben.

Wir werden plaudern und lachen, ich werde Deine schmalen Hände halten und Deinen lieben Mund küssen. Und wir werden kaum merken, wie unendlich einsam und allein wir auch in diesem Augenblick sind …

*Herbert Tichy, 1912–1987*

*Nepal 1953. Das Himalaya-Königreich beginnt gerade, sich vorsichtig ausländischen Forschungsreisenden, Bergsteigern und Entwicklungshelfern zu öffnen. Da gelingt es dem Geologen Herbert Tichy, die königliche Regierung von der Idee zu begeistern, ihm eine Genehmigung für eine Durchquerung des wohl auch den meisten Bürokraten in Kathmandu unbekannten Westens des Landes zu erteilen.*

*Tichy wandert vier Monate lang mit seinen Sherpa-Freunden Pasang Dawa Lama, Adjiba, Gyaltsen und Pemba auf bis dahin noch nie von Europäern begangenen Routen, besteigt mit Pasang drei Sechstausender und mehrere Fünftausender und versucht sich schließlich sogar vergeblich an den über siebentausend Meter hohen Gipfeln des Saipal.*

*„Land der namenlosen Berge" nennt er die heute unter Trekkern so bekannten Bezirke Mustang und Dolpo. Sein Buch ist voll von Respekt vor den Menschen und Landschaften, die er durchwandert. Keine Rede von heroischen Erstbegehungen oder bezwungenen Gipfeln. Tichy relativiert seine Rolle in asiatischer Demut: „Ich bin kein Forscher, ich erlebe die Dinge, wie sie sich mir bieten. Man möge mir also verzeihen, wenn ich die kommenden Wochen nicht mit sieghaften Worten beschreibe. Aber ich dachte so oft: Wie unwesentlich ist es wirklich, ob ich mich, klein und armselig wie eine Ameise, hier durchquäle und diesen oder jenen Gipfel besteige!" Und über die Erstbesteigung eines Sechstausenders im Patrasi Himal, den er zu Ehren seines Gefährten Pasang Peak tauft: „Durfte ich ernsthaft etwas anderes empfinden als Demut und Dankbarkeit, dass er uns seine Grate geliehen hatte, um uns dem großen Allumfassenden zu nähern? Ich war bestenfalls ein Geduldeter, aber kein Eroberer; Dankbarkeit stand mir zu und nicht Stolz."*

*Einmal jedoch entschuldigt Tichy sich förmlich dafür, dass er entgegen seiner sonst so zurückhaltenden, von sanfter Bescheidenheit geprägten Schilderungen in Superlative verfällt. Im Kapitel „Das schönste Tal der Welt" schwärmt er begeistert von der Wanderung aus dem entlegenen Charkaboth im Osten Dolpos durch das Tal des Barbung Khola nach Tibrikot.*

*Hier findet auch das Gespräch mit Pasang statt, in dem dieser ihm vorschlägt, einmal einen richtig hohen Berg zu versuchen. Gemeint ist der 8201 Meter hohe, damals noch unbestiegene Cho Oyu.*

*Pasang ist damals neben dem Everest-Erstbesteiger Tenzing Norgay und Ang Tharkey, Maurice Herzogs Sirdar an der Annapurna, der berühmteste Sherpa-Bergsteiger. Seit er 1939 mit Fritz Wiessner beinahe den K2 erstiegen hat, nimmt er an mehreren Großexpeditionen teil und scheitert nach der Westnepal-Durchquerung mit Tichy nur knapp als Sirdar der argentinischen Expedition am Dhaulagiri. Im Oktober 1954 schlägt endlich seine große Stunde: Mit Sepp Jöchler und Herbert Tichy gelingt ihm die Erstbesteigung des Cho Oyu, damals erst der fünfte von Menschen erstiegene Achttausender.*

*Tichy bemüht sich zeitlebens, die großen Leistungen seines Sherpa-Freundes ins rechte Licht zu rücken. Er klagt darüber, dass nach dem Erfolg am Cho Oyu die Medien in Indien und Europa meist nur Interesse an seiner Person finden und Pasang kaum erwähnen. Er lädt Pasang nach Österreich ein und unterstützt später gemeinsam mit Fritz Wiessner Pasang und seine Familie.* *M. U.*

Der folgende Text wurde entnommen aus: Herbert Tichy, Land der namenlosen Berge. Ullstein & Co.: Wien 1953, S. 133–158. Abdruck mit freundlicher Genehmigung der Nachlassverwaltung von Herbert Tichy.

*Herbert Tichy*

# *Im schönsten Tal der Welt*

„Morgen", sagte ich zu Pasang, „morgen neues Land – kein Sahib, kein Sherpa hat es je gesehen."

„Neue Wege", gab Pasang meine Botschaft an die anderen Sherpas weiter; „kein Sherpa ist sie je gegangen!"

Wir waren eine Gruppe von beachtenswerten Draufgängern; wir standen am Rande der fast weißen Flecke der Landkarte. So bescheiden wir waren, wir fühlten, daß uns eine gewisse gehobene Stimmung zustand.

Am nächsten Morgen sackte sie, wie nicht anders zu erwarten gewesen, allmählich ab. Gewitzigt durch ähnliche Verabredungen „bei Sonnenaufgang" mit Kulis und Yaktreibern, blieben wir so lange als möglich in den warmen

*Die Weggefährten, v. l. n. r.: Gyaltsen, der junge Draufgänger, Pasang Dawa Lama, der unübertreffliche Freund, Pemba, der humorvolle Kamerad und Adjiba, der erfahrene Himalayakämpfer*

Daunen. Aber auch der bequemste Schlafsack wird schließlich unerträglich, und bald standen wir, unser Gepäck sorgfältig verpackt, vor der Herberge und warteten auf den „Banditen" und seine zwei Yaks.

Während die Wirtin immer wieder versicherte, der Bandit – ich habe seinen richtigen Namen nie gehört – sei ein pünktlicher, ordentlicher Mann, sagte ich, Frauen sollten sich nicht in so ernsthafte Angelegenheiten wie Expeditionen mischen. Hätten wir uns, anstatt auf sie und ihre Schwester zu hören, gleich mit einem richtigen Yak-Mann in Verbindung gesetzt, wären wir schon lange unterwegs.

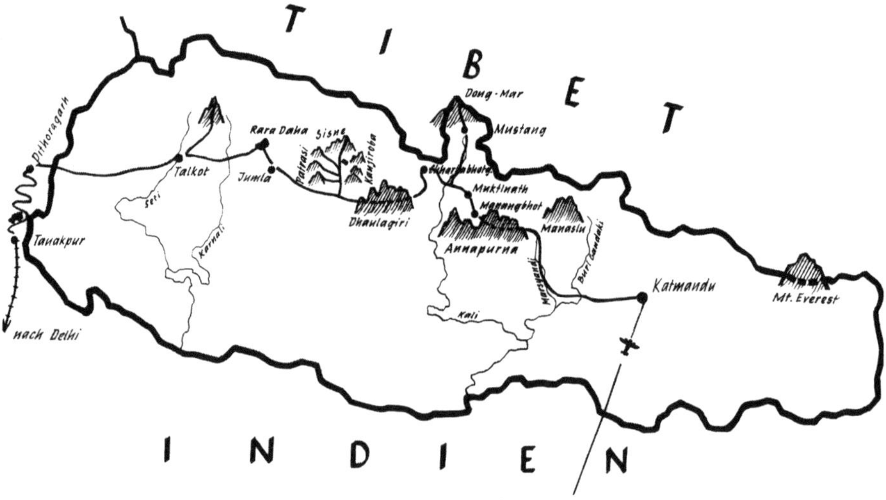


*Tichys Wanderroute 1953 durch Mustang, Dolpo und den fernen Westen Nepals*

Inzwischen ging es auf Mittag. Pasang war bemüht, andere Transportmittel aufzutreiben. Eine Hoffnung war der gute Urge, der uns von Muktinath nach Mustang begleitet hatte. Dem Vernehmen nach sollte er in Kürze hier durchkommen. Vielleicht konnten wir ihn bewegen, die Lasten, die er gerade mitführte, hier liegenzulassen und uns nach Zaka zu begleiten. Nun verkehrte Urge leider nicht mit der Pünktlichkeit eines Schnellzuges, und es war unmöglich, vorauszusehen, wann er tatsächlich kommen würde.

Die Wirtin, durch unsere Ungeduld verärgert, sagte: Gut, wenn wir die paar Augenblicke nicht warten wollten, sie könnte uns auch Kulis verschaffen.

Die Kulis – es waren Bewohner Jomsoms – verlangten unverschämte Preise. Und vor allem brauchten sie, im Gegensatz zu den Yaks, Nahrung, die wir hätten mitführen müssen. Später, als wir unterwegs waren, merkte ich erst, daß ihre Forderungen mehr als bescheiden gewesen waren: Der Weg war grausam, er führte über 5500 Meter hohe Pässe, und die Leute aus dem warmen Tal hätten sehr gelitten. Ich war froh, daß Pasang zu keinem Abschluß mit ihnen gekommen war.

Mit der Hoffnung auf den fernen Urge als beruhigendem Hintergrund warteten wir also. Der tägliche Sturm hatte die Straßen der Ortschaft leergefegt. Im Windschatten der Herberge sahen wir nach den fernen Hängen. Gelegentlich kamen Yaks herab.

„Das ist der Bandit", sagte Pasang.

„Vielleicht", sagte ich.

Die fernen, dunklen Punkte wurden zu richtigen Yaks, und der viel kleinere Punkt, der hinter ihnen herzottelte, wurde zu einem selbstbewußten Tibeter, der sagte, er sei nach Tukucha unterwegs, und er hätte niemals von uns gehört. Jedenfalls seien das nicht die Yaks, auf die wir warteten.

Aber dann tauchten drei Punkte auf, von denen die Wirtin behauptete:

„Das ist er", und sie sah uns strafend an.

Und in der Tat, es war der Bandit. Er warf uns einen mißbilligenden Blick zu, als hätten wir ihm eine ganze Menge Unannehmlichkeiten bereitet, und fragte:

„Nun, seid ihr endlich fertig?"

Wir nickten und sagten, ja, wir seien gerade fertig geworden.

„Dann die Lasten auf die Yaks", sagte der Bandit, „wir können nicht mehr Zeit vertrödeln."

Während er sich in der Herberge einen Schluck genehmigte, verstauten wir die Lasten auf den Yaks.

Er hatte nichts von der sanften Freundlichkeit der übrigen Tibeter, mit denen wir bisher unterwegs gewesen waren. Er war ein selbstbewußter Mann, sachlich und mit geringer Neigung für freundschaftliche Gesten. Erst nachdem ich eine Nacht unter seinem Dach verbracht hatte, lernte ich ihn verstehen und schätzen.

Leicht schwankend kam er aus dem Restaurant, murmelte abfällige Urteile über die Art, wie wir die Lasten auf den Yaks verpackt hatten, und zog die Seile fester.

Die Wirtin füllte Pasangs Rucksack mit Knoblauch – ein Geschenk für die Reise – und sagte:

„Na, ist er ein pünktlicher Mensch?"

Malik und die anderen Polizisten standen vor ihrem Quartier und gaben unserem Aufbruch ein offizielles Gepräge. Wir umarmten uns, preßten unsere unrasierten Wangen gegeneinander, und ich fühlte keine Abneigung gegen körperliche Berührung, sondern nur die menschliche Nähe. Die Sherpas standen breit grinsend um uns herum, sie waren sichtlich stolz auf mich: ein Mensch, der von Männern, um die man sonst einen weiten Bogen macht, umarmt wird!

Malik sagte, ich sollte ihn und seine Leute in meinem Buch erwähnen, nicht besonders hervorheben, nur so erwähnen, wie sie eben gewesen waren. Ich sollte ihnen von Europa schreiben, und falls sie einmal dorthin kämen, dürften sie dann auf meinen Teppichen schlafen? Wenn ich wieder nach Nepal reise, werde ihr Haus, wo immer sie gerade seien, mein Haus sein.

Ja, sagte ich, sie würden im Buch aufscheinen, ich würde ihnen schreiben, und meine Teppiche seien ihre Teppiche. Ich würde große Töpfe Tee – Kashmiri fashion – bereit haben und eine Partie Rummy veranstalten, die ihn, Malik, nicht mit Kopfweh, sondern mit Bewunderung erfüllen würde.

„Mein Gott, ist das Leben schön!" sagte Malik, und wir umarmten einander ein letztes Mal.

Ein paar Minuten lang sah ich noch ihre sturmverzerrten Gestalten durch den Staub des Nachmittags gegen die abweisenden Wände von Jomsom. Dann waren wir wieder allein. Die Reise ins Unbekannte hatte begonnen.

Zuerst zogen wir den Kali flußaufwärts und bogen dann nach zwei Stunden über einen steilen Hang nach Westen ab. Gegenüber öffnete sich das Tal von Muktinath; die scharfen Gipfel der Nilgiris und der Annapurna schnitten den abendlichen Himmel ab. Wir erreichten eine kleine Ortschaft, Pelak genannt. Der Bandit hatte hier Haus und Familie; es war selbstverständlich, daß wir bei ihm übernachteten.

Er brachte uns nach seinem Gehöft; aber so selbstsicher und herrisch er sich auf den Karawanenpfaden und gegen Fremde gebärden mochte, die Tatsache ließ sich nicht verbergen, daß er keinen Hausschlüssel besaß. Den hatte die Frau, und sie war nicht daheim.

Während wir ein wenig verlegen vor dem verschlossenen Haus umherstanden, stieg der Bandit auf einen Turm und brüllte nach seiner Frau. Sie war, wie sich gleich zeigte, nicht auf Abwegen, sondern auf den Feldern. Mit einem gewaltigen Bündel Heu auf dem Rücken tauchte sie auf und gab dem Banditen den Schlüssel. Das Tor öffnete sich und wir waren Gäste des Hauses.

Das Innere war peinlich sauber.

„Morgen wird es schmutzig sein", sagte Pasang. Ebenso wie die Wirtin in Jomsom gehörte auch die Familie des Banditen zu den „Talkali"*, anscheinend

* gemeint sind die „Thakali", ein tibetisch-stämmiges Volk von heute ca. 10.000 Menschen, die das obere Thak Khola Tal (nepalesisch: Kali Gandaki) mit den Hauptorten Tukchhe, Marpha und Jomsom bewohnen; Anm. d. Hrsg.

ein tibetischer Stamm, der sich durch besondere Reinlichkeit von den anderen Leuten unterscheidet.

Ich ging, um das letzte Licht zum Photographieren auszunützen, durch die Ortschaft. Auf dem kleinen Marktplatz waren Kinder damit beschäftigt, in einem Trog aus Stein, wie er zum Reisschälen verwendet wird, eine dunkle Masse zu zerstampfen. Ich nahm ihnen den schweren Holzschlegel aus der Hand und half ihnen. Erstaunlich rasch – Pelak lag nur 3000 Meter hoch – kam ich außer Atem und gab den Kindern das Holz zurück. Ich fühlte mich berechtigt, eine Handvoll der braunen Masse zu nehmen. Es schmeckte gut, wir Marzipan ohne Zucker. Es waren Kerne von Pfirsichen und Aprikosen, die wir zerstoßen hatten. Die Kinder zeigten sich über meinen Geschmack – oder Hunger – entsetzt. Vielleicht fürchteten sie, daß ich ihnen zu viel von diesem Leckerbissen – das mußte er hier wohl sein – wegessen würde. Ein alter Mann, der uns beobachtet hatte, war verständiger. Ja, sagte er, ich sollte mir nehmen, soviel ich wollte. Ich gab ihm fünf Zigaretten und nahm einen zweifaustgroßen Klumpen, er war schwerer als ein ebensolcher Stein. Recht befriedigt über diesen Handel ging ich zum Hause des Banditen zurück; Pasang würde staunen: Für jeden halben Liter Milch mußte er mit Silbermünzen herausrücken, und ich hatte für ein paar Zigaretten diese Köstlichkeit erstanden.

Betont nebensächlich legte ich sie neben das Feuer, um das die Familie und die Sherpas saßen.

Pasang warf einen kurzen Blick darauf.

„Die Yaks sind stark genug“, sagte er, „sie sind erst heute von der Weide gekommen.“

Ich sah keinen Zusammenhang zwischen meiner Erwerbung und dem Zustand der Yaks und sagte, es sei erfreulich, daß wir starke Tiere hätten.

„Aber wenn sie das morgen früh fressen“, sagte Pasang, „sind sie noch stärker. Und der Weg ist sehr schwierig.“

Es stellte sich heraus, daß ich eine Art Kraftfutter für Rinder gekauft hatte. Ich sagte, in meiner Heimat seien zerstoßene Kerne – allerdings mit Zucker – eine beliebte Speise. Die Sherpas schüttelten über so viel Unkultur erstaunt den Kopf, und der Bandit meinte, falls ich auch nur wenig davon äße, würde mir schlecht werden; falls ich viel äße, würde ich sterben.

Wahrscheinlich hatte er recht. Das Zeug schmeckte überzeugend nach Blausäure. Trotzdem aß ich beachtliche Stücke davon. Um das Ergebnis vorwegzunehmen: Am nächsten Morgen war mir furchtbar schlecht, und ich ließ die Reste des Marzipans verstohlen in eine Schlucht fallen. Ich wollte sie nicht den Yaks geben und meine Niederlage eingestehen.

Der Abend im Hause des Banditen war sehr gemütlich, und unser Gastgeber entpuppte sich als ein Mann von Bedeutung, der nicht nur ein Dutzend Yaks, Haus und Felder, sondern auch eine sehr nette Frau und ein verwöhntes Kind hatte. Wir saßen um das Feuer, die Töpfe blitzten vor Sauberkeit, aber die Frau fand immer noch etwas zu scheuern. Aus weißem Mehl – ich glaube, es war Raps – machte sie einen zähflüssigen Teig, den sie zu flachen Broten buk. Bereitwillig gab uns der Mann von diesem herrlichen Gebäck, und wir schmierten eine dicke Schicht von zerstoßenem rotem Paprika, Salz und Pfeffer, alles mit Öl gemischt, darauf. Dieser Aufstrich trieb sogar den Sherpas Tränen in die Augen, aber der vierjährige Sohn des Hauses aß die rote Paste in großen Brocken. Er war überhaupt ein erstaunliches Kind. Gelegentlich nahm er einen tüchtigen Schluck Tschang aus der Schale seines Vaters, dann wischte er sich wie ein richtiger Biertrinker mit dem Handrücken über den Mund und wandte sich, noch immer durstig, der Mutter zu, die ihm bereitwillig die Brust reichte.

Mit großer Sorgfalt richtete sie die Wegzehrung für ihren Mann zusammen – Tsamba, Getreide, Paprika, eine Flasche Tschang –, nähte ihm einen fehlenden Knopf an und, bei Gott, sie sagte: „Zieh dich morgen nur warm an, es ist jetzt schon recht kalt, und du bist nicht mehr der Jüngste." Es hätte in Hannover sein können, so brav und ordentlich und gar nicht abenteuerlich war alles.

Am nächsten Morgen standen wir sehr zeitig auf. Die einzige Verzögerung brachte das Kind, das, als der Vater sich zum Gehen anschickte, ein herzzerbrechendes Gebrüll ausstieß. Die Frau hatte es auf den Arm genommen und suchte es zu beruhigen. Aber kein Zureden und kein Streicheln half; der kleine Körper bebte vor Schmerz, und die Tränen zeichneten dunkle Bäche in das grellrote Gewand. Der Bandit spielte den energischen Karawanenmann, er winkte lässig und trieb seine Tiere an. Das Schluchzen erstarb in einem jener atemlosen Höhepunkte, die den unbeteiligten Zuhörer immer hoffen lassen, das Kind sei erstickt, die aber tatsächlich nur ein Übergang zu noch lauteren Demonstrationen sind. Es war wirklich eine beängstigend lange Pause – aber schließlich war es ein Tibeterkind, an die dünne Luft der Höhen gewöhnt. Während der ersten Sekunden dieser plötzlichen Stille ging der Vater ungerührt weiter, dann wurde sein Schritt zögernd, und plötzlich ließ er die Yaks Yaks sein, sprang mit ein paar riesigen Sätzen zu der Frau und riß ihr das Kind aus dem Arm. Er preßte es mit einer Geste so wilder Zärtlichkeit an sich, wie sie einem endgültigen Abschied zukam. In Italien mag ein derartiger Temperamentsausbruch nicht auffallen, aber hier zwischen den höchsten Bergen der Welt? Ich war wieder einmal ziemlich überrascht.

Natürlich ließ sich die Trennung doch nicht vermeiden. Nachdem der Vater seinen Sohn ein paar Minuten getragen hatte – indes die Frau neben ihm beruhigende Worte murmelte –, landete das Kind wieder in den Armen der Mutter, und diesmal wurden keine Emotionen laut.

Der Tag war einer der schönsten unserer Reise. Steil querten wir über felsige Hänge aufwärts, und die Sicht wurde immer großartiger. Nach Norden weitete sich das Tal von Mustang, in der Ferne glaubten wir unseren Gipfel, den „Dong Mar", zu erkennen. Im Osten bäumten sich die Nigiris gegen den Himmel, wilde Trabanten der Annapurna, mit ihren gewaltigen Eisfontänen kaum weniger eindrucksvoll als ihre Göttin. Während der Nacht war Schnee gefallen, und Muktinath, wo wir noch vor wenigen Wochen zwischen Blumen gelegen waren, sah wie eine winterliche Landschaft aus.

Wir querten unterhalb dolomitenartiger Felsgipfel nach Westen. Die Yaks waren – auch ohne Marzipan – bei guten Kräften und gingen sehr rasch. Eine junge Tibeterin kam uns entgegen; sie war in helles Grün und dunkles Rot gekleidet. Das nächste Dorf war einen langen Tagesmarsch entfernt. Woher kam sie? Sie lachte, winkte uns zu, und schon waren wir wieder aneinander vorbei. Drei Tibeter aus Pelak holten uns ein, auch sie mußten in die nächste Ortschaft; wir würden den ersten Tag gemeinsam gehen. Sie rissen sich darum, unsere Pickel tragen zu dürfen, und da der Bandit ein Gewehr mithatte, waren wir eine recht eindrucksvolle Gruppe.

Es war ein langer Marsch, und ich verstand die Hast des Banditen, so früh am Morgen aufzubrechen. Wir folgten einem für diese Einsamkeit erstaunlich gut ausgetretenen Pfad. Aber es war ja die einzige Route, die so weit im Norden des Landes einen zu jeder Jahreszeit passierbaren Übergang in der Ost-West-Richtung darstellte. Natürlich sind die Wege, die Nepal in der Längsrichtung durchziehen, wenig begangen. Die vom Himalaya nach Indien fließenden Ströme teilen das Land in einzelne Segmente und bilden in nord-südlicher Richtung verlaufende Landstriche, die Ackerbau, Handel und den Weg von Tibet nach Indien ermöglichen. Es besteht kein Bedarf nach einer Verbindung zwischen diesen Tälern des Ackerbaus und des Handels untereinander. Daher war unsere Ost-West-Querung recht schwierig; wir mußten Pfaden folgen, die das Land nicht benötigte.

Am frühen Nachmittag erlaubten wir uns eine kurze Rast, aßen Getreide, und ich bestaunte die urweltliche Landschaft. Die Nacht würden wir in Sandar* verbringen, sagte der Bandit; eine nette Ortschaft, aber schmutzig, so schmutzig!

Sandar bot einen unwahrscheinlichen Anblick. Wir waren den ganzen Tag durch eine felsige Einöde gegangen, die von fernen, hohen Gipfeln umrahmt

* in modernen Karten: Sangda; Anm. d. Hrsg.

war. Das einzige, was an Menschen erinnerte, war der Pfad, der manchmal einen besonders hinderlichen Stein beiseite geschoben und sich in kurze Grasflecke eingezeichnet hatte. Obwohl nicht zu verkennen war, daß Menschen ihn getreten hatten, vermittelte er mir nicht das Gefühl der Menschennähe. Er war ganz einfach da, wie die Felsen, die Berge und der weite Himmel. Selbst auf diesem Pfad fühlte ich mich als Eindringling in einen Gleichklang ursprünglicher Gegebenheiten, der keiner menschlichen Belebung bedurfte. Ich verspürte nicht das Glück eines Entdeckers. Die Dinge waren viele Jahrtausende vor mir dagewesen; war ich, nur weil ich sie sah und sie schildern kann, ihr Erwecker? Nein, ich kam mir eher vor, als störte ich ein jungfräuliches Schicksal. Ich besaß nicht einmal die Ausrede, einer Landschaft voll großer Möglichkeiten das Tor zur Erfüllung geöffnet zu haben. Ich war ganz einfach ein Eindringling in einer Welt, die meiner nicht bedurfte und die sich in ihrer eigenen Schönheit und Ruhe völlig selbst genügte. Ich beneidete die Menschen, die man gewöhnlich als Forscher und Entdecker kennzeichnet, um die Selbstsicherheit, mit der sie, als wäre das menschliche Auge das Maß aller Dinge, die Landschaften schildern, die als erste zu sehen ihnen ein gütiger Gott gestattet hat.

Für einen Verfasser von Büchern ist es ein beschämendes Eingeständnis, daß er eine große Scheu verspüre, von diesen neuen Landschaften und Bergen zu erzählen. Ich bin kein Forscher, ich erlebe die Dinge, wie sie sich mir bieten. Man möge mir also verzeihen, wenn ich die kommenden Wochen nicht mit sieghaften Worten beschreibe. Aber ich dachte so oft: Wie unwesentlich ist es wirklich, ob ich mich, klein und armselig wie eine Ameise, hier durchquäle und diesen oder jenen Gipfel besteige! Wird er erst dadurch, daß sich unsere Steigeisen in sein hartes Gipfeleis schneiden, zur Tatsache? Gibt es den herrlichen „Berg zwischen zwei Seen" wirklich erst, seitdem Pasang und ich keuchend auf dem höchsten Punkt seines Grates standen? Ich will es natürlich nicht leugnen, daß ich – und ich glaube, auch Pasang – unaussprechlich glücklich waren, aber

*Am Wegrand im Land der namenlosen Berge*

*Namenlose Berge am Weg von Mustang nach Dolpo*

*Wanderer im schönsten Tal der Welt*

wie wurde der Berg durch unsere Gefühle beeinflußt? Er war, und er wird sein, gleichgültig, ob nach uns Schweizer oder Neuseeländer sein königliches Gipfeleis erreichen. Durfte ich ernsthaft etwas anderes empfinden als Demut und Dankbarkeit, daß er uns seine Grate geliehen hatte, um uns dem großen Allumfassenden zu nähern? Ich war bestenfalls ein Geduldeter, aber kein Eroberer; Dankbarkeit stand mir zu und nicht Stolz. Der sogenannte Erfolg war nur ein Geschenk, allerdings ein Geschenk, dessen man nur habhaft werden konnte, wenn man einen starken Willen besaß und die dunklen Schatten des Schicksals nicht fürchtete. Aber trotzdem: ein Geschenk – keine Eroberung.

Sandar präsentierte sich uns als eine winzige Fläche grüner, ebener Rechtecke in einem steilen Felshang. Es waren die flachen Dächer, diesmal grün gestrichen, die wir sahen. Wir mußten tief ins Tal hinabsteigen und staunten, daß Menschen, selbst wenn es nur wenige Dutzende waren, hier ihr Leben fristen konnten. Aber es gab immerhin Felder zum Anbau von Getreide und Gerste. Die Berghänge boten eine reiche Weide für Schafe und Yaks. Sandar war völlig selbstgenügsam.

Aber natürlich sahen wir es nur aus dem Blickwinkel unserer Nöte. Nein, wir konnten hier keine Nahrung auftreiben, bestenfalls saure Milch, den Liter zu 2 Rupien. Ich machte es mir auf einem der grünen Dächer bequem; Heu und Stroh waren in so großen Mengen vorhanden, daß Pasang und ich in einer windgeschützten Mulde schlafen konnten. Wieder sah ich die Sterne, diesmal nicht Grüße einer fernen Welt, sondern vertraute Freunde in einer fremden Umgebung. Am nächsten Morgen – die Sherpas hatten wieder in der rauchigen Küche geschlafen – war mein Schlafsack um den Mund dick vereist, und ich fühlte die Schwierigkeiten kommender herbstlicher Unternehmungen voraus.

Wir sahen das Ziel des nächsten Tages klar vor uns: eine Mulde im gegenüberliegenden Hang, mit ein paar Bäumen bewachsen. Dort würden wir übernachten.

Ein tiefes Tal trennte uns davon; wir gingen steil abwärts, über eine Brücke, und in atemraubenden Serpentinen aufwärts, dann erreichten wir, es war früher Nachmittag, den Zeltplatz. Er hieß Tang-tschen, und wir waren 4000 Meter hoch.

Die Sherpas schlugen von hohen Föhren ein paar Äste ab; wir hatten Brennholz, und ein Bach floß in nächster Nähe vorüber.

Kaum eine Gehstunde von uns entfernt lag eine kleine Ortschaft auf einem Hang. Sie schien, als wir unseren Zeltplatz erreichten, ausgestorben. Die Felder waren graue, herbstliche Erde und die Häuser tote Ruinen, aus denen sich kein Rauch eines warmen Feuers hob.

Der Bandit war, gleich nachdem wir den Zeltplatz erreicht hatten, mit seinen Yaks verschwunden. Da wir ihm keinen Vorschuß gegeben hatten, machten wir uns keine Sorgen über seine Abwesenheit: Wahrscheinlich wollte er seine Yaks auf eine gute Weide bringen.

Während wir die letzten warmen Strahlen der Sonne genossen und unsere Zelte hoch mit trockenem Wintergras füllten, denn die Nacht drohte sehr kalt zu werden, erwachte die entfernte Ortschaft plötzlich zum Leben. Erst konnte ich mir nicht erklären, wodurch dieser Eindruck der Lebendigkeit entstanden war – rein äußerlich hatte sich nichts geändert. Oder doch: Die tiefstehende Sonne hatte einen Berg, der das Dorf bisher in Schatten gehüllt hatte, umrundet, und die flachen Strahlen tauchten die Häuser in ein warmes, bräunliches Licht. Die Gebetsfahnen, die ich früher nicht gesehen hatte, flatterten weiß im Abendwind. Winzige, dunkle Punkte schoben sich über die braune Erde: Yaks und Schafe, die in die warmen Ställe heimkehrten.

Schließlich kam der Bandit zurück und sagte, er würde uns nicht, wie ursprünglich vereinbart, bis Zaka* bringen, sondern morgen umkehren. Ein Mann aus dieser Ortschaft werde uns mit seinen Yaks nach unserem Ziel bringen. Morgen früh würde der Mann zur Stelle sein.

Ich – nicht mehr so leicht aus der Fassung zu bringen – sagte, das sei recht und gut. Aber natürlich bekäme er, der Bandit, sein Geld erst, wenn unser Gepäck auf den neuen Yaks verstaut sei.

„Natürlich, natürlich", sagte der Bandit. „Meine Yaks sind sehr müde", fügte er als Entschuldigung hinzu.

Ich ließ ihm durch Pasang sagen, ich hätte bisher gedacht, gut ausgeruhte Yaks könnten mindestens fünf harte Marschtage hinter sich bringen. Waren seine Yaks besonders schwach?

Der Bandit ließ eine lange Erklärung vom Stapel, die Pasang so übersetzte: „Yaks nicht so müde. Aber er ist Familienmann. Wenn nicht zu Hause, Baby schreit sehr viel. So geht er wieder zurück, sonst ist er traurig."

Die Nacht war kalt – minus 10 Grad –, und am nächsten Morgen ließen wir uns erst von der Sonne wärmen. Pünktlich kam ein alter Mann mit drei Yaks aus der jetzt wieder schattigen und toten Ortschaft, unser Gepäck wurde verstaut, der Bandit bekam den ihm zustehenden Betrag, und wir nahmen ohne viel Worte Abschied voneinander.

Der kommende Tag war der anstrengendste unserer bisherigen Reise. Von unserem Zeltplatz stiegen wir in steilen Serpentinen durch leblosen Schutt auf einen 5000 Meter hohen Paß. Irgend eine Dummheit bewog mich, den

* in modernen Karten: Charka(both); Anm. d. Hrsg.

Versuch zu machen, diese tausend Höhenmeter zu bewältigen, ohne ein einziges Mal stehenzubleiben. Ich hatte einen ziemlich schweren Rucksack und keuchte wie eine überlastete Maschine, aber ich hielt durch. Die Yaks, die mit vielen kleinen Rastpausen gingen, waren weit unter mir. Vom Paß öffnete sich die Sicht in viele Täler, menschenleer, ohne Ansiedlung oder auch nur die Andeutung eines Weges. Die Yaks und meine Leute, die langsam näher kamen, waren die einzige Verbindung mit dem Leben.

Vom Paß stiegen wir in ein weites Tal ab, und bevor wir einen neuen Paß erklommen – er war 5500 Meter hoch –, rasteten wir kurz.

Es war Mittag; ein Sturm raste mit eisiger Gewalt durch das Tal. Wir kauerten uns jeder hinter einen Felsblock, aßen unser gebähtes Getreide und tranken in kleinen Schlucken von dem eiskalten Wasser eines Flusses.

Wieder der eintönige Aufstieg über eine Schutthalde. Diesmal hatte ich keinen sportlichen Ehrgeiz mehr und nützte jede Rast der Yaks aus, um tief Atem zu holen.

Knapp unterhalb der Paßhöhe wurde ein Yak störrisch; er sprang einige Male mit steifen Beinen senkrecht in die Luft. Die Lasten lösten sich und rollten in immer schnellerem Tempo den steilen Hang hinunter. Weit unten war ein Fluß. Wenn die Lasten so weit kamen, waren sie verloren. Der alte Treiber, der aussah, als könnte er gerade noch langsam humpeln, eilte den Gepäckstücken in ebensolchen wilden Sprüngen nach. Tatsächlich holte er einen Sack, der ein Zelt barg, ein, und das andere Gepäckstück blieb von selbst auf halber Höhe liegen. Ich dankte Gott, daß der störrische Yak nicht unseren Geldbeutel getragen hatte; die dreißig Kilogramm schwere Last hätte eine bedeutende Schnelligkeit erreicht, und der Sack wäre sicher geplatzt. Wahrscheinlich hätten wir Tage damit zugebracht, auch nur die Hälfte unserer Silbermünzen zwischen den Felsen einzusammeln.

So war alles gut gegangen. Das Zelt hatte einige Risse, die sich aber nähen ließen. Der Yak hatte durch diesen Streich sein sanftes Temperament wiedergewonnen und ließ sich ohne Aufbegehren von neuem beladen. Der Treiber, der gemeinsam mit Gyalsen die Lasten nochmals heraufschleppte, ließ ein verlegenes Lächeln über sein runzliges Gesicht huschen: Er entschuldigte sich für das schlechte Benehmen seines Tieres.

Wie schrecklich, dachte ich damals, ist selbst hier in diesen urweltlichen Bergen Armut. Dieser alte Mann, der in aller Ruhe in der warmen Sonne vor seiner Hütte sitzen, mit seinen Enkeln spielen und ein wenig Garn spinnen sollte, ist gezwungen, sich über grausame Pässe zu quälen, nur um ein paar Rupien zu verdienen. Ich nahm mir vor, ihm in Zaka ein besonders reichliches Bakschisch zu geben.

Er bekam es auch wirklich, denn er gab uns keinen einzigen Anlaß zur Unzufriedenheit. Als er sich auf den Rückweg gemacht hatte, sagte ein Hirt aus Zaka zu uns:

„Ihr habt Glück gehabt, daß der ‚Alte' mit euch gekommen ist."

„Wieso?" fragten wir.

„Er geht nicht mehr oft auf den Pfad", sagte der Hirt, „nur wenn er sehr viel Geld verdienen kann. Er ist sehr reich: 3000 Schafe und 500 Yaks gehören ihm. Der reichste Mann in seinem Tal."

Wieder stiegen wir von dem Paß in ein weites Tal ab, das rein tibetischen Charakter hatte. Die Berge waren nicht mehr eng und drohend, die Landschaft hatte sich geweitet und der Himmel war unendlich groß. Natürlich gibt es auch in anderen Erdteilen ähnliche Landschaften, wo die Berge fern und die Täler sanft sind, und deren äußere Konturen an Tibet erinnern mögen. Trotzdem glaube ich, daß Tibet eine eigene, vielleicht innere Qualität besitzt. Man fühlt sich der Erde ferner und dem Himmel, dem großen, grausamen und beglückenden Himmel Tibets, näher.

In breiter Linie, wie eine Phalanx nebeneinander gehend, wanderten wir mit den Yaks über den weichen Grund des Tales, der dünnes Gras trug. Wir erreichten eine flache Wasserscheide, und der Boden senkte sich nach Norden. Wenn meine Karte stimmte, hatten wir den Ursprung des Barbung Khola erreicht und, wenn alles gut ging, würden wir in zwei Wochen am Ufer desselben Flusses zu einer kleinen Stadt gelangen, die uns jetzt ein fernes Ziel schien: Tibrikot.

Der alte Yak-Mann erzählte uns, der Weg, den wir gerade zurücklegten, heiße La-ni-war, „zwischen den Pässen", und bald würden wir einen windgeschützten Zeltplatz für die Nacht erreichen. Der Sturm hatte an Kraft gewonnen, die Schatten griffen über das Tal, es wurde bitterkalt. Endlich begann der Treiber sein weites Gewand mit trockenem Yakmist zu füllen, der hier nur selten zu finden war – ein Zeichen, daß wir bald rasten würden. Es gab hier kein Holz, und Yakmist war das einzige Brennmaterial. Wir folgten seinem Beispiel, und bald trug jeder von uns eine unhandliche, zusätzliche Last.

In einem Geröllfeld schlugen wir die Zelte auf; der Sturm war so stark, daß wir damit Mühe hatten. Das Feuer brannte zwar hell, aber der Sturm riß die Hitze fort, und wir konnten kaum einen Kessel Tee kochen. Zitternd saßen wir um das Feuer, armselige kleine Menschen, die sich gegeneinanderpreßten und aus Lasten und Steinen hohe Mauern errichteten, um ein wenig Schutz vor der alles durchdringenden Kälte zu gewinnen. Der Bach neben unseren Zelten, der noch vor wenigen Minuten sein rauschendes Lied gesungen hatte, war plötzlich verstummt; mit eisiger Hand hatte der Frost ihn gepackt. Zum erstenmal spürte ich die plötzliche urweltliche Gewalt eines herbstlichen Abends im hohen Himalaya. Selbst hier, kaum 5000 Meter hoch und erst Mitte Oktober, war sein Zugriff erbarmungslos kalt und ließ uns erzittern. Ich sah auf das Thermometer – nur minus 12 Grad –, aber der Sturm jagte die Kälte durch unsere Anoraks und Daunenjacken bis auf die Knochen, er füllte die Zelte mit wirbelndem Staub und dem Geflatter der Leinwand. Es war eine unangenehme Nacht, nur durch die Hoffnung auf die morgige Sonne erträglich.

Der nächste Tag war wieder ein Märchen pastellfarbiger Töne, der herbstlich verfärbten Büsche, der warmen Sonne und des Lebens überhaupt. Wir überquerten einen tiefen Fluß – es war der, dem wir gefolgt wären, hätten wir den kurzen Weg von Kehami genommen –, und am späten Nachmittag erreichten wir Charkabhotgaon.

Zum ersten Male konnte ich nicht darüber klagen, daß unser Einzug in eine fremde Ortschaft ungenügend Aufsehen hervorrufe. Charkabhotgaon – es bestand aus vielleicht zwanzig Häusern – war wie eine Burg gebaut, und der Wall dieser Burg war von neugierigen Köpfen eingesäumt, die unsere müde Gruppe mit großen Augen anstarrten.

Pasang übernahm die Verhandlungen wegen eines Nachtlagers. Die Leute waren freundlich, und er verschwand in der Burg. Wir warteten inzwischen, eingekeilt in einen Kreis großer, dunkler, fragender Augen. Pasang kam zurück und sagte, in der Burg könnten wir nicht schlafen, die Räume seien so klein, so niedrig und so schmutzig, daß es eine Schande sei. Seine Vorliebe für enge und rauchige Räume kennend, konnte ich mir das Schlimmste vorstellen.

Wir schlugen daher unsere Zelte auf einem kleinen Dreschplatz auf, der knapp neben dem Dorf lag und durch hohe Steinwände vor Wind geschützt war.

Mit der Dämmerung kroch eine bittere Kälte über das Tal. Pasang verhandelte wegen des Brennholzes. Holz ist hier selten, Zaka liegt 4200 Meter hoch. Die Dörfler sahen ihre gastliche Verpflichtung, uns Holz zur Verfügung zu stellen, völlig ein, aber wer sollte sein mühselig aufgestapeltes Holz jetzt plötzlich verkaufen oder auf den fernen Hängen trockene Äste sammeln? Das Schicksal allein durfte entscheiden, wer sich das Schauspiel fremder Zelte, seltsamer Menschen und eines Mannes mit gelbem Haar entgehen lassen mußte, nur um Holz zu holen. Das Schicksal wurde durch zwei aus Knochen geschnitzte Würfel verkörpert, und die Männer würfelten mit einer Leidenschaft, die eines größeren Preises wert gewesen wäre. Schließlich waren die beiden Verlierer festgestellt, und sie verschwanden, um unseren Wunsch nach Wärme zu erfüllen.

Dann brannte das Feuer, unsere Zelte standen, die Burg hob sich abweisend wie ein Fels gegen den Himmel, aber gleichzeitig vermittelte sie ein Gefühl der Wärme und des Lebens, wie ein Nest auf einem hohen Baum. In der Dämmerung kamen hunderte Schafe und Yaks von den Weiden zurück, sie stauten sich vor den engen Toren der Burg wie ein See von Wolle; aber schließlich fanden alle Tiere Einlaß. Ich konnte mir vorstellen, warum Pasang den Ort zu schmutzig gefunden hatte: Es konnte darin kaum mehr Platz für die Menschen sein. Aus den Löchern, die Fenster ersetzten, schimmerte gelegentlich ein mattes Licht.

Der Andrang um unseren Zeltplatz hatte nachgelassen; die meisten Männer waren mit dem Unterbringen des Viehs beschäftigt, die Frauen kochten. Nur unzählige Kinder, hier durch keine Schule geplagt, waren noch um uns, und sie vergnügten sich mit einem Spiel, das man etwa „Krötenhüpfen" nennen könnte. In tiefer Grätsche sprangen sie in ungelenken Sätzen über die Erde und stießen dabei seltsame Rufe aus, die immer wieder durch helles Gelächter unterbrochen wurden. Ich versuchte, es ihnen mit meinen von den Pässen noch steifen Beinen gleichzutun und erntete eine zurückhaltende Anerkennung der Kinder. Die Sherpas sahen mir belustigt und ein wenig verlegen zu – auch die Launen eines Sahib mußten ihre Grenzen haben!

Trotz dieses äußerlichen Einverständnisses hielten sich die Kinder in respektvoller Entfernung von mir; ihre Krötensprünge führten in großem Bogen um mich herum. Plötzlich aber wurde ein Knirps von vielleicht sechs Jahren von dem Rhythmus seiner Sprünge so mitgerissen, daß er mit mir zusammenprallte. Eine Stille atemloser Spannung entstand, die Kinder verharrten in ihren grotesken Stellungen und warteten: Was würde dem Unglücklichen geschehen, der diesem fremden Geschöpf nahe gekommen war? Der Kleine mußte diese Angst doppelt spüren; seine Augen – wie immer bei asiatischen Kindern: Augen voll Erfahrung und Leid ungezählter Generationen – sahen mich wie hypnotisiert an. Ich legte meine Hand an seine Wange; es war eine ungemein schmutzige, seit ihrer Erschaffung sicher nie gewaschene Wange, aber ich spürte die kindliche Wärme und hoffte, daß die Starrheit, die das Gesicht zeichnete, weichen würde. Und plötzlich lachte das Kind: Ich war nicht mehr ein fremdes Phantom, sondern etwas so Selbstverständliches wie die Schafe, die Yaks und die Leute von Zaka; es preßte sein Gesicht an meine Hand und sprang in seinen seltsamen Krötenbewegungen um mich herum. Es war ein großer und beglückender Erfolg, der sich, von den Kindern erzählt, durch alle Ställe Zakas verbreitete; und wenn wir am nächsten Morgen ein billiges Schaf kaufen konnten, war es diesmal weniger Pasangs als mein Verdienst.

Am Morgen merkten wir, daß wir einen schlechten Zeltplatz ausgewählt hatten. Kaum hatte die Sonne uns nach einer bitterkalten Nacht erreicht, verschwand sie wieder hinter der Burg, und der eisige Schatten ergriff von uns Besitz. Durch die erste Sonne aus dem Schlafsack gelockt, kauerte ich mich in den Windschatten sonniger Felsblöcke, die zwischen den Feldern lagen. Wir hatten ein herrliches Frühstück: Kaffee, geröstete Leber und saure, zu eisigen Klumpen gefrorene Milch. Wir fühlten uns berechtigt, zu feiern: das sagenhafte Zaka war Tatsache geworden, und – durch Kaffee und Leber in unserem Optimismus bestärkt – gab es für uns keinen Zweifel, daß wir Nepal durchqueren und noch große Gipfel besteigen würden.

Übrigens war das Schaf von Zaka das billigste unserer Reise, es kostete ganze 12 Rupien, also etwa 8 deutsche Mark. So willig die Sherpas waren, jede ihnen gestellte Aufgabe zu erfüllen – sie hätten als fromme Buddhisten niemals ein Schaf geschlachtet. Bei Hühnern – anscheinend waren sie niedere Geschöpfe – nahmen sie es, besonders Pemba, nicht so genau. Ich darf ohne Übertreibung sagen, daß Pemba den vielen Hühnern, die wir verspeisten, mit großer Freude die Gurgel durchschnitt. Aber Schafe waren Lebewesen, die sich auf der endlosen Stufenleiter des Lebens schon in gefährliche Nähe des Menschen vorgearbeitet hatten; die konnte nur ein Schlächter zu Fleisch machen.

Auch unter seinen eigenen Landsleuten nahm der Schlächter – Pasang nannte ihn treffend „Kill-man", „Mann des Tötens" – eine untergeordnete Stellung ein. Wie durfte er als frommer Buddhist es wagen, Leben zu beenden, das doch heilig ist? Aber da waren natürlich die fetten Schafe und der ständige Hunger. Man mußte einen Ausweg finden – und man fand ihn. Man hält dem Schaf Mund und Nase zu: Sein Schicksal will es nun, daß das Tier ohne Luft nicht leben kann und stirbt. Aber wer könnte wirklich behaupten, es sei getötet worden?

Wir zahlten dem alten und – wie wir erst später erfuhren – reichen Mann seinen Lohn, gaben ihm ein gutes Bakschisch und warben neue Yaks für den Weitermarsch an. Ich ging mit meinen Kameras durch das Tal, in dem viele tibetische Heiligenschreine standen, und hatte das Gefühl, niemals etwas Schöneres gesehen zu haben. Wir erkundigten uns nach unserem weiteren Weg: Wie viele Tage waren es bis Tibrikot? Ein paar Männer aus Tibrikot waren hier, um Schafe zu kaufen. In den grellfarbenen Decken, die sie um die Schultern trugen, sahen sie wie mexikanische Indianer aus. Wie viele Tage? fragten wir diese Männer. Sie zählten sorgsam an den Fingern und murmelten die Namen unbekannter Rastplätze und Dörfer: acht Tage! Wir fragten: Wie ist Tibrikot? Oh, eine herrliche Stadt! Alles bekommt man dort: Bananen,

Melonen, Kürbisse, Mais und Mehl; vom Mehl überhaupt nicht zu reden – so viel man will! Unsere vitaminarmen Körper zitterten vor Erwartung. Und nochmals als abschließende Frage: Wie viele Tage seien es bis Tibrikot? Wieder das Zählen an den Fingern: drei Tage, ja, drei Tage. Ich fand mich damit ab, diese Unterhaltung als reine Konversation zu betrachten.

Am Morgen schwärmten die Herden wieder auf ihre mageren Weiden aus. Wir waren nur von wenigen Neugierigen umgeben, und die Burg lag jetzt tot, aber gelegentlich ertönten dumpfe Trommelschläge. Mit Gyalsen – er war immer mein Begleiter, wenn ich photographieren ging – drangen wir in das mächtige Bauwerk ein. Von dem flachen Dach konnte ich gute Aufnahmen von unserem Lager machen; aber wieder lockte der Trommelton aus dem Inneren. Wir gingen ihm nach, jeder einen Pickel als Schutz gegen Hunde in der Hand. In einer kleinen Kammer kauerte ein alter Mann; ein paar Butterlampen brannten und beleuchteten einen Buddha. Die hellen, fast blinden Augen des Alten sahen durch uns hindurch; er murmelte seine Gebete und schlug die Trommel. Gyalsen lächelte mir zu – ein Narr, ha? –, aber ich konnte nicht zurücklächeln. Wir schlossen die Tür, und der Klang der Trommel verfolgte uns viele Stunden.

Am Abend, als wir alle um unser Feuer saßen, schwärmte Pasang von seiner Heimat Sola Khumbu: Der Mount Everest sei ein sanfter Hügel; Kartoffeln seien so zahlreich, daß die Yaks sie verschmähten; ein Kilogramm Butter könne man um zwei Rupien kaufen; ein Paradies, verglichen mit diesen ärmlichen Gegenden. Und würde ich ihm einmal die Freude machen, in Sola Khumbu sein Gast zu sein? Gerne, sagte ich, aber der Weg sei weit und schwierig und vor allem teuer. Aber wenn mir die Regierung in Kathmandu ein zweites Mal die Erlaubnis erteilte, dieses Land zu bereisen, würde ich natürlich kommen und die billigen Kartoffeln essen und die noch billigere Milch trinken.

„Dann steigen wir auf einen hohen Gipfel", sagte Pasang, „auf einen sehr hohen Gipfel. Vielleicht wird es unser letzter Gipfel sein – wir sind beide nicht mehr jung. Aber es wäre so schön, wenn du kämst: Stell dir vor, für Kartoffeln brauchst du überhaupt nichts zu bezahlen!"

Ich stellte es mir vor, und ich war gerührt: Natürlich würden wir den hohen Gipfel erobern und in Bergen von Kartoffeln ersticken. Selbst die Regierung in Kathmandu konnte diesen Wunsch nicht mißbilligen; sie mußte ganz einfach ihre Erlaubnis geben.

Wir warben einen Mann mit drei Yaks an, der uns nach Tibrikot bringen sollte. Ob er wirklich bis Tibrikot mit uns käme, sagte er, sei ungewiß: „Dort unten in den flachen Tälern ist es sehr heiß, ich halte das nicht aus, die Yaks halten das nicht aus. Aber ich gehe mit euch, so weit ich kann."

Ich sagte – es war Mitte Oktober in 4000 Meter Höhe –, die Hitze würde nicht so arg werden, und sicher würden wir eine erfreuliche gemeinsame Reise haben.

„Sicher", sagte er, „sonst ginge ich doch nicht mit euch. Ich bin ein reicher Mann."

Es schien, als wären nur die Millionäre des Himalaya unsere Begleiter.

Wieder die morgendliche Kälte im Schatten der Burg, dann die warme Sonne, die freundlich-neugierigen Gesichter, die Gebetsmühlen, die sich in frommen Händen drehten; schließlich die Yaks und unser Mann.

Er hatte ein gutmütiges Gesicht, ein beruhigendes Gehaben und einen langen Zopf. Als die Lasten auf den Yaks verstaut waren, kam die Frau unseres Treibers zum Vorschein; sie hielt eine kleine Schale voll geronnener Butter in der Hand. Der Mann beugte sich demütig und gläubig vor ihr – die Neugierigen hielten den Atem an, eine fast religiöse Stille herrschte um uns –, und sie schmierte ein paar Striche Butter über seinen Kopf und seine Stirn. Zweifellos ein Talisman, der ihn vor den Gefahren des Südens bewahren sollte.

Sonst ein unaufmerksamer Photograph, der manche Höhepunkte unbeachtet ließ, merkte ich diesmal die Einmaligkeit der Situation. Wenn diese Frau, die noch niemals einen Weißen gesehen hatte, auch mir ihren fetten Segen aufs Haupt drückte, und wenn Pasang diese Szene in der Kamera festhielte, das wäre ein Titelbild für jede Zeitschrift! Dieser Gedanke war ein kurzes Aufflackern geschäftstüchtiger Erkenntnis, deren ich mich heute fast schäme.

Die Frau weigerte sich jedenfalls standhaft, an mir, dem Fremden, diese rituelle Handlung zu vollziehen: Wie käme sie dazu? Das sei ihr Mann, aber wer sei ich? Die Atmosphäre war mit Mißtrauen geladen, das sich wortreich über mein für die himalayische Salbung bereites Haupt ergoß. So verzichtete ich auf das sensationelle Titelbild, und wir zogen weiter, nach Tibrikot.

Es fällt mir schwer, über die nächsten Tage zu berichten. Ich habe schon so oft Superlative gebraucht, aber hier wären sie wirklich am Platz. Ich möchte das Tal des Barbung Khola, dem wir nach Süden folgten, das „schönste Tal der Welt" nennen. Vielleicht ist das eine Übertreibung, dann möge man mir verzeihen; aber ich habe viele Täler im Himalaya gesehen, und keines schien mir schöner.

Wir gingen durch ein Tal, dessen Abschluß der nördliche Gipfel des Dhaulagiri (7750 Meter) bildet. Aber das Tal hätte dieses großartigen Abschlusses nicht bedurft, es war für sich selbst einmalig.

Aus der steinigen Einöde Tibets stiegen wir langsam tiefer; die ersten Büsche mit herbstlich rotem Laub umfingen uns. Manche, von langen, scharfen

Stacheln geschützt, trugen erbsengroße, gelbe Beeren von süßem, modrigem Geschmack. Wären nicht die Stacheln gewesen, wir hätten in diesen Beeren geschwelgt. Selbst so waren sie eine erfreuliche Zugabe zu unserer täglichen Nahrung.

Bald teilte sich unser Weg; die Yaks mußten, den Fluß einige Male überquerend, dem Tal folgen, wir Fußgänger blieben auf der Höhe. Wir kamen an eine senkrechte Felswand, und der Pfad verlor sich in einem engen Felsschrund. Die Sherpas waren vor mir in den engen Eingang gestiegen, ich hörte sie lachen, dann aber verging ihnen das Lachen. Der Gang war pechschwarz und so eng geworden, daß Pemba, der die unförmigste Last trug, steckenblieb und recht ängstlich keuchte. Ich preßte von hinten, Adjiba zog von vorn, und bald hatten wir den bleichen Pemba wieder am Tageslicht. Weit unten am anderen Ufer sahen wir unsere Yaks ziehen. Fast den ganzen Tag blieben wir von ihnen getrennt, denn unser Weg war so schmal und oft in senkrechte Felsen geschlagen, daß die Tiere ihm nicht folgen konnten; wir wiederum konnten mit den Yaks nicht Schritt halten, sie überquerten den hier schon recht mächtigen Barbung Khola zu häufig. Der Treiber legte sich einem der Tiere auf den Rücken und hob seine Beine und seinen warmen Pelz möglichst hoch, um mit dem Wasser nicht in Berührung zu kommen.

Später überquerte auch ich den Fluß auf diese Art – es war ein besonderes Entgegenkommen des Treibers und der Sherpas, die mir das ständige An- und Ausziehen der Schuhe ersparen wollten. Ich kann nur sagen, daß ich auch das mühseligste Zuschnüren von gefrorenen Schuhen einem solchen Ritt vorziehe.

Yaks sind, besonders wenn man sie aus der Entfernung sieht, nicht sehr große Tiere. Wenn man die Lasten auf ihrem Rücken verstaut, sind sie schon ein wenig größer. Aber zu ihrer wirklichen, furchterregenden Größe wachsen sie erst heran, wenn man, selbst einen schweren Rucksack auf dem Rücken, versucht, auf ihren Rücken zu springen. Nach einigen Bemühungen, die selbst den wohlerzogenen Sherpas Lachtränen in die Augen treiben, landet man tatsächlich auf dem Tier. Da es ja der Zweck dieser Bemühungen ist, die Füße trocken zu behalten, darf man die Beine nicht zu beiden Seiten des Tieres herabhängen lassen, was einem eine gewisse Würde und einen ebensolchen Halt gäbe. Statt dessen legt man sich bäuchlings, die Beine in ein verzweifeltes O gegrätscht, zwischen die Lasten; dabei rutscht einem der eigene Rucksack über den Kopf. Trotz dieser lächerlichen Stellung fühlt man eine gewisse Befriedigung: Man hat das seinige getan, jetzt hat der Yak einen Beitrag zu leisten. Nach den ersten nur angedeuteten Bemühungen, die zusätzliche Last abzuwerfen, steht das Tier sanft und bewegungslos. So bewegungslos, daß auch die schrillsten Schreie des Treibers und die drohend geschwungenen Pickel der

Sherpas es nicht von der Stelle bewegen können. Erst ein derber Rückenstoß bringt wieder Leben in den Yak. Wie ein Stier in der Arena geht er den Fluß an, den Kopf tief gesenkt und mit dem Schwanz seinem Reiter auf die Beine schlagend.

Diese Haltung mag sehr eindrucksvoll und kämpferisch wirken, liegt man aber auf dem Rücken des Tieres, hat sie nur Nachteile. Man hat den Kopf bedeutend tiefer als die Füße und erwartet jeden Augenblick, zwischen den Hörnern kopfüber ins Wasser zu gleiten. Wie durch ein Wunder läßt sich das verhüten, und gerade wenn man beginnt, etwas Mut zu fassen und nach dem gegenüberliegenden Ufer, das noch immer sehr weit entfernt ist, zu blicken, kommt eine neue Überraschung. Das Wasser – es ist natürlich eiskalt – wird so tief, daß der Yak den Boden unter den Hufen verliert und zu schwimmen beginnt. Man sagt ihm zwar nach, er sei ein guter Schwimmer, und manche Routen wären ohne seine Schwimmkünste wirklich ungangbar. Trotzdem hat man das Gefühl, auf einem kiellosen Boot zu kauern, das jeden Augenblick umschlagen wird. Natürlich umspült das Wasser jetzt auch schon die Traglasten und erreicht einen – aber nicht bei den Füßen, die sind noch immer der höchste Punkt, sondern an der Hüfte und an den Schultern. Man denkt voll Neid an die Sherpas, die zu Fuß gehen dürfen.

Aber dann endet der Alptraum. Mit ein paar Schritten ist der Yak am rettenden Ufer. Man rutscht endgültig von seinem Rücken und versucht vergeblich, diesem Herunterfallen das Gepräge einer freiwilligen Handlung zu geben. Kommen die Sherpas dann zähneklappernd, die Schuhe um den Hals, ist man schon fast wieder bereit zu einem neuen Yakritt.

Übrigens: Ein Wort des Mißtrauens an die Physiker. So viele ihrer Thesen, die durch Jahrhunderte unser Weltbild bestimmten, haben sich als falsch erwiesen. So behaupten sie, Wasser könne nicht viel kälter werden als null Grad, dann würde es zu Eis. Nun, das mag in den Gegenden stimmen, wo Physiker zu Hause sind, aber der Barbung Khola hatte mindestens minus zehn Grad.

Langsam senkte sich nun das Tal, und wir kamen durch Waldungen von herbstlich roten Büschen; weiße Birken schimmerten matt dazwischen. In 4100 Meter Höhe blieben wir über Nacht.

Es gab Holz, ein warmes Feuer, ein herrliches Abendessen: Buttertee, Blutwurst, gebratene Leber und wieder Buttertee. Vor allem aber lag der abendliche Nordgipfel des Dhaulagiri vor uns. Ich habe viele Berge gesehen: den Nanga Parbat bei winterlichen Skitouren in Kaschmir; den Kantsch aus dem blütenreichen Dschungel Sikkims; Kailas, den heiligsten Berg Asiens, wie er seine silberne Pyramide im Manasarowar-See spiegelt. Trotzdem weiß ich nicht, ob dieser Siebentausender, aus dem menschenleeren Tal gesehen, nicht eine Schönheit und Klarheit besaß, die nicht überboten werden kann. Ich lebte während dieser Tage wie in einem Traum der absoluten Schönheit.

Natürlich schmiedeten wir Gipfelpläne.

„Über diese Flanke", sagte ich, „dann der kleine Bruch und wir sind schon auf dem Gipfelgrat."

*Magar-Frau in Westnepal*

„Ein leichter Berg", bestätigte Pasang.

Wir sahen aber die obersten tausend oder zweitausend Meter des Gipfels; die wirklichen Schwierigkeiten lagen tiefer, in den schuppenförmigen, überhängenden Abbrüchen, die senkrecht ins Tal des Barbung Khola abfielen.

Trotzdem war ich überzeugt, daß wir hier an der Nordseite des Dhaulagiri-Massivs „unseren großen Berg" besteigen würden. Die Karte – sie war unser einziger Anhaltspunkt – zeigte drei Gipfel über 7000 Meter, und – wiederum nur nach der Karte zu schließen, denn es gibt keine Beschreibung dieser Gegend – die nach Norden abfallenden Gletscher waren nicht zu steil. Das günstigste Ziel schien mir der 7360 Meter hohe Churen Himal.

Ich versuchte, Pasang mit meiner Gipfelfreudigkeit anzustecken. Ich zeigte ihm die Karte, die Höhenlinien, die einen flachen Gletscher versprachen, und sagte, es sei ein sehr leichter „24.000-feeter". (Pasangs Höhenverständnis war auf englische Fuß eingestellt.)

Er ließ seinen intelligenten, aber in diesem Fall durchaus verständnislosen Blick über die Karte gleiten und sagte: „Fein, ein leichter Gipfel, den können wir machen." Auch ich blieb – ich wußte damals die Karte noch nicht richtig einzuschätzen – ein paar Tage in dieser Illusion.

Das Tal des Barbung Khola wurde immer großartiger. Wir kamen durch keine Ortschaften, aber immer wieder fanden wir in der Einsamkeit Kultbauten: lange Reihen von Tschorten, gemauerte Torbögen, durch die man nicht anders als gläubig gebeugten Kopfes gehen konnte. Die Landschaft war menschenleer; aber die Götter waren hier zu Hause, und wirklich, sie hatten sich kein schlechtes Tal gewählt.

Auf einem gegenüberliegenden Hang – er schob sich in senkrechten, ungebärdigen Felswänden gegen den Himmel – stand ein kleines Bauwerk, ein winziger Würfel, in einem See aus Fels.

„Ein Tempel", sagte der Yak-Mann.

„Wie kommen denn die Lamas ins Tal?" fragte ich, „wovon leben sie?"

„Sie fliegen durch die Luft", sagte der Yak-Mann, „sie brauchen nicht zu gehen, sie fliegen."

Ich muß nun gestehen, daß ich gegen diese Behauptung nicht protestierte, weder mit Worten noch mit meiner Überzeugung. Ich habe in Asien oft von den Wundern der Levitation, der Entschwerung des menschlichen Körpers, gehört; ich habe allerdings niemals etwas Derartiges gesehen und nur zwei oder drei Menschen getroffen, die behaupteten, dieses Phänomen selbst beobachtet zu haben. Für unseren sachlichen Verstand scheint es wohl eine Unmöglichkeit. Aber ich sprach einmal mit einem großen deutschen Physiker und fragte ihn um seine Meinung. Er sagte: „Wir wissen nicht, was die Schwerkraft ist – Wellen, Schwingungen? Wir können sie berechnen, ohne ihre wirkliche Natur zu kennen. Ich kann mir vorstellen, daß einzelne Menschen durch lange Konzentration und Übung Wellen oder Schwingungen zu entwickeln ver-

© Herbert Tichy

*Nördlich des Dhaulagiri*

*Pemba Sherpa errichtet einen Steinmann als Dank an die Götter*

mögen, die der Schwerkraft entgegenwirken und sie neutralisieren. Ich bin nicht überzeugt, daß es der Fall ist, aber ich kann es mir als Wissenschaftler vorstellen."

Ich war also durchaus bereit, an das Wunder der schwebenden Mönche zu glauben, und als wir nach drei Tagen die erste Ortschaft erreichten, fragte ich nach dem Weg zu dem Kloster.

„Es hat keinen Zweck", sagten die Leute, „wenn der Fremde hingeht, die Mönche sind ausgeflogen."

Sie sagten tatsächlich „ausgeflogen"; ich fragte Pasang ein paarmal danach, und in allen Sprachmöglichkeiten, die uns zur Verfügung standen, wiederholte er „geflogen".

Wie gerne hätte ich die vielen Notizbücher, die ich mit mir schleppte, hier in diesem Tal verwendet! Von Natur kein Optimist, hatte ich mir schon bei Beginn der Reise ausgemalt, daß ich mir vielleicht irgendwo einen Fuß brechen, eine Schulter verrenken oder einen Wirbel prellen würde, eine Verletzung, zu gering zum Sterben, aber doch den Weitermarsch hindernd. Ich würde dann irgendwo in der Einöde liegen, vielleicht könnte ich zwei Sherpas nach Indien schicken, die beiden anderen müßten bei mir bleiben und für mich sorgen. Sicher würden sie ein gutes Quartier für mich auftreiben, und ich wäre dann gezwungen, zu liegen und sechs Wochen zu warten, bis ein Arzt aus Indien hier sein konnte. Für diesen Fall hatte ich eine Unmenge Papier mit mir: Es würde die ideale Möglichkeit bieten, endlich einmal in Ruhe und ungestört ein Buch zu schreiben. Ich erinnere mich, daß ich im Tal des Barbung Khola manchmal dachte, wenn ich schon das Pech haben soll, dann auch das Glück, daß es hier geschieht. Aber es geschah nicht. –

Wir ließen den sehr schönen Mukut Himal (6700 Meter) links liegen und erreichten am Nachmittag des dritten Tages eine winzige Ortschaft, die Shiang-Ba hieß.

© Herbert Tichy

*„Om mani padme hum", die heilige Formel, tausendfach von der Gebetsmühle wiederholt*

Hier sah ich Pasang richtig zornig. Shiang-Ba war eine winzige Ortschaft, drei oder vier flache Lehmhäuser, von den gegenüberliegenden Dhaulagiri-Gletschern überwuchtet. Wir waren froh, wieder Menschen zu treffen.

Ein paar Aufnahmen hatten mich zurückgehalten, und ich kam gerade zurecht, um zu sehen, wie Pasang einen kräftigen Tibeter, der etwa zwei Köpfe größer war als er, beim Kragen hatte und durchbeutelte.

Ich verstand diese unerfreuliche Szene nicht ganz, aber Pasang, noch atemlos vor Ärger und Anstrengung, erklärte mir: „Wir wollten gerade ins Haus, kochen und rasten, da kommt dieser Mann heraus. Ich frage ihn, ob er hier wohnt. ‚Nein', sagte er, ‚ich war nur auf Besuch hier.' Gleichzeitig aber sperrt er die Tür mit einem Schloß ab. So kann er nur der Hausherr sein. Wie unfreundlich, uns die Tür vor der Nase zuzusperren! Das habe ich ihm jetzt gesagt. Natürlich essen wir hier."

Unser unfreiwilliger Gastgeber war ein alter Mann, mit einem – wie man es so nennt – Charakterkopf. Sein Gesicht war hauptsächlich von Geiz gezeichnet. Vielleicht waren die Felder – die Ernte war schon eingebracht und ich konnte es nicht erkennen – hier arm, und sein Geiz war eine lebenswichtige Eigenschaft, ohne die man in dieser göttlichen Landschaft nicht leben konnte. Jedenfalls hatte er in seinem Haus reichliche Vorräte von Reis, Getreide und Kartoffeln und einen großen Topf Tschang.

Während Adjiba zwei Frauen, die vor dem Feuer saßen, mit der Selbstherrlichkeit eines Chefkochs beiseite schob und unsere Töpfe übers Feuer stellte, begann Pasang mit dem alten Mann zu handeln.

Ein paar Kartoffeln? Nein! Entrüstetes Kopfschütteln. Reis? Nein! Wenigstens einen Becher Tschang für den Sahib? Wieder energisches Kopfschütteln, aber verspätet, denn Adjiba hatte unsere Becher bereits gefüllt.

Schließlich konnten wir, nach langem Feilschen und zu unverschämten Preisen, doch einiges kaufen. Dann kam ein Nachbar; ich weiß nicht, was er kaufte oder ob er eine alte Schuld bezahlte, aber die Münzen wurden immer wieder gegen einen Stein geworfen, um an ihrem Klang zu erkennen, ob sie wohl wirklich reines Silber seien, und wir waren völlig vergessen. Ich konnte mir gut vorstellen, daß die Bewohner der vier Lehmhäuser den langen Winter damit verbringen, sich gegenseitig Getreide und Reis zu verkaufen und wieder abzukaufen. Welch herrliche Beschäftigung, und wie angenehm der ständige Klang des Silbers!

Es war seltsam, daß diese große Landschaft so kleine Menschen hervorgebracht hatte.

Über eine steile Holzstiege ging ich auf das flache Dach des Hauses. Dort fand ich ein kleines Mädchen und eine Filzdecke, auf der Yak-Käse zum Trocknen lag. Das Mädchen – vielleicht sechs Jahre alt – brach bei meinem Erscheinen in Tränen aus; ich selbst spürte beim Anblick des Käses – eigentlich war es noch Topfen – den Hunger der letzten Tage doppelt. Nachdem ich dem Kind durch viele Gesten meine Ungefährlichkeit bewiesen hatte, zeigte ich auf den Käse, dann auf meinen Bauch, den ich ohne besondere Anstrengung zu einer Höhlung krümmen konnte, und dann auf meinen Mund. Es war ein kluges Kind und raffte so viel von dem Käse zusammen, als seine schmutzigen kleinen Hände fassen konnten, und gab ihn mir. Ich aß. Wieder zwei schmutzige Hände voll Käse. Das wiederholte sich einige Male.

Schließlich war ich satt, die schwarze Decke halbleer und das Kind in seiner Geberlaune glücklich. Ich hoffe, es hat die Geistesgegenwart gehabt, mich seinen Eltern gegenüber als frechen Dieb und nicht als Beschenkten zu schildern.

Wir verließen das ungastliche, aber doch so nahrhafte Haus und querten weiter auf dem steilen Hang, der einen märchenhaften Ausblick bot. Die Gipfel, die ich Pasang auf Grund der Karte als sanfte, einladende Gletscher geschildert hatte, schnitten wie Messer in den wolkenlosen Himmel. Das ist wirklich keine Übertreibung. Dem Churen Himal vorgelagert schwebte ein eisiges Dreieck in der Luft, ein Gipfel von fast 7000 Meter Höhe, aber doch kein Gipfel, eher ein abstraktes Fabelwesen, dunkelblau in der aufkommenden Dämmerung, mit einem in Sonne getauchten Grat, einem geraden, kurzen Blitz, der die Augen blendete. Ich hatte niemals ähnliche Berge gesehen. Was mußte es für ein Gefühl sein, über den blauen Schatten der Täler auf diesen gefangenen und Gestalt gewordenen Sonnenstrahlen gehen zu dürfen? Aber wie es zu den Phantomen unserer Träume und Sehnsüchte keinen Weg gibt, so auch hier: senkrechte und überhängende Felswände sperrten den Zugang zum Paradies des schwerelosen Eises.

Die Nacht verbrachten wir in einer winzigen Ortschaft, die sich Bing-Ding nannte und 3900 Meter hoch lag. Nach Shiang-Ba fanden wir die Aufnahme fast überfreundlich. Man räumte uns sofort die wärmsten Plätze beim Feuer ein, man warnte uns vor den bissigen Hunden – besonders bei abendlichen Ausgängen wäre der Eispickel unentbehrlich –, man brachte uns Tschang und gebähten Mais.

Die Frauen trugen einen Kopfschmuck, der mich als Österreicher mit plötzlichem Heimweh erfüllte. In Innsbruck haben wir ein sogenanntes „Goldenes Dachl“, und was die Frauen hier auf dem Kopf hatten, war eine freie Nachbildung unseres goldenen Daches.

Dünnes, gelbes Metall, zu drei Rollen aufgewölbt, bildete mit Türkisen und Korallen verziert, ein schräges Dach über den verrunzelten und würdevollen Gesichtern der Frauen.

Ob es solchen Kopfschmuck noch anderswo gebe? wollte ich wissen.

Wahrscheinlich nur hier, war die Antwort.

Woraus seien die drei Rollen? Aus Blech?

Aus Gold, aus Gold, das in den Flüssen gewaschen wird. Sie seien arm hier, sie könnten sich keine teuren Filze aus Indien oder Tibet kommen lassen. Aber Gold, nun, das gebe es eben hier.

Ich entschuldigte mich und sagte, Filz und Wolle seien natürlich sehr schön und vielleicht modischer, aber sicherlich wären viele Frauen, auch in

*Frau im Barbung-Khola-Tal mit „Goldenem Dachl" als Kopfschmuck*

Europa und Amerika, froh, wenn sie ihre Kopfbedeckung aus Gold machen könnten.

Die Frauen sahen mich kritisch an; gewiß war, was ich sagte, nicht ernst gemeint. Was durfte man schon von einem Menschen erwarten, der keinen eigenen Acker hat und wie ein Bettler die Frucht fremder Felder verlangt? Sie nickten würdevoll, nicht unhöflich, aber doch abschließend. Das Golddach spiegelte den Schein der Sonne wider.

*Christoph Ransmayr ist einer der erfolgreichsten und meistgelesenen österreichischen Autoren der letzten Jahre. Seine Romane und Erzählungen wurden in mehr als 20 Sprachen übersetzt und als „intellektuelle Abenteuer" bezeichnet. Abenteuer erlebt Ransmayr jedoch keineswegs nur im Kopf, sondern sucht sie auch selbst als Reisender und Wanderer.*

*Mit Reinhold Messner verbindet ihn eine Freundschaft. Im Winter 1993 wandert er mit ihm durch Westnepal, durch Dolpo und zum Phoksundo-See, dessen eigenartige Blaufärbung Stoff für die Sagen und Mythen der Region liefert und an dem Ringmo, eines der ältesten Klöster der Bon-Religion, steht. Ransmayr beobachtet nicht alpinistische Wagnisse, sondern den Alltag der Menschen, denen er begegnet.* *M. U.*

Die nachstehende Geschichte hat Ransmayr anlässlich der Verleihung des Friedrich-Hölderlin-Preises 1998 in Bad Homburg vorgetragen.

*Christoph Ransmayr*

# *Am See*

*Das Bild eines glücklichen Menschen*

An einem eisigen Februartag des Jahres 1993, es war der Neujahrstag der Tibeter, fiel ich am See von Phoksundo aus der Zeit. Das tagelange Schneetreiben hatte endlich aufgehört, der Wind hatte sich gedreht, war aber kaum schwächer geworden, als ich das fast viertausend Meter über dem Meer im westlichen Himalaya gelegene Seeufer in der verwehenden Spur eines Freundes erreichte. Wir durchwanderten damals das Niemandsland zwischen Tibet und Nepal auf der Suche nach Klöstern und Einsiedeleien der vorbuddhistischen Bon-Religion und fanden seit Tagen in den Hütten und Höhlen des Stammeskönigtums Dolpo Schutz vor dem Schnee. Aus den Tälern ringsum drang immer wieder das Donnern von Lawinen.

Die Neujahrsnacht hatten wir in einem Winterlager von Halbnomaden verbracht, die in rußigen Steinhütten darauf warteten, daß der Frühling die Pässe freigeben und ihnen erlauben würde, mit ihren Yaks zu den großen Salzseen und Weiden Tibets weiterzuziehen. Wir wollten nicht warten. Wir hatten keine Karawane schwerbeladener Yaks zu führen, keinen Hausrat und keine schwarzen Wollzelte durch das Gebirge zu schleppen, sondern nur unsere Rucksäcke. Einen Tagesmarsch vor uns, irgendwo in den Schneewolken, sollte der See von Phoksundo liegen und an seinem Ufer ein Dorf, auch ein Kloster – bewohnt? oder verlassen? wie die meisten hochgelegenen Siedlungen um diese Jahreszeit, das wußten auch unsere Gastgeber nicht. Als am Vormittag hoch über den jagenden Wolken ein sonnenbeschienener Gletscher wie ein schwebender Eisberg erschien, verließen wir das Lager und machten uns auf den Weg.

Wenn einer auf und davongeht, einem Ziel entgegen oder ins Ungewisse, dann läßt er nicht bloß Menschen und Orte hinter sich, eine Zuflucht, verschneite oder hitzeflirrende Landschaften, eine Straße, eine Mole, ein Haus, sondern bewegt sich gleichzeitig und auf einer unter Umständen ebenso abenteuerlichen Route durch die heimlichere Welt seiner Gedanken (und trifft dort das eben Verlassene wieder – Erinnerungen an Menschen und ihre Orte oder die Sehnsucht nach dem, was war und was werden soll). Jeder Weg, der seinen

Namen verdient, führt zugleich in die Ferne und in die Tiefe, an den Rand der Welt und in ihr Herz.

Der von Eisfahnen starrende Grat, der plötzlich vor uns auftaucht, die Minarette einer Wüstenstadt oder die Halden und Schlote eines Kohlereviers, der Ozean!, ein von Sonnenschirmen zerstochener Strand und die klippenbewehrte Küste – wird uns unterwegs nicht manchmal auch das Irgendwo, der noch niemals betretene Ort auf eine seltsame Art vertraut? Wir nähern uns der Fremde und beginnen Dinge wiederzuerkennen, selbst Gesichter – die unbewegte Miene einer Palastwache, den verstümmelten Bettler vor einer Silberschmiede, das durch zerrissene Vorhänge gedämpfte Tosen einer Stadt oder ein Farbmuster auf der Satteldecke eines Nomaden, der unseren Weg auf einer Militärstraße kreuzt, ein Seeufer, Bäume am Wasser, wilde Rosen ..., so vieles erscheint uns im Vorübergehen vertraut. Haben wir davon gelesen oder ist uns davon erzählt worden – in einem Roman? Einem Gedicht? Oder war es eine Nachrichtensendung? Und haben wir nicht an einem Ort genau wie diesem hier, das gleiche Licht, der gleiche böige Wind, schon einmal einen Augenblick unseres eigenen Glücks oder Unglücks erlebt?

Der Ort, den wir erschöpft vom steilen Fußweg oder bloß steif und schläfrig vom langen Flug schließlich erreichen, ist so..., ja, so verlassen, so menschenleer wie in jenem Buch, aus dem wir nur noch Bruchstücke im Gedächtnis haben, eine einzige Zeile, die uns durch den Sinn geht, während wir weiter einen Fuß vor den anderen setzen und allmählich erkennen, daß unser Weg nicht bloß in die Fremde führt, sondern in die Mitte der Welt, ins Innere einer Sprache, die das Wirkliche *und* das Mögliche kennt. Lesen, Gehen, Reisen, Schreiben wirbelt immer auch Staub auf, auch den Schnee vergangener Jahre, der ein paar Herzschläge später wieder sachte herabfällt und das, was ist, nachformt und deutlicher macht als jemals zuvor – oder gnädig verhüllt; es liegt an uns.

Der Schnee auf dem Weg zum See von Phoksundo lag so tief, daß wir bis über die Knie, manchmal bis an die Hüften darin versanken. Solange kein Hindernis gemeinsame Anstrengungen erfordert oder in vereisten Felspassagen einer den anderen am Seil sichern muß, geht, stapft, steigt auf solchen Wegen jeder seinen Kräften gemäß und ist daher oft allein.

Mein Freund war nach einer Stunde außer Sichtweite, erschien gelegentlich als kleiner werdende Gestalt hoch in den Steilhängen wieder, verschwand in den Wolken. Wenn ich innehielt, um Atem zu schöpfen, sah ich die Serpentinen unserer Spur, die sich in der Tiefe wie in der Höhe in den Wolken verloren; aus dem heller, ja blau werdenden Himmel lösten sich nur noch vereinzelte Schneeschauer. Die Fetzen einer zerreißenden Schlechtwetterfront trieben über meinem Kopf und zu meinen Füßen dahin.

Es war während einer dieser Atempausen, als ich in einem Wolkenfenster den Mann bemerkte, der uns folgte. Er kümmerte sich nicht um unsere Spur, sondern stieg in der Fallinie hoch. Ich erkannte ihn an seinem Fellmantel und an dem roten Schal, den er wie einen Turban in sein langes Haar gewunden trug: Es war unser Gastgeber der vergangenen Nacht. Er winkte mir zu, rief einen Gruß, kam näher, blieb dann aber in einigem Abstand stehen und setzte sich erst wieder in Bewegung, als auch ich weiterging. Wollte er in die Höhe? Zum See? Ohne Gepäck? Ohne Tragtier? Er ging uns nach, ging aber offensichtlich lieber allein. Um uns den Weg zu zeigen? Uns zu warnen? Wenn ich stehenblieb und auf ihn warten wollte, blieb auch er stehen und winkte mir zu. Was immer seine Absichten waren, ich verstand sie nicht.

Schon unsere Tauschgeschäfte am Morgen waren langwierig gewesen. Yakbutter hatten wir an seinem Feuer getauscht, Dörrfleisch, geröstete Gerste und Tee gegen ein Taschenmesser und ein Paar Handschuhe und hatten dann in einer kleinen, blinden Glasflasche trüben Reisschnaps als Geschenk angenommen, einen Trunk, an dem wir uns entgegen seinen drängenden Aufforderungen nicht schon vor dem Aufbruch, sondern erst am Ziel wärmen wollten. Ich trug die Flasche in ein Hemd eingeschlagen in meinem Rucksack.

*Das alte Bon-Kloster am Phoksundo-See*

Die Spur meines Freundes führte am Fuß einer mit den Glasschleiern gefrorener Wasserfälle verhängten Felswand immer steiler nach oben und endlich zum Eingang eines flacheren, von Tränenkiefern bewachsenen Hochtales, das zwischen ragenden Bergkämmen wie zwischen Staumauern lag. Unter einem der Bäume, die schwer an ihrer Schneelast trugen, hielt ich Rast. Erst jetzt setzte sich auch mein bisher unnahbarer Begleiter zu mir in den Schnee, nahm eine Handvoll getrockneter Früchte und ein Stück Dörrfleisch an, lachte, forderte mich wieder zum Trinken auf, indem er die Form des blinden Glasfläschchens in die Luft zeichnete, und trank dann aber nur Yakbuttertee aus meiner Stahlflasche und keinen einzigen Schluck Reisschnaps. Als ich weiterging, kam er nach und fiel in den alten Abstand zurück. So blieb jeder für sich.

Wie still und verheißungsvoll und immer noch fern der See von Phoksundo nach Stunden endlich im Talschluß erschien. Ein schwarzgrüner Spiegel, der das Bild von Wolken und verschneiten Gebirgszügen in einen schon abendlichen Himmel zurückwarf und nur eine Gruppe blutroter Häuser an seinem Ufer behielt, mit Gebetsfahnen geschmückte Pagodendächer, über denen noch leichtere, noch schönere Fahnen wehten: Rauch! Dorf und Kloster von Phoksundo waren bewohnt!

*Mit gelben Birnen hänget*
*Und voll mit wilden Rosen*
*Das Land in den See*

Gewiß, das Ufer lag unter Schnee, und in den Buchten trieben Eisrinden, aber wer lange durch ein winterliches Hochgebirge gegangen ist, der sieht mehr, als er sieht. Der verwandelt dürres, gefrorenes Strauchwerk in Rosen und freut sich auf eine Zuflucht, auch wenn sie rußgeschwärzt ist, auf die Gesellschaft von Menschen, ein Feuer, Schutz vor der Nacht. Mein Fernglas zeigte mir Rauchfahnen über jedem Gebäude am See.

Es sollte noch fast eine Stunde dauern, bis ich die Uferhügel endlich erreichte. Aber die ersten Häuser, an die ich kam, waren die Häuser von Toten – Reliquienschreine, Tschorten, die nur die Asche verbrannter Heiliger und Mönche, den Staub der Seelenwanderung, bewahrten. Wie Zeltschnüre waren von den Kegeldächern dieser Steinbauten lange Wimpelgirlanden ins Eis gespannt, Hunderte, mit Gebeten und den Namen des Ziels und Endes aller Welt beschriebene Fähnchen, die hartgefroren im Wind schlugen.

Und dann die Rauchfahnen über den Flachdächern des Dorfes: Es war Schnee. Rieselnder, kristallfeiner Schnee, der in Schleiern von den Dächern wehte wie Rauch. Die Häuser waren kalt und verschlossen. Keine Menschen. Keine Zuflucht. Das Dorf war verlassen.

*Weh mir, wo nehm' ich, wenn*
*Es Winter ist, die Blumen, und wo*
*Den Sonnenschein,*
*Und Schatten der Erde?*
*Die Mauern stehn*
*Sprachlos und kalt, im Winde*
*Klirren die Fahnen.*

Welchen See hatte ich erreicht? Ich glitt so sachte aus der Zeit in jene Mitte der Welt, aus der so viele Spuren und Wege an die Seen der Kartographen und die der Dichter und ebenso tief in die Vergangenheit wie in die Zukunft führen, daß mich erst mein Begleiter einholen und am Ärmel zurückziehen mußte – an den See von Phoksundo. Er lächelte und wies auf einen Tschorten auf einer kahlen Hügelkuppe vor uns. Dort entdeckte ich meinen Freund damit beschäftigt, das Totenhaus zu vermessen und zu zeichnen. Er war erleichtert, mich endlich zu sehen. Noch eine Stunde, und er hätte sich auf die Suche gemacht. Die Nacht würde klar und kälter werden als die vergangene.

Zu dritt saßen wir dann um ein Feuer in einem hallenden Raum, in dem eine Gebetsmühle, die von Pilgern und Mönchen bis in alle Ewigkeit gedreht werden sollte, stillstand. Ein abgegriffenes Wörterbuch und einige Brocken Tibetisch, die mein Freund verstehen konnte, halfen uns, hier allmählich zu begreifen, warum uns unser Gastgeber durch den Tiefschnee ins Hochgebirge nachgegangen war: Die Glasflasche; er wollte seine Flasche zurück. Es war das einzige Gefäß aus Glas, das er besaß. Den Reisschnaps, sein Geschenk, sollten wir trinken, er wollte keinen einzigen Schluck davon, aber das blinde Fläschchen mußte zurück in sein Haus. Er war uns um ein leeres Gefäß bis an den See von Phoksundo und weiter gefolgt, in die Mitte der Welt – und trat nun aus einem Gedicht wieder heraus, als ob er es fortschreiben, ergänzen wollte um ein Bild, das wie eine Negativdarstellung auch in unserer Verlassenheit längst enthalten war und das er jetzt sichtbar werden ließ und einfügte in das froststarre Land: Es war das Bild eines glücklichen Menschen.

Denn als wir endlich verstanden, was dieser Mann von uns wollte, das Fläschchen mit einigen Zügen leerten und in seine Hände zurücklegten und ihm doch mehr geben wollten als nur ein Stück blindes Glas, ein Geschenk, und unsere Rucksäcke durchwühlten, kam uns ein Schirm in die Hände, einer von jenen billigen chinesischen Nylonschirmen, wie sie Rucksackträger verwenden, die auf dem Anmarsch zu den großen Bergen des Himalaya im Regen und Schnee der Monsunzeit einigermaßen trocken bleiben und nicht in einen Mantel gehüllt auch noch schweißnaß werden wollen. Diesen Schirm schenkten wir unserem Begleiter.

Ich habe selten einen so überraschten, ungläubigen und schließlich glücklichen Ausdruck auf dem Gesicht eines Menschen gesehen. Strahlend nahm er den Schirm entgegen und verneigte sich. Obwohl von der Sonne nur noch ein roter Widerschein über den Bergkämmen zu sehen war, hielt es den Beschenkten dann nicht mehr länger. Er wollte zurück in die Tiefe, nach Hause; lief aus dem hallenden Raum ins Freie, spannte den Schirm dort auf und hielt ihn mit ausgestrecktem Arm wie triumphierend hoch über den Kopf. Die leere Flasche in der einen Hand, in der anderen den Schirm, sprang, ja tanzte er dann in seiner eigenen Spur aus der Verlassenheit zu den Seinen zurück. Und als ob dieser Schirm, filigrane Zuflucht und kleinstes Dach eines Menschen auf seinem Weg, seinen Zweck und Sinn erst in diesem Augenblick aus den Abendwolken herabbeschworen hätte, begann es aus einem heiteren, im Süden schon sternklaren Himmel wieder zu schneien.

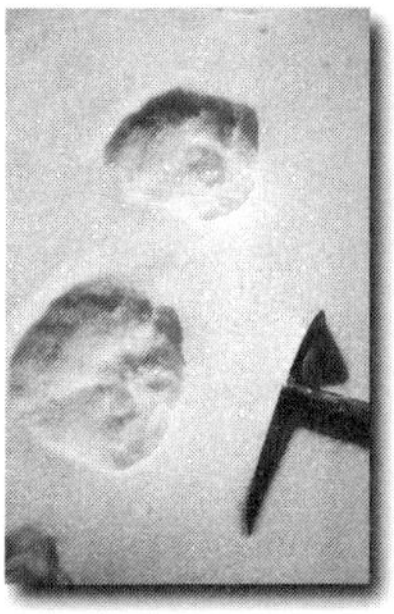

*Der Autor dieses Essays ist ein Engländer, der Bergtouren und Expeditionen in den Alpen, nach Grönland, Afrika und in die Anden unternahm. Seine Himalaya-Erfahrung beginnt bereits 1944, seit damals unternimmt er unzählige Reisen nach Kaschmir, Ladakh, Garwhal, Sikkim und Nepal. Er war Ersatzmitglied der britischen Everest-Expedition 1953 und Teilnehmer an der Kangchendzönga-Expedition 1955, der die Erstbesteigung des dritthöchsten Berges der Welt gelang.*

*Bis heute wandert er in entlegenen Regionen, seit 21 Jahren mit dem mittlerweile zweiten künstlichen Hüftgelenk – das erste mußte nach jahrelanger Dauerbeanspruchung ersetzt werden.*

*Berichte über die Existenz von riesenhaften Kreaturen gibt es beinahe überall auf der Welt, wissenschaftliche Suchexpeditionen haben jedoch bislang nie zu einer tatsächlichen Sichtung geführt. Im Himalaya sind Legenden vom Yeti, dem schrecklichen Schneemenschen, weit verbreitet. Viele Bergsteiger machen den Yeti für seltsame Spuren und unheimliche Laute verantwortlich, denen sie auf ihren Expeditionen begegnen.*

*Manche Yetis sollen Yaks anfallen, eine andere, kleinere Gattung soll sogar Menschen fressen. Es gibt viele Berichte über die Sichtung von Fußspuren, Einheimische erzählen mitunter auch, selbst einen Yeti gesehen zu haben; doch wenn Wissenschaftler in der Nähe sind, ließ sich bislang noch keiner einfangen, es reichte nicht einmal für unzweifelhaftes Fotomaterial. Auch gibt es keine Knochenfunde, aufgespürte Höhlen, in denen Yetis wohnten oder sonstige Beweise. Der lange im Kloster von Pangpoche im nepalesischen Khumbu-Tal aufbewahrte angebliche Yeti-Skalp ist seit einigen Jahren verschwunden, ein weiterer Skalp, der in der Gompa von Khumjung aufbewahrt wird, ergab bei einer wissenschaftlichen Analyse einen eindeutigen Befund: Haare des hier heimischen Langur-Affen.*

*Reinhold Messner sorgte in den Neunzigerjahren für weltweite Aufmerksamkeit, als er erklärte, einen Yeti fotografiert zu haben, und nach entsprechend gesteigertem Medieninteresse in seinem Buch die These aufstellte, der sagenumwobene Yeti sei nichts anderes als ein bis heute in Tibet heimischer Himalaya-Bär.*

*Davon unbeeindruckt erzählen Generationen von Himalaya-Bewohnern weiterhin erstaunlich deckungsgleiche Geschichten von Yeti-Sichtungen. Es scheint dabei zumindest zwei Arten zu geben, wobei den Yetis unter anderem ein großes Talent zugeschrieben wird, menschliche Handlungen zu imitieren.*

*John Jackson, der in den Fünfzigerjahren an einer Suchexpedition nach dem Schneemenschen teilnahm, bekam zwar auch keinen Yeti zu Gesicht, behielt aber seine Offenheit gegenüber diesen Erzählungen.* *A. S.*

Der folgende Text erschien erstmals unter dem Titel „The Elusive Snowman" in: The Alpine Journal, 1999, hrsg. vom Alpine Club in London. Abdruck mit freundlicher Genehmigung des Autors. Übersetzt von Eurocom Translation Services, Wien.

*John Jackson*

# *Der geheimnisvolle Schneemensch*

Im November 1994 wurde aus China berichtet, dass in einer abgelegenen Region des Shennongjia-Nationalparks in der Provinz Hubei drei große, menschenähnliche Wesen gesichtet worden waren. Der Bericht scheint ursprünglich auf eine Gruppe von zehn chinesischen Touristen zurückzugehen, die Ingenieure waren und über eine gute Ausbildung verfügten. Sie beschrieben, wie sie in einer Entfernung von etwa siebenundzwanzig Metern drei große, behaarte, affenähnliche Gestalten sahen, während sie eine steile Bergstraße hinabfuhren. Als sie sich den Wesen näherten, flohen diese in den angrenzenden, dichten Wald, wobei sie große Schnelligkeit und Kraft an den Tag legten. Die chinesische Wissenschaft nahm diese Entdeckung begeistert auf. In der Folge besuchte eine Reihe von Forschungsteams das Gebiet, sammelte Proben von Haaren und Exkrementen und vermaß die Größe der Fußspuren. Die Analyse ergab angeblich, dass die Proben von einem langhaarigen, pflanzenfressenden Tier mit großen Füßen stammten. 1995 besuchte erneut eine aus etwa zwanzig Wissenschaftlern bestehende, chinesische Expedition das Gebiet des Shennongjia-Waldes, wusste aber danach von keinen neuen Entdeckungen zu berichten.

1921, als Oberst Howard-Bury, der Leiter der Everest Reconnaissance-Expedition, gemeinsam mit Mallory und Bullock am Lhakpa La Fußabdrücke fand, meinten ihre Träger, dass dies Spuren des meh-teh-kangmi wären. Der Name „abscheulicher Schneemensch" wurde von Henry Newman, einem Journalisten der Times, geprägt, der so den Ausdruck meh-teh-kangmi übersetzte, den Oberst Howard-Bury in seinem Bericht über die Erfahrungen der Expedition am Pass erwähnte. Meh-teh ist der in Solo Khumbu gebräuchliche Name und yeh-teh – Yeti – eine Abwandlung desselben. Newmans bildhafte Übersetzung erweckte das Interesse der Tagespresse, das 1953 anlässlich der Besteigung des Everest noch zunahm.

Der Lama der Thyangboche Gompa berichtete der Expedition von einer interessanten Beobachtung in der Nähe des Klosters. Darüber hinaus hatte

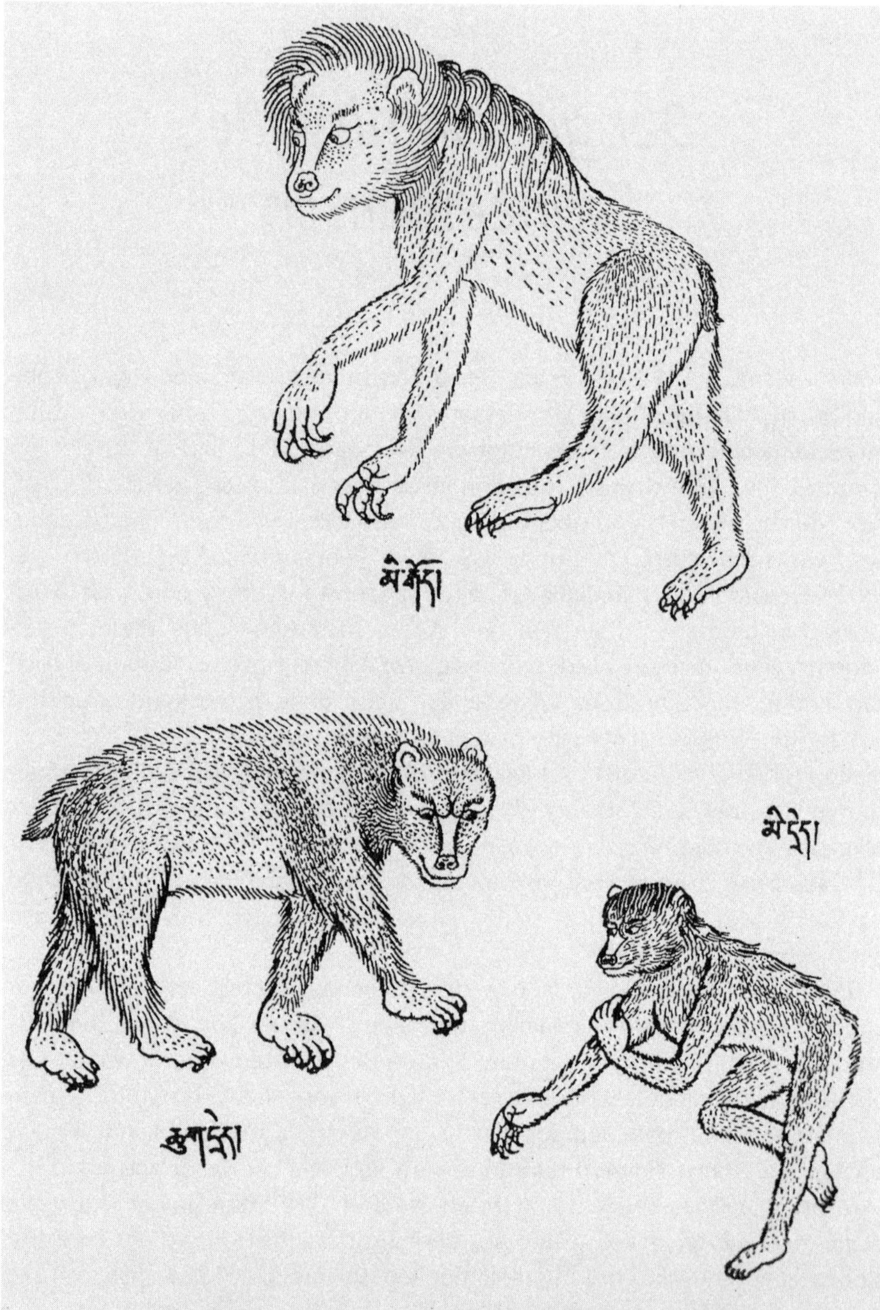

*The Meh-Teh, the Dzu-Teh and the Chu-Teh,*



*Zeichnungen der Mönche im Kloster Khumjung vom „meh-teh", „dzu-teh" und „chu-teh"*

Ralph Izzard, ein Journalist des Daily Mail, der den Verlauf der Expedition verfolgt hatte, mit dem Kameramann Tom Stobart die Möglichkeit erörtert, den „Schneemenschen" zu suchen. Daraufhin organisierte die Daily Mail die Expedition, an der ich teilnahm.

Gleich zu Beginn der Expedition wurden wir in der Thyangboche Gompa zu einem Zeremonientanz eingeladen. Ausgerüstet mit Kameras und Aufnahmegeräten stiegen wir den Pfad zum Kloster hinauf. Im Inneren des Hofes fiel uns die Glocke des Klosters auf, ein Sauerstoffzylinder von Everest-Expeditionen, die vor dem Krieg stattfanden. Man hatte ihn von der Nordseite des Berges hierher transportiert, wo er nun in einem offenen Fenster vom Dach baumelte.

Jene Wände des Raumes, an denen sich nicht Bücher oder Thangkas befanden, waren mit seltsamen geometrischen Mustern geschmückt oder mit lebhaften Freskos bemalt. Eines dieser Freskos erweckte unser besonderes Interesse, weil es die symbolhafte Abbildung eines meh-teh zeigte, der von Männern auf Pferden gejagt wurde. Der Körper dieses Wesens war blau bemalt, es hatte ein abstoßend hässliches, grünes Gesicht, das von langem grünen Haar bedeckt war. Eine blaurote Zunge ragte aus dem aufgerissenem Maul, und Schlangen wanden sich um Hals und Schultern. Keiner von uns hatte zuvor von diesem Gemälde gehört, doch ein paar Tage später zeigte uns Kapa Kalden, der Lama von Khumjung, der das Fresko gemalt hatte, eine weniger symbolhafte Darstellung des meh-teh, sowie des chu-teh und des dzu-teh. Durch die Gemälde und eine Befragung der Sherpas kamen wir zu dem Schluss, dass das Tier namens dzu-teh ein Bär war, vermutlich der Landbär (ursos arctus isabellinus), der stark genug ist, um die Yaks der Sherpas zu

*Yeti-Symbolik in einem Bild von Kapa Kalden, dem berühmten Mönch und Maler vom Thyangboche-Kloster*

töten. Der meh-teh wurde als kleineres Tier dargestellt. Der chu-teh war das kleinste Tier – anscheinend ein Gibbon-ähnliches Geschöpf, das in Tibet leben sollte. Oder waren es Languren, eine Gattung der Schlankaffen? Wir alle hofften, dass wir einen meh-teh zu sehen bekämen, doch für die nächste Zeit mussten wir uns mit dem Bild an der Gompa-Wand begnügen.

Ein weiteres Kloster, dass wir unbedingt besichtigen wollten, war jenes am oberen Pangpoche. Der Grund für unsere Neugier waren interessante Nachrichten, die nach der Besteigung des Everest im Jahre 1953 Schlagzeilen machten. Mehrere Mitglieder der Gruppe hatten die Pangpoche Gompa besucht und den meh-teh-Skalp gesehen. Dieser war bereits im Jahr davor von Charles Evans untersucht worden, dem es gelungen war, ein paar Haare des Kamms auszureißen. Zurück in England schickte er die Haare mit einigen Fragen an Scotland Yard. Es wird erzählt, dass er ein paar Tage später folgende feierliche Antwort erhielt: „Wir bedauern, Ihnen mitteilen zu müssen, dass wir diesen Menschen nicht kennen."

Wir waren enttäuscht, als wir entdeckten, dass die Gompa-Mönche den Skalp sorgfältig mit Stoff verhüllt und die Knoten mit Wachs versiegelt hatten. Sie versicherten uns, dass sie den Skalp um keinen Preis enthüllen konnten, doch eine Fünf-Rupien-Note genügte, um sie umzustimmen. Eine ausgezeichnete Methode, um die Klosterkasse aufzubessern! Der Trick funktionierte, bis der Skalp gestohlen wurde, nur hatte sich der Preis in der Zwischenzeit verzehnfacht. Der Skalp mit dem rotbraunen Haar, das an der Wurzel blau getönt war und einen vorstehenden, borstigen Irokesenkamm von der Stirn bis zum Hinterkopf hatte, erinnerte an nichts, was mir bekannt war. An den kahlen Stellen waren deutlich kleine Vertiefungen von Haarwurzeln zu sehen, die Dr. Biswamoy Biswas, der Zoologe unserer Gruppe, gründlich untersuchte. Er bestand darauf, dass keine Spuren von Fäden oder anderen Verbindungen vorhanden waren, und der Skalp unversehrt war.

Dr. Stonor, unser Anthropologe, versicherte, dass sich der Skalp etwa 250 Jahre im Besitz des Klosters befunden hatte. Erstaunt hat mich seine Aussage, dass ein Original im Rongbuk-Kloster an der Nordseite des Everest zu besichtigen war. Aufgrund dieser Aussage, sowie der dicken Haut und des Irokesenkammes kamen Tom Stobart und ich auf die Idee, dass der Pangpoche-Skalp möglicherweise ein Artefakt sei, das aus dem Fell eines Wildschweins angefertigt worden war. Insgesamt wurden drei derartige Skalps in verschiedenen Klostern in Khumbu entdeckt, einer davon in Khumjung. Es war der Pangpoche-Skalp, den Sir Edmund Hillary, nach Bezahlung einer großen Summe in den Sechzigerjahren drei Monate ausleihen durfte. Der Skalp wurde in Neuseeland, Amerika und Europa von zahlreichen Wissenschaftlern untersucht, darunter auch von Dr. Bernard Heuvelmans, einem belgischen Mammalogen, der die Meinung vertrat, dass er aus der Haut einer Waldziegenantilope, einer gämseähnlichen Ziege, die im Himalaya beheimatet ist, angefertigt worden war.

Später kamen zwei Zoologen namens Swan und Parkins, die an Hillarys Expedition im Jahre 1969 teilgenommen hatten, in den Besitz der Haut einer Waldziegenantilope. Sie streckten sie über eine Holzform, die die Form des Yeti-Skalps hatte, und schufen ein Artefakt, das jenem, das wir in Pangpoche untersucht hatten, glich. Für viele war damit das Rätsel des Skalps gelöst, doch kann ich die Aussage über das „Original" in der Rongbuk Gompa nicht vergessen. Meiner Meinung nach sollte dieses untersucht werden, vorausgesetzt, dass es nach der Zerstörung der Gompa durch die Chinesen noch existiert. Zu welchem Schluss man auch kommt, sicher ist, dass die Sherpas die Skalps nicht anfertigten, um jemanden zu täuschen oder in die Irre zu führen, da bis 1950 keine Europäer oder Amerikaner in Solo Khumbu waren. Wir waren die Ersten, die den Schneemenschen in ihrem Land suchten.

Warum gibt es dann diese Skalps in den Klöstern? Obwohl sie keine religiöse Bedeutung haben, wurden sie lange Zeit mehrmals jährlich bei zeremoniellen Tänzen (wie dem Mani Rimdu) verwendet. Sicher weiß man nur, dass jene, die die Skalps während der Tänze tragen, irgendein Tier verkörpern, das für diese Menschen große Bedeutung hat. Das Alter des Skalps lässt vermuten, dass das Tier, um welches es sich auch handeln mag, mittlerweile ausgestorben ist. Wenn man vor Ort ist und den Skalp sieht und auch die zahlreichen Geschichten und Erlebnisse der Menschen im Himalaya kennt, hütet man sich jedenfalls davor, eine definitive Aussage über den „Schneemenschen" zu machen.

Charles Stonor, der Anthropologe der Schneemensch-Expedition, traf in Khumbu viele Menschen, die behaupteten, dass sie den meh-teh gesehen hatten, der entweder auf zwei Beinen ging oder sich auf allen Vieren bewegte. Ein alter Mann erzählte ihm, wie er als Kind von einem meh-teh angegriffen wurde und zeigte Stonor die schlimmen Verletzungen seiner Hand. In den meisten Beschreibungen wurde ein scheues Tier geschildert, das selten aus der Nähe zu sehen war, das jedoch, wenn es sich belästigt fühlte, äußerst wild werden konnte. Danu, einer unserer Sherpas (früher aufgrund seiner Vorliebe für das Entfachen von großen Feuern von Tilman „Prometheus" Danu genannt), erzählte, wie ein enger Freund (Cousin?) namens Lakpa Tsering von einem meh-teh angegriffen wurde, während er den Nangpa La überquerte. Er stolperte bei seiner Flucht, wurde übel zugerichtet und starb an seinen Verletzungen.

Geschichten über Begegnungen mit dem meh-teh sind nicht sehr verbreitet, eine der berühmtesten erlebte N. A. Tombazi, ein Mitglieder des Alpine

Clubs, im Jahre 1925. Tombazi ging seinen Forschungen im Gebiet der Zemu-Schlucht in der Nähe des Kangchendzönga nach. Eines Morgens riefen ihn die Träger im Camp aufgeregt herbei und berichteten, dass ein meh-teh-kangmi an den Abhängen des Gletschers sei. Tombazi beschrieb, dass er in etwa zweihundertsiebzig Meter Entfernung ein Wesen sah, das aufrecht ging und gelegentlich stehen blieb, um am Gletschergeröll Pflanzen auszureißen. Dunkel zeichnete sich das Wesen vom weißen Schnee ab. Soweit er feststellen konnte, trug es keine Kleider. Er verlor es aus den Augen, als es im Gestrüpp verschwand. Die Fußspuren, die er später im Gebüsch fand, glichen von der Form her jenen eines Menschen, waren etwa fünfzehn bis siebzehn Zentimeter lang und zehn Zentimeter breit. Die Abdrücke von fünf Zehen waren sichtbar. Seiner Ansicht nach stammten die Abdrücke von einem Zweifüßer. Auch ich bin der Meinung, dass er einen Zweifüßer gesehen hat, vermutlich einen Menschen, vielleicht einen Fakir oder einen Heiligen, die solch abgelegene Gebiete aufsuchen. Ich erinnere mich, wie ich einmal im Barun-Tal unterhalb des Makalu in 4000 Meter Höhe eine Höhle fand, in der ein nackter Saddhu lebte. Tombazis Begegnung muss in ähnlicher Höhe stattgefunden haben, da er von Gestrüpp und Rhododendren an den Abhängen des Gletschers berichtete.

*Der später gestohlene „Yeti-Skalp" aus dem Kloster Pangpoche*

Eine weitere Beobachtung wurde von Don Whillans im Jahre 1970 während der Annapurna-Expedition gemacht. In etwa 3900 Meter Höhe fotografierte er eine Spur von Fußabdrücken, später am Abend beobachtete er von seinem Zelt aus ein Tier, das sich über einen Gebirgskamm bewegte. Seiner Beschreibung nach glich das Tier einem Affen oder einem affenähnlichen Wesen, das sich auf allen Vieren fortbewegte. Eine Untersuchung der von Whillans aufgenommenen Fotografie ergab, dass sich das Tier im Tiefschnee bewegt hatte.

Meiner Meinung nach dürfte es sich um einen Vierfüßer, etwa einen Schneeleoparden, einen tibetischen Schneewolf oder, was wahrscheinlicher ist, um Rotwild gehandelt haben.

Erwähnenswert ist auch Tom Stobarts seltsames Erlebnis an der Moräne am Fuße des Pumori und des Kala Pattar. Eines Morgens hielt er unterhalb eines von Felsblöcken besetzen Gebirgskamms Ausschau nach Wild. Er ließ seine Augen über den Gebirgskamm wandern und verharrte einen Augenblick lang bei einem rotbraunen Felsblock, bevor er seinen Blick weiterwandern ließ, um später wieder zu dem Felsblock zurückzuschauen, der zu seiner Überraschung verschwunden war. Als er die Geschichte später erzählte, versicherte er, dass er selbst seine Position sicher nicht verändert hatte. Er untersuchte das Gebiet, fand aber zwischen den Felsblöcken keine Fußabdrücke. Da es keine Beweise gab, behielt er seine Beobachtung für sich und verzichtete auf die Behauptung, daß er einen meh-teh oder einen Landbären gesehen hatte. In diesem Gebiet wurden keine weiteren Beobachtungen gemacht, und das Rätsel, was er gesehen hat, wurde nie gelöst.

John Hunt erzählt in seinem Buch „The Ascent of Everest" von einer Begegnung mit dem obersten Lama von Thyangboche. Der ältere Herr erzählte ihm vom Besuch eines meh-teh am Grundstück der Gompa. Das Wesen bewegte sich manchmal auf den Hinterbeinen, manchmal auf allen Vieren. Schließlich verschwand es im Busch, nachdem die Mönche mit Hörnern und Seemuscheln gelärmt hatten, um es in die Flucht zu schlagen. Die Mitglieder des Everest-Teams zeigten sich fasziniert von dieser Geschichte, die jedoch keine Auswirkungen auf den Erfolg der Expedition hatte. Ich erwähne dies, weil John Hunt Jahre später in einem Interview hervorhob, dass die Sherpas abergläubische Vorstellungen über den meh-teh haben und den Anblick eines solchen mit einem drohenden Unglück in Zusammenhang bringen. Pasang Dawa Lama, sein persönlicher Sherpa und Freund, erzählte ihm, dass zwei Menschen nach dem Anblick eines solchen Wesens gestorben waren. Die beiden waren Mitglieder einer deutschen Gruppe in der Region der Zemu-Schlucht in der Nähe des Kangchendzönga im Nordosten Nepals. Auch meine Frau Eileen und ich erinnern uns an ähnlich abergläubische Empfindungen in diesem Zusammenhang. Wir waren Gäste in Changups Haus in Khumjung. Dieser unterhielt sich mit Dawa Tenzing und Lakpa Thondup sowie mit Urkien, Changups Tochter, die gerade aus dem Dorf Langden in Bhote Kosi zurückkam. (Urkien leitet heute das Snowland-Hotel in Pheriche, das sich an der Hauptroute der Trekker befindet, die zum Everest-Basislager aufsteigen.) Sie erzählte ihnen, dass die in Langden lebenden Menschen sehr verstört und ängstlich waren, weil sie ein seltsames Wesen gesehen hatten, bei dem es sich nur um den meh-teh handeln konnte. Alle Gäste schienen plötzlich das Gleiche zu denken, sie unterhielten sich nur noch im Flüsterton, die Stimmung war jäh gedämpft.

In jüngerer Zeit berichtete Reinhold Messner von einer Begegnung mit einem meh-teh, von dem er nur achtzehn Meter entfernt stand. Die Begegnung fand 1986 statt, hatte aber offenbar keine unglückseligen Folgen, da er gegen Ende jenes Jahres bei seinem Versuch, den Lhotse Shar zu besteigen, an unserem Camp in Chukung vorbeikam! Die faszinierendste Begegnung in letzter Zeit erlebte vermutlich Tony Wooldridge im Garwhal-Himalaya in einem Tal nördlich von Joshimath. Bei der Verfolgung von Fußabdrücken kam er in ein Gebiet mit unsicheren Schneeverhältnissen, in dem vor kurzem eine Lawine niedergegangen war. An der gegenüberliegenden Seite des Schneeabhangs befand sich ein Gebüsch, neben dem er eine Gestalt sah – ein Wesen mit dunklen Haaren, das etwa zwei Meter groß war und aufrecht auf zwei Beinen stand. Eine Vergrößerung des Fotos, das er aus großer Entfernung aufnahm, zeigt eine Gestalt, die einem Anthropoiden gleicht. Wooldridge hatte auch Fußspuren gesehen, die aus der Lawine führten. Bedauerlicherweise konnte er sich dem Wesen auf der anderen Seite der Lawine nicht nähern, um das Phänomen und die Spuren genauer zu untersuchen.

Zwei Professoren kamen über die Beweise, die Wooldridge vorlegte, zu unterschiedlichen Schlüssen. Der eine neigte zu der Ansicht, dass es sich vermutlich um einen Languren handelte, wobei er einräumte, dass es möglicherweise auch ein großer Primat sein

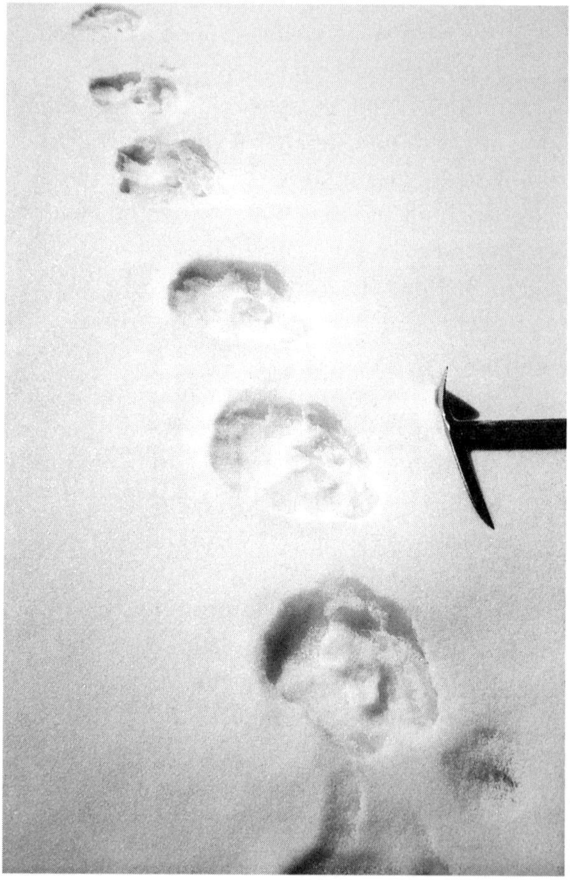

© John Jackson

*Spuren des „meh-teh" auf 5400 Meter Höhe, Khumbu 1954*

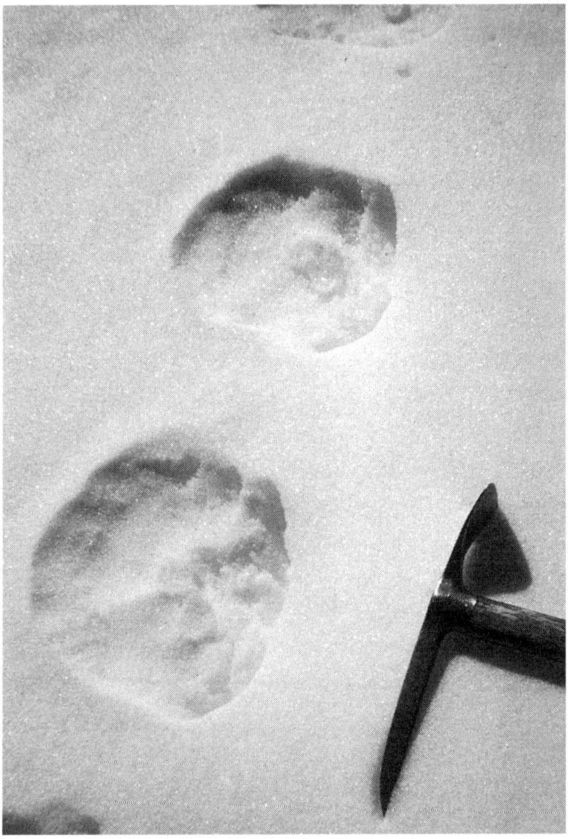



*Yeti-Spuren im Tal des Chola Khola, Khumbu 1954*

könnte, der von den Zoologen noch nicht erfasst wurde. Der zweite Gutachter, ein renommierter Professor der Anatomie und Anthropologe, kam zu dem Schluss, dass das Wesen auf der Fotografie ein Hominide war, was die Möglichkeit einräumte, dass es sich bei der Gestalt um einen Saddhu oder heiligen Hindu handeln könnte, der sich aus der Lawine gerettet hatte. Ich habe in einer Höhe über 3000 Meter nie einen Languren gesehen, da sie in Gebieten leben, in denen Bambus wächst. Dennoch wird dieser Primat oft als Antwort auf das Rätsel des Schneemenschen präsentiert. Und wenn nicht Languren die Lösung sind, dann werden die unerklärlichen Beobachtungen als wandernde Asketen interpretiert.

Wenn man nach anderen Lösungen des Rätsels sucht, sind vielleicht die Fußabdrücke der beste Anhaltspunkt. Ich habe die ersten auf dem Weg zum Everest-Basislager gesehen. Meine Begleiter waren Biswas, ein Zoologe, und Stan Jeeves, ein Fotograf.

Früh am nächsten Morgen stiegen wir zur Lobuche Yak-Hütte auf, die ein Stützpunkt der schweizerischen und britischen Everest-Teams in den Jahren 1952 und 1953 gewesen war. Wilfrid Noyce und Alfred Gregory hatten mir im Vorjahr, während sie am Weg zum gefrorenen Wasserfall waren, brieflich von dieser Yak-Hütte berichtet. Ich suchte nach Hinweisen auf ihre Expedition, fand aber nur eine Packung orangefarbener Kristalle in einem Spalt in der Wand. An diesem Tag war frischer Schnee gefallen, und wir fanden überall in der Umgebung Spuren von Füchsen, tibetischen Wildkaninchen, Schneeleoparden und des Himalaya-Schneehuhns, eines Vogels von der Größe eines Fasans. Rasch errichteten wir ein Meade-Zelt, verstauten unser Gepäck in der Yak-Hütte und dann setzten Stan und ich die Erkundung des durch Ablation entstandenen Tales fort, wobei wir erneut eine Spur fanden, diesmal die Abdrücke von Rotwild oder eines Wolfes. In der Nähe der Wolfsspur fanden wir andere größere Fußabdrücke, die etwa fünfundzwanzig Zentimeter lang und fünfzehn Zentimeter breit waren. Sie schienen älteren Datums zu sein, die Kontur war durch die Einwirkung von Wind und Sonne aufgeweicht. Vielleicht wurde sie dadurch vergrößert, mit Sicherheit handelte es sich jedoch um die Abdrücke eines größeren Tieres, die Spuren waren viel größer als alle, die wir bisher gesehen hatten. Wir folgten ihnen etwa siebzig Meter bis zur seitlichen Moräne des Khumbu-Gletschers, wo sie sich zwischen Steinen und Geröll verlor. Zwei Fußabdrücke waren besonders deutlich, sie zeigten die Abdrücke der Zehen, im Bereich der Ferse war der Abdruck vertieft. Als wir später nach Lobuche zurückkehrten, notierte ich in meinem Tagebuch: „Ich glaube, manche Fußabdrücke stammen weder von Katzen, noch von Kaninchen oder Rotwild; nach allem, was ich über die Tierwelt in Kaschmir und Ladakh weiß, würde ich sagen, dass die Abdrücke von einem Bären oder einem ähnlich großen Tier stammen."

Als wir den Wasserfall verließen, um nach Lobuche zurückzukehren, kamen wir an der Stelle vorbei, wo sich 1952 das Schweizer Basislager am Seebett des Gorak Shep befunden hatte. Einige der Schutzwände, die sie für die Zelte errichtet hatten, standen noch, kleine Grasbüschel wuchsen zwischen den Steinen. Zu unserer Überraschung flitzten zwischen den Steinen tibetische Wildkaninchen herum, von denen wir eines fingen.* Es sind hübsche, haarige Tierchen von der Größe eines Meerschweinchens, vielleicht etwas schneller und zierlicher. Später entdeckten wir weitere Wildkaninchen, manche in mehr als 5400 Meter Höhe. Während unseres ganzen Aufenthalts in Khumbu freuten wir uns über die Entdeckung, dass zahlreiche Säugetiere den Winter im Himalaya in großer Höhe verbrachten. Ich werde oft gefragt, ob in solcher Höhe Leben existiert, und kann berichten, dass wir in der Höhe von 4800 bis 5400 Meter Füchse, Nerze, Wiesel, Rotwild, Wölfe, Schneeleoparden und Berghasen sahen. Auch große Vögel wie Schneehühner, Streifengänse, Brahmahühner oder Rostgänse sind zu sehen. Die Sherpa lassen ihre Yaks während der Regenzeit in Höhen zwischen 4800 und 5400 Metern grasen – die Transhumanz ist ein wesentlicher Faktor der Sherpa-Wirtschaft.

* Mein Sherpa Ang Dawa fing den Tiapka (Ochotona), der von Dr. Biswas, dem Biologen der Daily-Mail-Expedition *Ochotona angdawai* benannt wurde, da es sich um eine neue Art handelte. Insgesamt wurden während der Schneemensch-Expedition zwei neue Arten und zwei neue Unterarten von Säugetieren entdeckt.

In diesen Höhenlagen ist ausreichend Pflanzenfutter für Tiere in der Größe von Yaks vorhanden, und auch Fleischfresser finden genug Nahrung unter Tieren wie Hochwild, Berghasen, Ziegen und Wildkaninchen. Wir fanden des öfteren größere Häufchen Fäkalien und trennten die Exkremente sorgfältig in ihre Bestandteile. Teile der Substanz waren halbverdaute Gräsersamen, Beeren und die Knochen vieler kleiner Säugetiere. Einmal konnten wir das Skelett eines Wildkaninchens rekonstruieren, woraus wir schlossen, dass das Tier, wie ein Bär, ein Allesfresser war. Wir dachten aber daran, dass auch der Schneemensch angeblich ein Allesfresser war.

Nach unserem Besuch am gefrorenen Wasserfall und nachdem wir das tibetische Wildkaninchen in Gorak Shep gefangen hatten, trafen wir schließlich bei Dunkelheit wieder in Lobuche an. Es war sehr kalt, aber am Morgen wurden wir von starkem Schneefall überrascht. Wir mussten die Hoffnung, die Fußabdrücke, die wir am Vortag gefunden hatten, zu untersuchen, begraben. Jedoch sind es genau solche Spuren, die große Aufregung erwecken und Anlass zu allerlei Mutmaßungen geben.

Sechs von uns hatten gerade eine alte Gletschermoräne am Chola Khola bestiegen. Mein Sherpa Ang Dawa zeigte aufgeregt auf den Boden und rief: „Meh-teh, meh-teh." Vorsichtig achteten wir beim Weitergehen darauf, dass wir die großen Fußabdrücke im Schnee nicht zerstörten. Sie lagen nahe beieinander und waren sehr groß, doch lagen sie nur in einem bestimmten Areal nahe beieinander. Dort fanden wir auch die Spur eines Schneehuhns und erkannten, dass das Tier mit den großen Abdrücken sich an den Vogel herangepirscht haben musste, der vermutlich entkommen war. Es lagen keine Federn herum, auch war kein Blut zu sehen. Sorgfältig untersuchten wir die Abdrücke und fotografierten sie. Drei Zehenabdrücke waren sichtbar, der restliche Vorderfuß war undeutlich. Auf einer Seite – jener, auf der auch die Zehenabdrücke zu sehen waren – war der Abdruck der Ferse immer vertieft. Die Abdrücke waren siebenundzwanzig Zentimeter lang und fünfzehn Zentimeter breit. Der Schnee war ebenso wie die Abdrücke fest, es gab keine Anzeichen von Beeinträchtigung durch Wind oder Sonne, was den Schluss nahelegte, dass sie während der letzten vierundzwanzig Stunden entstanden waren. Mit Sicherheit waren sie viel größer als alle Abdrücke von Bären, die ich je in Kaschmir gesehen hatte, und unterschieden sich in der Form von den Abdrücken des streitsüchtigen Kragenbären, den wir im Basislager in der Nähe von Thyangboche gefangen hatten.

Sie erinnerten mich an die Abdrücke, die Eric Shipton und Michael Ward am Menlung La fotografiert hatten. Größe und Form waren ähnlich, nur die große runde Zehe, die auf Shiptons Fotografie zu sehen war, fehlte. Während wir die

*Eric Shiptons berühmtes Foto mit dem Yeti-Fußabdruck*

Fußabdrücke in Chola Khola entdeckten, folgten andere Expeditionsteilnehmer der Spur von Fußabdrücken in einem angrenzenden Tal – dem oberen Dudh Kosi. Der Journalist Ralph Izzard hatte gemeinsam mit dem Großwildjäger Gerald Russel Spuren entdeckt, die sie mehr als zwei Tage lang verfolgten. Als wir später unsere Beobachtungen verglichen, stellte sich heraus, dass sie etwas kleiner waren als jene, die wir gesehen hatten: zweiundzwanzig Zentimeter lang und zwölf Zentimeter breit, bei einer Schrittlänge von 67 Zentimetern. Sie glichen bis auf die große, runde Zehe von der Form her jenen, die am Menlung La fotografiert wurden. Izzard und Russel folgten der Spur bis in eine Höhe von 5100 Metern.

Ähnliche Abdrücke fanden René Dittert und André Roch im Jahre 1952 während der Schweizer Everest-Expedition. Wieder wurden die Spuren in großer Höhe gefunden, doch unterschied sich die Beschreibung, da eine große Zehe von den vier anderen Zehen abgetrennt war. Die Schrittlänge betrug fünfundsechzig Zentimeter. Fotografien der von den Schweizern entdeckten Fußabdrücke gleichen den Fotografien der Abdrücke, die wir in Chola Khola sahen, und stammen meiner Meinung nach von der gleichen Tierart. Dr. Wyss Dunant, der Leiter der Schweizer Expedition, war der Meinung, dass die Abdrücke auf den Fotografien der Schweizer von einem Bären oder einem Artverwandten stammten. Als ich die Fotografien der Chola-Khola-Abdrücke mit jenen Shiptons vom Menlung La verglich, fand ich große Gemeinsamkeiten bis auf das ungelöste Rätsel der großen, ausgeprägt runden Zehe. Diese sieht aus, als ob ein Sherpa unabsichtlich einen Kompass oder den Deckel einer Kaffeekanne fallen gelassen hätte, da die Zehenform so perfekt abgerundet ist und die Kanten so prägnant sind. Es wäre interessant, andere Bilder des Abdrucks vom Menlung La zu sehen als jene, die in allen Illustrationen abgebildet sind, da dies Licht in das Rätsel um die große Zehe bringen könnte.

Professor John Napier äußerte in seinem Buch „Big Foot“ die Vermutung, dass die Fußabdrücke doppelt seien, d. h. dass zwei Spuren desselben Tieres übereinander gelegt wurden. Professor Lawrence Swan vermutete, dass die doppelten Spuren von einem Schneeleoparden stammen könnten, doch Napier zweifelt – wie ich meine, zu Recht –, dass die relativ kleinen Spuren des Schneeleoparden diese große Yeti-Spur erzeugt haben könnten. 1987 diskutierte ich während eines Aufenthalts in Kalifornien die Frage der Schneemensch-Abdrücke mit Swan und erkannte, dass dieser selbst nicht wirklich von seiner eigenen Vermutung überzeugt war. Nachdem ich die Abdrücke des Schneeleoparden selbst gesehen und fotografiert habe, ist mir schleierhaft, wie sie den Shipton-Abdruck erzeugt haben könnten.

Es besteht kein Zweifel, dass viele der großen Abdrücke, die dem Schneemenschen zugeschrieben werden, auf seltsame Weise entstanden. 1944 folgten Wilfrid Noyce und ich in Kaschmir einer Spur mit großen Abdrücken über einen Gletscher. Verblüfft entdeckten wir, dass die Einbuchtungen immer näher zusammenrückten. Schließlich entdeckten wir des Rätsels Lösung – ein Felsblock war den steilen Berghang hinabgerollt und über den Gletscher gepoltert. Der Wind und die Sonne hatten die Form verändert, die Spuren vergrößert und die Ränder aufgeweicht.

Auch andere Abdrücke, die wir im Chola-Tal fanden, entstanden auf seltsame Weise. Bill Edgar und ich folgten einer Reihe von Abdrücken, die durch die Schneeschmelze aufgeweicht und verbreitert waren. Später fanden wir ähnliche Spuren jüngeren Datums, die ich ebenfalls fotografierte. Während des Fotografierens wurde mir klar, wie sie entstanden waren. Unterhalb der Gletschermoräne, wo wir die Abdrücke gefunden hatten, wuchs hartes Gras – sogenanntes Borstgras. Tiere, die während des starken Schneefalls umherstreunten, hatten das Gras niedergebogen. Es wurde vom Schnee rasch zugedeckt, bevor es sich aufgrund seiner Elastizität wieder aufrichtete. Eine Spur des ursprünglichen Abdrucks war sichtbar, rund um den Abdruck war ein Weichbereich entstanden. Als sich das Gras wieder aufrichtete, hatte es ein ovales Schneemuster rund um den ursprünglichen Abdruck erzeugt. An manchen Stellen hatte sich das Gras befreit, und die Sonne brachte den Schnee rasch zum Schmelzen, wodurch der Boden im Umkreis deutlich zum Vorschein kam. So entstand der Anschein eines großen zehenlosen Wesens, das durch den Schnee wanderte. Dies ist ein Variante des von Eric Shipton, Norman Hardie und anderen beschriebenen „Elefanteneffekts". Jeder, der in den Bergen skigefahren oder gewandert ist, wird bemerkt haben, dass bei gefrorener Schneeoberfläche eine viel größere Fläche als die des Fußes einsinkt, wodurch große Konturen zurückbleiben, die an Untertassen erinnern. Schließlich entsteht durch die Sonnenschmelze und den Wind ein größeres Loch – der sogenannte „Elefantenabdruck". Hardie, der Leiter unserer Abordnung bei der Besteigung des Kangchendzönga im Jahr 1955, beschrieb in seinem Buch „In Highest Nepal", solche an Untertassen erinnernde Vertiefungen im Schnee. „Sie hatten die Größe eines kleinen Elefanten, ich ließ mich davon jedoch nicht täuschen, da ich wusste, dass, wenn Schnee auf einen großen Fußabdruck fällt, bei der Schneeschmelze ein großer Kreis wegbricht, wodurch eine Spur entsteht, die viel größer ist als der ursprüngliche Fuß." Er kam zu dem Schluss, dass die ursprünglichen Abdrücke von einem Yak stammten.

Viele kamen zu dem Schluss, dass der Einbruch des schmelzenden Schnees rund um den Original-Fußabdruck eines kleineren Tieres die Antwort auf das

Rätsel der Schneemensch-Spuren sei. Wölfe, Schneeleoparden, Hochwild, Ziegen, Languren, Yaks und andere große Säugetiere wurden immer wieder als Antwort vorgeschlagen. Es gibt viele Möglichkeiten, wie große Abdrücke im Schnee entstehen können, einige davon habe ich beschrieben. Ich glaube auch, dass es einige große Abdrücke gibt, die von einem Tier gemacht wurden, das noch nicht schlüssig identifiziert wurde. Dazu zählen beispielsweise die Fotografien von den großen Spuren, die Wyss Dunant in der Nähe des Everest aufnahm, jene, die Lester Davies im Kulti Nullah in Lahoul schoss, und die Eric-Shipton-Abdrücke am Menlung La, sowie meine Fotografien aus Chola Khola. Alle weisen Ähnlichkeiten im Aussehen, der Größe und der Schrittlänge auf. Unterschiedlich sind vor allem die Interpretationen.

Nach all dem Gesagten wäre es unfair, wenn ich nicht zumindest versuchen würde, meine persönliche Meinung darüber zu äußern, was eine mögliche Antwort auf das Rätsel des Schneemenschen wäre. Jahrelang habe ich vermutet, dass es sich um den tibetischen Schneebären handeln könnte, wenngleich nicht ohne Zweifel, da eine Autorität wie George Schaller das Tier in seinem Buch „Stones of Silence" nicht einmal erwähnt. Es wird jedoch von einigen Schriftstellern erwähnt, in dem von John Lall herausgegebenen Buch „The Himalaya" schreibt der Autor Ramjitsinh folgendes: „Die Bärenfamilie wird im Himalaya durch den Braunbären und den Kragenbären vertreten. Ein drittes Mitglied, der tibetische Schneebär, ist so selten, dass man so gut wie nichts über ihn weiß." Er setzt fort mit einem Bericht über einen Bären, den er an der Grenze zu Tibet sah, als er 1965 an der Grenze zwischen Bhutan und Tibet campierte. Obwohl das Fell dieses Tieres seit 150 Jahren bekannt ist, wurde nie ein tibetischer Schneebär gefangen. Die Pelze wurden erstmals zu Beginn des letzten Jahrhunderts aus Szetschuan in Nordchina gebracht, seither haben einige Jäger Felle, aber niemals eines der Tiere vom Himalaya mitgebracht.

Warum sollte die Antwort der Schneebär sein? Sherpas und andere Bewohner des Himalaya achten sehr stark auf ihre Umwelt und die Natur. Dies wurde mir nach der Besteigung des Kangchendzönga klar, als Sirdar Dawa Tenzing und der Sherpa Changup uns nach England begleiteten.

Zu jener Zeit unterrichtete ich in Redcar. Beide Gäste waren beeindruckt vom Meer und vom Sandstrand, den Schalentieren, Krabben, Seeanemonen und Quallen. Auch die vielen Seevögel erweckten ihr Interesse. Sie fragten mich nach dem Namen jedes Tieres, den Dawa in Sanskrit in seinem kleinen Buch notierte. Ähnliche Beobachtungen stellten sie an, als sie mich bei einem Schulausflug in den Lake District begleiteten. Aufgrund ihres Wissens und ihrer genauen Beobachtung von Flora und Fauna im Himalaya bin ich der Meinung, dass es sich bei dem Tier, dem die Sherpa den Namen „meh-teh-kangmi" oder „meh-teh" gaben – furchterregendes oder erschreckendes Schneetier –, wirklich um ein sehr seltenes Tier handeln muss, das vielleicht eine ungewöhnliche Farbe hat.

Den dzu-teh oder Landbären kennen sie gut genug, um ihn auszuschließen, und jede Vermutung, dass es sich beim meh-teh um einen Languren handeln könnte, stößt bei den Sherpas auf Ungläubigkeit. Mir scheint, dass der Schneebär (ursos arctos pruinosus) ziemlich selten und ungewöhnlich genug in der Farbe ist, um Bewohner des Himalaya, die ihn erstmals sehen, erschrecken und überraschen zu können. Ähnlich hatte das weiße Rhinozeros eine furchterregende oder erschreckende Wirkung auf die Bewohner Zentralafrikas, und erlangte schließlich religiöse Bedeutung. Gibt es irgendwelche Gründe dafür, dass der symbolhafte meh-teh der Thyangboche Gompa blau bemalt ist? Ist dies ein weiterer möglicher Anhaltspunkt dafür, dass des Rätsels Lösung der Schneebär ist? Oder ist die Farbe nur in der Phantasie von Kapa Kalden entstanden? Mit Sicherheit sind noch viele Fragen offen, und eine der seltsamsten ist die Tatsache, dass auf den alten Landkarten die Berge des Everest-, Nuptse-, Lhotse- und Makalu-Massivs „Mahalangur Himal", die Berge der großen Affen, genannt werden!

Eine letzte Überlegung: Es gibt zwei Pässe im Quellgebiet des Chola Khola; auf einem der beiden, dem Nimagawa La, errichteten wir während der Yeti-Expedition ein Aufstiegslager, um den Kang Cho Shar zu besteigen. Während unseres ersten Abends am Pass ließ ich meine Begleiter in ihren Zelten zurück und setzte mich ins Gras, um die letzten Minuten der Dämmerung zu genießen. Ein hartes Krachen und musikalisches Knarren drang aus dem Gletscher, auf das unendliche Stille folgte. Der Nimagawa und das riesige Tal des Dudh Kosi waren nur ein verschwommener, nebelhafter Riss zwischen mir und den gegenüberliegenden Bergen. Irgendwo dort, so dachte ich, müssen sich die verschiedensten Tiere aufhalten, die vielleicht auf der Jagd sind oder sich verstecken. Darunter könnten auch die Wesen sein, die die großen Fußspuren am Chola Khola zurückließen, und ich konnte mir gut vorstellen, dass sie in dieser zerklüfteten Umgebung Nahrung und Unterschlupf fanden. Sollte meine Vermutung stimmen, so bedauerte ich sie, da dies vielleicht ihre letzte Zuflucht war, die letzte Phase ihrer Existenz, dass es ihnen ergehen würde wie den Höhlenbären Europas während der Eiszeit. Leise stand ich auf, um zu den Zelten zurückzukehren, und wie zur Bestätigung meiner Gedanken trug der Wind einen schwachen Seufzer aus dem Schweigen.

*Joe Simpson feiert im Jahr 2000 seinen vierzigsten Geburtstag. Er wäre allerdings der erste, der eingestehen würde, dass die vergangenen 15 Jahre für ihn eigentlich geborgte Zeit waren, denn eigentlich dürfte er nicht mehr am Leben sein.*

*Mit 25 Jahren gelingt ihm und seinem Seilgefährten die Erstdurchsteigung der Westwand des Siula Grand in den peruanischen Anden. Das Schicksal schlägt zu, als Joe beim Abstieg stürzt und sich ein Bein bricht. Sein Partner Simon fängt den Sturz mit letzter Kraft im Seil auf und versucht dann, den Verletzten vorsichtig am Seil weiter abrutschen zu lassen.*

*Nach Stunden schmerzhaftester Versuche, Seillänge um Seillänge abzusteigen, rutscht Joe nochmals im steilen Eisfeld aus und stürzt über eine Klippe. Wieder fängt Simon den Sturz ins Seil auf, doch nun hat er den Sichtkontakt zu seinem Gefährten verloren und weiß nicht, in welcher Lage sich Joe befindet. Der baumelt über einem Abgrund im Seil ohne die geringste Chance, sich aus eigener Kraft wieder hocharbeiten zu können. Simon versucht noch, langsam Seil zu geben und hofft, dass Joe irgendwo einen Stand findet, doch bald muss er einsehen, dass es nur mehr eine Frage der Zeit ist, bis ihn das Gewicht seines Freundes aus dem eigenen Stand im steilen Eisfeld ziehen würde und sie beide verloren wären.*

*In höchster Not bleibt ihm keine Wahl: mit seinem Taschenmesser durchtrennt er das Seil in dem schrecklichen Wissen, seinen Freund damit zu Tode zu befördern.*

*Doch Joe fällt in eine Eisspalte, kommt wie durch ein Wunder auf einer kleinen Schneebrücke zu liegen und sieht im Licht seiner Taschenlampe, dass unter ihm ein finsterer Abgrund von mindestens nochmals 30 Metern gähnt. Er sieht am schmalen Himmelsausschnitt über ihm die Sterne und weiß, dass er sterben wird. Den Tod erwartend schafft er es trotz zerschmettertem Fuß, sich Zentimeter für Zentimeter aus der Spalte herauszuarbeiten. Die unglaubliche Geschichte seines Überlebens erzählt er im Bestseller „Touching the Void" (Sturz ins Leere), aus dem der folgende Ausschnitt stammt.* *A. S.*

Der folgende Text wurde entnommen aus: Joe Simpson, Sturz ins Leere. 4. Aufl. Serie Piper: München 1997, S. 153–167. 

*Joe Simpson*

# *Sturz ins Leere*

Der Schnee machte weiche, raschelnde Geräusche, während er in die Tiefen hinunterrieselte. Ich starrte auf die Eisschraube weit über mir und beobachtete, wie sie kleiner wurde. Die Eisbrücke, die meinen Sturz aufgehalten hatte, zeichnete sich klar ab. Hinter ihr verblaßte die offene Kaverne in der Spalte in den Schatten. Ich hielt das Seil sanft und ließ es weich und flüssig durch die Sicherungsplatte gleiten.

Das Verlangen, das Abseilen anzuhalten, war fast übermächtig. Ich hatte keine Ahnung, was unter mir lag. Ich war mir nur zweierlei gewiß: Simon war weg und würde nicht zurückkehren, und das wiederum bedeutete, daß es mit mir zu Ende war, wenn ich auf der Eisbrücke blieb. Es gab keinen Fluchtweg nach oben, und der Abstieg auf der anderen Seite war nicht viel mehr als eine Einladung, allem schnell ein Ende zu setzen. Ich war in Versuchung geraten, doch trotz meiner Verzweiflung merkte ich, daß ich den Mut zum Selbstmord nicht aufbrachte. Auf der Eisbrücke hätte es lange gedauert, bevor Kälte und Erschöpfung mich übermannt hätten, und die Vorstellung, allein und wahnsinnig geworden so lange zu warten, hatte mich zu diesem Entschluß getrieben: mich abzuseilen und auf einen Ausweg zu hoffen oder dabei den Tod zu finden. Ich wollte ihn lieber aufsuchen als auf ihn warten. Jetzt gab es kein Zurück mehr, doch alles in mir schrie, anzuhalten.

Ich konnte mich nicht überwinden, hinabzuschauen, um zu sehen, was dort unten lag. Ich wagte nicht, mich umzudrehen und bloß ein weiteres tiefes Loch zu entdecken. Bei seinem Anblick würde ich sogleich anhalten – und was dann? Ein verzweifelter Kampf gegen den steilen Zug des Hangs würde beginnen, um am Seil zu bleiben, unfähig, die Eisbrücke wiederzugewinnen, immer im hektischen Bemühen, so lange als möglich hängen zu bleiben ... Nein! Ich konnte nicht hinabschauen. So tapfer war ich nicht. In Wahrheit war es schon schwierig genug, die Furcht abzuwenden, die mich aufzusaugen drohte, während ich abstieg. Entweder dies – oder gar nichts! ... Ich hatte auf der Eisbrücke meine Wahl getroffen, und jetzt konnte ich nicht mehr zurück. Wenn es schon hier enden sollte, wollte ich, daß es plötzlich und unerwartet geschah, daher hielt ich meine Augen fest auf die Eisschraube weit über mir gerichtet.

Der Abhang wurde steiler. Etwa fünfzehn Meter unter der Eisschraube spürte ich meine Beine plötzlich unter mir ins Leere schwingen. Mein Griff hielt das Seil unwillentlich fest. Dies war der Absturz, den ich von der Eisbrücke oben gesehen hatte. Ich starrte zu dem Sims hoch und versuchte mich dazu zu bringen, das Seil wieder freizugeben. Ich hatte dieses Gefühl schon früher erlebt, wenn ich auf der Kante eines Sprungbretts stand, beobachtete, wie die Wassertropfen sich aus meinem Haar lösten und ins Becken hinunterfielen, während in mir ein Kampf tobte und ich mich selbst überzeugen mußte, daß nichts dabei war, mich anstachelte, und dann in atemberaubendem Sturzflug weg ins Leere, und ein Lachen, als ich sicher unten ins Wasser eintauchte. Das Wissen, daß ich mich nur abseilen konnte, bis das Seil auslief und ich ins Leere stürzte, sobald sein unverknotetes Ende durch die Sicherungsplatte peitschte, ließ mich das Seil mit meiner erfrorenen Hand nur noch fester umklammern. Schließlich gab ich es frei, und das vertraute Gefühl – daß sich das Sprungbecken plötzlich zur Seite bewegen oder das Wasser sich leeren könnte, sobald ich eintauchte – stellte sich wieder ein, obwohl ich diesmal nicht wußte, ob es hier überhaupt so etwas wie ein Becken zum Hineinspringen gab.

Ich seilte mich langsam über die Kante ab, bis ich senkrecht am Seil hing. Die Wand des Absturzes war hartes, klares Wassereis. Ich konnte die Eisschraube nicht mehr sehen, daher starrte ich ins Eis, während ich fortfuhr, mich an der Wand vorbei hinunterzulassen. Eine kurze Weile fesselte sie meine Aufmerksamkeit, doch während das Licht um mich schwächer wurde, schwappte die Furcht über, und ich konnte mich nicht länger beherrschen. Ich hielt an.

Ich wollte schreien, doch es ging nicht. Ich war wie gelähmt, unfähig zu denken, während Wellen von Panik durch mich spülten. Aus mir brach die ganze quälende Erwartung von etwas Unbekanntem und fürchterlich Beängstigendem heraus, und eine hilflose, unermeßliche Zeit hing ich bebend am Seil, den Schutzhelm an die Eiswand gepreßt und die Augen fest geschlossen. Ich mußte sehen, was unter mir war, denn trotz aller meiner Vorsätze hatte ich nicht den Mut, es blind zu tun. Noch mehr Angst konnte es mir sicher nicht einjagen. Ich blickte zum Seil, das sich straff über mir durchzog. Es lief die Wand hoch und verschwand rund sechs Meter über mir auf dem Hang oben. Es gab keine Möglichkeit, zu diesem Hang zurückzukommen. Ich schaute zur Spaltenwand neben meiner Schulter. Auf der anderen Seite ragte in drei Meter Entfernung eine weite Eiswand hoch. Ich hing in einem Schacht aus Wassereis. Der Entschluß, hinunterzublicken, erfolgte, als ich mich umdrehen wollte: Beim schnellen Herumschwingen stieß ich mein zerschmettertes Knie an die Eiswand und heulte rasend vor Schmerz und Angst auf. Doch statt zu sehen, wie das Seil lose unter mir ins Nichts baumelte, starrte ich ausdruckslos auf den

Schnee unter meinen Füßen und konnte kaum glauben, was ich sah. Ein Boden! Da war ein breiter, schneebedeckter Boden, keine fünf Meter unter mir. Keine Leere, kein schwarzes Nichts. Ich fluchte leise und hörte es von den Wänden um mich zurückflüstern. Dann stieß ich einen Schrei des Entzückens und der Erleichterung aus, der in der Spalte herumdröhnte. Ich brüllte und schrie, hörte zwischen den Schreien den Echos zu und lachte. Ich war auf dem Grund der Spalte.

Als ich wieder bei Sinnen war, sah ich mir den Schneeteppich, über welchem ich baumelte, genauer an. Mein Jubel wurde rasch gedämpft, als ich dunkle, bedrohliche Löcher in der Oberfläche entdeckte. Es war also gar kein Boden. Die Spalte öffnete sich zu einer birnenförmigen Kuppel. Ihre Seiten bogen sich bis zu einer Breite von fünfzehn Metern von mir weg, bevor sie sich wieder verengten. Der Schneeboden schnitt durch das flache untere Ende dieser Höhle, während die Wände über mir sich verjüngten, um das schmale Ende der Birne zu formen, kaum drei Meter von einer Seite zur anderen und fast dreißig Meter hoch. Kleine Bruchstücke krustigen Schnees prasselten vom Dach herunter.

Ich schaute mich in dem geschlossenen Gewölbe aus Schnee und Eis um, um mich mit seiner Gestalt und Größe vertraut zu machen. Gegenüber näherten sich die Wände einander zwar wieder, trafen sich jedoch nicht. Eine enge Lücke war von oben mit Schnee angefüllt worden und bildete einen Kegel, der den ganzen Weg zum Dach hoch anstieg. Er war an der Sohle knapp fünf Meter breit und maß oben nur noch ein bis eineinhalb Meter.

Eine Säule aus goldenem Licht schimmerte schräg von einem kleinen Loch im Dach herab und versprühte einen hellen Widerschein von der entfernten Spaltenwand. Ich war wie hypnotisiert von diesem Strahl Sonnenlicht, der von der wirklichen Welt draußen durch die gewölbte Decke brannte. Er schlug mich derart in Bann, daß ich vergaß, wie unsicher der Boden unter mir war, und mich den Rest des Seils hinuntergleiten ließ. Ich würde diesen Sonnenstrahl erreichen. Ich wußte es auf einmal mit absoluter Gewißheit. Wie ich es anstellen und wann ich ihn erreichen würde, kümmerte mich nicht. Ich wußte es einfach.

In Sekundenschnelle hatte sich meine ganze Verfassung geändert. Die matten, angsterfüllten Nachtstunden waren vergessen, und das Abseilen, das mich mit solch klaustrophobischer Furcht erfüllt hatte, war wie weggewischt. Die zwölf verzweifelten Stunden, die ich im unnatürlichen Schweigen dieses ehrfurchtgebietenden Ortes verbracht hatte, schienen plötzlich nicht mehr so alptraumhaft zu sein, wie ich mir eingebildet hatte. Ich konnte etwas Positives tun. Ich konnte kriechen und klettern und immer so weiter, bis ich dieser Gruft entronnen war. Vorher war mir nichts anderes übriggeblieben, als auf der Eisbrücke zu liegen und zu versuchen, mich nicht verängstigt und einsam zu fühlen, und eben diese Hilflosigkeit war mein schlimmster Widersacher gewesen. Jetzt hatte ich einen Plan.

Die Veränderung in mir war erstaunlich. Ich fühlte mich belebt, voller Energie und Optimismus. Ich konnte die möglichen Gefahren sehen – sehr reale Risiken, die meine Hoffnungen zunichte machen konnten –, doch irgendwie wußte ich, daß ich sie überwinden würde. Es war, als wäre mir gnädigerweise diese eine Möglichkeit zur Flucht gewährt worden, und ich ergriff sie mit jedem Funken Kraft, der noch in mir steckte. Ein mächtiges Gefühl von Zuversicht und Stolz überflutete mich, als ich erkannte, wie recht ich getan hatte, die Brücke zu verlassen. Ich hatte trotz meiner schlimmsten Befürchtungen die richtige Entscheidung getroffen. Ich hatte es geschafft und war überzeugt, daß nichts Schlimmeres auf mich warten konnte als diese Stunden der Marter auf der Brücke oben.

Meine Schuhe berührten den Schnee, und ich hielt den Abstieg an. Ich saß in meinen Klettergurten, hing frei etwa einen Meter vom Boden weg und musterte sorgfältig seine Oberfläche. Der Schnee sah weich und pulvrig aus, was mich sogleich mißtrauisch machte. Ich blickte die Wand entlang, wo der Boden an die Wände stieß, und fand bald, wonach ich suchte: An mehreren Stellen gab es dunkle Lücken zwischen den Eiswänden und dem Schnee. Es war also kein Boden, sondern vielmehr eine Hängedecke durch die Spalte, die den Abgrund darunter von der oberen Kammer trennte, wo ich saß. Der Anfang des Schneehangs, der zum Sonnenschein hochlief, lag zwölf Meter von mir weg. Der einladende Schneeteppich zwischen mir und dem Hang verlockte mich, hinüberzurennen. Die Vorstellung ließ mich glucksend lachen. Ich hatte ganz vergessen, daß mein rechtes Bein zu nichts mehr taugte. Schon gut. Hinüberkriechen ... aber welchen Weg? Quer hinüber oder immer schön nahe an der Rückwand?

Es war eine schwierige Entscheidung. Ich machte mir weniger Sorgen, mit meinem Fuß durch den Boden zu stoßen, als über den Schaden, den ein solches Einbrechen der fragilen Schneedecke zufügen würde. Ich wollte um keinen Preis den Boden zerstören und mich auf der falschen Seite einer unüberbrückbaren Kluft gestrandet wissen. Das wäre nicht auszuhalten. Ich blickte nervös zu dem Sonnenstrahl, versuchte aus ihm Kraft zu schöpfen und faßte schnell einen Entschluß – quer durch die Mitte. Es war die kürzeste Distanz, und nichts wies darauf hin, daß es hier riskanter wäre als an den Seiten. Ich ließ mich sanft hinunter, bis ich auf dem Schnee saß, den Hauptteil meines Gewichts jedoch noch immer am Seil hatte. Es war qualvoll, zentimeterweise Seil zu geben und mein Gewicht allmählich hinunterzulassen. Ich merkte, wie ich den Atem anhielt. Jeder Muskel in meinem Körper war gespannt. Ich war mir der geringsten Bewegung im Schnee aufs schärfste bewußt und fragte mich, ob es nicht damit enden würde, daß ich langsam durch den Schneeboden sank. Dann ließ ein Teil der Spannung im Seil nach, und ich merkte, daß der Boden hielt. Ich holte tief Atem und löste meine schmerzende Hand vom Seil.

Fünf Minunten saß ich nur ruhig da und versuchte, mich an das prekäre Gefühl zu gewöhnen, von einer zerbrechlichen Schneedecke über einem riesigen Absturz in der Schwebe gehalten zu werden. Verspätet erkannte ich, daß dies etwas war, woran ich mich nicht erst gewöhnen konnte, daß mir also gar keine andere Wahl blieb als zu versuchen, die Kluft zu überqueren. Ich legte zwölf Meter Seil aus und knüpfte die restlichen neun Meter an meinen Gurten fest; dann legte ich mich ausgespreizt auf den Bauch und begann verstohlen gegen den Schneekegel zu robben. Die Angst ließ nach, je mehr ich mich der anderen Seite näherte. Ein gelegentlicher dumpfer Laut verriet mir, daß Schnee in den Absturz unter dem Boden weggebrochen war. Beim leisesten Geräusch wurde ich stocksteif, hielt den Atem an und fühlte, wie mein Herz hämmerte, bevor ich mich weiterbewegte. Die schwarzen Löcher im Boden lagen alle hinter mir, als ich die Hälfte der Strecke zurückgelegt hatte, und ich spürte, daß ich jetzt über dickeren und stärkeren Schnee kroch.

Nach zehn Minuten lag ich platt gegen den Hang, der zu der goldenen Sonne im Dach anstieg. Das Seil lief in einem Bogen von der Eiswand und dem steilen Hang darüber, der zur Eisbrücke hochlief. Hätte ich bloß gewußt, daß hier unten ein Boden war! Ich hätte mir soviel ersparen können. Mich schauderte bei dem Gedanken, daß ich dort oben gewartet hätte. Es wäre eine ausgedehnte, eiskalte Nachtwache des Irrsinns geworden, an deren Ende ich nach Tagen zehrender Verzweiflung in eine erschöpfte Bewußtlosigkeit geglitten wäre.

Ich blickte am Schneekegel hoch. Einen Moment lang fragte ich mich, ob ich mir mit der Vorstellung, ich könne die Sonne dort oben erreichen, nicht etwas vorgegaukelt hatte. Der Weg war lang und steil. Ich konnte den Hang angeseilt erklettern. Während ich an Höhe gewann, würde das Seil mit mir zurückwandern, bis es fast horizontal zwischen Schneebrücke und Sonnendach hing. Bei einem Sturz von irgendwo würde es mich allerdings nicht daran hindern, geradewegs durch den Boden zu brechen, wo ich wie an einem Pendel in der unteren Kaverne herumschwingen würde, bis ich auf die Eiswand aufschlug, an der ich mich abgeseilt hatte. Falls dies geschah, gäbe es weder eine Rückkehr zum Schneekegel noch zur Eisbrücke. Ich dachte daran, ohne

Seil zu klettern – das Ende wäre zumindest barmherzig schnell –, schlug mir den Gedanken aber aus dem Kopf. Ich brauchte das Seil. Es gab mir ein Gefühl der Sicherheit.

Ein leichter Luftzug fuhr durch die Spalte. Ich fühlte ihn auf meiner Wange, ein frostiger, tödlicher Hauch von irgendwoher tief unter mir. Das Licht in der Kammer war eine seltsame Mixtur aus graublauen Schatten und tanzenden Lichtreflexen an den Eiswänden, die mich umgaben. In die Wände eingebettete Felsbrocken ragten schroff aus dem nassen, halb durchsichtigen Eis. Ich ruhte mich am Fuß des Schneekegels aus und nahm die Atmosphäre der Spalte in mich auf. Trotz all ihrer schweigsamen Bedrohung lag in der Kammer mit ihrer großartigen, gewölbten Kristalldecke und ihren schimmernden, von Myriaden herabgefallener Steine inkrustierten Wänden ein Gefühl von Heiligkeit. Hinter dem großen, von der Eisbrücke gebildeten Tor, welches das stille Gewölbe dahinter verbarg, blickten Schatten ins Dunkle. Die Bedrohung existierte nur in meiner Phantasie, aber ich konnte sie nicht daran hindern, mit meinem Verstand ihr Spiel zu treiben, als hätte dieses Wesen hier mit der unpersönlichen Geduld der Jahrhunderte auf ein Opfer gewartet. Es hatte jetzt mich; und ohne den Sonnenstrahl hätte ich vermutlich einfach dagesessen, betäubt und besiegt von seiner unversöhnlichen Stille. Mich schauderte. Die Luft war ungemütlich kalt. Sie lag deutlich unter dem Gefrierpunkt. Draußen sprühte ein Windstoß Pulver durch das Loch im Dach, und ich sah fasziniert zu, wie er leicht im Sonnenlicht trieb. Es war Zeit zu klettern.

Ich stand behutsam auf mein linkes Bein auf und ließ die beschädigte Gliedmaße nutzlos über dem Schnee baumeln. Sie war während der Nacht steif geworden und hing jetzt kürzer als mein gesundes Bein. Zu Anfang war ich mir nicht sicher, wie ich es anstellen sollte, den Hang zu erklettern. Ich schätzte ihn etwa vierzig Meter hoch – zehn Minuten Arbeit mit zwei Beinen. Es war die Hangschräge, die mir Sorgen machte. Zuerst stieg sie in einem Winkel von nur fünfundvierzig Grad an, und ich war zuversichtlich, mich dort hochzerren zu können, doch mit zunehmender Höhe vergrößerte sich auch der Steigungswinkel. Die obersten sechs Meter sahen beinahe senkrecht aus. Ich wußte, daß meine Augen genarrt wurden, da sie direkt den Hang hochschauten, und schloß daraus, daß es ganz oben nicht mehr als fünfundsechzig Grad steil sein konnte. Die Vorstellung war nicht sehr ermutigend. Der lockere Pulver wäre selbst ohne die Verletzung äußerst anstrengend gewesen. Ich unterdrückte einen wachsenden Pessimismus, indem ich mich schalt, ich hätte Glück gehabt, überhaupt so einen Hang zu finden.

Die ersten Schritte waren noch unbeholfen und unkoordiniert. Ich grub meine Eispickel tief in den Schnee über mir ein und zog mich dann mit den

Armen hoch. Das würde am steileren Stück oben nicht mehr funktionieren, und zudem erkannte ich, wie riskant es war. Wenn ein Pickel aus dem Schnee ausriß, würde ich abstürzen. Ich hielt an und versuchte eine bessere Methode auszutüfteln. Mein Knie pochte schmerzhaft und mahnte mich schroff, daß noch ein sehr weiter Weg vor mir lag.

Die Muster! Ich erinnerte mich, wie ich mit Simon zum Joch hinüber traversiert hatte. Es schien schon so lange her. So wird's gemacht! Finde einen Ablauf und halte dich daran. Ich ruhte auf meinen Pickeln aus und sah auf mein gutes Bein, das in den Schnee gegraben war. Ich versuchte, das verletzte Bein parallel dazu hochzuheben, und stöhnte, als das Knie knirschte und sich weigerte, sich richtig zu biegen, so daß der Schuh etwa fünfzehn Zentimeter unter den guten Fuß zu stehen kam. Schmerz zuckte hoch, als ich hinunterlehnte und eine Stufe in den Schnee grub. Ich stampfte sie mit dem Pickel fest, so gut es ging, und hob dann gleich darunter eine kleinere Stufe aus. Als ich fertig war, pflanzte ich beide Pickel über mir in den Hang, biß die Zähne zusammen und hob mein brennendes Bein hoch, bis der Schuh im unteren Tritt ruhte. Ich stützte mich auf die Pickel und machte von meinem guten Bein aus einen krampfhaften Hüpfer, wobei ich die Arme hart hinunterdrückte, um Extraschub zu erhalten. Ein schneidender Schmerz barst aus meinem Knie, da mein Gewicht einen Moment lang darauf lastete, und ließ dann nach, als das gute Bein einen Halt auf dem höheren Tritt fand. Ich schrie etwas Obszönes, das ulkig in der Kammer herum widerhallte. Dann bückte ich mich, um zwei weitere Tritte zu graben und das Muster zu wiederholen. Bücken, hüpfen, ausruhen; bücken, hüpfen, ausruhen … Die lodernden Schmerzen verschmolzen in der Routine, und ich schenkte ihnen nicht soviel Aufmerksamkeit, sondern konzentrierte mich einzig auf das Muster. Trotz der Kälte schwitzte ich ausgiebig. Pein und Strapazen vermengten sich in eins, und während ich ganz von dem Ablauf aus Hüpfen und Graben absorbiert wurde, verging die Zeit unbemerkt. Ich widerstand der Versuchung, hoch- und hinabzuschauen. Ich wußte, daß ich schrecklich langsam vorwärtskam, und wollte nicht daran erinnert werden, wenn ich den Sonnenstrahl noch immer weit über mir sah.

Nach zweieinhalb Stunden war der Hang beträchtlich steiler geworden, und ich mußte beim Hüpfen besonders achtgeben. Es gab einen kritischen Punkt, wenn mein ganzes Gewicht auf den in den lockeren Schnee eingetriebenen Pickeln war, und die Steigung zwang mich, meine Bewegungen präzise auszubalancieren. Bei zwei Gelegenheiten wäre ich beinahe abgestürzt. Ein Hüpfer hatte den guten Tritt verpaßt, und ich war in den kleineren Tritt darunter hinabgeschlittert, so daß sich mein Knie unter dem Gewicht verdrehte. Ich hatte hart kämpfen müssen, um stehenzubleiben und die Übelkeit und Schwäche abzuschütteln. Das zweite Mal war ich zwar zielgenau, aber zu sprunghaft gehüpft und hatte das Gleichgewicht verloren. Wiederum spürte ich, wie sich etwas in meinem Knie bewegte und knirschte, während ich mich heftig nach vorn in den Schnee schwang, um einen Absturz zu vermeiden. Es war eigenartig, zu fluchen und zu schluchzen und gleichzeitig zu hören, wie sich die Töne in der Kammer unten wiederholten. Noch eigenartiger war ein akutes Verlegenheitsgefühl, so zu jammern. Es war niemand da, der mich hörte, doch die drohend aufragende leere Kammer hinter mir machte, daß ich mich gehemmt fühlte, als wäre sie ein mißbilligender stummer Zeuge meiner Schwäche.

Ich ruhte mich mit dem Kopf gegen den Schnee aus. Ich war schweißgebadet, kühlte jedoch schnell ab, sobald ich innehielt. Bald schlotterte ich. Ich blickte zum Dach hoch und sah entzückt, wie die Sonne mich fast berührte. Ein Blick hinter mich zeigte mir, daß ich zwei Drittel des Weges den Schneekegel hoch geschafft hatte. Von meinem luftigen Sitz wirkte die Kammer sogar noch höhlenartiger. Das Seil hing im Halbbogen von meinen Klettergurten zu der Eisschraube bei der Eisbrücke. Ich war gleich hoch wie die Brücke, und es hing frei vom Hang, über den ich mich abgeseilt hatte, und schwang fünfundzwanzig Meter über dem Boden der Kammer unter mir. Als ich zur Eisbrücke hinüberschaute, fühlte ich mich leicht beunruhigt bei der Erinnerung an die dort verbrachte Zeit. Jetzt, wo ich mich nach der Sonne streckte, konnte ich kaum glauben, wie verzweifelt ich in der Nacht und während des Abseilens gewesen war. Das war meine bisher härteste Probe gewesen, und beim Gedanken daran fühlte ich eine Woge von Zuversicht in mir aufsteigen. Es lohnt sich, weiterzukämpfen. Ich drehte mich zum Hang zurück und begann wieder Stufen auszuheben.

Es kostete mich nochmals zweieinhalb Stunden, um einen Punkt drei Meter unter dem Loch im Dach zu erreichen. Das Gefälle des Schnees war unglaublich schwierig geworden, und jeder Hüpfer wurde zum kalkulierten Risiko, das Gleichgewicht nicht zu verlieren und den Schritt auszuführen. Zum Glück verbesserte sich der Schneezustand, je weiter sich der Kegel verjüngte, und ich merkte, daß mein Pickel in der Eiswand links von mir einen soliden Halt fand. Obwohl ich das Dach bald erreicht hatte, verließ mich die Zuversicht. Der Schmerz erreichte ein bestimmtes Maß und blieb dann konstant. Keine noch so große Vorsicht konnte verhindern, daß ich mein Knie zeitweilig belasten mußte, und ich fühlte mich von dem fortwährenden verdrehten und zuckenden Knirschen in der Bruchstelle ganz schwach und angeekelt. Ich bückte mich wieder in den Hang hinein und hüpfte, wobei ich mich mit aller Kraft am Pickel hochzog, den ich in die Wand gesetzt hatte, und meinen Schuh in den Tritt kriegte, ohne daß das lädierte Knie weh tat. Das Schneedach strich über meinen Helm. Ich stand direkt unter dem kleinen, kopfgroßen Loch im Schnee. Der Glanz der Sonne blendete mich, und als ich hinunterblickte, war die Kammer in pechschwarzer Dunkelheit verschwunden. Ich hievte mein Bein in den neuen Tritt hoch, den ich gegraben hatte, und bereitete mich auf den nächsten Hüpfer vor.

Hätte mich jemand aus der Spalte auftauchen sehen, er hätte wohl lauthals gelacht. Auf einmal tauchte mein Kopf durch das Schneedach auf, und ich starrte wie ein Ziesel auf die Szenerie draußen. Ich hielt den Pickel, der in die Spaltenwand gehämmert war, fest umklammert, stand auf einem Bein, streckte den Kopf aus dem Schnee, drehte ihn herum und nahm den ergreifendsten Anblick in mich auf, der sich mir je geboten hatte. Der Kranz der Berge, die den Gletscher umringten, war so spektakulär, daß ich kaum wiedererkannte, was ich sah. Die vertrauten Gipfel waren von einer Schönheit, die mir nie zuvor aufgefallen war. Ich konnte Eisfelder und zart gerippte Grate sehen, und ein dunkles Moränenmeer kräuselte sich von der Gletscherzunge weg. Am Himmel stand keine einzige Wolke, und die Sonne funkelte in grimmiger Hitze grell aus seiner azurblauen Leere. Ich stand stumm und wie betäubt und konnte noch immer nicht glauben, daß ich endlich wieder frei war. Meine Sinne waren so arg in Mitleidenschaft gezogen, daß ich vergessen hatte, was mich in diesem Augenblick des Entrinnens erwartete.

Ich zog meinen Hammer aus der Spalte und trieb ihn draußen in den Schnee. Als ich mit einem Hüpfer aus dem gähnenden Absturz hinausrollte, lag ich vor Erleichterung wie betäubt auf dem Schnee. Ich fühlte mich, als hätte ich viel zu lange gegen jemanden angekämpft, der viel zu stark für mich war. Obwohl die Sonne meinen Rücken wärmte, zitterte ich noch immer. Das schwere Gewicht von Verzweiflung und Angst, das in der Eiskammer so lange Zeit auf mir gelastet hatte, schien unter der Sonne wegzuschmelzen. Ich lag träge auf dem Schnee, das Gesicht dem Gletscher zugewendet, den Kopf leer von Gedanken. Die Erleichterung, die mich durchspülte, machte mich etwas benommen und schwach, als hätte ich die letzten Energiereserven in mir aufgebraucht. Ich mochte mich nicht rühren, mochte nicht riskieren, die Wohligkeit und den Frieden zu stören, reglos hier im Schnee zu liegen. Die wohltätige Erholung von Spannung, Dunkelheit und alptraumhaften Vorstellungen hüllte mich ganz ein. Erst jetzt erkannte ich, wie hektisch ich jede Sekunde während der vergangenen zwölf Stunden gewesen war, und als Reaktion darauf kapselte sich mein Verstand von allem ab und überließ sich ganz der Entspannung. Die Sonne machte mich schläfrig. Ich wollte schlafen und vergessen. Ich hatte es wider Erwarten geschafft. Ich war davongekommen, ohne je damit gerechnet zu haben, und das war im Moment mehr als genug.

Ich schlief nicht, sondern lag still in einem halbbewußten Schwebezustand und gewöhnte mich langsam an meine neue Welt. Ich ließ meine Augen ruckartig von Anblick zu Anblick wandern, ohne den Kopf zu bewegen, und registrierte die vertraute Landschaft, als sähe ich sie zum erstenmal. Der Gletscher wellte sich wie eine gefrorene Zunge nach Norden weg und zerbrach an den schwarzen Moränen hinter seiner Stirn in ein Labyrinth von Spalten. Die Moränen wälzten sich chaotisch durch ein breites, felsiges Tal, bis sie sich lichteten und in weiter Entfernung am Ufer eines kreisrunden Sees in Schlamm und Geröll übergingen. Ein weiterer See gleich hinter dem ersten ließ Sonnenlicht von seiner Oberfläche blitzen. Der Sarapo versperrte mir die Sicht, doch ich wußte, daß der zweite See wieder an einem Moränenwall endete, und dahinter lagen die Zelte.

Langsam dämmerte es mir, daß meine neue Welt trotz all ihrer Wärme und Schönheit nur wenig besser als die Spalte war. Ich war sechzig Meter über dem Gletscher und zehn Kilometer vom Basislager weg. Der Seelenfriede verflüchtigte sich, und eine vertraute Spannung kehrte zurück. Die Spalte war nur ein erster Schritt gewesen. Wie töricht zu glauben, daß ich es geschafft hatte, daß ich in Sicherheit war! Ich starrte auf die fernen Moränen und den Schimmer des Lichts von den Seen und fühlte mich zerschmettert. Es war viel, viel zu weit. Ich hatte nicht mehr die Kraft. Ich hatte nichts zu essen, kein Wasser, nichts. Wieder spürte ich die Bedrohung, die mich umgab. Fast glaubte ich, es sei mir nicht vergönnt, mit dem Leben davonzukommen – was immer ich auch unternahm, würde zu einem neuen Hindernis führen, und dann noch zu einem, bis ich anhielt und mich geschlagen gab. Die schwarzen Moränen und das glitzernde Seewasser in der Ferne verhöhnten jegliche Hoffnung auf Rettung. Dieser Ort war mir nicht wohlgesonnen. Eine greifbare Feindseligkeit umschloß mich, als wäre die Luft mit statischer Elektrizität aufgeladen worden. Dies war nicht mehr der Tummelplatz, auf dem wir vor so langer Zeit marschiert waren.

Ich setzte mich auf und blickte bitter auf das zerfranste Seilende, das ich aus der Spalte hochgetragen hatte.

„Das wird langsam lächerlich", sagte ich laut und ruhig, als hätte ich Angst, etwas könnte mich hören und wissen, daß ich geschlagen war.

Als ich zu den entfernten Moränen hinüberstarrte, war mir klar, daß ich es zumindest versuchen mußte. Ich würde vermutlich dort draußen mitten in diesen Felsblöcken sterben. Der Gedanke beunruhigte mich nicht sonderlich. Er schien vernünftig und realistisch. So war es nun einmal. Ich konnte mir ein Ziel setzen. Wenn ich starb – nun, das wäre nicht sehr überraschend, aber wenigstens hätte ich nicht einfach abgewartet, bis es eintrat. Der Schrecken des Todes berührte mich nicht mehr so wie vorhin in der Spalte. Ich hatte jetzt die Möglichkeit, mich ihm zu stellen und gegen ihn anzukämpfen. Er war nicht länger ein gesichtsloses, dunkles Schrecknis, sondern bloß Wirklichkeit, wie mein gebrochenes Bein und die erfrorenen Finger, und solche Dinge konnten mir nicht mehr Angst machen. Mein Bein würde mich schmerzen, wenn ich stürzte, und wenn ich nicht mehr hochkam, würde ich sterben. Auf seltsame Weise war es erfrischend, vor einer einfachen Wahl zu stehen. Es gab mir etwas Scharfes und Wachsames, und ich blickte in die Gegend, die sich vor mir in den fernen Dunst erstreckte, und sah meine Rolle darin mit größerer Klarheit und ehrlicher, als ich sie je zuvor erlebt hatte.

Ich war noch nie so völlig allein gewesen, und obwohl mich dies beunruhigte, gab es mir auch Kraft. Ein erregendes Kribbeln fuhr mir das Rückgrat hinunter. Ich hatte angebissen. Das Spiel hatte die Regie übernommen, und es stand nicht mehr in meiner Macht, davor wegzulaufen. Es war paradox, daß ich auf der Suche nach dem Abenteuer hierher gekommen war und mich unwillentlich in einer Herausforderung gefangen fand, die viel härter war als jede, die ich mir je selbst ausgesucht hätte. Eine Zeitlang fühlte ich mich prickelnd erregt, während Adrenalin durch mich schoß, doch es konnte weder die Einsamkeit vertreiben, noch konnte es die meilenweiten Moränen verkürzen, die sich auf die Seen zuwälzten. Die Aussicht auf das, was vor mir lag, tötete die Erregung bald ab. Ich war diesem schrecklichen und einsamen Ort ausgesetzt. Es schärfte meine Wahrnehmung, ließ mich klar und festumrissen die Tatsachen hinter einer Unmenge nutzloser Gedanken in meinen Kopf sehen und erkennen, was wesentlich war: einfach da zu sein, lebendig, bewußt und fähig, etwas zu ändern. Da war Stille und Schnee und ein klarer, lebloser Himmel und ich, der ich dort saß, alles in mich aufnahm und akzeptierte, was vor mir lag. Es gab keine dunklen Mächte, die gegen mich wirkten. Eine Stimme in meinem Kopf sagte mir, dies sei wahr, und durchschnitt mit ihrem kalten, rationalen Klang das Durcheinander in meinem Kopf.

Es war, als würden in meinem Kopf zwei Wesen das Für und Wider erörtern. Die Stimme war klar und scharf und befehlend. Sie hatte immer recht, und ich hörte auf sie, wenn sie sprach, und handelte gemäß ihren Beschlüssen. Das andere Wesen ließ eine zusammenhanglose Serie von Bildern, Erinnerungen und Hoffnungen lossprudeln, mit denen ich mich in einem wachtraumähnlichen Zustand befaßte, während ich daran ging, den Befehlen der Stimme zu gehorchen. Ich mußte zum Gletscher kommen. Auf dem Gletscher würde ich kriechen, doch so weit dachte ich nicht voraus. So wie sich mein Blick fürs Wesentliche geschärft hatte, so hatte er sich auch verengt, bis ich nurmehr in Begriffen dachte, ein im voraus festgelegtes Ziel zu erreichen, nichts weiter.

Mein Ziel war, zum Gletscher zu kommen. Die Stimme sagte mir genauestens, wie ich vorgehen mußte, und ich gehorchte ihr, während mein anderes Wesen zerstreut von einer Vorstellung zur anderen sprang.

Ich begann einen einbeinigen, hüpfenden Abstieg am Hang unter der Spalte. Ich hielt schräg nach rechts, um einen steilen Felsvorsprung zu umgehen, der direkt unter mir lag. Sobald ich daran vorbei war, sah ich, daß der Schnee sechzig Meter glatt zum Gletscher abfiel. Ich blickte zur Eisklippe über der Spalte hoch. Sie war nur eine verschwommene Erinnerung an früher, bis ich das Seil sichtete, das auf der rechten Seite herunterhing. Und mit einem plötzlichen stechenden Schmerz wußte ich, daß Simon alles gesehen hatte. Der Streifen Farbe, der das Eis hinunterhing, zerstreute die letzten Zweifel, an die ich mich noch hätte klammern können. Er hatte überlebt und die Spalte gesehen. Er war keine Hilfe holen gegangen. Er war im sicheren Wissen weggegangen, daß ich tot war. Ich schaute wieder auf meine Füße und konzentrierte mich aufs Hüpfen.

*Das unglaubliche Schicksal von Joe Simpson erfüllt sich mit einem schmerzvollen Weg über mehr als zehn Kilometer, den er erst hüpfend, dann kriechend zurücklegt. Dazwischen liegen messerscharfe Gletscherränder, Spalten, steile Moränen und die panische Gewissheit, dass Simon in der Annahme seines sicheren Todes bereits weggegangen war.*

*Bereits in der Nähe des Basislagers verfolgen Simpson Phantasien und Halluzinationen, fast verhungert und verdurstet schreit er mit brechender Stimme um Hilfe – und wird von Simon gefunden. Nach der Rettung gesteht Simon, dass er bereits alle Kleidungsstücke des Totgeglaubten verbrannt hat.* *M. U.*

*Mathias Rebitsch ist ein ganz Großer der Kletterszene in den Dreißigerjahren. Gemeinsam mit Ludwig Vörg versucht er sich 1937 an der Eiger-Nordwand, der Durchstieg gelingt zwar nicht, aber die beiden sind die ersten, die aus der Schlüsselstelle der Wand nach drei Tagen Schlechtwetter wieder lebend zurückkehren. Er nimmt an der deutschen Karakorum-Expedition teil und sammelt Himalaya-Erfahrung.*

*In den Fünfzigerjahren reist Rebitsch mehrmals in die Anden, wo er sich nicht nur bergsteigerisch betätigt, sondern auch Studien über Geschichte und Kultur der indigenen Bewohner dieser südamerikanischen Gebirgskette betreibt.*

*Im Winter 1955/56 führt er eine österreichisch-schwedische Expedition in die wüstenartige Atacama-Landschaft, die mit ihren Vulkankegeln mehr der Mond- als der Erdoberfläche zu ähneln scheint. Er schafft den ersten Alleingang auf den 6880 Meter hohen Ojos del Salado, nachdem sein Gefährte aus Angst vor Erfrierungen umkehren muss. Der dritthöchste Berg Südamerikas wurde 1937 von den Polen J. Wojsznis und A. Szczepanski erstbestiegen, verschwand dann jedoch aus dem alpinistischen Interesse, bis eine Diskussion anhob, ob dieser noch ungenau vermessene Berg vielleicht gar höher als der Aconcagua sein könnte.*

*Rebitsch misst mit seinem Lufft-Höhenmesser rund 6870 Meter und bestätigt damit die Messung der Polen aus dem Jahr 1937.*

*Anschließend bricht Rebitsch zum knapp 6000 Meter hohen Cerro Galán auf. Er will das Rätsel lösen, das die vermeintlichen Erstbesteiger Rudolf Dangl und Antonio Stuis in ihrem Bericht aus dem Jahre 1950 aufgezeigt haben. Am Gipfel soll sich ein Bauwerk befinden, das möglicherweise eine Kultstätte einer längst untergegangenen Zivilisation sei.*

*Die unglaublichen Entdeckungen von Rebitsch, der am Gipfel dieses Berges drei kleine silberne Götterstatuen ausgräbt, bleiben vorerst wenig beachtet. Der Fund widerlegt die These, dass einheimische Bergbewohner selbst nie auf die Idee kämen, die Gipfel der Berge – die sie meist für Göttersitze halten – zu erklettern. Die silbernen Idole, die Rebitsch vom Cerro Galán mitbringt, sind ein erster Beweis, dass während der Zivilisation der Inkas hohe Berge aus religiösen Motiven erstiegen wurden.*

*In den Neunzigerjahren findet eine amerikanische Expedition auf 6000 Meter Höhe eine mumifizierte Kinderleiche, Beweis für rituelle Opfer hoch oben auf den Gipfeln der Anden. Die Mumie wird als Weltsensation in Museen in Amerika und Japan gezeigt, nur Eingeweihte wissen, dass Rebitsch bereits 40 Jahre früher diesen Geheimnissen der frühen Inka-Bergbesteigungen auf der Spur war.* *M. U.*

Der folgende Text wurde entnommen aus: Mathias Rebitsch: Die silbernen Götter des Cerro Gallan. Nymphenburger Verlagshandlung GmbH: München 1957, S. 183–195. 

*Mathias Rebitsch*

# *Die Silbernen Götter des Cerro Galán*

Sechs erlebnisvolle Tage vergehen im Anmarsch zum Cerro Galán. Leider stellt sich schon am ersten Tag heraus, daß der verläßliche Arriero weder den Weg noch den Cerro Galán auch nur dem Namen nach kennt. Es kostet uns manchen Irrweg und nur durch die Brille der Erinnerung erscheinen mir die damit verbundenen Erlebnisse heute köstlich. Wir hatten uns ganz auf Dr. Dangl verlassen.

Wir durchqueren sonnenbetäubt ein kahles, hitzeverbranntes Bergland. Die senkrechten Kerzen des Kandelaberkaktus werfen keine Schatten und Hitze und Durst sind wiederum unsere treuen Begleiter.

Wir winden uns durch eine enge Felsenklamm mit lotrechten, dunkelroten Sandsteinwänden, die sich hoch oben zu schließen scheinen – in ihrem Widerschein reiten wir im Schluchtgrund wie durch das rötliche Dämmerdunkel eines gotischen Kirchenschiffes unter dem verschlungenen Laubwerk fremdartiger Bäume und Sträucher voll exotisch prahlender Blütensterne. Schillernde Colibris trinken mit langen Stechschnäbeln aus ihren Kelchen. Schwärme bunter Papageien begleiten uns lärmend von Wipfel zu Wipfel und betratschen aufgeregt das seltene Ereignis, daß drei Gringos durch ihr weltfernes Zwergenreich ziehen. Purpurne Krabben rudern geschäftig durch das warme Bachwasser der Schlucht. Dann wieder nur versengte Steppe. Ein Paß, 3300 m, und Abstieg.

Wir traben auf einmal in der Dreitausenderzone über grüne, flache Almböden mit reinen Quellen.

Don Antonio voraus hält plötzlich an. Was gibt's da vorne? Ein seichtes, ein Meter breites Wiesenbächlein gebietet ihm Einhalt? Wir drei Gringos haben es bald durchritten. Nur die Mula Don Antonios allein bleibt bockig davor stehen, mit weit vorgespreizten Läufen, wie ein Sägebock, und starrt mit aufgerissenen Augen in das unschuldige Wässerlein hinein, als sähe sie ein Gespenst darinnen.

Don Antonio haut auf das Tier ein, was das Zeug hält. Das Zeug hält, der Sägebock auch. Er rührt sich keinen Zentimeter nach vorne. Wir lachen bereits unverhohlen vom jenseitigen Ufer aus. Das ist zuviel. Es geht entschieden um die große Arriero-Ehre von Don Antonio. Caramba!

Er springt aus dem Sattel, über den Bach, will die Mula am Zügel herüberreißen. Ein olympisches Tauziehen entbrennt: Antonio kontra Mula. Es endet vorzeitig, sichtlich überlegen, 0:1 für die bestia. Antonio fliegt, wie von der Sehne geschnellt, über den Bach zurück. Caramba! Er schäumt und flucht, machtlos gegen solchen Starrsinn. Wir grinsen unschön dazu.

Endlich gelingt es mit unserer Hilfe, das Tier zu beruhigen und an anderer Stelle über den Bach zu komplimentieren. Aber eine schwärende Wunde hat sich in der Seele Antonios aufgetan. Man brauchte später nur den Finger draufzulegen, um ihn in Harnisch zu bringen.

Compuel – eine freundliche Grasebene, von einem Kranz nackter Berge eingefaßt, mit verstreuten Herden von Schafen, Ziegen und Kühen, mit steingemauerten Sennhütten – wie im heimatlichen Tirol. Auch der Geruch verbrannter Milch und harziger Kienspäne dringt aus den Türspalten und haftet im Kaktusgebälk. Nur – die Sennen sind backenknochige Indios, die spanisch sprechen, statt zu jodeln.

Ein Wettersturz überzieht Berge und Pässe mit einer winterlichen Schneedecke. Der Hochpaß Abra de Atacamara – 4350 Meter! Von ihm aus sehen wir den Cerro Galán zum erstenmal, im Westen, gerade noch im Gegenschein des vergehenden Tagesgestirns. Alles überragend, dunkel und kalt. Nur seine eckigen Konturen, von Neuschnee umrahmt, von rötlichem Streiflicht übergossen, glühen noch über dem toten Sandmeer, auf das sich schon die Nachtkälte breitet. Dahinter schießen die Strahlenbündel der Sonne wie göttliche Lichtpfeile zum Himmel, wie ein verklärender Strahlenkranz. Ein Götterberg für den Indio, als in seinem Herzen noch Pachamama und Huiracocha wohnten?

Mindestens zwei Tagesmärsche trennen uns noch vom Galán. Er schirmt sich durch den breiten Gürtel einer Hochwüste ab und durch einen Wall nackter Geröllrücken.

Kein Karawanenpfad führt von hier aus weiter zum Galán hin. Nur wieder ausgeglühter Sand, Geröll und ausgehöhlte Lavablöcke von erschreckenden, verdrehten Formen.

Wir reiten einen Tag über die alte Puna de Atacama. Mit schmerzenden Augen. Aber der Galán kommt nicht näher.

Immer noch trennt uns der lange Riegel der roten Vorberge von unserem Ziel. Don Antonio peitscht am nächsten Tag die Mulas über einen Sattel von ca. 4600 Meter Höhe. Es war eine Tierquälerei, sie da hinüber zu bringen, aber es hilft nichts, wir müssen uns dem Mitleid verschließen. Da kommt noch ein zweiter, höherer Geröllrücken. Dann aber steht der braune, nackte

Trapezkoloß des Galán uns unmittelbar gegenüber, mit blendenden Firnrändern. Ein Bächlein mit einem Saum von Graspolstern trennt diese Steinburg rundum scharf von der erstorbenen Steppe ab – wie ein unberührbarer Wall das Märchenschloß im Zauberland.

Wenn der Indio mit seinen Lamas verdurstend über das Geröllmeer zog, dann sah er von weitem schon die Schmelzgerinnsel von den Schneeflecken dieses Bergriesen heruntersickern, als labender Bach die Wüste durchreißen und hinausfließen in die verdorrten Ebenen, um Mensch und Tier zu tränken. Fruchtbarkeit oder Hunger, Leben und Tod in seiner kargen Welt hingen von diesen Wasseradern des Cerro Galán ab.

Täglich sah er seinen mächtigsten Gott – die Sonne – sich über den schlafenden Horizont erheben, sich mit dem Gipfel vermählen, den nachtstarren Firn dort oben zerschmelzen und Wasser – das Lebenselement – zu Tal schicken. Nirgendwo sah er unmittelbarer das Wirken seiner Gottheit, die von dort oben mit Fruchtbarkeit spendenden Armen in die Menschenwelt hineingriff. Mit demütig ehrfürchtigem Staunen mag der Indianer, der ein Leben lang um Wasser bangt, zum Firngrat des Galán emporgeblickt haben. Da oben mußte wohl Pachamama – seine gütige Göttinmutter – thronen, dort konnte man Gott Sonne nahe kommen. Und vielleicht stieg er dann schaudernd zum höchsten Punkt des heiligen Berges hinauf, an einer Opferstätte sein Teuerstes zu geben, um Wasser zu flehen und um Gnade, daß Huiracocha seine Pflanzungen nicht versenge.

Die Inka kannten das Tieropfer, sie opferten auch Menschen ...

Vielleicht begruben ihre Vorfahren Könige auf hohen Gipfeln? Ihre Herrscher waren ja Nachkommen des Sonnengottes. So kehrten sie wieder zu ihm zurück ...

Morgen werden wir Gewißheit haben! Morgen schon ...! Was liegt dort oben wirklich begraben auf dem Cerro Galán? Seit Jahrhunderten. Seit Jahrtausenden?

Unsere Zelte stehen endlich am Fuße des großen Berges, 4400 Meter hoch. Heute greifen wir den Galán über uns an. Unruhige, fahle Sturmwolken brodeln um seine rote Lavaspitze, als wollten sie einen letzten Mantel um sein Geheimnis legen. Wir reiten – Anders Bolinder, Don Antonio und ich – vom Hauptlager weg. Verena bleibt tapfer allein zurück, um die Zelte zu hüten. Wir folgen einem leicht ansteigenden Schuttstrom bergauf, um die Lastsäcke von einer Mula so hoch wie möglich schleppen zu lassen und dann ein Hochlager errichten zu können.

4700 Meter. Der Schuttarm wird steil. Die Hufe der Maulesel sinken tief im Sandsumpf ein. Die armen Tiere keuchen pfeifend vor Atemnot, ihre Weichen beben wie im Krampf. 5000 Meter – der Arm verengt sich zu einer Blickrinne, zwei Mulas bluten aus der Nase. Soroche! Don Antonio rutscht zögernd auf seinem Sattel hin und her und schaut uns fragend an. Seine Gedanken sind unschwer zu lesen. Sicher bewegt ihn neben edler Tierliebe noch die Vorstellung zusätzlicher, darauf sich gründender Verdienstmöglichkeiten. Ich stelle den Höhenmesser heimlich um 300 Meter zurück und weise auf die geringe Höhe hin.

5100 Meter. Die Mulas bleiben zitternd stecken und kommen keinen Schritt mehr vor noch zurück. Sie müssen vor dem Absturz gesichert und entladen werden. Don Antonio gibt sich einen Ruck und weigert sich energisch, die Tiere weiter zu quälen. Wir versprechen ihm ein fettes Trinkgeld, wenn er uns tragen hülfe, den Sattel „da gleich über uns" mit den Lasten zu erreichen. Dem wackeren Antonio aber scheint selbst ein schönes propina nicht mehr verlockend genug. Für alle Fälle erhöhen wir es. Ich versuche, ihn zum Tragen zu überreden, bewundere seine wirklich stets bewiesene außerordentliche Widerstandskraft gegen Kälte und Durst. Ob er uns Gringos aber auch sonst, z. B. in puncto Höhenfestigkeit, überlegen sei? Ich komme so nebenbei auf die Geschichte mit der Mula und dem Bach zurück ... Das läßt sich Antonio Ivarra nicht zweimal sagen! „Vamos" (Geh'n wir). Mit der heroischen Geste barocker Schlachtenlenker auf alten Ölgemälden weist er mit hocherhobener Rechten zum Sattel hinauf. Die Schlacht scheint schon gewonnen. Und mit tatsächlich bewundernswerter, uns weit überlegener Kraft und Ausdauer trägt nun der 60jährige Don Antonio den schwersten Sack barfuß vor uns her über das scharfkantige Geröll und die schlüpfrigen Eisplatten. Anders und ich buckeln unter größter Anstrengung die aufgequollenen Rucksäcke hinterdrein. Zu Mittag ist unser Zelt planmäßig in einer Hochmulde auf 5300 Meter Höhe unter einem Sperriegel grotesker Büßerschneefiguren verankert. Don Antonio steigt zufrieden zum Hauptlager ab. Morgen nachmittag soll er zurückkommen, uns abzuholen.

Mit Spaten und Fotoausrüstung bewaffnet, quälen Anders und ich uns weiter über Schneerinnen und über den abgleitenden Schutt steiler Lavahänge. Nach zwei Stunden erreichen wir den flachen Gipfelgrat. Hier faucht uns der Sturm an wie ein wildes Tier. Trotzdem – ein spannender Augenblick – wir sehen zum erstenmal die Mauergebilde auf der Spitze des Galán vor uns. Dann stehen wir endlich droben, fast 6000 m hoch.

Eine zerdrückte Blechbüchse guckt zwischen den Platten eines niedrigen Steinmannes heraus. Drinnen stecken zwei Visitenkarten: „Dr. Rolf Dangl und Ing. Antonio Stuis, 1950." Die Erstersteiger? Nein! Denn der gewachsene Fels wird überhöht von drei Mauervierecken, ungefähr 130 x 160 cm im Geviert,

hinausgebaut. Erst werfe ich die schweren Klötze der einen Randmauer in den Abgrund hinunter und kriege nun eine Gasse für den weiteren Aushub frei. Dann wühle ich mich wie ein Dachs hinein, schaufle und grabe schweratmend, mit allerletzter Willensanstrengung, mit dem Spaten, mit den Händen, mit den Fingern fast pausenlos, einen ganzen Tag bis zum Abend durch. Es ist gefährlicher, bewußter Raubbau an meinen Kräften – in dieser Höhe – und ich bin eigentlich schon am Rande der Erschöpfung. Aber eine kalte Besessenheit hat Besitz von mir ergriffen. Ich achte nicht auf Hunger und Durst und spüre den Sturm und die Kälte nicht mehr. Erdüberkrustet, das Gesicht von Staub und Schweiß zu einer Maske verschmiert, mit verklebten, brennenden Augen, grabe, hacke und wühle ich weiter. Wenn die Arme versagen und nicht mehr können, dann lege ich mich auf den Bauch und auf den Rücken und schiebe und stoße den ausgehobenen Schutthaufen, die Lavablöcke, mit den Beinen weiter, von mir weg, über den Knick der Gipfelplatte hinaus. Sie stürzen über die Flanke bergab und reißen Blöcke und Schutt mit sich. Der Wind treibt eine Wolke von Staub aus der Tiefe und hetzt sie hoch in den Himmel hinauf. Und der biedere Don Antonio drunten im Zeltlager meinte, der Vulkan wäre wieder ausgebrochen und hätte el Jefe verschlungen.

Wieder kommen nur angekohlte Aststückchen und Knochensplitter zum Vorschein. Es ist schon Spätnachmittag geworden. Ich habe beinahe das ganze Viereck ausgeräumt und durchgesiebt und es besteht fast keine Hoffnung mehr …

Nur im letzten Winkel grabe ich noch weiter. Entferne ein paar Steinblöcke.

Dann zerrt der Spaten noch einmal dieselbe kleine Götterfigur ans Licht. Diesmal aus reinerem Vollguß-Silber, noch feiner, noch stilvoller gearbeitet. Die kräftigen Farben der Miniaturgewandung – Rot, Gelb, Grün – des zarten Federkranzes so ungebrochen, so kraftvoll frisch, das Gewebe in so gutem Zustand, als ob es gestern erst eingegraben worden wäre. Alle Merkmale weisen darauf hin, daß es sich wieder um eine weibliche Gottheit handelt.

Es ist allerhöchste Zeit für den Abstieg.

Don Antonio wartet schon neugierig mit Bolinder drunten beim Zelt; heute wollten wir das Sattellager räumen. Die Darminfektion von Anders hat sich ruhrartig verschlechtert, er muß, schwer erkrankt, unbedingt in das Hauptlager hinab. Aber noch ist das größte der drei „grabähnlichen Gebilde" droben am Gipfel nicht geöffnet. Ich halte es, seiner Größe nach, für möglich, daß es tatsächlich eine Grabstätte sein könnte. Eine Mumie in Hockstellung fände darin Platz …

Bevor auch dieses letzte Gebilde nicht systematisch durchsucht ist, wäre die Aufgabe nicht völlig gelöst und eine abschließende Deutung nicht möglich.

Bolinder entschwindet mit dem Arriero in Richtung Basislager. Ich bleibe allein am Sattellager heroben und will morgen zum dritten Male zum Gipfel hinauf. Der Wind nimmt wieder Sturmstärke an und bläht die Zeltwände zu wildflatternden, bauchigen Segeln auf. Eine unruhige, schlaflose Nacht lang höre ich nur die tausend klagenden Laute des Windes, aus denen sich – in der gespenstischen Dunkelheit und Einsamkeit – flüsternde Menschenstimmen herauszulösen scheinen. Es wimmert aus den Zeltschnüren, es schreit böse aus den Orgelpfeifen der nahen Büßerschneegestalten. Ich halte das Gestänge mit Händen und Füßen fest und warte darauf, daß der dünne Zeltstoff in Fetzen reißt. Durst und Hunger. Es treibt mich beim Morgengrauen schon aus dem warmen Schlafsack. Warum habe ich es so eilig? Kein Instinkt warnt mich. Der kommende Tag wäre mir beinahe zum Verhängnis geworden.

Bereits um neun Uhr morgens stehe ich wieder allein – zum dritten Male – auf der sturmgepeitschten Gipfelschneide des Galán, beim letzten, großen Mauerring. Beim ersten Spatenhieb schon prallt die Haue wie auf glattem Zement ab. An die dreiviertel Meter dick ist die oberste Schicht zusammengefroren. Schnee, Sonne, Schmelzwasser und Schutt haben sich zu einer beinharten Betondecke verbunden. Es ist vollkommen aussichtslos, von oben her durchzukommen – ich muß es nach ein paar wütenden Schlägen erbittert zur Kenntnis nehmen. Zuerst bin ich ratlos. Dann kommt mir eine Idee. Ich trage mühsam die Umfassungsmauern ab und untertunnele in anstrengender Wühlarbeit die Gefrierdecke von drei Seiten her. Es bleibt immer noch ein fast hoffnungsloses Unterfangen. Dennoch buddle ich starrköpfig und wie ein Maulwurf weiter, höhle die drei Tunnels immer tiefer aus, kratze trockenen Schotter heraus.

Es ist trostlos entmutigend, wenn ich die lächerlich kleine Handvoll Material betrachte, die ich jedesmal nur ausheben kann. Es ist kein Ende abzusehen. Es ist gegen jede Vernunft. Ich grabe mit der ungesunden Kraft eines Verzweifelnden, der seine Grenzen nicht mehr kennt und nicht mehr achtet. Aber heute ist der letzte Tag, und die Aufgabe muß zu Ende geführt werden. Erfolg oder Mißerfolg – es liegt nur mehr an mir. Ich springe probehalber ein paarmal auf die gefrorene Decke oben drauf – sie hält eisern. Nun robbe ich tiefer in den niederen Kriechtunnel hinein und räume mit den bloßen Händen aus. Ich bekomme Anschluß an die beiden anderen Schächte. Ein eiskalter Luftstrom fährt in die Eingänge wie durch einen Windkanal hinein und verklebt mir die Augen mit Sand. Auch wenn ich sie schließe, habe ich das Gefühl, daß die Lider innen mit einer Sandschicht überzogen sind. Die Hände sind zerschunden, rissig und aufgesprungen und bluten aus vielen Schrammen. Die

*Eine silberne Götterstatue vom Cerro Galán*

Müdigkeit beginnt die Muskeln zu lähmen. Aber maßlos und jeder verstandesmäßigen Überlegung zum Trotz scharre ich rastlos weiter. Immer nur weiter. Ein einziger Schluck Ovomaltine muß für den ganzen Tag genügen. So verrinnt der Tag, unsagbar langsam – und doch auf einmal viel zu schnell, denn ich bin endlich auf den felsigen Untergrund gekommen und jeder Augenblick kann eine aufregende Entdeckung bringen. Trotzdem werde ich bald aufgeben müssen. Mit oder ohne Erfolg. Ich bin am Ende meiner Kräfte und es geht dem Abend zu.

Ich fahre mit klammen, verschwollenen Fingern die Tunnelwände entlang – und kriege ein dünnes Stoffbündel zu fassen. Ein indianisches Puppenkleid? Wie ein Priesterornat? Daraus grient ein kleiner, flacher Kopf hervor, diesmal aus einem roten Muschelmaterial geschnitzt. Ein schmaler Körper steckt in schwarzweißen Wollgespinsten. Ich robbe aus dem dämmerigen Erdloch zurück und betrachte den Fund im Licht. Er unterscheidet sich der Bekleidung und dem Stil der Skulptur nach wesentlich von den beiden ersten Figuren. Doch ich habe keine Zeit mehr für eingehendere Betrachtungen. Schon ist der Schatten des Cerro Galán über der erkaltenden Puna riesenhaft lang geworden und ein großer Teil des Mauervierecks ist noch nicht durchkämmt. Jede Minute wird jetzt kostbar, ich sollte schon bald an den Abstieg denken. Ich verwahre den Fund zwischen Steintrümmern und krieche in den engen Tunnel zurück, um seine allerletzten Winkel abzutasten. Da überfällt mich, in Gedanken versponnen, auf einmal in sonderbarer Weise ein brennend starkes Interesse an den Einzelheiten der eben ausgegrabenen Figur, die ich vorher unterlassen hatte zu beachten. Woher kommt das Muschelmaterial? Und ähnelt sie nicht in Stil und Ausdruck den Statuen aus Tiahuanaco? Ein winziges Abbild der Steinkolosse der Osterinsel? Kon-Tikis Fahrt steht vor mir auf ...

Tiahuanaco am Titikakasee, diese untergegangene Metropole Südamerikas, eine Wiege der Menschheit? Fünfzehnhundert Kilometer über die Wüsten und Steppen hin. Warum aber in diese lebenlose Öde herein? War diese Puna einmal fruchtbares, bewohntes Land? Nach der letzten Eiszeit? Nachdem sich vor 10.000 Jahren die Gletscher Amerikas zurückgezogen? Wie alt ist Tiahuanaco wirklich? Welche frühzeitlichen Verbindungen bestanden zwischen dieser Rätselstadt am Titikakasee, der Wüste Atacama, den weltenfernen Inseln der Südsee?

Ich habe aufgehört zu graben. Ich liege eingezwängt in dem dunklen Schacht, wie in einem Sarg, wie an die geweihte Erde um mich angekettet. Alle Gedanken kreisen um dieselben Fragen. Ich habe die Umwelt vergessen. Die Schaufel ist zu Boden gesunken, ich träume, hellwach – ganz allein auf 6000 Meter. Meine Gedanken sind wohl von der Höhe angekränkelt und von der

*Mathias Rebitsch mit seinen Funden vom Gipfel des Cerro Galán*

maßlosen Überanstrengung und nicht mehr ernst zu nehmen – sie gleiten zügellos ab und feiern beliebige Feste. Träume ich wirklich? Spricht das Unterbewußtsein? Ich meine, Urzusammenhänge der Entwicklung des indianischen Menschen zu erahnen. Meine Gedanken treiben weiter. Ich glaube, die indianische Tragödie, Glanz und Untergang des Inkareiches, jetzt zu erfassen. Bis herauf zu Atahualpa, dem letzten Inka, der von Pizarro gehängt wurde … Inka? Eine neue Spur, die sich von historischen Gegebenheiten ableitet.

Ich verjage die Phantastereien um Tiahuanaco.

Verschwommene Linien geschichtlicher Vergangenheit werden deutlicher, neue Zusammenhänge sichtbar: 80 Kilometer südwestlich vom Galán gab es eine Goldmine Incahuasi, d. h. Inkahaus! Sie behielt den Namen noch von den Inka her. Im Westen, am Antofalla, war ein Silberbergwerk! Nördlich des Galán führt ein Saumpfad aus der Richtung der Bergwerke vorbei. Über die Hochwüste. Einzig die Firnfelder des Galán spenden Trinkwasser auf diesem Weg. Ein heiliger Berg?

Vielleicht war die abweisende Wüste hier um den Galán dann letzter Zufluchtsort für den Indiobauern, für den Inkasoldaten geworden, als die Spanier so weit nach Süden vorgedrungen waren, um ihrer Rasse den Todesstoß zu versetzen, ihnen ihre Götter und ihr Gold zu nehmen. Der Mythos der indianischen Welt war mit der Conquista zertrümmert. Aber vielleicht glühte hier am Cerro Galán, an sakraler, schwerzugänglicher Stätte, der Sonnenkult im geheimen weiter. Vielleicht opferte man, am wasserspendenden, heiligen Berg, schon seit urdenklichen Zeiten vor den Inkas – die drei Steinzeithämmer? Vielleicht sogar bis herauf in die jüngste Vergangenheit – die Knochenreste, der Fellfetzen? Verschüttete, verschloß dann die Weihestätte und wartete auf eine Auferstehung der betäubten Indianerrasse und ihrer alten Götter …

Und nun standen die drei Idole seit Jahrhunderten hinter dem Mauerring und warteten auf das Wiederkommen ihrer Priester und auf das Sonnenlicht.

Ich habe fast ein schlechtes Gewissen. Am liebsten würde ich die Steinklötze wieder aufrichten, die silbernen Götter hineinstellen – der Sonne am nächsten – und ihnen die Ruhe wiedergeben.

Aber man würde mich auslachen, einen Scharlatan heißen und mir vorwerfen, ich hätte ein silbernes Märchen erfunden. Andere würden kommen. Und es geht auch um archäologisch neue Erkenntnisse. Vielleicht bring' ich die Götter wieder zurück …

Ich träume noch immer im Schacht auf dem Gipfel des Cerro Galán, weltvergessen. Ich sollte aber graben, nur graben! Die kurze Spanne Zeit, die mir für die Lösung der Aufgabe gegeben war, ist fast abgelaufen. Kaum mehr eine halbe Stunde bleibt mir noch und ich habe immer noch die letzten Ecken zu untersuchen. Ich darf keine Minute mehr verlieren. Ich muß graben! Nur graben …

Aber eigenartig, ich krieche zurück – ich muß einfach die letzte Götterskulptur noch einmal draußen genau betrachten. Sie ist so merkwürdig. Rote Muscheln waren ein Tribut für Könige … Ich krieche zurück, hinaus aus dem Schacht, handle gegen das Diktat des Verstandes wie unter einem höheren Zwang, wie auf inneren Befehl! Nun stehe ich draußen und nehme die Statue in die Hand, verärgert, es erscheint mir jetzt widersinnig, daß ich Gefühlsduseleien nachgegeben habe. Was erinnert noch an Tiahuanaco? Schade um die verträumte Zeit. Ich will schon wieder in den Kriechtunnel zurück. Kniee davor, senke den Kopf. Ein dumpfer, kurzer Knall, ein Bersten – das zusammengefrorene Gewölbe ist zerbrochen, die zentnerschwere Decke des Tunnels eingestürzt. Ich stehe etwas benommen davor. In welches magische Kräftespiel bin ich geraten – das kleine Götterabbild hat mir das Leben gerettet, als Schicksalsmächte darum würfelten.

Sonst würde ich jetzt unter dem Bleigewicht der Gewölbetrümmer liegen! Erdrückt, erstickt, erfroren. Es wäre ein langsamer und qualvoller Tod gewesen, ohne jede Aussicht auf Hilfe – allein, auf einem sonderbaren Hochgipfel in der Wüste von Atacama.

Der Einsturz hat auch sein Gutes. Durch die Sprünge in der eingebrochenen Decke vermag ich sondierend festzustellen, daß sich unmöglich noch ein größerer Gegenstand, etwa eine Mumie, innerhalb des Mauerringes befinden kann. Nun ist die gesamte Anlage lückenlos durchsucht und unsere Aufgabe damit erfüllt, das Rätsel der „grabähnlichen Gebilde" gelöst:

Im vorgefundenen Stadium waren sie allen Anzeichen nach eine lokale, einfache Kultstätte der Inka, als sie ihre Reichsgrenzen am weitesten gegen Süden vorgeschoben hatten, ein gestirnnaher Opferplatz, INTIS, dem Sonnengott, am nächsten. Vielleicht aufgepfropft auf ein viel älteres, frühzeitliches Heiligtum. Mit Opferfeuern, mit Tieropfern? Die Inka und ihre Vorfahren töteten auch Menschen, um die mythische Kraft des Blutes auf sich zu übertragen …

Hier, auf der Spitze des 6000 Meter hohen Cerro Galán, über der Einsamkeit der Puna, glühten einst Feuerzungen, stieg Opferrauch zum Himmel, der Sonne entgegen. Hier brachten Inkapriester im Ornat ihre Weihegaben dar – die Hände flehend, beschwörend dem lebensspendenden Sonnenfeuer entgegengestreckt, Huiracocha, der Schöpfungskraft, zu danken.

Es mutet wie eine weit vorausahnende Allegorie zum schicksalhaften Griff des Menschen der Gegenwart nach den Feuerstrahlen der Atomkraft an. Ist sein uralter Traum damit erfüllt?

Am selben Abend noch komme ich zu meinen Freunden drunten im Hauptlager auf der grünen Oase zurück. Ausgemergelt. Bolinders meinten, ich hätte grau und verfallen ausgesehen – wie ein Gespenst.

Und wenn ich jetzt in meinem Klepperzelt grüble und versuche, mir das eigentliche Motiv meines seltsamen Entschlusses, aus dem Tunnel plötzlich wieder zurückzukriechen, aus dem Wust meiner damaligen Empfindungen herauszuschälen, eine nüchterne Begründung zu finden, so komme ich zu keinem vernünftigen Schluß.

Der sechste Sinn? Eine Vorahnung? Eine Warnung aus übersinnlichen Bezirken?

Ich bin kein Mystiker. Aber ich will gerne glauben, die Kraft der guten Wünsche meiner Freunde, die mich über das Meer begleitete, sei stärker gewesen als ein blindes Schicksal …

Ein Mystiker würde vielleicht noch sagen, diese guten Wünsche seien stärker gewesen als die dunklen, rächenden Kräfte, die jedem Verderben bringen, der uralten heiligen Stätten die Ruhe raubt.

*Seinen Rufnamen „Bulle" verdankt Oswald Oelz seiner unbändigen Kraft und seinem starken Willen, die ihn zu einem der herausragenden Bergsteiger der letzten Jahrzehnte machen.*

*Der gebürtige Vorarlberger nennt Herzog, Hillary, Harrer, vor allem aber Hermann Buhl seine Vorbilder. Er studiert in Innsbruck Medizin und verbringt jede freie Minute in den Bergen. Nach der Promotion übersiedelt er nach Zürich und beginnt eine bemerkenswerte Laufbahn als Arzt und Wissenschafter.*

*1970 bricht er mit Studienfreund Gert Judmaier und Freundin Ruth nach Ostafrika auf. Mangels Höhenanpassung scheitern die drei am Kilimandscharo, Ruth zieht nun die Strände des Indischen Ozeans vor, während Oelz und Judmaier noch zum Mt. Kenya (5199 m) wollen.*

*Mit der unglaublichen Geschichte der Bergung des abgestürzten Judmaier machen die beiden nicht nur weltweit Schlagzeilen, sondern sind auch indirekt Anstoß für das später von österreichischen Bergrettern umgesetzte Projekt, am Mt. Kenya Strukturen für ein funktionierendes Bergrettungswesen zu errichten.*

*Oelz ist heute Privatdozent und Chefarzt der Medizinischen Klinik im Stadtspital Triemli. Seine Forschungsarbeiten zur Akuten Höhenkrankheit und der medikamentösen Behandlung des Höhen-Lungen-Ödems gelten als weltweit anerkannter wissenschaftlicher Standard.*

*Er verbringt viel Zeit im Himalaya, klettert mit dem unvergessenen Reinhard Karl und mit Hans Kammerlander. Gemeinsam mit Reinhold Messner rettet er 1979 Peter Hillary, den Sohn Sir Edmunds, aus der Ama-Dablam-Westwand, wo eine Lawine seine neuseeländische Seilschaft aus der Wand geworfen hatte.*

*Oelz ist auch dabei, als Amerikaner den Wettlauf um die „seven summits" starten, also die sieben jeweils höchsten Berge der Kontinente besteigen wollen. Nach Pat Morrow und Reinhold Messner ist Oswald Oelz der dritte, der die schwierigere* Version dieses „Wettbewerbes" absolviert: Neben Mt. Everest, Aconcagua,*

*Mt. McKinley, Kilimandscharo, Elbrus und dem Vinson-Massiv in der Antarktis bezwingt er auch für den Kontinent Australien und Ozeanien die Carstensz-Pyramide (4884 m) auf der Insel Neu Guinea.* *M. U.*

*Die leichtere Variante enthält für Australien den Mt. Kosciousko (2228 m), in dieser Wertung ist Oelz Sechster.

Der folgende Text wurde entnommen aus: Oswald Oelz, Mit Eispickel und Stethoskop. AS Verlag & Buchkonzept AG: Zürich 1999, S. 51–61. Abdruck mit freundlicher Genehmigung des Verlags.

*Oswald Oelz*

# Rettung am Mt. Kenya

Wir erreichten den Hauptgipfel des Mount Kenya nach einem schnellen Aufstieg – als erste Seilschaft in jenem Jahr. Damals war dieser afrikanische Berg noch ein Geheimtip für Bergsteiger der etwas ernsteren Richtung und dementsprechend einsam. Am zweiten Tag unseres Anmarsches trafen wir in der Kalmi Hut in der Nähe der Einstiegsfelsen eine Gruppe von Engländern und Amerikanern, die wegen Vereisung an der Tour gescheitert waren. Das tat unserer Zuversicht keinen Abbruch. Zudem hatte uns die Schönheit der Anmarschroute und die beeindruckende Gestalt des Doppelgipfels in freudige Erregung versetzt. Der Hauptgipfel ist der 5199 Meter hohe Batian, benannt nach einem schwarzen Häuptling. Er wurde erstmals 1899 von Sir Halford Mackinder und seinen Führern César Ollier und Joseph Brocherel aus Courmayeur bestiegen. Der Zwillingsgipfel Nelion (5186 m) trägt ebenfalls den Namen eines

*Batian (5199 m, links) und Nelion (5186 m, rechts), die Zwillingsgipfel des Mt. Kenya*

*Oswald Oelz beim seilfreien Klettern auf festem Granit in der 700 m hohen Nordwand des Mt. Kenya*

*Die Unfallstelle am Mt. Kenya*

einheimischen Häuptlings. Ihn erreichten 1929 als erste der legendäre Abenteurer Eric Shipton und Percy Wynn Harris.

Am 5. September 1970 stiegen wir um 6 Uhr morgens in die 700 Meter hohe Nordwand ein und erfreuten uns an weitgehend seilfreier Kletterei im dritten bis fünften Schwierigkeitsgrad auf festem Granit. Nach einem langen Couloir und einem grossen Amphitheater führte ein herrlicher Kamin zum Firmins Tower, gegen Mittag steckten wir in dichtem Nebel und suchten während eineinhalb Stunden einen Durchschlupf zum Shipton's Notch, der Schlüsselstelle zum letzten Teil des Grates. Es begann zu schneien, und wir verwendeten für die letzten hundert Meter zum Gipfel wieder das Seil. Gerade als Gert mir im Nebel erklärte, er werde in einer halben Stunde umkehren, ob wir unser Ziel erreichten oder nicht, stand ich auf dem Gipfel. Wir freuten uns riesig, schliesslich war dies unser erster richtiger Gipfel ausserhalb von Europa. Fünf Minuten genehmigte ich mir für die damals obligate Gitanes Maisblatt und empfand, dass das bisher meine schönste Bergbesteigung überhaupt war.

In zunehmendem Schneetreiben querten wir drei Seillängen über den Gipfelgrat zum Shipton's Notch zurück. Der weitere Abstieg führte nun in die Wand und begann mit einer Abseilstelle, die durch zwei alte Seilschlingen kenntlich war. Shipton's Notch ist ein bequemer Standplatz für mehrere Leute. Während ich eine weitere Schlinge einhängte, stand Gert einen Meter links von mir und verfolgte mit den Augen den weiteren Abstieg; mit der linken Hand hielt er sich an einem riesigen Felsblock. Ohne reagieren zu können, musste ich zusehen, wie dieser sich zusammen mit meinem Freund wie in Zeitlupe nach vorne neigte und abstürzte. Ich hörte das Geräusch der Steinlawine, den Schrei von Gert, roch den Schwefelgestank und bekam das rasend schnell abspulende Seil in die Hände. Die Haut wurde mir in Sekundenbruchteilen von Fingern und Handtellern gerissen, bis der Fall meines Freundes nach etwa 12 Metern durch den Aufprall auf eine Felsrippe für Momente gestoppt wurde. Irgendwie gelang es mir, das Seil um meinen linken Arm und Ellbogen zu wickeln, zu fixieren und den Sturz zu halten. Wie das möglich war, ist mir noch heute ein Rätsel. Gert schrie in Panik und rasend vor Schmerz, ich solle ihn noch einige Meter hinunterlassen, dann könne er liegen, und er sagte mir auch sofort, dass er einen offenen Unterschenkelbruch hätte. Beim Hinabklettern fand ich als erstes ein Stück seines Schienbeinknochens von der Grösse einer Streichholzschachtel. Gert lag auf einer schrägen Geröllrippe; er blutete aus Wunden am Kopf und an den Beinen. Ein Stück Schienbein ragte unterhalb des Knöchels aus der zerfetzten Hose; diese Wunde blutete besonders stark. Mittels Abbinden vermochte ich die Blutung zu kontrollieren, wobei Gert meinte, es wäre wahrscheinlich gescheiter zu verbluten, als auf einen langsameren Tod zu warten. Er nannte mir seine drei Möglichkeiten, an dieser Stelle zu sterben – nämlich durch Schock und Verblutung, Erfrieren oder Fettembolien aus dem zerstörten Knochen. Er war realistisch. Nur wenn ich ganz schnell Hilfe bringen könne, sehe er eine winzige Möglichkeit zu überleben. Ich sah keine. Sollte er die ersten Stunden oder Tage überleben, so war trotzdem kaum Hoffnung, ihn lebendig über die lange und für einen Transport ausserordentlich ungünstige Route an den Fuss des Berges zu bringen. Aber bis er tot war, konnten wir zumindest noch etwas tun. So packte ich den Verletzten in Reservekleider und steckte ihn in unseren Biwaksack. Zwei Felshaken fixierten ihn an die Wand. Ich liess ihm ferner unsere gesamten Proviantvorräte zurück, nämlich einen Deziliter Whisky und eine Dose Pflaumenkompott. Wir verabschiedeten uns, und er bat mich, alle Freunde und im Besonderen alle Freundinnen zu grüssen.

Den Abstieg im weiter zunehmenden Schneesturm mit offenen, blutenden Händen und Fingern und dem durch den Felssturz teilweise zerfetzten Seil werde ich nie vergessen. Ich bewegte mich, ohne Schmerz, Kälte oder Nässe zu spüren, vollständig konzentriert, als wäre ich an irgendeinem Übungsfelsen einen Meter über dem sicheren Boden. Nach Dunkelheit erreichte ich die Kalmi Hut, in der die acht britischen und amerikanischen Bergsteiger vom Vortag auf einen weiteren Besteigungsversuch warteten. Als sie meine Geschichte gehört hatten, boten sie sofort all ihre Hilfe an. Der stärkste der Gruppe stieg noch in der Nacht zu einer tiefer gelegenen Hütte, in der sich ein Funkgerät und Medikamente befanden. Ich wurde mit viel heissem, süssem Tee versorgt. Essen konnte ich nicht.

Am folgenden Tag versuchte ich zusammen mit Dick, einem Bergsteiger aus Los Angeles, zu meinem verletzten Freund aufzusteigen. Bereits um 10 Uhr morgens setzte heftiger Schneefall ein, und die Kletterei wurde deswegen immer schwieriger. Dick litt zudem zunehmend unter akuter Bergkrankheit und war schliesslich so erschöpft, dass wir auf einer Höhe von 4900 Metern umkehren mussten. Der Schmerz in meinen verbrannten Fingern und offenen Handflächen war schwer zu ertragen. Am meisten weh tat mir aber der Gedanke, dass Gert nun wohl allein sterben würde, wenn er nicht schon gestorben war. Erst in der Nacht gelangten wir zurück in die Kalmi Hut, triefend vor Nässe, durchfroren und erschöpft. Bereits waren vier Bergsteiger des Kenya Mountain-Club mit Medikamenten und Bergungsgeräten eingetroffen. Alle litten unter akuter Bergkrankheit. Sie hatten im Club schon gelegentlich über einen möglichen Rettungseinsatz am Mount Kenya diskutiert und stimmten in der Meinung überein, dass es unmöglich sei, jemanden mit einer schwereren Verletzung aus der Gipfelregion lebend zu Tale zu bringen. Trotzdem wollten sie es versuchen, und wir erfuhren, dass Bergsteiger aus ganz Ostafrika auf dem Weg zum Mount Kenya waren, um uns zu helfen.

Mit Silvano Borusso, einem in Kenia lebenden Italiener, versuchte ich tags darauf, erneut zu meinem Freund vorzudringen. Obwohl auch Silvano unter Höhenbeschwerden litt, erreichten wir um 17.30 Uhr, mehr als 48 Stunden nachdem ich Gert verlassen hatte, die Felsrippe, die uns von ihm trennte. Schon lange hatte ich nach ihm gerufen. Da ich keine Antwort bekommen hatte, war ich sicher, dass er tot sei. So stieg ich um die Kante, hinter der ich ihn zurückgelassen hatte, sah den roten Biwaksack, der seinen Körper bedeckte, und schrie verzweifelt seinen Namen. Ein Wunder geschah: Gert schlug den Biwaksack zur Seite und sagte mit leiser Stimme: „Mein Gott, Bulle, dass du noch lebst." Ich schrie ins Funkgerät, man solle vorwärts machen, so schnell als möglich, er lebe, wir könnten ihn noch retten – bekam aber keine Antwort. Trotzdem wurde dieser Spruch am Fuss des Berges gehört und motivierte die inzwischen in grösserer Anzahl eingetroffenen Retter.

Gert litt unter grossen Schmerzen und erhielt erste Injektionen von Morphium. Er trank nur wenig und erbrach es gleich wieder. Die letzten 48 Stunden hatte er mit einem Schluck Whisky und der Früchtekonserve verbracht, die er ohne sein Messer mit Steinen hatte öffnen müssen. Es folgte eine weitere kalte, unbequeme Nacht auf einer abschüssigen Felsleiste.

Der 8. September begann wie immer mit strahlendem Sonnenschein und dem ersten Besuch von Flugzeugen. Behelfsmässig schienten wir Gerts verletztes Bein, worauf Silvano versuchte, ihn auf dem Rücken einige Meter zu transportieren. Gert schrie sofort in fürchterlichem Schmerz und verlor das Bewusstsein. Wir bewegten ihn nur wenige Meter und banden ihn erneut am Fels fest. Er war ein sterbender Mann, der kaum noch Flüssigkeit schlucken konnte, und Infusionsflüssigkeiten hatte ich noch keine zur Verfügung.

Starker Schneefall weckte uns früh am nächsten Morgen. Gert erzählte mir, dass er die letzte Nacht erwartet habe zu sterben, und er meinte, wie schrecklich es doch sei, dass das Sterben so lang dauere. Während der Nacht hatte er mich mehrmals gebeten, ihn von den Haken loszubinden, damit er sich über die Felsrippe rollen könne, um in den Abgrund zu fallen. Wieder hörten wir das Geräusch mehrerer Flugzeuge und dann ein neues Geräusch, das eines Helikopters. Plötzlich war wieder Hoffnung auf schnellere Hilfe da. Dann ein ganz lauter Krach, dann Stille, das Helikoptergeräusch war verschwunden. Wir glaubten, dass der Helikopter abgestürzt sei, das passte so recht in unser verzweifeltes Szenario. Später erfuhren wir dann, dass unsere Vermutung tatsächlich zutraf und dass Jim Hastings, ein junger amerikanischer Pilot, bei dem Unfall ums Leben gekommen war.

Am Nachmittag erreichten uns vier Bergsteiger aus Kenia mit dem Leiter der Rettungsgruppe, Robert Chambers, und brachten uns die lang ersehnten Infusionslösungen. Die Venen in Gerts Arm waren kaum auffindbar, mit meinen gefühllosen Fingern musste ich bis zu zwanzig Mal stechen, bis die Nadel am richtigen Platz war, dann verrutschte sie wieder. Schliesslich schaffte ich es doch und infundierte einen ersten Liter Traubenzuckerlösung. Während der Nacht froren die Infusionsflüssigkeiten ein, die ich an Haken über Gert an der Felswand befestigt hatte. In der Folge hielt ich einen brennenden Gaskocher unter die Flaschen, um so die Infusionsbehandlung weiterführen zu können. Ich ertappte mich bei der Hoffnung, dass Gert jetzt endlich sterben würde, da wir ihn ja sowieso nicht lebendig vom Berg herunterbringen könnten. Ich wollte diesen schrecklichen Ort an diesem schrecklichen Berg in diesem schrecklichen Wetter verlassen. Dann aber überlegte ich mir wieder, ob ich wohl, hätte ich gewusst, wie sehr wir in Teufels Küche kommen würden, auf die Tour verzichtet hätte. Nein, ich hätte nicht, und ich würde es wieder tun. Dies war das intensivste Lebensgefühl, das ich je empfunden hatte, und irgendwann würden wir hier herauskommen.

Am nächsten Morgen – man schrieb inzwischen den 10. September – war es fürchterlich kalt. Wir waren jetzt fünf Männer und bauten eine Seilbahn für die erste schwierige Querung zu unserer Abstiegsroute. Der Versuch, Gert damit zu transportieren, scheiterte wiederum an seinen unerträglichen Schmerzen. Wir mussten also auf einen Stretcher, eine leichte Bahre, warten. Inzwischen hatte ich sämtliche Infusionslösungen und Morphiumampullen aufgebraucht. In seinen Fieberträumen sprach Gert darüber, dass er ein gutes Leben hatte, dass er traurig sei, jetzt zu gehen, und dass er alles, was er im Leben versäumt habe, zutiefst bedauere. Hier bezog er sich ausdrücklich auf seine Beziehungen zu Frauen. Der Sturm am Nachmittag war stärker als je zuvor, und unsere Moral erreichte den absoluten Tiefpunkt.

Der 11. September war angebrochen, sechs Tage und sechs Nächte lag Gert mit seiner schweren Verletzung nun schon auf dem kleinen Felsvorsprung. Noch immer war er am Leben, wenn auch mit hohem Fieber und ständigem Klagen. Er bat mich, endlich ein Feuer zu machen, und hörte Stimmen deutscher Mädchen, die uns besuchten. Er forderte uns auf, nicht nur herumzusitzen, sondern ihn endlich zu retten. Dies wurde um die Mittagszeit möglich, als der ersehnte Stretcher eintraf. Unsere Seilbahn zum nächsten Felsturm trat in Aktion, dann begann die lange Traverse im Gelände dritten bis vierten Schwierigkeitsgrades mit der Bahre, die von vier Kletterern über die Felsen transportiert wurde, während der fünfte sie von oben sicherte. Bei Dunkelheit erreichten wir den Anfang der senkrechten Abseilstellen, wo wir erneut biwakierten. Gert litt wieder unter Fieberträumen. Er nannte uns Trunkenbolde und verlangte auch für sich eine Portion Rotwein. Alle zwei Stunden schmolz ich Schnee, und Gert konnte jeweils wenige Schluck Tee zu sich nehmen.

Nach einer weiteren unruhigen Nacht begannen wir mit dem Abseilen. Zwei Seile sicherten jeweils den Stretcher und den begleitenden Retter. Nach mehreren Seillängen setzte erneut ein heftiger Schneesturm ein. Wir waren am Anfang einer langen, ausserordentlich problematischen Querung über einen scharfen Grat. Ich sah keine Möglichkeit, mit den wenigen verbliebenen Seilen eine 60 Meter lange Seilbahn bis zum nächsten Felsturm zu bauen. Wieder einmal standen wir vor einem unlösbaren Problem.

Aus dem Nebel- und Schneetreiben tauchte in diesem Moment eine Gestalt auf, sprach mich in österreichischem Dialekt an und zog drei Seile hinter sich her. Ich erkannte im Deus ex machina Werner Heim, einen der stärksten österreichischen Bergsteiger jener Zeit und gleichzeitig einen der erfahrensten Bergretter. Er sagte mir, dass sieben Freunde aus Tirol gekommen seien, um Gert zu retten. Die ganze Abseilroute hätten sie bereits präpariert. Später erfuhren wir, dass Gerts Vater 24 Stunden nach dem Unglück durch einen Reporter von unserem Unglück vernommen und darauf sofort unsere Freunde gebeten hatte, zu Hilfe zu eilen. Innert Tagesfrist war die Elite der Tiroler

*Gert Judmaier wird nach seiner Rettung von einheimischen Rettern zur nächsten Straße getragen*

*Eröffnung der von Marcus Schmuck initiierten Austria Hütte am Mt. Kenya, 1973, heute Stützpunkt der in Österreich ausgebildeten Bergrettung*

Bergrettungsmannschaft nach Nairobi geflogen; nach zwei weiteren Tagen hatten die sieben den Fuss des Berges erreicht. Fünf von ihnen waren gerade aus dem Himalaya zurückgekehrt und deswegen hervorragend akklimatisiert, so dass auch der rasche Aufstieg für sie problemlos möglich war. Der weitere Abtransport verlief in zauberhafter Schnelligkeit, meist dank ausgewogener Rettungstechnik und entsprechender Manöver, gelegentlich unterstützt durch rohe Kraft. Die letzten 200 Meter bis zum Boden hingen Heim und ich am Stretcher und seilten in einem Zug bis zum Wandfuss ab. Es war Mitternacht, als wir dort ankamen. Inzwischen hatte Gert auch von Dr. Raimund Margraiter, einem Mitglied der Rettungstruppe, weitere Infusionen erhalten, und wir waren optimistisch, dass er überleben würde.

Als ich mich vom Stretcher löste, gewahrte ich Ruth. Nachdem sie die Zeitungsnachricht über unser Unglück gelesen hatte, schlug sie sich unverzüglich zum nächsten Flugplatz durch und überzeugte dort einen Piloten, der in die Nähe des Mount Kenya flog, sie mitzunehmen. Dann schloss sie sich den aufsteigenden Rettungsmannschaften an und tauchte, für mich einer Fata Morgana gleich, auf. Ich versprach ihr, die nächsten Ferien am Meer zu verbringen – ein Versprechen, das ich nie einlöste. Um vier Uhr morgens öffneten Dr. Margraiter und ich die Verbände um Gerts Bein. Der Geruch und der Anblick der Wunde mit dem grauen, herausstehenden Schienbeinknochen

*20 Jahre danach, v. l. n. r.: Walter Spitzenstätter, Wolfi Wippler, Gert Judmaier und Oswald Oelz 1990 auf dem Mt. Kenya*

verscheuchten die interessierten Zuschauer innert Sekunden. Wir waren sicher, dass das Bein amputiert werden musste.

Nach einer Stunde Schlaf dämmerte ein strahlender neuer Morgen. Schwarze Polizeiträger halfen uns, Gert auf der Bahre mehrere Stunden lang bis zur nächsten Strasse zu transportieren. Dort wartete sein Vater, und noch am selben Abend wurde er ins Spital von Nairobi gebracht. Entgegen unseren Erwartungen riskierten die dortigen Chirurgen, die Wunde lediglich zu säubern und keine Amputation durchzuführen.

Ich hatte während neun Tagen fast nichts gegessen und fühlte mich trotzdem in absoluter Hochform. Überall waren wir eingeladen, mehr als hundert Leute aus Ostafrika hatten geholfen, und alle wollten uns sehen. Die Zeitungen berichteten über uns; in einem Editorial des „East African Standard" vom 10. September titulierte man uns als Helden, und meine Bemühungen wurden besonders erwähnt. Der Artikel endete mit dem Satz: „Kenya Salutes this Hero among Heroes." Diese Dokumentation meines Heldentums hängt jetzt in einer dunklen Ecke meines Weinkellers.

Das Überleben meines Freundes brachte mir die Erkenntnis, dass man in den Bergen bei entsprechendem Willen und mit etwas Glück auch kritische Situationen überleben kann, mit Ausnahme von Lawinen, Steinschlag oder unglücklichem Absturz, die sofort zum Tod führen. Dies nahm mir für die Zukunft etwas von meiner Angst. Gert wurde mehr als ein Jahr lang immer wieder operiert. Er behielt sein Bein, wenn auch mit einem steifen Sprunggelenk, das streichholzschachtelgrosse Stückchen Tibia blieb am Mount Kenya. Zwanzig Jahre später kletterten wir, zusammen mit einem Teil der Rettungsmannschaft, erneut zu diesem Gipfel. Am Absturzort von Jim Hastings gedachten wir des jungen Helikopterpiloten und brachten eine Bronzetafel am Fels an mit der Inschrift: „In memoriam Captain Jim Hastings who lost his life in saving mine. Gert Judmaier, 1970–1990."

*Er ist der beste Bergsteiger Deutschlands in den Siebzigerjahren. Alle großen Westalpenwände hat er mit Bravour absolviert, als er vom El Capitan im Yosemite Valley hört, von Big Walls, die so schwierig sind, dass die besten Alpenkletterer ihnen nicht gewachsen sind.*

*Reinhard Karl, der von seinen Touren mit die schönsten Bilder nach Hause bringt, die je von Bergsteigern fotografiert wurden, erlebt Amerika und die Kletterszene in Yosemite im Stil der späten Hippie-Generation mit all ihrer Freiheit und ihren Träumen.*

*Seine Erzählungen, seine Fotos sind mehr als eine akribische Beschreibung der schwierigsten Freikletterpassagen der Welt. Der gelernte Automechaniker aus der Pfalz ist ein Poet des Bergsteigens, der seine Erlebnisse mit eindrucksvollen Bildern zu einer stimmigen Symphonie abmischt.*

*Der „El Cap" ist für Karl der erste Schritt in die weite Welt des Bergsteigens in anderen Kontinenten. Es folgen Reisen und Expeditionen ins Karakorum, in den Himalaya und nach Patagonien.*

*1978 steht Reinhard Karl als erster Deutscher am Gipfel des Mount Everest. Er ist ursprünglich gar nicht Mitglied der österreichischen Expedition unter Wolfgang Nairz sondern soll nur eine Fotoreportage für ein Wochenmagazin über den spektakulären Everest-Versuch von Messner und Habeler ohne Sauerstoffmasken heimbringen. Doch dann erhält er seine Chance und steht mit Oswald Oelz am höchsten Gipfel der Erde.*

*„Nach dem Everest sagte ich mir: Nie wieder ein 8000er!"*

*An dieses Zitat aus seinem Buch hält sich Reinhard Karl nicht. Schon zwei Jahre später ist er zum Gasherbrum II unterwegs. Und im verhängnisvollen Jahr 1982 zieht er mit Wolfgang Nairz und Oswald Oelz, seinen Freunden vom Everest, zum Cho Oyu. Die Gruppe orientiert sich an der Kleinstexpedition, mit der es Herbert Tichy 1954 gelungen war, den sechsthöchsten Berg der Welt zu besteigen. Die Ehefrauen sind bis zum Basislager dabei, doch das Unternehmen steht unter einem ungünstigen Stern. Oelz muss bald in höchster Lebensgefahr mit einem*

*Lungenödem ausgeflogen werden. Nairz, Karl und Rudi Mayr arbeiten sich an der Südwand trotz schlechten Wetters weiter empor. Die Nacht vom 18. auf den 19. Mai verbringen Nairz und Karl im Lager II und sind jetzt voll Hoffnung auf Wetterbesserung und einen erfolgreichen Weg zum Gipfel. Da verschüttet eine Eislawine um 5 Uhr morgens ihr Zelt, tötet Reinhard Karl und verletzt Wolfgang Nairz schwer.*

*„Was man da oben sucht, ich weiß es nicht. Die Wahrheit ist so kompliziert, dass niemand sie versteht. Eigentlich ist der Berg nur ein nominelles Ziel. Was zählt, sind die Stunden, Minuten und Sekunden, wie man sie verbringt."*

*So beantwortet Reinhard Karl die Frage nach dem Sinn des Bergsteigens in seinem Bildband „Zeit zum Atmen".* *M. U.*

Der folgende Text wurde entnommen aus: Reinhard Karl, Erlebnis Berg. Zeit zum Atmen. 2. Aufl. Limpert-Verlag GmbH: Bad Homburg 1982, S. 73–85. Abdruck mit freundlicher Genehmigung des Verlags.

*Reinhard Karl*

# *Big-Wall-Klettern in Yosemite*

Mochte die Kletterei noch so schwierig sein, mit dem Nachlassen meiner Angst vor der Tiefe und meiner Routine, die Berge immer perfekter zu kennen und zu besteigen, verloren die Gipfel für mich ihre Spannung. Ein Biwak, früher eine ernste Sache, die mir noch jede Menge Angst und Schrecken einjagte, wurde nur ein unangenehmes Schnattern, es war eine Schande, daß wir die Wand nicht in einem Tag durchsteigen konnten. Die Wand und der Berg wurden nach einer Richtzeit durchstiegen. Eben weil ich ein perfekter Bergsteiger war. Meine Perfektion veränderte meinen wilden Kampf mit den Bergen zu einem formalisierten Abenteuer. Später ist mir dann aufgegangen, wie wenig ich mich noch von meiner Akkordarbeiterzeit entfernt hatte.

Zu diesem Zeitpunkt hörte ich von der sagenhaft schwierigen Kletterei am El Capitan im Yosemite Valley in Kalifornien. Der El Capitan sollte so schwierig sein, daß es für Alpenkletterer dort keine Chance gab. Es soll der schwierigste und beste Kletterberg der Welt sein. Obwohl ich nur 200,– DM in der Tasche habe, buche ich einen Flug in einem Reisebüro. Es langt gerade für eine Anzahlung. Den Rest werde ich noch irgendwie zusammenkriegen, ich habe zwar keine Ahnung wie, aber das Geld wird schon kommen.

Ich kann Hermann davon überzeugen, daß wir beide jetzt unbedingt den El Capitan klettern müssen. Er bekommt tatsächlich Urlaub von dem Chemielabor und der Familie, wenn auch nur für drei Wochen. Manchmal löst sich alles von selbst. Ich kann ein paar Fotos an eine große Zeitung verkaufen, und das Geld für den Flug ist da. Allerdings nur bis New York. Manhattan ist so ungefähr der verkehrteste Platz für jemanden, der die Einsamkeit der Berge sucht. Die Häuserschluchten beeindrucken mich schon. Unter dem Empire State Building singt jemand das Hohelied auf den menschlichen Erfindergeist. 330 Meter hoch zieht diese Perversion des menschlichen Wohnens in den smogverseuchten Himmel. Alle schauen beeindruckt hoch, außer mir. Ich weiß, daß der El Capitan noch dreimal höher ist, dreimal höher ragt in den blauen unverschmutzten Himmel. „Gegen die Größe des El Capitan ist das

Empire State Building eine armselige Hundehütte." Alle schauen mich ungläubig an, wie ich nur ihren Stolz so verletzen konnte.

Ich trampe durch die USA. Manchmal fahre ich mit dem Bus, von Stadt zu Stadt. Eigentlich langt es, nur eine Stadt zu sehen, die Stadt A, die Stadt B scheint nicht zu existieren. Immer komme ich in der gleichen Stadt an. Eines Tages hören alle Straßen auf. – Yosemite National Park – California – ich bin unter dem El Capitan. Es ist heiß, vielleicht 40 Grad Celsius. Ich komme mir vor wie eine Katze, die zum ersten Mal einen Tiger sieht. Er ist der König, ich fühle mich so klein wie eine Maus. Ich kann mir nicht vorstellen, da hinaufzuklettern. So eine riesige Wand, so heiß, so glatt. Die anderen Touristen, die mit mir aus dem Bus gestiegen sind, sagen „great", „marvellous" oder „beautiful", dann steigen sie nach einer Minute Hochsehen wieder in den Bus. Hermann und ich haben uns im Camp Four verabredet, jenem legendären Kletterer-Campground. John Muir, der Gründer des Nationalparks, würde einen Herzschlag bekommen, wenn er das heute sehen würde. Er fand das Valley den großartigsten aller Tempel der Natur. Aber mehr als 100 Jahre brachten viele Veränderungen mit sich, denn schließlich müssen die 3 Millionen Besucher pro Jahr auch untergebracht werden. Da gibt es jetzt Banken und Friseure, Supermarkt, Hotels und Waschsalon. Die Indianer nannten Yosemite „Das unvergleichliche Tal". Kurz nachdem sie vertrieben wurden, entdeckten die Weißen diese harmonische Gebirgswildnis: die Wasserfälle, die vielen Tiere vom Adler bis zum Braunbär, die Sequoia und Redwood Wälder, die Flußauen des Merced River und die gigantischen Granitdome wie Royal Arches, Halfdome, Sentinel Rock und eben den 1000-Meter-Monolith am Eingang des Tales – El Capitan. Dazu gekommen sind die vielen Touristen und ihre Autos: Ein Disneyland für Naturapostel. Die heile Naturwelt ist ja auch wirklich da. Als europäischer Alpenbesucher kommt einem soviel reine Natur schon unnatürlich vor. Wenn je ein Garten Eden existierte, sicher war es hier.

Dagegen ist das Klettererсamp, das jetzt Sunny Side Walk in Camp heißt, eher ein Ableger der Subkultur aus Berkeley und Los Angeles. Ich glaubte damals noch, Bergsteiger seien hehre Lichtgestalten mit einem Drang nach oben. Hier fand ich jedoch viele Ausgeflippte, Hippies und Freaks. Und die sollen so gut klettern? Besser als wie Alpenkletterer? Statt protziger Wohnwagen, wie auf den normalen Campingplätzen, dem mobilen Abklatsch der Eigentumshäuser der Middle Class, hängen hier Kletterer herum mit dem Aussehen von Pennern, in kleinen Zeltchen, oft nur Plastikhüllen mit Schnüren zwischen zwei Bäumen gespannt. Alles ist leicht vergammelt. Die Leute haben hier nicht die rundlichen McDonald-Schwimmreifenfiguren. Mit ihren muskulösen Körpern fallen sie sofort auf. Am Abend herscht oft großer Lager-

*Piaz-Kletterei „Wheat Thin" – Yosemite*

feuerzauber. Gitarre, Budweiser Bier und irre Gespräche, natürlich nur über Klettern. Marihuana, Peote Bottoms und weiß noch was für Drogen gehen um. Jeder hier nimmt irgendeinen Stoff, um „High" zu werden, mindestens Marihuana. Die meisten verbringen hier den ganzen Sommer. Faul sein ist hier eine wesentliche Voraussetzung, um ein guter Kletterer zu werden. Die 5 Lebensessentials, mit denen sie den Tag knacken, sind in der Reihenfolge der Wichtigkeit: 1. Klettern, 2. Sonnenbaden, 3. Essen, 4. Drogen, 5. Frauen. Das Wort Arbeit kommt nicht vor. Manche leben auch ständig als „Local Residents" im Camp. Die kümmern sich nur wenig um das, was jeden Tag in der Zeitung steht. Das Problem, die notwendigen „Bucks", die Dollars, zusammen zu kriegen, scheint auch keines zu sein. Als ich frage, wie sie das machen, ohne Arbeit zu leben, zucken sie mit den Schultern. „Darüber spricht man nicht." Viel Geld braucht man ja auch nicht hier zum Leben. Jeden Tag ist es schön. Der immer blaue Himmel gibt ein positives Lebensgefühl, die immerschöne Natur herum läßt alles, nur keine Zukunftsangst aufkommen. „Morgen wird ein weiterer schöner Tag kommen." Soviel ist sicher, warum sich jetzt den Kopf zerbrechen. Später habe ich es doch langsam herausbekommen, das Geheimnis ihrer Dollars: Vor kurzem stürzte im Winter eines dieser Drogenschmuggelflugzeuge, das Marihuana schwarz über die Grenze von Mexiko nach San Franzisko bringt, im Nationalpark ab. Diese Nachricht verbreitete sich in den Kletterkreisen in Windeseile. Viele Sommerkletterer machten plötzlich Winterskitouren mit Riesenrucksäcken. Das Marihuana schmeckte dann in Los Angeles nach Benzin. Dafür sah man später viele „Out-of-Money-Kletterer" in der teuren Mountainbar. Wie bei „Easy Rider" machen Drogen „Easy Climber".

Die Wirklichkeit ist aber oft weniger abenteuerlich. Viele sind gebrochene Helden, die ihr Königreich am Fels suchen und im Klettern, für mehr ist in ihren zugekifften Köpfen mit roten Kaninchen-Augen kaum Platz. „Far out, man" – Ganz weit weg ist die Wirklichkeit. Sind einfach nur kleine Tagediebe, die von kleinen Deals leben und der einzigen Beschäftigung nachgehen, zu der sie überhaupt noch in der Lage sind, eben klettern. Trotzdem, man sollte sich nicht täuschen lassen, im Klettern sind sie wirklich große Klasse.

Es gibt nichts Frustierenderes als von sich überzeugt zu sein, eine Sache perfekt zu beherrschen, und dann von irgendwelchen Nobodies den Beweis zu erhalten, daß man doch ein Anfänger ist. So geschah es mir bei meinen ersten Kletterversuchen. In Kalifornien war schon die absolute Freikletterbewegung hereingebrochen. Die Haken und die neumodischen Klemmkeile dienten nur zur Sicherung. Wenn es nicht gelang, eine Kletterstelle vollkommen frei zu bewältigen, dann seilten die Amerikaner sich lieber ab als sich an dem Sicherungshaken hochzuziehen und damit diese Wand technisch zu überwinden.

Extremes Klettern kam hier erst nach 1955 auf. Als eine Handvoll Aussteiger aus der Leistungsgesellschaft die Traumstrände von Californien verließ und sich den Bergen widmete. 1957 wurde die Half Dome NW, 1958 die Nose am El Capitan erhämmert. Erst wurde genagelt, was das Zeug hielt. Aber dann merkte man, daß man auch ohne technische Hilfsmittel die Risse überwinden kann. Die Qualität, nicht was man macht, zeigte erste Ergebnisse.

Das war vollkommen neu für mich. Bis jetzt war immer der Gipfel, wenn auch oft nur über eine Wand, das Ziel gewesen. Obwohl ich oft alle Raffinessen einsetzte, hatte ich meistens noch genug Schwierigkeiten, mein Ziel zu erreichen. Das war für mich eine neue Erfahrung, daß nicht mehr der höchste Punkt das Ziel ist, sondern nur eine Kletterstelle, eine Seillänge oder nur die ersten zwei Seillängen eines Risses am El Capitan, der vom Boden endlos in den Himmel zieht. Als ich zum ersten Mal diesen größten Kletterbrocken der Welt mit der Hand anfasse, kommt mir spontan ein: „Mensch, ist der arschglatt" heraus. Ich habe in den Alpen schon einige der großen Wände durchstiegen, so einen gigantischen Wandabbruch jedoch noch nie gesehen. Dabei ist es so einfach, dorthin zu kommen. 5 Minuten von der Straße des Talbodens und man steht unter der senkrechten Herausforderung, Ende der normalen Welt.

Es ist Mittag, unheimlich heiß. Ich glaube jetzt auch, daß schönes Wetter in dieser Südwand schlechtes Wetter, d. h. brutale Hitze bedeutet. „Auch Zwerge haben einmal klein angefangen", sage ich mir. Mein Kletterpartner Tom ist ein typischer Kletter-Freak. Freak heißt eigentlich Mißgeburt. Das gibt seine Lebenseinstellung nicht richtig wieder. Er ist ein Felsfanatiker.

Er will mit mir einen kurzen El Cap Übungsclimb machen und meint „Sacherer Cracker" sei für mich das Richtige zum Angewöhnen. Tom selbst besteht nur aus Sehnen und Muskeln, kein Gramm Fett. „Kannst Du einen einarmigen Klimmzug?" – „Was ist denn das? Für was soll man das denn brauchen?" Er kann fünf mit jedem Arm. Dabei ist er kein Body-Building-Gorilla à la Arnold Schwarzenegger. Seine Muskeln sind nicht zur Schau da, sondern nur zum Zupacken am Fels.

Unsere Kletteraufgabe besteht aus einem 80 Meter hohen Riß. So gesehen unterscheidet uns nichts vom Alpenbergsteigen. – Wir benutzen Seil und Karabiner und wie immer ist das Gefühl so eine Mischung aus Angst und mutigem Unternehmungsgeist beim Fertigmachen am Einstieg. T-Shirt und weiße Navy-Hosen, buntes Kopftuch, lange Haare und Sonnenbrille lassen uns eher wie Besucher eines Rock-Festivals erscheinen.

An Toms Füßen geben „EB's"-Kletterschuhe ein unheimlich gutes Klettergefühl. Mit meinen „Bollerschuhen" komme ich mir wie ein Trampeltier vor. Anstelle von Hammer und Haken hängt sich Tom ein Bündel Klemmkeile-

„Nuts" um. Früher wurden auch da Chrom-Moly-Stahlhaken in die Risse gedroschen. Doch da die Kletterer hier das Motto der Outdoor-Bewegung übernahmen „Don't leave footsteps", hinterlaß keine Spuren, mußte das ganze Sicherungsmaterial, das mühselig hineingeschlagen wurde, noch mühseliger wieder hinausgeschlagen werden. Somit blieb die Route die gleiche Herausforderung für die Nächsten. Leider hielt das der Granit nicht aus, er wurde von den Stahlhaken zerlöchert wie Schweizer Käse. Damit das heilige Stück Natur, der Fels, nicht weiterhin gequält wurde, erfand man, Gott sei Dank, die Klemmkeile. Diese bemerkenswerte Erfindung wurde zuerst am Mt. Snowden in Nord Wales angewandt. Die ersten Klemmkeile fand man als Eisenbahnschienen-Muttern. Mit einer Seilschlinge durch das Loch der Mutter bildete diese Softtechnologie vorzügliche Sicherung. Clean Climbing war geboren. Die Saubermänner am Fels konnten jetzt ohne Gewissensbisse an ihrem Heiligtum Fels herumspielen.

Tom schafft sich den Riß hoch, daß es eine Augenweide ist. Jetzt bin ich dran. Dieser Riß ist ein „Jam crack", ein Handriß, zwischen 3 und 10 Zentimeter breit. „Jam" meint drücken, und das muß man in der Tat. Hände in den Riß, Daumen niederdrücken, so daß der Handrücken gegen die eine Rißinnenseite gepreßt wird. „Iihh" tut das weh, aber wenn man fest genug drückt, kann man

*El Capitan-Hände*

Mit Jümar-Steigklemmen
am Seil hochsteigen,
El Cap

sich so im Riß festhalten. Fußspitzen ebenfalls in den Riß und verdrehen. Linke Hand zusammendrücken, daran hochziehen, rechte Hand zusammendrücken. Nach 10 Metern ist meine Kraft verbraucht. Mit meinen Zusammendrückhänden könnte ich jetzt nicht einmal eine Cola-Dose halten. Tom hält mich am Seil, ich schüttele mir meine toten Arme aus. Von den Alpen her bin ich die Holzkeile gewöhnt, die in solchen Rissen stecken. Da würde ich meine Fifileiter reinhängen und von Haken zu Haken steigen. Das sieht zwar von unten genauso aus, hat aber mit Klettern überhaupt nichts zu tun. Jedenfalls nicht für Kletterstar Tom. „Klettern ist für mich nur ‚Freeclimbing', alles andere ist uninteressant. Wenn ich nicht frei hochkomme, dann probiere ich es so lange, bis ich es schaffe. Wenn nicht, kehre ich um."

„Vielleicht kommt eines Tages ein Besserer, der das für mich Unmögliche möglich macht." Das Ganze hier ist ein Spiel. Hier der Fels, an dem der liebe Gott extra für die Kletterer Griffe und Tritte hat wachsen lassen und da ich mit meinen Händen und Füßen und meinem Verstand. O. K. Ich bin kein Vogel, deshalb verwende ich Seil und Sicherung: Das leuchtet mir ein. „Also nieder mit der Technik, es leben meine Fähigkeiten!" Ich fighte weiter. Der Riß wird jetzt etwas breiter, ich bekomme meine Füße besser rein, setze meine noch vorhandene Kraft besser ein. Ich erreiche eine kleine Plattform – unser Gipfel. Ich bin ausgelaugt, meine Hände sind verschrammt und bluten. Wir setzen uns hin und schauen zu den Zuschauern hinunter, die von der Straße zu uns hinaufschauen. Tom zündet sich einen Joint an. „Yeah man, bis zum richtigen Gipfel ist es noch weit. So drei oder vier Tage." Der senkrechte Wahn hat mich gepackt. „Da will ich hinauf." Der Trip in die Senkrechte „Far out, man." Hinein in die Angst meiner Seele und heraus aus den Ängsten der horizontalen Welt. Ich erkenne, um dieses senkrechte Mysterium zu bezwingen, brauche ich noch viel mehr Kraft, Technik, Geschicklichkeit und Härte.

Ich treffe Hermann, wegen seiner kurzen Zeit gehen wir gleich zum Half Dome. Wir haben von Freunden den Großteil der Ausrüstung geliehen bekommen, die wir den 10-Meilen-Weg zu der Wand schleppen. Aller Anfang ist schwer. Wir klettern zum ersten Mal in der Big-Wall-Technik. Ein Stil, der in der Salathe-Route am El Cap von Royal Robbins entwickelt wurde. Das ist ziemlich kompliziert. Zum Glück haben wir sein Buch „Advanced Rock" dabei. Ich komme mir vor wie ein Teenager, der bei seinen ersten Liebesversuchen noch in dem Handbuch Liebe für Anfänger herumblättert.

Der Vorkletterer hat als Dank, nachdem er die Seillänge geführt und den Standplatz erreicht hat, noch den Nachziehsack, den „Hauling-Bag" hochzuziehen. Mit Hilfe der Jümars und einer Seilrolle. – Eine Galeerensträflingsarbeit, die nur ein paar Seillängen auszuhalten ist. Dann kommt der Partner dran.

Teamwork. Der Seilzweite klettert dafür nicht, sondern steigt mit „Jümar"-Steigklemmen am Seil hoch und nimmt das ganze Sicherungsmaterial mit. Es ist ein komisches Gefühl, ohne Sicherung allein nur an den zwei Jümars am Seil zu hängen. Die Abhängigkeit von der Technik ist perfekt. Wenn man jedoch mit einem Auto fährt, ist man genauso lebensabhängig von der Technik. Denn wenn ich bei 100 km/h auf die Bremse trete, verlasse ich mich darauf, daß das Auto bremst. Wenn es nicht bremst, dann passiert für mich genauso eine Katastrophe, wie wenn das Seil reißt, oder die Jümars brechen. Mit solchen Vergleichen versuchen wir unsere Angst und Abhängigkeit von der Technik geistig zu bewältigen. Es ist eben doch alles eine Sache des Glaubens.

*Der Half Dome mit der NW-Wand. Yosemite Valley*

Nach zwei Tagen erreichen wir den Gipfel. Der Half Dome ist sicher der schönste Berg von Yosemite. Eine Berggestalt, die man nur einmal findet. Die Hälfte des Riesenbusens aus Granit haben die Gletscher der Eiszeit mitgenommen. Aus dem stehengebliebenen Rest ist unsere Nordwestwand geworden – 550 Meter hoch. Doch für Kletterer ist der fast 100 Meter Fläche bedeckende ebene Gipfel nur der Vorgipfel. Der richtige Berg ist der El Cap.

Wir haben etwas Schwierigkeiten gehabt, nach langer Zeit wieder zusammen zu klettern. Früher hatte ich immer die Ideen, aber er war der Bessere. Wenn eine Situation brenzlig wurde, brachte er alles wieder ins Lot. Doch jetzt war ich mindestens genauso gut wie er. Er behandelte mich jedoch weiter wie die Nummer zwei. Es dauert eine Weile, bis wir beide mit der neuen Situation richtig umgehen können. Jetzt sind wir beide Nummer eins, und das ist auch gut so und nötig, denn der El Cap ist noch schwieriger als er aussieht. Leider herrscht gerade eine Hitzewelle im Tal. Niemand klettert, außer uns, wir haben nur noch 5 Tage Zeit, dann muß Hermann wieder zurück ins Labor und zur Familie. Wir schaffen es, aber es war das Schwierigste, was wir jemals geklettert sind. Für Hermann der Höhepunkt als Kletterer und für mich ein neuer Ausblick. Es ist unsere letzte gemeinsame Tour, unsere Wege trennen sich nach dem Gipfel. Hermann hat in seine Richtung bürgerliches Leben zu gehen und ich werde mich hüten, dahin wieder zurückzufallen.

*Die letzte Nacht an der Nose*

*Jim Wickwire ist gerade zwanzig, als er auf seinen ersten Berg klettert. Eine Serie von beeindruckenden Gipfelsiegen folgt. Den Gipfel des Mount Everest fordert er erfolglos bei drei Expeditionen heraus, doch am K2 gehört er zu den ersten Amerikanern, die ihn besteigen: auf einer neuen Route, dem Nordostsporn.*

*Wie viele Bergsteiger hat er Begegnungen mit dem Tod und erlebt auf Expeditionen den Verlust von engen Freunden. In diesem Ausschnitt beschreibt er eine tragische Geschichte, die sich 1981 in Alaska zugetragen hat. Als er auf seine eigene Rettung wartet, gelobt er – wie schon mehrmals zuvor – mit dem Bergsteigen Schluss zu machen. Er weiß, dass er das seiner Frau und den fünf Kindern eigentlich schuldig ist. Aber wie schon so oft, findet er später, dass er dieses Versprechen nicht halten kann. Der Ruf der Berge ist zu stark.*

*Als er seine Autobiografie schreibt, der dieser Ausschnitt entnommen ist, fühlt er sich gezwungen, auf diesen Konflikt zwischen Wunsch und Gewissen einzugehen. „Ich erkannte, dass ich nicht nur wegen der Einsamkeit in den Bergen, ihrer Schönheit, der körperlichen Anstrengung oder den freundschaftlichen Banden, die ich dort fand, kletterte", schreibt er, „sondern auch wegen des Reizes der Gefahr."*

*Diese nüchterne Erkenntnis wird zum Titel seines neuen Buches „Addicted to Danger" (süchtig nach Gefahr; Anm. d. Hrsg.), den Memoiren eines im Angesicht des Todes am Leben Hängenden, wie er es selbst umschreibt.*

*Zwei Jahrzehnte nachdem er diese Erlebnisse niederschrieb, geht Wickwire noch immer regelmäßig in die Berge. Er und seine Frau Mary bleiben beisammen und hängen sehr aneinander, die Kinder sind mittlerweile erwachsen.*

*Zur Erinnerung an seinen Freund, den er in der Gletscherspalte in Alaska verlor, trägt Wickwire das Mundstück von Chris Kerrebrocks geliebter Trompete zum Everest. Als er fühlt, dass er nicht mehr höher klettern kann, gibt er es seinem Kameraden Phil Ershler, der es im Gipfelschnee vergräbt.* *M. U.*

Der folgende Text wurde entnommen aus: Jim Wickwire, Addicted to Danger. Simon & Schuster: New York 1998, S. 1–14. Abdruck mit freundlicher Genehmigung des Verlags. Übersetzt von Eurocom Translation Services, Wien.

*Jim Wickwire*

# Die Gletscherspalte

Wir gingen langsam den Peters Gletscher hinunter und zogen einen mit Ausrüstung und Proviant schwer beladenen Schlitten, den wir zwischen uns gespannt hatten. Die zwanzig Fuß Seil zwischen uns waren zu wenig, dessen waren wir uns bewusst, aufgrund des rauen, welligen Bodens unter unseren Füßen konnten wir jedoch nicht anders. Ein Gletscher ist kein fester, starrer Körper. Er fließt dahin wie ein Fluss mit vielen Strömungen, manchmal ruhig und gemächlich, manchmal rauh und wild. Wo er die Fließrichtung ändert oder wo der Berghang steiler wird, reißt seine Oberfläche und es entstehen bis zu dreißig Meter tiefe Spalten. Oft sind diese, für das Auge nicht erkennbar, von einer dünnen Schneeschicht bedeckt.

Chris ging vorne. Ich ging hinterher und richtete den Schlitten jedesmal, wenn er sich verdrehte, wieder gerade. Die Nachmittagssonne schien auf uns hernieder und machte den Schnee weich. Unsere Körper warfen lange Schatten. Wenige Augenblicke nachdem wir beschlossen hatten, die Richtung zu ändern, um auf ebeneren Boden zu gelangen, brach Chris im Harsch ein und stürzte kopfüber in eine Gletscherspalte. Ich war auf den Schlitten konzentriert und sah ihn daher nicht fallen. Gerade als ich zu spüren begann, dass etwas nicht stimmte, riss mich das Seil in die Luft und dann hinab in ein eisiges Nichts. „Jetzt ist es um uns geschehen", dachte ich, „ich werde sterben."

Im nächsten Augenblick landete der Schlitten und ich mit voller Wucht direkt auf Chris. Wie betäubt von dem Aufprall, jedoch noch bei Bewusstsein, tastete ich mich ab, um zu sehen, ob ich verletzt war. Ich konnte meine linke Schulter nicht fühlen und den Arm nicht heben. (Später erst erkannte ich, dass ich mir einen Schulterbruch zugezogen hatte.) Ich versuchte, die Panik, die in mir aufkam, zu unterdrücken, blickte um mich und überlegte, was ich tun sollte. In unbeholfener Stellung, einen Fuß auf dem Schlitten, den anderen gegen einen kleinen Eisvorsprung gestemmt, versuchte ich so gut ich konnte, Chris zu beruhigen, während ich meinen Rucksack abnahm und ihn in einen 45 Zentimeter breiten Zwischenraum zwischen den Spaltenwänden presste. Dann stützte ich mich auf dem Rucksack ab und schob den Schlitten von Chris weg in einen Bereich gerade unter uns, wo er steckenblieb.

Von meinem Begleiter konnte ich nur die Beine sehen. Noch in Schneeschuhen, baumelten sie hinter seinem großen schwarzen Rucksack, der von den Spaltenwänden auf die Hälfte seiner normalen Breite zusammengedrückt worden war. Er hing mit dem Gesicht nach unten, parallel zu dem tief unter uns befindlichen Boden der Gletscherspalte, und schrie: „Ich stecke hier fest, Wick, du musst mich da rausholen!" Chris war mit seinem gesamten Oberkörper unter dem Rucksack eingeklemmt und konnte sich nicht bewegen. Da bemerkte ich seine linke Hand, die nach hinten verdreht zwischen seinem Rucksack und der Spaltenwand gefangen war. Ich erfasste sie und fragte, ob er den Druck spüren könne. „Nein", bellte er, „ich spür' überhaupt nichts! Du mußt mich rausholen, Wick!" Ich versicherte ihm: „Das werd' ich, Chris, das versprech' ich dir." Ich versuchte, ihn am Rucksack hochzuziehen, aber so fest ich auch zog, er rührte sich nicht. Nach einigen Minuten war mir klar, dass ich nichts weiter tun konnte für ihn, bevor ich mich nicht selbst aus der Gletscherspalte befreit hatte.

*Chris Kerrebrock am Abend vor dem Unfall*

Die sich nach unten verengenden Wände der Gletscherspalte waren glatt wie eine Eisbahn. Der schmale Schlitz Tageslicht weit oben über uns schien dreißig Meter entfernt zu sein. Um es bis an die Oberfläche zu schaffen, musste ich meine Steigeisen anlegen – Stahlspitzen, die man an den Bergschuhen befestigt, um beim Klettern im Eis mit dem Fuß Halt zu finden. Zum Glück hatte ich sie hinten auf meinen Rucksack gepackt. Die Raumverhältnisse waren dermaßen beengt, dass ich nur mit dem Gesicht an die Spaltenwand gepresst meine

© Jim Wickwire

*Unfallstelle am Peters Gletscher*

Ausrüstung handhaben konnte. Umständlich zog ich meine Schneeschuhe aus und schnallte die Steigeisen an. Dann band ich unser Seil wieder hinten an Chris' Rucksack fest, befestigte einen 90-cm-Aluminiumpflock und ein Paar Jümarklemmen – mechanische Hilfsmittel, um an einem Seil auf- und abzuklettern – an meiner Gürtelschlinge, und bereitete mich darauf vor, aus der Spalte herauszuklettern. Als ich versuchte, die beiden vorderen Spitzen des Steigeisens in die Wand zu stoßen, prallte ich ab. Ich versuchte es mit dem Eishammer, hatte jedoch keinen Platz zum Ausholen und schaffte daher kaum mehr als einen Kratzer im Eis. Wie sollte ich bloß rauskommen, wenn ich das Eis nicht durchdringen konnte? Panik stieg in mir auf. „Beruhige dich", sagte ich mir, „denk dir was aus, das funktioniert."

Ich versuchte es damit, eine kleine Einkerbung in das Eis zu brechen, schmäler als ein Fingerbreit und setzte die vorderen Spitzen des Steigeisens in die Kerbe. Ich schob mich nach oben und stützte mich dabei mit dem Rücken ab, den ich an die gegenüberliegende Spaltenwand presste. Mein ganzes Gewicht lastete auf den vorderen Spitzen der Steigeisen. Mit meinem unverletzten Arm den Hammer schwingend, arbeitete ich mich langsam die kalten, glasglatten Wände empor, indem ich mir eine Leiter aus lauter kleinen Einkerbungen in die Spaltenwand meißelte. Drei Stückchen ausgebrochenes Eis und eine Stufe weiter nach oben, immer weiter und weiter. Ich konzentrierte mich dabei wie noch nie in meinem Leben zuvor. Die ganze Zeit über hörte Chris nicht auf, unter seinem Rucksack zu schreien: „Du musst mich rausholen, Wick!

Du musst mich hier rausholen!" Schnaufend und ächzend redete ich ihm immer wieder zu: „Wir werden es schaffen, ich krieg dich hier raus." Und ich war mir sicher, dass ich es schaffen würde.

Trotz meiner Ungeduld, an die Oberfläche zu gelangen, achtete ich darauf, die Einkerbungen stets in einem Abstand von nicht mehr als fünfzehn Zentimeter anzubringen. Ich war mir bewusst, dass ich, würde ich wieder nach unten fallen, mit großer Wahrscheinlichkeit genauso wie Chris zwischen den Spaltenwänden eingequetscht würde und mir dabei noch größere Verletzungen zuziehen würde. Dieser Versuch war meine einzige Chance. Als ich fast ganz oben angelangt war, wo die Spalte eine Breite von etwa 90 Zentimeter erreichte, drehte ich meinen Oberkörper herum, schlug den Eishammer fest in den Spaltenrand an meinem Rücken und stemmte meine Füße gegen die gegenüberliegende Wand. Mit einer schnellen Bewegung zog ich mich nun über den Spaltenrand an die Gletscheroberfläche. Ich hatte eine Stunde gebraucht, um die Spalte hochzuklettern, in die wir, wie sich für mich jetzt herausstellte, gute zwölf Meter tief hineingefallen waren.

Fast völlig erschöpft und zugleich erleichtert, noch am Leben zu sein, lag ich keuchend im Schnee. Ich hob meinen Kopf, um mich umzusehen, und war überrascht von der Ruhe und der gleißend hellen Sonne auf dem breiten Gletscherhang. Ich erwehrte mich der Versuchung, mich noch etwas auszuruhen, und raffte mich mühsam wieder auf, denn ich spürte, ich hatte keine Zeit zu verlieren. Ich wusste, dass ich mich beeilen musste. Wenn ich es nicht schaffte, Chris vor Einbruch der Dunkelheit aus der Gletscherspalte zu holen, würde er dort unten einfach erfrieren.

Am Spaltenrand stehend, nahm ich das lose Seilende in die Hände und zog mit all meiner Kraft daran. Chris rührte sich nicht. Ich versuchte es ein zweites Mal – wieder nichts. Und noch einmal – ich konnte ihn nicht bewegen. Da war mir klar, ich würde noch einmal hinuntersteigen müssen. Ich band das Seil an dem Pflock fest, den ich in den harten Gletscherschnee trieb. Dann befestigte ich das Seil an den Jümarklemmen (mit Nylonschlingen für meine Füße), die es mir ermöglichten, rasch und dennoch sicher in die Spalte hinabzusteigen.

Es dauerte ungefähr fünf Minuten bis ich wieder bei Chris angelangt war. Ein paar Zentimeter über ihm hängend, versuchte ich, seinen Rucksack mit beiden Händen und meinem unverletzten Arm hochzuheben, aber es rührte sich nichts. In der Hoffnung, es würde vielleicht besser gehen, wenn ich die Position des Seils veränderte, band ich es nacheinander an jedem der erreichbaren Querriemen des Rucksacks fest, und zog daran. Doch der Rucksack bewegte sich noch immer nicht. Ich versuchte, Chris zu beruhigen, doch auch als ich meinen Eishammer in den Rucksack schlug, konnte ich nur den oberen Teil davon ein paar Zoll bewegen; dann rutschte er wieder in seine ursprüngliche Lage zurück. Ich versuchte, den Rucksack mit der Kraft meiner Beine hochzuheben, indem ich in den Schlingen nach oben stieg. Alles ohne Erfolg.

Ich dachte, wenn ich es schaffen könnte, Chris' Rucksack zu öffnen und dessen Inhalt herauszunehmen, dann würde der Druck gelöst und es wäre vielleicht möglich, ihn zu bewegen, doch als ich versuchte, das starke Gewebe mit dem Eishammer aufzureißen, sah ich, dass ich nur kleine, nutzlose Löcher in den Stoff zu stechen vermochte. Der Rucksack war, gleich einem Holzklotz in einem Schraubstock, einfach zu fest zusammengepresst. Ohne die nötige Ausrüstung, um einen Flaschenzug zu bauen, konnte ich Chris nicht von der Stelle bewegen. Daher gab ich nach zwei Stunden unentwegter Anstrengung schließlich auf. „Es tut mir leid, aber so klappt das nicht", gestand ich ein. „Ich gehe wieder nach oben und werde versuchen, jemanden, irgendjemanden über Funk zu erreichen."

Nachdem ich meinen Rucksack nach oben gehievt hatte, folgte ich unseren Spuren zurück zu einem nahegelegenen Hügel, von wo aus ich um Hilfe funkte: „Dies ist ein Notfall. Kann mich jemand hören? Wenn Sie mich hören können, ich brauche Ihre Hilfe." Ich wiederholte die Botschaft immer wieder, jedoch niemand antwortete mir; eigentlich hatte ich nie wirklich eine Antwort erwartet. In diesem abgelegenen Tal, in dem man mit Gewissheit sagen konnte, dass niemand zufällig vorbeikommen würde, war unser Sichtfunkgerät völlig nutzlos. Wir hatten uns vorgenommen, den Mount McKinley über eine entlegene, noch unbegangene Route zu besteigen, und das war der Preis, den wir dafür zu bezahlen hatten. Niemand würde kommen, um uns zu helfen. Wir waren allein.

Ich stieg wieder die Spalte hinunter, mit wenig Hoffnung, meinen Freund noch befreien zu können und wiederholte die Rettungsmanöver, von denen ich fürchtete, dass sie zum Scheitern verurteilt waren. Chris' Hilferufe verstummten, als ihm allmählich klar wurde, dass ich ihn nicht aus seiner Lage befreien konnte. Er hatte vorgehabt, im kommenden Jahr gemeinsam mit mir den Mount Everest zu besteigen, und meinte: „Besteig' ihn für mich, Wick. Denk an mich, wenn du auf dem Gipfel stehst." Chris, der klassische Trompete spielte, bat mich, sein Mundstück mit hinauf zu nehmen. „Ich weiß nicht, ob ich je dort raufgehen werde", antwortete ich ihm, „aber jemand anderer wird es hinauftragen, das versprech' ich dir." Wir sprachen über seinen unmittelbar bevorstehenden Tod, aber ich wollte nicht wahrhaben, dass dieser junge, lebensprühende Mann tatsächlich nun vor meinen Augen sterben würde.

Nachdem er mir aufgetragen hatte, Botschaften an seine Familie und an seine engsten Freunde zu überbringen, bat er mich, ihm zu helfen, in Würde in den Tod zu gehen. Es gab jedoch nichts, was ich tun hätte können, um sein Leiden zu lindern oder sein Sterben zu beschleunigen. Ich fragte ihn, was mit seinem Leichnam geschehen solle. Sollte man ihn in der Gletscherspalte ruhen lassen, oder sollte man ihn bergen? Er meinte, sein Vater solle das entscheiden. Etwa um halb zehn, sechs Stunden nachdem wir in die Gletscherspalte gefallen waren, sagte Chris zu mir: „Es gibt nichts mehr, was du noch tun könntest, Wick. Du solltest nach oben gehen." Ich sagte ihm, dass ich ihn liebte und ich hatte Tränen in den Augen, als ich mich von ihm verabschiedete. Als ich mich anschickte, nach oben zu klettern, sagte Chris einfach: „Pass' auf dich auf, Jim."

Wieder an der Oberfläche angelangt – körperlich erschöpft, psychisch ausgelaugt und von Schuldgefühlen gepeinigt –, zog ich einen Parka an und sank in meinen Halb-Schlafsack und Biwaksack – ein nicht isolierter Nylonsack, den man in Notfällen zum Schutz gegen den Wind verwendet. Während ich am Rand der Gletscherspalte lag, hörte ich zu, wie mein Freund unter der auszehrenden Kälte zu delirieren begann. Er redete mit sich selbst, stöhnte; etwa um elf begann er etwas zu singen, das sich anhörte wie ein altes Lied, das er womöglich in der Schule gelernt hatte. Um 2 Uhr morgens hörte ich ihn dann zum letzten Mal. Chris Kerrebrock war fünfundzwanzig. Ich war vierzig.

Am Morgen darauf schrieb ich in mein Tagebuch:

Ich fühle unbeschreibliche Schuld, ich habe versagt, ich habe es nicht geschafft, ihn aus der Spalte herauszuholen und ich habe ihn allein sterben lassen. Ich weiß nicht, wie ich mich mit meinem verletzten Arm selbst aus der Gletscherspalte befreien konnte. Ich musste es tun, wenn ich meine geliebte Frau und meine Kinder wiedersehen wollte. Ich kann nicht weiterschreiben, ich muss unentwegt weinen.

Chris und ich waren die Woche zuvor am Mount McKinley angekommen und konnten es kaum erwarten, die schwierige Route über die Wickersham-Wand in Angriff zu nehmen. Seit 1963 hatte sie niemand mehr durchstiegen. Damals, vor nunmehr 18 Jahren, hatte eine kanadische Gruppe die Erstbesteigung der Wand geschafft, gefolgt vom Harvard Mountaineering Club. Das waren die einzigen Routen, die auf dieser heimtückischen Wand gegangen worden waren. Sie war als Lawinenfalle bekannt und wurde deshalb von den Bergsteigern gemieden. Wir hatten vor, eine neue Aufstiegsroute zu nehmen, die zwischen den beiden früheren Routen verlaufen sollte. Obwohl ich unserem gemeinsamen Vorhaben voller Zuversicht entgegenblickte, verabschiedete ich mich von meiner Frau Mary Lou mit größerer Beklemmung als sonst. Ich wusste nicht warum.

*Luftbild der 4800 Meter hohen Wickersham-Wand am Mt. McKinley*

*Chris Kerrebrock am Kahiltna-Pass vor dem Übergang zum Peters Gletscher*

*Blick vom Kahiltna-Pass auf den Peters Gletscher*

Nach einem beeindruckend schönen Flug über den Kahiltna-Pass, in dessen Verlauf wir unsere Route noch einmal durchgingen, setzte uns Doug Geeting, der Buschpilot, mit dem ich schon bei mehreren Expeditionen zum Mount McKinley geflogen war, am Hauptlandeplatz des Berges ab. Er sagte, er würde uns in etwa drei Wochen wieder abholen. In der Zwischenzeit versprach er, mindestens einmal unsere Route zu überfliegen, um nach uns zu sehen. Aus der Luft betrachtet, sah die Wickersham-Wand wohl sehr groß, jedoch nicht besonders steil aus. Zwar unterschätzten wir weder die Gefahr ihrer Eisklippen noch die Möglichkeit von Lawinenabgängen, es gab jedoch nichts, das uns abgeschreckt hätte. Stellenweise gefährlich, ja das war sie, aber ansonsten durchaus begehbar. Wenn das Wetter mitspielte, würden wir den Gipfel wohl erreichen.

Stürme zwangen uns, ein Camp gleich in der Nähe des Landeplatzes aufzuschlagen. Die nächsten drei Tage aßen wir Speck, Eier, Steaks und Frischobst; dabei hatten wir die Gelegenheit, unsere Klettertour zu planen und einander noch besser kennenzulernen. Die Lektüre des Expeditionskurzberichts des Harvard Mountaineering Club bestärkte uns in unserem Entschluss, eine völlig neue Route zu klettern. Da wir uns dafür entschieden hatten, den Berg in einem Zug zu durchklettern, mit nur vier Eisschrauben und zwei Pflöcken für uns beide, konnten wir ihre eher technisch angelegte Route nicht nehmen.

Nicht zuletzt wegen Chris' unkomplizierter Art und seinem guten Humor freute ich mich auf die drei Wochen, die vor uns lagen. Ein Jahr zuvor hatte Chris mit höheren Fachsemestern in Philosophie an der Columbia University begonnen, nachdem er einen Abschluss in klassischer Musik in Oberlin gemacht hatte und am Mount Rainier, wo er im Sommer als Touristenführer für die Gesellschaft Rainier Mountaineering, Inc. (RMI) gearbeitet hatte, sich den Ruf eines besonders kräftigen und schnellen Bergsteigers erworben hatte. Aufgrund der guten Kontakte seines Vaters zu Chinesischen Regierungsbeamten war es ihm gelungen, eine der vielbegehrten Genehmigungen zu erhalten, den Mount Everest von Tibet aus zu besteigen, woraufhin er Lou Whittaker, einen der Eigentümer von RMI, darum bat, im folgenden Frühjahr eine Expedition planen und leiten zu dürfen. In den Monaten, die wir mit der Planung dieser Klettertour zubrachten, hatten Chris und ich Gelegenheit, einander näher kennenzulernen und Freunde zu werden. Obwohl wir noch nie zuvor gemeinsam geklettert waren, hatten wir das Gefühl, wir würden ein gutes Team abgeben.

Wir haben unabhängig voneinander mit Lou gesprochen und ihn nach seiner Meinung zu unserem Plan befragt. Er riet mir, mit Chris zu klettern und schilderte ihn mir als einen der körperlich kräftigsten Teilnehmer der Everest-Expedition. Zu Chris hingegen hatte Lou über mich gesagt, dass ich zwar ein ausgezeichneter Kletterer, jedoch kein ausgebildeter Bergführer sei und dass er sich deshalb darauf einstellen solle, am McKinley auf sich selber aufpassen zu müssen.

Gerade als Chris und ich dabei waren, unsere letzte frische Nahrung zu essen, klarte das Wetter auf und einige andere Kletterpartien zogen auf ihrem Weg zu weniger ungewöhnlichen Routen an unserem Camp vorbei. Am Dienstag, dem 5. Mai 1981, brachen wir auf, wobei wir abwechselnd die Führung übernahmen. Um die Wickersham-Wand zu schaffen, mussten wir ein schnelles, starkes und gut koordiniertes Team sein.

Am Mittwoch schrieb ich folgendes in mein Tagebuch:

Chris und ich kommen wunderbar miteinander aus. Von der Persönlichkeit her scheinen wir gut zusammenzupassen und bis jetzt gibt es nicht das geringste Anzeichen dafür, dass wir einander auf die Nerven gehen würden. Wir sind ein gutes Team und wenn man diese Expedition als Probelauf für den Mount Everest betrachten will, so deutet alles darauf hin, dass wir auch dort prächtig miteinander auskommen werden.

Am nächsten Tag verließen wir die von Kletterern überlaufene Route. Wir überquerten den Pass, der die für gewöhnlich begangene West Buttress

Kletter-Route auf den McKinley von der entlegeneren Nordwand des Berges, die, wenn überhaupt, nur von wenigen Bergsteigern im Jahr begangen wird, trennt. Als wir auf unserem Weg zum Fuß der Wickersham-Wand die 300 Meter zum Peters Gletscher hinabstiegen, hatten wir eine gefährliche Serie von Gletscherspalten, Eisklippen und einen Bergschrund – einen tiefen Spalt am Kopf des Gletschers – zu überwinden. Dort entdeckten wir einen dermaßen schönen Platz zum Aufschlagen unseres Camps wie keiner von uns beiden je zuvor einen gesehen hatte. Auf drei Seiten von einem halbrunden Kamm umgeben, der einem Amphitheater ähnelte, waren wir vor dem Wind geschützt und konnten uns in Ruhe erholen. Als das weiche Licht der Nachmittagssonne sanft über die Gletschermulde glitt, fühlten wir uns sicher und geborgen.

Ich erkannte bei der Gelegenheit, dass Chris, der nach all den Härten des zu Ende gehenden Tages in bester Verfassung war, nicht nur die nötige Energie und Kraft für diese Klettertour mitbrachte, sondern auch über die erforderliche Geduld und Gemütsruhe verfügte, um die Stürme und Unwetter abwarten zu können, die uns unweigerlich zeitweise am Vorankommen hindern würden. Erfrischt, euphorisch und ungeduldig, am nächsten Morgen zum Fuß der Wickersham-Wand aufzubrechen, unterhielten wir uns bis spät in den Abend hinein. Obwohl wir einander noch nicht lange kannten, hatten wir bereits eine ausgesprochen gute Beziehung zueinander. Abgesehen von unserem gemeinsamen Interesse für klassische Musik, Philosophie und das Bergsteigen, mussten wir auch viel miteinander lachen, und zwar meist aufgrund von Chris' warmherzigem Charakter und seinem ansteckenden Humor. Die Stärke von Chris' Persönlichkeit und das Funkeln in seinen Augen bewegten mich dazu, sein Gesicht zu fotografieren, das vom im Norden dahinschwindenden Tageslicht einen rosafarbenen Schimmer bekam. Als die Nacht hereinbrach, meinte Chris philosophisch: „Wenn deine Zeit kommt, dann bist du dran", worauf ich ihm antwortete: „Ich für meinen Teil gedenke zumindest, alles daranzusetzen, um zu überleben, denn ich möchte gemeinsam mit Mary Lou alt werden." Ich sagte zu mir selber, als Kletterer kann ich manchmal gezwungen sein, mein Leben zu riskieren, ich würde jedoch niemals bewusst mit dem Tod spielen. Zu bestimmen, wo genau die Trennlinie zwischen diesen beiden Dingen verläuft, ist etwas, das jeder für sich selbst entscheiden muss.

Am Freitag, dem 8. Mai, verbrachten wir einen gemütlichen Vormittag, erfreuten uns an der ruhigen Schönheit des Gletschers und genossen unsere Einsamkeit. Wir sprachen über die ablehnende Haltung der Nationalparkverwaltung, was Flugzeuglandungen und Fallschirmabsprünge in der Gegend betrifft. Chris meinte dazu: „Würde das Verbot aufgehoben, so würde dieser wunderbare Ort rasch durch einen Massenansturm von Kletterern und durch den von diesen zurückgelassenen Abfall geschändet werden. Es ist befriedigend zu wissen, dass er nur zu Fuß erreicht werden kann."

Samstag, 9. Mai
Chris ist tot. Ich bin verletzt. Meine einzige Hoffnung ist Doug Geeting. Ich bete, dass er vor dem nächsten großen Sturm vorbeikommt.

Ich habe den Tag von Gram und Schuldgefühlen verzehrt in meinem Biwaksack verbracht, und voller Ungeduld auf Geeting gewartet. Mein Mini-Wetterradio kündigte kalte Luft aus Nordwest an. Bedeutete das einen Sturm, fragte ich mich, oder bloß kaltes Wetter? Ich bildete mir unentwegt ein, das Geräusch eines Flugzeugs zu vernehmen, doch was ich tatsächlich hörte, war ab und zu ein Fels oder ein Eisblock, der in der Ferne in die Tiefe donnerte. Die Landschaft, deren Anblick mich eben noch beglückt hatte, wirkte auf mich langsam bedrohlich. Als ich zu den riesigen Eisklippen hinaufblickte, die sich über mir auftürmten, hoffte ich, nicht in eine Lawine zu geraten. In der Ferne schlossen niedrige Hügel das Tal ab und blockierten mein Funksignal.

Doug hatte zwar gesagt, er würde vorbeikommen, um nach uns zu sehen, mir wurde jedoch klar, dass bis dahin noch mehrere Tage vergehen konnten. Ich würde sparsam umgehen müssen mit meinem Proviant. Ich hatte nichts mehr außer ein paar Stangen gedörrtem Rindfleisch, einer Flasche Wasser, einer halb leeren Thermosflasche lauwarmer Suppe. Ich hatte starke Schmerzen in den Schultern, den Oberarmen und im Brustkorb, so dass ich mich in meinem Biwaksack kaum bewegen konnte. Das Adrenalin, das mein Körper nach dem Sturz und bei meinen verzweifelten Versuchen, Chris zu bergen, ausgestoßen hatte, musste wohl den Schmerz unterdrückt haben, doch nun begann ich allmählich, das volle Ausmaß meiner Verletzungen zu spüren. Ich würde Schlaftabletten brauchen, um die Nacht zu überstehen.

Den ganzen Tag über versuchte ich nachzudenken, wie ich Chris hätte befreien können. Von der Stelle aus, wo ich lag, konnte ich das Loch sehen, das wir in die Schneedecke gerissen hatten, als wir durchgebrochen und in die Gletscherspalte gestürzt waren. Zu beiden Seiten des Lochs sah ich eine bezeichnende Absenkung, die wir hätten bemerken müssen. Der Gedanke ließ mich nicht los: „Er sah all die anderen, warum nicht diese? Warum habe ich ihm nicht gesagt, langsamer zu gehen?" Ein Gefühl der Verzweiflung ergriff mich bei dem Gedanken, dass Chris, ein junger Mann mit einer vielversprechenden Zukunft und einem Leben voller Abenteuer vor sich, wegen eines einzigen Fehltritts sterben hatte müssen. Ich konnte es nicht ertragen, dass ich der einzige Mensch war, der wusste, dass er tot war.

© Jim Wickwire

*Selbstauslöserbild Jim Wickwire, sieben Tage nach dem Unfall*

Als mein Dahinsinnen von Chris' Tod abschweifte, und davon, wie knapp ich selbst mit dem Leben davongekommen war, wurde ich plötzlich von Gedanken an meine Frau überwältigt. Von nun an, sagte ich mir, würde ich nicht mehr so weit von zu Hause weggehen; ich gelobte, das Extremklettern aufzugeben; ich schwor mir, dass ich – sollte ich überleben – an der Everest-Expedition nicht teilnehmen würde.

Es schneite die ganze Nacht, doch am Sonntag morgen war der Himmel bereits wieder klar. Dann senkte sich eine Wolke herab, die das umgebende Tal völlig auslöschte, und mir war klar, dass wenn Geeting noch lange zuwartete, Stürme das Fliegen für mehrere Tage unmöglich machen würden. Ich betete, er möge von sich aus daran denken, nach uns zu sehen, und nicht darauf warten, dass wir ihm vom Gipfel aus einen Funkspruch senden.

Als ich Chris sterbend zurückgelassen hatte, war es mir nicht in den Sinn gekommen, unseren Schlitten nach Nahrungsmitteln zu durchwühlen. Jetzt brauchte ich sie, aber allein der Gedanke, noch einmal runter zu gehen, war mir unerträglich. In den beiden Tagen seit dem Unfall hatte ich nur zwei Stangen gedörrtes Rindfleisch, eine Tasse Suppe und ein paar Schluck Wasser zu mir genommen. Mir war durch den Wasserentzug schwindlig im Kopf. Ohne meinen Gaskocher (der irgendwo tief unten im Schlitten verpackt war) wusste ich, dass es nicht leicht sein würde, Schnee zu schmelzen. Um meine Wasserflasche so voll wie möglich zu halten, begann ich damit, Schnee hineinzugeben und ihn mit meiner Körperwärme zu schmelzen. Obwohl mein Durst unerträglich wurde, konnte ich es mir nicht leisten, genügend zu trinken.

Ich dachte zurück an die Stunde vor dem Unfall, als ich zu Chris sagte, dass ich eine Schnalle vom Hüftgurt meines Rucksacks verloren hatte. Wir legten unser Geschirr ab und gingen unseren Spuren folgend eine Viertelmeile zurück, bevor ich bemerkte, dass ich meine Schnalle doch nicht verloren hatte. Als wir zum Schlitten zurückkehrten, berieten wir darüber, ob wir die Positionen am Schlitten tauschen sollten. Wir taten es nicht. Chris blieb weiterhin vorne und zog, während ich hinten bremste. Hätten wir getauscht, würde ich jetzt tot in der Gletscherspalte hängen. Es war die Last seines Körpers und seines Rucksackes, die Chris beim Sturz in die Spalte derart fest zwischen den Spaltenwänden einklemmte, wozu noch der fast vierzig Kilo schwere Schlitten, mein eigenes Gewicht und mein über zwanzig Kilo schwerer Rucksack kamen, die ihn hoffnungslos zwischen den nach unten zusammenlaufenden Wänden verkeilten.

Obwohl ich wusste, dass im Nachhinein darüber nachzugrübeln Chris auch nicht mehr zum Leben erwecken konnte und meine Seelenqualen nicht lindern konnte, wollte mir der Unfall nicht aus dem Kopf gehen. Ich musste immer denken: „Warum konnte ich ihn nicht befreien?" Ich konnte nicht, ich konnte es einfach nicht. Ich versuchte alles, was in meiner Macht stand, es reichte nicht. Die Art und Weise, wie Chris ums Leben kam, schien mir um so vieles schlimmer, als wenn er zum Beispiel abgestürzt wäre und mit einem Schlag tot gewesen wäre. Es war kein besonders schwieriger Streckenteil, auf dem es uns erwischt hatte, sondern nur eine Gletscherspalte auf einfachem Terrain, wie so viele andere, auf die wir gestoßen waren und die wir ohne Probleme überquert hatten. Manche Leute werden sagen, wir waren leichtsinnig. Vielleicht waren wir das auch.

Warum war ich es, der den Unfall überlebt hatte? Da ich nicht recht an eine göttliche Fügung glauben wollte, sagte ich mir: „Könnten es vielleicht meine Amulette gewesen sein?" Seitdem ich im Jahr 1975 zum ersten Mal die Besteigung des K2 versucht hatte, hatte ich zu meinem Schutz immer eine Zuni-Eule an mir getragen. Eine Art sechster Sinn hatte mich dazu bewogen, auf diese Klettertour ein zweites Amulett mitzunehmen. Im darauffolgenden Jahr hatte ich ein rosafarbenes Plastik-Etui für Zündhölzer auf dem Gipfel des K2 zurückgelassen. Reinhold Messner – der erste Mensch, der alle vierzehn der höchsten Berge der Welt bestiegen hatte – sah es an der Stelle, an der ich es auf dem windgepeitschten, schneebedeckten Gipfel vergraben hatte, aus dem Boden ragen. Er hatte es mir zurückgebracht, und ich habe es seither als eine Art Talisman aufgehoben.

Ich hatte Biwaks auf dem K2 und auf dem Mount Rainier überlebt, und nun das hier. Warum? Überzeugt davon, dass es irgendeine Bestimmung, einen höheren Zweck für mich geben musste, beschloss ich auszuharren, bis jemand mich finden würde. Ich sagte mir: „Ich werde hier nicht sterben." Unser Zelt, der Gaskocher, die Töpfe und der Großteil des Proviants waren noch in der Gletscherspalte. Ich fragte mich, wie lange ich wohl mit zwölf Stangen gedörrtem Rindfleisch auskommen könnte, wenn ich sparsam damit umging. Wenn ich sie auf eine Stange pro Tag rationierte, hätte ich Essen für zwölf Tage. Ich konnte mir nicht vorstellen, dass Doug Geeting länger zuwarten würde, aber ich wollte auch für den schlimmsten Fall gewappnet sein. So sehr ich auch Lust hatte, aufzustehen und einfach vom Berg runterzugehen, so wusste ich doch, dass meine besten Überlebenschancen darin bestanden, mich nicht zu rühren und abzuwarten.

Die Gedanken an meine Frau beunruhigten mich und gaben mir zugleich Kraft. Ich sehnte mich danach, bei ihr zu sein, sie unter Tränen fest in den Armen zu halten. Aber es machte mich krank, mir vorzustellen, dass, wenn ich in der Gletscherspalte umgekommen wäre, sie und unsere fünf Kinder nie erfahren hätten, was mir zugestoßen war. Ich beschloss, nie wieder ein so großes Risiko einzugehen. Einundzwanzig Jahre lang hatte ich mich intensiver der Bergsteigerei gewidmet als meiner Familie oder meiner beruflichen Karriere. Dies war meine zehnte Expedition in neun Jahren. Noch hatte ich Zeit, meiner Frau ein besserer Ehepartner zu werden, meinen Kindern ein besserer Vater, meinen langsam alt werdenden Eltern ein besserer Sohn. Ich schrieb in mein Tagebuch:

Diese tragische Expedition muss auch etwas Gutes mit sich bringen. Ich erinnere mich an eine Fotografie eines alten patagonischen Paares: die Gesichter der beiden Leute strahlen eine heitere Gelassenheit aus; sie hatten ihr Leben in Liebe zueinander gemeinsam verbracht. Ich möchte nicht, dass Mary Lou und ich uns in unseren mittleren und späteren Jahren auseinanderleben, wie dies so vielen Paaren passiert. Ich möchte, dass wir noch mehr zusammenwachsen, um zu werden wie das Paar auf dem Bild.

Ich sagte mir, ich würde mir von nun an die Worte von Maurice Herzog zu eigen machen, der in seinem Buch Annapurna, einem Klassiker der Bergsteigerliteratur, schreibt: „Es gibt andere Annapurnas in einem Menschenleben; nun fängt ein neues Leben an.“ Auch für mich war die Zeit gekommen, mit dem Extrembergsteigen Schluss zu machen und ein neues Leben zu beginnen. Von nun an würde ich anders leben, ich würde andere Prioritäten setzen – ich schuldete es denen, die ich liebte.

*Bis 1937 bezahlen alle Bergsteiger, die es mit der gefürchteten Eiger-Nordwand aufnehmen wollen, ihren Mut mit dem Leben. Die 1800 Höhenmeter Fels oberhalb der Almen von Grindelwald gelten als die größte Herausforderung einer ganzen Generation von Alpinisten.*

*1938 steigen gleichzeitig zwei Seilschaften ein: die Deutschen Anderl Heckmaier und Ludwig (Wiggerl) Vörg und die Österreicher Fritz Kasparek und Heinrich Harrer. Vörg war bereits 1937 mit Mathias Rebitsch am Eiger und überlebte drei Tage, von einem schrecklichen Unwetter gefangen, in der Wand. Während die Deutschen dem Wetter misstrauen, passieren Kasparek und Harrer den Hinterstoisser-Quergang und biwakieren. Am nächsten Morgen steigen Heckmaier und Vörg nochmals ein und holen die Österreicher am Vormittag ein.*

*Die vier beschließen nun, zusammen zu arbeiten. Diese Entscheidung ist wahrscheinlich Voraussetzung für den Erfolg. Am 24. Juli 1938 steht die deutsch-österreichische Viererseilschaft nach vier Tagen in der Wand am Gipfel des Eiger. Die Nazi-Propaganda nutzt die vorbildliche Zusammenarbeit der beiden Seilschaften aus dem Deutschen Reich und dem eben erst „angeschlossenen" Österreich weidlich aus und macht aus den vier Bergsteigern nationale Heroen.*

*Heckmaier wird später Bergführer-Ausbildner im DAV und Gründer des Berufsverbandes der deutschen Berg- und Skiführer. Vörg fällt als Soldat im Zweiten Weltkrieg. Kasparek stürzt 1954 in den Anden tödlich ab. Harrer nimmt an der von Peter Aufschnaiter geführten deutschen Karakorum-Expedition 1939 teil, wird nach Kriegsausbruch in Nordindien interniert und schreibt über seine abenteuerliche Flucht den Bestseller „Sieben Jahre in Tibet".*

*Im folgenden Ausschnitt beschreibt der Franzose Lionel Terray seine Zweitdurchsteigung der Eiger-Nordwand im Jahr 1947 gemeinsam mit Louis Lachenal. Sie halten ihr Projekt weitgehend geheim und werden von den Medien erst bemerkt, als sie den Gipfelsieg fast schon vor Augen haben. Die beiden Franzosen gehören danach der erfolgreichen Annapurna-Expedition 1950 an, Lachenal steht mit*

*Maurice Herzog als erster Mensch auf dem Gipfel eines Achttausenders. Terray wird 1955 Erstbesteiger des Makalu (8463 m).*

*Den Bericht über das gemeinsame Abenteuer in der Eiger-Nordwand beschließt Terray mit dem Hinweis:*

*„Die Stunden in der Nordwand des Eiger gehören zu den erregendsten, die ich je durchlebt habe; dennoch gehört diese Begehung zu den wenigen, die ich nicht noch einmal machen möchte."*

*Doch schon zehn Jahre später muss Terray diesen Beschluss revidieren: Er befindet sich mit zwei holländischen Kunden im Berner Oberland, als ihn der Hilferuf einer internationalen Bergrettungsaktion erreicht. Zwei Seilschaften aus Italien und Deutschland sind abgestürzt, die beiden Italiener kämpfen seit acht Tagen im Seil hängend gegen den Tod. Unter den Rettern die Elite der europäischen Alpinisten: der Deutsche Gramminger, der Schweizer Eiselin und die Italiener Cassin und Mauri, alle spontan aufgebrochen, um den Verunglückten beizustehen. Als einziger der Verunglückten überlebt Corti, der an einem Stahlseil zum Gipfel gezogen und dann von Terray hinuntergetragen wird.* *M. U.*

Der folgende Text wurde entnommen aus: Lionel Terray, Vor den Toren des Himmels. Nymphenburger Verlagshandlung GmbH: München 1965, S. 113–114, 117–141. 

*Lionel Terray*

# *Die Nordwand des Eiger*

Von recht seltenen Ausnahmen abgesehen, hat der Alpinist kaum Ruhm zu erhoffen, nicht einmal Ansporn durch Beifall der Zuschauer. Ohne einen anderen Zeugen als seinen Seilgefährten schlägt er sich in der Einsamkeit und Stille des Berges einzig aus der Freude daran, Hindernisse zu bewältigen und sich stark und mutig zu fühlen. Kein Sport entbehrt mehr der menschlichen Anteilnahme, keine Tätigkeit ist reiner und uneigennütziger als der Alpinismus in seiner primitiven Form, und gerade darin liegen seine Größe und sein Reiz. Dennoch sind Alpinisten keine Engel, wenn sie sich auch nahe dem Himmel, in der unendlichen Klarheit einer Welt des Lichtes und der Schönheit bewegen.

Sie bleiben auch nur selten unempfindlich gegenüber den Verlockungen des Ruhms. Es ist eine unbestreitbare Tatsache, daß zwischen Bergsteigern immer ein gewisser Geist des Wettkampfes geherrscht hat und die Eroberung mancher Gipfel und mancher Wände, sogar noch deren erste und zweite Wiederholung, bisweilen Gegenstand ebenso leidenschaftlicher wie heftiger und kleinlicher Rivalitätskämpfe war. So konnte es geschehen, daß sich Alpinisten am Fuß einer Wand beschimpft haben, ja handgemein geworden sind! Andere wieder scheuten kein Mittel, Konkurrenten auszuschalten, gaben ihnen falsche Auskünfte, versteckten oder stahlen ihre Ausrüstung, zerschnitten sogar ihr Seil!

*Am Fernrohr unter der Eiger-Nordwand*

Ich glaube sagen zu dürfen, daß der Geist des Wettkampfes für unsere Seil-

*Die 4 Erstbesteiger, v. l. n. r. Heinrich Harrer, Ludwig Vörg, Fritz Kasparek und Anderl Heckmaier*

schaft außerordentlich wenig kennzeichnend war. So haben wir nur wenige Erstbegehungen durchgeführt, obwohl seinerzeit dazu noch große Möglichkeiten bestanden. Manche werden nun vielleicht einwenden, daß unsere oft sensationellen Zeiten Ausdruck einer besonders stupiden Form des Konkurrenzkampfes gewesen seien. Obwohl ich diese Ansicht nur schwer widerlegen kann, bin ich sicher, daß Lachenal nur so schnell kletterte, weil er vor Lebenskraft überschäumte, weil die Geschwindigkeit der Ausführung eine notwendige Begleiterscheinung der Virtuosität ist und weil er ein Tänzer der Gipfel war, der es leidenschaftlich liebte, mit seinen Hindernissen zu spielen und der Schwerkraft zu spotten. Manche seiner phantastischen Zeiten sind übrigens überhaupt nicht bekannt geworden! Viele seiner Ersteigungen, die in einem unerhörten Tempo begonnen hatten, waren schließlich in das langsame Wandern eines Touristen ausgeklungen, der sich in die Schönheit der Landschaft verschaut hat! Was mich betrifft, ließ ich mich manchmal von der magnetischen Kraft meines Freundes mitreißen, manchmal zeigte ich ihm aber auch die Zunge und erhob mit allen Mitteln Einspruch. Ganz ehrlich glaube ich sagen zu können, daß uns der Wettkampfteufel nie allzusehr gequält hat. Frei-

*1800 Meter Eis und Fels: die Eiger-Nordwand*

lich ist es auch nicht immer gelungen, uns seiner völlig zu erwehren. Das gilt besonders für die Eigerwand. In diesem Juli des Jahres 1947 wußten wir sehr genau, daß auch andere von dem leidenschaftlichen Wunsch erfüllt waren, ihre Kraft an der Nordwand des Eiger zu erproben; wir wünschten uns daher im Grunde unseres Herzens, die ersten zu sein, die Tat der Deutschen und Österreicher zu wiederholen.

(...)

Nach einem kurzen, aber unangenehmen Marsch über eine feine Kieselschicht am Fuß der Wand hin erreichen wir um 1.05 Uhr einen dem Anschein nach günstigen Einstiegspunkt. Sogleich beginnen wir zu klettern. Die Schwierigkeiten sind sehr mittelmäßig, und das Seil bleibt einstweilen in meinem Rucksack. Da das Ziel dieses ersten Tages nicht sehr weit gesteckt ist, haben wir reichlich Zeit. Um jede unnütze Ermüdung zu vermeiden, denken wir nicht an Hast. Das Wetter hat sich immer mehr aufgeklärt. Von Norden her weht ein leichter Wind. Der Himmel ist durchsichtig blau. Wahrlich, wir scheinen Glück zu haben! Dank dieser trefflichen Vorzeichen steigen wir froh, heiter und ununterbrochen plaudernd in diese höchste und mörderischste Wand der Alpen.

Der bekannte optische Effekt der Verkürzung bewirkt, daß die Wand, von unten gesehen, nicht mehr dermaßen steil, das Relief aber deutlicher ausgeprägt erscheint; die Wand mutet dadurch beinahe leicht an. Das veranlaßt mich zu scherzen: „Schau, wie menschlich das wird, ich fürchte fast, daß wir noch vor Abend oben sind."

Trotz unseres Optimismus beunruhigt uns die Felsbeschaffenheit, besonders aber der zahlreiche Steinschlag, von dem der Berg ständig widerhallt.

Der Fels ist ein sehr glatter und fester Kalkstein, der sich in kleinen, von Bändern durchschnittenen Wandstufen darbietet. Infolge ihrer geringen Höhe kommen wir leicht weiter, doch zweifeln wir nicht daran, daß uns weiter oben eine sehr heikle Kletterei erwarten wird, wenn sich die kleinen Steilstufen erst einmal in eine Wand verwandeln. Im Augenblick ist der Steinschlag aber die größte Sorge. Zwar beschränkt er sich jetzt auf vereinzelte Steine ziemlich kleinen Kalibers, doch schafft die ständige Gefahr eine nervöse Spannung. Nur wenn wir die Steine pfeifen hören, können wir uns vor ihnen schützen, indem wir uns an den Fels pressen. Als wir uns der Roten Fluh nähern, hören wir über unseren Köpfen Detonationen, und einige Blöcke sausen surrend links von uns vorüber und zerschellen mit donnerartigem Getöse an die fünfzig Meter tiefer. Der Staub treibt bis zu uns herauf. Es riecht nach Schwefel.

Wir stoßen auf das erste menschliche Zeichen: einen zerrissenen Hut, alte, zerfetzte Kleider. Zweifelsohne gehörten sie jenen, die für die zwecklose

*Der Hinterstoisser-Quergang*

Der Quergang zur „Spinne“, heute „Götterquergang“ genannt

Eroberung dieser Felsenwelt ihr Leben gelassen haben. Eine unsagbare Traurigkeit strömt aus diesen Überresten. Es wirkt wie eine unheimliche Ironie des Schicksals, daß wir neben den Spuren jener, die den Tod fanden, als sie versuchten, sich in einer Welt noch als Menschen zu fühlen, in der sich die Maschine zur Herrscherin aufgeschwungen hat, Mengen alten Eisens finden, das von den Bauarbeiten der Jungfraubahn stammt.

Wir halten nach dem „Diebsloch" Ausschau, durch das der Tunnelschutt geworfen wurde und aus dem die Rettungskolonnen ausstiegen, die sich vergeblich abmühten, Kurz und seine Gefährten zu retten. Zu unserer Rechten bemerken wir zwei große, abgedichtete Verschlüsse im Fels, sonst nichts.

Nach einer Wandstufe, höher als die vorigen, nähern wir uns einem Steilaufschwung. Dort schwingt ein von Zeit und Feuchtigkeit geschwärztes Seil lässig im Wind.

Die Schwierigkeiten nehmen zu. Wir seilen uns an. Nach einigen heiklen Metern erreicht Lachenal den überhängenden Teil. Da die Stelle schwer zu bewältigen erscheint, könnte er versucht sein, das alte Seil zu benützen, das ohne Zweifel angebracht wurde, um den Auf- und Abstieg zu erleichtern; doch es ist bestimmt schon zu schlecht, und Louis zieht eine freie Kletterei vor. In diesem glatten Fels mit seinen kleinen und seltenen Griffen geht das nicht ohne Mühe. Zum Glück helfen drei alte Haken, die recht sicher aussehen. Etwas weiter zu unserer Linken setzt der Hinterstoisser-Quergang ein. Die Stelle wird von den Wassern, die aus der Höhe der Wand kommen, reichlich überspült. Einige halb verfaulte Seile sind noch gespannt, aber sie befinden sich in einem Zustand der Auflösung, so daß wir keinen Augenblick daran denken, sie auch nur anzurühren. Dieser sehr luftige Quergang erscheint heikel, und Lachenal überläßt mir seinen Rucksack. Doch die angebrachten Haken genügen, so daß Louis trotz der Wasserschauer, die ihm auf den Rücken prasseln, rasch vorwärtskommt. Unglücklicherweise ist unser Seil zu kurz, und wir sind gezwungen, vor dem Ende der Passage einen Standplatz einzuschalten. An einem Haken befestige ich das äußerste Ende jenes Seils, das wir mitgeführt haben, um es im Quergang fix anzubringen, was uns im Notfall den Rückzug erleichtern würde. Mit zwei Rucksäcken mache ich mich auf, doch die für eine solche Doppellast zu kurzen Gurte unterbinden mir fast den Kreislauf in den Armen. So kann ich meinem Freund nur mit viel Mühe folgen. Das ist aber erst der Anfang; oben, in einer Art senkrechtem Kamin, läßt mich dieses Angeschirrtsein Blut schwitzen. Welche Wonne ist es dann, als ich mich auf einer ziemlich breiten Terrasse einrichte und von der Last befreie. Lachenal hat seine Zigarette schon angezündet und empfängt mich mit dem spöttischen Ausruf: „Nun, Führer, was halten Sie von unserem Schlafzimmer?"

Es ist geräumig genug, sich zu zweit völlig ausstrecken zu können, und der offenkundig von Menschenhand hergerichtete Boden weist fast keine Felshöcker auf. Außerdem schützt ein Überhang vor Steinen, ja selbst vor Regen.

Es ist 18 Uhr. Während wir den Hinterstoisser-Quergang begingen, hüllten uns aus dem Tal aufgestiegene Nebel ein. Es sind aber nur klassische Schönwetterwolken, die uns in keiner Weise beunruhigen, sondern vielmehr in unserem Optimismus bestärken. In der Abendkühle verwandeln sie sich in Dunstflocken, die der letzte Anhauch des Tages rosig färbt. Bald schon werden sie verschwunden sein, eingegangen in die Unendlichkeit des Himmels.

Ohne uns zu eilen, bereiten wir unser Biwak vor. Vor allem gilt es, in das am Boden herumliegende Durcheinander etwas Ordnung zu bringen: alte verfaulte Kleider sind da, Konservenbüchsen, Haken aller Art, von den Alpinisten zurückgelassen oder vergessen, die seit dem ersten Versuch Hinterstoissers und Kurz' bis hierher vorgedrungen waren. In einem Winkel finden wir eine sorgfältig verschlossene Metallbüchse mit verschiedenen Aufzeichnungen in deutscher Sprache. Wir fügen einen Zettel hinzu, der unser Vorüberkommen erwähnt, und schreiben noch ein paar kräftige Scherze für die Pariser Seilschaft an, die uns folgen soll.

Mit den reichlichen Lebensmitteln, die wir mit uns geschleppt haben, essen wir uns nun ordentlich an. Herrlich gesättigt, fahren wir in unsere Biwakkleider: Daunenweste, undurchlässigen Kapuzenmantel und – durchaus ungewohnter Luxus! – doppelte Kartoffelsäcke zum Schutz der Beine. Natürlich werden wir dieses neue Modell „Elefantenfüße", das uns für diese erste Nacht ein Höchstmaß an Bequemlichkeit verschafft, hier zurücklassen, um den Weg zum Gipfel möglichst wenig beschwert fortsetzen zu können.

Die Nebel sind völlig verflogen, die Nacht, die sich auf uns niedersenkt, ist von einer wunderbaren Klarheit. Gut an die Wand gedrückt, beide Füße ins Leere ragend, ausgestreckt wie am Vorabend einer klassischen Tour, geben wir uns dem seltsamen Zauber hin. Am Himmel funkeln tausende Sterne. Ich denke an die einsamen Schäfer, die, über die ganze Welt verstreut, in diesem Augenblick zu den Sternen aufblicken. Habe ich nicht einst davon geträumt, ein Schäfer zu werden und unter den Sternen zu schlafen? Doch unter unseren Füßen erinnern uns andere Lichter daran, daß dort Menschen leben, fast in Rufweite, so nah und doch so fern. Für die Bergler in ihren Holzhäusern geht ein langer Tag zu Ende. Manche melken noch ihre Kühe, deren Bäuche von dem frischen Gras aufgetrieben sind; andere sitzen schon über ihren Teller gebeugt und verzehren gemächlich ihr bäuerliches Mahl. Weiter rechts, im Talgrund, in den großen Hotels von Grindelwald in ihrem tristen Pomp, verbreiten die Gäste elegante Langeweile, sofern sie sich nicht dem lärmenden

Vergnügen der Weinstuben und Bars hingeben. Manchmal dringt der Lärm einer Hupe, das Bellen eines Hundes, der Ruf eines Kuhhirten bis zu uns herauf. Ständig reißen uns andere Geräusche aus dieser bukolischen Stimmung: im Berg hallt tausendfältiges Getöse. Zu unserer Rechten braust ein Sturzbach. Dann und wann knallen Steinsalven wie Schüsse. Wir sprechen nur wenig. Lachenal hat seine Lebhaftigkeit verloren und raucht schweigend. Um dieses ideale Biwak zu feiern, zünde auch ich mir ganz ausnahmsweise eine Zigarette an. Bald überfällt uns die Müdigkeit. Wir legen uns auf unser Steinbett und schlafen zusammengekauert wie die Kinder.

Um vier Uhr wird der Kocher in Betrieb gesetzt. Es herrscht noch schwarze Nacht, und der Berg schweigt. Der Morgen dämmert langsam und bringt einen strahlenden Tag. Bald sind wir wieder kampfbereit. Einige mit Glatteis überzogene Platten führen uns zu dem Eishang des Ersten Eisfelds; wir queren es rasch und stoßen auf die Steilstufe, die uns von dem Zweiten Eisfeld trennt. Beim Studieren der Wand aus der Ferne hatten wir gedacht, das Hindernis durch eine winzige Eisverengung nehmen zu können, die wir jetzt zu unserer Rechten sehen. Sie ist wenig einladend. Um sie zu überwinden, wäre langes und langweiliges Stufenschlagen nötig. Die vor uns aufragenden Felsen sind ohne Riß und erscheinen unbegehbar, aber etwas links von der Verengung bildet die Wand eine stumpfe Verschneidung. Lachenal wirft einen Blick hinein und winkt mir dann. Ich sehe nichts als eine überhängende Verschneidung, die ein sehr kleiner Riß durchzieht. Ihrem abweisenden Aussehen zum Trotz hält Louis die Stelle für begehbar. Im Handumdrehen hat er die Steigeisen abgenommen. Er zieht sich ein wenig über die linke Seite der Verschneidung und nimmt dann einen schwierigen Quergang nach rechts auf. Ein erster, recht wackeliger Haken erlaubt es ihm, sich hinlänglich im Gleichgewicht zu halten, um einen schweren, labilen Block zum Absturz zu bringen. Es unterliegt keinem Zweifel: hier ist noch niemand durchgestiegen! Ein zweiter, noch wackeligerer Haken verleiht ihm die nötige moralische Sicherung zu einem großen, gewagten Spreizschritt. Da sich kein Riß zeigt, um einen dritten Felshaken einzuschlagen, versucht Louis einen kühnen Ausweg. Die äußerste Fußspitze auf winzigen Tritten, den Körper an die Wand gepreßt, schafft ihm jetzt die linke Hand, dank eines „Kratzers", das Gleichgewicht. Er läßt die Finger seiner Rechten spielen, während er die Beine langsam streckt. Endlich hat er einen guten Griff. Einige jähe Bewegungen: er ist drüber!

Mit zwei Rucksäcken beladen, komme ich meinem Freund nach, indem ich mich, ohne mich zu schämen, am Seil hinaufziehe.

Wir nehmen eine neue Stelle von äußerster Schwierigkeit, wobei uns ein alter, von einem unserer Vorgänger zurückgelassener Ringhaken sehr gelegen kommt, uns einen guten Standplatz zu sichern. Nun haben wir den rechten Rand des Eiscouloirs erreicht. Normalerweise müßte man jetzt die Steigeisen anlegen, in unserer Lage ist das aber unmöglich. Die uns überragende Platte links ist offenbar recht glatt, scheint aber auf ein gutes Band zu führen, von dem aus es möglich sein wird, den unteren Teil des Schneefeldes ohne große Anstrengung zu erreichen. Ohne Zögern macht sich Lachenal an die Platte. Der Fels ist völlig geschlossen, alle Griffe sind dachziegelartig gelagert. Die im Verhältnis mäßige Neigung gestattet dennoch ein Vorwärtskommen. Als Meister der Feinheiten im Klettern fühlt sich Louis in einem derartigen Terrain besonders wohl. Er entfaltet sein Können als Gleichgewichtskünstler, und es gelingt ihm recht rasch, das vermeintliche Band zu erreichen. Er ruft mir zu: „Kein Band, nur ein paar annehmbare Griffe, sonst nichts! Da ist kein Haken hineinzubekommen. Paß auf, wenn du nachkommst; fällst du, weiß ich nicht, ob ich dich halten kann."

Als ich dann ankomme, sehe ich tatsächlich eine schlecht wahrnehmbare Einsenkung, in der es einige Griffe gibt, an denen man sich ohne allzu große Ermüdung halten kann. Jedoch ist da nicht der kleinste Riß, der das Einschlagen eines Hakens ermöglichte, nicht der kleinste Felszacken, der sich zur Sicherung eignen würde. Dabei werden die Platten oben durchaus nicht leichter, sondern richten sich deutlich wieder auf und sind außerdem zum Großteil von Glatteis überzogen.

Das Wissen um die furchtbare Leere zu unseren Füßen und das Fehlen jedweder Sicherung lastet so stark auf mir, daß mich fast Übelkeit befällt. Ohne mir Zeit zu lassen, darüber zu sprechen, geht Lachenal die Platten an und laviert zwischen den Glatteisschichten. Mit seiner katzenartigen Geschicklichkeit bewegt er sich schnell fort. Bald aber wird der Hang wieder steiler und hemmt seinen Schwung. Aufs äußerste konzentriert, zögert er und macht sich dann, indem er die nur durch Reibung haftenden Handflächen auf unsichtbare Rundungen legt, an einen Klimmzug. Ich bin mir sehr wohl bewußt, daß der kleinste Fehler meines Freundes unseren Sturz hinab zum Ersten Eisfeld bedeuten würde. Nur das Vertrauen in Lachenals fabelhafte Geschicklichkeit gibt mir Hoffnung auf einen glücklichen Ausgang. Dabei weiß ich, daß wir nicht kletternd absteigen können, falls er weiter oben auf ein unüberwindliches Hindernis stoßen sollte. In diesen Felsen, fest wie Beton, bringt er nicht den kleinsten Mauerhaken hinein: nach und nach wird er ermüden, abgleiten – Wie glücklich ist doch der Seilerste, der sich im Feuereifer der Tat der Gefahr nicht bewußt wird!

Ich sehe, wie sich Louis' Fuß langsam hebt, um sich unendlich zart zwischen zwei Eislagen zu schieben. Nun löst er eine Hand, tastet einen Augenblick unsicher über seinen Kopf; zweifellos hat er einen „Kratzer“ gefunden, denn allmählich richtet er sich wieder auf. Wird sein Fuß, den nur die Reibung hält, nicht abgleiten? Instinktiv klammere ich mich an meine Griffe. Ganz langsam hebt er die andere Hand, dann steigen seine Füße jäh: geglückt!

Endlich entspannen sich meine Nerven etwas. Ich höre das Einschlagen eines Hakens, und Louis ruft zu mir herab: „Das ist gelungen. Jetzt schaut es besser aus, aber der Nagel taugt nicht. Ich kann dir ein wenig helfen, paß aber auf, daß du nicht fällst.“

In dem Bewußtsein, im heiklen Gelände der Geschicklichkeit meines Kameraden um vieles nachzustehen und durch meinen schweren Rucksack noch verstärkt unterlegen zu sein, gehe ich in der Verfassung eines zum Tode Verurteilten die Stelle an. Am kritischen Punkt angelangt, brauche ich eine kleine Weile, die eigenartigen Bewegungen „nachzuempfinden“, die Lachenal ein Durchkommen ermöglicht haben. Das Gleichgewicht mit den Handflächen zu halten, scheint mir kaum möglich, und ich rufe: „Halte fest!“

Ich fühle, wie mir das Seil einen Teil meines Gewichtes abnimmt, und das hilft mir sehr!

Louis hat nicht gelogen. Obwohl die folgende Platte noch sehr steil ist, zeigt sie doch deutlich mehr Griffe als die vorhergegangenen. Das Schneefeld sieht man freilich noch nicht. Wird uns nicht weiter oben ein neuer glatter Vorsprung aufhalten? Geschmeidig wie ein Raubtier verschwindet Louis rasch über meinem Kopf. Das Seil läuft in regelmäßigem Tempo ab, dann bleibt es stehen. Lange Sekunden vergehen. Wieder werde ich besorgt, da beruhigt mich der Ruf: „Ich habe eine Zacke!“ Ich finde Lachenal lachend auf einem kleinen Band sitzen und lasse mich neben ihn fallen. Nach diesen Aufregungen sind einige Minuten der Entspannung unentbehrlich. Wir nützen sie, um die Lage zu besprechen. Es kann kein Zweifel darüber bestehen, daß wir durch die Umgehung keine Zeit gewonnen, aber viel Zeit verloren haben. Nur das außerordentliche Klettertalent meines Gefährten hat es uns ermöglicht, aus dieser Falle lebend herauszukommen.

In wenigen Minuten erreichen wir den Anfang des Zweiten Eisfeldes. Nun hatten wir gehofft, daß es nach der Trockenheit des Juni einigermaßen abgeschmolzen und so weit zurückgegangen sei, um am Rand des Felsens ein Band freizugeben. Das ist leider nicht der Fall: das Eis zieht sich bis über den Rand hinaus, ohne den schmalsten „Fußsteig“ zu lassen. Die Neigung des Hanges geht jedoch nicht über 50 Grad hinaus; er ist fast völlig schneefrei, doch das graue Eis erweist sich als hinreichend weich, um die Steigeisen benützen zu können. Es wäre sogar möglich, ohne Sicherung hintereinander zu gehen, wie wir das oft getan haben, doch wir wollen keine überflüssigen Gefahren auf uns nehmen! Das Wetter ist immer noch schön, und ein Biwak vor dem Gipfel würde nichts ausmachen. Aus Vorsicht schlagen wir bei jeder Seillänge einen langen Haken in das Eis. Der Aufstieg geht in leichter Diagonale nach links vor sich, die Seillängen folgen einander in regelmäßigem Rhythmus. Sonnenstrahlen beginnen die Wand zu streifen, und die Temperatur ist wieder gestiegen. Einige kleine Steine pfeifen uns um die Ohren. Zum Glück erreichen wir rasch den oberen Rand des Eisfeldes, und die uns überragenden Felsen schützen uns wirksam. Wir steigen nun die Wand entlang nach links. Ein kleiner Felssporn läßt uns anhalten; um nicht wieder absteigen zu müssen, überschreiten wir ihn direkt, doch der Kalk ist ganz elend geschichtet, und das kostet uns fast eine halbe Stunde. Endlich stoßen wir auf einen Haken mit einem kleinen Seilring, was erkennen läßt, daß er auf einem Rückzug, wohl dem von Rebitsch und Vörg, verwendet worden ist. Ohne Zweifel liegt der Anstieg noch mehr links. Wir queren also weiter und erreichen fast das Bügeleisen, das uns von dem Dritten Eisfeld trennt. Es wäre Zeit, hinzugelangen. Doch über uns ragen nur glatte Platten, von denen das Eis in Tropfen abtaut. Plötzlich bemerkt Louis einen Haken: trotz des Eises müssen wir dorthin!

In diesem schwierigen Gelände verrichtet Lachenal auf Steigeisen wahre Wunder. Dennoch muß er all sein Können aufbieten, und erst nach Verwendung zweier weiterer Haken gelingt es ihm, einen Standplatz zu erreichen. Wenig später kommen wir auf den Grat des Vorsprungs. In eine senkrechte Platte gedreht, erinnern uns zwei verrostete Haken an den Todeskampf von Mehringer und Sedlmayer. Einen Augenblick lang sehe ich die Bilder beider vor mir: das Gesicht Mehringers strahlend von wahrer Kinderfreude, das Sedlmayers mehr finster, ein etwas trauriges Lächeln in den Mundwinkeln. Von dem heldenhaften Kampf erschöpft, haben sie hier gesessen. Stunden um Stunden auf gutes Wetter hoffend, haben sie sich gegen die tödliche Erstarrung gewehrt ... Langsam hat dann der Schnee ihre Körper zugedeckt. Jahre und Stürme sind darüber hingegangen, die Seile sind zerfallen, und eines Tages war der Fels wieder so nackt und kahl wie am ersten Tag. Nur die Felshaken sind geblieben, Zeugnis abzulegen für das Opfer dieser Eroberer des Nutzlosen.

Bald verscheuche ich diese trüben Gedanken. Das Leben braust durch unsere Adern. Die Sonne überströmt uns mit ihrem Licht. Freude keimt in unseren Herzen: noch einige Stunden herrlichen Kampfes, und wir werden uns im Gipfelwind aufrichten!

Es ist 13 Uhr. Die Zeit ist unerklärlich schnell vergangen, und wir haben Eile. Von Tatendrang beseelt, will ich weiter, doch Louis ist hungrig wie ein Wolf und besteht darauf, eine Pause einzulegen. Auf einer kleinen Plattform sind die Rucksäcke auch schon ausgepackt. Während wir gierig essen, besprechen wir die Lage. Von unserem Vorsprung, der sich über dem Eis der mittleren Zonen erhebt, haben wir einen sehr weiten Blick auf die Wand. Wir prüfen, ob sich nicht ein anderer Durchstieg finden läßt als der unserer Vorgänger. Vergeblich verlieren sich unsere Blicke in dem schrecklichen Gewände der Gelben Wand.

Die „Rampe" ist jetzt ganz nah. Sie scheint eine Art dem Abgrund zugeneigter „Dachrinne" zu sein, und ihr unterer Teil richtet sich zu einem senkrechten Kamin auf, der sich zwischen zwei glatte Wände schiebt. Von hier aus sieht das alles schrecklich aus, doch wir sind daran gewöhnt, nie dem Anschein zu trauen, und warten mit unserem Urteil, bis wir an Ort und Stelle sind.

Wie sonderbar ist diese Eigerwand, wilder als irgendeine andere, und dennoch in die brausenden Wogen des Lebens vorgeschoben wie der Bug eines Schiffes. Am Walkerpfeiler kämpfen die Bergsteiger allein, tief im Herzen der Berge; wohin sie auch blicken, nichts als riesenhafte Felsen und kalte Gletscher. Wie seltsam aber ist es hier: unter unseren Füßen, schier zum Greifen, das Menschenland, das zu uns herauftönt, wir selbst aber in einer steinernen Welt, in der nur die schwarzen Dohlen zu Hause sind.

Wie gestern schon bilden sich hin und wieder einige Wolken und steigen langsam zu uns auf; manchmal hüllt uns eine in ihre Schleier, doch bald verscheucht sie ein Windhauch, und das Tal lacht uns wieder, von Sonne übergossen.

Donnernder Steinschlag läßt uns auffahren: zu unserer Linken springt ein Schwarm schwerer Blöcke genau an jener Stelle des Zweiten Eisfeldes wieder auf, an der wir es vor einigen Stunden gequert hatten!

Lachenal schlägt vor, ich solle nun die Führung übernehmen. Da ich der Kraft meiner rechten Hand noch wenig vertraue, schwanke ich, doch er besteht mit so viel Liebenswürdigkeit darauf, daß ich mich endlich dazu entschließe. So gehe ich denn das sehr steile Dritte Eisfeld, das zur „Rampe" führt, als Seilerster an. Diese Stelle wird ständig von Steinen kleineren Umfangs bombardiert, so daß ich bei ihrem Passieren die heikle Übung im Steigeisengehen mit ständigem Schielen nach oben verbinde. Glücklich, endlich gedeckt zu sein, kommen wir zur „Rampe". Wir sind sehr überrascht, sie ganz anders zu finden, als wir sie uns vorgestellt hatten: keine Spur von einer engen und schwierigen „Dachrinne", vielmehr ein bequemes, ja dermaßen gutmütiges Couloir, daß wir fast enttäuscht sind. In voller Geschwindigkeit steigen wir einer hinter dem anderen auf. Die eigentliche „Rampe" nimmt plötzlich ein Ende, um einem hohen und engen Kamin Platz zu machen, der eine senkrechte, von Überhängen geblähte Wand teilt. Da ist der Weg! Unglücklicherweise schäumt im Kamingrund ein Sturzbach. Es scheint unwahrscheinlich, unter dem kräftigen Wassersturz klettern zu können. Dieses Hindernis kommt uns völlig unerwartet, und wir sind einen Augenblick lang wie gelähmt. Sollte das die Niederlage bedeuten, während der Sieg greifbar nahe zu sein schien? Bald überwinden wir die Mutlosigkeit: wir wollen es dennoch versuchen. Ich schlüpfe in meinen undurchlässigen Kapuzenmantel und mache mich bereit, in den Wasserfall einzudringen. Plötzlich aber ruft Lachenal: „Warte einmal, vielleicht kann man da nach rechts; schau, in diesem Überhang ist ein Riß. Solche ‚Viechereien' sind ja deine Stärke, du mußt da durchkönnen. Oben scheint es dann besser zu sein; man wird halt zwischen den Überhängen lavieren und auf der Höhe des Kamins wieder herauskommen."

Nicht sehr überzeugt, will ich dennoch einen Versuch wagen, denn selbst diese abscheulichen Überhänge scheinen angenehmer zu sein als der Wassersturz. Ohne Mühe quere ich einige Meter waagrecht hinüber, um eine kleine Höhle zu erreichen. Die Wölbung mir zu Häupten ist von einem etwa zwanzig Zentimeter breiten Riß durchschnitten. Dort muß ich durch! Nachdem ich einen langen Haken eingeschlagen habe, versuche ich, den Riß zu erreichen, aber der Fels ist außerordentlich schlecht geschichtet. Das ist nichts als eine Anhäufung loser Blöcke, von einer gelblichen Felsader durchzogen, die unter den Fingern bröckelt. Es gelingt mir nicht, die zwei Meter höher zu kommen, die mich von dem Riß trennen. Bevor ich nach mehreren Versuchen verdrossen zu Lachenal zurück will, prüfe ich die Örtlichkeit ein letztes Mal und entdecke, daß die überhängende Wand, die zu meiner Rechten aufragt, zwar aus einem monolithischen Fels besteht, doch von kleinen, waagrechten Vorsprüngen übersät ist. Plötzlich durchzuckt mich ein Gedanke: wenn man sich mit den Fingerspitzen an diese Griffe hinge, wäre es vielleicht möglich, eine Art Gesims, das etwa sieben bis acht Meter höher vorkragt, zu erreichen. Von dort könnte ich, dem Anschein nach, wieder zu dem Kamin zurückkommen. Gleich bin ich entschlossen, den Tanz zu wagen. Doch in dem Augenblick, da ich angreifen will, halten mich die Seile zurück: der in der Höhle eingeschlagene Haken läßt sie um eine zu stark hervorragende Ecke laufen, so daß sie blockiert sind. Ich suche einen Riß für einen anderen Haken: nichts! Nicht die kleinste Ritze! Der Fels ist von unerhörter Geschlossenheit. Endlich entdecke ich ein drei bis vier Zentimeter tiefes Loch. Das ist zwar für einen gewöhnlichen Haken zu schmal, doch erinnere ich mich, heute morgen im Biwak einen sehr kleinen „Nagel" gefunden zu haben, kaum breiter als eine dicke Gabelzinke. Verzweifelt durchsuche ich die Schlosserei, die mir auf der Brust baumelt, nach dem Miniaturhaken. Da ist er. Zum Glück läßt er sich in das Loch treiben, als ob er eigens dafür geschmiedet worden wäre. Von dieser mittelmäßigen Sicherung ermutigt, gehe ich es an: zurückgelegt, mich mit den Zehenspitzen und den äußersten Sohlenrändern haltend, klettere ich ein paar Meter. Dann werden die Abstände zwischen den Rauhheiten des Felsens größer. Mit all meiner Energie krampfe ich Finger- und Zehenglieder zusammen und gewinne noch einen Meter. Das Gesims ist jetzt ganz nahe; reckte ich mich ein wenig, könnte ich es fast mit den Fingerspitzen berühren. Aber gerade jene Griffe, an die ich mich klammere, sind derart klein, daß ich nicht in der Lage bin, mit einer Hand loszulassen, ohne mich nach rückwärts gezogen zu fühlen. Ich ermüde allmählich. Jetzt ist es zu spät, den Abstieg zu versuchen. Bevor ich mich wie eine reife Frucht einfach fallen lasse, setze ich alles auf eine Karte. Eine auf den kleinen Felsen von Fontainebleau angewandte Technik fällt mir ein: ich hebe die Füße auf die höchstmöglichen Tritte und springe dann mit einem heftigen Abstoßen des Körpers, den rechten Arm ausgestreckt, so weit es geht. Im Flug ergreifen meine Finger den Rand des Gesimses, einen Augenblick später erhascht ihn auch meine Linke. Blitzartig erfasse ich, daß mir der Griff Halt gewährt. Ein starkes Glücksgefühl durchströmt mich. Den Bruchteil einer Sekunde schlagen meine Füße ins Leere, doch gleich gelingt es mir, mich mit einer heftigen akrobatischen Bewegung aufzuziehen. Wieder einmal hatte ich Glück.

Auf allen vieren auf dem Gesims, genieße ich, noch keuchend, einige Augenblicke die Freude, mich in Sicherheit zu befinden, nachdem ich schon gefühlt hatte, wie mich die Tiefe an den Füßen zog. Sehr bald freilich überlege ich wieder nüchtern. Mit Unruhe prüfe ich den Ort, an den es mich verschlagen hat. Die Unsicherheit meiner Lage drängt sich mir stark auf: wohl befinde ich mich auf einer Plattform von weniger als einem Quadratmeter, doch scheint dies nur ein mäßiger Vorteil, da ich über mir nur eine sehr abweisende Verschneidung festen Felsens sehe. Um ein solches Hindernis überwinden zu können, müßte man wenigstens einen guten Haken hineinbekommen. Vergeblich. Nicht der kleinste Riß zeigt sich. Vielleicht könnte ich es noch einmal versuchen wie gerade vorhin? Doch diese letzte Stelle hat mich zu sehr ermüdet. Was nun? Absteigen? Gut, aber wie? Kein Riß, keine Felsenzacke, ich kann mich nicht abseilen. Ich bin in die Falle gegangen. Angst packt mich. Wütend stampfe ich auf die Plattform. Bald aber gewinne ich meine Kaltblütigkeit wieder. Vielleicht ist es möglich, mit dem Hammer in den Rand der Terrasse einen kleinen Zacken zu schlagen? Ich bücke mich: nichts! Doch da habe ich es: dort, am Eck der Wand, unter dem Staub verborgen, findet sich ein winziger Riß. Mit etwas Glück muß es gelingen, einen dünnen Haken einzuschlagen. Ich wähle den dünnsten meiner Sammlung, der kaum bis zur Hälfte hineingeht. Das ist nicht viel, doch wenn man ihn auf die Plattform zurückbiegt, wird er es tun. Es gibt keinen anderen Ausweg. Nur rasch! Ich bringe einen Abseilring an und mache mit einem der beiden Stränge des Befestigungsseils alles zum Abklettern bereit. Dabei bleibe ich angeseilt in der Mitte, und Louis hält das andere Ende, um mich zu sichern ... wenn man das so nennen kann. In dem Augenblick, da ich mich an diesem unsicheren Befestigungspunkt aufhänge, fühle ich, wie sich alles in mir aufbäumt. Mit einer heftigen Willensanstrengung stoße ich mich ins Leere: nichts geschieht. Wahrlich, es bedarf nicht viel, einen Menschen zu halten. Das Herz in der Kehle, lasse ich mich am Seil hinabgleiten. Die Wand hängt derart stark über, daß ich mich gleich von ihr löse und völlig im Freien schwebe. Wie eine Spinne hänge ich in der Luft. Wo gerate ich hin? Nach einigem Geschaukel stoße ich auf die Höhle, von der ich ausgegangen war.

In der Hitze des Gefechtes ist die Zeit im Flug vergangen, und plötzlich merke ich, daß uns dichter Nebel umhüllt. Es prasselt sonderbar. Man könnte meinen, es sei Hagel, der auf die Felsen drischt. Aber ich sehe keinen Hagel. Doch da, beim Blick ins Leere hinaus, in vier bis fünf Meter Entfernung, hagelt es in einem dichten Vorhang. Hier aber, unter dem Überhang, sind wir völlig geschützt. Ist das der Wettersturz? Das kann doch nur ein kleines Abendgewitter sein; das Wetter war zu schön, um sich so rasch ändern zu können.

Was tun? Zu Lachenal zurück und versuchen, den Wasserfall zu erklettern? Weit besser wäre es, wenn es mir gelänge, diesen brüchigen Überhang zu nehmen, der mich soeben zurückgewiesen hat! Also noch einmal! Ich stürze mich auf die morschen Blöcke. Unter meinem Gewicht brechen sie zusammen, doch die Raschheit des Angriffs ermöglicht es mir, einen Arm in einen Riß zu verkeilen. Ein hartes Ringen beginnt. Einen Augenblick scheint mich mein Gewicht zurückzuziehen, doch gerade in dieser Sekunde findet einer meiner Füße, die ins Leere treten, einen Halt, und es gelingt mir, mich einige Zentimeter weiterzustoßen und einen guten Griff zu erhaschen! Nun bekomme ich die Oberhand. Mit einer gewaltigen Anstrengung arbeite ich mich mit einem Klimmzug zu einer Art kleinen Höhle hinauf. Ohne Zeit zu verlieren, ziehe ich erst die Säcke, dann Lachenal nach, der sich kräftig mit dem Seil hilft. Kaum neben mir, ruft er: „Also, mein Lieber, was für eine Gemeinheit, dieser Überhang! Du hast Mut, dich an solche Schweinereien zu hängen. Ich habe schon geglaubt, du kommst da nie hinauf. Zum Glück hast du es in dir!"

Für zwei ist die Höhle recht unbequem, und ich beeile mich, wegzukommen. Nach mehreren Versuchen gelingt mir ein heikler Quergang nach links. Dann wird das Gelände leichter, und bald bin ich am Ende des Wasserfallkamins. Doch die Rucksäcke verklemmen sich unter dem Überhang, und ich kann sie nur unter schwersten Anstrengungen nachziehen. Ohne mir die Zeit zu nehmen, Steigeisen anzulegen, bewältige ich mit Schwung eine zehn Meter hohe, völlig vereiste Wandstelle. Zum Glück ist sie sehr porös, und es gelingt mir ohne Mühe, mit dem Hammer ein paar Griffe zu schlagen, die mir für den Durchstieg genügen. Ich bin nun am Fuß eines Wasserfallkamins von sieben bis acht Metern. Gut nur, daß sich da eine enorme Eismasse angesetzt hat und das Wasser im Innern wie in einem Tunnel fließt. Um Zeit zu sparen, nehme ich wieder keine Steigeisen. Da die großen Löcher Griffe bilden, erreiche ich die Ausgangsverengung rasch; dort aber ist das Eis hart und glänzend, und die Steigeisen fehlen mir sehr. Mit dem Eishammer kleine Kerben schlagend, komme ich höher; wiederholt stürze ich beinahe, aber der Himmel ist mit mir. Güsse überschütten mich. Ich sehe nichts und bin halb im Wasser. Trotz des Kapuzenmantels rinnt mir das Wasser den Hals hinab und bei den Ärmeln hinaus. Schließlich steige ich in ein breites Eiscouloir aus. Gerade zur rechten Zeit finde ich einen alten Haken, mit dessen Hilfe ich die Säcke aufziehe und meinen Zweiten sichern kann. Als mich Lachenal erreicht, ist es beinahe 18 Uhr. Wir sind durchnäßt, doch jetzt ist nicht Zeit zu jammern: Der Ort ist dem Steinschlag ausgesetzt, und wir sind noch nicht in leichtem Gelände. Auf kleinsten Kerben queren wir zu dem Grat hinüber, der den rechten Couloirrand bildet. Bald stoßen wir auf weniger schwierige Felsen, die wir möglichst rasch ersteigen. Es hagelt heftig, und in der Ferne donnert es. Wir hoffen, daß es sich nur um ein örtliches Gewitter handelt. Dennoch quält uns Unruhe. Seit unserer dramatischen Walker-Begehung wissen wir, wie gefährlich es ist, in einer großen Wand vom Unwetter überrascht zu werden. Um jeden Preis müssen wir noch diesen Abend aus den Schwierigkeiten heraus. Und das scheint möglich. In zwei Stunden können wir die „Spinne" erreichen, zwei weitere Stunden müssen genügen, die Ausstiegsrisse zu bewältigen. Rechts bietet sich ein Band, das in eine senkrechte Wand von etwa zwanzig Metern endigt. Ich mache mich gleich daran und komme wie über wankende Tellerstapel langsam weiter. Doch Louis glaubt, die Traversierung zur Spinne sei höher oben im Couloir und ruft mich zurück. Ich wende ein, daß diese Stelle jener außerordentlich ähnlich sei, die wir auf einem Luftbild gesehen hatten, das die Seilschaft der vier Erstbegeher zeigte, wie sie einen Quergang nach rechts ausführt. Lachenal versichert mir, dieses Band hier könne ob seiner Lage aus der Luft überhaupt nicht aufgenommen werden. Wie fast immer, gebe ich nach, um nicht herumstreiten zu müssen. In der Überzeugung, daß er nichts finden werde, fordere ich ihn auf, etwas höher zu steigen, um nach einer Durchstiegsstelle Ausschau zu halten. Bereits nach kurzen fünfzehn Metern bemerkt Louis einen Haken aus Duralumin. Obgleich er zum Abseilen gedient haben dürfte, stößt Lachenal ein Triumphgeheul aus. Als er gar ein schlechtes

Band entdeckt, das ein Fortkommen zu gestatten scheint, überschüttet er mich mit Spott. Ohne die Sache zu besprechen, geht er die Stelle entschlossen an. Das ist in der Tat ein heikler, aufsteigender Quergang in fürchterlich brüchigem Fels. Es beginnt Nacht zu werden, und als die Reihe an mir ist, verzichte ich aus Zeitgründen darauf, einige Haken herauszunehmen. Es sieht so aus, als ob wir zwanzig Meter höher eine größere Terrasse erreichen könnten. Von dieser Aussicht angeregt, übernehme ich die Führung, doch nach zehn bis zwölf Metern stoße ich auf äußerste Schwierigkeiten. Nun versucht Lachenal eine andere Stelle weiter links und ruft bald: „Drei Meter noch, und es ist gewonnen!"

Doch noch in demselben Augenblick geht nichts mehr weiter, und kurz darauf höre ich ihn fluchen und sich abmühen. Er schreit: „Ein Schwung, und ich hätte es. Aber mit diesen Haken, die nicht halten, ist es zu gewagt. Ich schaue noch etwas weiter nach links, das sieht besser aus!"

Durch den Nebel und die sinkende Nacht sehe ich ihn etwas absteigen, dann verschwindet er hinter einem Felseck. Ein feiner Regen fällt. Die Untätigkeit hat mich abgekühlt, und in meinen durchnäßten Kleidern bin ich vor Kälte erstarrt. Nach einer Weile hört das Seil auf, durch meine Finger zu laufen: Hammerschläge und fallende Steine zeigen mir an, daß Lachenal Schwierigkeiten hat. Alles rundum ist äußerst niederdrückend. Während ich in dieser nebeligen Dämmerung in der feindlichen Wand hänge, fühle ich eine beängstigende Einsamkeit. Plötzlich höre ich einen erstickten Schrei und den Lärm stürzender Steine. In einer Reflexbewegung mache ich mich steif, den Stoß aufzufangen, doch er kommt nicht. Ich schreie: „Louis, was ist geschehen?"

Einen Augenblick lang warte ich auf Antwort, dann wird sie mit keuchender Stimme gegeben: „Ich habe mich mit einem schweren Brocken herumgeschlagen, bin aber zum Glück davongekommen. Beunruhige dich nicht, es geht schon wieder."

Nur Lachenals wunderbare Geschicklichkeit hat uns vor der Katastrophe bewahrt! Mein ganzes Wesen sträubt sich gegen den Wahnsinn dieser nächtlichen Kletterei, und ich höre mich rufen: „Lili, in Gottes Namen, gib nach; du siehst ja, daß wir uns das Genick brechen. Wir müssen unbedingt in das Couloir hinab, bevor wir überhaupt nichts mehr sehen."

Louis erwidert, daß jetzt, da die schlechten Felsen gefallen wären, die Passage leichter geworden sei und sich über ihm ein richtiges Band hinziehe. Doch seine Stimme hat ihre Wärme verloren, und ich fühle, daß er von seinen eigenen Worten nur halb überzeugt ist. Diesmal gebe ich nicht nach. Ich brülle: „Idiot! Wenn du nicht zurückkommst, gebe ich dir keinen Zentimeter Seil mehr. Wir werden hier biwakieren müssen, und dann bist du gut vorwärts gekommen!"

Bald darauf kommt Lachenal zu mir zurück. Es ist fast zehn Uhr und völlig Nacht geworden. Im Finstern umhertappend, suche ich einen Riß, um einen Haken einzuschlagen. Nach einigen Versuchen gelingt es. Wir legen das Seil ab und errichten eine Abseilstelle. Lachenal geht als Erster. Als ich mich dann an den Seilen gleiten lasse, bricht der Haken aus, und ich kann mich gerade noch am Felsen anklammern. Ein Schauer der Furcht durchläuft mich. Nach kurzer Verwirrung fasse ich mich wieder und bemühe mich, einen anderen „Nagel" einzuschlagen, doch sehe ich fast nichts, und der Fels ist derart brüchig, daß er bei jedem Versuch abspringt oder bröckelt. Nach vergeblichen Anstrengungen muß ich mich damit abfinden, es noch einmal mit meinem ersten Riß zu versuchen. Ich schlage einen neuen, etwas dünneren Haken ein. Er scheint zu halten, doch das Vertrauen ist fort. Ich wage es nicht, mein volles Gewicht auf diesen Haltepunkt zu verlegen, und versuche, kletternd abzusteigen, wobei ich den Ablauf der Seile im Auge behalte. Das ist ein schlechtes System, und nach ein paar Metern gleite ich mit einem Ruck und falle schier in die Seile. Einen Augenblick glaube ich, es sei vorbei, doch das Glück bleibt mir heute treu: Der Haken hat den Ruck ausgehalten, und ich bin wieder bei Lachenal.

Zum weiteren Abklettern nehmen wir diesmal zwei Vertrauen erweckende Haken. Dennoch bleibt unsere Lage beängstigend, sind wir doch am Rand einer überhängenden Wand, die das Endcouloir der „Rampe" beherrscht, und wir wissen gar wohl, daß unsere Seile zu kurz sind, ihn zu erreichen. Um wieder auf die Route zu gelangen, bleibt uns nichts übrig, als den schwierigen, aufsteigenden Quergang, der es uns möglich gemacht hat, hier heraufzukommen, im Abstieg zu bewältigen. In diesem brüchigen Gestein, bei völliger Dunkelheit, ist das Unternehmen außerordentlich gewagt. Beim Ausbrechen eines Hakens würden wir unter den Überhängen pendeln; völlig frei schwebend, wäre es sehr schwierig, wieder aufzusteigen.

Lachenal geht es als Erster an. Sich der Gefahr sehr wohl bewußt, bietet er all sein Können auf und kommt langsam vorwärts. Ich bin allein, bewegungslos in der Finsternis, und die Angst läßt die Sekunden sich furchtbar dehnen. Endlich ein Freudenschrei: Lachenal hat einen der Haken erreicht, die ich zum Glück beim Aufstieg herauszunehmen unterlassen hatte. Das Einschnappen des Karabiners zeigt mir, daß er eines der Seile durchzieht. Die Gefahr ist noch nicht vorüber: Er muß noch einen zweiten Haken erreichen. Neuerliches Einschnappen! Bald ruft mir Lachenal herauf, nachzukommen. Mein Abstieg ist leicht, werden doch die Seile von unten gehalten, so daß ich nicht Gefahr laufe, hinauszupendeln.

Während des Kletterns hatte ich am rechten Couloirrand undeutlich Terrassen wahrgenommen. Ich schlage den Versuch vor, sie zwecks eines Biwaks zu erreichen.

Um Mitternacht finden wir endlich eine Sitzstelle. Wir sind fertig vor Schlaf und Müdigkeit. Es bedarf einer gewaltigen Willensanspannung, um die nötigen Sicherungsvorkehrungen zu treffen und ein Mindestmaß an „Bequemlichkeit" zu schaffen. Wir sind bis auf die Haut durchweicht und zittern vor Kälte. Als wir die Rucksäcke aufmachen, wärmt uns schon die Aussicht, die Daunenwesten anzuziehen. Ich lege alle nassen Kleider ab, entblöße den Oberkörper und schlüpfe in eisigem Nieselregen mit wahrer Wollust in das warme und trockene Kleidungsstück. Leider ist Louis' Daunenweste mit Wasser vollgesogen wie ein Schwamm. Es hilft wenig, die Weste auszuwinden, sie wird ihn kaum wärmen.

Nachdem wir einige Steine weggeworfen und einige anders gelegt haben, gelingt es uns, eine erträgliche Stellung zu finden, mein Freund sieben bis acht Meter rechts, etwas tiefer als ich. Obgleich nicht sehr hungrig, bemühe ich mich doch, möglichst viel zu essen, um bei Kräften zu bleiben. Ich fordere Louis auf, es ebenso zu halten, doch er bringt nur schwer ein paar Bissen hinunter. Dank den zahlreichen Sturzbächen, auf die wir im Lauf des Tages gestoßen waren, sind unsere Feldflaschen noch halb voll. Dennoch benützen wir den kleinen Metakocher nicht: Wir sind vor Müdigkeit derart benommen, daß wir uns eine solche Anstrengung nicht mehr zumuten. Bald schlafe ich ein, wache aber wenig später durch ein Gefühl auf, als würde ich ersticken. Tatsächlich bin ich im Schlaf abgeglitten und hänge nun am Seil. Ich steige zu meiner Biwakstelle zurück, die nichts anderes ist als die Abschwächung eines kleinen Grates, auf dem ich rittlings und ohne jede Rückenlehne sitzen muß. Jedesmal, wenn ich einschlafe, rutsche ich auf die eine oder andere Seite, so daß ich trotz der Tiefe des Schlafes eine elende Nacht verbringe. Lachenal, obwohl besser untergebracht, ist in seinen feuchten Kleidern völlig ausgefroren und klappert vor Kälte unablässig mit den Zähnen.

Gegen drei Uhr früh wird in der Ferne ein heftiges Gewitter hörbar. Manchmal zuckt der Schein eines Blitzes durch den dichten Nebel, doch auf dem Eiger bleibt alles ruhig. Der Regen hat aufgehört, die Kälte zugenommen. Heftige Unruhe quält uns, und wir besprechen leidenschaftlich unsere Lage. Am Walkerpfeiler hatten wir keine Wahl, da war ein Rückzug unmöglich. Da hieß es, hinauf oder sterben. Hier nun bietet sich die Lage vielseitiger. Wir wissen, daß Krähenbühl und Schlunegger im letzten Sommer bis zum Beginn der Rampe gekommen sind und, von schlechtem Wetter bedroht, trotz Schnee, großer Lawinengefahr und geringer Sicherheit der Haken mit Erfolg abgestiegen waren. Es ist also gewiß, daß uns ein Rückzug, so gefährlich er auch sein mag, Rettung bringen kann. So nahe dem Ziel verzichten zu müssen, ist ein verzweifelter Gedanke, doch ich neige zu dieser Lösung. Lachenal hingegen ist der Meinung, daß der Abstieg gewagter ist als der Weg zum Gipfel. In einigen Kletterstunden müßten wir in Sicherheit sein. Im Lauf der Diskussion gelingt es ihm, mich zu überzeugen. Der Abstieg im Nebel ist kaum verlockend, und schließlich und endlich sind wir ja gekommen, das Abenteuer zu suchen! Jetzt bietet es sich uns hinreißender denn je, und jetzt müssen wir es bestehen!

Schon um fünf Uhr spielen wir auf den schwankenden Tellerstößen des Querganges Akrobaten. Die Luft ist schwer und kündigt Schnee an. Eile tut not! Es ist nur zu hoffen, daß der Himmel einige Stunden Aufschub gewährt.

Nach zwei Seillängen in diesem abscheulichen Gelände, in dem ich bei jedem Schritt das Gefühl habe, der ganze Aufbau müsse zusammenbrechen, gelangen wir zu einer festen Plattform. Eine verlassene Laterne und ein Haken mit Reepschnur deuten darauf hin, daß hier der richtige Anstieg sein muß. Ein kurzer Eisquergang bringt uns an den Fuß einer Wandstelle, die wenig einladend aussieht. Der Ausgangspunkt hängt über, und es will mir nicht gelingen, einen Haken einzuschlagen, der mich zu halten vermag. Der einzige Riß, der sich zeigt, ist zu breit. Schließlich glückt es, indem ich mich nach Kräften recke, mit ausgestrecktem Arm einen Eishaken fest anzubringen, an dem ich mich hochziehe, ohne mich zu schämen.

Der Morgenfrost hat den regennassen Felsen mit Wassereis überzogen. Die Griffe sind noch mit altem Schnee bedeckt, und ich muß mit Steigeisen klettern. Um Zeit zu gewinnen, behalte ich meinen Rucksack. Unter diesen Umständen fühle ich mich in der senkrechten Wand nicht sehr wohl. Ich muß einen Griff nach dem anderen bloßlegen und steige nur sehr langsam und mit viel Mühe. Nach etwa zwölf Metern bemerke ich den Rand eines nahen Bandes; ein kurzer Überhang scheidet mich davon, und ich versuche sogleich, einen Haken einzuschlagen, doch alle Risse sind zu breit. Nun, dann ohne Haken. Ein Griff, den ich mit den Fingerspitzen erreiche, müßte mir ein Durchkommen ermöglichen, doch ich bin zu müde. Die noch schwachen Finger meiner verletzten Hand öffnen sich bei der Anstrengung, und ich fühle es: Gebe ich nicht nach, werde ich stürzen. Dreimal versuche ich es, und dreimal muß ich auf meine Ausgangsgriffe zurück. Ich werfe einen Blick unter meine Füße. Der letzte Haken ist mindestens vier bis fünf Meter entfernt, also zu tief, um das Risiko einzugehen, mich fallen zu lassen. Doch was tun? Ich werde mich doch nicht von einem Überhang von zwei Metern aufhalten lassen! Vieles Abtasten läßt mich ganz links einen günstigen Riß finden. In sehr heikler Stellung glückt es mir, einen der schweren Haken, die Simond eigens für mich angefertigt hat, hineinzubringen. Mit dieser Sicherung kann ich jetzt versuchen, durchzukommen. Ich sammle meine Kräfte und setze sie voll ein, um das Hindernis in einem Zug zu nehmen. Einen Augenblick später befinde ich mich auf einem guten Band. Bei dieser Bewegung ist mein Hammer am Felsen hängen geblieben. Der Ruck war so heftig, daß der Lederriemen gerissen und der Hammer im Abgrund verschwunden ist. Dieser Verlust kann uns zum Verhängnis werden, können wir doch künftig unsere Haken nicht mehr herausbekommen. Ich denke lieber gar nicht daran, was geschehen würde, wenn wir auch noch den einzigen Pickelhammer verlören. –

Der Quergang zur „Spinne" erweist sich um sehr viel leichter, als wir es erwartet hatten. Gewiß, der Fels ist miserabel, doch finden wir an Ort und Stelle einige alte Haken, die gute Sicherung bieten. In großer Eile steigen wir, einer hinter dem andern, die „Spinne" hinan, ohne uns zu sichern, ohne eine einzige Stufe zu schlagen. Zum Glück ist das Eis recht weich, und die brüchigen Felsen, die in der gleichen Ebene liegen, erleichtern stellenweise das Vorwärtskommen. In der Meinung, dem Sieg ganz nahe zu sein, stürmen wir mit begeisterten Rufen in Richtung der Ausstiegsrisse. Die geringe Neigung der Wand scheint die von dem Grindelwalder Führer Adolf Rubi vorhergesagte Leichtigkeit des Durchstiegs zu bestätigen. Wir dringen in eine Verengung ein, und gleich zeigt uns ein Haken, daß wir uns auf dem richtigen Weg befinden. Leider läßt sich die Stelle schlecht an: Wir stoßen auf einen etwa zehn Meter hohen, sehr steilen Aufschwung, dessen fester Fels mit einer gegen drei Zentimeter dicken Eisschicht überzogen ist. Die Vorderzacken der Steigeisen auf kleinsten Tritten, komme ich zwei Meter höher, suche vergeblich einen Haken anzubringen und wäre beinahe gestürzt. Da ich keinen Ausweg sehe, verliere ich den Mut und muß absteigen. Nun versucht es Louis. Es gelingt ihm, die Spitze eines Hakens durch die Eisdecke hindurch einen Zentimeter tief in einen seichten Riß einzuschlagen. Wunderbar das Gleichgewicht haltend, vermag er sich an diesem unsicheren Punkt aufzurichten und endlich durch vier weitere, genauso unsichere Haken mit unerhörter Geschicklichkeit die Stelle zu bezwingen. Als ich dann nachkomme, wobei ich kräftig das Seil benütze, fällt es mir nicht schwer, das ganze Eisenzeug mit einer Hand herauszuziehen.

Die Steilheit läßt nach, und trotz des Wassereises, das alles überzieht, steigen wir recht regelmäßig weiter. Nach einigen Seillängen hält uns eine Steilstufe aus lichtem Fels auf, den ein überhängender Riß durchschneidet. Bei trockenem Fels läßt sich ein derartiges Hindernis mittels Gegendrucktechnik rasch überwinden, doch bei solch einem Eis ist diese elegante Technik leider nicht anzuwenden. Mühsam erreiche ich den überhängenden Teil. Dort gelingt es mir, einen langen Eishaken hineinzubringen, in einem großen Spreizschritt etwas an Höhe zu gewinnen und einen zweiten Haken in eine wenig Vertrauen erweckende Art Schieferpfeiler oberhalb des Überhangs einzuschlagen. Da ich keinen entsprechenden Griff finde, kann ich mich nicht aufziehen. Deshalb fasse ich den Haken mit beiden Händen und versuche, die Füße auf einen ordentlichen Tritt zu bringen. Die Steigeisen rutschen auf dem Eis. Schließlich gelingt es mir beinahe; ein kleiner Aufzug und ... ich stehe auch schon sieben bis acht Meter tiefer hinter Lachenal. Das ging so jäh vor sich, daß ich nicht einmal Zeit gehabt hatte, zu erschrecken. Der Sturz war zum Glück von Meter zu Meter stärker abgebremst worden, so daß ich mich „hinstellte", ohne die geringste Erschütterung zu spüren. Louis empfängt mich mit seiner spöttischen Miene: „Ah, spielst du jetzt Schwalbe?" Dann ernster: „Nichts geschehen? Soll ich gehen oder gehst du noch einmal?"

Noch vom Kampf erhitzt, wütend über mein Pech, antworte ich: „Alles in Ordnung. Das mache ich! Sei unbesorgt, diesmal klappt es."

Ohne mir die geringste Ruhe zu gönnen, gehe ich erneut zum Angriff über. Dieses Mal glückt es mir, meinen zweiten Haken fester einzuschlagen und mich an einem guten Griff aufzuziehen. Dann muß ich eine Platte zu meiner Linken traversieren. Das Wassereis macht die Stelle äußerst heikel.

Das Wetter wird immer drohender. Die von Feuchtigkeit schweren Wolken hängen noch tiefer. Schon umgibt uns Nebel, und alles klingt gedämpft. Jeden Augenblick kann es zu schneien beginnen. Ich suche verzweifelt nach einer Möglichkeit, diese vereiste Platte zu vermeiden, sehe aber keinen anderen Weg. Man muß hier durch und zwar möglichst rasch. Es geht um Leben oder Tod. Ohne weiter nachzudenken, nehme ich alle Gefahr auf mich. Die Steigeisenzacken in das Wassereis gestoßen, die Hand an Nichtigkeiten klammernd, glückt es endlich. Schnell sind die Rucksäcke emporgezogen. In der üblichen Technik des Zweiten benützt Lachenal das Seil.

Über uns baut sich erneut ein Überhang. Wann endlich werden denn diese höllischen Ausstiegsrisse und ihre teuflischen, eisüberzogenen Überhänge ein Ende nehmen? Wo sind denn die Deutschen durch? Vielleicht gibt es einen anderen Anstieg in einem weiter links gelegenen Riß hinter diesem Grat? Mit ein paar Bewegungen bin ich auf einer kleinen Schulter: Nein, das ist unmöglich.

Da sehe ich eine alte, zweifellos verkeilte Abseilvorrichtung. Oh, ich verstehe: Mit diesem Seil sind die Deutschen zur Plattform abgestiegen und dann von dort in einen dritten Riß hinüber. Ohne mir über den Zustand des Seils Gedanken zu machen, ergreife ich es und bin in einem Augenblick am Fuß eines breiten, sehr steilen und mit Glatteis überzogenen Kamins. Die Stelle hat nichts Einladendes an sich, doch mit einer weit ausholenden, seitlichen Bewegung und viel Optimismus muß es möglich sein, mit ihr fertig zu werden. Kaum ist Lachenal angekommen, steige ich in einem große Spreizschritt, der das Äußerste von mir verlangt, höher. An manchen Stellen habe ich die Empfindung, die Muskeln müßten bei der Anstrengung reißen. Der Fels ist fest, und es ist unmöglich, Haken zu schlagen. Nun, da ich fast die ganze Seillänge hinter mir habe, glückt es mir, einen recht jämmerlichen Haken zwei bis drei Zentimeter tief anzubringen. Mit dieser mehr moralischen als wirklichen Sicherung lasse ich Lachenal nachkommen.

Es beginnt heftig zu hageln, und von dem wahren Wildbach von Hagelkörnern, der in dem benachbarten Couloir fließt, prallen ganze Schauer zu uns herüber. Zum Glück schützt uns ein Überhang vor dem ärgsten Hagel.

Die Schwierigkeiten nehmen ab. Langsam wird es uns zur Gewißheit: Wir sind gerettet, die großen Hindernisse liegen hinter uns, und nichts vermag uns mehr aufzuhalten!

Der Hagel geht in dicke Schneeflocken über, die in einem geschlossenen Vorhang fallen. Eine Stunde später, und unsere Aussichten, durchzukommen, wären wesentlich geringer.

Bald erreichen wir eine steile Zone brüchiger Felsen. Wir fühlen, der Gipfel ist ganz nahe. Von Ungeduld getrieben, klettern wir so rasch wir können, einer hinter dem anderen. Dennoch ist das Gelände recht schwierig, und bald werde ich mir der Gefahr bewußt, die in einer solchen Übereilung liegt. Um das Unternehmen zum Schluß nicht noch zu gefährden, fasse ich den Entschluß, jede Seillänge dieses Endstückes zu sichern. Lachenal ist brummend damit einverstanden. Doch die Seillänge will nicht enden! Sind es Ermüdung und Ungeduld, die sie mir so lang erscheinen lassen? Ist da etwas nicht in Ordnung? Ich muß doch einmal Lachenal genauer beobachten. Ha, der Schwindler! Steigt gleichzeitig mit mir, und wenn ich mich umdrehe, erstarrt er und tut, als ob er sichere.

Allein, alles hat ein Ende, auch dieser brüchige Fels. Das Gipfeleisfeld löst die Wand ab. Gewiß ist der Gipfel unmittelbar vor uns. Doch die Müdigkeit liegt uns schwer in den Gliedern, und es geht nur noch recht langsam vorwärts. Plötzlich kommen wir auf dem Mittellegigrat heraus, den uns der Nebel verborgen hielt. Wir haben die Eigerwand durchstiegen!

Keine heftige Erregung erfaßt mich, nicht der Stolz, eine ersehnte Tat vollbracht, nicht die Freude, eine schwierige Aufgabe gelöst zu haben. Auf diesem im Nebel verlorenen Grat bin ich nichts weiter als ein abgerackertes Tier, das der Hunger quält. Es bleibt lediglich die animalische Genugtuung, mit heiler Haut davongekommen zu sein.

Ich will anhalten, doch Louis gibt mir nicht die Zeit dazu. Eine große Erregung hat sich seiner bemächtigt. Der Drang, ins Tal hinabzukommen, um seine Frau zu beruhigen, peinigt ihn und macht ihn halb verrückt. Trotz seines Geschimpfes übersteige ich den Endgrat sehr langsam, und um 15 Uhr richten wir uns endlich auf dem Gipfel auf. Des Abenteuer ist aber noch nicht zu Ende: Der furchtbare Abstieg beginnt.

Die Neuschneedecke erreicht jetzt eine Höhe von über zehn Zentimetern. Um nicht jeden Augenblick auszugleiten, behalten wir die Steigeisen an. Dadurch verdrehen wir uns die Füße im Geröll, und mein empfindlicher Knöchel behindert mich außerordentlich. Lachenal, von dem wie durch ein Wunder alle Ermüdung abgefallen ist, rennt schimpfend vor mir her. Da wir immer noch angeseilt sind, muß ich ihm folgen. Das Tempo erschöpft mich, und im Grunde meines Herzens beginne ich, diesen rasenden Tyrannen zu verwünschen.

Wir hatten den Fehler begangen, keine genauen Auskünfte über den Abstieg einzuholen. So wissen wir nur, daß er leicht ist und über die Westflanke führt. Ein Blick auf eine Ansichtskarte hatte uns gezeigt, daß diese scheinbar wenig geneigte Flanke im Süden von einem langen Schneecouloir eingefaßt wird. Leichtsinnig hatten wir daraus geschlossen, die Abstiegsroute müsse hier führen und könne über diese leicht aussehende Wand kein Problem darstellen. Jetzt versuchen wir, bei Sturm und Nebel auf das Couloir zu stoßen. Einen Augenblick folgen wir undeutlichen Steigspuren, die bald verschwinden. Von Wind und Schnee geblendet, steigen wir nach flüchtiger Orientierung weiter ab. Es donnert in der Nähe; unsere Haare knistern und stellen sich unangenehm auf. Am Berg von einem Gewitter überrascht zu werden ist etwas Erschreckendes. Louis' Raserei wird dadurch nur gesteigert. Er denkt nicht einen Augenblick daran, sich in Deckung zu bringen und hat einzig und allein den Abstieg im Kopf. Rennend, schreiend, gestikulierend, gebärdet er sich, als sei der Teufel in ihn gefahren.

Lang lavieren wir durch die Kalkbänke, dann taucht der weiße Hang des Couloirs unter uns auf. In diesem leichten Terrain geht es in vollem Tempo bergab, und die Gewißheit, alles Schwere überwunden zu haben, macht uns jauchzen. Doch plötzlich hört das Couloir auf und weicht einem großen Felsabbruch. Er ist zu hoch, als daß man ihn durch Abseilen überwinden könnte; auch läßt sich weder zu seiner Rechten noch zu seiner Linken ein Abstieg erkennen. Wir sind in eine Falle gegangen. Also wieder hinauf! Doch werden wir die Route finden, bevor die Nacht einfällt?

Der Nachmittag vergeht, das Unwetter tobt immer noch, und wir wissen nur zu gut, was in unserem Zustand ein drittes Biwak bedeuten kann. Das tragische Ende Moltenis und Valsecchis kommt mir in den Sinn. Keine dreiviertel Stunde von der Hütte entfernt, waren sie auf dem Rückweg von der Nordostwand des Piz Badile an Erschöpfung gestorben.

Bei einer leichten Aufhellung glaube ich am linken Rand eine Abstiegsmöglichkeit wahrzunehmen, Louis aber zieht den rechten Rand vor. Ich folge ihm in Gottes Namen.

Mühsam steigen wir das Couloir wieder hinauf und dringen beim ersten Band in die Westwand ein, die sich als ein unentwirrbares Labyrinth von Felsriegeln ungleicher Höhe erweist, durch zahlreiche Bänder voneinander geschieden. Der Fels bleibt geschlossen, und wir haben fast keine Haken mehr. Unser Abstieg ist nur dank der Kamine und kurzen Couloirs möglich, die dann und wann gestatten, von einer Etage zur darunterliegenden zu gelangen. Doch jeden Augenblick kann uns ein bedeutenderer, die ganze Wand durchziehender Riegel gnadenlos aufhalten. Immer wieder haben wir den Eindruck, eingeschlossen zu werden, doch stets findet sich im letzten Augenblick ein schwacher Punkt. Lachenal ist immer noch entfesselt. Seine Vitalität und sein alpines Genie lassen ihn Wunder tun. Mit unglaublicher Geschicklichkeit läuft er von rechts und von links über die verschneiten Platten. Er ist überall zugleich. So kommen wir recht rasch vorwärts. Und doch lastet ständig eine bedrückende Spannung auf uns. Was, wenn ein Steilabfall uns aufhält? Haben wir noch die Kraft, wieder aufzusteigen? Würden wir ein drittes Biwak aushalten?

Plötzlich weicht die Angst von uns, und alles löst sich in Wohlgefallen auf: Zehn Meter unter uns endet die Wand in einem weiten Schneefeld. So kehren wir denn der Welt der Felsen und des Unwetters den Rücken und steigen in das Land der Menschen nieder.

Auf der Station Eigergletscher hatten telephonische Anfragen nach unserem Ergehen verraten, daß wir in der Eigernordwand waren; dadurch wurde lebhafteste Unruhe ausgelöst.

Die Deutschschweizer sind kühl, bisweilen sogar recht wenig freundlich, doch ich muß gestehen, daß diese hier eine Ausnahme von der Regel bildeten: Das gesamte Personal des Bahnhofhotels empfing uns mit viel Liebenswürdigkeit. Da die Station fast nur tagsüber besucht wird, waren wir an diesem Abend die einzigen Gäste. So hatte jeder Zeit und tat sein Bestes, uns zu stärken und es uns so angenehm wie möglich zu machen.

Seit Stunden hatten wir von dem bevorstehenden Schmaus geträumt, doch als wir uns endlich zu einem reichlichen Mahl setzen konnten, brachten wir nur mit Mühe ein paar Bissen hinunter.

Die Nacht verbrachten wir unruhig. Durst quälte uns. Wieder und wieder mußten wir trinken, ohne daß dadurch der Durst gelöscht wurde. So fanden wir keinen richtigen Schlaf. Ich habe nie begriffen, aus welchem Grund sich diese Eigertour so ausgewirkt hat. Der Walkerpfeiler ist eine akrobatischere und kaum weniger lange Bergfahrt als die Eigerwand; dennoch hatte sie uns viel weniger hergenommen. Seither habe ich noch weit härtere Ersteigungen glücklich vollbracht, vor allem die Schlußwand des Fitz Roy, doch stets konnte ich bei der Rückkehr fast normal essen und schlafen.

Wir waren früh auf und hatten kaum unser Zimmer verlassen, als sich ein Journalist vorstellte. Er war in der Nacht zu Fuß heraufgekommen und wollte als erster vernehmen, wie es uns ergangen war. Bald wurde von da und dort angerufen, und dem ersten Morgenzug entstiegen zehn Journalisten und Photographen. Dieses plötzliche Interesse für unser Abenteuer erfüllte uns mit größtem Erstaunen. Nicht einen Augenblick hatten wir daran gedacht, daß diese zweite Durchsteigung der Eigerwand bei der Presse eine derartige Anteilnahme finden würde. Der Gedanke, unsere Namen könnten nach diesem Erfolg in den Schlagzeilen der Zeitungen ganz Europas stehen, wäre uns nie gekommen. Unsere Erstbegehungen, unsere außerordentliche Leistung an den Droites, ja selbst unsere dramatische Begehung des Walkerpfeilers hatten nur schwachen Widerhall gefunden; lediglich die Lokalpresse war kurz darauf eingegangen.

Nachdem die Neugier der Journalisten befriedigt war, saßen wir wieder allein mit unseren Sorgen. Die Gesichter abgezehrt, die Kleider zerrissen und noch feucht, waren wir nur mehr „arme Teufel“. Als dann die Unterkunft bezahlt war, hatten wir fast kein Geld mehr. Zum Glück erwartete uns in Bern eine neue Welle von Journalisten, und man bot uns ein Frühstück an. Auf der Straße erkannte uns ein Vorübergehender und wollte uns ein Bier zahlen.

*Bergvagabunden gehört zu den Kultbüchern, die eine ganze Generation von jungen Bergsteigern begeistern. „Spannender als ein Band von Karl May" sei das Buch, wird im Vorwort versprochen.*

*Tatsächlich ist der 1908 in München geborene Hans Ertl ein blendender Erzähler, dessen Schilderungen seiner Berg- und Schiabenteuer in den Zwanziger- und Dreißigerjahren die Leser verführen, seinen Spuren zu folgen. Und doch liegt seine wahre Berufung nicht in der Literatur sondern beim Film.*

*Mit der im folgenden Ausschnitt beschriebenen Erstdurchsteigung der Ortler-Nordwand im Jahre 1930 klettert Ertl endgültig in die Elite der deutschen Alpinisten. Zwei Jahre später nimmt ihn der große Pionier des Bergfilms, Arnold Fanck, erstmals zu Dreharbeiten mit. 1934 geht er mit Günter O. Dyhrenfurth ins Karakorum, wo der dokumentarische Spielfilm „Dämon Himalaya" mit Ertl als Kameramann entsteht. 1936 engagiert Leni Riefenstahl Hans Ertl für ihren bis heute als Zeitdokument hochgeschätzten Olympiafilm.*

*Den Zweiten Weltkrieg macht Ertl als Kriegsberichterstatter mit. 1953 ist er Mitglied der deutsch-österreichischen Nanga-Parbat-Expedition unter Herrligkoffer. Er ist mit Buhl und Kempter im Hochlager dabei, als Aschenbrenner die Expedition abbrechen will. Der erfahrene Ertl bestärkt Buhl und Kempter in ihrem Entschluss, doch noch den Gipfel zu versuchen, steigt dann ein Lager ab, um den beiden Jüngeren Platz für die Nachtruhe vor dem Gipfelsturm zu lassen und ihren Rückweg zu sichern.*

*Ertl verbringt die zweite Hälfte seines über neunzigjährigen Lebens in Südamerika, arbeitet weiter als Filmemacher und lebt abgeschieden als Viehzüchter im Urwald Boliviens.* *M. U.*

Der folgende Text wurde entnommen aus: Hans Ertl, Bergvagabunden. Nymphenburger Verlagshandlung GmbH: München 1954, S. 199–216. 

*Hans Ertl*

# *Bergvagabunden in der Ortler-Nordwand*

In München wartete die Kameradschaft mit einer Sensationsnachricht: Welzenbach sei während der Pfingsttage in der Ortler-Nordwand gewesen! In „meiner" Wand! Ich hatte schlaflose Nächte. Dann erfuhr ich mehr: Willo Welzenbach und Willi Merkl waren wirklich in die Nordwand eingestiegen und hatten sich 600 Meter hoch bis an die entscheidenden Stellen herangearbeitet. Aber die Verhältnisse waren stärker als die beiden: Sie wurden zur Umkehr gezwungen: Sie hatten wohl durch ihre sorgfältige Stufenarbeit zu viel Zeit verloren, der Schnee war im hohen Tag zu weich, das Eis zu morsch, die Zeit zu kurz, jedenfalls diesmal hatte der Berg gesiegt.

Ich wußte, daß sich ein Geher wie Welzenbach nicht geschlagen gibt. Ich wußte, daß er wiederkehren würde. Aber ich wußte auch, daß ich „meine" Wand nicht kampflos herschenken würde. Jetzt oder nie!

Ich machte Kassasturz und schaute mich nach einem sofort startbereiten Begleiter um. Aber keiner fand sich. Sie hielten mich alle für verrückt. Meinem Klubkameraden, dem Franzl Schmid, Tonis Bruder, klagte ich mein Leid und fragte ihn um Rat, denn er kam wohl kaum in Frage: Ihm hatte im Herbst eine umstürzende Lage schwerer Blechplatten den Fuß zerquetscht, und er war erst kurz zuvor mit einem halbsteifen Knie aus dem Krankenhaus entlassen worden. Und doch wurde er mein Begleiter.

Acht Tage später jagten wir beide, jeder mit 20 gepumpten Markln in der Tasche, auf den Rädern den Reschenpaß hinunter und hinein ins Vintschgau. Unser „Auftrieb" ging so hoch auf Touren, daß wir weder die 200 Kilometer noch die Pfundsrucksäcke spürten, und so hoben wir nach 22stündiger Radlerei am 19. Juni, abends 6 Uhr, in Sulden unser wundes Sitzfleisch aus dem Sattel.

Unmittelbar unter der Nordwand droben auf Ladum, der grünen Oase inmitten einer öden Stein- und Eiswüste, steht unser kleines Zelt. Eine alte Zirbe deckt schützend die knorrigen Äste darüber und gibt dem Lagerplatz das Wohnliche, Behagliche, Festliche.

Der Auftakt der kommenden Ereignisse ist ein Rasttag. Nicht nur, weil der Tag und die Welt so gottvoll schön waren, und nicht, weil wir erst das heißgelaufene Sitzfleisch auskühlen lassen wollten – wir mußten „unsere" Wand erst einmal auskundschaften, mußten feststellen, wie die Verhältnisse waren. Stundenlang schauten wir hinauf in die Wand, von der wir eben von einer ersten Besichtigung zurückgekommen waren. Stundenlang schauen wir zu der fürchterlichen Rinne empor, dieser ausgemachten Geschoßgasse, durch die die Lawinen fegen und Eis- und Steintrümmer fetzen. Wir wissen es leider nur zu gut. Das ist der Weg für „alles", sowohl für das Anorganische, was von oben kommt, wie für das „Organische", was da in verbissener Vermessenheit nach oben streben will. Die Route, die wir uns ausgedacht haben, ist der ideale, schnurgerade Weg hinauf zum Nordeck des Ortlergipfels, schnurgerade wie eine Himmelsleiter.

Die Augen tun uns weh vom Hinaufstarren. Müde schlafen wir neben nickenden, tiefblauen Enzianglocken ein. Im letzten Blinzeln sehen wir noch, wie die Ameisen, die mit uns die Oase von Ladum bevölkern, an den Glockenblümchen hochklettern, um die blauen Mittagsglocken zu läuten ... bim, bam, bim, bam, bim ... Was hat man doch oft für merkwürdige Träume: Da werden aus winzigen Ameisen plötzlich riesengroße Tiere, Tiere mit Hörnern und mächtigen Mäulern, mit schwarzen, tiefen Nasenlöchern über geifernden, dickwulstigen Lippen ... Kugelrunde, glasige Glotzaugen fahren langsam auf dich zu – ein glühendheißer Atem dampft dir entgegen – ein Maul will nach dir schnappen – dich verschlingen – oh, was sind solche Ameisen-Mammute für grauenhaft schreckliche Wesen! Und jetzt fangen die Enzianglocken zu läuten an, sie läuten schwer – bum, bum, bum – sie läuten dein Grabgeläute – ganz nahe klingt's dir ins Ohr, daß die Trommelfelle weh tun –.

Da aber wischt eine gütige Feenhand dir mild übers Antlitz, wischt den schweren Traum weg ... aber die linde Hand dünkt dir nicht nur warm – sie ist feucht ...

Du fährst auf und ... siehst über dir das glotzende Geäuge einer Kuh, die dich beschnuppert hat und, da sie dich als wertvollen Menschen erkannte, liebevoll mit breiter Zunge übers Gesicht leckte ...

Der Traum ist aus. Wir springen auf. Richtig: Kühe haben unser Lager überfallen und haben – fast unsern ganzen Brotvorrat aufgefressen. Ihren leckeren Nachtisch bildete unser wohlschmeckender Schweiß, der uns von Traum und Tageshitze im Gesicht stand. Aber – lumpen lassen wir uns nicht. Wir bleiben die Herren der Situation. Während Franzl das schöne Lied anstimmt:

„Die bunte Kuh – sagt manchmal Muh – mitunter läßt sie was fallen – sie gibt uns die Milch und die Butter dazu, und das braucht man nicht zu bezahlen ..." habe ich mich mit meiner Lieblingskuh verständigt – und nun haben wir für heute abend und für morgen früh frische Kuhmilch.

Ja, der liebe Gott gibt's den Seinen im Schlafe!

Am Abend sind alle Vorbereitungen für den kommenden Tag getroffen, und nach einem besonders ausgiebigen Nachtmahl, einem großen Hafen Milchreis, kriechen wir zeitig ins Zelt. Die Ameisen und Kühe haben wir freundlich ersucht, sich bis dahin mit sich selbst zu beschäftigen.

„Wenn nur das Wetter hält!" unkt Franz noch trostvoll vor dem Einschlafen.

Die Luft ist ganz eigenartig lau, und kein Tautropfen hängt an den Gräsern, als wir um 1.30 Uhr aufbrechen. Über den tiefschwarzen Nachthimmel jagen von Südwesten her schwere Wolkenhaufen.

Im faulen, nassen Schnee brechen wir bis zu den Knien ein. Wir brauchen harten Firn.

Wir sind am Einstieg. In der großen Randkluft gurgeln und glucksen die Schmelzwasser ein abscheuliches Lied, das die Lawinen lockt. Auch über der Randkluft ist der Schnee naß und weich und morsch. Die Steigeisen sind gänzlich überflüssig. Auch die Laterne brauchen wir nicht mehr. Langsam gewöhnen sich die Augen an das Zwielicht.

Über den Tabarettakamm wälzen sich dicke, schwere Wolkenmassen herein ins Suldener Tal. Wie aus einer ungeheuren Schleuse ergießt sich lautlos das graue, anschwellende Gewoge. Und nun fahren die Nebelfetzen schwer ums Gewänd, kriechen aus den Spalten, als wollten sie mit langen Fangarmen nach uns greifen, die wir verzagt und unschlüssig langsam in die verfirnte Steilheit hineinsteigen. Jetzt brechen die Schwaden links drüben über den Marltgrat und den Rothböckgrat herein, und im Nu stecken wir in einer nach Feuchte und Moder riechenden Waschküche.

Das Ganze halt! Das Ganze kehrt!

Auf die Pickel gestemmt, fegen wir über den Steilschnee wieder hinunter zur Moräne. Die Kühe schlafen noch. Auch die Ameisen. Knapp nach 4 Uhr meldet melodisches Doppelschnarchen, daß das Bergsteigerzelt auf Ladum wieder bewohnt ist.

Ein heftiges Gewitter bringt am Nachmittag Abkühlung und Wetterbruch. Gegen Abend klart es auf. Bis auf 3000 Meter herunter sind die Bergflanken von Graupelschnee frisch geweißt, und von den Zinnen und Graten des Ortlerstocks wehen von der Abendsonne vergoldet die Neuschneefahnen. Eine riesige Staublawine putzt vor Tagesende zu unserer großen Freude die Nordflanke blank. Was heute runterfällt, bekommen wir morgen nicht auf den Kopf, denken wir und hauen uns voll Zuversicht auf die schwere Fahrt frühzeitig ins „Bett".

Es ist empfindlich kalt, als wir am Morgen des 22. Juni 1931 aus dem Schlafsack kriechen. Das ist gut so! Ein hoher sternbestickter Himmel wölbt sich über dem aus dem Nachtschwarz leuchtenden Schneegeschimmer des großen Berges.

Wir stapfen das Moränensteiglein empor, das hinüber zur Tabarettahütte führt. Drunten am Lagerplatz glimmt noch das Holzfeuer, an dem wir unsere nahrhafte Morgensuppe gewärmt haben. Hell blinkt das Zelt, zwischen den Zirben versteckt, herauf.

Die Eishaken und die Karabiner klirrren im Gleichtakt an unseren Gürteln. Keiner spricht ein Wort. Die Nacht ist groß. Der Berg hält uns in Bann.

Nun biegen wir ab vom Pfad und wechseln hinüber zu der Firnzunge, die zum „Einstieg" hinaufführt. Mit leichten Schritten stürmen wir über den festen harten Firn empor, in dem wir uns gestern so elend abgequält haben. Im obersten Firnwinkel des Marltferners legen wir die Steigeisen an, verteilen die „Schlosserei" und verbinden uns mit zwei 40-Meter-Seilen. Als der werdende Tag sich ankündigt, überschreiten wir auf einer festen Lawinenbrücke die Randkluft. Ein Blick auf den Höhenmesser. Wir lesen 2450 Meter ab.

Tief unten am Weg, der hinauf zur Payerhütte führt, tänzeln die Laternen einer Führerpartie. Man hat uns entdeckt: Ein „Glückauf!" fliegt zu uns herauf.

Am kurzgenommenen Seil laufen wir buchstäblich den wohl fünfziggrädigen Hang hinauf. Wir wissen, wir müssen mit möglichst wenig Stufen durchkommen. Wo es nur irgendwie ging, mußten die Zehnzacker und dann und wann ein Sicherungshaken genügen. Bald schnürt die Felsenge die Wand torartig ein und drängt uns, ob wir wollen oder nicht, hinüber in die große Hauptlawinenfurche, die wir bis jetzt scheu gemieden hatten. Auf dem schmalen Firnband zwischen der Felswand und der hier über 10 Meter tief eingerissenen Rinne tappen wir aufwärts.

Noch regt sich nichts in der schlafenden Wand. Nur Graupelkörner vom gestrigen Gewitter, vom Morgenwind irgendwo aufgestöbert, rieseln herab. Wenige Stunden später wird das Kanonenrohr Tod und Verderben speien.

Die Wand wird wieder weiter, freier, aber auch schwerer: Wir steigen einzeln, der zweite legt sichernd das Seil um den Pickel.

Es ist heller Tag geworden. Nun spitzt auch die Sonne ein wenig in die Nordwand herein, die ersten Strahlen tasten sich über Firn und Eis herab und streicheln mit gefährlich warmen Fingern über das schlummernde, eingefrorene Gestein der Türme und Zinnen vom Tschirfeck bis Rothböckgrat: Der Feind inspiziert die schußbereiten Batterien hoch über unseren Häuptern.

War unsere Gangart schon bisher nicht von schlechten Eltern, so wird sie jetzt zum Sturmschritt. Pfeifend fährt der Atem aus den Lungen. Die ersten Felsgeschosse schwirren heulend um unsere Köpfe.

Eine glattgescheuerte breite Nebenrinne hat unser flottes Vorwärtsdringen gestoppt. Nun wird's ernst: Franz hockt gedeckt hinter einem Felsen und sichert meinen Weiterweg. Der Pickel beißt mit hastigen Hieben ins schwarze Wassereis, hebelt flache Schollen aus und reißt fingerbreite Schrammen, und so entsteht Kerbe um Kerbe, in die sich für rasche Augenblicke ein Fuß nach dem andern mit den Steigeisenzacken festnagelt.

Der erste Eishaken fährt in sein Element; der Gefährte kann nachkommen. Meter um Meter schafft er. Kaum, daß Franzl bei mir angelangt und seine Selbstsicherung in meinen Haken eingeschnappt ist, überlasse ich ihm meinen Stand, er greift sichernd ins Seil, während ich mich, ohne Zeitverlust, Schritt um Schritt, so schnell es nur geht, höher arbeite. Wunderbar fressen sich die scharfen Zehnzacker an der gut 50 Grad geneigten harten Firnwand empor. Stufen dünken uns bei solcher Art des Gehens, die wir aber für die entscheidende halten, überflüssig. Es ist eigentlich eine stumpfsinnige Sache – und doch eine Arbeit voll Spannung, an der jeder Sinn, jede Muskelfaser, jeder Nervenstrang bis zum Äußersten beteiligt ist. „Noch fünf Meter ... noch zwei Meter ... Seil aus!" so ruft's von unten. Zwanzig Meter sind wieder geschafft. Ein paar hastige Pickelschläge geben einen kleinen Stand, wenigstens für einen Fuß. Hart ist der Körper an die Wand gepreßt, vorsichtig schiebt sich die linke Hand hinter den Rücken und nestelt einen Haken von der Gürtelschnur. Vorsichtig, daß sich kein Pfund Körpergewicht verschiebt, wird der Haken nach vor in Gesichtshöhe gebracht – einen Augenblick lang halten ihn die Zähne, bis die Rechte, an deren Handgelenk nun der Pickel in der Schlinge baumelt, den hinten am Seilgürtel hängenden Eishammer gefaßt hat. Jetzt der erste Schlag, der Haken fährt mit raschen, klopfenden Hieben ins Eis, langsam frißt er sich ein, jetzt sitzt er – ein Ruf hinunter – der Freund drunten schlägt seinen Sicherungshaken aus dem Eis ...

Wie Spechte hämmern wir beide an der Steilwand ... jetzt hänge ich mich an den neu eingetriebenen Sicherungsstift – der Karabiner schnappt – ein paar Pickelhiebe, ein neuer Standplatz – „Nachkommen!" Gleichmäßig holen meine Hände das Seil ein, und in wenigen Augenblicken ist der Gefährte bei mir. Und von neuem beginnt das Spiel: Standplatz gewechselt, wieder das Schnappen der Karabiner, das Seil läuft.

Seillänge um Seillänge legen wir so zurück in wunderbar gleichmäßiger Arbeit. Kein Handgriff zu viel, keiner zu wenig, alles geht wie am Schnürchen oder – zeitgemäßer ausgedrückt – wie am laufenden Band. Links drüben über der Eisrinne wuchtet hoch über uns der letzte Turm des Rothböckgrates, den ich vom Vorjahr her nur allzugut kenne. Heute lösen sich aus seinem morschen Gemäuer ständig Felsbrocken und fauchen heulend an uns vorbei und treiben uns wie mit Peitschenhieben an, alles einzusetzen. Tempo und ausgefeilteste Technik, die allein können das Rennen gewinnen! Der Spurt ist geglückt: Um 8 Uhr morgens liegt die große Eisrinne hinter uns und mit ihr die Hälfte der Wand. Ich zerre das Aneroid aus der Hosentasche, es zeigt 3200 Meter und bestätigt unsere Annahme. Ungefähr bis hierher waren auch Welzenbach und Merkl gekommen. Hier mußten sie am Nachmittag umkehren. Wir verdankten unseren nur durch unser Tempo erkämpften Vorsprung lediglich jener „ketzerischen" Technik, die auf sichere, aber zeitraubende Standstufen verzichtet in der durch die Erfahrung bestätigten Überzeugung, daß Steigeisen und Eishaken genügen müssen, vorausgesetzt, daß die Gehtechnik und das Zusammenspiel gut ausgefeilt sind. Nur dort, wo dem Gehen die Grenze gesetzt ist, also etwa bei 65 Grad Steile, beginnt die ausgesprochene Eiskletterei, die dann selbstverständlich Kerben, leichte Stufen, Griffe und Tritte erfordert.

Juchzer klingen zu uns herüber: Die Partie von heute morgen hat auf dem gewöhnlichen Ortlerweg das Tschirfeck erreicht. Dort rechts drüben, ein wenig höher als wir, stehen sie auf den Gratfelsen, wo die zerbrochenen Sparren einer Kriegsseilbahn in die Luft ragen. In vier Stunden, denken wir, werden auch wir droben auf dem Ortlergipfel stehen! Leicht sogar! Oder – von mir aus: fünf Stunden. Freigebig haben wir eine Stunde zugelegt.

Mit 70grädiger Neigung – das geht praktisch fast schon ans Senkrechte heran – beginnt der zweite Wandteil, der wie ein riesiger Trichter, dem sechs gewaltige Eisüberhänge die nötige Plastik geben, über dem Rohr der hinter uns liegenden Eisrinne aufsitzt. Mit hohnvoller Glätte grinst der erste Überhang über unseren Köpfen. Rechts von ihm kommen wir durch: zuerst die Umgehung, dann eine Eisbarriere, aus der ein kleines nacktes Felsköpfl herausspitzt ... das ist die Schlüsselstelle der ganzen Wand.

Unsere kühnsten Erwartungen waren jäh übertrumpft, die Hoffnungen sanken beim Anblick dieser unheimlichen Wülste, dieser uneinnehmbaren Eisbastionen, auf eine zweifelhafte Ungewißheit herab.

Ein schmaler, firnbesetzter Streifen zieht den eisblanken Hang empor gegen das Hindernis. Himmel, ist das steil! Aber es geht zunächst noch ohne Stufen, obwohl die im Gelenk unnatürlich bis zum Äußersten abgebogenen Fußknöchel schier brechen wollen. Aber die Steilheit nimmt zu, ich muß Tritte schlagen: Die Nase hart ans Eis gepreßt, mit Stirn und Kopf angestützt, damit das Gleichgewicht leichter erhalten werden kann, und nun mit unglaublicher Sanftheit den Pickel aus dem Schultergelenk, sozusagen hinter dem eigenen Rücken gehoben – leicht und doch mit Wucht geschwungen – nun fährt er zwischen Körper und Eiswand, reißt die Kerbe an – vier, fünf Schläge in einer Haltung, als balanciere man auf rohen Eiern – die Kerbe ist groß genug, daß man sie unter Brüdern als Stufe bezeichnen kann – die Zackenreihe des Fußes faßt …

Eingefrorene Felstrümmer, mitunter auch eine felsgewachsene Steinnase bilden, nachdem die fingerdicke Eisglasur, die sie überzieht, unter den Pickelhieben zerbrochen ist, willkommene Stützpunkte.

Bergsteiger wettern und schimpfen viel, auch wenn sie ganz brave, gläubige Christen sind. Was aber aus einer solchen Teufelswand lästerlich gen Himmel steigen kann, wenn einem plötzlich ein Steigeisenzacken bricht und sich dies nun gar noch wiederholt, davon macht sich nur der eine Vorstellung, der das miterlebt hat. Franz, dem infolge eines Materialfehlers die Zinken von den Zehnzackern wegbrechen als wären es Eiszapfen, ist halb verzweifelt – denn jetzt erst beginnt die eigentliche Blankeisarbeit. Und ich kann nichts tun, als ihn trösten.

Der Überhang sah von unten wie eine einzige kompakte Masse aus; jetzt aber, von der Seite gesehen, zeigt sich eine chaotische Welt toller Eisgebilde: Erstaunt fällt der Blick in blaugrüne Grotten und Klüfte, bretterdünne Eiskulissen ragen auf, an 80 Meter hohe Kamine öffnen sich, Eis türmt sich über Eis …

Am liebsten wären wir in diesem Eisgewirr in der vom Fels her vertrauten Stemm- und Spreizmanier in die Höhe geturnt. Aber ein ganz verdächtiges dumpfes Dröhnen und Knacken im Innern der Eispracht sagte uns sehr deutlich „Hände weg" und kaufte uns die Neugierde und Eiskraxelfreude ab.

„Verduften", sagte Franzl, „aber schleunigst!"

Aber nach einer Seillänge stehen wir ratlos und starren hinauf zu dem vertrackten Eiswall und spähen nach irgendeiner Möglichkeit des Durchkommens: kein Riß, kein Einschnitt, keine Einbuchtung – überall glatte, eisglatte, abweisende Kristallwand. Fünfzehn Meter hoch könnte man schließlich kommen, denn hier sind es vielleicht „nur" 80 Grad. Doch, was dann kommt, die nächsten 20 oder 25 Meter, das ist vollkommen senkrechtes, wenn nicht überhängendes Eis.

Wir sind aber nicht gekommen, um zu verzichten und umzukehren. Eine „Himmelsleiter" muß bis zur letzten Sprosse erklommen sein. Nochmals wird das „Schlagzeug" gemustert, die Eishaken kontrolliert, der Seilknoten zurechtgeschoben. Und nun los – geht's eben nicht Meter um Meter, dann eben Zentimeter um Zentimeter, Sprosse um Sprosse!

Und so meißle ich mich empor. Ritze mit unsäglicher Mühe Kerbe um Kerbe, Griff um Griff. Zwanzig, dreißig Pickelschläge sind oft nötig, bis ein Tritt in dem unglaublich harten und spröden Eis hergestellt ist. Ich komme mir vor wie ein Weltmeister der Gleichgewichtsakrobatik, wenn ich, fast nur durch den Willen mit der Eiswand verbunden, gleichsam an sie hingepappt, dort hänge oder stehe oder klebe, und mit einer Hand an einem fragwürdigen Haken hängend oder ins Eis gekrallt, den Pickel schwinge. Alle paar Meter muß ein Haken ins Eis, damit ich gesichert rasten kann.

Ewigkeiten dauert es. Es ist ein Kampf um Nasenlängen.

Dann und wann kollern über die düsteren, eisglasierten Felswände rechts von uns Eiszapfen herunter, von der Mittagssonne, die ein, zwei Seillängen über uns in die Nordwand einbricht, gelöst. Bei jedem Geräusch zucken die Nerven, der Körper zusammen, und in banger Erwartung legen wir jedesmal den Kopf zurück und spähen sekundenlang hinauf zu den großen Eiswülsten, die einige hundert Meter höher mit frischen Bruchflächen sturzbereit bösartig über unseren Köpfen hocken.

Und dann hacke ich unverdrossen, verbissen, wieder bis zur letzten Faser konzentriert, in zäher, anstrengendster Arbeit weiter. Mit steifen, blutenden, gefühllos werdenden Fingern ziehe ich an winzigen Griffkerben den Körper vorsichtig höher. Das scharfkantige Eis hat die Finger zerschnitten, Kälte und Nässe und Druck reißen die kleinen Wunden immer weiter auf, und schließlich ist jeder Griff und Tritt rot markiert. So gut markiert, scherze ich, daß wir den Weg jetzt kaum mehr verlieren können.

Noch kein Absehen! Haken auf Haken, die der Nachkommende wieder herausschlagen muß, treibe ich ins Eis. Und jedesmal frohlocke ich und atme auf, wenn der Selbstsicherungskarabiner einschnappt.

„Zug!" rufe ich. Franz zieht das Seil straff. Und nun stemme ich mich mit dem eisenbewehrten Fuß weg von der Wand, die Linke hängt mit tauben Fingerspitzen in einer Eiskerbe, die Rechte schlägt in äußerster Reichhöhe den neuen Stift ins Glaseis.

Nach unten darf ich nicht schauen. Da unten ist Luft und Jähe und Steile, und durch das Kanonenrohr dröhnt jetzt das Mittagskonzert. Hinauf darf ich auch nicht viel schauen. Denn dort droben ist „noch und noch" und schier kein Absehen und Ende.

Ich hätte auch nicht viel Zeit zum Schauen. Denn dieses Eintreiben der Haken in das zähe Eis ist ungemein anstrengend und macht ein Gleichgewichthalten nötig, das dauernd an der Grenze des Sturzes liegt. Schlaff vom fortwährenden Hämmern und vom Prellen sinkt mein rechter Arm, auch der linke kann kaum mehr den Körper halten. Mit eiserner Energie, mit

Anspannung der letzten Kräfte kann ich gerade noch die Selbstsicherung losnesteln. „Schnapp", sie hängt im Haken und ich mit ihr. Nun kann ich doch wenigstens die Arme etwas schlenkern. Die Muskeln recken sich, die Spannung läßt nach, ich sammle neue Kraft.

„Seil los!" Ich ziehe mir ein paar Meter herauf, das Seil ist eingehängt … „Zug!", das Seil ist straff und so stemme und hebe ich mich höher und so hantle ich mich wieder um ein paar Kerben weiter. Dann kann das Spiel von neuem beginnen.

Ich glätte eben mit dem Eisbeil einige vorspringende Wülste über mir, da jagt mir ein dumpfes Krachen den kalten Schrecken durch die Glieder. Ich höre noch den Warnungsschrei des Gefährten, dann wird's finster um uns. Instinktiv schützt der rechte Arm den Kopf, während die Linke sich krampfhaft um den Haken schließt. Ein paar höllisch-böse Sekunden! Es poltert und dröhnt und schlägt um uns, über uns, unter uns. Zischt und fegt und braust. Dann wird's wieder hell. Tief unter uns jagt es durch den engen Schlund des Kanonenrohrs, und gierig verschlingt drunten die Randkluft die letzten Reste des Eiskolosses, der sich über uns von der Eisgalerie gelöst hatte. So wie damals, als wir drüben am Rothböckgrat saßen und mit dieser tollen Wand liebäugelten.

Starr und gebannt schauen wir den Trümmern nach. Welch ein Glück, daß wir noch hier waren, durch die Senkrechte des Eiswulstes geschützt, und nicht schon droben am Felsköpfl standen, dem schwarzen Wächter über der Schlüsselstelle!

Das war, wie man so schön in der mir nicht ganz unvertrauten Kaufmannssprache sagt, ein Schlag ins Kontor. Oder passender: eine eiskalte Dusche. Die dämpfte zwar unseren Antrieb ganz gehörig – aber klein bekam sie uns doch nicht. Die dauernde Gefahr, die ungeheuren Schwierigkeiten sorgen dafür, daß wir in Spannung bleiben. Und da ich, an einem Eishaken hängend, hier schließlich nicht mein Leben friedlich beenden kann, bleibt eben nichts übrig, als den einmal angebissenen sauren Apfel mutig aufzuspeisen. „Auf geht's!" Und so spechten wir hämmernd weiter, auch wenn das Gemüt gleichgültig und die Sinne stumpf werden.

„Haken sitzt!"

„Seil los!"

„Seil hängt!"

„Zug!"

Immer näher rückt die Kante, auf der der schwarze Felskopf sitzt. Der letzte Haken ist verbraucht – nur noch wenige Meter trennen mich von diesem wichtigen Meilenstein der Wand, mit dem wir die Fahrt als geglückt und die Wand als gewonnen ansehen durften.

Ich habe keinen Eishaken mehr! Franz muß nachkommen und die untersten Stifte herausschlagen. Einer gleitet aus seinen kältestarrenden Fingern und entschwindet klirrend in der Tiefe. Und die andern krumm wie Stöpselzieher ... so hart und zäh ist das Eis. Franzl eröffnet eine etwas abenteuerliche Schmiede. Er hängt wie ich, wie eine Marionette bewegungsgehemmt am Sicherungshaken. In dieser Lage muß er die herausgezogenen Stifte aufs Eis legen und sie gerade klopfen, dann fädelt er sie ins Seil, und jetzt schweben sie zu mir herauf.

Ich brauche nur noch einen dieser unentbehrlichen Helfer. Jetzt bin ich an der Kante – ein vorsichtiger Klimmzug – ich spähe erwartungsvoll hinüber – frei liegt der Weiterweg vor uns! Eine letzte Kerbe noch, ein letzter Seilzug von unten – der liftet mich genügend hoch – ich schwing' mich über die Kante – und stehe in der Sonne, im lieben, warmen Licht!

Dort links drüben hat sich ein dicker, flaumiger Firngrat aus frisch angewehtem Neuschnee gebildet. Eine richtige Polsterbank! Das ist zwar ein kühler, sonst aber idealer Rast- und Sicherungsplatz. Bis zur Haue stoße ich den Pickel hinein, stampfe eine tiefe Grube, lege das Seil zur Sicherung um den Pickel –

„Nachkommen!"

Wie aus einer anderen Welt tönt das Scharren und Schürfen der Steigeisen herauf und das Spechthämmern, wenn Franzl die Haken aus dem Eis klopft. Lange dauert es, bis sein schwarzer Haarschopf hinter der Kante auftaucht. Grinsend überreicht er mir seine Ernte, ein Bündel Eisenwürmer, die einst den Namen Eishaken führten.

Die Sonne lockt. Der Magen knurrt. Die Uhr zeigt zwei. Nach elf Stunden braver Arbeit haben wir uns Rast und Labe verdient, und gierig futtern wir die Hand voll Dörrobst auf, ein Stückl Schwarzbrot, einen Schnitz Speck.

Wir ziehen die Bilanz: 1000 Meter Wand liegen hinter uns, über 400 Meter trennen uns noch vom Gipfel! Viereinhalb Stunden hatten uns allein die letzten 40 Meter gekostet.

Die Neigung nimmt noch immer kaum ab. Eine gut 60grädige Eisrinne zieht, zwischen Eisüberhänge und Gestein eingeschnitten, schnurgerade nach oben. Sie erschien flach nach dem Vorhergegangenen!

Wir wissen nicht, was auf uns noch warten mag. So fällt die Rast sehr kurz aus. Wir kauen noch, als es uns wieder auftreibt.

Es geht fein! Die Eishaut ist leicht gekörnt, die Eisen fassen und bei einiger Vorsicht kommen wir eine Kirchturmhöhe ohne Stufen aus. Alle 20 Meter schlug ich einen Haken, den ich vorher zurechtgedengelt hatte. Nach drei Haken lag auch das zweite Hindernis unter uns. Wir standen jetzt in gleicher Höhe mit dem Vereinigungspunkt von Rothböck- und Marltgrat, deren jähe

Steilheit wir erst von hier aus so recht erkennen können. Der Weiterweg schien uns sicher.

Das Eis wurde zwar schlechter, härter, spröder und brüchiger, so daß ich in der Höhe des dritten und vierten Eisüberhanges wieder Kerben meißeln und Sicherungshaken schlagen mußte. Aber bei jedem Hammerschlag zersprang jetzt die dünne Eisschicht, mit der die blanke Wand überzogen war, unter lautem Knall, und Splitter und Eisschollen rasselten in die Tiefe. Das hielt auf, das kostete Zeit, und so zogen schon die kalten Abendschatten auf, als wir um halb sechs Uhr endlich die zwei letzten Eiswülste angreifen. Nur das Eisdreieck der Schlußwand hoch über uns gleißt noch in der goldenen Spätnachmittagssonne. Wir waren wenigstens für heute aller Wettersorgen ledig. Über uns wölbte sich ein makelloser Blauhimmel, und die paar Wolkenschiffe, die weit draußen im Norden über unseren Heimatbergen segelten, machten uns nicht bange.

Die vorletzte Eisbastion wartete wieder mit fast senkrechtem Blankeis auf, das mit einer dicken Lage rauhreifartigen Kristallschnees überzogen war, den eine dünne Harschdecke hautartig zusammenhielt. Den waagrecht gehaltenen Eishammer kann ich durchstoßen, daß er wie ein Anker hält. Mit der Linken bohre ich Loch über Loch und wühle und winde mich mit den unmöglichsten Schwimm- und Gleichgewichtsbewegungen in der eisigen, labilen und haltlosen Masse aufwärts, stemme und spreize, schinde mich und plage mich und gewinne doch nur immer ein paar Zentimeter trotz elendester Anstrengung. Jetzt klebe ich in einer seichten Verschneidung unter dem Eiswulst – rechts eisverglaster Fels, links der tückische Kristallschnee. Aber ich kann einen Felszacken freiwühlen und mich daran verkrampfen. Doch nirgends zeigt sich eine Möglichkeit, einen Haken anzubringen. Und ich brauche einen – ich spüre, wie mich langsam die Kraft verläßt. Nun fährt mir auch noch ein Krampf in die Hand! Ich kann die Faust nicht mehr öffnen!

Es gelingt mir, einen Haken vom Karabiner zu lösen und ihn zwischen die Eisglasur und das Gestein zu stecken. Ein Halt ist das nicht, aber doch ein kleiner Stützpunkt für die Linke. Ich kann wieder einmal ein paar Augenblicke verschnaufen ...

Und dann raffe ich mich auf zum letzten verbissenen Angriff auf die Verschneidung. Die blutige Hand tastet verzweifelt nach Griffen, bald drüben am verglasten Fels, bald hüben im rauhen Eis. In wüster Balgerei – nichts anderes ist es – hab' ich mir einen Meter erkämpft. Einen Meter Berg am Viertausender! Nur noch zwei Meter Berg am Viertausender! Nur noch zwei Meter trennen mich von der Kante, über der ich einen Standplatz vermute. Aber ich bin am Ende meiner Kräfte – ich *kann* einfach nicht mehr. Ich *kann* nicht mehr. Schon formen es die Lippen, schon denken es alle Gedanken, der Berg hämmert mir plötzlich das Wort wie eine Suggestion ein: ich *kann* nicht mehr …

Über 15 Stunden schon kämpfen wir um die Meter, um die Wand, um die Höhe, um ein Ziel, das nun plötzlich wieder fern gerückt ist. Wenn ich nur einen Fuß irgendwo hinsetzen könnte – nur ein paar Sekunden – die winzig kleine Rast könnte genügen – die Kräfte könnte ich noch einmal sammeln und dann mit dem letzten Einsatz, mit zusammengepreßten Zähnen die letzte Manneslänge schaffen. Zwei Meter! Eine halbe Seillänge unter mir liegt der letzte „Stand". Hinunter zu ihm? Unmöglich – 10 Zentimeter Rückzug – und das Gleichgewicht wäre verloren …

Ich schaue stumpfsinnig auf meine zerfetzten, vom Eiswasser ausgelaugten Hände, die wie eiserne Klauen sich um den rettenden Griff krallen. Wie lange noch? Gleichgültig schätze ich die Höhe bis zum letzten Haken unter mir ab, dem einzigen, durch den das Seil, das mich „sichert", läuft. Wenn ich jetzt losließe … ins Seil fallen würde – würde der Haken halten, das Seil? Ich *kann* nicht mehr …

Da trifft mein Blick den Gefährten unter mir. Mit kältestarren Händen hält er treu und fest das Seil, läßt es nicht aus den Augen. Seine Füße sind bereits gefühllos – ich weiß es – seine Beinnarbe schmerzt – aber kein Wort des Unmuts, kein Murren kommt aus seinem Mund. Gespannt folgt er jeder meiner Bewegungen. Er weiß nicht, was in mir vorgeht, daß ich an jener Grenze angelangt bin … Nein, um seinetwillen darf ich es nicht denken. Und, als ahne er, was mit mir ist, muntert er mich auf …

„Laß dir nur Zeit, Hans! Gleich ist das Dickste hinter uns … Dort droben ist ja der Gipfel, das Ziel …"

„Aber wenn wir's doch nicht packen? Der Tag ist gleich um …"

„Dann nageln wir uns einfach an die Wand und stülpen den Schlafsack über. Morgen ist auch ein Tag!"

Wie gut das tut, einen Menschen in der Nähe zu wissen, der alles, Freud und Leid, mit dir teilt und der dich heraushaut, wenn du nicht mehr kannst …

Heraushauen? Nicht mehr können? Das wäre gelacht!

Langsam erwacht der alte zähe Kampfgeist wieder, der Wille zu leben, zu bestehen und zu siegen und endlich hinauszukommen aus dieser furchtbaren Wand.

Wer hat da vorhin von „Nicht-mehr-Können" gefaselt?

Dort drüben, zwei Meter rechts von mir, schaut eine Schieferplatte aus dem Eis. Wäre ich erst dort, dann wäre das Spiel gewonnen. Seilzug? Es hält ja kein Haken! Zum Kuckuck, er muß halten!

Zwischen Glasur und Fels stecke ich senkrecht den Stift, so wie man einen Bleistift ins Notizbuch steckt. Zwei ganz vorsichtige Schläge befestigen ihn zur Not. Wird er halten? Wird ihn der Seilzug nicht rausreißen? Ist der Griff dort drüben gewachsener Fels oder steckt der Steinsplitter nur festgebacken im Eis?

Es ist besser, nicht lang zu überlegen. Fast waagrecht liege ich in der Wand, stemme, strecke, mühe, recke mich. Mit äußerster Vorsicht, um den Haken nicht mehr zu beanspruchen als unbedingt nötig, pirsche ich mich Fingerbreite um Fingerbreite an das Felsstück heran. Der Seilzug wird stärker. Verdächtig knistert's beim Haken, da, ein lautes Knacken, ich strecke mich, ein letzter verzweifelter Griff – ich fühle den Fels – er hält! – da häng ich, wo ich hängen wollte – kläglich baumelt der ausgebrochene Haken, an dem mein bißchen Leben hing, am Seil entlang zur Tiefe …

Die Schieferplatte hält! Noch einen Meter spreize ich mich hoch, verkeile die linke Faust in einen klaffenden Riß des Eispanzers – nun kann ich verschnaufen …

Jetzt weiß ich, was verschnaufen heißt. Ich schnaufe Verzagen und Verzweifeln aus mir und den letzten Hauch letzter Kraft.

Nein, ein Standplatz, wie ich vermutet hatte, ist das freilich nicht. Auch höher oben ist keiner zu erspähen. In gleichmäßiger Steilheit schießt die Eiswand weiter empor gegen den Gipfel.

Aber der nächste Haken sitzt! Das weiß ich! Bis zum Ring sitzt er drin – bombenfest. Lustig schnackelt der Karabiner. Die Not hat ein Ende! Den Überhang umgehe ich nun nach rechts mit einem Seilzug, so sauber, sicher und korrekt, wie er im Buche steht. Der Quergang endet nach zehn Metern in einer Eisrinne.

Der letzte, noch einigermaßen gerade Haken ist an der Reihe. Das übrige Stahlgewürm ist unbrauchbar, ist nur noch Andenken. Aber auch dieser letzte Stift will nicht mehr. Er will einfach nicht. Er bockt. Mich sichert er noch zur Not, aber der nachkommende Gefährte darf sich ihm nicht anvertrauen … auch das Doppelseil läßt sich nicht durchziehen.

Aber dort oben – 40 Meter über mir – dort ist der letzte Überhang und über ihm muß eine Terrasse sein, ein Bombenstand! Wenn ich mich losknüpfe vom zweiten Seil, wenn wir die Seile verbinden – dann wird es bis hinauf reichen! Und ein Seil, das läßt sich gerade noch durch den Karabiner ziehen.

So muß es gehen! Los! Der 40 Meter lange, nasse Seilschwanz, den ich jetzt hinter mir herziehe wie ein Ballon das Schleppseil, der zerrt an mir, als hingen alle irdischen Hemmungen an ihm. Er droht ständig, mich aus dem Gleichgewicht zu reißen! Aber nur jetzt nicht nachlassen! Der Schweiß tritt mir auf die Stirn, das Herz klopft zum Zerspringen, die Lunge faucht …

Von Sicherung längst keine Rede. Nur die platonische Idee und die kameradschaftliche Moral verbinden uns mit dem Seil – mit dem Seil, das jetzt eine Todesgefahr ist.

Die unglaubliche Steilheit der Flanke spüre ich erst jetzt richtig, wo das schwere Seil unter mir dirigiert sein will. Und das Eis ist so schlecht, daß ich während der Arbeit nicht begreife, daß es hält, daß es mich trägt.

Genau mit den letzten Seilmetern erreiche ich den Standplatz.

Eine leichtverschneite Kluft durchriß am oberen Rand die kleine Terrasse: Ich stoße die Schneedecke durch und krieche hinunter in den tiefgrünen Rachen. Ein herrlicherer Sicherungsplatz ist kaum auszudenken, und mit wahrem Indianergeheul fordere ich Franzl auf, nachzukommen.

Der schwere Rucksack macht ihm das Hochturnen zu einer ganz sauren Arbeit. Mit äußerster Kraftanstrengung ringt sich der Kamerad bis zum Haken empor. Jetzt erst kann ich das verklemmte Seil einholen. Den letzten wackligen Stift hebelt ein Druck der Pickelnase aus und jetzt ist der Freund bei mir.

Die zweite Rast des Tages. Eng aneinandergekuschelt hocken wir in der Spalte und überprüfen nun Zucker kauend die harmlose, nur mehr etwa 50 Grad geneigte Schlußwand. Die letzten Zweifel um das Gelingen der Fahrt verfliegen. Wir wissen, wir haben gewonnen.

Es ist uns kalt geworden. Fröstelnd kriechen wir aus unserem eisigen Wigwam und raffen uns zum letzten Ansturm auf.

Die letzte Steile liegt unter uns. Ein Blick hinunter in den gigantischen Trichter, in den nun schon eindunkelnden Eiskrater, durch den wir zur Höhe gestiegen sind, macht uns mit einem Schlag die Leistung, die hinter uns liegt, und unsere Vermessenheit klar.

Noch einmal fordern die Götter den Schweiß der Edlen. Tief brechen wir in den nur oberflächlich verharschten Schnee ein und müssen die müden, immer schwerer werdenden Beine in anstrengendstem Waten aus der weißen Masse ziehen.

„Zieh, Schimmel, ziah-i im Schnee bis an die Knie!" so sing ich mit keuchendem Atem und stapfe die letzten Meter hinauf zum Sieg, das schwere, gefrorene Seil wie die hinter mir gebliebene Plage alles Irdischen nachschleifend.

Die Rösser wittern den Stall! Die Himmelsleiter ist durchstiegen. Der Grat ist erreicht. Alle Sorge, alle Qual hat ein Ende! Wir setzen zum Laufschritt an, hasten vorwärts über die letzte Firnschneide, wenige Meter noch, und wir stehen droben auf dem weiten Plateau, das sanft zur höchsten Erhebung des Ortler hinüberzieht.

Vor mehr als 17 Stunden hatten wir den Bergschrund überschritten, hatten Hand an den gewaltigen Berg gelegt, der nun unser ist. Neun, zehn Stunden hatten wir taxiert, sieben mußten wir zulegen! Feierlich stapfen wir gipfelwärts. Von rechts her kommen die Spuren des gewöhnlichen Weges. Die Führerpartie, die sie heute in den Schnee stapfte, ist längst wieder im Tal.

Um $^{1}/_{2}$ 9 Uhr abends stehen wir im Windschatten der Gipfelwächte. Und nun hocken wir beisammen. Eine Hand klopft die Schulter des Freundes. Wir sprechen nichts.

*In den 14 Jahren seiner Bergsteigerkarriere steht er auf 940 Gipfeln, darunter sind 72 Viertausender und über 50 Erstbegehungen in Fels und Eis. Legendär ist seine Sicherheit, er stürzt nie und führt schon als junger Bergsteiger in schwierigstem Gelände.*

*Mit seinen Eltern kommt der junge Willo Welzenbach während des Ersten Weltkrieges nach Salzburg und ins Berchtesgadener Land. Hier wird seine Liebe zum Bergsteigen geweckt. Bald kennt er alle großen Felstouren in den Ostalpen und bildet sein Können im Eis der Westalpen weiter.*

*Schon in jungen Jahren Vorsitzender des Akademischen Alpenvereins München, wird seine Präzision bei der Vorbereitung gerühmt. Sein Freund Karl Wien beschreibt die Planung ihrer gemeinsamen Erstbegehungen von Großglockner-Nordwand, -Nordwestwand und Eiskögele-Nordwestwand so:*

*Am Freitag abend kam ich nach Mittenwald, am Samstag früh lag ein Telegramm auf meinem Tisch: „Eintreffe Scharnitz 13 Uhr, Du Seil, ich Haken. Willo."*

*Auf dem Großen Wiesbachhorn (3654 m) durchsteigt Welzenbach mit dem Pinzgauer Bezirksrichter Fritz Riegele als Erster die berüchtigte Nordwestwand. Zur Überwindung des fast senkrechten Eiswulstes im oberen Teil benutzt das Duo die ersten Eishaken der Alpingeschichte, handgefertigt beim Schmied Hilzensauer in Saalfelden.*

*Nach den Erstbegehungen im Glocknergebiet befällt Welzenbach eine heimtückische Krankheit, sein rechter Arm wird steif, auch nach einer Operation bleibt das Ellenbogengelenk unbeweglich. Welzenbach schafft es durch hartes Training, trotz seiner Behinderung wieder schwierigste Touren zu klettern und krönt diese zweite Karriere mit seiner Teilnahme an der deutschen Nanga-Parbat-Expedition 1934.*

*Doch die deutsche Großexpedition, an der die Elite der deutschen Bergsteiger teilnimmt, erleidet ein katastrophales Schicksal. Nachdem bereits am Beginn des Angriffs auf den Achttausender Alfred Drexel an einem Lungenödem stirbt, erreichen Welzenbach, Merkl, Wieland, Aschenbrenner und Schneider den*

*Silbersattel und errichten auf 7600 Metern Hochlager VIII, von dem aus der Gipfel in einem Tag erreichbar sein müsste.*

*Stärker werdender Sturm zwingt die Deutschen und ihre Sherpa-Mannschaft zum Rückzug, doch sie schaffen es vorerst nicht mehr, bis zum Lager VI abzusteigen. Ein Biwak im Schneesturm, Erfrierungen und die extreme Höhe führen zu einem raschen Kräfteverfall. Wieland stirbt an Erschöpfung, Welzenbach und Merkl warten völlig erschöpft und vom Tod gezeichnet im Lager VI vergeblich auf Hilfe. In der Nacht vom 12. auf den 13. Juli 1934 stirbt Welzenbach im Schlafsack neben Merkl. Mit den drei Deutschen bleiben sechs Sherpas am Berg.* *M. U.*

Der folgende Text wurde entnommen aus: Willo Welzenbachs Bergfahrten. Union Deutsche Verlagsgesellschaft: Berlin 1935, S. 102–107.

*Willo Welzenbach*

# *Eisklettern im Glocknergebiet*

Man hat den Großglockner den König der Norischen Alpen genannt; und wahrlich er verdient diesen Ehrentitel. Wer je den Berg von der Oberwalder-Hütte geschaut, der muß zu der Erkenntnis gekommen sein, daß sich hier Fels- und Eisformen von unvergleichlicher Kühnheit zu einem harmonischen Bilde vereinten, wie es die Ostalpen kein zweites Mal zu bieten vermögen, zu einem Bilde, das sich selbst mit den wildesten Szenerien der Westalpen zu messen vermag.

Es ist ein kühner Gedanke, durch diese Steilabstürze einen Weg zur Spitze des Großglockner zu suchen und es ist um so verwunderlicher, daß dieser Gedanke schon 1869 von Karl Hofmann erwogen wurde, zu einer Zeit, in der die Erschließungstätigkeit in der Glocknergruppe noch in den Kinderschuhen steckte.

Drei Probleme traten hier augenfällig hervor: die zwischen Groß- und Kleinglockner beginnende, ins Innere Glocknerkar herabziehende mächtige Eisrinne, der ihr parallel streichende Nordostgrat und die Nordwand. 1876 wurde als erster Anstieg die nach dem Erstbegeher benannte Pallavicinirinne begangen, 1914 durch Gerin und Pitschmann der Nordostgrat. Und es ist ein merkwürdiger Zufall, daß gerade 50 Jahre seit der Durchsteigung der Pallavicinirinne vergehen mußten, bis als letztes der drei Probleme die Nordwand fiel.

Schon in den Anfängen meiner Bergsteigertätigkeit wurde ich auf diese Wand aufmerksam. Es war kurz nach dem Weltkrieg, als ich erstmals in die Glocknergruppe kam. Staunend betrachtete ich damals vom Großen Burgstall aus die Gestalt des Großglockners, die Pallavicinirinne, den Nordostgrat und – die Nordwand. Diese letztere auf meinen alpinen Wunschzettel zu setzen, daran dachte ich damals noch nicht. Ich bewunderte lediglich die Kühnheit ihres Aufbaues, die steile Rinne von bläulichem Eise, die ihren unteren Teil durchfurcht, die eisgepanzerten Felsen, die die oberen Wandpartien aufbauen.

Mit den Erfolgen aber schwillt der Kamm. Als uns im Herbst 1926 die großen Tauernprobleme der Reihe nach in den Schoß fielen, da war es für uns höchster Wunsch, daß als Krönung unserer Erfolge diese letzte Glocknerwand fallen möge.

Es war an einem taufrischen Septembermorgen, wenige Wochen nach der glücklichen Durchsteigung der Eiskögele-Nordwand, als wir – Freund Wien und ich – per Rad von Bruck ins Fuschertal hineinfuhren. An einer der letzten Almen ließen wir unsere Räder zurück, dann ging's über die Pfandelscharte zum Franz-Josef-Haus. Vor der Hütte verbrachten wir den Rest des Tages. Spähend flog unser Blick hinüber zur Gipfelgestalt des Glockners, eingehend musterten wir die Brüche des Inneren Glocknerkares, durch die wir uns in der kommenden Nacht einen Weg suchen mußten.

Es mag etwa $^1/_2$ 3 Uhr morgens gewesen sein, als wir – der Einfachheit halber durch das zu ebener Erde gelegene Fenster unseres Zimmers – das Franz-Josef-Haus verließen. In mondloser Nacht stiegen wir hinab zur Pasterze und überquerten sie in Richtung auf das Innere Glocknerkar. Mehr und mehr verblaßten die Sterne; als der Morgen graute, standen wir am Fuße der mächtigen Gletscherbrüche, die den Zugang zum Inneren Glocknerkar sperren. Da wir im fahlen Schein des werdenden Tages das Gelände nicht klar überblicken konnten, stiegen wir zunächst gerade durch die Brüche empor, in der Hoffnung, auf gut Glück ein Durchkommen zu finden. Zunächst ging's auch ganz leidlich. Dann aber wurden die Spalten zahlreicher und breiter, die Brüche wilder, und schließlich schien jedes Weiterkommen unmöglich. Immer wieder wurden wir von mächtigen Schründen zurückgewiesen. Da entschlossen wir uns zu einer langen Querung nach rechts aus dem Bruch heraus bis auf die Felsrippe, die als untere Fortsetzung des Glocknerkamms zur Pasterze niederstreicht. Auf ihrer linken Flanke kamen wir über steilen Firn rasch empor auf die flache Gletscherterrasse des Inneren Glocknerkares.

Inzwischen war es vollends Tag geworden. Goldig färbte sich der östliche Himmel, die ersten Strahlen der Sonne umspielten die Gipfelfelsen des Glockners, den wildzersägten Zackengrat der Glocknerwand. Langsam stieg der leuchtende Schein nieder an den Bergesflanken, übergoß die Eisflucht der Pallavicinirinne, das rötliche Gemäuer der Glocknerwand. Und mit den wärmenden Strahlen fielen polternd die ersten Steine.

Wir setzten uns auf den Schnee und beguckten uns die Wand. Sie lag im Schatten. Und das war gut so. Nur die untersten, etwas weniger geneigten Partien wurden vom schräg einfallenden Licht gestreift. Die Steinschlaggefahr konnte also – wenigstens zu dieser Jahreszeit – nicht sehr groß sein.

Wie stand es nun mit den zu erwartenden technischen Schwierigkeiten? Der Beginn der Eisrinne war mit gutem Firn bedeckt. Hier kamen wir jedenfalls rasch empor. In der Mittelzone aber glitzerte blankes Eis, was harte Arbeit verhieß. Nach oben hin – mit zunehmender Neigung in die verschneiten Felsen übergehend – zeigte sich wieder Firn; oder sollte es Pulverschnee sein? Dann mochte es unangenehm werden. Nun musterten wir die Schlußwand; aus plattigem Fels ist sie getürmt, abweisend ihre Steilheit. Konnten wir sie überwinden? Auf diese Frage fanden wir keine Antwort.

Kurze Zeit saßen wir noch unschlüssig da. Sollten wir nicht doch lieber in die Pallavicinirinne einsteigen, die lockend herübergrüßte und uns wesentlich vertrauenerweckender erschien als die Nordwand. Doch da schämten wir uns auch schon wieder ob unseres Zauderns, rafften uns mit einem energischen Ruck auf und stiegen rasch zum Bergschrund empor.

Da gab es auch schon die erste Schwierigkeit. In glatter, 6 bis 8 m hoher Eiswand stieg die jenseitige Spaltenwand empor. Vorsichtig betrat ich, von meinem Gefährten gesichert, die Trümmer einer alten Firnbrücke, die sich im Schrund verkeilt hatten, und begann in die Eismauer Tritte und Griffe zu meißeln. Langsam gewann ich Meter für Meter. Eine knappe halbe Stunde mag verstrichen sein, dann war der Abbruch überwunden, und wir standen am Beginn der gleichmäßig geneigten Eisflucht.

Die Wand war von schmalen Rillen gefurcht, durch die feiner, vom frischen Morgenwind aufgewirbelter Schneestaub niederrieselte. Zwischen den Rillen aber waren Rippen von Firn erhalten geblieben, die ein rasches Emporsteigen ermöglichten. Von Seillänge zu Seillänge wechselten wir nun den Vortritt. Die Steigeisen griffen gut im harten Firn. Nur hin und wieder wurde ein Pickelhieb notwendig.

So mag etwa eine Stunde verstrichen sein, als wir uns der Mittelzone der Eiswand näherten. Nun bekam die Wand ein anderes Gesicht. Die Firnrippen verloren sich allmählich und blankes Eis trat zutage. Gleichzeitig nahm die Neigung zu. Da uns die Fußgelenke vom anstrengenden Steigeisengehen schmerzten, so entschlossen wir uns, durch das spiegelnde Eis eine Stufentrasse zu legen, eine Arbeit, die Freund Wien mit Feuereifer besorgte. Unser Vordringen aber wurde hierdurch beträchtlich verlangsamt. Als wir dann nach längerer Hackarbeit wieder Schnee unter den Füßen hatten, da konnten wir dessen noch nicht recht froh werden. Der Schnee war von fast pulvriger Beschaffenheit und nur oberflächlich leicht verfirnt. Waren wir doch in den obersten und steilsten Teil der Wand gekommen, in den – wenigstens zur herbstlichen Zeit – nie ein Sonnenstrahl den Weg findet. Die Eisen griffen nur schlecht im lockeren Material. Ich entschloß mich deshalb, durch je zwei Pickelhiebe eine Stufe zu ritzen, damit der Fuß eine bequeme Auflagefläche fand und die Eisen auf die festere Unterlage durchgreifen konnten.

In schnurgerader Line stiegen wir empor, langwierig, mühsam. So näherten wir uns der Gipfelwand. Die steile Eisrinne, welche ihre Mittellinie durchzieht, erschien uns zu abweisend. Wir wählten deshalb als Richtpunkt das untere Ende einer Felsrippe, welche schwach nach rechts empor zum Nordwestgrat zieht.

Die Schneeauflage wurde immer dünner, der Pickel bearbeitete hartes Eis. Dann legten wir Hand an die ersten Felsen. Sie waren plattig, steil, mit Schnee und Eis bedeckt. Da wir keinen geeigneten Standpunkt zum Ablegen der Eisen fanden, kletterten wir zunächst mit unseren Zehnzackern weiter. Glaubten wir doch oberhalb eine kleine „Terrasse" bemerkt zu haben, auf der wir uns zur bequemen Rast niederlassen wollten. Diese „Terrasse" entpuppte sich leider als eine um wenige Grade flacher geneigte Wandpartie, auf der wir ebensowenig Stand fanden als anderswo. Noch einige Male ließen wir uns durch derartige „Terrassen" narren, dann wurde uns die Sache zu dumm. Wir kauerten uns auf einem mehr eingebildeten als tatsächlichen Sitz nieder, zogen die Eisen ab, nahmen etwas Nahrung zu uns – und froren. Überall, wohin das Auge blickte, war Sonne, drunten auf der flimmernden Pasterze, drüben auf der Firnhaube des Glocknerhorns, das aus nächster Nähe herübergrüßte; nur unsere Flanke lag in eisigem Schatten.

In Kürze schon war uns unser Rastplatz so ungemütlich, daß wir uns gerne wieder auf den Weiterweg machten. Wir verfolgten die Rippe noch bis zu einem jähen Aufschwung, den wir vergeblich zu erklettern versuchten. Immer wieder wurden wir zurückgeschlagen von steilaufsteigenden Platten. Da fiel mein Blick in eine schmale Eisrinne, die links der Rippe eingeschnitten ist; hier mußte es wohl ein Weiterkommen geben. Doch schon der Abstieg in die Rinne war ein Problem. Zur Abkürzung des Verfahrens zerrte ich einen langen Haken aus der Tasche, trieb ihn bis zum Ring in eine Felsritze und seilte mich daran ab. Auf abschüssigen Platten fand ich schlechten Stand. Es dauerte nur kurze Zeit, bis mein Freund bei mir war, jedoch eine geraume Weile, bis es ihm gelang, einen verzweifelten Kampf mit der Tücke des Objekts zu bestehen und das Seil aus dem Ring des Hakens zu ziehen.

In schwerer Arbeit ging's nun am Rande von Fels und Eis etwa eine Seillänge empor. Mühsam mußten im verschneiten Fels Griffe freigekratzt oder einhändig Stufen ins Eis geschlagen werden. Oberhalb des Abbruchs gelang es uns wieder, die Rippe zu betreten und auf luftiger Plattenkante bis zu einer schmalen Firnschneide zu verfolgen, mit der sie sich im Wandmassiv verlor.

Aus nächster Nähe winkte uns der Nordwestgrat im Schein der Nachmittagssonne. Schräg links stiegen wir gegen den Gipfel an. Noch einige Wandstufen folgten, steile Eisrinnen gab es zu queren, dann standen wir im

Sonnenschein am Nordwestgrat, 40 m unter dem Gipfel. Noch ein kurzes Klimmen über warmen Fels, und wir drückten uns am Glocknerkreuz die Hände.

Lange saßen wir am Gipfel, genossen Wärme und Licht, schauten nach dem weiten Süden, wo sich in blauer Ferne das Zackenmeer der Dolomiten dehnte, nach dem Norden, wo über grünen Tälern die Wände der Salzburger Kalkalpen gleißten.

Die Sonne stand schon tief im Westen, als wir über den Hofmannsgletscher zur Pasterze niederstiegen. Im Abenddämmer langten wir am Franz-Josef-Haus an. Einige Stunden Rast gönnten wir uns hier; dann, als der Silberschein des Mondes über die Firne niederfloß, machten wir uns auf den Weiterweg, um in Bruck den Nachtzug zu erreichen, der uns nach München zurückbringen sollte.

Müde stiegen wir vom Naßfeld empor zur Pfandlscharte. Am Joch hielten wir noch kurze Rast. Die Spitze des Glockner ragte gerade über den Zackenkamm der Freiwandspitze hervor. Scharf geschnitten zeichnete sie sich ab vom silbrigen Grau des Nachthimmels. Da vergaßen wir all unser Ungemach ob der Schönheit der Welt. Ein Gefühl vollkommener Zufriedenheit erfüllte uns. War doch ein sehnlicher Wunsch zur Tat geworden, der stolze Berg über seine stolzeste Seite bezwungen. Und am Weg durchs nachtdunkle Fuschertal hinaus zur Bahn begleitete uns das Glück der Erfüllung.

*Niemand begeht vor ihm die Ostalpen so flächendeckend und vollständig, schreibt darüber Berichte, die regelmäßig in den Mitteilungen des Alpenvereins veröffentlicht werden, und Bücher, die bis heute zu den Klassikern der alpinistischen Literatur zählen.*

*Der gebürtige Tiroler Ludwig Purtscheller wechselt für seine Liebe zu den Bergen den Beruf und übersiedelt als Sportlehrer nach Salzburg. Ab 1875 führt er über seine Wanderungen und Kletterpartien umfassende Aufzeichnungen.*

*Eine Lebensfreundschaft verbindet ihn mit den Brüdern Zsigmondy, mit denen er 1884 eine Ost-West-Überschreitung der Dolomiten in Südtirol sowie Überschreitungen des Monte Rosa und des Matterhorns in der Schweiz absolviert. Auch mit dem britischen Berglandschaftsmaler E.T. Compton ist Purtscheller unterwegs.*

*Der Ausschnitt aus seinem Buch „Über Fels und Firn" behandelt die Watzmann-Ostwand, mächtigste Felswand im Bereich der Ostalpen, die am Königssee bei Berchtesgaden vor den Toren Salzburgs liegt.*

*Nach Hunderten von Touren in den Ost- und Westalpen reist Purtscheller 1889 nach Ostafrika und wird Erstbesteiger des Kilimandscharo (5895 m), des höchsten Berges Afrikas. Eine weitere Expedition führt ihn in den Kaukasus.*

*1900 stirbt der erst 51-jährige Purtscheller an den Spätfolgen eines Sturzes an der Grande Aiguille du Dru. Mit einem Splitterbruch des Armes wird Purtscheller geborgen und ins Krankenhaus gebracht, doch die Verletzung heilt nicht wie erwartet. Grippe und eine Lungenentzündung lassen den Patienten fern der Heimat sein Leben aushauchen. Unter großer Anteilnahme der internationalen Bergsteigerfamilie wird Purtscheller am Salzburger Kommunalfriedhof zu Grabe getragen.*

*M. U.*

Der folgende Text wurde entnommen aus: Ludwig Purtscheller, Über Fels und Firn. F. Bruckmann: München 1987, S. 63–74. Abdruck mit freundlicher Genehmigung des Verlags.

*Ludwig Purtscheller*

# *Die Zweitbegehung der Watzmann-Ostwand*

Die Erklimmung des Großen Watzmanns von St. Bartholomä gehört zu den bedeutendsten und interessantesten Besteigungen, die im Bereich der Ostalpen ausgeführt werden können. Würden die Berge Berchtesgadens dem zentralen Hochgebirge beizuzählen sein und der Sockel des Gebirgs um einige hundert Meter höher liegen, so könnte man diese Besteigung unzweifelhaft mit den größten Hochtouren in der Schweiz, in den italienischen Alpen und im Dauphiné vergleichen. Die Mittelspitze des Watzmanns, 2713 m, liegt 2111 m über dem Spiegel des Königssees (602); Biermann (Zeitschrift des D. u. Ö. Alpenvereins 1879, S. 182) berechnet den Horizontalabstand des Gipfels vom Ostufer des Sees bei Annahme von 2740 und 603 m auf 4300 m und den Elevationswinkel auf 26°35′, das Verhältnis der Höhe zum Abstand auf 0,497. Man vergleiche auch die Zusammenstellung verschiedener bei Besteigungen zu überwindender Höhenabstände in den Gesamtalpen von R. Seyerlen (Zeitschrift des D. u. Ö. Alpenvereins, 1878, S. 348–350). Reiht man den Höhenunterschied von 2113 m in Seyerlens Daten ein, so übertrifft er die Differenz Sulden-Ortler um 53 m und rangiert zwischen jenen Sta. Caterina-Königsspitze, 2118 m, Bampitelo-Marmolata, 2108 m, und Chalets de Valsorey-Grand Combin, 2125 m.

Der erste Tourist, der den Großen Watzmann von der Südostseite erstieg, war Herr Otto Schück aus Wien. Er hatte in den Jahren 1873 und 1879 zwei ähnliche hervorragende Touren ausgeführt, nämlich die Ersteigung des Ortlers über das Hochjoch und dann vom Ende der Welt-Ferner über die Ostwand, und war daher vollkommen berufen, auch dieses schwierige und kühne Unternehmen zu wagen. Der Führer Schücks bei seiner Besteigung des Watzmanns war der den Lesern der Alpenvereins-Zeitschrift wohlbekannte Johann Grill (Köderbacher) aus der Ramsau. Schück benötigte am 6. Mai 1881 volle 14 Stunden, um auf die höchste (mittlere) Watzmannspitze zu gelangen.

Köderbacher, der als der Vater dieses Projekts betrachtet werden kann, urteilte unzweifelhaft richtig, wenn er diese Tour nur zu Anfang des Sommers, bei noch reichlich vorhandenem Winterschnee, für ausführbar hielt. Bei mangelndem Schnee, oder wenn das in den Rinnen und Schluchten lagernde Eis stark abgeschmolzen und unterhöhlt ist, erscheint es sehr schwierig, wenn nicht unmöglich, sich den steilen Felsmauern zu nähern und die hohen Abstürze zu überwinden.

Obschon von dieser Tatsache völlig überzeugt, beschloß ich dennoch, infolge einer Anregung Köderbachers die Ersteigung im Herbst (28. Oktober 1883) zu versuchen. – Es war die erste Stunde nach Mitternacht, als unser Kahn, von den kräftigen Armen zweier Fährleute gelenkt, die unbewegliche, schwarze Fläche des Königssees durchfurchte. Zitternd und klar spiegelte sich in der Flut das Licht der Gestirne, bis uns eine Nebelschichte den Anblick des Himmels und auch den Blick auf die Ufer verwehrte. In St. Bartholomä nahmen wir den Weg in das Eisthal, die bekannte in das Massiv des Watzmanns eingeschnittene Schlucht, in deren Hintergrund sich die „Eiskapelle" befindet, eine Anhäufung von Lawinenschnee, der im Sommer allmählich in Eis verwandelt wird. Schwarze, phantastische Felszacken, der Kamm der Hachelwand, ragen in die Lüfte und verengen mit den mächtigen Baumkronen der Buchen das Stückchen Himmel, das uns in der Wildnis den Pfad weisen sollte. Das bereifte Astwerk und das kaum wahrnehmbare Gemurmel des Eisbachs verkündete, daß die Natur bereits der winterlichen Erstarrung und Ruhe anheimgefallen war. – Nach drei Viertelstunden machten wir notgedrungen eine längere Rast. Wir

*Ludwig Purtscheller, 1849–1900*

*Die Watzmann-Ostwand, mit 1800 Metern Höhenunterschied die höchste Felswand der Ostalpen*

befanden uns in der Nähe der Eiskapelle, am Fuße der hohen Steilwände, zu deren Erkletterung wir des vollen Tageslichts bedurften.

Die Kälte drängte bald zum Handeln. Meine Befürchtungen fand ich, wie ich gleich bemerken will, in vollem Maße bestätigt. Die Eismasse, welche im Frühjahr bis zur Höhe der Felsstufen hinanreicht, hatte im Laufe des Sommers mehr als die Hälfte ihrer Mächtigkeit eingebüßt. Die Ränder des Eises waren ganz unterhöhlt und 2 bis 4 m von den Wänden entfernt. – Im Berchtesgadener Lande erzählt man sich noch immer die Geschichte jenes Gemsjägers, der an dieser Stelle durch die dünne Eisdecke brach und in einen tiefen Schlund stürzte, aus dem er sich erst nach zweitägiger Gefangenschaft und mit der größten Anstrengung retten konnte. Er hatte sich, als er die Oberfläche des Eises schon beinahe erreicht hatte, durch einen zweiten Fall das Bein gebrochen, vermochte sich aber dennoch mit dem Aufwand seiner letzen Kräfte aus der Spalte zu befreien. Unfähig weiter zu gehen, wäre er ohne Zweifel dem Hungertod verfallen, wenn nicht ein Knabe in St. Bartholomä das Fernrohr zufällig auf die Stelle gerichtet hätte, wo der Unglückliche lag. Aus seinen Bewegungen, die anfänglich wegen der Entfernung nicht recht gedeutet werden konnten, vermutete man, daß es der vermisste Gemsjäger sei, der dann auch aus seiner mißlichen Lage befreit wurde. –

Köderbacher näherte sich vorsichtig dem Rand, um einen Übergang ausfindig zu machen. Seine Bemühungen waren erfolgslos. Wenn es auch gelungen wäre, den Raum zwischen Eis und Fels zu überspringen, die jenseitige, nahezu senkrechte Wand hätte weder den Händen noch den Füßen irgend einen Halt geboten.

Die Route, die man beim Aufstieg zu verfolgen hat, ist ungeachtet des komplizierten Terrains und vieler Einzelheiten unschwer festzusetzen. Man hält sich, soweit es durchführbar, in der rechten (nördlich) hinaufziehenden großen Rinne, und nimmt im letzten Drittel der Wand, wo die Schwierigkeiten erheblich abnehmen, nach Belieben eine links- oder rechtsseitige Richtung. Wer direkt auf die mittlere Spitze gelangen will, der hat sich etwas rechts zu halten, indem er eine breite Mulde überquert und dann einer diagonal eingeschnittenen Plattenrinne folgt, die bis an die Höhe des Grats hinanreicht. Die große Rinne – anfänglich der einzig mögliche Weg – wird von einer Reihe senkrechter Abstürze und hoher Felsstufen unterbrochen, deren Überwindung eine sehr bedeutende Mühe und einen ebenso großen Zeitaufwand erfordert.

Die Wand, welche uns den Einstieg in die Hauptrinne versperrte, mußte durch eine schwierige Kletterei nach rechts umgangen werden. Leider erforderte dieses Manöver die Zeit von zwei Stunden, wobei wir kaum mehr als eine Höhe von 50 m gewannen. In der Rinne fortsteigend, trafen wir dann ein kleines Schuttlager und hierauf wieder eine Schichte kompakten Lawinenschnees, dessen Ränder ebenfalls durch eine breite, unpassierbare Randkluft von der Wand getrennt waren. Die Seitenwände der Rinne erwiesen sich als ganz unersteiglich, nur rechts über uns schien eine sehr glatte, steile, überhängende Platte einen Ausweg zu eröffnen. Dort lag, es war uns dies sofort klar, die Entscheidung, der Schlüssel zu dem vor uns aufgerichteten Bollwerk. Wir mußten die Platte erklettern, oder aber die Partie als verloren aufgeben. Köderbacher versuchte, obwohl wir beide an den Erfolg nicht glaubten, von einer kleinen Vertiefung aus auf die Platte zu gelangen, aber es war vergeblich. Ein vorspringender Fels drängte ihn immer wieder über den Abgrund hinaus. Die vergebliche, große Anstrengung und die Gefahr bemerkend, welcher Köderbacher sich aussetzte, bat ich ihn, von weiteren Versuchen abzustehen. Wir berieten, ob keine Möglichkeit vorliege, den klaffenden Schlund zu übersetzen; aber der Umstand, daß noch mehrere solche Stellen zu passieren waren, wobei durch den Abgang von Schnee sich ähnliche Verhältnisse ergeben hätten, wie die eben geschilderten, dann die vorgeschrittene Stunde – es war bereits 9 $^{1}/_{2}$ Uhr – bestimmten uns, den Rückzug anzutreten.

Wir hatten eine Höhe von ca. 2000 m erreicht. – In der Tiefe zeigte sich das Eisthal und der blinkende Spiegel des Königssees; von den Randgipfeln des Hagengebirges nahmen sich besonders stattlich der Schneibstein und der Kahlersberg aus; rechts türmte sich das hohe, senkrecht abstürzende Felsmassiv der Hachelwand auf, zur Linken ragten der Kleine Watzmann und der Zackengrat der Watzmann-Kinder in den Äther.

Köderbacher äußerte später, daß wir zu dreien, d. h. mit Hilfe eines zweiten Führers, die schwierige Stelle überwunden haben würden. Ich glaube jedoch, dass ein Angriff nur dann von Erfolg gewesen wäre, wenn wir eine Leiter oder eine lange Stange bei uns gehabt hätten. – Die Rückfahrt über den See und die milde Herbstsonne, die alle Dinge im vergeistigenden Glanz umhüllte und die Wände des Felsentals mit goldenen Flecken zierte, ließen mich meinen damaligen Mißerfolg leichter verschmerzen.

Am 12. Juni 1885 fand ich mich wieder mit derselben Absicht in Berchtesgaden ein. Dieses Mal lag in den Schluchten des Watzmanns noch ziemlich viel Winterschnee und ich durfte daher eher hoffen, meinen Zweck zu erreichen. Je früher im Jahr die Ersteigung versucht wird, mit um so mehr Wahrscheinlichkeit kann auf Erfolg gerechnet werden. Doch hat man zu warten, bis ein Teil der Schneemassen abgeschmolzen ist, da im Frühjahr in den Schluchten des Watzmanns Lawinenstürze und Steinschläge zu den täglichen Erscheinungen gehören.

Auf dieser Fahrt war mein Begleiter Preiss (Johann Punz) von Ramsau, der mit Köderbacher zu den tüchtigsten und empfehlenswertesten Führern der Deutschen und Österreichischen Alpen gehört.

Wir verließen 11 Uhr 30 Min. nachts Berchtesgaden und langten dann nach einstündiger Fahrt über den See bei Anbruch des Tages (3 Uhr 15 Min.) bei der Eiskapelle an. Der Felsabsturz, der das erste Mal wegen der Randkluft mühsam umgangen werden mußte, lag jetzt bis zur Hälfte im Schnee vergraben. Er wurde ohne Zeitverlust und ohne besondere Anstrengung erklettert. Eine rechts hinanziehende, mit einigen Grasbüscheln bewachsene Rinne vermittelte die, wenn auch sehr schwierige, Gewinnung des nächsten Absatzes. Auf einem Schneefeld, dem ersten in der großen Rinne, hielten wir eine kurze Rast (4 Uhr 55 Min. bis 5 Uhr 10 Min.), um dann die hohe Wandstufe anzugehen, an der ich und Köderbacher bei unserem ersten Versuch zurückgeschlagen worden waren. Der Schnee reichte bis $^3/_4$ m an die Wand heran, aber der richtige Ausweg war nicht so bald zu entdecken. Während Preiss die Stelle noch einmal „ausprobieren" wollte, an welcher Köderbacher seine Kraft eingesetzt hatte, stieg ich etwas zurück, um einen kleinen Einriß zu untersuchen, der sich direkt an der Felswölbung hinaufzog. Auch Preiss, der unverrichteter Dinge zurückkam, meinte, daß hier die einzige Möglichkeit vorliege, emporzudringen. Die zwischen dem Schnee und der Felswand gähnende tiefe Spalte machte die Lage des Kletterers, der sich fast nur auf die Fingerspitzen verlassen konnte, zu einer gefährlichen. Der Dachsteinkalk, aus dem das Gebirge seiner Hauptmasse nach besteht, zeigt hier seine schlimmsten, abgeschliffenen Plattentafeln und bietet ungeachtet seiner Festigkeit der Ersteigung viel größere Schwierigkeiten dar, als der leichter verwitternde Wettersteinkalk, wie er in den westlichen Kalkketten, z. B. im Karwendel- und Wettersteingebirge, auftritt.

Preiss stieg voran, aber schon nach wenigen Schritten traf er auf sehr glatte, jedes Vorsprungs bare Platten. Er erklärte, dass es ihm unmöglich sei, mit den Schuhen weiterzuklettern. Da er die Hände nicht frei hatte, so entledigte ich ihn seiner Schuhbekleidung, die indessen in meinem Rucksack verwahrt wurde. Mit dem Bergstock konnte ich Preiss ein wenig unterstützen. Langsam, mit großer Anstrengung und oft lange vergeblich nach Griffen tastend, schob er sich empor. Es waren aufregende Augenblicke, wie ich dergleichen im Gebirge selten erlebt habe. Als es ihm endlich geglückt war, einen sicheren Stand zu erreichen, und Sack, Stock und Pickel aufgeseilt worden waren, folgte ich, an einem Strick gehalten, nach. Die Gesamthöhe der Wand dürfte circa 15 m betragen. Es folgte nun eine Partie steiler, doch nicht schwieriger Platten und hierauf ein Felsband, welches zu einem kleinen Schneefeld führte. Hier hielten wir eine kurze Rast (6 Uhr 40 Min. bis 6 Uhr 55 Min.). Die gerade über uns aufragende Wand zeigte sich zwar, als wir sie in Angriff nahmen, sehr ausgewaschen und glatt, jedoch nicht sehr steil. Ein schmales Felsband, das uns aus dem Couloir lockte, endete an einem turmhohen Absturz. Wir mußten, nachdem wir 20 Min. auf vergebliches Rekognoszieren verwendet hatten, wieder auf die alte Stelle zurück und unser Heil neuerdings in der Rinne versuchen. Ein dritter sehr steiler Absatz konnte Dank der hoch anliegenden Schneemasse ziemlich leicht erklettert werden; in späterer Jahreszeit dürfte dies, wenn überhaupt, nur unter großen Schwierigkeiten gelingen. Einem Schichtenband zur Rechten vertrauend, ließen wir uns über eine durchnäßte Platte hinab und querten (8 Uhr 8 Min.) ohne besondere Schwierigkeiten die Hauptrinne.

Nach einem erfolgslosen Angriff in linksseitiger Richtung – das anfänglich breite Band endigte an einer tief eingerissenen Schlucht – nahmen wir den Weg gerade aufwärts, indem wir einen Felssporn ins Auge faßten, der, wenn einmal erreicht, einen besseren Ausweg versprach. Zunächst war es aber nötig, wieder in die große Rinne zurückzusteigen. Eine Wandstufe in derselben erwies sich so steil und glatt, daß wir uns zum zweitenmal der Schuhe entledigen mußten. Ich hätte an dieser Stelle, die eine Höhe von ca. 10 m haben dürfte, beinahe einen schlimmen Fall getan. Während ich, an einen Vorsprung gelehnt, die Bewegungen des über mir kletternden Preiss verfolgte, gab der Fels unter meinen Füßen plötzlich nach. Ich sank einen halben Meter tief, konnte aber gleich wieder Halt gewinnen. Während des Fallens ergriff ich mit der linken Hand, mehr instinktiv als überlegt, das herabhängende Seil, das Preiss sich um den Leib gebunden hatte. Jeder andere Führer hätte mir wegen dieser Unvorsichtigkeit – denn der Ruck traf denselben völlig unerwartet – eine Rüge erteilt. Preiss aber lächelte nur, wie er dies häufig tut, ohne ein Wort zu sagen.

Wir hielten eine zweite Frühstücksrast (9 Uhr 55 Min. bis 10 Uhr 5 Min.) und füllten unsere Flaschen mit Wasser. Im Begriff aufzubrechen, vernahmen wir plötzlich hoch über uns das Krachen fallender Steine. In Intervallen von sechs bis acht Sekunden, aber mit furchtbarem Getöse näherten sie sich uns, aber nur einzelne Trümmer gelangten in unsere Nähe und sausten unschädlich an unseren Köpfen vorüber. Gleich beim ersten Geräusch drückten wir uns an die Felswand, dennoch war unsere Lage eine sehr gefährdete. Die Steine waren unzweifelhaft von Gemsen in Bewegung gesetzt worden, die auf dem Grat ihren Morgenspaziergang ausführten.

Trotz unseres unausgesetzten Anstürmens hatten wir noch keine dominierende Höhe erreicht. Der Kleine Watzmann, die Watzmann-Kinder und die Hachelwand ragten noch hoch über uns empor. Aber die Felsklippen zeigten sich allmählich weniger steil und im selben Maße besserte sich auch ihre Gangbarkeit. Die Seitenwände der Rinne wichen zurück und verflachten sich nach oben mehr und mehr. Wir kletterten ohne besondere Hindernisse auf dem erreichten Felssporn aufwärts. Die südliche Watzmannspitze, zweifellos der schönste Bau im ganzen Massiv, enthüllte uns ihren mächtig ausgreifenden, mit blinkenden Schneebändern gezierten Südostgrat; aber auch die anderen Erhebungen des Watzmanngrats, turmförmige, ruinenhafte und schuttbedeckte Felsgestalten, tauchten stolz empor in den klaren Äther. Unmittelbar vor uns breitete sich die vorher erwähnte breite Mulde aus, von welcher eine steile, schräg eingeschnittene Rinne auf die Kammhöhe (zwischen der mittleren und südlichen Spitze) hinanzog. Ich wandte mich der südlichen Spitze (Schönfeldspitze) zu, da es meine Absicht war, heute alle drei Watzmanngipfel zu ersteigen.

Unsere Richtung war von nun an eine südwestliche. Preiss wollte eben eine steilen Felsabsatz erklettern, als ich unterhalb desselben ein Band bemerkte, dessen Verfolgung einen besseren Weg zu bieten versprach. Dasselbe endete am Rand einer tief eingerissenen, glattgescheuerten, wilden Schlucht, deren rechte (südliche) Seite vom Südostgrat der Schönfeldspitze flankiert wurde. Der diesseitige Hang der Schlucht war jedoch ohne besondere Schwierigkeiten zu begehen. Das Klettern gestaltete sich von nun an zu einer bloß unterhaltenden, wenig anstrengenden Arbeit; rasch, in einem förmlichen Wetteifer stiegen wir vorwärts. Schon tauchten dort die starren Klippen des Steinernen Meeres auf, das blinkende Firnfeld der Übergossenen Alpe und der Hohe Göll; es wehte die kräftige und schärfere Luft der Höhe. Die beengenden Felsmauern wichen fast plötzlich zurück und der Blick fand keine Schranke mehr. Je enger und drückender unser Gesichtskreis gewesen, desto mehr überraschte uns jetzt der weite, unermeßliche Raum. Gleich darauf setzten wir den Fuß auf die Südliche Watzmannspitze. Die letzten 50 Schritte hatten wir auf der Südseite des Gipfels zurückgelegt. Es war 1 Uhr nachmittags. Die Ersteigung beanspruchte daher von St. Bartholomä, inklusive einiger kurzen Rasten, elf Stunden.

Das Endziel unserer Partie war jedoch die mittlere Spitze des Watzmanns. Im Vergleich mit der hinter uns liegenden Kletterei erschien uns der Weg zu derselben wie ein Spaziergang. Wir blieben so nahe als möglich auf der Höhe des Grats, anfänglich auf der Süd-, später auf dessen Nordseite. Es war 3 Uhr 15 Min., als wir den kulminierenden Punkt des ganzen Watzmannstockes betraten.

Unsere stark angespannten Kräfte beanspruchten eine längere Rast. Der ursprüngliche Gedanke, von der mittleren Spitze direkt in das Wimbachtal abzusteigen, mußte mit Rücksicht auf die späte Stunde, und da ein Freilager in den Felsen unser Projekt für den nächsten Tag gestört hätte, aufgegeben werden.

Der direkte Abstieg von der mittleren Watzmannspitze in das Wimbachtal wurde das erste Mal 1869 von Baron v. Jeetze, Karl Hofmann aus München und Joh. Stüdl aus Prag ausgeführt. Seitdem wurde diese Tour mehrmals und vor einigen Jahren auch in umgekehrter Richtung unternommen. Die Abstürze des Watzmanns gegen das Wimbachtal zeigen in der Nähe betrachtet nicht jene außerordentliche Neigung, die ihnen auf den ersten Anblick von unten aus eigen zu sein scheint, und die Erkletterung desselben wird geübteren Bergsteigern keine übermäßige Schwierigkeit verursachen.

Der kristallklare, glanzvolle Tag und die vorzügliche durch nichts getrübte Rundschau ließ die Zeit unseres Aufenthalts rasch verfließen. Erst nach 5 Uhr machten wir uns auf den Rückweg, der über das Hocheck und die Guglalpe in die Ramsau ausgeführt wurde.

Der herannahende Abend warf bereits seine dunklen, tiefvioletten Schatten in die waldernste, maienfrische Gegend und die Menschen, des Tagwerks müde, waren schon in ihre Hütten zurückgekehrt. Aber hoch oben an den altersgrauen Wänden des Königs Watzmann glühte und funkelte es in unbeschreiblichem, geheimnisvollem, rosafarbigem Lichtglanz. Wiederholt und noch 20 Min. nach 9 Uhr trat ich mit meinem treuen Begleiter Preiss vor die Haustür, um dieses Schauspiel zu genießen, welches Auge, Herz und Gemüt in gleicher Weise erfreute.

*Man nannte in den „König der Julischen Alpen". Dr. Julius Kugy (1858–1944), Besitzer eines großen Handelshauses in Triest, ist ein hingebungsvoller Bergsteiger der alten Schule des ausgehenden 19. Jahrhunderts. Meist mit ortskundigen Führern unterwegs, erschließt er Dutzende Gipfel in seiner engeren Heimat, den Julischen Alpen. Allein den Triglav besteigt er mehr als vierzig Mal. Später unternimmt er große Fahrten in die Westalpen.*

*Er sieht Bergsteigen nicht als Sport sondern als Herzenssache. Er schreibt:*

*„Mein Buch ist kein Sportbuch. Es ist auch kein Führer und kein Wegweiser. Es trachtet, die Berge in der beglückenden Rolle zu schildern, die sie in meinem Leben gespielt haben. Es ist ein Dank. Es möchte ein Hohes Lied sein, gesungen zum Ruhme und Preise der Berge!"*

*Der folgende Text ist Kugys Buch „Aus dem Leben eines Bergsteigers" entnommen. Dieses Werk entsteht in den Kriegsjahren 1916–1918 und wird zu einem Kultbuch für eine ganze Bergsteiger-Generation. Neuauflagen bis in die Siebzigerjahre bestätigen die zeitlose Art und Weise, in der Kugy von seinen Erlebnissen berichtet.*

*Kugy hat nicht nur ein Auge für die alpinistischen Herausforderungen, denen er sich stellt. Die Menschen, die Natur, der alpine Lebensraum und die Schöpfung in ihrer Gesamtheit ziehen ihn in ihren Bann. So dominiert in der vorliegenden Erzählung über die Erstbesteigung des Suhi Plaz (2738) die Schilderung seiner Begegnungen mit dem gerade haftentlassenen Wilderer und dem blutjungen Andreas Komac, der danach für mehr als zwanzig Jahre sein treuer Begleiter wird.* *M. U.*

Der folgende Text wurde entnommen aus: Julius Kugy, Aus dem Leben eines Bergsteigers. 8. Aufl. Bergverlag Rudolf Rother: München 1968, S. 39–42. Abdruck mit freundlicher Genehmigung des Verlags.

*Julius Kugy*

# In den Julischen Alpen

„Ich hatte die Worte Klančnigs über den Suhi Plaz nicht vergessen. Ich wußte, daß ich mich an ihm versuchen müsse, aber die Pläne reiften langsam; es war das erstemal, daß ich an verschlossenen Bergespforten rütteln sollte. Soviel war mir bald klargeworden, daß ich meinen Begleiter für diese Unternehmung nicht unter den Triglavführern von Mojstrana suchen dürfe, wo man fest an die Unersteiglichkeit des Berges glaubte. Auch in Kronau kannte ich keinen geeigneten Mann. So brav und verläßlich solche Führer und Berggänger zweiten und auch dritten Ranges in den Hochgebirgsstationen sein können, wenn sie sich auf ihnen wohlbekanntem Terrain bewegen, so leicht versagen sie, werden sie in ein fremdes Gebiet und gar zu Aufgaben geführt, vor welchen die Autorität des Volksmundes ein Warnungstäfelchen aufgestellt hat.

Bei den Jägern des Savetales herrschte der Aberglaube vor, der Suhi Plaz sei die unnahbare Zufluchtstätte der Gemsen, man dürfe an dem innersten Heiligtum seiner zerklüfteten Wände nicht rühren. Nicht so bei den Trentanern. In der Trenta lagen damals die Jagdverhältnisse vollkommen ungeordnet, fast jeder Mann war ein Raubschütz. Verwegene Unternehmungslust und unvergleichlich überlegene Felsentüchtigkeit führten die Trentaner weit hinaus in die gemsenreichen Gebiete der Julischen, es gab Leute unter ihnen, die wochenlang auf leisen Sohlen in fremden Revieren pürschten und mit der Beute ihre Geschäfte betrieben. Kühn und schlau wie sie waren, bedeuteten sie für Jagdhüter und Gendarmen eine schwere Sorge und Plage. Ihre Jagdlust war unbezähmbar. Nirgends sonst habe ich derartig wilde Ausbrüche des Jagdparoxysmus gesehen wie in der Trenta. Ich hatte oft Trentaner in meiner Begleitung, die sich wie sinnlos vor Aufregung gebärdeten, wenn ihnen ein Gemsrudel zu Gesicht kam. Da sie keine Waffe tragen durften, wenn sie mit mir gingen, rannten und sprangen sie dem aufgescheuchten Wild durch die Wände nach, waren nicht zu halten, tanzten johlend, auf den Fingern pfeifend, mit den Pickeln an den Felsen lärmend, wie vom Jagdteufel besessen auf den schmalen Bändern herum, verschwanden oft auf Stunden und ließen mich allein, bis ich sie dann später wie traumverloren, den Blick ins Weite gerichtet, auf irgendeiner beherrschenden Höhe wieder fand. Wie oft habe ich damals und

*Denkmal von Julius Kugy am Ursprung der Soca*

später da und dort hoch in den Wänden eine Gestalt gesehen, die sich still dahinbewegte und auf meinen Anruf spurlos verschwand, als hätten die Felsen sie verschluckt. Wer war es? „Ein Raubschütz, ein Trentaner", war immer die Antwort. Unter ihnen suchte ich meinen Mann. So kam es, daß ich bei allen meinen Versuchen 1878 bis 1880 den Anmarsch aus der Trenta nahm, und es war naturgemäß, daß Tozbar mein erster Begleiter wurde.

Der Suhi Plaz liegt weitab von der Trenta. Man muß drei große Wälle überschreiten, bevor man an seinen Fuß gelangt. Deren erster scheidet den Biel-Potok-Graben vom Plateau der Spleutaseen, der zweite sperrt dieses Plateau im Norden, vom Križ bis zum Steiner, den dritten baut die gemsenreiche Rogica auf. Richtiger und kürzer wäre der Anmarsch von Mojstrana durch das Vratatal gewesen. Von dieser Seite und vom Triglav gesehen erscheint der Suhi Plaz als ein breiter, trotziger Felsturm. Gegen Kronau blickt er als hochragende gezinnte Wand und wird *äkrlatica*, die Scharlachrote genannt. Breite, scharlachrote Streifen sind da senkrecht durch seine Wände und über die Gipfelzacken seiner Umgebung gelegt, daß sie wie Feuersäulen emporflackern. Seine schönste Seite wendet er gegen Norden, Kärnten zu. Da zeigt er sich an klaren Tagen hoch über dem ungeheuren Säulenbau der Martulekberge wie eine in Lüften schwebende, farbenprächtige, firnenschimmernde, säulengetragene Götterburg. Wenige kennen ihn, aber alles blickt, von der Größe seiner Erscheinung betroffen, zu ihm hin, fragt verwundert nach seinem Namen und erhält selten die richtige Antwort.

Mit Tozbar benützte ich zwei Wege, um an seinen Fuß zu kommen. Der erste führt vom Spleutaplateau über den Križ, dann längs des Hauptkammes über eine Scharte westlich der Rogica, der zweite über die Scharte Vratice zwischen Križ und Steiner und um den östlichen Fuß der Rogica. Beide Wege vereinigen sich jenseits der Rogica beim klassischen Riesenblock im Zadnji Dovg. Vom Gipfel der Rogica, 2582 m, studierten wir zuerst die Details der gewaltigen Südwand unseres Berges und beratschlagten über die einzuschlagende Richtung. Mit jedem Versuch waren ein oder zwei Biwaks verbunden, denn die Wege von Trenta sind gar weit und oft muß man die gewonnene Höhe wieder aufgeben. Wiederholt übernachteten wir in der Randkluft eines Schneefeldes, welches sich an die Ostwand der Rogica lehnt. Jene Nächte in so abenteuerlicher Umgebung, auf abenteuerlicher Fahrt, sind mir tief eingeprägt geblieben. Die Kälte weckt mich, ich höre das leise Rauschen der Bistrica aus der Tiefe des Vratatales. Aber anstatt die Stille der Bergwelt zu stören, scheint es sie nur noch eindrucksvoller zu vertiefen. Schlaftrunken blicke ich auf. Schwarze Felsüberhänge über mir und gespenstisch leuchtend der wunderlich zerfressene Rand der Schneemauer, hoch über dem Spalt in leise wechselnden Bildern die ziehenden Sterne. Drüben hockt die groteske

*Der Triglav (2863 m), der höchste Berg Sloweniens*

Gestalt meines Begleiters im phantastischen Schein des Lagerfeuers, das er, nie müde, immer sorglich auf mich blickend, schürt und bewacht. Hochauf sprühen die Funkengarben, wenn er die frischen Krummholzzweige darüber wirft. Harzgeruch und helles Geknatter, huschende Lichter, dann wieder die niedersinkenden Schatten, aus der Ferne das Lied des Wassers und rings die unendliche Stille. So zieht die Bergnacht in traumhafter Schönheit vorüber. Hast du sie jemals, so am Herzen der Berge ruhend, in ihrer vollen Herrlichkeit erschaut? Weißt du, was sie dir dort oben offenbaren kann in der Heimlichkeit der Höhen und der Zeit vom Niedergang bis zum Aufgang der Sonne, die sie mit ihren Zeichen und Wundern erfüllt? Glaube es mir, solche Nächte vergißt man nie wieder! Einmal befanden wir uns auf der richtigen Spur. Wir kamen an den Fuß des Riesenkamins. Noch zwanzig oder dreißig Meter, und der Sieg wäre schon damals entschieden gewesen. Aber der Kamin war vollkommen mit Schnee erfüllt, wohl steiler als das steilste Kirchendach. Tozbar schien mir damals mit der Vorsicht zu übertreiben, er war verängstigt und weigerte sich entschieden, weiterzugehen. So kehrten wir den ganzen weiten Weg nach Trenta zurück. Im folgenden Jahr (1880) bat er mich, ihm weitere Versuche auf den Suhi Plaz zu erlassen, er fühlte sich schon alt und müde. Ich suchte weiter und vernahm, der berüchtigte Raubschütz Matthias Kravanja sei wieder im Tal. Bald stand der lange, rotbärtige Geselle vor mir.

*Das Sieben-Seen-Tal in den Julischen Alpen*

*Typische Karstberge in den Julischen Alpen*

Woher er kam, sollte ich gleich erfahren. Er redete mich italienisch an. Ich wunderte mich und frug, wieso er diese Sprache kenne? Er sei eben in italienischem Land gewesen. Wo denn? „Herr, ich werde es offen sagen, unschuldig, in Capodistria." Dort ist die Strafanstalt für schwere Verbrechen. Wie lange denn? „Neun Jahre, Herr, neun lange Jahre!" Ich müsse Geduld haben, er sei von der langen Haft etwas geschwächt, aber er werde es leisten, gewiß, er werde es leisten! Er sei schon in den Karen drüben gewesen, er wisse, dort seien die Gemsen, voll von Gemsen sei es dort, er wolle sie wieder sehen, ich solle mich auf ihn verlassen, er werde mich gut führen, er führe mich die „buona strada"! Und auf seinem armen Verbrechergesicht flackerte die wilde Jagdlust der alten Zeit. Ich erfuhr, daß er soeben eine neunjährige Kerkerstrafe wegen Falschmünzerei verbüßt hatte.

Mich gruselte etwas, trotzdem schlug ich ein. Unsere Vorbereitungen waren bald beendet und wir brachen auf. Da kam mir ein junger Bursche nachgelaufen, barfüßig und ohne Rock. Ich sollte ihn mitnehmen. Er wolle mich führen, kein Mensch in Trenta könne klettern wie er, mit jedem nehme er es auf, mit ihm sei mir der Suhi Plaz morgen sicher. Wie schwer mag es ihm gefallen sein, sich so anzupreisen: es war Andreas Komac. Was ging da in seiner stillen, bescheidenen Seele vor? Ich sei versehen, antwortete ich ablehnend, mehr als einen Begleiter brauche ich nicht. Er ließ nicht nach. Er gehe ohne Lohn mit, ich solle nur sehen, was er könne. „Herr, nehmen Sie mich mit, Sie werden sehen, Sie werden mich dann immer mitnehmen!" Mehr als zwanzig Jahre ist Andreas seither mit mir gegangen, von diesem Tag an immer „mitgenommen"; eine so lange und so geläufige Rede habe ich nie mehr von ihm gehört. Seine bittenden Augen, der flehende Ton seiner Stimme, ein gewisses Etwas in seinem Blick und in seinem Wesen veranlaßten mich nachzugeben. Später habe ich oft gedacht, daß ihn mir damals wohl die Berge gesandt haben müssen: „Er soll dein Führer sein." Wenn er die vielen Jahre hindurch so dastand und meine Ankunft erwartete, anfragte, wohin die Reise gehe, meine Wünsche und Pläne vernahm, dann still lächelte und oft ohne ein Wort zu sagen voranzuschreiten begann, erschien er mir immer wie ein Bote von oben, als habe er von unsichtbaren Mächten einen Auftrag erhalten, mich zu holen, als erwarte und geleite er einen Gast, den sie zu sich geladen hatten, der angekündigt und willkommen ist, und den er sicher zu ihnen bringen müsse!

Er flog davon, um sich herzurichten, und hatte uns bald im Biel-Botok-Graben eingeholt. Er übernahm sofort die Führung. Der arme Kravanja mußte oft keuchend stillestehen und rastend zurückbleiben. Wir biwakierten in der Hruöka jenseits des Vraticasattels, und um 7 Uhr morgens des nächsten Tages ertönten unsere Siegesjauchzer von der Spitze. Wir hatten den Weg genommen wie damals mit Tozbar, doch knapp vor dem Riesenkamin hatte Andreas prüfend emporgeschaut und sich nach links gewandt. Er faßte den Stier bei den Hörnern und führte durch ganz steile Kamine und über eine sehr schlechte, überhängende Wand gerade hinauf, ohne einen Augenblick zu zögern oder schwankend nach Besserem zu suchen, in einer Kletterei, die noch heute zu den schwierigsten gehört, derer ich mich in den Julischen Alpen erinnern kann. Er kletterte mit unvergleichlicher Meisterschaft und mit bewunderungswürdiger Leichtigkeit, Raschheit und Eleganz. So etwas hatte ich noch nicht gesehen, und es ist mir auch später nie mehr vorgekommen. Nur Daniel Maquignaz aus Valtournanche hat mich in seinen besten Jahren daran erinnert. Es fiel mir sofort auf, daß Andreas schwierige Details nie von vorne und mit Kraftaufwand anging. Er nahm sie von der Seite, wie spielend und von ungefähr, und war oben, bevor man es klar erfaßt hatte, wie er es machen wolle. Den Überhang überwand er von meinen Schultern aus. Leichtfüßig spreizte er zur Linken in die glatten Felsen und war auch schon über mir verschwunden. Kravanja hatte sich von uns getrennt, er suchte die „buona strada" näher beim Riesenkamin. Schließlich lenkte er in unseren Weg ein, mußte unter dem Überhang warten, bis Komac zurückgelaufen war und ihm das Seil zugeworfen hatte, und kam mit starker Verspätung auf den Gipfel.

Wir hielten lange Siegesfeier. Erbauten zwei Steinmänner, und da Kravanja etwas Farbe mitgebracht hatte, malte ich die Daten der Ersteigung auf einen dem größeren Steinmann eingefügten Block. Im Abstiege bat ich Andreas, der als letzter ging, sich über die überhängende Stelle abzuseilen. Als ich dann bemerkte, daß er mit bloßen Füßen in der erschreckenden Exposition frei herabkletterte, rief ich einen Vorwurf hinauf. „Still, still," flüsterte er, beugte sich tief herunter, faßte meine emporgestreckte Hand, und schwang sich leicht wie eine Feder, geschmeidig wie eine Katze zu meinem schmalen Stand herab.

Als ich einige Tage nachher nach Kronau kam, vernahm ich erst, daß gleichzeitig mit meinen Ersteigungsversuchen von Trenta auch von Kronau aus solche unternommen worden waren. Es war der erste Ersteiger des Montasch, Hermann Findenegg, der mit dem alten Kronauer Jäger Pečar vulgo Bobek den Berg von Norden belagert hatte. Zwei Versuche waren fehlgeschlagen. Bis zu diesem Augenblick war mir die Erstersteigung des Suhi Plaz lediglich die Erfüllung eines sehnlichen Wunsches gewesen. Jetzt erst, da ich vom Wettbewerb eines Größeren vernahm und es mir klar wurde, daß ich fast zu spät gekommen wäre, mit einem Schlage, stand sie als ein alpiner Erfolg vor mir. Mein die gefürchtete Škratica der Kronauer! In jener Nacht habe ich kein Auge geschlossen. So jubelte es in mir!

*Edward Whymper ist eines von elf Kindern eines talentierten Aquarellisten und Buchillustrators im viktorianischen England. Als Bub interessiert er sich für Holzschnitzerei, mit zwanzig wird er von einem Londoner Verleger beauftragt, in die Schweiz zu reisen und Illustrationen für ein neues Werk über alpine Landschaften anzufertigen. Obwohl er bis dahin kein Bergsteiger ist, soll diese Reise sein Leben verändern. Er verfällt völlig den Bergen, kehrt immer wieder zurück und unternimmt viele Erstbesteigungen im gesamten Alpenraum. Zwischen 1861 und 1865 scheitert er sieben Mal bei dem Versuch, das Matterhorn zu ersteigen, den letzten großen, unbezwungenen Gipfel. Bei einigen dieser Versuche wird er von dem großartigen italienischen Bergführer Jean-Antoine Carrel begleitet. Einmal, allein unterwegs, stürzt Whymper siebzig Meter ab. Trotz schwerer Kopfverletzungen schafft er den Abstieg. Endlich, im Jahre 1865, gelingt der Erfolg. Mit drei weiteren Briten und drei Schweizer Bergführern steht er am Gipfel des Matterhorns und erlebt (wie er es selbst ausdrückt) „eine überschwengliche Stunde glorreichen Lebens".*

*Die erfolgreiche Seilschaft besteht ferner aus Reverend Charles Hudson, Lord Francis Douglas und dem jungen Douglas Hadow sowie den erfahrenen Bergführern Michel Croz und Vater und Sohn Peter Taugwalder. Sie sind von Zermatt aus am Hörnli-Grat (dem Nordost-Grat) aufgestiegen.*

*Eine konkurrierende italienische Seilschaft unter der Leitung von Carrel wird durch das Jubelgeschrei der erfolgreichen Gipfelstürmer und eine von jenen losgetretene Steinlawine entmutigt und zur Umkehr gezwungen.*

*Aber Whympers Freude ist nur von kurzer Dauer. Der gefährliche Abstieg soll vieren seiner Seilgefährten das Leben kosten. Das Unglück am Matterhorn 1865 geht als eine der schrecklichsten Bergtragödien aller Zeiten in die Geschichte ein.*

*Der folgende Ausschnitt stammt aus dem klassischen Whymper-Buch „Berg- und Gletscherfahrten in den Alpen 1860–1869", das seit seiner Erstauflage 1871 in vielen Übersetzungen und Neuauflagen erschienen ist.* *A. S.*

Der folgende Text wurde entnommen aus: Edward Whymper, Berg- und Gletscherfahrten in den Alpen 1860–1869. 4. Aufl. Georg Westermann: Braunschweig 1922, S. 482–494.

*Edward Whymper*

# Jubel und Katastrophe am Matterhorn

Hudson und ich hielten eine neue Beratung, in welcher Reihenfolge wir gehen sollten. Für das Beste hielten wir, daß Croz der Erste und Hadow der Zweite sei. Hudson, der hinsichtlich der Sicherheit seines Fußes einem Führer beinahe gleich zu stellen war, wünschte der Dritte zu sein. Hinter ihn stellten wir Lord F. Douglas, auf den der alte Peter als der Stärkste unter den Übrigen folgte. Ich machte Hudson den Vorschlag, bei unserer Ankunft an der schwierigen Stelle ein Seil um die Felsen zu schlingen, damit wir beim Hinabsteigen einen Schutz mehr hätten. Er billigte meine Idee, doch wurde nicht bestimmt ausgesprochen, daß es geschehen solle. Während die Gesellschaft sich in der oben angegebenen Weise ordnete, nahm ich eine Skizze des Gipfels auf. Meine Gefährten waren eben fertig und warteten darauf, daß ich mich an das Seil binden lasse, als jemand sich erinnerte, daß wir vergessen hätten, unsere Namen aufzuschreiben und in eine Flasche zu stecken. Ich besorgte das auf ihre Bitten und sie gingen inzwischen weiter.

Einige Minuten später band ich mich am jungen Peter an, lief den anderen nach und erreichte sie, als sie eben das Hinabsteigen der schwierigen Stelle begannen. Es wurde die größte Vorsicht gebraucht. Immer bewegte sich bloß einer, und erst wenn er festen Fuß gefaßt hatte, folgte der Nächste. Ein Seil war nicht um die Felsen geschlungen worden und niemand sprach davon. Ich hatte den Vorschlag nicht um meinetwillen gemacht und weiß nicht, ob er mir jetzt wieder in den Sinn kam. Wir beiden folgten den übrigen in geringer Entfernung und waren von ihnen getrennt, bis Lord Douglas mich etwa um drei Uhr Nachmittags bat, daß ich mich an den alten Peter anbinden möchte. Er fürchtete nämlich, wie er sagte, daß Taugwalder, wenn ein Ausgleiten vorkomme, nicht fest auf den Füßen bleiben werde.

Einige Minuten später eilte ein Bursche, der ein scharfes Auge hatte, zu Seiler ins Monte-Rosa-Hotel und erzählte, daß er vom Gipfel des Matterhorns eine Lawine gegen den Matterhorn-Gletscher hin habe fallen sehen. Dem Jungen

*Der verhängnisvolle Sturz beim Abstieg vom Matterhorn, zeitgenössische Illustration von Gustav Doré*

wurde verwiesen, daß er müßige Geschichten erzähle, aber er sprach die Wahrheit und hatte Folgendes gesehen.

Michel Croz hatte sein Beil bei Seite gelegt und beschäftigte sich mit Herrn Hadow, um demselben größere Sicherheit zu geben. Er hatte ihn an die Beine gefaßt und brachte seine Füße, einen nach dem anderen, in die richtige Lage. So viel ich weiß, war keiner im eigentlichen Hinabsteigen begriffen. Mit Gewißheit kann ich nicht sprechen, weil ich die beiden Vordersten wegen einer dazwischen liegenden Felsmasse zum Teil nicht sehen konnte, aber aus den Bewegungen ihrer Schultern mußte ich schließen, daß Croz, nachdem er das eben Erwähnte getan hatte, sich umdrehen wollte, um einen oder zwei Schritte weiter zu gehen, als Herr Hadow ausglitt, gegen ihn fiel und ihn umwarf. Ich hörte von Croz einen Ausruf der Schreckens und sah ihn und Hadow niederwärts fliegen. Im nächsten Moment wurden Hudson und unmittelbar darauf auch Lord Douglas die Füße unter dem Leibe weggerissen.

Dies alles war das Werk eines Augenblicks. Sowie wir Croz aufschreien hörten, pflanzten der alte Peter und ich uns so fest auf, als das Gestein uns gestattete. Das Seil war zwischen uns straff angezogen und der Ruck traf uns, als wenn wir bloß einer wären. Wir erhielten uns, aber zwischen Taugwalder und Lord Douglas riß das Seil. Einige Sekunden lang sahen wir unsere unglücklichen Gefährten auf den Rücken niedergleiten und mit ausgestreckten Händen nach einem Halt suchen. Noch unverletzt kamen sie uns aus dem Gesicht, verschwanden einer nach dem anderen und stürzten von Felswand zu Felswand auf den Matterhorn-Gletscher oder in eine Tiefe von beinahe viertausend Fuß hinunter. Von dem Augenblicke, wo das Seil riß, war ihnen nicht mehr zu helfen.

So starben unsere Gefährten! Wohl eine halbe Stunde lang blieben wir an Ort und Stelle, ohne einen einzigen Schritt zu tun. Die beiden Führer, vom Schreck gelähmt, weinten wie Kinder und weinten so, daß uns das Schicksal der anderen drohte. Der alte Peter erschütterte die Luft mit seinen Ausrufungen: „Chamouny, was wird Chamouny sagen?" Er meinte damit: „Wer wird glauben, daß Croz fallen kann?" Der junge Peter schrie und schluchzte fortwährend: „Wir sind verloren, wir sind verloren!" Zwischen den beiden eingeklemmt, konnte ich weder vorwärts noch rückwärts. Ich bat den jungen Peter, herunterzusteigen, aber er wagte es nicht. Ehe er das nicht tat, kamen wir nicht vorwärts. Der alter Peter wurde sich der Gefahr bewußt und stimmte in das Geschrei ein: „Wir sind verloren, wir sind verloren!" Die Furcht des Vaters war natürlich – er zitterte für seinen Sohn, der junge Mann benahm sich feig – er dachte bloß an sich. Endlich faßte der alte Peter Mut und ging zu einem Felsen, an den er das Seil befestigen konnte. Nun stieg der junge Mann herab und wir standen alle neben einander. Ich ließ mir jetzt das zerrissene Seil geben und fand zu meinem Staunen, ja zu meinem Entsetzen, daß es das schwächste der drei Seile war. Zu dem Zweck, welchem es gedient hatte, war es nicht bestimmt und hätte auch nie dazu verwendet werden sollen. Es war ein altes und im Verhältnis zu den anderen ein schwaches Seil. Ich hatte es bloß für den Fall mitgenommen, daß wir viel Seile um die Felsen schlingen und zurücklassen müßten. Ich sagte mir sogleich, daß hier eine ernste Frage vorliege, und ließ mir das Ende geben. Es war mitten in der Luft zerrissen und schien vorher keine Beschädigung erlitten zu haben.

In den nächsten zwei Stunden glaubte ich stets, daß der nächste Augenblick mein letzter sein werde, denn die Taugwalder hatten allen Mut verloren und konnten mir nicht bloß keine Hilfe leisten, sondern befanden sich auch in einem solchen Zustande, daß sich jeden Augenblick ein Ausgleiten von ihnen erwarten ließ. Nach einiger Zeit konnten wir tun, was von Anfang an hätte geschehen sollen, und schlugen Seile um feste Felsblöcke, während wir zugleich aneinander gebunden blieben. Diese Seile wurden von Zeit zu Zeit abgeschnitten und zurückgelassen. Trotz dieser Vorsichtsmaßregel gingen meine Führer mit großer Furcht vorwärts, und mehrmals wendete sich der alte Peter mit aschfahlem Gesicht und zitternden Gliedern zu mir um und sagte mit schrecklichem Nachdruck: „Ich kann nicht!“

*Charles Hudson, Zeichnung von Whymper*

Um sechs Uhr Abends standen wir auf dem Schnee des nach Zermatt hinunterführenden Grats und hatten alle Gefahren überwunden. Häufig und immer vergebens spähten wir nach Spuren unserer unglücklichen Gefährten. Wir bogen uns über den Grat und riefen, aber kein Ton kam zurück. Endlich kamen wir zu der Überzeugung, daß sie außerhalb der Gesichts- und Hörweite seien, und stellten unsere nutzlosen Bemühungen ein. Zum Sprechen zu niedergeschlagen, nahmen wir stillschweigend unsere Sachen und die kleinen Effecten der

*Lord Francis Douglas, Zeichnung von Whymper*

Verschwundenen auf, um unseren Rückweg fortzusetzen. Da zeigte sich ein mächtiger Regenbogen, der über dem Lyskamm hoch in die Luft aufstieg. Bleich, farblos und geräuschlos, aber mit Ausnahme der Stelle, wo die Wolken sich eindrängten, vollständig scharf und abgegrenzt, schien diese überirdische Erscheinung ein Bote aus einer anderen Welt zu sein. Wir erschraken fast, als zu beiden Seiten zwei ungeheure Kreuze hervortraten, deren allmähliche Entwickelung wir mit Staunen beobachteten. Wenn die Taugwalders sie nicht zuerst gesehen hätten, so würde ich meinen Sinnen nicht getraut haben. Sie glaubten, daß die Kreuze in einer gewissen Beziehung zu dem Unfall ständen, ich kam aber nach einiger Zeit zu der Ansicht, daß wir auf sie einwirkten. Unsere Bewegungen äußerten aber gar keinen Einfluß auf die Nebelformen, welche unverändert blieben. Es war ein furchtbarer und wunderbarer Anblick, den ich noch nie gehabt hatte und der in einem solchen Moment etwas Erschütterndes hatte.

Ich wollte aufbrechen und wartete auf die anderen. Beide hatten ihren Appetit und den Gebrauch ihrer Zungen wieder bekommen. Sie unterhielten sich in ihrem Patois, das ich nicht verstand. Endlich sagte der Sohn französisch: „Monsieur." „Nun?" „Wir sind arme Leute und haben unseren Herrn verloren; wir werden keine Bezahlung bekommen und können sie schwer entbehren." „Halt", sagte ich, „das ist Unsinn; ich werde Sie natürlich bezahlen, als wenn ich Ihr Herr wäre." Sie unterhielten sich einige Zeit in ihrem Patois und dann nahm der Sohn wieder das Wort: „Wir wünschen nicht, daß Sie uns bezahlen. Schreiben Sie lieber in das Fremdenbuch zu Zermatt und in die englischen Zeitungen, daß wir nicht bezahlt worden sind." „Was schwatzen Sie da für dummes Zeug? Ich verstehe Sie nicht. Was meinen Sie?" Er fuhr fort: „Nun, nächstes Jahr werden viele Fremde nach Zermatt kommen und dann erhalten wir mehr Reisende."

*Edward Whymper in jungen Jahren*

*Der Schweizer Bergführer Michel Croz*

*Douglas Hadow*

Was ließ sich auf einen solchen Antrag sagen? Ich gab ihnen keine Antwort, aber sie sahen, wie empört ich war. Sie füllten den bitteren Kelch bis zum Überfließen, und ich eilte die Klippen so schnell hinunter, daß sie mich mehrmals fragten, ob ich sie töten wolle. Es wurde Nacht, und eine Stunde lang stiegen wir noch im Dunklen hinunter. Um halb zehn Uhr zeigte sich ein Ruheplatz, und auf einer elenden Felsplatte, die kaum für uns drei Platz bot, verbrachten wir sechs traurige Stunden. Bei Tagesanbruch stiegen wir weiter hinab und eilten vom Hörnligrat zu den Sennhütten von Buhl und nach Zermatt. Seiler begegnete mir an seiner Tür und folgte mir schweigend auf mein Zimmer. „Was ist geschehen?" „Die Taugwalders und ich sind zurückgekehrt." Er wußte genug und brach in Tränen aus, verlor aber mit unnützen Klagen keine Zeit und bot das Dorf auf. Es dauerte nicht lange, so war eine Schar von Männern aufgebrochen, um die Hohlicht-Höhen über Kalbermatt und Z'Mutt zu ersteigen, welche den Matterhorn-Gletscher beherrschen. Nach sechs Stunden kehrten sie zurück und erzählten, daß sie die Körper regungslos auf dem Schnee hätten liegen sehen. Dies war Sonnabends, und am Sonntag wollten sie Abends wieder aufbrechen, so daß sie am Montag bei Tagesanbruch auf dem Gletscher sein könnten. Da ich die geringste Aussicht auf Rettung meiner Gefährten nicht aufgeben mochte, beschloß ich, mit dem Geistlichen M'Cormick schon am Sonntagmorgen zu gehen.

Die Leute aus Zermatt konnten uns nicht begleiten, da sie von ihren Priestern mit Exkommunikation bedroht wurden, wenn sie in der Frühmesse fehlten. Für Einige von ihnen war das ein wahrer Schmerz, und Peter Perrn erklärte mit Tränen, daß nur dies allein ihn abhalten könne, der Aufsuchung seiner alten Gefährten mit beizuwohnen.

*Ludwig „Wiggerl" Gramminger gehört in den Dreißigerjahren zur Elite der deutschen Bergsteiger. Doch er widmet sein Leben weniger den unzähligen Gipfeln, die er auf schwierigsten Routen bezwingt, sondern der Bergrettung, der er bereits seit 1925 angehört.*

*Er entwickelt den heute nicht wegzudenkenden und nach ihm benannten Trage- und Abseilsitz, mit dem in Bergnot Geratene seither auch in schwierigen Wänden und Überhängen problemlos abgeseilt werden können. Der wesentliche Vorteil dieser Erfindung besteht darin, dass der Verletzte in einem rucksackähnlichen Sitz aus verlässlichem Material an den Rücken des Bergretters gebunden wird ohne diesen in seiner Bewegungsfreiheit einzuschränken.*

*Während andere nur nach dem Gipfel streben, meistert Gramminger schwierigste alpinistische Herausforderungen, um anderen zu Hilfe zu kommen. Er quert bereits 1937 den berüchtigten Hinterstoisser-Quergang in der Eiger-Nordwand, ein Jahr vor den Erstbesteigern, im Rahmen der (vergeblichen) Rettungsaktion für Toni Kurz. Auch zehn Jahre später, beim Rettungseinsatz für Claudio Corti ist er wieder in der Eigerwand.*

*Auch bei der denkwürdigen Rettungsaktion Weihnachten 1961 in der Watzmann-Ostwand ist Gramminger dabei und sucht mit Marcus Schmuck nach der verschollenen Dreierseilschaft seines Freundes Konrad Schimke, die am Josefitag von einer Lawine aus der Wand gerissen wurde.*

*Dem vom bayerischen Alpinjournalisten Hans Steinbichler herausgegebenen Lebensbericht Grammingers ist die Geschichte der unglaublichen Bergung des blutjungen Erwin Vuzem entnommen, die damit beginnt, dass der Unglücksort des Verschollenen vorerst völlig unbekannt ist.* *M. U.*

Der folgende Text wurde entnommen aus: Ludwig Gramminger, Das gerettete Leben. Bergverlag Rudolf Rother: München 1968, S. 87–96. Abdruck mit freundlicher Genehmigung des Verlags.

*Ludwig Gramminger*

# Das gerettete Leben

Am Samstag, dem 18. September 1937, schnallten in München drei Bergsteiger ihre Rucksäcke auf die Fahrräder und radelten aus der Stadt in Richtung Süden, nach Garmisch. Für die Münchner war dies ein vertrautes Bild: Die Bergsteiger, vor allem die alpine Jugend, hatten damals nicht die Mittel, ein Motorrad oder ein Auto zu kaufen. Darüber hinaus brachte die Anreise mit dem „Flachsen-Bugatti" schon etwas von der so wichtigen Kondition, denn das Unterbieten der Geh- und Kletterzeiten war allgemein beliebt. Die drei Alpinisten Adolf Haberl (30), Georg Baumgartner (18) und Erwin Vuzem (17) hatten nach den rund hundert Kilometern Anfahrt noch genügend Kraft, um ins Oberreintal aufzusteigen, wo sie in der Nähe der Hütte ihr kleines Zelt aufstellten. Am folgenden Morgen, das Wetter war noch gut, durchkletterten sie die Ostwand des Oberen Schüsselkarturms (IV). Gerade noch rechtzeitig vor einem aufziehenden Unwetter gelangten sie in die Oberreintalhütte, die schon damals vom legendären Fischer Franz bewirtschaftet wurde. Die Nacht zum Montag verbrachten Georg Baumgartner und Erwin Vuzem in ihrem Zelt, während Adolf Haberl abstieg, um nach München zurückzufahren, da er am Montag wieder arbeiten mußte. Die beiden Jungen jedoch hatten eine Woche Urlaub und wollten in die Nordwand des Hochwanner einsteigen. Haberl wußte von diesem Plan, doch hatte Erwin Vuzem zuhause erklärt, daß sie nur zum Zelten in die Berge fahren wollten.

Am Morgen regnete es, und so beschlossen die beiden, ihr Zelt im Oberen Reintal abzubrechen und es tiefer unten, am Fuß des Hochwanner, wieder aufzustellen. Dort, in der Nähe der Hinteren Blauen Gumpe, übernachteten sie.

Am Dienstag, dem 21. September 1937, bei klarem kalten Wetter, begannen sie mit dem Aufstieg. Die Direkte Nordwand ist mit dem Schwierigkeitsgrad V bewertet. Sie wurde damals in der Regel mit einem Biwak begangen. Trotz ihrer Jugend waren die beiden aufgrund ihres kletterischen Könnens den technischen Schwierigkeiten gewachsen. Sie beabsichtigten sogar, die Wand in einem Zug, ohne Biwak, zu durchsteigen, hatten das Biwakzeug jedoch dabei. Die nötige Erfahrung für Wände solcher Höhe war bei beiden aber sicher noch nicht vorhanden.

Überraschenderweise verschlechterte sich das Wetter im Lauf des Vormittags, weshalb Baumgartner und Vuzem beschlossen, statt der Direkten die Alte Nordwandroute anzugehen, die einen bis eineinhalb Grade leichter eingestuft ist. Bald hüllte sich die Wand in Nebel, und wenig später begann es sogar zu schneien. Sie befanden sich etwa vierhundert Höhenmeter unter dem Gipfel, und da der Schneesturm die Wand in kürzester Zeit in Weiß getaucht hatte, wurde beschlossen, hier zu biwakieren.

Dieses Biwak in einer schwierigen Wand, auf einem abschüssigen Band im Toben des Schneesturms, stellte die beiden jungen Kletterer auf eine harte Probe. Besonders Baumgartner setzten die Umstände so zu, daß er in dem Glauben, daß sie wohl aus dieser Situation nicht lebend davonkommen würden, zu phantasieren anfing. Nun lasteten Verantwortung und Führung vollständig auf Erwin Vuzem. Der Schneesturm dauerte bis in den Morgen, und bei Tageslicht zeigte sich die Wand in winterlichen Verhältnissen. Die Situation hatte sich dramatisch zugespitzt. Vuzem übernahm nun die Führung und begann, sich durch die Schneemassen nach oben zu kämpfen. Doch es war ein langsames Vorrücken – nur hundert Höhenmeter schafften die beiden an diesem Tag, ein zweites Biwak war fällig. Und da hatten sie Glück. Sie fanden unter einer überhängenden Verschneidung einen Platz, der von Vuzem mit mehreren Haken gesichert wurde. Zwischen die Haken verspannte er das Seil so, daß es fast wie eine Hängematte zu benützen war. Um in den Biwaksack zu gelangen, zog Erwin seine Schuhe aus und löste sich vom Seil. In diesem Moment brach der Haken aus dem Fels, der die vordere Seilschlinge hielt, auf der Erwin saß, und er fiel kopfüber die Wand hinunter. Sein Fall kam nach etwa dreißig Metern in einer steilen, schneegefüllten Rinne überraschend zum Stillstand: Der Schnee bremste den Sturz für Vuzem fast verletzungsfrei, nur eine Schramme über dem linken Auge war zu verschmerzen.

Auf sein Rufen um Hilfe kam keine Antwort, und da es nun dunkel geworden war, wagte er nicht, zum Biwak hinaufzuklettern, zumal er nur Strümpfe an den Füßen hatte. Er stand in der Schneerinne und konnte sich nicht bewegen, da die Gefahr eines weiteren Absturzes bestand. An den Füßen erlitt der Bub in dieser Nacht schwere Erfrierungen. Erwin Vuzem kletterte jedenfalls bei Tagesanbruch die dreißig Meter zum Biwakplatz hinauf – und fand ihn geräumt, leer. Das Seil war abgezogen, Rucksäcke und Schuhe waren fort, es war nichts geblieben. Erwin konnte sich diese Umstände nicht erklären, doch seine Situation hatte sich erneut verschlimmert. Während des Aufstiegs hatte er in der Wand eine kleine Höhle entdeckt, zu der er sich nun mit seinen erfrorenen Füßen hinabkämpfte. Dort hinein kroch er und hoffte auf ein Wunder.

War Baumgartner etwa abgestiegen oder hatte er gar den Gipfel erreicht? Es verblieb ein Funken Hoffnung.

Mittwoch, 22. September 1937. In einer Höhle in der Nordwand des Hochwanner hoffte ein junger Mensch auf Hilfe, die nicht kommen konnte, denn sein Kamerad war zu diesem Zeitpunkt bereits tot – ein während des Abseilens ausbrechender Haken ließ ihn abstürzen. Auch er landete, äußerlich unverletzt, im Schnee, zog sich aber schwere Schädelverletzungen zu. Diese führten zweifellos nicht sofort zum Tod, denn die Rettungsmannschaft fand ihn später, eingewickelt noch ins Seil, eine angerauchte Zigarette zwischen den Fingern.

Von all dem wußte Erwin nichts, und zu seiner Hoffnung auf baldige Rettung kam eine Wetterbesserung, die nun die Sicht ins Reintal, zur Knorrhütte und zum Gipfel der Zugspitze erlaubte. Tief unten auf dem Weg sah er am Vormittag einen Lastentransport zur Hütte: Ein vollbepacktes Muli und der Mulifürer zogen ihres Weges. Seine Rufe verhallten wohl ebenso im Rauschen der Partnach wie das Krachen der Steine, die er hinabwarf, um auf seine Lage aufmerksam zu machen. Der Tag verging ohne Essen und Trinken, ohne Hilfe.

Donnerstag, 23. September 1937. Das Wetter hatte sich stabilisiert, die Sicht reichte zu den umgebenden Gipfeln. Auch heute kamen Muli und Treiber wieder – hinauf und hinunter. Er schrie verzweifelt, warf Steine in die Tiefe – umsonst. Der Hunger wurde hart. Seit drei Tagen hatte der Bub nichts mehr gegessen, den Durst stillte ihm notdürftig der Schnee. Warum kam ihm niemand zu Hilfe? Was war mit seinem Kameraden? Der Tag verging, die dritte Nacht in der Höhle begann.

Freitag, 24. September 1937. Immer, wenn er in der Nacht aufwachte, sah er die Lichter des Münchner Hauses auf der Zugspitze. Dort gab es zu essen und zu trinken, dort gab es Geborgenheit. Für ihn jedoch hieß es warten – und die Hoffnung schwand. Erwin überdachte sein bisheriges Leben, er erinnerte sich an seine Mutter, an die Schulkameraden, an die Lehrer. Er dachte an seinen Religionslehrer, an die Worte aus der Bibel, und begann zu beten. Muli und Treiber kamen wieder den Weg hinauf und hinunter, aber das Rauschen des Bergbachs übertönte alle Hilferufe. In seiner Anoraktasche fanden sich ein kleiner Zettel und ein Stück Bleistift. Erwin begann mit kleiner Schrift an seine Mutter zu schreiben, er beichtete ihr alle seine Sünden und versprach ihr, ein besonders lieber und folgsamer Sohn zu werden, wenn er aus dieser Lage befreit würde. Dann dämmerte er stundenlang zwischen Schlaf und Wachen, zwischen Hoffen und Bangen.

Samstag, 25. September 1937. Das Hungergefühl hatte abgenommen, aber der Durst war stärker geworden. Das anhaltende Schönwetter, die spätsommerliche Wärme, hatten den Schnee geschmolzen. Erwin konnte nun nicht mehr nach Belieben Schnee essen, aber er hatte Glück: Im hintersten Winkel der Höhle sickerte Wasser heraus, tropfenweise. Er konnte es nirgends auffangen, er hatte ja kein Gefäß. Da kam ihm die Idee, die Feuchtigkeit mit seinem Taschentuch aufzunehmen und sie aus dem Stoff zu saugen. Er schrieb weiter auf dem Zettel und beobachtete den ganzen Tag über den Weg, aber es ließ sich niemand sehen. Immer wieder stellte er sich vor, wie es sein würde, wenn seine Retter erschienen – er kannte sie ja, die Bergwachtmänner aus Garmisch, die Kletterer – den Wiggerl Gramminger, den Hans Hintermeier, Paul Liebl ..., und beim Gramminger war er im vergangenen Jahr zu einem Sanitätskurs der Bergwacht.

Sonntag, 26. September 1937. Erwin glaubte nun nicht mehr an eine Rettung, er war zutiefst verzweifelt, aber von irgendwoher sammelte er Kräfte und wollte der Wand nach oben entkommen und über den Gipfel absteigen. Es war warm, das Wetter schön. Schon bei den ersten Metern, die er kletterte, platzten die Frostbeulen seiner schweren Erfrierungen, die Füße bluteten und schmerzten. Auch der Durst war wieder da, doch hier gab es nirgendwo Wasser. Über ihm noch vierhundert Meter schwerer Fels, und was würde sein, wenn er den Gipfel erreichte, würde er weiterkommen, würde er mit seinen zerschundenen Füßen absteigen können? Der Mut verließ ihn wieder, fünfzig Meter hatte er in zwei Stunden geschafft, er wollte wieder zurück in die Höhle, zurück zu seinen Wassertropfen. Um den Rückweg mußte er sich keine Sorgen machen – eine Blutspur leitete hinab zur Höhle. Erleichtert kroch er zurück in sein Gefängnis, sog das Wasser aus dem Taschentuch. Dann schlief er erschöpft ein, er hatte viel Blut verloren.

Montag, 27. September 1937. Heute morgen wäre der Urlaub von Erwin und Georg abgelaufen, heute sollten sie wieder an ihrem Arbeitsplatz sein. Für Erwin war das eine Lehrstelle in einem Elektrogeschäft. Seine Mutter würde ihn wohl zu suchen beginnen, sie würde vielleicht in die Geschäftsstelle der Bergwacht im Münchner Hauptbahnhof, im Südbau, gehen und fragen, was sie tun sollte. Georg hatte das Tal nicht lebend erreicht, dessen war sich Erwin nun sicher. Aber wo sollte die Bergwacht suchen? Er hatte seiner Mutter ja nicht erklärt, was sie sich vorgenommen hatten. Vielleicht würde die Mutter den Adolf fragen, ihren Kameraden, der fürs Wochenende mitgefahren war, oder die Bergwacht würde das Zelt am Fuß der Wand finden.

Aber wie lange würde es dann noch dauern, bis die Retter auftauchten? Würde er es noch erleben? Die Füße eiterten, sie waren zu unförmigen Klumpen geschwollen, die Haut war blau und schwarz, sie waren gefühllos und schmerzten auch nicht. Die Schlaf- und Dämmerphasen wurden länger.

Dienstag, 28. September 1937. Das Wetter war anhaltend schön. Erwin sah unten am Weg zwei Bergsteiger aufsteigen, aber er war schon so geschwächt, daß sein Rufen in der nächsten Umgebung nicht mehr zu hören gewesen wäre. Der Tag war zum großen Teil mit Schlafen ausgefüllt. Doch in den Stunden, in denen Erwin wach war, überdachte er mit klaren Gedanken seine Lage. Wenn die Mutter gestern bei der Bergwacht gewesen war, müßten heute die Retter kommen. Doch in der Wand blieb alles ruhig. Nachts glänzten die Lichter des Münchner Hauses und der Wetterstation herüber. Erwin erinnerte sich an seine Tour auf den höchsten Berg Deutschlands vor zwei Jahren. Auch damals waren sie mit den Rädern nach Garmisch gefahren, hatten in der Jugendherberge Hammersbach übernachtet und waren am anderen Tag durchs Höllental auf die Zugspitze gestiegen. Noch am selben Tag war es wieder hinabgegangen und mit dem Rad nach München, wo sie gegen Mitternacht angekommen waren.

Mittwoch, 29. September 1937. An diesem Tag war Erwin klar, daß er verloren sein würde. Neun Tage war er nun schon in dieser furchtbaren Wand. Niemand wußte wohl, daß sie in diese Route eingestiegen waren, und Adolf würde niemand gefragt haben. Vielleicht wußte er noch nicht einmal, daß sie abgängig waren. Die Mutter hatte gewiß die Bergwacht verständigt, aber wo sollten die suchen, wenn nicht bekannt war, was die beiden vorgehabt hatten. Tiefe Hoffnungslosigkeit erfaßte ihn. Er konnte nun nicht einmal mehr weinen …

Donnerstag, 30. September 1937. Wieder begann ein herrlicher herbstlicher Tag. Erwin registrierte es schon gar nicht mehr. Unten im Reintal sah er einige Bergsteiger marschieren. Sie werden wohl von der Reintalangerhütte gekommen sein. Es wurde Mittag, und es war wie all die Tage vorher, nur die Trostlosigkeit hatte zugenommen. Hoffnung hatte er keine mehr, er wartete nun auf den Tod, der ihm gar nicht mehr so schlimm erschien. Es ging auf drei Uhr, da vermeinte er Stimmen zu vernehmen. Doch er befürchtete, es könnten nur Halluzinationen sein, wie sie Georg beim ersten Biwak bekommen hatte. Aber nein, die Stimmen waren deutlich zu hören. Zwei Männer unterhielten sich ganz in seiner Nähe – da war kein Irrtum mehr möglich, die Retter waren da! Erwin beugte sich aus seinem Lagerplatz und sah zwei Kletterer langsam die Wand hinaufsteigen – und er erkannte sie sofort: Es waren Hans Hintermeier und Paul Liebl, bekannte Alpinisten der Münchner Bergsteigergilde, die Erwin von Buchenhain, dem Münchner Klettergarten, her kannte. Erwin wollte rufen, aber es kam nur ein krächzender Laut aus seiner Kehle. Aber die beiden Kletterer hatten ihn gehört, jetzt konnten sie ihn sehen, und Erwin hörte, wie einer sagte: „Der lebt ja noch!" Gleich darauf blies einer von ihnen in ein Horn: Dreimal lang – lebend gefunden. Dann standen die beiden Männer vor Erwin, für den ein neues Leben begann.

Am Dienstag, dem 28. September 1937, es war ein schöner herbstlicher Tag, kam eine Frau in unsere Dienststelle im Hauptbahnhof-Südbau und erzählte uns in heller Aufregung, daß ihr Sohn Erwin seit über einer Woche in den Bergen sei und am Sonntag heimkehren sollte. Es war jetzt 9 Uhr vormittags, und er war noch nicht zuhause. Solche Fälle gab es bei uns fast jede Woche, und ich nahm zuerst einmal auf einem Vordruck die Personalien auf. Dabei stellte sich heraus, daß mir der Bub schon bekannt war, denn Erwin hatte im vergangenen Jahr bei mir einen Ausbildungskurs absolviert. Frau Vuzem wußte nur, daß Erwin mit seinem Freund Georg Baumgartner per Fahrrad nach Garmisch wollte, um zu zelten. Erwin war Mitglied der Sektion München und dort in der Jungmannschaft. Ich versprach der in Tränen aufgelösten Frau, die Sache sofort mit allen verfügbaren Mitteln zu verfolgen, und sagte ihr, daß ich sie am anderen Morgen besuchen würde, um ihr unsere Nachforschungsergebnisse mitzuteilen.

Nachdem sich die Frau verabschiedet hatte, ging ich zunächst einmal die paar Meter hinüber in die Schillerstraße, wo sich die Geschäftsstelle der Sektion München befand. Der damalige Leiter der Geschäftsstelle, Marschall, konnte mich mit dem Führer der Jungmannschaft verbinden, der mir sofort mitteilte, daß die beiden zum Klettern ins Oberreintal wollten. Nach dieser Auskunft lief ich zurück in unsere Geschäftsstelle und telefonierte mit der Rettungsstelle der Bergwacht in Partenkirchen. Ich ordnete an, daß sofort einer der Bergwachtmänner ins Oberreintal hinaufsteigen sollte, um dort oben den Wirt, den Fischer Franz, zu befragen. Zugleich sollte man nach zwei Rädern und nach einem Zelt suchen und jede Wahrnehmung umgehend nach München telefonieren.

Als ich in unsere Dienststelle zurückkam, setzte ich sogleich eine Vermißtenanzeige auf, die am anderen Morgen in beiden Tageszeitungen Münchens erscheinen sollte.

Damit war meine Arbeit zunächst einmal erledigt. Überraschenderweise kam aber kurz nach Mittag die Nachricht aus Garmisch, daß die Räder der beiden Buben am Eingang zur Partnachklamm gefunden worden waren und daß der Fischer Franz die beiden am vorletzten Sonntag in seiner Hütte kurz gesprochen hatte. Aufgrund einiger Worte, die er von den beiden hörte, nahm er an, daß Vuzem und Baumgartner, als sie am Montag ihr Zelt zusammenpackten und abstiegen, in die Nordwand des Hochwanner wollten. Diese Nachricht brachte uns die Bergwacht Garmisch, wie erwähnt, schon kurz nach Mittag – denn unser Kamerad war in einer erstaunlich kurzen Zeit zur Oberreintalhütte und zurück gerannt. Nun war sicher, daß sich hier ein Unglück ereignet hatte. Ich bemühte mich sofort um die Aufbietung des „Dienstes VI". Die Angehörigen desselben waren allesamt meine persönlichen Freunde und Kletterkameraden, denn die damals noch junge Bergwacht verfügte noch nicht über gutausgebildete extreme Kletterer, wie das heute der Fall ist.

Als ich das Material für diesen Einsatz zusammenstellte, kam ein zweiter Anruf aus Garmisch: Am Telefon war der Fischer Franz und teilte mir mit, daß ihm die Sache keine Ruhe gelassen hätte und er ins Reintal abgestiegen sei, um nach dem Zelt zu sehen. Schon nach kurzem Suchen fand er ein kleines Zweimannzelt am Abschneider vom Oberreintalweg zum Weg zur Knorrhütte – direkt unter der Nordwand des Hochwanner. Somit war klar, daß die beiden in dieser Wand in Bergnot sein müßten, wenn nicht gar ein Unfall mit schlimmsten Folgen zu befürchten war. Ich dankte dem Fischer Franz für diese wertvollen Hinweise und bemühte mich um größte Eile bei der Zusammenstellung der Mannschaft.

Am späten Nachmittag besuchte ich noch die Familie Vuzem und erzählte von unseren Ermittlungen; und obwohl die Sache sehr ernst war, tröstete ich die Eltern damit, daß wir schon öfter bei unseren Einsätzen Verunglückte lebend auch nach langer Zeit geborgen hätten. Wieder zurück, widmete ich mich den weiteren Vorbereitungen, und als am Abend die Mannschaft beisammen war, besprachen wir alles Nötige.

Mittwoch, 29. September 1937. Am Morgen packten wir die Ausrüstung in unseren Mannschaftsbus, einen Chevrolet, den wir „Mandi" getauft hatten, und fuhren mit vier Kameraden nach Garmisch. Nach Rücksprache in unserer dortigen Rettungsstelle liefen wir weiter zum Eingang der Partnachklamm, packten die Rucksäcke und stiegen durch die Klamm ins Reintal hinauf. Unser erstes Ziel war der Standort des Zeltes, den uns der Fischer Franz beschrieben hatte. Wir fanden es, ohne lange zu suchen. Neben einigen Ausrüstungsgegenständen lagen dort noch die verschimmelten Lebensmittel, die auch bereits von den Mäusen angefressen waren. Kein Zweifel: Von hier waren die beiden eingestiegen. Wir beobachteten die Wand genau und suchten mit dem Fernglas Stück um Stück der Felsfluchten ab. Dann riefen wir und bliesen mit unserem Signalhorn in Richtung Wand. Es rührte sich nichts. Mittlerweile war es Abend geworden, und wir beschlossen, in der Reintalangerhütte zu übernachten. Der Wirt war erstaunt, als er die Rettungskolonne sah. Er hatte keine Hilferufe aus der Wand gehört.

Bei Tagesanbruch waren wir auf dem Weg zur Nordwand des Hochwanner, die mir recht gut bekannt war, denn erst vor vierzehn Tagen hatte ich mit meinem Freund Karl Grandl die Direkte Nordwand gegangen, ohne Biwak, mit

Abstieg nach Garmisch und Heimfahrt nach München. Wenn die beiden am vorletzten Montag in die Wand eingestiegen waren, dann kam heute, nach neun Tagen, unsere Hilfe auf alle Fälle zu spät. So lange hatte noch nie ein Bergsteiger in einer Wand verbracht. Aus diesem Grund packten wir zwei Leichensäcke in die Rucksäcke und verzichteten auch auf Proviant, da wir ja am Abend wieder zurück sein wollten. Wir stiegen zu fünft ein und gingen seilfrei. Nach zwei Stunden und etwa vierhundert Metern Höhe fanden wir ein Messer und Teile eines Fotoapparates – nun wußten wir: Das mußte die Route sein, die die beiden gegangen waren. Nach weiteren hundert Metern, am Beginn einer Steilrinne, auf etwa 2100 Metern, fanden wir einen toten Bergsteiger, sitzend, eingewickelt ins Seil, den Hut auf dem Kopf, eine Zigarette zwischen den Fingern. Im Seil war ein Haken eingefädelt – sicher der Grund des Absturzes, denn der Haken mußte sich gelöst haben. Warum aber war kein Karabiner eingehängt? Das blieb ein Rätsel. Der Tote war äußerlich unverletzt, und er mußte noch gelebt haben, als er hier zu liegen kam. Was also war seine Todesursache? Als wir ihn in den Sack legten, entdeckten wir schwerste Schädelbrüche, allerdings ohne jede Verletzung der Kopfhaut.

In der Umgebung der Absturzstelle fanden wir zwei Rucksäcke. In dem einen steckten ein Paar Bergschuhe und ein Paar Kletterschuhe – das mußte der Rucksack des Kameraden sein, denn im anderen Sack waren nur Bergschuhe. Die Kletterpatschen hatte der Tote ja an den Füßen. Im anderen Rucksack dagegen befand sich die komplette Ausrüstung des Seilgefährten. Was konnte da nur passiert sein? Wir suchten weiter, fanden aber nichts mehr. Ich schlug vor, daß zwei von uns die gesamte Route zum Gipfel durchsteigen sollten, um nach dem Seilkameraden zu suchen. Wir anderen bereiteten inzwischen die Totenbergung vor.

Eine halbe Stunde war vergangen, als wir ein Signal hörten: dreimal lang! Keine Frage, das hieß „lebend gefunden". Aber das war doch unmöglich! Die zwei konnten doch noch gar nicht so weit entfernt gewesen sein. Wir rannten los, stürmten hinauf und bald sahen wir die beiden Kameraden vor einem Felsloch. Sie winkten und riefen uns zu: „Er lebt!" Bald waren wir beisammen, und ich sah einen jungen Bergsteiger vor mir, lachend, ein Taschentuch um die Stirn gewickelt: „Ich habe ja gewußt, daß ihr kommt. Hat der Schorsch euch verständigt?" Wir betrachteten den Buben, dem die Augen tief in den Höhlen saßen, der völlig abgemagert war. Und wie sahen seine Füße aus! Zerrissene Strümpfe hingen über zerfetzter Haut, aufgebrochenen Frostbeulen, Eiter und Blut. Er erzählte uns mit wenigen Sätzen den Hergang des Unglücks, und nun war uns auch klar, weshalb wir unten beim Toten den Rucksack mit den Schuhen gefunden hatten. Ich sah auf die Uhr – es war höchste Zeit, wenn der

© Archiv Hans Steinbichler

*Gramminger mit dem geretteten Erwin Vuzem*

© Archiv Hans Steinbichler

*Wiedersehen 50 Jahre nach der Rettung: Ludwig Gramminger und Erwin Vuzem (in der Mitte DAV-Präsident Dr. März)*

Bub nicht eine zehnte Nacht in dieser Wand verbringen sollte. Wir berieten uns kurz. Zuallererst brauchten wir weitere Hilfe! Einer von uns mußte noch bis zur Knorrhütte kommen, um von dort ins Tal zu telefonieren. Wir brauchten ausreichend Essen für den Verletzten, der ja seit neun Tagen nichts mehr zu sich genommen hatte, denn wir selbst hatten ja nichts dabei, da es uns unmöglich erschienen war, daß jemand so lange Zeit ohne Nahrung sein konnte. Des weiteren sollte uns ein Arzt entgegenkommen und unsere Garmischer Kameraden sollten eine Trage zur Reintalangerhütte transportieren. Für diesen Kurierdienst wurde Heinrich Sallerberger bestimmt, der sofort zu klettern begann und bald unseren Blicken entschwand.

Erwins Füße sahen schlimm aus. Mit all unseren Binden und Taschentüchern versorgten wir die eiternden Wunden. Mit einigen Reepschnurschlingen, die ich über meine Schultern legte, schaffte ich für Erwin eine Sitzgelegenheit, in die er nun hineingehoben wurde. Mit seinen Armen hielt er sich an meiner Brust fest, während Hans Hintermeier vorauskletterte und mich mit dem Seil von oben sicherte. Paul Liebl und Hans Ruder unterstützten mich mit ihren Armen von hinten. So setzen wir uns in Bewegung, langsam, vorsichtig, Schritt für Schritt. Welch ein Glück, daß das Wetter so stabil war. Nach und nach wurde es dunkel. Wir stiegen in der Nacht weiter und hatten zudem das Glück, daß der fast volle Mond in die Wand leuchtete. Gegen Mitternacht endlich erreichten wir den Gipfel des Hochwanner – für mich das zweite Mal innerhalb von vierzehn Tagen. Acht Stunden hatten uns diese vierhundert Höhenmeter gekostet. Doch noch war unsere Reise nicht zu Ende, denn wir wollten noch hinunter zu den Grasbändern auf der Südseite, um so auch der grimmigen Kälte zu entrinnen, die uns auf dem Gipfel umfing. Endlich, nach einer weiteren halben Stunde, erreichten wir das Gras und ich konnte die Last langsam von den Schultern gleiten lassen. Erwin klapperte mit den Zähnen – er war stark unterkühlt, wir mußten ihn wärmen. Ich schnitt den Rupfensack, den wir sonst für die Totenbergung verwendeten, zur Hälfte auf und setzte mich hinein. Dann nahm ich den Buben auf meinen Schoß und plazierte links und rechts einen der Kameraden ganz nahe an Erwin, und der dritte wärmte ihn mit dem Rücken von vorn. Über uns alle zogen wir einen Biwaksack.

Bei Erwin meldete sich nun der Hunger. Leise fragte er mich, ob ich etwas zu essen dabei hätte. Doch zu meinem Leidwesen mußte ich gestehen, daß wir nichts mit uns führten. – Da fiel mir ein, ich hatte ja noch ein hartes trockenes Stück Brot in meiner Anoraktasche. Das konnte ich ihm geben, und es war gut, daß es so hart war, da mußte er lange kauen – denn er verzehrte es mit Heißhunger. An Schlaf war nicht zu denken. So ließen wir uns die Geschichte noch einmal ganz genau erzählen, und dann mußten wir ihm auch sagen, daß sein Freund, der Schorsch, tot war. Erwin hatte das wohl erwartet, denn irgendwie mußte er es sich ja auch erklären, weshalb die Retter erst am neunten Tag erschienen waren. Er zeigte uns auch den Zettel, den er in der vergangenen Woche an seine Mutter geschrieben hatte. Er bestand aus einer Einkaufsquittung, die von ihm bis an den Rand mit kleinster Schrift bekritzelt war. Trotz der Kälte und des Hungers waren dies fast feierliche Stunden, die wir da zusammen erlebten, und es erstaunte uns, daß der Bub dieses zehnte Biwak so tapfer durchstand, ohne eine Klage über seine Lippen zu bringen.

Langsam verging die Nacht, und die Kälte ließ uns früh aufbrechen. Wieder ging es in unwegsamem Gelände weiter, und dann standen noch einmal 100 Meter Aufstieg bevor, ehe die Scharte erreicht war. Hier endlich empfing uns die wärmende Sonne. Beim Abstieg ins Reintal sahen wir sehnsüchtig nach unseren Kameraden. Als wir sie erblickt hatten, sagte ich: „Jetzt gehen wir keinen Schritt mehr." Langsam ließ ich den Erwin auf den Boden gleiten. Es war warm geworden, wir zogen dem Buben Pullover und Hemd aus, damit ihn die Sonne wärmen konnte. Sein Bauch war von blauen Flecken übersät. Auf meine Frage antwortete er zögernd, daß dies die Knöpfe meiner Hosenträger gewesen seien, die sich in seine Vorderseite gebohrt hatten. Auch die Knie waren in einem üblen Zustand – mit ihnen war er an den Felsen entlanggescheuert. Aber er hatte die Zähne zusammengebissen und kein Wort gesagt.

Dann waren die Kameraden da, mit großen Rucksäcken auf den Schultern. Und sie packten aus: Thermosflaschen mit heißen Getränken, die Erwin an sich drückte, um die Wärme zu spüren. Dann hatten zwei Mann voll zu tun, um Erwin zu füttern: Weißbrot, Kekse, leichte Kost und dazu Getränke, die vom Arzt angeordnet wurden. Aber es langte bei weitem nicht. Er fragte: „Ist das alles?" Es blieb uns nichts anderes übrig, als die normale, die für uns bestimmte Kost mit ihm zu teilen, die er ebenfalls mit Heißhunger verschlang.

Dann ging's weiter. Der Kuhn Hiasl und der Gleisl Luggi wechselten sich nun im Tragen ab, und zuletzt saß der Erwin auf dem Rücken des Fischer Franzl, der mit seinem „Reiter" zu rennen anfing und wie die wilde Jagd im Schutt des Kars nach unten sprang. Einmal ging's schief und beide machten mit dem Boden Bekanntschaft – aber der Franz hatte da seinen gängigen Satz auf den Lippen: „Scheiß da nix!"

Nach zweieinhalb Stunden, gegen elf Uhr, erreichten wir die Reintalangerhütte, wo es wieder etwas zu essen und zu trinken gab. Und es schmeckte den Rettern wie dem Geretteten.

Die Garmischer Kameraden hatten eine Krankentrage auf die Hütte transportiert, an die ich ein leichtes Fahrgestell mit zwei Rädern montiert hatte – ein Vorläufer der einrädrigen Bergwacht-Trage, die dann zehn Jahre später zum

Einsatz kam. Während zwei Kameraden der Garmischer Bergwacht den Erwin das Reintal durch die Partnachklamm hinausfuhren – und -trugen, wenn dies nötig war –, blieb ich mit den anderen auf der Hütte und bereitete die Totenbergung vor, die wir am nächsten Tag durchführen wollten. Der Abend war ausgefüllt mit der Erzählung dieser unglaublichen Geschichte, die auf uns alle tiefsten Eindruck gemacht hatte, und ich wies darauf hin, daß ein Mensch so lange nicht aufgegeben werden dürfe, solange er nicht gefunden worden sei.

*Bergsteiger werden immer wieder gefragt, warum sie sich so großer Gefahren aussetzen. Legendär die George Mallory zugeschriebene Antwort auf die Frage, warum er unbedingt den Everest besteigen wolle: „Weil er da ist."*

*Kurt Diemberger, gefragt nach dem „Warum?":*

*„Weil ein Berg dem Menschen Erkenntnisse und Dimensionen geben kann, die er sich sonst niemals auch nur erträumen würde."*

*Der Bergsteiger und Philosoph Herbert Tichy schreibt nach seiner Rückkehr aus dem „Land der namenlosen Berge" in Westnepal:*

*„Wenn man demütig ist und dieses Einmalige (der Berge; Anm. d. Hrsg.) offenen Sinnes auf sich wirken läßt, fühlt man den großartigen Hauch des Jenseitigen, das dann keine Schrecken und dunklen Geheimnisse mehr birgt, sondern nur ein strahlendes Glück, das wir im weitesten Sinn Gott nennen dürfen. Der Wunsch nach diesem Erlebnis mag manchen unvorsichtigen Schritt, der das Leben gefährdet, verzeihlich machen."*

*Oswald Oelz spricht davon, dass es besser sei, einen Tag als Tiger zu leben als hundert Tage als Schaf. Hier sein Bekenntnis zu seinem Lebensstil als Bergsteiger.*

Der folgende Text wurde entnommen aus: Oswald Oelz, Mit Eispickel und Stethoskop. AS Verlag & Buchkonzept AG: Zürich 1999, S. 258–263. Abdruck mit freundlicher Genehmigung des Verlags.

# Epilog

Die Berge meiner Jugend waren Krücken, mit denen ich mein werdendes schwaches Echo stützte, Trophäen, die ich zunächst unfreiwillig, dann getrieben vom eigenen Ehrgeiz sammelte. An diesem Zwang, Trophäen zu sammeln, hat sich trotz zunehmend weisser Haare nichts geändert; Erfolge beim Bergsteigen sind auch heute eine wesentliche Stütze meines Selbstbewusstseins. In einigen Jahren, wenn mich der Stadtrat von Zürich in den Ruhestand versetzt, werde ich denn auch wieder vermehrt auf Trophäen-Jagd gehen und alle jene kleineren und grösseren Exemplare, die ich noch ergattern kann, einfangen. So beruhige ich heute mein schlechtes Gewissen wegen der Vernachlässigung meiner bergsteigerischen Aufgaben. Man muss arbeiten, und wenn man nicht arbeitet, muss man bergsteigen, sagte meine Mutter. Sie meinte damit aber wohl, man müsse arbeiten, um die nötigen Mittel fürs Bergsteigen zu verdienen. Möglicherweise könnte mich eine Psychoanalyse von diesem Zwang befreien und mir nach Jahren auf der Couch ein ruhiges Sitzen in der Sonne oder friedliches Gehen im Wald ermöglichen.

Mein Zwang ist aber mit einer Hassliebe verbunden: So sehr ich ihn jahrzehntelang beim mühseligen morgendlichen Stolpern zu einem Einstieg, beim bangen Warten an einem unsicheren Standplatz oder bei der Qual unendlichen atemlosen Höhesteigens verflucht habe, so sehr habe ich ihn spätestens nach vollbrachter Tat geliebt und nach neuem Stoff gesucht. So stiegen wir nach dem Walker-Pfeiler müde und unendlich zufrieden auf der italienischen Seite der Grandes Jorasses zu Tal, aber unsere Augen und unsere Wünsche waren schon auf den uns gegenüber aufragenden Frêney-Pfeiler des Montblanc gerichtet. Das tausendfache Warum des Morgens war wie immer spätestens vom Gipfelwind davongeweht worden. Alle Wege enden letztendlich im Glück, manchmal in orgiastischem Glück: Die Welt ist nie vollkommener als am Endpunkt eines hohen Gipfels. Das Glück, ein lang ersehntes und umworbenes Ziel zu erreichen, das Glück der makellosen Schönheit und das Glück des ausgelaugten, schmerzenden, erschöpften Körpers mit der vollständig zufriedenen Seele ist alle Antwort auf das Warum. Aus diesen Gründen sind die hohen Berge und die grossen Touren die Inseln im Ozean meines Lebens; sie gleichen den Eisriesen der Ellsworth Mountains über dem wattigen Nebelmeer der Antarktis. Die Landmarken meiner Lebensjahre sind nicht die beruflichen Erfolge, sondern die Endpunkte über den Wolken.

Für Albert Frederick Mummery (1855–1895), einen der Väter des modernen Alpinismus, war Bergsteigen Balsam gegen die Enttäuschungen in einer eifersüchtigen und missgünstigen Umgebung, die ihm unter anderem die Aufnahme in den elitären „Alpine Club" verweigerte. In fast poetischen Worten schildert er, wie das Erlebnis der Gebirgslandschaft die Seele erleichtert und stärkt: „But happily to most of us the great brown slabs bending over into immeasurable space, the lines and curves of the wind-moulded cornice, the delicate undulations of the fissured snow, are old and trusted friends, ever luring us to health and fun and laughter, and enabling us to bid a sturdy defiance to all the ills that time and life oppose." Den gleichen Gedanken formulierte Friedrich Nietzsche in etwas anderer Form: „Wer auf den höchsten Berg steigt, der lacht über alle Trauerspiele und Trauerernste." So war auch mir das Bergsteigen Heilmittel gegen Erschöpfung, Frustration und Trauer, gegen den Ärger über den Übermut und die Unfähigkeit der Ämter und Direktionen – und manchmal auch gegen die Pein verschmähter Liebe. Vor allem aber gab es mir immer wieder die Energie für die erschöpfende Praxis der Medizin. So sehr mein Beruf der wichtigste Inhalt und die tägliche Freude meines Lebens ist, die dem Gebenden unaufhörlich zurückgibt, so ist die medizinische Tätigkeit doch letzten Endes immer eine Sisyphusarbeit: Einmal sterben ja alle, die Patienten und wir selbst auch. Die Begleitung im unausweichlichen Sterbeprozess und die Hilfe für einen guten Tod vermitteln wohl tiefe Erlebnisse, aber sie zehren. Und noch mehr belasten die unfassbaren Tragödien wie jene der jungen Mutter, die an Brustkrebs stirbt, jene des 23-jährigen Mannes, der fassungslos seinen Schmerz hinausschreit, als er erfährt, dass er an seinem Knochentumor sterben wird, oder jene des 19-jährigen blonden Mannequins, das beim Wasserskifahren seine Halsschlagader verletzt, eine Seite des Gehirns verliert und ein Leben lang einseitig gelähmt sein wird. Auch nach mehr als 30 Jahren ärztlichen Tuns verfolgen mich solche Patientenschicksale, so wie auch die Trauer des Gatten, der nach 50 Ehejahren seine Frau verliert, bis in die Träume. Das Gehen im Himalaya oder das Klettern in den Wendenstöcken bringen dann zwar keine Distanz, aber die Kraft, das zu ertragen.

Das Erreichen eines bergsteigerischen Ziels bedeutet Erfolg und „Heldentum", also erstrebenswerte Ziele unserer Gesellschaft. Gabriel García Márquez meint, dass dafür die Mütter und die Frauen verantwortlich sind, deren Vorgängerinnen, die griechischen Frauen, ihren Männern und Söhnen, die in den Krieg zogen, nachriefen: „Kehrt zurück mit dem Schild oder auf dem Schild, aber nicht ohne den Schild," also: „Kommt als Sieger oder als Tote, aber nicht als Besiegte zurück."

Es ist mir unmöglich, die Bedeutung der Mütter gegen jene unserer Aggressionsgene bei der Werdung unseres Machismo aufzuwiegen, aber Machos, Rad schlagende Pfaue sind wir alle. Wir halten uns selbst für unendlich wichtig, für den Nabel der Welt, und versuchen krampfhaft, die geahnte eigene Bedeutungslosigkeit zu übertünchen. Darum reflektieren die einen mit Timbre über sich selbst als Bundesrat, Obersargträger, Direktor, Koordinator einer Bedürfnisanstalt oder Chefarzt, die anderen meinen, die Bergsteigerei oder die Zucht von Tiroler Steinschafen hebe sie aus der Masse. Dabei werden wir alle, ob Bergsteiger oder Dichter, uns bald unentrinnbar auflösen wie Trillionen von Eiskristallen in jeder Sekunde, sobald die Sonne durch den Nebel dringt. Dies wird in einem schwingenden Universum geschehen, dessen Unvorstellbarkeit mir am anschaulichsten wurde, als ich vom Urknall in der Frühgeschichte des Kosmos las. In der Inflationsperiode, vom Moment, als das Universum $10^{-35}$ Sekunden alt war, bis zum Zeitpunkt, als es $10^{-33}$ Sekunden alt wurde, dehnte es sich von weniger als der Grösse eines Atoms, also von 10–11 Metern, auf die Grösse einer Grapefruit aus; das Licht reist in dieser Zeit nur gerade $3 \times 10^{-25}$ Meter! Seither dauert dieser Prozess 15 Milliarden Jahre an. Wir sind in diesem stellaren Gefüge universellen Auseinanderfliegens so wichtig wie ein Kolibakterium im Darm einer Maus, die von meiner Katze Ophelia gefressen wird. So verlieren die Heldentaten ihren Glanz; der Clown hört auf, sich zu ernst zu nehmen, und entdeckt beim Lachen über sich selbst neue Werte.

Das sollte ein tröstlicher Gedanke sein. Zumindest hat er mir erlaubt, trotz Erfolgsprogramm und gelebtem Machismo mit den Jahren die Dinge noch besser zu geniessen. In Zentralafrika habe ich gelernt, was ein Musungu ist: So wird ein Weisser bezeichnet, der verrückt und offensichtlich sinnlos ständig durch die Gegend rennt, während die einheimische Bevölkerung ruhig im Schatten sitzt und sich wundert. Ich bin froh, dass es mir zuweilen gelingt, aus meiner Musungu-Haut zu schlüpfen.

Die erinnernswertesten Momente des Jahres 1996 erlebte ich darum nicht am Sajama, dem höchsten Berg Boliviens, oder in der Marmolata-Südwand, sondern in eigentlich ganz unspektakulären Situationen. Es waren Momente, in denen die Seele tief berührt war, weil sie so unerträglich schön waren wie manche Stellen in Schuberts Klaviersonaten: Während eines ganzen Tages fuhren wir auf dem Titicacasee mit einem kleinen Fischerboot zur Sonnen- und zur Mondinsel und sahen die weissen Kordilleren über den einzigartigsten Blautönen der Welt. Einige Monate später kletterte ich mit Tommy die 22-Seillängen-Route „Adlerauge" am Wellhorn im Berner Oberland. 500 Meter über dem Gletscherboden sah ich in einem senkrechten Kalkriff drei Meter links von mir die grössten und schönsten Edelweiss-Sterne, die mir jemals begegnet waren; sie blühten und bewegten sich im friedlichen sanften Gletscherwind.

Und schliesslich fühlte ich noch eines jener orgiastischen Hitzegefühle im Bauch, als eines Abends an einem Konzert in der Kyburg bei Winterthur die „Sonatori de la Gioiosa Marca" den „Herbst" aus Antonio Vivaldis „Vier Jahreszeiten" als Zugabe spielten und damit die ganze Gesellschaft und die uralten Burgmauern zum Schwingen brachten. Diese Glücksmomente sind vergleichbar jenen, die Antoine de Saint-Exupéry erlebte, als er in der Sahara nahe dem Verdursten von einem Beduinen gefunden wurde oder als ich am Glacier Dome, dem Tod durch Erschöpfung nahe, meine Freunde wieder traf. Die vierzig Millionen Dollar, die Bill Gates täglich reicher wird und inzwischen zu einer Gesamtsumme von 100 Milliarden Dollar angehäuft hat, können das nicht kaufen.

Ich hatte das Glück, in 50 Jahren mehr Träume zu verwirklichen, als ich mir je nur vorzustellen gewagt habe, die grossen und die kleinen, die alpinistischen und die medizinischen. Darum machen mich auch manche Patiententragödien besonders betroffen und traurig. Ein aufwühlendes Erlebnis war die Begegnung mit einem 65-jährigen Mann, der mit schwersten Bauchschmerzen ins Spital eingeliefert wurde. Rasch fanden wir heraus, dass ein Krebsgeschwür in seinem Bauch durchgebrochen war und zum Austritt von Darminhalt in die freie Bauchhöhle geführt hatte. Ich musste ihm sagen, dass er unheilbar krank war und die vorgeschlagene Operation geringe Erfolgsaussichten hatte. Er schaute mich mit traurigen Augen an und sagte: „Jetzt habe ich mein ganzes Leben gearbeitet, jetzt bin ich gerade seit drei Wochen pensioniert, und jetzt wollte ich es endlich ein bisschen schön haben." Er starb noch auf dem Operationstisch. Solchen Patienten bin ich oft begegnet. Sie sparten sich ihr Leben für die Zeit nach der Pensionierung auf und wurden vom frühen Tod darum betrogen.

Nicht auf Grund einer Lebensphilosophie, sondern aus Unbekümmertheit und angeborenem Optimismus, dass es schon irgendwie gut gehen werde, habe ich im Leben immer jene Dinge getan, die mir Lust und Freude bereitet haben, selten habe ich etwas aufgeschoben. Je älter ich werde, umso mehr lebe ich jeden Tag, als ob es der letzte wäre; schliesslich verrinnt das Leben wie Sand durchs Sieb. Freund Hein könnte jetzt jederzeit kommen; ich weiss, dass er ein sanfter Freund sein kann. Trotzdem möchte ich dieses Treffen noch so weit wie möglich hinausschieben, weil ich mir noch vieles vorstelle, das es zu erleben gilt. Ich habe unerhörte Lust auf noch viel mehr vom Gleichen. Später dann, wenn ich müde werde, sitze ich vielleicht ruhig auf der Bank in der Sonne des Zürcher Oberlandes oder ordne meine Papageienbäume aus Ecuador und sinniere über die unerfüllten Träume wie den K2, den Cerro Torre oder den achten Grad. Dabei könnte ich in Freundschaft und Trauer an meine toten Freunde denken, an Franz, Andi, Reinhard, Marcel, Stefan und Friedl, an Willi, den Bergführer, an Sepp und Pani, die mir am Glacier Dome entgegenkamen, an Ang Dorje, Ang Phu, Gregory, Kurt, Ulrike, Wanda, Yurek und all die anderen. Ihr Motto war: Es ist besser, einen Tag als Tiger zu leben als hundert Tage als Schaf. Sie hatten Tigerjahre, und sie sind bei dem gestorben, was sie am liebsten taten. So gingen sie voraus in die chaotischen Wellen des Universums, wie viele meiner Patienten.

Und ich werde den Schluss von Franz Schuberts Lied „Auf dem Wasser zu singen" hören:

*„Ach, es entschwindet mit tauigem Flügel*
*Mir auf den wiegenden Wellen die Zeit,*
*Morgen entschwinde mit schimmerndem Flügel*
*Wieder wie gestern und heute die Zeit,*
*Bis ich auf höherem strahlenden Flügel*
*Selber entschwinde der wechselnden Zeit."*